Stefan Rebenich

Die Deutschen und ihre Antike

Eine wechselvolle Beziehung

KLETT-COTTA

Klett-Cotta
www.klett-cotta.de
© 2021 by J. G. Cotta'sche Buchhandlung Nachfolger GmbH, gegr. 1659, Stuttgart
Alle Rechte vorbehalten
Cover: Rothfos & Gabler, Hamburg
unter Verwendung einer Abbildung von © akg-images
Gesetzt von C.H.Beck.Media.Solutions, Nördlingen
Gedruckt und gebunden von Friedrich Pustet GmbH & Co. KG, Regensburg
ISBN 978-3-608-96476-9
E-Book ISBN 978-3-608-12093-6

Bibliografische Information der Deutschen Nationalbibliothek
Die Deutsche Nationalbibliothek verzeichnet diese Publikation in der
Deutschen Nationalbibliografie; detaillierte bibliografische Daten
sind im Internet über http://dnb.d-nb.de abrufbar.

Wolfram Kinzig & Christoph Riedweg

amicis carissimis
collegis doctissimis
sodalibus sexagenariis

INHALT

ZUR EINLEITUNG
1. Gegenstand und Erkenntnisinteresse ~ **9**

DAS 19. JAHRHUNDERT
2. Wilhelm von Humboldt: Die Entstehung des Bürgertums aus dem Geiste der Antike ~ **19**

3. Triumph und Krise: Die Altertumswissenschaften im 19. Jahrhundert ~ **34**

4. Vom Umgang mit toten Freunden: Johann Gustav Droysen und das Altertum ~ **55**

5. Das Zentrum: Die Altertumswissenschaften an der Berliner Akademie ~ **73**

6. Akteure: Theodor Mommsen, Ulrich von Wilamowitz-Moellendorff und Adolf Harnack ~ **98**

7. Politik für die Altertumswissenschaften: Friedrich Althoff ~ **116**

ÜBERGÄNGE IN EIN NEUES ZEITALTER
8. Ordnung des Wissens: Das »Handbuch der klassischen Altertumswissenschaft« ~ **136**

9. Die Katastrophe: Der Erste Weltkrieg und seine Folgen ~ **152**

10. Vom Los eines Außenseiters: Carl Friedrich Lehmann-Haupt ~ **176**

11. Die Entdeckung einer neuen Epoche: Die Spätantike ~ **192**

12. Akteure: Adolf Erman und Eduard Schwartz ~ **207**

13. Die Antike in »Weihen-Stefan«: Platon im Georgekreis ~ **225**

MITTEN IM 20. JAHRHUNDERT

14. Zwischen Verweigerung und Anpassung:
Die Altertumswissenschaften im »Dritten Reich« ~ **242**

15. »Erste Briefe«: Die Wiederaufnahme wissenschaftlicher
Kontakte nach 1945 ~ **272**

16. Ein Neustart: Die Mommsengesellschaft ~ **292**

17. Ost und West: Die Altertumswissenschaften
im geteilten Deutschland ~ **310**

18. Akteure: Hermann Bengtson und Alfred Heuß ~ **338**

19. Von Worten und Werten: Begriffsgeschichte in den
Altertumswissenschaften ~ **357**

AUSBLICK ~ 373

20. Zu guter Letzt: Wo stehn wir? ~ **373**

NACHWORT ~ 382

ANMERKUNGEN ~ 384

PERSONENREGISTER ~ 485

Zur Einleitung

1. Gegenstand und Erkenntnisinteresse

Jacob Burckhardt zeigte sich beeindruckt von dem dorischen Tempel, der den Umschlag dieses Buches ziert. Allerdings missfiel dem Basler Historiker, wie er 1877 notierte, der »infame Treppenaufgang«, der viel zu groß geraten sei und den man auf die Rückseite hätte verlegen müssen. Jetzt könne man nur noch »an den Treppenmauern Efeu pflanzen«.[1] Noch sarkastischer hatte mehr als drei Jahrzehnte früher Heinrich Heine über das riesige Monument geurteilt: Er nannte es schlicht »eine marmorne Schädelstätte«, erbaut von einem »Affen« allein »für deutsche Helden«.[2]

Objekt des Spottes ist eines der bekanntesten nationalen Denkmäler Deutschlands aus dem 19. Jahrhundert: die Walhalla bei Regensburg.[3] Ihr Architekt Leo von Klenze hatte 1836 die »Ansicht der Walhalla« mit Öl auf Leinwand festgehalten. 1807 vom damaligen bayerischen Kronprinzen Ludwig geplant, konnte nach endlosen Diskussionen mit dem Bau erst im Jahr 1830 begonnen werden. Finanziert wurde das Projekt aus dem Privatvermögen Ludwigs, der seit 1825 auf dem bayerischen Thron saß. 1842 weihte man mit großem Pomp den »Ehrentempel für die großen Männer der Nation« ein,[4] die im Inneren durch 96 Büsten und 64 Gedenktafeln gegenwärtig waren. Der germanische Name, der sich von der »Halle der Gefallenen« in der nordischen Mythologie ableitete, stammte von dem Schweizer Johannes von Müller, der für die Erinnerung an den Rütlischwur gesorgt hatte und selbst durch eine Büste verewigt wurde. Ohnehin bestimmte in diesem gesamtdeutschen Denkmal die Zugehörigkeit zur deutschen Kulturnation über die Aufnahme in den hehren Kreis, und so wurden außer Eidgenossen wie Nikolaus von der Flüe und Aegidius Tschudi auch Wilhelm von Oranien und Katharina II.

berücksichtigt. Nur Luthers Büste, die bereits früh angefertigt worden war, fehlte zunächst; der reformatorische »Dickkopf«, wie Heine lästerte, passte dem katholischen Monarchen nicht. Erst Ende der vierziger Jahre, als die konfessionellen Spannungen nachließen, fand er Einlass in die Ruhmeshalle.

Von Anfang an prominent vertreten waren die bekannten Gestalten der germanischen Frühzeit; ob cheruskischer, markomannischer, gotischer, vandalischer oder fränkischer Herkunft, sie alle wurden kurzerhand zu Deutschen erklärt. Natürlich begann die Reihe mit Arminius alias Hermann, dessen Sieg über die Römer im Teutoburger Wald aus dem Jahr 9 n. Chr. auf einem äußeren Relief an einer Giebelwand dargestellt war. Deutschlands Kampf um Freiheit, so lautete das historische Narrativ, nahm seinen Anfang in den germanischen Wäldern. Auf dem gegenüberliegenden Giebel ist denn auch die Siegesfeier in den Befreiungskriegen gegen Napoleon zu sehen. Wulfila, Alarich und Athaulf sind ebenso präsent wie Geiserich, Chlodwig und Theoderich der Große. Nicht nur Heerführer und Politiker, sondern auch Dichter und Denker, Bischöfe und Heilige haben Aufnahme gefunden. Auch einiger Frauen, die deutsche Kultur stifteten und sich durch christliche Tugenden auszeichneten, wurde gedacht; so sind im Inneren Tafeln für Hrotsvit von Gandersheim, Hildegard von Bingen und Elisabeth von Thüringen angebracht.

Platziert wurde das Denkmal auf einer natürlichen Anhöhe in einer romantischen Landschaft. Auf dem Gemälde sind die Donau und Ausläufer des Waldes sowie die neugotische Salvatorkirche und die Ruine der Burg Donaustauf zu erkennen. Der deutsche Gedenkort liegt außerhalb des städtischen Getriebes des nahen Regensburg und grenzt sich scharf ab von urbanen Erinnerungsstätten wie dem Pantheon in Rom oder in Paris. Ein vergleichbares politisches Zentrum hatte Deutschland in der ersten Hälfte des 19. Jahrhunderts nicht. Also verlegte Ludwig das nationale Heiligtum in die freie Natur.

Für das Monument ist jedoch keine deutsche Formensprache verwendet. Stattdessen wird die griechische Tempelarchitektur aktualisiert: Die Ruhmeshalle erhebt sich im strengen dorischen Stil und erinnert den Betrachter an den Parthenon auf der Athener Akropolis. Die mächtige Substruktion zeigt zudem Anklänge an ägyptische und vorderorientalische Bauten. Der bayerische König war ein begeisterter Philhellene, der sein Königreich »Baiern« mit Hilfe des griechischen Buchstabens Ypsilon in das Königreich »Bayern« verwandelte. Seine Stararchitekten Leo von Klenze und Friedrich von Gärtner beauftragte er, die Residenzstadt München im Geiste des Klassizismus umzugestalten. Die Ästhetik des griechischen Tempelbaus war im bayerischen Königreich omnipräsent und bildete einen integralen Bestandteil der monarchischen Repräsentation. Die Monumentalarchitektur bei Donaustauf erinnerte an die Größe und Schönheit der griechischen Vergangenheit, die ihre Fortsetzung in deutschen Landen fand. Zugleich nobilitierte der Rekurs auf klassisch-antike Formen die geehrten Deutschen. Denn »mit der griechischen Form« wurde »an die ideale Ausprägung der Humanität erinnert«: Die Nation stand »in einer unlösbaren Beziehung zum klassischen Ideal des Griechentums«; »die Synthese von Nationalität und universaler Humanität«, welche die Griechen repräsentierten, war »hier noch ungebrochen wirklich.«[5]

Die patriotische Erinnerungskultur, die auf die großen Gestalten des Vaterlandes fokussiert war, bediente sich eines antiken Tempels, um mitten im christlichen Abendland ein säkulares Heiligtum zu schaffen, das den Kampf für die nationale, nicht die bürgerliche Freiheit für die Zeitgenossen und die folgenden Generationen rühmte. Unterschiedliche welthistorische Räume und Zeitschichten sind in diesem Heiligtum an der Donau miteinander verbunden. Frohen Mutes blickte man in die Zukunft, in der Deutschland als eine Nation hervortreten sollte, deren Fundamente die eigene Kultur, Humanität und Geschichte bildeten. Auch in Donaustauf wurde die Gleichzeitigkeit des Ungleichzeitigen »zum Grundraster, das die wachsende Einheit der Weltgeschichte seit dem 18. Jahrhundert fortschrittlich auslegte«.[6]

Voller Optimismus vertraute man auf einzelne Individuen, deren zeitloses Andenken in Stein gemeißelt war. Ihre jeweiligen Botschaften zu entschlüsseln, war nicht jedem gegeben. Es bedurfte einer umfassenden literarischen und historischen Bildung, um die vielfältigen Anspielungen und Assoziationen verstehen zu können. Nicht das Volk wurde hier angesprochen, sondern die gebildete Schicht der deutschen Nation, die auf dem Gymnasium die alten Sprachen lernte und sich den Griechen geistesverwandt fühlte. Die Nation ist hier als Kulturgemeinschaft imaginiert. Die politische Einheit des »großen Vaterlandes« Deutschland, dem Ludwig die Walhalla vererbte, lag noch in weiter Ferne. Es mag ebendiese Bestimmung als kulturelles Nationaldenkmal sein, die es ermöglicht hat, dass auch später noch neue Büsten aufgestellt wurden, darunter Sophie Scholl, Edith Stein und Käthe Kollwitz. Selbst Heinrich Heine hat 2010 seinen Frieden mit dem Pantheon des deutschen Geisteslebens geschlossen.

Die Walhalla steht beispielhaft für das Thema dieses Buches: die Aneignung und Anverwandlung des antiken Erbes in Deutschland seit etwa 1800. Dies ist in der Tat ein weites Feld, da das Erbe des Altertums in unterschiedlicher Weise in Literatur und Musik, in Bildung und Wissenschaft, in Kunst und Architektur, in Theater und Film, ja selbst im Landschaftsgarten und in der Gebrauchskeramik gegenwärtig war – und noch immer ist.⁷ Kaum mehr zu überschauen ist die einschlägige Literatur zur ubiquitären Rezeption der Antike. Um die Rekonstruktion der produktiven »Transformationen der Antike« hat sich ein interdisziplinärer Sonderforschungsbereich bemüht, der von 2005 bis 2016 an der Berliner Humboldt-Universität angesiedelt war.⁸ Statt von statischen Prozessen der Auf- und Übernahme auszugehen, hat das Projekt richtungweisend das dynamische Konzept der Transformation entwickelt, das von wechselseitigen Wirkungen ausgeht. Zum einen entsteht die Antike in den uns greifbaren, mannigfaltigen Zeugnissen und Gegenständen der Rezeption immer wieder neu und auf unterschiedliche Art, wird verändert und verändert sich, wird uneinheitlicher, differenzierter und bunter. Zum anderen konstituieren und konstruieren sich die Gesellschaften durch ihren Rückgriff auf Vergangenes aber auch selbst: »Indem die Antike zum privilegierten oder polemischen Objekt von Wissensprozessen, künstlerischen Adaptionen oder politischen Aushandlungen wird, funktioniert das dabei entworfene Antike-Bild als Selbstbeschreibung der jeweiligen Rezipientenkultur.«⁹

Die Bedeutung der europäischen Antike für die Genese politischer und kultureller Identitäten ist ebenso manifest wie ihre Funktion für die Entstehung globaler Wissensgesellschaften und Wissenschaftsinstitutionen.¹⁰ Die interdependenten Prozesse der Entdeckung – oder Wiederentdeckung – der Antike, der ostentativen Idealisierung, der gezielten Übernahme, der bewussten Abgrenzung und der emanzipatorischen Zurückweisung ebendieser Antike sind zeit- und kulturspezifisch, wiederholen sich von Generation zu Generation und dauern bis in die heutige Zeit an.

Das Erkenntnisinteresse des vorliegenden Buches ist räumlich und zeitlich eindeutig definiert: Gegenstand der Darstellung sind die vielfältigen Beziehungen zwischen der griechisch-römischen Antike und der deutschen Geschichte im 19. und 20. Jahrhundert. Dieses Altertum galt als »klassisch«, weil seit dem Renaissance-Humanismus ihre als Einheit verstandene Kultur als normativ wahrgenommen wurde. Griechische und römische Autoren bildeten einen Kanon von *auctores classici*, die in den höheren Schulen gelesen und auf Grund ihrer sprachlichen, stilistischen und ästhetischen Qualitäten als mustergültig angesehen wurden. Ihr Studium vermittelte sprachlich-kommunikative Kompetenzen und wurde als elementare Voraussetzung für eine umfassende, aber auch elitäre Menschenbildung verstanden. Im Griechischen war – neben den homerischen Epen – die attische Literatur des fünften und vierten vorchristlichen Jahrhunderts vorbildlich; gelesen wurden die Tragiker Aischylos, Sophokles und Euripides sowie die attischen Redner. Im Lateinischen bildeten Cicero, Livius und die augusteischen Dichter

Vergil, Horaz und Ovid den schulischen Lektürekanon. Diese »klassische« Bildung garantierte den direkten Zugang zur Universität.

Die griechisch-römische Antike stand über viele Jahrhunderte im Zentrum der gymnasialen und universitären Curricula und prägte das Selbstverständnis sowie die Selbstdarstellung der gebildeten Schicht in Deutschland – aber auch in den Ländern der Habsburgermonarchie und der Schweiz. Die intellektuelle und wissenschaftliche Beschäftigung mit Hellas und Rom und die daraus resultierenden bildungstheoretischen und -politischen Forderungen werden daher unsere besondere Aufmerksamkeit finden. Dass andere Kulturen des Altertums – wie der Alte Orient und Ägypten – nur gestreift werden, ist folglich der Prominenz geschuldet, die zunächst das griechische, dann aber auch das römische Paradigma für das deutsche Bildungsbürgertum hatte.

Unser besonderes Interesse gilt den Wissenschaften vom Altertum, die im Unterschied etwa zu Literatur und Kunst wenn nicht nach Objektivität und Wahrheit, so doch nach Überprüfbarkeit streben und sich in aller Regel durch eine exakte Methode und argumentative Stringenz auszeichnen. Hierbei sind die zeitbedingten Faktoren der wissenschaftlichen Auseinandersetzung mit der Antike im 19. und 20. Jahrhundert aufzudecken, um ein notwendiges Korrektiv für die aktuelle und künftige Forschung sowie die öffentliche Wahrnehmung des griechischen und römischen Altertums zu bieten. Auch für die Altertumswissenschaften gilt, was für die Germanistik gesagt wurde: Eine Geschichte »historischer Disziplinen bleibt mutlos, wenn sie keinen Begriff von der wissenschaftlichen Gegenwart, keine eigenen Vorstellungen zumindest von der wissenschaftshistorischen Zukunft entwickelt«.[11] Die wissen(schaft)sgeschichtliche Traditionskritik ist die *conditio sine qua non* für jeden historischen Rekonstruktionsversuch. Die Geschichte einer Disziplin, ihrer Fragestellungen und Methoden, ihrer Erkenntnisse und Irrtümer sensibilisiert für die fachspezifische Methodologie nicht weniger als die theoretische Reflexion. Zudem ist die Wissenschaftsgeschichte, so sie die nostalgische, gegenwartsapologetische oder zukunftsorientierte Moralisierung und Politisierung der Geschichte aufdeckt, ein wichtiger Beitrag zur Kultur- und Ideengeschichte der jeweiligen Epoche. Der Wandel der je vorherrschenden Interpretationsmuster und Betrachtungsweisen ist in der Geschichtsschreibung zur Alten Welt besonders gut zu erkennen, da es hier eine lange Deutungsgeschichte bei annähernd konstantem Quellenbestand gibt. Schließlich hilft die Wissenschaftsgeschichte, den Verlust historischer Bildung zu verstehen, der auch Gegenstand dieser Darstellung ist und den Alfred Heuß mit der Verwissenschaftlichung und Spezialisierung seit dem 19. Jahrhundert erklärte.[12]

Bei der Breite des Themas sind inhaltliche Beschränkung und exemplarische Behandlung notwendig. In drei chronologisch strukturierten, übergreifenden Kapiteln, die die Zeit vom Beginn des 19. Jahrhunderts bis in die zweite Hälfte des 20. Jahrhunderts behandeln, werden zunächst allgemeine Entwicklungen geschildert und dann jeweils charakteristische Institutionen, herausragende Akteure und wichtige Diskurse vorgestellt. Im Vergleich zu anderen einschlägigen Monographien soll hier nicht nur eine »Wissenschaftlergeschichte« präsentiert werden, die der amerikanische Altphilologe William M. Calder III. eingefordert hat.[13] Unstrittig ist indes, dass hier Männer im Mittelpunkt stehen. Die Geschichte der Frauen in den Altertumswissenschaften und überhaupt ihrer Bedeutung für die Rezeption der klassischen Antike muss erst noch geschrieben werden. Erst seit den späten 1960er Jahren wurden einige Wissenschaftlerinnen auf Professuren berufen. In den strukturkonservativen Fächern waren universitäre Besetzungsverfahren jahrzehntelang von Männerbünden dominiert und von männlichen Netzwerken kontrolliert.

Vita und Oeuvre bedeutender – und weniger bedeutender – Altertumswissenschaftler werden in die Kultur-, Sozial- und Ideengeschichte der jeweiligen Epoche integriert. In diesem Zusammenhang interessieren auch Außenseiter und – mit Pierre Bourdieu gesprochen – Häretiker im wissenschaftlichen Feld, die den Wissenschaften vom Altertum neue Impulse gaben. Am Beispiel der Platonrezeption im Georgekreises sollen die zahlreichen Wechselwirkungen von wissenschaftlichen und außerwissenschaftlichen Diskursen beispielhaft dargestellt werden. Der Blick ist dabei nicht nur auf die bereits breit erforschte Politisierung der altertumswissenschaftlichen Fächer in der Weimarer Republik und im »Dritten Reich« gerichtet, sondern auch auf außerwissenschaftliche Funktionalisierungen des griechisch-römischen Altertums unter fünf verschiedenen politischen Systemen in Deutschland. Die Darstellung fächerübergreifender Prozesse und grundlegender gesellschaftlicher Zustände wird immer wieder ergänzt durch die Charakterisierung einzelner Personen und die Schilderung konkreter Ereignisse. Zu diesem Zweck wird ausführlich auf archivalische Quellen zurückgegriffen, deren Orthographie und Zeichensetzung vorsichtig modernisiert sind. Schließlich ändern sich die Schauplätze: Der Leser wird in Gymnasien, Universitäten und Akademien geführt, aber auch Verlage und Ministerien, Bibliotheken und Museen werden betreten. Die Wissenschaftspolitik im Preußen der Kaiserzeit ist ebenso Gegenstand der Darstellung wie die Bedeutung verlegerischer Initiative für die Normierung unseres Wissens über das Altertum.

1. GEGENSTAND UND ERKENNTNISINTERESSE

ÜBERGREIFENDE FRAGESTELLUNGEN

In den drei großen Abschnitten zum »19. Jahrhundert«, den »Übergängen in ein neues Zeitalter« und »Mitten im 20. Jahrhundert« geht es um Kontinuitäten und Diskontinuitäten altertumswissenschaftlicher Methoden und Theorien, um Projekte und Konzepte, Inhalte und Debatten, Institutionen und Organisationen. Insbesondere die epistemische Entwicklung der Alten Geschichte wird in diesem Kontext interessieren, ohne jedoch die Klassische Philologie und die Klassische Archäologie auszublenden. Die zunehmend polyzentrische Struktur der Wissenschaften von Altertum vervielfältigte die Zugänge und Wahrnehmungen der klassischen Antike, aber auch anderer Epochen der europäischen und der außereuropäischen Vergangenheit. Trotz der hieraus resultierenden Divergenz des Untersuchungsgegenstandes sollen übergreifende Fragestellungen verfolgt werden. Hierzu gehören die *Forschungspraktiken in den Altertumswissenschaften* und *deren institutionelle Fundamente*. Im 19. Jahrhundert bestand eine enge Verbindung zwischen einer Forschungspraxis, die auf die Sichtung, Sammlung und Ordnung der Überlieferung fokussiert war, und der wissenschaftlichen Produktion, die auf der Grundlage der in Editionsreihen, Corpora und Thesauri zusammengeführten Quellen zu historischer Erkenntnis gelangen wollte. Die Ordnung der »Archive der Vergangenheit«, wie Theodor Mommsen formulierte, war die Voraussetzung altertums- und geschichtswissenschaftlicher Arbeit. Dazu bedurfte es wiederum institutioneller Grundlagen, die organisatorische, finanzielle und personelle Mittel zur Verfügung stellten, um den dynamischen Zuwachs an Wissen zu garantieren. Das Deutsche Kaiserreich sah deshalb den Siegeszug des wissenschaftlichen Großbetriebes. Die Konflikte und Kriege des 20. Jahrhunderts haben an den Forschungspraktiken der altertumswissenschaftlichen Unternehmungen nichts geändert, wie am Beispiel der epigraphischen Projekte der Berliner Akademie der Wissenschaften dargestellt ist. Aber die Voraussetzungen veränderten sich infolge der Zerschlagung internationaler Kooperationen, die für diese Vorhaben lebensnotwendig sind, zuerst durch den Ersten und dann durch den Zweiten Weltkrieg. Nach beiden Kriegen mussten zunächst die Reintegration der deutschen Wissenschaft in die internationale Gemeinschaft und die Restitution der unterbrochenen wissenschaftlichen Kontakte gesichert werden.

Das Beispiel der Mommsen-Gesellschaft erlaubt die Rekonstruktion der nationalen und internationalen Konsolidierung der (west-)deutschen Altertumswissenschaften und ihrer methodischen und inhaltlichen, ihrer epistemischen und theoretischen Entwicklungen in Ost und West nach 1945. Nach dem Ende des

Zweiten Weltkrieges führten in Westdeutschland die weitere Spezialisierung der Fächer, die Übernahme von Methoden und Theorien aus anderen Disziplinen und die Realisierung interdisziplinärer Kooperationen zu einer zunehmenden Differenzierung der Forschungspraxis in den einzelnen Fächern. Nicht betroffen hiervon war indes die akademische Qualifikation des Nachwuchses, der über zwei innovative Qualifikationsarbeiten, die im Rahmen der Promotion und der Habilitation vorzulegen waren, zum Privatdozenten ernannt wurde und auf den Ruf auf eine Professur warten musste.

Eingehend wird uns die Bestimmung des *Verhältnisses von universitärer Wissenschaft und bürgerlicher Bildung* beschäftigen. Am antiken Beispiel wurde die bürgerliche Gewissheit entfaltet, durch den Rekurs auf die Antike den Gang der Zeitläufte positiv beeinflussen zu können. Der Bürger konnte und musste aus seiner Beschäftigung mit dem Altertum verantwortungsvolles politisches und gesellschaftliches Handeln lernen. Historische Reflexion, die ihren Ausgang zunächst in der griechischen Antike nahm, dann aber auch das römische Erbe einschloss, wurde zu einem wesentlichen Bestandteil bürgerlicher Kultur. Im Deutschland des frühen 19. Jahrhunderts trug die Antike als historiographisches Konstrukt und als idealisierte zeitlose Projektion wesentlich zur kulturellen Homogenisierung des Bürgertums und zur Konstitution eines bürgerlichen Selbstverständnisses bei. Das neue Bildungsideal, das hier mit Wilhelm von Humboldt assoziiert wird, richtete sich gegen die absolutistische Welt der Stände; denn die neue Bildungselite war radikal meritokratisch. Nicht Geburt und Herkunft, sondern Leistung und Bildung zählten.

Doch die säkulare Bildungsreligion, die die Entchristianisierung der deutschen Kulturnation beschleunigte, geriet in eine Krise, als an den deutschen Universitäten, in denen die ›klassische‹ Altertumswissenschaft zur Leitdisziplin aufgestiegen war, die Historisierung des Altertums das Ende eines normativen Verständnisses der Antike bedingte. Gegen die Relativierung der klassischen Bildung, für die disziplinäre Außenseiter wie Jacob Burckhardt und Friedrich Nietzsche eine professionalisierte und spezialisierte Altertumswissenschaft verantwortlich machten, suchten Wissenschaftler und Intellektuelle seit der Mitte des 19. Jahrhunderts bis weit in das 20. Jahrhundert, die europäische Antike als zeitloses Leitbild zu bewahren. Ihre Anstrengungen richteten sich auf die ›humanistische‹, d. h. eine am Menschen und seinen Bedürfnissen orientierte Bildung, die ebenso die wissenschaftliche Krise des Historismus wie die soziale Krise der als defizitär empfundenen Gegenwart überwinden sollte.

Das 20. Jahrhundert sah viele Gefechte um die Bedeutung des klassischen Altertums für Gymnasien und Universitäten. Heftig wurde um die alten Sprachen gestritten. Der Aufstieg zunächst der Naturwissenschaften und später der Sozial- und Wirtschaftswissenschaften führte dazu, dass die humanistische Bildung ihre Exklusivität verlor. Sie trat in Konkurrenz mit anderen Bildungsinhalten. In Deutschland verlor das Humanistische Gymnasium bereits zu Beginn des 20. Jahrhunderts seine Monopolstellung. Diese Entwicklung marginalisierte das Bildungsbürgertum, nicht aber die alten Sprachen. Der Zugang zu Latein und Griechisch wurde demokratisiert. Nicht nur in Deutschland, sondern in vielen Ländern Europas lernen zu Beginn des 21. Jahrhunderts mehr Schüler zumindest Latein als je zuvor. Der allgegenwärtige Bedeutungsverlust des Wissens um die Antike geht folglich nicht einher mit einem Verlust an Wissen um die Antike. Aber die Rezeptionsformen verändern sich rasant: Zu Literatur, Kunst und Musik sind Film, Comic und Internet getreten.

Auf Grund der manifesten Interdependenzen beschäftigt sich dieses Buch eingehend mit dem *Verhältnis von Wissenschaft und Politik*. Die Verbindungen zwischen dem Liberalismus des frühen 19. Jahrhunderts und der Entstehung der modernen Wissenschaft vom Altertum sind offenkundig. Alternative Entwürfe, die sich gegen die Lebensferne der historistischen Wissenschaft richteten, waren oft kulturpessimistischen Zeitströmungen verpflichtet und zielten auf gesellschaftliche und politische Veränderungen. Das erzieherische Vorbild der Griechen, aber auch die straffe Disziplin der Römer waren seit dem ausgehenden 19. Jahrhundert Leitbilder, die bis in die Zeit des Nationalsozialismus im universitären wie im außeruniversitären Kontext dazu dienten, antimoderne Vorstellungen eines neuen, idealen Menschen zu propagieren. Nicht nur Universitätsprofessoren, sondern auch jugendbewegte Künstler popularisierten gerade nach der Katastrophe des Ersten Weltkrieges eine politisierte Wissenschaft, die gegen die offene Konkurrenz kulturell-politischer Leitsysteme polemisierte und im Rückgriff vor allem auf das antike Sparta überzeitliche Werte definierte. Die Wiederkehr des Klassizismus im »Dritten Reich« und die Griechenbegeisterung des »Führers« wurden nicht nur von einer Archäologie, die sich selbst gleichgeschaltet hatte, als Beginn eines neuen Äon gefeiert. Braune Philhellenen waren von der nun auch durch die Rassenforschung pseudo-wissenschaftlich begründeten Verwandtschaft zwischen deutschen Volksgenossen und alten Griechen überzeugt. Umgekehrt zeigten sich die Spezialisten, die sich der historistischen Altertumswissenschaft und dem epistemischen Postulat der »Wahrheitsforschung« verschrieben hatten, weniger anfällig gegen totalitäre Indoktrination – im »Dritten Reich« ebenso wie später in der Deutschen Demokratischen Republik.

Das Augenmerk darf allerdings nicht nur auf die Epoche des Nationalsozialismus und die Bewertung der politischen Biographien verschiedener Wissenschaftler gerichtet sein. Um Kontinuitäten und Diskontinuitäten in den Altertumswissenschaften herauszuarbeiten, ist es notwendig, die zeitliche Perspektive zu erweitern und die Republik von Weimar wie diejenige von Bonn (und Ostberlin) ebenfalls in den Blick zu nehmen. Nur so können die intellektuellen und wissenschaftlichen Voraussetzungen geklärt werden, die zahlreiche prominente Altertumswissenschaftler veranlassten, mit dem nationalsozialistischen Wissenschaftssystem zu kollaborieren, und nur auf diesem Weg können Inhalte und Methoden der Altertumswissenschaften, aber auch individuelle Lebensläufe nach 1945 überzeugend bewertet werden. Das Buch greift deshalb in die zweite Hälfte des 20. Jahrhunderts aus und untersucht die Strukturbedingungen und Entwicklungsprozesse der Altertumswissenschaften einerseits im Wirtschaftswunderland und der »nivellierten Mittelstandsgesellschaft« (Helmut Schelsky) der frühen Bundesrepublik und andererseits im real existierenden Sozialismus und Linkstotalitarismus der Deutschen Demokratischen Republik.

Das Ergebnis ist kein erschöpfendes Handbuch, sondern eine exemplarische Wissenschaftsgeschichte, die notwendigerweise die disziplinäre Ausrichtung, aber auch persönliche Interessen des Verfassers spiegelt. Übergreifendes Ziel ist es jedoch, wichtige Etappen der wissenschaftlichen und intellektuellen Aneignung des Altertums zu beschreiben und die überragende Bedeutung des Gegenstands für die deutsche Kulturgeschichte des 19. und 20. Jahrhunderts darzulegen.

Das 19. Jahrhundert

2. Wilhelm von Humboldt: Die Entstehung des Bürgertums aus dem Geiste der Antike[*]

Am Anfang war Winckelmann. »Der einzige Weg für uns, groß, ja, wenn es möglich ist, unnachahmlich zu werden, ist die Nachahmung der Alten« stellte 1755 Johann Joachim Winckelmann kategorisch fest.[1] Die ›Alten‹, d.h. die Griechen und Römer, waren nicht länger zeitlose Muster, sondern historische Paradigmen für Wissenschaft, Literatur und Kunst; ihre Werke galten zwar noch immer als vollendet und von unübertrefflicher Schönheit, aber auch als geschichtlich gebunden und damit einzigartig. Die produktive Aneignung des Altertums war durch eine latente Spannung zwischen klassizistischer Ästhetik und aufklärerischem Historismus gekennzeichnet und schwankte zwischen der Kanonisierung eines idealisierten griechischen Altertums und der Akzeptanz der Eigenständigkeit anderer Kulturen. Dieses Bild der Antike, das für den deutschen Kulturraum maßgebend werden sollte, lässt sich beispielhaft am Werk Wilhelm von Humboldts nachzeichnen.[2] Der preußische Aristokrat trug entscheidend dazu bei, dass das Altertum als historische Formation und ideale Projektion nachhaltig Wertvorstellungen und Bildungsinhalte der Schicht prägte, die wir als Bürgertum bezeichnen.

Es ist längst bekannt, dass klassische soziale Parameter oder ökonomische Ressourcen nicht genügen, um das Bürgertum zu definieren. Eine spezifische Art der Lebensführung, eine spezifische ›Kultur‹ muss hinzutreten, um die Differenz zwischen der Heterogenität sozialer Lagen und der Homogenität geistiger Identitäten zu überbrücken.[3] Damit ist die bürgerliche Gesellschaft ein Modell der Akkulturation, und die historische Forschung hat zahlreiche Werte und Handlungsmuster benannt, die die bürgerliche Kultur und Mentalität prägen: Bildung als »Erlösungshoffnung und Erziehungsanspruch« etwa,[4] aber auch individuelle Freiheit, die Entfaltung persönlicher Anlagen, die Orientierung auf das Gemeinwohl, das Streben nach Besitz, die Familie als private Sphäre und die Autonomie von Literatur, Musik und bildender Kunst.[5] Wertvorstellungen und Bildungsinhalte konstituierten um 1800 ein System dauerhafter Handlungsdispositionen. Trotz unterschiedlicher sozialer Basis gelangten die Repräsentanten des Bürgertums zu durchaus vergleichbaren Lebenshaltungen. Der Soziologe Friedrich H. Tenbruck sprach von einer »bürgerlichen Kultur«, die nicht durch die »strukturelle Homogenität« ihrer Träger, sondern vielmehr durch »eine kulturelle Kommunität« gekennzeichnet gewesen sei.[6] Zur wichtigsten Trägerschicht bürgerlicher Kultur und Mentalität wurde im 19. Jahrhundert das Bildungsbürgertum, d. h. der Teil des Bürgertums, der seinen Anspruch auf soziale Exzellenz auf dem Besitz von Bildungswissen und auf eine daraus abgeleitete Lebensweise gründete. Bildung war nicht länger ein Relikt ständischer Privilegien, sondern ein »prozessualer Zustand, der sich durch Reflexivität ständig und aktiv veränderte«.[7] Die Bedeutung der europäischen Antike für die Formierung des Bürgertums und für die Genese einer bürgerlichen Kultur kann in diesem Zusammenhang nicht hoch genug eingeschätzt werden. Erst der Rückgriff auf die Antike schuf die Voraussetzung, dass die bürgerliche Kultur als gestaltende Kraft der Moderne eine anhaltende Wirkung zu entfalten vermochte.

Bildung: Ein permanenter Prozess der Selbstvervollkommnung

Bildung zählte für Wilhelm von Humboldt zu den zentralen Werten bürgerlicher Mentalität und Kultur. Sie ermöglichte die Entwicklung des Individuums, begründete den Anspruch auf politische Partizipation und bedingte die Veränderung der Gesellschaft. Zur Bildung der eigenen Individualität diente Humboldt zunächst und vor allem die Betrachtung der griechischen Antike. Dabei forderte er nicht die Reproduktion der antiken Verhältnisse, sondern die schöpferische Auseinandersetzung mit der griechischen Welt, um an der historischen Individualität die eigene Individualität zu bilden.[8] Denn der Charakter der Griechen sei in seiner Vielseitigkeit und seiner harmonischen Ausbildung der »Idee der heilen Menschheit«, dem »Charakter des Menschen überhaupt« am nächsten gekommen, »welcher in jeder Lage, ohne Rücksicht auf individuelle Verschiedenheiten da sein kann und da sein sollte«.[9]

Das Bildungsprogramm, das Wilhelm von Humboldt in Preußen entwarf, machte deshalb das seit Winckelmann als edel und erhaben angesehene griechische Altertum zum zentralen Gegenstand des gymnasialen Unterrichts. Die griechische Sprache als Produkt des griechischen Geistes und als Ausdruck des griechischen Nationalcharakters besaß den absoluten Vorrang, da in ihr Einheit und Vielheit, Sinnliches und Geistiges, Objekt und Subjekt, Welt und Gemüt harmonisch verbunden seien.[10] Die Beschäftigung mit einer derart komplex strukturierten Sprache sollte nicht nur die eigene sprachliche Kompetenz fördern, sondern vielmehr dem Menschen helfen, sich umfassend zu bilden und sich die Welt zu erschließen. Die griechische Sprache wurde zu einem den Menschen formenden Instrument, das ihm den Weg wies, sich ohne utilitaristische Interessen die Vielfalt der ihn umgebenden Welt anzueignen. Das Erlernen des Griechischen diente folglich nicht mehr dazu, in Wort und Schrift die Formen eines vergangenen Äons zu imitieren, sondern zielte auf die allseitige und harmonische Entfaltung individueller Anlagen.[11] Bildung war deshalb Selbstzweck und zugleich ein permanenter Prozess der Selbstvervollkommnung.[12]

Auch die Universität, die Humboldt entwarf, ruhte auf dem idealisierten Griechenbild. Sie diente der Bildung durch Wissenschaft, die wiederum durch zweckfreies Forschen, die Reflexion auf das Ganze und das permanente Bemühen um Erkenntnisfortschritt charakterisiert war. Wissenschaft, in den Worten Humboldts, war ein »noch nicht ganz Gefundenes und nie ganz Aufzufindendes«, die »als solche zu suchen war«, und musste in »Einsamkeit und Freiheit«, will sagen unabhängig von politischen und gesellschaftlichen Zwängen ausgeübt werden.[13] Die Suche nach Wahrheit und das Streben nach Erkenntnis um ihrer selbst willen verlangten Kenntnisse auf allen Gebieten menschlichen Wissens. In zeitkritischer Absicht wandte sich Humboldt gegen Spezialisierung und Fragmentierung der Bildung und der Wissenschaft, die dazu führten, dass die Welt nicht mehr als Ganzes verstanden würde.[14]

Als Gegenentwurf zu der als defizitär empfundenen Gegenwart diente Humboldt – nach dem Konzept Friedrich Schillers – die griechische Antike. Denn »der vorherrschende Zug« der Griechen sei gewesen, »Achtung und Freude an Ebenmaß und Gleichgewicht, auch das Edelste und Erhabenste nur da aufnehmen zu wollen, wo es mit einem ganzen zusammenstimmt«. Deshalb sei ihnen das »Missverhältnis zwischen innerem und äußerem Dasein, das die Neueren so oft quält« schlechterdings fremd gewesen.[15] Die Vielfalt der Lebensbereiche habe im antiken Hellas nicht zu Widersprüchen und Gegensätzen geführt, die den modernen Menschen so sehr verunsicherten, sondern seien zu einer Einheit verbunden worden.

Ebendiese Harmonie in der Pluralität menschlicher Existenz hätten die Griechen zum »Ideal dessen« gemacht, »was wir selbst sein und hervorbringen möchten«.[16]

An den Griechen lernte man, dass das Streben nach Bildung nie abgeschlossen werden konnte, sondern ein lebenslanger Prozess der Selbsterziehung war. Es ist offenkundig, dass sich Humboldts Konzept gegen die Ständewelt des Ancien Régime richtete und eine neue Bildungselite konstituierte, die nicht mehr durch Geburt und Herkunft, sondern durch Leistung und Bildung legitimiert wurde. Das Ideal einer an der griechischen Antike orientierten höheren Bildung war der Theorie nach allen Menschen zugänglich, »denn der gemeinste Tagelöhner und der am feinsten Ausgebildete muss in seinem Gemüt ursprünglich gleich gestimmt werden, wenn jener nicht unter der Menschenwürde roh und dieser nicht unter der Menschenkraft sentimental, schimärisch und verschroben werden soll«.[17] Doch diese Bildungsidee war keineswegs egalitär. Eine Bildung, die den Zweck in sich trug und den praktischen Nutzen gering schätzte, musste man sich leisten können. Es war das aufstrebende Bürgertum, das sich zu Beginn des 19. Jahrhunderts Humboldts Ideal der Bildung (durch Wissenschaft) zu eigen machte. Die Verehrung der Griechen begründete die für das kulturelle Selbstverständnis der bürgerlichen Gesellschaft in Deutschland zentrale Bedeutung der Bildung für jeden einzelnen, der sein Leben lang angehalten war, an sich selbst zu arbeiten. Die ›bürgerliche‹ Welt der Griechen ersetzte zugleich die aristokratische Antikenkultur, die durch die französische Hofkultur stark lateinisch geprägt war.[18] Bildung wurde zum eigentlichen und wahren Adelsprädikat. Das Signum bürgerlicher Vornehmheit war nunmehr die souveräne Beherrschung der griechischen Sprache.

Unerreichbarkeit der Griechen: Zeitlose Größe und paradigmatische Geschichtlichkeit

Die Griechen offenbarten Humboldt die »reine, um ihrer selbst willen verwirklichte Menschlichkeit des Menschen«. Sie sind »das Ideal alles Menschendaseins«. Die Griechen »sind für uns, was ihre Götter für sie waren«.[19] Die Römer wurden nur als Vermittler des griechischen Erbes wahrgenommen. Die Überhöhung der Griechen ging einher mit der Abwertung der römischen Tradition.[20]

Humboldt teilte die Grundüberzeugung des Klassizismus, das Eigene am Fremden zu verstehen. In der Auseinandersetzung mit dem Gegenüber und in der Aneignung fremden Geistes sollten der eigene Geist entdeckt und erzogen werden.

Humboldt warf mit der Rezeption des antiken Hellas die für das deutsche Bürgertum wichtige Frage auf, unter welchen Voraussetzungen und Bedingungen und mit welchem Ziel sich ein Individuum und eine Nation Fremdes erschließen und anverwandeln könne.[21] Immer wieder betonte er in diesem Zusammenhang die Bedeutung der griechischen Sprache, in der sich der griechische Geist in seiner Ursprünglichkeit, Kraft und Fülle manifestiere. Pointiert formulierte er, dass »alle wahrhafte Geistesbildung aus den Eigentümlichkeiten des Attischen Dialektes« hervorgehe.[22]

Doch nicht allein die Sprache sollte gelernt werden. Es hieß, die griechische Kultur in ihrer Mannigfaltigkeit und den griechischen Charakter in seiner Totalität zu erfassen. Zwar räumte Humboldt prinzipiell jeder Nation die Möglichkeit ein, einen individuellen Charakter auszubilden, schränkte aber zugleich ein, dass im Grunde genommen nur die griechische Antike von Bedeutung sei.[23] Das Studium des griechischen Charakters müsse, so Humboldt, in jeder Lage und jedem Zeitalter allgemein heilsam auf die menschliche Bildung wirken, »da derselbe gleichsam die Grundlage des menschlichen Charakters überhaupt« ausmache.[24]

Humboldts Idealisierung des griechischen Altertums war eine späte Variante der *Querelle des Anciens et des Modernes*, die im 17. Jahrhundert das Verhältnis der eigenen Zeit zur Antike zu bestimmen versuchte, allerdings ein weitgehend romanozentrisches Antikenbild vermittelt hatte. Im Anschluss an Winckelmann schwelgte Humboldt im Pathos klassizistischer Griechenbegeisterung. Doch er redete nicht der Imitation des historischen Exempels das Wort, denn dies war in seinen Augen eine Unmöglichkeit: »Die Griechen sind uns nicht bloß ein nützlich historisch zu kennendes Volk, sondern ein Ideal. Ihre Vorzüge über uns sind von der Art, dass gerade ihre Unerreichbarkeit es für uns zweckmäßig macht, ihre Werke nachzubilden.«[25] Nicht die blinde Nachahmung konnte das Individuum zur harmonischen Entfaltung der eigenen Anlagen führen, sondern die stete Auseinandersetzung mit einem idealisierten Hellas-Bild, das nicht ein historischer Ort, sondern vielmehr eine Utopie, eine »notwendige Täuschung« war. Das Altertum war vergangen, und die moderne Welt konnte nicht aus der alten deduziert werden.[26] Normativität und Historizität standen nebeneinander.[27]

Humboldt wollte die Griechen nicht mehr in ihrer zeitlosen Größe, sondern in ihrer paradigmatischen Geschichtlichkeit darstellen. Damit wurden sie aber auch zu einem Objekt historischer Forschung, deren Aufgabe die Beschreibung der einzigartigen Individualität des griechischen Nationalcharakters war. Für deren Erforschung war die ›moderne‹ Altertumswissenschaft zuständig, die Humboldt als Student in Göttingen bei Christian Gottlob Heyne, der wiederum von Winckelmanns Vorstellungen beeinflusst worden war,[28] kennengelernt hatte, und für die Friedrich August Wolf stand, mit dem Humboldt intensiv korrespondierte.[29] Beide reagierten mit ihren Schriften »Über das Studium des Altertums« und »Darstellung der Altertumswissenschaft« auf Heynes programmatische »Einleitung in das Studium der Antike« aus dem Jahr 1772. Man stimmte darin überein, dass es nicht mehr die einzige Aufgabe der Altertumswissenschaft sein konnte, die aus der Antike überkommenen Texte zu edieren und zu kommentieren, sie mussten vielmehr nach den Regeln der Quellenkritik der historischen Auswertung und Interpretation unterworfen werden. Die Klassische Philologie wurde damit zu einer historischen Disziplin, die die Antike als vornehmstes Objekt des historischen Interesses betrachtete und sich deshalb als das erste unter den Fächern der Philosophischen Fakultät verstand. An antiken Gegenständen wurde die Frage nach den Bedingungen der Möglichkeit objektiver Erkenntnis in der Geschichte diskutiert, und die Prinzipien der neu konstituierten Hermeneutik wurden auf die philologisch-historische Analyse griechischer und lateinischer Texte angewandt.[30]

Damit stand Humboldt am Anfang einer Entwicklung, die das griechische Altertum historisierte und seine normative Funktion relativierte. Wissenschaft und Bildung drifteten im Laufe des 19. Jahrhunderts immer weiter auseinander. Humboldt selbst konzentrierte sich in späteren Jahren nicht allein auf die Erforschung der Alten Welt, sondern verfolgte universalhistorische Fragestellungen – durchaus in der Absicht, durch Vergleiche die Einzigartigkeit des griechischen Nationalcharakters und die Schönheit der griechischen Sprache zu bestätigen. In seinen späten sprachwissenschaftlichen Untersuchungen distanzierte er sich von jeder auf die europäische Antike beschränkten Forschung, richtete seine Aufmerksamkeit auf alle Sprachen der Menschheit und relativierte somit die Exzeptionalität des griechisch-römischen Altertums.[31] Hier weiß er sich einig mit seinem Bruder Alexander, für den die europäische Antike zwar auch die Referenz für seine Beschreibungen fremder Kulturen ist, der aber ihre exklusive Bedeutung durch den bewussten Vergleich mit außereuropäischen ›Antiken‹ relativiert und eurozentrische Stereotypen dekonstruiert.[32]

August Böckh und Johann Gustav Droysen gingen den von Heyne, Wolf und Humboldt vorgezeichneten Weg konsequent weiter, an dessen Ende die Erkenntnis stand, dass die Alte Welt nur eine Epoche neben anderen war. Der Beitrag der Altertumskunde, die die Griechen zunächst zu ihrem primären Erkenntnisgegenstand machte, ist für die Entwicklung eines modernen Geschichtsverständnisses und einer wissenschaftlichen Methodologie von nicht zu unterschätzender Bedeutung. In seiner Akademierede von 1821 »Über die Aufgabe des Geschichtsschreibers« begründete Humboldt das Programm einer forschenden Geschichtsschreibung, die die Aufzählung der Fakten hinter sich ließ und in deren Zentrum die Einbildungskraft, die Phantasie, stand. Dieser bedarf es, um die inneren Zusammenhänge der Geschichte, die Gesetze der historischen Entwicklung erfolgreich zu erkunden. Humboldt zielte auf die Ideen, die die Geschichte strukturieren und aus dem Faktenstoff ein Gewebe machen. Diese liegen ihrer Natur nach zwar »außer dem Kreise der Endlichkeit«, aber sie durchwalten und beherrschen die Weltgeschichte »in allen ihren Teilen.«[33] Aufgabe des Historikers sei es, die transzendenten Ideen als die treibenden Kräfte der Geschichte mit Hilfe seines »Ahndungsvermögens« und seiner »Verknüpfungsgabe«[34] aufzuspüren und ihr Wirken in der Immanenz darzustellen. »Das Geschäft des Geschichtsschreibers in seiner letzten, aber einfachsten Auflösung ist Darstellung des Strebens einer Idee, Dasein in der Wirklichkeit zu gewinnen.«[35] Im Übergang von der Aufklärungshistorie zum Historismus konstituierte Humboldt die Einheit des Vergangenen nicht durch die Abbildung des Geschehenen, sondern der Ideen, die dem Historiker im Geschehen erkennbar sind. Die schöpferische Phantasie des Historikers war nicht länger stigmatisiert, sondern wurde die Voraussetzung historischer Erkenntnis überhaupt.

Am antiken Beispiel wurde die bürgerliche Gewissheit entfaltet, durch Geschichtsschreibung den Gang der Zeitläufte beeinflussen zu können. Die exklusive Kompetenz – und Aufgabe – der Historiographie war es, »die Gegenwart über ihr Werden aufzuklären und damit über den historischen Moment, dem sie zugehört und dem sie gerecht werden muss«.[36] Der Bürger konnte und musste vom Altertum verantwortungsvolles politisches und gesellschaftliches Handeln lernen. Historische Reflexion, die ihren Ausgang in der griechischen Antike nahm, wurde zu einem wesentlichen Bestandteil bürgerlicher Kultur.

Die fundamentale Historisierung der Vorstellungen von Mensch und Welt und der beispiellose Aufstieg der historisch orientierten Fächer an den Universitäten und in der öffentlichen Wahrnehmung kennzeichneten Politik, Gesellschaft und Mentalität des Bürgertums im 19. Jahrhundert. Dieser dynamische Prozess nahm seinen Ausgang in der ästhetisierenden Begeisterung für die griechische Antike, dem auf individuelle Entfaltung zielenden Bildungskonzept, der rationalen Methode einer quellenkritischen Altertumswissenschaft und der Neubegründung der Geschichtsschreibung. Humboldt trug zur Entwicklung einer Hermeneutik bei, die als Theoriekonzept der Geschichts- und Altertumswissenschaften der bürgerlichen Sinndeutung diente.[37]

Der Rekurs auf das antike Hellas als eines »Ideals zur Vergleichung«[38] hatte zudem eine kritische Bewertung des Christentums zur Folge, das – wie Humboldt ausführte – in dem Zeitraum vom vierten bis zur Mitte des sechzehnten Jahrhunderts den Verfall des Geschmacks und der wissenschaftlichen Kultur zu verantworten habe.[39] Den »Zeiten der Barbarei«, die »mit dem sehr schicklichen Namen des Mittelalters belegt« würden, stellte Humboldt das »Ideal« der »griechischen Vorwelt« entgegen.[40] Damit verabschiedete er sich von der seit dem Humanismus herrschenden Vorstellung, dass die vorchristliche und die christliche Antike eine Einheit bildeten, und setzte an ihre Stellung eine exklusiv pagane Vergangenheit, deren Studium die Erneuerung der Gegenwart bewirken sollte. Bereits Friedrich Paulsen beschrieb die Folgen eindrücklich: »Der hellenische Humanismus ist eine neue Religion, die Philologen sind ihre Priester, die Universitäten und Schulen ihre Tempel.«[41] Humboldt konzipierte eine säkulare Bildungsreligion, die in der bürgerlichen Welt des 19. Jahrhunderts die Entchristianisierung der Gesellschaft beschleunigte und eine quasi-religiöse Verehrung des Griechentums zur Folge hatte.

Freiheit des Individuums:
Zur Genese der bürgerlichen Gesellschaft

Die Verherrlichung der griechischen Antike hatte immer auch eine politische Dimension, denn in Übereinstimmung mit der emanzipatorischen Tradition der Aufklärung hatte schon Winckelmann Athen nicht nur zum Zentrum künstlerischer und humaner Idealität, sondern zugleich zum Ort politischer Freiheit gemacht. Humboldt hingegen, an Johann Gottfried Herder anschließend, beschrieb in seinen Studien zur Alten Welt Hellas als den Ort, an dem der Mensch seine Individualität auf beispielhafte Weise hatte entfalten können. Individualität war ihm das »Geheimnis alles Daseins«, das in jedem Menschen zu finden war. Aus der Französischen Revolution hatte er gefolgert, dass in einer bestimmten historischen Situation alles auf die individuellen Kräfte ankomme. Seine Forderung, das Individuum zur Selbständigkeit, zur Selbsttätigkeit und zur Selbstverantwortung zu erziehen, setzte individuelle Rechte und persönliche Freiheit voraus und richtete sich an den Staat, der als einziger diese Rechte und diese Freiheit zu garantieren vermochte.[42] Humboldt bestimmte als den höchsten Zweck des modernen Staates die Befreiung des Bürgers zum selbsttätigen Menschen. Folglich durfte der Staat die Bildung des Individuums nicht behindern, durfte nicht in Erziehung, Religion und Moral eingreifen, sondern musste die Freiheit als die erste und unerlässliche Bedingung von Bildung und Wissenschaft akzeptieren. Dazu war es notwendig, die staatliche Wirksamkeit zu begrenzen. Die »Staatsverfassung« war nur »ein notwendiges Mittel« und, »da sie allemal mit Einschränkungen der Freiheit verbunden ist«, nicht mehr als »ein notwendiges Übel«.[43] Humboldt verknüpfte den neuen Staatsgedanken und den neuen Bildungsgedanken. »Der Staat wurde berufen, die Erziehung des Menschen ohne alle Nebenzwecke von Macht und Interesse, allein um des Menschen selbst willen, in die Hand zu nehmen, doch von der neuen Bildung erwartete man zugleich, dass sie kraft des ihr innewohnenden Gesetzes die Hingabe an Volk und Staat erziehen werde.«[44]

Humboldt verfocht die Idee einer aktiven Teilhabe der politisch tätigen Bürger und integrierte sie in sein Modell einer Gesellschaft, die sich als eine Gemeinschaft von Bürgern konstituierte, die ihr Gemeinwesen weitgehend selbständig regelten. Der Ort der freien Wirksamkeit des Menschen war für Humboldt indes nicht der Staat, sondern die Nation. Der Staat zeichnete verantwortlich für die innere und äußere Sicherheit, während die Nation durch das freiwillige Zusammenwirken der Bürger in verschiedenen Bereichen gekennzeichnet war. Die Verbindung zwischen Staat und Nation konnte einzig der Bürger herstellen, in dem er sich selbstbewusst und politisch handelnd betätigte. Das »freie Wirken der Nation unter einander«, das »alle Güter bewahrt, deren Sehnsucht die Menschen in eine Gesellschaft führt«,[45] antizipierte die Konzeption einer bürgerlichen Gesellschaft, deren Kennzeichen die Separierung vom Staat war[46] – mit dem Ziel, den Bürgern einen vom staatlichen Einfluss weitestgehend freien Bereich zu sichern.[47]

Auch hier setzte Humboldt Vergangenheit und Gegenwart in ein produktives Verhältnis zueinander. Das Altertum diente als Vergleichspunkt, eine Rückkehr zu den antiken Zuständen war jedoch nicht intendiert. Humboldt ließ in seinen staatstheoretischen Überlegungen keinen Zweifel daran, dass die griechische Polis und die römische *res publica* ein überkommenes Modell darstellten. Im Altertum war zwischen Staat und Gesellschaft noch nicht geschieden, und der Bürger des antiken Stadtstaates ordnete seine individuelle Freiheit dem Allgemeinwohl unter. Hier kontrastierte Humboldt die politischen Verhältnisse in den Monarchien seiner Zeit mit der historischen Situation in der Antike. Die Diskussion der Verhältnisse im Altertum führte Humboldt folglich zur reflektierten Beurteilung der zeitgenössischen Verhältnisse in Staat und Gesellschaft.[48]

Humboldts Antikebild diente der Legitimation und Konstitution seiner Vorstellungen eines modernen Staates, der Bildung und Freiheit garantierte und beförderte. Die Beschäftigung mit dem Altertum hatte folglich eine zeitkritische, eminent politische Dimension. Die antiken Beispiele verdeutlichten die Notwendigkeit, in der Gegenwart bürgerliches Engagement und Patriotismus mit dem Ideal individueller Autonomie zu verbinden. Nur ein solcher Staat vermochte stark zu sein, der seinen Bürgern persönliche und institutionelle Freiheit ermöglichte und die Herrschaft des Menschen über den Menschen unterband. Freiheit, in Humboldts Worten, ist »die notwendige Bedingung, ohne welche selbst das seelenvollste Geschäft keine heilsamen Wirkungen [...] hervorzubringen vermag«.[49] Der Entwurf eines politisch tätigen Bürgers und das Modell einer bürgerlichen Gesellschaft, das den Liberalismusdiskurs des 19. Jahrhunderts prägte, orientierten sich an der idealen Projektion politischen Handelns in den griechischen Stadtstaaten und der römischen Republik.

HELLENISTISCHE WAHLVERWANDTSCHAFTEN: DEUTSCHE UND GRIECHEN

Humboldt zeigte am Beispiel des griechischen Altertums, dass das Studium einer Nation »schlechterdings alle diejenigen Vorteile« gewähre, »welche die Geschichte überhaupt« darbiete.[50] Deshalb empfahl er die Beschäftigung mit der griechischen Nation in all ihren Aspekten. Doch zunächst hatte er kaum Interesse an der politischen Geschichte, da er den Charakter einer Nation, deren Darstellung für ihn die zentrale Aufgabe der Historiographie war, eher in deren literarischen, wissenschaftlichen und künstlerischen Leistungen zu erkennen glaubte. Erst die Befreiungskriege gegen Napoleon sensibilisierten ihn für das politische Geschehen in Vergangenheit und Gegenwart. Im Jahr 1807 lag Preußen nach den verlorenen Schlachten gegen das napoleonische Heer bei Jena und Auerstedt am Boden. Als Gesandter im Vatikan war Humboldt zumindest räumlich weit entfernt von der politischen Stimmung in seiner Heimat. Neben sprachwissenschaftlichen Studien, die er in Rom betrieb, widmete er sich in einem Fragment gebliebenen Text auch jener Frage, die angesichts der Zeitumstände für einen preußischen Aristokraten von bestürzender Aktualität sein musste: der »Geschichte des Verfalls und Untergangs der griechischen Freistaaten«. Doch was lehrte diese Geschichte? Makedonen und Römer, die Eroberer Griechenlands, waren Barbaren: »Der bessere und edlere Teil erlag, und die rohe Übermacht trug den Sieg davon.« Wie damals so geschehe es »fast immer«, dass »barbarische Völker« die »höher gebildeten« besiegten. Wer nicht »im Verzweiflungsmut« untergehe, der suche »die Freiheit im Inneren wieder«, die im Äußeren verloren gegangen sei.[51] Das siegreiche Rom bildete »in vielfacher Hinsicht immer den Körper, dem Griechenland die Seele einhauchen sollte«.[52]

2. WILHELM VON HUMBOLDT

Die Aktualisierung der griechischen Verfallsgeschichte ist augenfällig, der Vergleich zwischen Hellas-Deutschland und Rom-Frankreich drängt sich geradezu auf. Die Geschichte des nachklassischen Griechenlands spiegelte die jüngste Demütigung Preußens durch das napoleonische Frankreich. Zugleich betonte Humboldt in seiner Schrift mit Nachdruck, dass sich Deutsche und Griechen besonders nahe seien: »Deutsche knüpft daher ein ungleich festeres und engeres Band an die Griechen, als an irgend eine andere, auch bei weitem näher liegende Zeit oder Nation.« Weiter heißt es, dass Deutschland »in Sprache, Vielseitigkeit der Bestrebungen, Einfachheit des Sinnes, in der föderalistischen Verfassung, und seinen neuesten Schicksalen eine unleugbare Ähnlichkeit mit Griechenland« zeige.[53] Damit waren die wesentlichen Argumente für die Verbreitung der Idee einer deutsch-griechischen Verwandtschaft benannt. Der Vielseitigkeit des griechischen wie des deutschen Nationalcharakters entsprach die Einseitigkeit des römischen und des französischen.

Zum ersten Mal hatte sich Humboldt beiläufig in einem Schreiben an Schiller vom 22. September 1795 über seine »Grille von der Ähnlichkeit der Griechen und Deutschen« geäußert.[54] Er wiederholte seinen Gedanken, dass eine ›Wahlverwandtschaft‹ zwischen Deutschen und Griechen bestehe, in anderen Briefen, bis er ihn dann ausführlich in seiner »Geschichte des Verfalls und Untergangs der griechischen Freistaaten« von 1807 entwickelte. Humboldt verwandelte den aus früheren Jahrhunderten geläufigen Epochenvergleich zwischen Antike und Moderne in einen doppelten Kulturvergleich: einerseits zwischen dem antiken Griechenland und dem antiken Rom und andererseits zwischen der Kulturnation Deutschland, das er mit Hellas parallelisierte, und der Staatsnation Frankreich, das er mit dem römischen Imperium verglich. Nicht nur bildungs-, sondern auch kulturpolitisch sollte eine Antwort auf die militärische Niederlage Preußens und den politischen Triumph Napoleons gefunden werden. Die Botschaft, die Wilhelm von Humboldt 1807 verkündete, lautete: Der barbarische »Unterjocher« war kulturell zu überwinden.[55]

Im Anschluss an Herder und die Antikerezeption des deutschen Idealismus propagierte Humboldt das Konzept einer kulturell definierten Nation, die auf staatliche Integration verzichten konnte, weil sie über kulturelle Kohäsion verfügte. An die Stelle der politischen Einheit trat das Bewusstsein eines Zusammenhaltes, der auf kulturellen Gemeinsamkeiten beruhte, die wiederum die geistige Überlegenheit der politisch fragmentierten Nation begründeten. Die von Humboldt vollzogene Aktualisierung der Dichotomie, die zwischen der Kulturnation Hellas und der Staatsnation Rom bestand, kompensierte die politischen und militärischen Niederlagen Preußens und die Auflösung des Heiligen Römischen Reiches deutscher Nation. Die Ideen des preußischen Aristokraten entwickelten folglich in den preußischen Befreiungskriegen gegen Napoleon eine beachtliche politische Dynamik.[56]

Humboldt hatte damit eine Tradition erfunden, die eine kollektive Identität zu stiften verstand. Dem deutschen Bürgertum bot die Vergegenwärtigung der klassisch-griechischen Vergangenheit eine willkommene Alternative zur französisch-lateinischen Kulturhegemonie in Europa.[57] Die nationale Begeisterung für die alten Griechen richtete sich gegen Frankreich und die ›Gallomanie‹ des deutschen Adels, gegen den absolutistischen Staat und die Ständegesellschaft. Die ›Gräkomanie‹, die in Deutschland an Gymnasien und Universitäten, durch Bücher und Flugschriften verbreitet wurde, war zugleich ein wichtiges Instrument der nationalen Identitätssicherung und der Gegenwartsbewältigung. Der neue, in einer bestimmten historischen Situation entstandene Mythos von der Verwandtschaft zwischen Deutschen und Griechen wurde Teil der bürgerlichen Sinnstiftung und festigte die Annahme, Bürger einer überlegenen Kulturnation zu sein. Im Glauben an eine innere Verwandtschaft von Griechen und Deutschen demonstrierten in der Folge nicht wenige deutsche Intellektuelle ihr kulturelles Sendungsbewusstsein in Wort und Schrift.

NACH HUMBOLDT: WIRKUNGEN

Humboldts Einfluss auf seine eigene Zeit nachzuzeichnen, ist ein schwieriges Unterfangen.[58] Viele seiner Schriften ließ er unveröffentlicht in der Schublade. Humboldt wirkte zu Lebzeiten viel stärker durch seine Briefe. Als er 1835 starb, stand er ganz im Schatten seines Bruders Alexander, der dafür Sorge trug, dass aus dem Nachlass wichtige Schriften veröffentlicht wurden. Die bekannten Abhandlungen zum Altertum fanden mehrheitlich gar erst Ende des 19. Jahrhunderts ihren Weg in die Öffentlichkeit.[59] Die Wirkung seiner beiden Denkschriften zur Reform des Schulwesens, dem »Königsberger« und dem »Litauischen Schulplan«,[60] die er als Geheimer Staatsrat und Chef der Sektion für Kultus und öffentlichen Unterricht im preußischen Innenministerium mitten im Zusammenbruch Preußens zu Papier brachte, ist jedoch ebenso umstritten wie die Bedeutung seines erfolgreichen Antrages auf Errichtung der Universität Berlin, in dem er Ideen von Schelling, Schleiermacher und Fichte aufgriff.[61] Die »Einheit von Forschung und Lehre« hat Humboldt selbst nie gefordert; sie ist eine spätere Zuschreibung. Zwischen Humboldts Ideen und ihrer Rezeption ist mithin klar zu scheiden, zumal der »Mythos Humboldt« sich in verschiedenen bildungs- und universitätspolitischen Diskussionen des ausgehenden 19. und des 20. Jahrhunderts als ungemein wirkmächtig gezeigt hat und auf das »Leitbild Humboldt« unterschiedliche Sehnsüchte, Erwartungen und Hoffnungen projiziert wurden.[62]

Doch ebenfalls unstrittig ist, dass Humboldts Gedanken zu Inhalt und Aufgabe der Bildung und seine Ideen zu den verschiedenen Formen des Unterrichts in Schule und Universität nach 1810 über die Kabinettspolitik hinaus eine anhaltende Wirkung entfaltet haben. Nachdem Humboldt zum Chef der neugegründeten Sektion für Kultus und Unterricht im Ministerium des Innern ernannt worden war, konnte er die Reformeuphorie, die in dem nach der militärischen Niederlage daniederliegenden preußischen Staat herrschte, nutzen, um in seiner kaum sechzehn Monate währenden Amtszeit wichtige Impulse zum Aufbau eines einheitlichen öffentliches Schul- und Universitätssystems zu geben, das seine Ideen einer allgemeinen Menschenbildung reflektierte. Seine Vorstellungen kommunizierte er zudem einem großen Freundeskreis durch zahlreiche persönliche und briefliche Kontakte.

Humboldts Überlegungen »Über das Studium des Altertums, und des griechischen insbesondere« aus dem Jahr 1793 wurden ausführlich (und anonym) von Friedrich August Wolf in seiner einflussreichen Schrift über die Begründung einer umfassenden Altertumsforschung zitiert.[63] Seine Ideen wirkten hierdurch nachhaltig auf die moderne Wissenschaft vom Altertum und auf die akademische Ausbildung der Gymnasiallehrer an den Philosophischen Fakultäten. Zugleich zogen sie auch in die Unterrichtsabteilung des Kultusministeriums in Berlin ein, wo mit den Ministerialbeamten Johann Wilhelm Süvern und Johannes Schulze zwei Schüler von Friedrich August Wolf tätig waren und maßgeblichen Einfluss auf die Entwicklung der Universitäten und Gymnasien nahmen.[64]

Rückblickend wurde im späten 19. Jahrhundert die ästhetisierende Begeisterung für die griechische Antike und die auf die Erziehung des Individuums ausgerichtete, philosophisch legitimierte Bildung, aber auch die rationale Methode der quellenkritischen Altertumswissenschaft und die weitreichende Neubegründung der Geschichtsschreibung mit dem Begriff »Neuhumanismus« bezeichnet, um diese Bewegung vom Humanismus der Renaissance zu unterscheiden. Dieser Neologismus hat sowohl eine zeitliche wie eine inhaltliche Dimension; er verweist auf die Epoche von ca. 1790 bis 1840 und auf das ihr inhärente Bildungskonzept. Auch wenn Humboldt als eindrucksvollster Repräsentant dieser Bewegung beschrieben werden kann, ist er keineswegs der einzige. Nach einem bekannten

Wort war Winckelmann der »Schöpfer« des Neuhumanismus, »Goethe sein Vollender, Wilhelm von Humboldt in seinen sprachwissenschaftlichen, historischen und pädagogischen Schriften sein Theoretiker«.[65] In Bayern legte der Zentralschul- und Oberkirchenrat Friedrich Immanuel Niethammer wenig später ein weitreichendes Reformprogramm für den Unterricht vor, das das Erlernen der alten Sprachen in das Zentrum des Gymnasialunterrichts stellte, die antiken Texte als »vollendetste Meisterwerke der Kultur« pries, ihre Kenntnis nicht als Selbstzweck, sondern als Mittel zur Orientierung in der Welt verstand und der individuellen Begabung des einzelnen Schülers gerecht werden wollte, denn »der Wege zur Bildung sind mancherlei, und die verschiedenen Individuen sollen die verschiedenen Wege gehen«.[66] Bildung war auch hier die »allseitige und harmonische Entfaltung individueller Anlage«, die »zweckfreie Aneignung der Welt von innen heraus« und ein »unabgeschlossener Prozess«.[67] Die traditionelle Gelehrtenschule der Frühen Neuzeit, die seit der Reformation auf das Universitätsstudium vorbereitete, hatte ausgedient. Nicht mehr die aktive Beherrschung der einstigen Gelehrtensprache Latein stand im Zentrum des Lehrplanes, sondern die selbständige intellektuelle Durchdringung der behandelten Gegenstände.

Dieses neuhumanistische Bildungskonzept ist ein Spezifikum des deutschsprachigen Kulturraumes, auch wenn es zahlreiche thematische und inhaltliche Verbindungen zum Philhellenismus in Europa und den Vereinigten Staaten aufweist.[68] Die romanischen und angelsächsischen Länder öffneten sich, wenn überhaupt, nur sehr zögerlich den Ideen des deutschen Neuhumanismus. Man legte besonderen Wert auf eine sprachliche Bildung in humanistischer Tradition, die das Vorrecht der Eliten blieb. In Frankreich hielt sich trotz aller revolutionären Brüche die Dominanz des Lateinischen; bis weit in die zweite Hälfte des 19. Jahrhunderts mussten die Abiturienten lateinische Aufsätze verfassen und lateinische Reden halten. In den italienischen Gymnasien vertraute man auf den Unterricht in lateinischer Grammatik und Rhetorik; erst nach der Einigung Italiens 1870 sollte nach deutschem Vorbild der Griechischunterricht eingeführt werden. In Großbritannien bildeten bis weit in das 20. Jahrhundert hinein Griechisch und Latein die Grundlage der schulischen Erziehung der Oberschicht; die Industrielle Revolution hatte dort das Bild des englischen Gentleman nicht verändert, der sich durch die Lektüre der antiken Klassikerausgaben auf die Verwaltung des Empire vorbereitete, formvollendet aus dem Englischen ins Lateinische übersetzte und in der Lage war, griechische Verse zu schmieden.

In Deutschland hingegen fand die bürgerliche Kultur ihren Ausgangspunkt im antiken Griechenland. Auch die Beobachtung verschiedener Kulturen zu verschiedenen Zeiten und an verschiedenen Orten hatte zunächst nicht die Relativierung der Sonderrolle der alten Griechen zur Folge. Sie blieben in zeitlicher und räumlicher Perspektive einzigartig. In der produktiven Auseinandersetzung mit den Griechen wurden Selbständigkeit und Selbstvervollkommnung als individuelle Ziele und die liberale Gesellschaft als politisches Telos entwickelt. Die retrospektive Utopie des »Griechentums«, wie sie Humboldt entwarf, diente den Bürgern damit als Orientierungshilfe in einer nachständischen Welt, die rasch unübersichtlicher und vielfältiger wurde und in der Erfahrungsraum und Erwartungshorizont[69] immer stärker divergierten. Bürger zu werden, hieß jetzt dieser Utopie nachzustreben und auf ihre Verheißung zu vertrauen: »Bürgerlichkeit als kulturelles System vermittelte dem einzelnen eine Zielutopie, an der er sein Leben orientieren konnte.«[70]

Diese Utopie war, pointiert gesagt, von überragender Bedeutung, um die Herausforderungen der Moderne zu meistern.[71] Sie begründete nicht die Sonderrolle einer Klasse oder eines Standes, sondern war zunächst und vor allem ein Angebot, dass der Mensch durch individuelle Bildung sich zum Menschen entwickeln, die neuen Herausforderungen meistern und eine zukunftweisende Antwort auf die Erosion der ›vormodernen‹ politischen Ordnung und religiösen Weltdeutung geben konnte. Werte und Verhaltensmuster wurden vermittelt. Kulturelle, nicht ständische Vergesellschaftung kennzeichnete in der Folge die Träger dieser Kultur, die sich nicht nur mit der Erfüllung von Sekundärtugenden begnügten, sondern sich auf die produktive Suche nach neuen Modellen zur innerweltlichen Sinnstiftung und individuellen Lebensführung machten.

Das neuhumanistische Bildungsideal um 1800 war »die adäquate gesellschaftliche Antwort auf das Problem, die nun erforderlichen individuellen Aneignungsprozesse einerseits offen und flexibel gestalten zu können, sie andererseits aber zugleich auch zu institutionalisieren und es dem Einzelnen dadurch zu ermöglichen, in den offenen Herausforderungen der bürgerlichen Gesellschaft bestehen zu können. Nicht die Bildungsgüter und das Bildungswissen – eben nicht die Inhalte – sind das Spezifische des neuhumanistischen Bildungsideals, sondern der Prozess der Aneignung, der kreativen Ausformung als Verarbeitung. Das bedingt eine Ausrichtung auf das Allgemeine, auf die Komplexität und Vielheit des Lebens.«[72] Die neue Bildung, die exemplarisches Lernen am Beispiel der Griechen umsetzte, ermöglichte es, sich in einer kontingenten Lebenswelt zurecht zu finden, weil das, was man an den Griechen gelernt hatte, auf die eigene, aktuelle Situation übertragen konnte. Eine berufsspezifische Ausbildung erübrigte sich damit.

Gleichzeitig stiegen die Altertumswissenschaften an den Universitäten zur

Leitwissenschaft auf. Die im Anschluss an Winckelmann vertretene Historisierung der Altertümer knüpfte zwar in vielfältiger Weise an die antiquarische Forschung seit dem Humanismus und an die Geschichtsschreibung der Aufklärung an,[73] doch die nun entstehende neue Disziplin, die »Altertumswissenschaft«, die Christian Gottlieb Heyne an der damaligen Reformuniversität Göttingen zunächst propagiert und Friedrich August Wolf unter Rückgriff auf Humboldts Vorstellungen konzeptualisiert hatte, machte aus einer aristokratischen Liebhaberei und elitären Nebentätigkeit von Professoren ein akademisches Fach. Aufgabe der wissenschaftlichen Forschung war es nun, wie Hegel formulierte, die »Sprache und Welt der Alten« als Manifestationen des objektiven Geistes zu verstehen. Ihr Studium gleiche einem »geistigen Bad«, einer »profanen Taufe«, »welche der Seele den ersten und unverlierbaren Ton und Tinktur für Geschmack und Wissenschaft gebe«.[74] Die alten Sprachen wurden mithin nicht mehr – wie früher – als Teil der propädeutischen Ausbildung in der Artistenfakultät unterrichtet, sondern waren nun die Grundlage einer umfassenden Wissenschaft vom griechischen und römischen Altertum, die im Zentrum der erneuerten deutschen Universitäten stand. Auf der Basis der gründlichen Erfassung der Quellen wurde die Interpretation der Überlieferung als die entscheidende Erkenntnisoperation der historischen Forschung dargestellt, die Objektivität als obersten Grundsatz einforderte, an die immanente Sinnhaftigkeit des geschichtlichen Geschehens glaubte und die Rolle der Einzelpersönlichkeit betonte. Wissenschaftliche Bildung war die höchste Form bürgerlicher Bildung. Denn sie sollte »den Einzelnen dazu befähigen, in allen Lebens- und Berufsbereichen auf wissenschaftlicher Grundlage nach Lösungen für bislang ungelöste Probleme zu suchen«.[75] In Deutschland begann das Jahrhundert der Altertumswissenschaften.

3. Triumph und Krise: Die Altertumswissenschaften im 19. Jahrhundert[*]

Der Neuhumanismus war der wirkmächtige Ausdruck einer Emanzipationsbewegung des deutschen Bürgertums, die auf politische, soziale und religiöse Krisen der Zeit eine Antwort geben wollte. Der Rekurs auf die Antike war dabei eminent zeitkritisch. Die absolutistische Welt der Stände sollte endgültig überwunden und bürgerliche Formen des Zusammenlebens verwirklicht werden. Bildung war die

Grundlage für eine umfassende Erneuerung von Staat, Nation und Gesellschaft. Ambitionierte Reformkonzepte zunächst in Preußen und Bayern sowie in der Folge auch in anderen deutschen Ländern erstreckten sich auf Schulen und Hochschulen.[1] Es machte die deutsche Universität zum internationalen Vorbild einer modernen Bildungspolitik und leitete den Aufstieg der historischen Wissenschaften ein. Humboldts Antikeideal bildete das Fundament der klassischen Altertumswissenschaft und der bürgerlichen Kultur des 19. Jahrhunderts. Seine Abhandlung »Über das Studium des Altertums, und des griechischen insbesondere« wurde über ihre Rezeption durch Friedrich August Wolf zu einem der Gründungstexte der Altertumswissenschaften des 19. Jahrhunderts. Dabei transzendierte Humboldt den griechischen Kontext und entwarf einen »systematischen Plan« für die historische und anthropologische Beschreibung aller Kulturen, die er »am Beispiel der Griechen ausführt(e), aber nicht auf diese beschränkt(e)«.[2] Die hiermit einhergehende fundamentale Historisierung der Vorstellungen von Mensch und Welt bestimmte Politik und Gesellschaft, aber auch das bürgerliche Selbstverständnis im 19. Jahrhundert.

Ein relationales Griechenbild diente dem produktiven Vergleich der Moderne mit der Vergangenheit. Für die Definition von Bildung als eines permanenten Prozesses der Selbstvervollkommnung, für die Beschreibung des Verhältnisses von Freiheit und Bildung und der Beziehungen zwischen Individuum, Gesellschaft und Staat sowie für die Diskussion sozialer Organisations- und Strukturprinzipien war die griechische Antike zentraler Bezugs- und Vergleichspunkt. Auch die unterschiedlichen Vorstellungen dessen, was bürgerliche Kultur ausmache, wurden im Dialog mit dem griechischen Altertum entwickelt. Die utopisch entrückten Griechen wurden rasch zum festen Bestandteil einer deutschen Nationalkultur, in der manche eine »Tyranny of Greece over Germany« entdecken wollten.[3] Sicher ist indes, dass die Graecomanie ein wesentliches Charakteristikum der bürgerlichen Gesellschaft in der Moderne spiegelt: die manifeste Spannung zwischen Ideal und Wirklichkeit. Den politischen und sozialen Turbulenzen, der stetig wachsenden kulturellen Vielfalt, den Ambivalenzen und Paradoxien der eigenen Zeit, den ernüchternden Erfahrungen im Hier und Jetzt und der Tristesse des Alltages stellten viele in der Nachfolge von Winckelmann und Humboldt eine griechische Utopie entgegen, deren Wirkmächtigkeit allerdings durch den offenkundigen Widerspruch von Normativität und Historizität zusehends geschwächt wurde. Die neuhumanistische Bildung gewährte nicht nur Freiheit gegenüber den Zwängen von Staat und Gesellschaft, sondern unterstützte auch die Flucht in die Innerlichkeit, die den bürgerlichen Fortschrittsoptimismus konterkarierte.[4]

Das emanzipatorische Potential eines Antikenbildes, das in der Tradition von Winckelmann und Humboldt stand, ging rasch verloren.⁵ Man fürchtete, die Jugend könne sich in ihrer Begeisterung für das griechische Altertum mit republikanischen Ideen infizieren. Die Verbindung zwischen Gymnasium und Staat wurde enger – und damit auch die Kontrolle der Schulen. Hinzu trat die Konkurrenz einer von der Romantik inspirierten Germanen- und Mittelalterbegeisterung, die die Exklusivität des klassischen Altertums relativierte. In Preußen verwandelte Johannes Schulze seit 1818 die höheren Schulen in eine altsprachliche Exerzieranstalt, in Bayern übernahm diese Aufgabe zehn Jahre später Friedrich Thiersch. Die Exklusivität der griechischen Sprache in den gymnasialen Curricula wurde relativiert. Latein wurde in der Regel neunstündig, Griechisch sechsstündig unterrichtet. Mathematik, Geschichte und Deutsch wurden drei Wochenstunden zugebilligt, die kleineren Fächer wie das Französische, die Naturwissenschaften, die Religion und die musischen Fächer mussten mit höchstens zwei Stunden auskommen. In offiziellen Reden wurde weiterhin eine auf den alten Sprachen aufbauende Allgemeinbildung beschworen, die allerdings ohne eine ausgewogene Gewichtung von Naturwissenschaften und modernen Fremdsprachen auskommen musste. Immer öfters obsiegte ein veräußerlichter Bildungsbegriff, der aus dem ›Humanistischen‹ Gymnasium bald eine Einrichtung machte, die auf Drill und Routine setzte: Man begnügte sich damit, die griechischen Verba auf -μι einzupauken. Nicht mehr der Bildungsinhalt, sondern das Bildungspatent zählte. In der stratifizierten Gesellschaft des 19. Jahrhunderts wurde es zu einem wirksamen Instrument sozialer Exklusion.

Im deutschen Kaiserreich geriet der exklusive Anspruch der Humanistischen Gymnasien, als einzige Institution den Universitätszugang zu ermöglichen, unter Druck. Gegen den heftigen, auch öffentlichen Widerstand, den besonders Altertumswissenschaftler organisierten, wurden die Berechtigungsdiplome moderner Schulanstalten wie der Oberrealschule und des Realgymnasiums anerkannt. Der Anteil der Studenten mit humanistischer Bildung sank in der Folge von über 90% um 1900 auf unter 70% vor dem Ausbruch des Ersten Weltkrieges. Der Streit um die allgemeinbildende und nationalpolitische Funktion der alten Sprachen dauerte an.⁶

An den Universitäten wiederum triumphierte die ›klassische‹ Altertumswissenschaft, die die griechisch-römische Antike verabsolutierte, das Interesse am Vorderen Orient verlor und die Geschichte des frühen Christentums vernachlässigte. Die Historisierung des Altertums in der deutschen Forschungsuniversität bedeutete das Ende einer normativen Antike. Humboldt und seine Zeitgenossen hatten nie einen Zweifel daran gelassen, dass die Kultur der Griechen die Grundlage der gesamten Bildung sei. Eine solche Betrachtung der Antike war der methodisch professionalisierten Altertumswissenschaft fremd. Ihr moderner Realismus zerstörte die Sonderstellung der Griechen, die dem deutschen Bildungsbürger zur lieben Gewissheit geworden war. Gegen die Verflachung und Relativierung klassischer Bildung wandten sich seit der Mitte des 19. Jahrhunderts bis weit in das 20. Jahrhundert immer wieder einzelne Wissenschaftler und Intellektuelle. Sie kritisierten eine Wissenschaft vom Altertum, die nur hochspezialisiertes Fachwissen anhäufe, und versuchten, die europäische Antike als zeitloses Leitbild zu bewahren. Ihre Anstrengungen, die neuhumanistische Bildung wiederzubeleben, waren indes von einem tiefen Kulturpessimismus geprägt, und sie strebten tiefgreifende gesellschaftliche und politische Veränderungen an. Doch bleiben wir zunächst bei den Altertumswissenschaften und dem Ort ihrer größten Wirkung, den Universitäten.

DER ORT: DIE UNIVERSITÄTEN

Die deutsche Universität des 19. Jahrhunderts ist eine Erfolgsgeschichte.[7] Sie beginnt mit der Auflösung und Neugründung einzelner Universitäten, der neuhumanistischen Konzeptualisierung und Säkularisierung der höheren Bildung sowie der institutionellen Reorganisation der Hochschulen. Gab es 1789 auf dem Gebiet des späteren Deutschen Reiches 35 Universitäten, so führen die politischen Veränderungen der Napoleonischen Zeit zu einem deutlichen Rückgang auf 18 Universitäten, zu denen 1810 Berlin und 1811 Breslau als Neugründungen und 1818 Bonn als Wiedergründung hinzukommen. Bis 1872 die Universität Straßburg ihre Pforten öffnete, blieb die Zahl der Universitäten auf deutschem Boden unverändert.

Das preußische Reformkonzept verschaffte den deutschen Wissenschaften Weltgeltung und machte die deutsche Universität zum international wirkmächtigen Paradigma einer modernen Hochschulpolitik. Es transzendierte den universitären Bereich. Erziehung und Wissenschaft wurden als Teil einer umfassenden Erneuerung von Staat und Gesellschaft verstanden. Das liberale Ideal einer auf der Freiheit von Forschung und Lehre basierenden Universität grenzte sich vom dirigistischen Hochschulsystem französischer Provenienz ab. Bildung durch Wissenschaft wurde zum Leitmotiv. Selbstbewusst wurde ein bürgerliches Leistungsethos vertreten, das die alte Ständearistokratie durch eine neue bürgerliche Meritokratie ersetzte. Jeder Mensch, so lehrten die Vertreter des philosophischen Idealismus, trage die Idee der Wissenschaft in sich, so dass das Studium zur geistigen und sittlichen Perfektion diene. Den praktischen Nutzen der wissenschaftlichen Wahrheitssuche negierte man: Wissenschaft wurde um ihrer selbst willen betrieben.

Die Reformen kündeten zugleich ein neues Verständnis von Forschung und Lehre; beide Bereiche wurden als Einheit verstanden. Der Student, angeleitet von seinem Professor, sollte nicht nur Wissen aufnehmen, sondern selbständig forschen. Umgesetzt wurde diese Wissenschaftskonzeption am Philologischen Seminar – dem Ort mithin, an dem die Altertumswissenschaft als Grundlagenwissenschaft begründet wurde.[8] Die Veränderung der deutschen Universität war folglich nicht nur eine theoretische, sondern auch eine praktische Angelegenheit. Neue Formen der institutionellen Organisation und der akademischen Lehre wurden erprobt und eingeführt. Mit dem Seminar als Ort des Unterrichtes entstand die schriftliche Seminararbeit, die völlig unterschiedliche Themen behandeln konnte und in der Regel vom Dozierenden korrigiert wurde, bevor der Verfasser sich im Seminar der Kritik seiner Kommilitonen stellen musste.[9]

Die Professoren wurden zur Veröffentlichung ihrer Ergebnisse angehalten und mussten sich der gelehrten Diskussion und Kritik stellen. Der Forschungsprimat war unbestritten. Nur der gute Wissenschaftler war ein guter Lehrer. In enger Kooperation zwischen Schüler und Lehrer sollten die Methoden des Faches eingeübt und wissenschaftliches Arbeiten vermittelt werden. Das Studium unterlag ansonsten wenigen Vorgaben. Es war auf die Erziehung durch Wissenschaft ausgerichtet, postulierte den Forschungsimperativ, führte in die Regeln der wissenschaftlichen Disputation ein und glorifizierte die innerweltliche Gelehrtenaskese. Eine kollektive Identität wurde an deutschen Universitäten, im Gegensatz etwa zu den englischen Colleges oder den französischen Grandes Écoles, nicht vermittelt, und die Studierenden waren nicht an ›ihre‹ Universität gebunden. Die Mobilität unter ihnen (wie auch unter den Professoren) war hoch; sie studierten regionen- und länderübergreifend an verschiedenen Universitäten und förderten gegen die partikularen Tendenzen des deutschen Föderalismus die Idee einer geeinten deutschen Nation. Der idealisierten ›Einsamkeit‹ des Forscherlebens stand indes eine ausgeprägte studentische Subkultur gegenüber, in der man sich zu Burschenschaften zusammenschloss. In Corps imitierte man vorbürgerliche, feudale Verhaltensnormen und propagierte einen formalisierten Ehrbegriff.[10] Die studentischen Verbünde verloren bald den liberal-idealistischen Elan der Gründerzeit. Die Krönung der universitären Erziehung war die sogenannte Inaugural-Dissertation, die einen wissenschaftlichen Erkenntnisgewinn vorweisen sollte. Sie fand ihre Fortsetzung in universitären Forschungsleistungen und gelehrten Gymnasialprogrammen.

Die neu gegründeten preußischen Universitäten standen nicht allein in ihrem Bemühen um universitäre Reformen. Vergleichbare Bestrebungen gab es auch an anderen deutschen Universitäten, vor allem in Göttingen, der bedeutendsten Reformuniversität des 18. Jahrhunderts und größten deutschen Hochschule am Anfang des 19. Jahrhunderts.[11] Hier war längst ein neuer wissenschaftlicher Stil in den Seminaren eingeführt, Lern- und Lehrfreiheit garantiert und das schwierige Verhältnis zwischen staatlicher Supervision und universitärer Korporation neu geordnet worden. Die Generation der preußischen Reformpolitiker, allen voran Wilhelm von Humboldt, optierten für dieses Modell einer reformierten Universität, mit dem sie durch ihr Studium ohnehin bestens vertraut waren. Die Universitäten Heidelberg, Würzburg und Landshut (1825/26 nach München verlegt) wurden allmählich nach den bestehenden Vorbildern (re-)organisiert und zogen viele Professoren und Studenten an. Schon wenige Jahre nach dem Wiener Kongress besuchten etwa 40% der Studenten die vier großen Universitäten Berlin, Breslau, Bonn und München. Göttingen konnte mit der Innovationskraft der preußischen Neugründungen auf Dauer nicht Schritt halten.

Die staatlichen Autoritäten betrieben weniger aus idealistischen denn aus pragmatischen Gründen eine expansive Hochschulpolitik. Die Universitäten wurden keineswegs als Horte der Freiheit geschützt – im Zuge der Karlsbader Beschlüsse und der Repressionsgesetze der 1830er Jahre disziplinierten die Verteidiger des monarchischen Prinzips die liberalen Studenten und Professoren –, sondern als Ausbildungsinstitutionen der staatstragenden Beamtenschaft gefördert. Institute und Seminare entstanden. An der Universität in Berlin, deren Etat sich zwischen 1820 und 1870 verdreifachte, gab es 1820 sieben medizinische sowie drei theologische und philosophische Institute; 1850 waren es zehn bzw. acht, 1870 sechzehn bzw. elf. Neue Lehrstühle wurden eingerichtet; hierbei hatten die preußischen Universitäten oft eine wichtige Vorreiterrolle. Innerhalb der Philosophischen Fakultät entwickelten sich aus den traditionellen Disziplinen Philosophie, Klassische Philologie, Geschichte und Orientalistik die ›jüngeren‹ Fächer Germanistik, Romanistik, Anglistik, Sanskrit und Vergleichende Sprachwissenschaft, Alte Geschichte, Klassische Archäologie und Kunstgeschichte. Dieser Kanon bildete die ›geisteswissenschaftliche‹ Grundausstattung aller deutschen Universitäten. Auch naturwissenschaftliche Fächer wie Chemie, Botanik und Zoologie, die an älteren Universitäten zur Medizinischen Fakultät zählten, wurden nun in die Philosophische Fakultät eingegliedert.[12]

Die deutsche Universitätslandschaft diversifizierte und hierarchisierte sich im Laufe der ersten Jahrzehnte des 19. Jahrhunderts. Unterschieden wurden ›Einstiegsuniversitäten‹ (wie Kiel, Gießen, Erlangen, Greifswald und Rostock), in denen Wissenschaftler ihre Karrieren begannen, ›Durchgangs- (Breslau, Freiburg, Marburg, Königsberg und Jena) und Aufstiegsuniversitäten‹ (Göttingen, Halle, Tübingen und Würzburg) und die ›Großuniversitäten‹, an die berufen zu werden die Krönung einer akademischen Laufbahn bedeutete. Zu der letztgenannten Gruppe zählten Berlin, München und Leipzig und – mit einem gewissen Abstand – Bonn und Heidelberg. Hier erhielten vorrangig Ordinarien einen Ruf.[13]

Der Professionalisierung der Forschung folgte die ›Verwissenschaftlichung‹ und Standardisierung der universitären Karriere. Das Eintrittsbillett war die Habilitation, die das Recht verlieh, Vorlesungen zu halten (die sogenannte *venia legendi*). Für die weitere Karriere wichtig wurde die individuelle Forschungsleistung und die wissenschaftliche Anerkennung in der *res publica litterarum*.[14] Damit einher ging die länderübergreifende Rekrutierung der Wissenschaftler und die Überwindung der traditionellen Kooptation des Gelehrten durch die Kollegen. Der Staat, will sagen die Kultusbürokratie, griff oft und entschieden in die Berufungspolitik ein und widersetzte sich kollegialen Vorlieben, lokalen Cliquen und zünftigen Interessen. Die durchaus an Nützlichkeitsüberlegungen orientierte Personalpolitik war zwar nicht frei von Missgriffen, konnte insgesamt aber eindrucksvolle Erfolge aufweisen. Der deutsche Föderalismus verschärfte die innovationsfördernde Konkurrenz der Länder auf dem Gebiet der Universitätspolitik und stimulierte den Fortschritt in den Wissenschaften. Eine Universitätskarriere reizte besonders aufstiegsorientierte Bildungsbürger und protestantische Pfarrerssöhne, die sich nicht selten vom ererbten Glauben ihrer Väter abwandten.[15] Das Bürgertum versuchte durch universitäre Bildungspatente seine faktische Benachteiligung gegenüber dem Adel, der nach wie vor die führenden Positionen in Verwaltung, Militär und Politik bekleidete, zu kompensieren. Innerhalb der bildungsaristokratischen Funktionselite entstanden Wissenschaftlerdynastien, die oft mehrere Generationen von Hochschullehrern hervorbrachten. Besonders beliebt war das Studium der Rechtswissenschaft, das zwischen 28,3 % und 33,6 % aller Studenten belegten, und der Medizin, für die sich ca. 15 % entschieden. Diese Fächer versprachen nach dem Ende des Studiums ein sicheres Auskommen. Die Philosophischen Fakultäten wuchsen aber ebenfalls ständig: An ihnen war Anfang der 1850er Jahre ein Viertel aller Studenten eingeschrieben. Demgegenüber sank die Zahl der Evangelischen Theologen deutlich (1830/31: 26,8 %; 1846/51: 15,9 %). Allerdings darf nicht vergessen werden, dass nur ein Bruchteil der Bevölkerung die Universitäten besuchte (1830: 0,5 ‰; 1850: 0,35 ‰). Die Studenten rekrutierten sich zu einem Großteil aus akademisch gebildeten Familien (ca. 50–60 %) sowie aus der Aristokratie (ca. 12,5%) und dem Besitzbürgertum (ca. 14%). Doch gab es nicht wenige soziale Aufsteiger (in Berlin bis zu 29%, in Halle und Leipzig über 30%) aus den unteren Mittelschichten, zu denen etwa Handwerker, Volksschullehrer sowie mittlere und niedere Beamte zählten. Deren Anteil, der durchaus regionalen und zeitlichen Schwankungen unterlag, war gerade im Vergleich zu den englischen und französischen Eliteuniversitäten und den privaten nordamerikanischen Hochschulen signifikant und unterstreicht das sozial diversifizierte Rekrutierungspotential der deutschen Hochschulen.[16]

Im Laufe des 19. Jahrhunderts stieg die Zahl der Extraordinarien und Privatdozenten, auf deren Kosten die Kultusbürokratien mit geringem finanziellem Aufwand das Lehrangebot vergrößern und neue Forschungsrichtungen etablieren konnten. Viele unbezahlte oder schlecht bezahlte Nachwuchswissenschaftler mussten sich daher zur ersehnten ordentlichen Professur ›durchhungern‹.[17] Während 1796 auf 100 Ordinarien nur 37 Nichtordinarien kamen, lag das Verhältnis 1864 bei 100 zu 88.[18] Der deutliche Zuwachs an Nichtordinarien, die die Erweiterung des Fächerkanons vorantrieben und für einen reibungslosen Lehrbetrieb verantwortlich waren, beschleunigte den Niedergang des traditionellen Korporatismus und förderte die Hierarchisierung des Lehrkörpers.

Vor diesem Hintergrund ist die Entwicklung der Altertumswissenschaften an den deutschen Universitäten zu sehen, die vom Ausbau der philosophisch-historischen Fächer zu Beginn des 19. Jahrhunderts profitierten und in ihrer Methodologie und Organisation für andere Disziplinen richtungweisend waren. Die neuen Seminare der Klassischen Philologie in Halle, wo Friedrich August Wolf wirkte, in Berlin, wo August Böckh lehrte, in Leipzig, wo Gottfried Hermann tätig war, und in München, wo Friedrich Thiersch eine Professur innehatte, vollzogen den Wandel von den traditionellen Humanitätsstudien, den *studia humanitatis*, zur wissenschaftlichen Philologie und waren die Keimzelle eines Institutssystems, das die universitäre Ausbildung professionalisierte und die wissenschaftliche Arbeit systematisierte. Bis 1824 gab es (Klassisch-)Philologische Seminare an allen preußischen, bis 1838 an fast allen deutschen Universitäten; Würzburg folgte 1847, Wien 1850.[19] Nach ihrem Vorbild wurden historische, neuphilologische und staatswissenschaftliche Seminare begründet. Die hier grundgelegte Idee einer modernen Forschungsuniversität, die auf Strukturen kollegialer und korporativer Autonomie beruhte, wirkte nicht nur in Kontinentaleuropa, sondern auch in den angelsächsischen Ländern. Selbst Oxford sei, so Arnaldo Momigliano, nach 1845 deutsch geworden.[20]

Aus der *einen* Altertumswissenschaft gingen im Zuge der Spezialisierung und

Differenzierung die verschiedenen Altertumswissenschaften hervor, die wir auch heute noch kennen. Die Archäologie wurde als eigenständiges Fach begründet, und die ersten Lehrstühle wurden eingerichtet: 1842 in Göttingen, 1844 in Berlin, 1845 in Halle und 1853 in Leipzig.[21] Die Alte Geschichte emanzipierte sich gleichermaßen von der Universalhistorie und der Klassischen Philologie:[22] 1860 wurde Carl Neumann in Breslau zum Extraordinarius für Alte Geschichte und allgemeine Geographie ernannt (ein althistorisches Ordinariat wurde dort jedoch erst 1880 geschaffen). 1861 übernahm Theodor Mommsen einen Lehrstuhl für Römische Altertumswissenschaft an der Universität Berlin.[23] Dennoch hielten an den meisten Universitäten Vertreter der Geschichte oder der Klassischen Philologie nach wie vor althistorische Veranstaltungen. An manchen Orten wurden Doppelprofessuren für Klassische Philologie und Archäologie, wie in Göttingen, oder für Klassische Philologie und Alte Geschichte, wie in Jena, ausgeschrieben.

Nach 1871 waren die Universitäten tiefgreifenden Veränderungen unterworfen.[24] Ihre Zahl blieb annähernd konstant – zu den 19 Universitäten kamen 1872 Straßburg, 1902 Münster (das zur Volluniversität ausgebaut wurde) und 1914 Frankfurt hinzu –, aber mit ihnen traten die Technischen Hochschulen in Konkurrenz, die zum Teil neu gegründet wurden und zum Teil aus den alten Polytechnika hervorgingen. Die von ihnen angebotene praxisnahe Ausbildung war die notwendige Voraussetzung für die Modernisierung und Expansion der deutschen Wirtschaft, stieß aber gerade bei den Altertumswissenschaftlern, die eine anwendungsorientierte Wissenschaft kategorisch ablehnten, auf harten Widerstand. Der Abwehrreflex richtete sich auch gegen die Handelshochschulen, die seit der Jahrhundertwende in Köln (1901) und Frankfurt (1901), Berlin (1906), Mannheim (1907), München (1910) und Königsberg (1915) ihren Betrieb aufnahmen. Der Staat steuerte das quantitative Wachstum der Hochschulen durch eine überproportionale Steigerung seiner finanziellen Leistungen, von denen auch die Altertumswissenschaften profitierten. Ein Beispiel mag genügen: Preußen brachte 1866 zwei, 1882 bereits 9,6 und 1914 schließlich 27 Millionen Mark für seine Universitäten auf – die Technischen und Handelshochschulen ausgenommen.

Parallel zur Steigerung der staatlichen Mittel wuchs das Lehrpersonal an den deutschen Universitäten stark an – zwischen 1864 und 1910 um sage und schreibe 159%: von 1468 auf 3807 Personen. Auch wenn hiervon vor allem die Naturwissenschaften und technischen Disziplinen profitierten, konnten in den übrigen Fächern ebenfalls neue Stellen eingerichtet werden: 1864 waren in den geisteswissenschaftlichen Disziplinen 422 Hochschullehrer tätig, darunter 179 Ordinarien; 1890 steigt deren Zahl auf 649 (darunter 282 Ordinarien) und 1910 auf 1051 (darunter

352 Ordinarien). Allein die Universität Berlin erhielt in den siebziger und achtziger Jahren des 19. Jahrhunderts achtzehn neue kultur- und naturwissenschaftliche Lehrstühle. Die Klassische Philologie verfügte an deutschen Universitäten 1864 über 68 Hochschullehrer (darunter 43 Ordinarien), 1890 über 85 (darunter 56 Ordinarien) und 1910 über 109 (darunter 62 Ordinarien), in der Geschichtswissenschaft unterrichteten 1864 73 Hochschullehrer (darunter 37 Ordinarien), 1890 127 (darunter 62 Ordinarien) und 1910 185 (darunter 76 Ordinarien). Zwar wurden nicht wenige Ordinariate neu geschaffen, noch schneller aber wuchsen – besonders nach 1890 – die Zahlen der nicht oder nur schlecht bezahlten Privatdozenten und Extraordinarien. Damit verlängerten sich für die Nichtordinarien die Wartezeiten bis zur Berufung, und für einen Teil wurde die Privatdozentur nicht mehr Durchgangs-, sondern Dauerzustand. In Heidelberg etwa waren 1914 die Hälfte der Assistenten habilitiert! Die weitere Hierarchisierung der Universitäten, die Entstehung der Nichtordinarienbewegung und eine veränderte soziale Rekrutierung der Hochschullehrer waren die Folgen dieser Entwicklung.[25]

Gleichzeitig explodierten die Studentenzahlen. Immer mehr Studierende unterschiedlicher sozialer Herkunft drängten an die Universitäten und Hochschulen. Die proletarische Unterschicht blieb allerdings weiterhin fast völlig vom universitären Studium ausgeschlossen. Doch die elitäre Hochschule der Vergangenheit, die vor allem das akademisch gebildete Großbürgertum reproduziert hatte, verwandelte sich in eine moderne Universität der wirtschaftlich prosperierenden Mittelklassen und wurde von den Zeitgenossen als Massenuniversität wahrgenommen. 1865 besuchten etwa 13 500 Studenten die deutschen Universitäten, 1911 waren es ca. 55 600, im letzten Vorkriegssemester 1914 über 60 000. Allein Berlin hatte vor dem Ersten Weltkrieg rund 10 000 Studierende. Dabei bildeten die Studenten der Philosophischen Fakultäten den stärksten Wachstumsfaktor; ihr Anteil stieg von 40,4 % 1870 über 42,7 % 1880 auf 52,1 % 1910. Die Zahl der deutschen Studenten der alten und der neuen Philologien sowie der Geschichte wuchs von 3263 im WS 1886/87 auf 12 454 im WS 1911/12 und machte damit über 10 % aller Studierenden aus.[26]

An allen Fakultäten wurde das männliche Universitätsmonopol gegen zum Teil heftigen Widerstand gebrochen; in Preußen waren Studentinnen seit 1898 als Hörerinnen zugelassen, zehn Jahre später wurde ihnen die formelle Immatrikulation zugestanden. Bereits im Jahr 1900 ließ die Universität Heidelberg Frauen zum Studium zu; die erste Frau, die sich immatrikulierte, wählte als Fach die Klassische Philologie.[27] Mit 4056 Studentinnen 1911/12 lag der Frauenanteil an den deutschen Universitäten bei knapp 7 % und damit noch unter der Zahl der ausländischen Studenten, die sich auf 4589 belief.[28]

Die äußeren Veränderungen hatten für die innere Struktur der Universitäten erhebliche Konsequenzen. Die forcierte Gründung neuer Seminare, Institute und Kliniken beschleunigte die Differenzierung und Spezialisierung von Forschung und Lehre. Wissenschaftliche Pluralität ersetzte die Einheit des Wissens, an der eine idealistische Rhetorik programmatisch festhielt. Zunehmend gewannen außeruniversitäre Einrichtungen und private Ressourcen für eine kapitalintensive Forschung an Bedeutung.

Die Altertumswissenschaften an den deutschen Hochschulen, die den europäischen und nordamerikanischen Universitäten als Vorbild dienten, profitierten von der ungeheuren Dynamik der neuhumanistischen Bildungsreligion und der institutionellen Konkurrenz der reformierten Universitäten, der raschen Differenzierung der Disziplinen und der sprunghaften Steigerung der staatlichen Alimentation. Die Institutionalisierung der einzelnen altertumskundlichen Fächer an den deutschen Universitäten schritt zügig voran. Die Stellen an den Klassisch-Philologischen Seminaren wurden vermehrt; in der Folge verselbständigten sich die Latinistik und Gräzistik als Universitätsfächer.[29] Neue archäologische Lehrstühle wurden geschaffen und die Byzantinistik – 1892 in München durch Karl Krumbacher[30] – sowie die mittellateinische Philologie – 1902 bzw. 1904 ebenfalls in München durch Ludwig Traube[31] – als autarke Disziplinen begründet. Spezielle Professuren und Seminare für Alte Geschichte wurden an deutschen (und deutschsprachigen) Universitäten eingerichtet:[32] 1863 in Kiel, 1865 in Bonn, 1869 in Dorpat, 1870 in Marburg, 1873 in Königsberg, 1876 in Jena und Wien, 1877 in Göttingen und Würzburg, 1880 in Leipzig, 1881 in Greifswald, 1884 in Bonn, 1885 in Innsbruck, 1887 in Heidelberg, 1888 in Freiburg, 1889 in Halle, 1898 in Erlangen und Gießen, 1900 in München, 1902 in Tübingen und 1904 in Rostock. In der deutschsprachigen Schweiz wurde die erste althistorische Professur erst nach dem Ersten Weltkrieg in Zürich geschaffen – ein Extraordinariat, das Eugen Täubler bekleidete. In Basel wurde das Fach 1931 und in Bern erst nach dem Zweiten Weltkrieg etabliert.[33]

Bereits 1885 war in Berlin nach dem Vorbild des »Archäologisch-epigraphischen Seminars« in Wien das »Institut für Altertumskunde« eröffnet worden. Das zunächst rein althistorisch ausgerichtete Institut war in eine griechische Sektion, die Ulrich Köhler (und später Eduard Meyer) leitete, und eine römische, der Otto Hirschfeld vorstand, gegliedert. 1897 trat eine philologische Abteilung hinzu, die Ulrich von Wilamowitz-Moellendorff und Hermann Diels führten; hier sollten die Sprachkenntnisse der Studierenden verbessert und die Idee einer umfassenden Altertumswissenschaft verwirklicht werden. Es sprach deutlich mehr Studenten an als das Philologische Seminar, in dem Adolf Kirchhoff und Johannes Vahlen den Ton angaben, und das nur wenige fortgeschrittene Studierende aufnahm. Als 1906 Eduard Norden auf den dritten Lehrstuhl für Klassische Philologie nach Berlin berufen wurde, unterstützte er die akademische Lehre am Institut für Altertumskunde. 1912 wurde schließlich das Archäologische Seminar eingegliedert – nach der Berufung von Georg Loeschke auf das Ordinariat und mit der Unterstützung von Theodor Wiegand, dem Direktor der Antikenabteilung der Berliner Museen.[34]

DAS ZIEL: DIE ORDNUNG DER ARCHIVE DER VERGANGENHEIT

In seiner Rede über »Philologie und Schulreform«, die Ulrich von Wilamowitz-Moellendorff als Prorektor der Georg-August-Universität zu Göttingen am 1. Juni 1892 hielt,[35] findet sich eine programmatische Definition der Aufgaben der Altertumswissenschaft: »Die Partikel ἄν [an] und die Entelechie des Aristoteles, die heiligen Grotten Apollons und der Götze Besas, das Lied der Sappho und die Predigt der heiligen Thekla, die Metrik Pindars und der Meßtisch von Pompeji, die Fratzen der Dipylonvasen und die Thermen Caracallas, die Amtsbefugnisse der Schultheißen von Abdera und die Taten des göttlichen Augustus, die Kegelschnitte des Apollonios und die Astronomie des Petosiris: alles, alles gehört zur Philologie, denn es gehört zu dem Objekte, das sie verstehen will, auch nicht eines kann sie missen.« Die Altertumswissenschaft hatte sich mithin um das griechisch-römische Kulturerbe als Ganzes, des heidnischen wie des christlichen, zu bemühen.

Dass ein Klassischer Philologe die Forderung erhob, seine Disziplin müsse als historische Wissenschaft die »gesamte Kultur des Altertums in allen ihren Äußerungen« betrachten,[36] war keine Selbstverständlichkeit. Sie steht in der Tradition von Friedrich August Wolf, der zunächst an der Universität Halle und nach deren Schließung durch Napoleon 1806 an der Berliner Akademie der Wissenschaften gewirkt hatte. In seiner »Darstellung der Altertumswissenschaft«, die aus seinen in Halle gehaltenen Vorlesungen über die »Enzyklopädie und Methodologie der Studien des Altertums« hervorgegangen und auf Anregung Goethes entstanden war, betonte er die organische Einheit einer Altertumswissenschaft, die er selbst in 24 Teildisziplinen differenziert hatte, um die Antike in allen ihren Manifestationen erfassen zu können: in Texten, Monumenten, Inschriften, Münzen, der Religion, der Philosophie und der Sprache.[37] Die Philologie war damit in der Tradition Christian Gottlob Heynes eine historische Wissenschaft, als deren Ziel Wolf das geschichtliche Verständnis der von ihr untersuchten Gegenstände definierte. Verlangt wurde die »genaue Prüfung« der Überlieferung und »wissenschaftliche Strenge« bei der Quellenkritik.[38] Die von Wolf geforderte, methodisch präzise Rekonstruktion der Überlieferung antiker Autoren demonstrierte er eindrücklich am Beispiel Homers, der ersten umfassenden Darstellung, die nach dem Vorbild der zeitgenössischen Bibelkritik die Geschichte des antiken Homertextes rekonstruierte und eine kollektive Autorschaft der Ilias und der Odyssee nachzuweisen versuchte.[39] Es nimmt nicht wunder, dass das Buch ein ungeheurer Erfolg wurde und die »Homerische Frage« aufwarf, die die Klassische Philologie bis heute beschäftigt. Nicht weniger einflussreich als seine gedruckten Werke war 1787 die von Wolf vollzogene Gründung des *Seminarium philologicum* in Halle. Dort sollten zwei Jahre lang »künftige Schullehrer, ausgestattet mit staatlichen Stipendien, gefördert durch eine moderne Bibliothek, angeregt durch Konkurrenz und Preise, im Erklären klassischer Autoren, in lateinischem Stil, Disputieren und praktischer Lehre unterrichtet werden«.[40] Die Ausbildung der Gymnasiallehrer ruhte auf einer wissenschaftlichen Grundlage. Damit grenzte sich Wolf gegen den Philanthropismus seiner Zeit ab, der auf eine an Nutzen und Zweckdienlichkeit orientierte pädagogische Ausbildung setzte; zugleich wies er der Philologie an den Universitäten eine wichtige Aufgabe zu: die Qualifikation von staatlich alimentierten Gymnasiallehrern.

Es blieb der Generation von Wolfs zahlreichen Schülern vorbehalten, sein Konzept einer Altertumswissenschaft, die unterschiedliche Einzeldisziplinen integrierte, umzusetzen und weiterzuentwickeln. Friedrich Schleiermacher, der in Halle bei Wolf studiert hatte, griff dessen Interesse an Platon auf, versuchte das Verhältnis von ungeschriebener und schriftlicher Lehre zu klären und veröffentlichte eine neue Übersetzung fast aller platonischen Schriften, die breit rezipiert wurde und die zusammen mit den historischen Studien die Auseinandersetzung mit Platon in Deutschland nachhaltig prägte.[41] August Böckh, ebenfalls ein Schüler von Wolf, legte mit dem Philologischen Seminar, das er 1812 gründete, das Fundament für den Aufstieg Berlins zu einer der wichtigsten deutschen Forschungsuniversitäten.[42] In seiner 26mal gehaltenen und erst postum edierten Vorlesung über »Encyklopädie und Methodologie der philologischen Wissenschaften«[43] definierte er den Umfang der zu erforschenden Gegenstände: Die Philologie hatte sich nicht mehr allein um die Textzeugen zu bemühen, sondern die gesamte Hinterlassenschaft der griechischen und römischen Antike zu erfassen. Aufgabe einer solchermaßen verstandenen Philologie war das »Erkennen des vom menschlichen Geist Produzierten, d. h. des Erkannten«.[44] Damit hatte er im Gegensatz zu seinem

Lehrer Wolf die Philologie nicht mehr über den Inhalt, sondern durch die Methode bestimmt. Die Formel von der Erkenntnis des Erkannten machte die Philologie endgültig zu einer ›historischen‹ Wissenschaft. Das »Produzierte« wurde von Böckh auf alle kulturellen Zeugnisse bezogen, so dass die sprachliche Überlieferung zwar nach wie vor das zentrale, aber nicht mehr das einzige Instrument zum Verständnis der Alten Welt war. Das neue Totalitätsideal der Altertumswissenschaft erschloss neue Quellen und verlangte nach neuen hermeneutischen Verfahren. So entstand ein Kanon historischer Hilfswissenschaften wie die Epigraphik und Numismatik, die nicht mehr antiquarischen Vorlieben, sondern dem historischen Verstehen dienten und in der universitären Forschung und Lehre verstärkt berücksichtigt wurden. Aufgrund der Breite der zu untersuchenden Phänomene war die Böckh'sche Altertumswissenschaft notwendigerweise interdisziplinär – *avant la lettre*. Böckh selbst organisierte mit Hilfe der Preußischen Akademie der Wissenschaften die Sammlung der griechischen Inschriften[45] und untersuchte auf deren Basis die »Staatshaushaltung der Athener«.[46] Von der Überhöhung der Griechen verabschiedete er sich: Sie seien im Grunde »unglücklicher« gewesen, als die meisten glaubten.[47]

Böckhs Wissenschaftslehre, die darauf abzielte, Klassische Philologie neu zu konstituieren, beeinflusste nachhaltig die Philologien der modernen Sprachen und die allgemeine Geschichtswissenschaft, wie beispielhaft die »Historik« von Johann Gustav Droysen zeigt. Der Böckh-Schüler verstand unter Geschichte das, was sein Lehrer als Philologie definiert hatte: historische Erkenntnis schlechthin. Doch Böckhs Konzeption blieb nicht ohne Widerspruch. Gottfried Hermann und andere äußerten an dem sehr weit gefassten Zuständigkeitsbereich der Philologie grundlegende Kritik.[48] Die berühmte Auseinandersetzung zwischen »Wort-« und »Sachphilologie« entzündete sich an einem prinzipiell unterschiedlichen Verständnis von Sprache. Während die »Wortphilologen« das Konzept einer auf formale, sprachliche Aspekte fokussierten Wissenschaft propagierten und sich auf Textkritik und Grammatik konzentrierten, fühlten sich die »Sachphilologen« für die »Totalität der Tatsachen«, d. h. für alle Quellenzeugnisse der antiken Welt, zuständig. Damit war der Streit um die *cognitio totius antiquitatis* entfacht, der die Geschichte der Altertumswissenschaft in der Folgezeit weiter begleitete.

Grundlage der Texterstellung war die von Karl Lachmann in der ersten Hälfte des 19. Jahrhunderts begründete Technik, die durch die ›recensio‹ der Handschriften zum sogenannten ›Archetypus‹ führen sollte. Ergab sich aus der handschriftlichen Überlieferung keine überzeugende Lesart, musste der Herausgeber den Text durch ›emendatio‹ verbessern. Generationen von Altertumswissenschaftlern trugen durch ihre Ausgaben zur Vervollkommnung der auf Lachmann zurückgeführten Methode bei. Durch Kollationen war die Überlieferungssituation zu klären und Abhängigkeitsverhältnisse zu bestimmen.[49] Die epistemische Grundlage der historiographischen Rekonstruktion war die Quellenkritik, die auf die verschiedenen Bereiche der Geschichte der Alten Welt angewandt wurde. Seit der Renaissance hatten Historiker und Antiquare die Reste der Überlieferung in ein homogenes Bild der Vergangenheit integriert, das Vorstellungen einer linearen Entwicklung spiegelte. Sie folgten in der Regel ihren griechischen und römischen Vorgängern, unter denen sie diejenigen Autoren privilegierten, deren Darstellung ihnen am überzeugendsten schien. Die Quellen, auf denen diese Erzählungen beruhten, und ihre Abhängigkeit von älteren Werken fanden keine Berücksichtigung. Die Zuverlässigkeit der Überlieferung wurde im 19. Jahrhundert zu einem beliebten Untersuchungsgegenstand altertumswissenschaftlicher Arbeiten und war der historiographischen Darstellung grundsätzlich vorangestellt. Für die Entstehung der modernen althistorischen Geschichtsschreibung war die »Römische Geschichte« von besonderer Bedeutung, die der preußische Reformpolitiker und wissenschaftliche Autodidakt Barthold Georg Niebuhr vorlegte und eine erkenntnistheoretisch reflektierte, ›quellenkritische‹ Geschichtswissenschaft zu begründen half.[50] In Übereinstimmung mit dem Wolf'schen Modell rekonstruierte er in seiner »Römischen Geschichte« (Bd. 1–2: Berlin 1811/12; Bd. 3: Berlin 1832) aus den literarischen Trümmern die römische Frühgeschichte. Das Werk war schwer zu lesen, und die Darstellung fand in der Zunft unterschiedliche Aufnahme. Seine Wirkung entfaltete es jedoch in anderer Hinsicht: Von Niebuhr lernten die nachfolgenden Generationen, wie Theodor Mommsen einmal formulierte, die eigene Arbeit »an der Logik der Tatsachen zu prüfen« und »das durch die notwendigen Gesetze der Entwicklung Geforderte auch da zu postulieren, wo es in der Überlieferung verwirrt oder aus ihr verschollen ist«.[51] Die »Schüler Niebuhrs« waren folglich zahlreich und in unterschiedlichen historischen Disziplinen tätig; zu ihnen zählten in Deutschland August Böckh und sein Schüler Karl Otfried Müller, der »Prolegomena zu einer wissenschaftlichen Mythologie« (Göttingen 1825) verfasste, um die Verbindung von Religion, Kunst und Geschichte darzulegen. Aber auch der Neutestamentler Ferdinand Christian Baur und der Nationalökonom Wilhelm Roscher wandten Niebuhrs methodische Vorgaben an, und selbst Karl Marx zeigte sich in seinen historischen Arbeiten Niebuhr verpflichtet.[52] In Frankreich rezipierte Jules Michelet Niebuhrs Werk, in England sind Thomas Babington Macauley und George Grote zu nennen.

Es war der Althistoriker Theodor Mommsen, der die Böckh'sche Altertumswissenschaft in inhaltlicher und organisatorischer Hinsicht grundlegend veränderte. Nach industriellem Vorbild schuf er einen Großbetrieb der Forschung, in der der Mensch der Wissenschaft, nicht die Wissenschaft dem Menschen diente. Erst durch die von ihm geleiteten ›Langzeitunternehmen‹ der Akademie erhielt Böckhs Totalitätsgedanke ubiquitäre Bedeutung. Jetzt wurde das gesamte erhaltene Quellenmaterial aus der Antike mit beispiellosem Aufwand gesammelt, geordnet und ediert. Literarische Texte, Inschriften, Papyri, Münzen und archäologische Überreste interessierten gleichermaßen. Damit hoffte man, wie Wilamowitz einmal schrieb, die griechisch-römische Kultur »in ihrem Wesen und allen Äußerungen ihres Lebens« erfassen zu können.[53]

Um zur umfassenden Erkenntnis der Alten Welt vorzudringen, bediente man sich, wie Mommsen im Nachruf auf seinen früh verstorbenen Freund und Lehrer Otto Jahn ausführte, der »streng philologischen Methode«, d. h. »einfach der rücksichtslos ehrlichen, im großen wie im kleinen vor keiner Mühe scheuenden, keinem Zweifel ausbiegenden, keine Lücke der Überlieferung oder des eigenen Wissens übertünchenden, immer sich selbst und anderen Rechenschaft legenden Wahrheitsforschung«.[54] Also verbrachte man die meiste Zeit seines Forscherlebens mit der Sammlung und der Edition antiker Quellen, auch wenn man diese Arbeit als Qual empfand. Die Selbstverleugnung ging so weit, dass Mommsen spröde chronographische Texte edierte, die er selbst als »chronische Krankheit« bezeichnete.[55] Doch auf diese Weise wollte man, um Mommsens berühmtes Wort aufzugreifen, »die Archive der Vergangenheit« ordnen, um zur »Grundlegung der historischen Wissenschaft« beizutragen.[56] Dies war indes kein sonderlich origineller Ansatz. Seit der Renaissance wurden antike Texte ediert, und spätestens seit dem 17. Jahrhundert widmeten sich gelehrte Antiquare den Inschriften und Münzen. Große Sammlungen gab es zuhauf. Mommsens Errungenschaft bestand vielmehr darin, dass er eine neue Methode: die Echtheitskritik, und ein neues Programm: das Totalitätsideal, zusammenführte, um die antike, insbesondere die römische Geschichte zu rekonstruieren. Auch die Altertumsforscher der nachfolgenden Generation wollten ihr Scherflein zu ebendieser »Wahrheitsforschung« beitragen.

Mommsen, von der Rechtswissenschaft kommend, wandte sich der gesamten römischen Geschichte zu, Wilamowitz der griechischen Literatur in ihrer ganzen Breite von den Anfängen bis in die christliche Spätantike. Auch um die griechischen Inschriften kümmerte er sich. Hermann Diels machte sich um die griechischen Philosophen und die griechischen Ärzte verdient, Ernst Curtius edierte griechische Inschriften und führte in Olympia die erste systematische Großgrabung europäischer Staaten im Mittelmeerraum durch,[57] Adolf Harnack wollte durch die Herausgabe der Kirchenväter zum Proprium der christlichen Religion, dem vom Ballast der antiken Überlieferung befreiten Evangelium Jesu Christi vordringen, und Adolf Erman schuf eine »ägyptische Altertumswissenschaft von der Sprache und den Sachen« nach dem Vorbild der griechisch-römischen Altertumskunde. Selbst die Verzettelung des Materials wurde beim Wörterbuch nach den Vorgaben des 1893 begonnenen *Thesaurus linguae Latinae* durchgeführt.[58]

Die Folge: Das verlorene Ideal

Über die theoretischen Grundannahmen ihres Wissenschaftsverständnisses reflektierte die Generation der Altertumswissenschaftler, die ihrer Disziplin internationales Ansehen verschafft hatte, kaum noch. Die Bemühungen eines Friedrich August Wolf oder August Böckh um eine wissenschaftliche Theorie und universale Methodologie wurden nicht fortgesetzt. Man beschränkte sich zumeist auf die hochspezialisierten Operationen der Quellenkritik und der Hermeneutik. Theodor Mommsen hatte in seiner Rektoratsrede von 1874 geleugnet, dass es möglich sei, eine Theorie der Geschichtswissenschaft zu entwickeln. Der Historiker werde »nicht eigentlich durch theoretische Lehre, sondern nur durch praktische Übung« gebildet. Denn »die richtige Schätzung der vorliegenden Zeugnisse, die rechte Verknüpfung des scheinbar Unzusammenhängenden oder Sichwidersprechenden zur tatsächlichen Folge treten überall in so unendlicher Einfachheit der Prinzipien und so unendlicher Mannigfaltigkeit der Anwendung auf, dass jede Theorie entweder trivial ausfallen müsste oder transzendental«.[59]

An die Stelle einer philosophisch begründeten Wissenschaftstheorie trat die Reflexion über die Organisation einer in Universitäten und Akademien institutionalisierten Altertumswissenschaft. Hermann Diels verfasste 1906 im ersten Band der von Paul Hinneberg herausgegebenen Reihe »Kultur der Gegenwart« einen Beitrag über »Die Organisation der Wissenschaft«.[60] Ein Jahr zuvor hatte bereits Adolf Harnack in den Preußischen Jahrbüchern über den »Großbetrieb der Wissenschaft« nachgedacht.[61] Hier wurden in der Tat großartige Erfolge erzielt. Die Gemeinschaftsunternehmen erschlossen systematisch das Erbe der Alten Welt. Die Leistungsfähigkeit der historisch-kritischen Methode war eindrucksvoll, auch wenn Heuristik und Interpretation immer öfter auseinanderfielen. Ein analytisch-historischer Empirismus erhob selbstbewusst sein Haupt. Fortschrittsgläubigkeit und Wissenschaftsoptimismus kennzeichneten eine professionalisierte Altertumskunde, deren bedeutendste Vertreter bis an ihr Lebensende auf die Zielgerichtetheit und Vernünftigkeit der Weltgeschichte vertrauten – und von der Überlegenheit ihrer Wissenschaft überzeugt waren: So wunderte sich Mommsen, dass ein so gescheiter Kopf wie Hermann von Helmholtz an naturwissenschaftlichen Fragen Gefallen finden könne.[62] Wilamowitz wollte gar das Helmholtz-Denkmal vor der Friedrich-Wilhelms-Universität verschwinden lassen, da es sich nicht schicke, dass sich die Naturwissenschaft einen Herrschaftsplatz anmaße.[63] Hermann Diels polemisierte gegen eine in den Sitzungsberichten der Akademie erschienene Publikation des Mineralogen Karl Klein über Buntkupfererz aus Tirol. Der Verfasser trage seinen Nachnamen zu Recht, und seufzend setzte er hinzu: »Mit solcher Sorte soll man zusammenarbeiten!«[64]

Gerade »der Verzicht auf die Explikation der normativen Voraussetzungen« war es, der »der philologisch-historischen Methode ihre Sicherheit und Übertragbarkeit« verschaffte. »Die in ihrem Geiste erzogenen Wissenschaftler hielten ihre Erkenntnisse für wahr. Sie hatten auch keine Bedenken, von Gesetzen zu sprechen. Eben dieses Vertrauen in die philologisch-historische Methode war die Voraussetzung für den Erfolg des Großbetriebs in den Altertumswissenschaften.«[65]

Die Historisierung des Altertums im Großbetrieb der Wissenschaften hatte mit der klassizistischen Enträckung und neuhumanistischen Idealisierung der Antike nichts mehr gemein. Humboldt, Wolf, und sogar noch Böckh hatten nie einen Zweifel daran gelassen, dass die Kultur der Griechen und Römer die Grundlage der gesamten Bildung sei. Eine solche normative Betrachtung der Antike war ihren Nachfolgern im Deutschen Kaiserreich fremd. Ihr moderner Realismus zerstörte die Sonderstellung der Griechen, die dem deutschen Bildungsbürger zur lieben Gewissheit geworden war.[66] Der Gegenwartsbezug der eigenen Forschungen, den etwa Niebuhr betont hatte,[67] geriet aus dem Blick. Man tröstete sich mit der Einsicht, dass die geschichtliche Forschung des 19. Jahrhunderts im Gegensatz zur ästhetisierenden Betrachtung des Klassizismus die einzigartige Bedeutung der griechischen Kultur durch gezielte historische Vergleiche bestätigt und bewahrt habe.[68]

Die enorme Verbreitung der Quellenbasis hatte weitreichende Folgen für die epistemische Entwicklung der Altertumswissenschaften. Zum einen hatte die divinatorische Kraft des Geistes, die Niebuhr und Böckh noch beschworen hatten, ausgedient. Als Niebuhr den zweiten Band seiner »Römischen Geschichte« Goethe schenkte, bekannte er offen: »Gewöhnlich haben sich mir die Beweisstellen erst nach der Hand herbeigefunden, wenn die Überzeugung auf eine nicht zu demonstrierende Art schon unerschütterlich feststand.«[69] Zwei Generationen später war eine solche Aussage, die die individuelle Intuition höher stellte als die faktische

Überlieferung, völlig undenkbar. Strenge Urkundlichkeit wurde gefordert, jede These musste an den Quellen überprüft werden. Damit rückte aber eine Vielzahl von Einzelproblemen in den Vordergrund. Jeder Erkenntniszuwachs, war er auch noch so klein, diente der wissenschaftlichen Erkenntnis. Platons Ideenlehre fand ebensolche Aufmerksamkeit wie seine Nachtuhr. In solchen Untersuchungen manifestierte sich, um eine Formulierung Walter Burkerts aufzugreifen, »die Selbstversponnenheit einer Wissenschaft, die sich selbst unanfechtbar als Höchstzweck empfand«.[70] Während die »Heroen« indes noch in der Lage waren, die Ergebnisse ihrer weitverzweigten und komplexen Detailstudien zu überblicken und in großen Synthesen zu bündeln, vermochten sich ihre »Epigonen« immer weniger aus der Isolation einer hochspezialisierten Realienforschung zu befreien.[71] Die übergreifenden Darstellungen zur griechischen und römischen Geschichte, zur griechischen und lateinischen Literatur, zur Klassischen Archäologie sind deshalb häufig staubtrocken und eine Herausforderung an die Leserschaft. Ausnahmen bestätigen die Regel, wie die »Griechische Geschichte« des ebenso hypothesenfreudigen wie polemischen Nonkonformisten Karl Julius Beloch, dessen Karriere in Deutschland kein geringerer als Theodor Mommsen verhinderte und der in Italien sein Auskommen fand.[72]

Schließlich beschleunigte sich die disziplinäre und institutionelle Differenzierung der Altertumsforschung analog zu anderen Wissenschaften. Diese Entwicklung konnte auch die Konzeption einer alle Einzeldisziplinen umfassenden *klassischen* Altertumswissenschaft, die Wilamowitz entwickelte, ebenso wenig aufhalten wie der von Eduard Meyer unternommene Versuch, Alte Geschichte als Teil der Universalgeschichte in Forschung und Lehre darzustellen.[73] Dennoch betonten die herausragenden universitären Fachvertreter unablässig die Einheit der Altertumswissenschaft. Ulrich von Wilamowitz-Moellendorf eröffnete seine »Geschichte der Philologie« mit der programmatischen Feststellung, dass »die griechisch-römische Kultur« eine »Einheit« sei, »mag sie sich auch an ihrem Anfang und ihrem Ende nicht scharf abgrenzen lassen«.[74] Hermann Diels hatte sich zuvor schon bemüht, die ganze Kultur des griechisch-römischen Altertums »als untrennbare Einheit« an den Universitäten zu retten.[75] Doch die Modernisierung der altertumskundlichen Fächer zerstörte die Antike als fächerübergreifendes Ideal.

Institutionell versuchte man diese viel beschworene Einheit durch die Einrichtung von altertumswissenschaftlichen Instituten wie etwa in Berlin zu retten. Wilamowitz selbst propagierte die Integration von Klassischer Philologie, Alter Geschichte und Klassischer Archäologie im Studium. Die Beschäftigung mit der literarischen Hinterlassenschaft war nur eine Form der Aneignung des Erbes.

Doch hier drohte auch aus einem anderen Grund Ungemach: Da im Zuge verschiedener Schulreformen die wöchentlichen Stunden, die auf das Erlernen der Alten Sprachen verwandt wurden, reduziert worden waren, mussten seit Ende des 19. Jahrhunderts auch die Studierenden altertumswissenschaftlicher Fächer in Latein und Griechisch in sogenannten Proseminaren nachgeschult werden. Diese Aufgaben übernahmen Gymnasiallehrer.[76]

Die explosionsartige Mehrung des Wissens und die Pluralisierung der Wertvorstellungen führten in der zweiten Hälfte des 19. Jahrhunderts zu einer tiefgreifenden Verunsicherung. Zunehmend wurde Kritik an dem ›Positivismus‹ einer in sich selbst versponnenen Tatsachenforschung und dem Relativismus einer Wissenschaft geäußert, die alle Werte unterschiedslos historisiere und komplexe gesellschaftliche Strukturen nur ungenügend zu beschreiben vermöge. Das böse Wort vom ›Historismus‹ sollte schließlich die Runde machen. Der vermeintliche Objektivismus der Altertumswissenschaften wurde als steril und lebensfeindlich empfunden. Eine Überfülle von Material, so lautete ein häufig zu vernehmender Vorwurf, werde angehäuft, ohne dass man über die Notwendigkeit und Funktion solcher Sammlungen Rechenschaft gebe. Jacob Burckhardt kritisierte in seinen Vorlesungen »Über das Studium der Geschichte« die werterelativierende Wirkung einer auf individualisierendem Verstehen gegründeten Geschichtswissenschaft, die die Vergangenheit um ihrer selbst willen erforsche, ohne dass nach der lebenspraktischen Relevanz historischer Erkenntnisse gefragt werde. Friedrich Nietzsche attackierte 1874 in seiner zweiten »Unzeitgemäßen Betrachtung« über den »Nutzen und Nachteil der Historie für das Leben« den Fortschrittsoptimismus seiner Kollegen, die aus der Vergangenheit die Gegenwart verstehen wollten. Tatsächlich jedoch könne die historische Wissenschaft durch die Zerstörung aller geschichtlichen Normen keine konkrete Hilfe für die Lebensgestaltung geben. Eben deshalb entwarf Nietzsche gegen die theoretischen und methodischen Standards der zeitgenössischen Altertums- und Geschichtswissenschaft das Konzept einer dem Leben dienenden Historie.

Doch auch von anderer Seite regte sich Kritik. Johann Gustav Droysen, der sich intensiv um eine Theorie der Geschichte bemühte, warnte davor, dass die Studenten nur noch »zum Spezialisten« reiften, weil sie sich in der »Fabrikarbeit für die Monumenta oder Urkundenbücher« verschlissen. »Innere Spannkraft, geistige Erhebung, schöpferisches Denken« würden in den großen wissenschaftlichen Unternehmungen nicht geschult.[77] Und Heinrich von Treitschke schrieb 1885 an seine Frau: »Unter den jungen Historikern geht die Erkenntnis, dass die Geschichte Darstellung des Lebens ist, schon fast verloren über der Tüftelei der Quellenforschung.«⁷⁸ Selbst Mommsen glaubte, ein »zugleich geniales und methodisches Werk« werde »tausend Male mehr nützen als alles Erbsenwerfen und Schwärmerabbrennen«. Doch er tat nichts, wie Joachim Fest einmal feststellte, gegen »jene Urkundskompilatoren und Spezialforscher, die auf zusehends enger gezogenen Parzellen ständig tiefer gruben«.⁷⁹ Wilamowitz beschwor unablässig die Idealität der klassischen Antike und das künstlerisch produktive Individuum, blieb aber in seinen disziplinären Forschungen dem Historismus verhaftet.

Eine eigenständige Antwort auf die Krise des Historismus versuchte der Klassische Philologe Hermann Usener zu geben, der als einer der wenigen altertumswissenschaftlichen Fachvertreter Interesse an der theoretischen Grundlegung seiner Disziplin hatte.⁸⁰ Er erklärte Böckhs Philologie für tot, oder genauer: die historistische Metamorphose der Böckh'schen Philologie, die ohne Unterschied alles sammelte und aneinanderreihte und keine übergreifenden Zusammenhänge beachtete. Stattdessen verfocht er die Idee einer vergleichenden historischen Kulturwissenschaft, die – und hier war er Gottfried Hermanns Verständnis der Philologie verpflichtet – an die Interpretation von Texten gebunden blieb. Gegen die individualisierenden Tendenzen historistischer Geschichtswissenschaft machte sich Usener auf die Suche nach einer »Wissenschaft vom Menschen«, die, wie er in einem Brief an Wilhelm Dilthey schrieb, »eine lebendige Wissenschaft« sein sollte, die »mit dem Leben Fühlung« hatte.⁸¹ Der kleinteiligen Forschung erteilte er eine klare Absage: »Die wissenschaftliche Arbeit bedarf der Selbstbesinnung, will sie nicht ziellos in der Unendlichkeit des Einzelnen umhertreiben.«⁸² Sein Beitrag über die »Organisation wissenschaftlicher Arbeit« von 1884 richtete sich denn auch gegen die »Ausbildung des Fachwesens« und die »Auflösung der inneren Einheit«, mithin gegen die Spezialisierung und Fragmentierung der Altertumswissenschaften.⁸³ Der Blick in die Vergangenheit sollte die zeitgenössischen Akademien und Universitäten als »Zentralpunkte der wissenschaftlichen Bewegung« retten.⁸⁴ Für Usener war die Platonische Akademie das Vorbild, denn diese war sowohl der Ort, an dem eine spezialisierte Forschung in der Mathematik, den Naturwissenschaften und der Philosophie vorangetrieben worden war, als auch die Stätte, an der man die Ergebnisse dieser Einzelforschung miteinander verbunden hatte.

Usener fand sein disziplinäres Ideal in einer ethnologisch arbeitenden, komparatistischen Religionswissenschaft, die zugleich eine Antwort auf die Herausforderung der Naturwissenschaften geben sollte. Die historische Altertumsforschung sollte in den Rang einer exakten Wissenschaft versetzt werden, indem die aus der empirischen Forschung mit Hilfe der philologischen Methode gewonnenen historischen Fakten verallgemeinert wurden.⁸⁵ In Useners eigenen Worten:

Die Geschichtswissenschaft bemühe sich, »aus der Fülle tatsächlichen Wissens die Begriffe abzuleiten und an die Stelle apriorischer Spekulation [...] empirisch bewährte Erkenntnis zu setzen«.[86] Aber auch Usener konnte die altertumswissenschaftlichen Fächer nicht aus der Krise des Historismus herausführen. Sein nomothetisches Wissenschaftsverständnis war in der Zunft nicht mehrheitsfähig. Zugleich beschleunigte sein hermeneutisches Konzept einer vergleichenden Kulturgeschichte die Desintegration der klassischen Altertumswissenschaft und förderte die Idee einer allgemeinen Kulturhistoriographie.

Die unablässige Bemühung um die Erforschung der gesamten Hinterlassenschaft des Altertums kennzeichnete das Selbstverständnis der altertumswissenschaftlichen Disziplinen in Deutschland im 19. Jahrhundert: Das kleinste Fragment war des Sammelns wert, da es ein potentielles Objekt künftiger Erkenntnis sein konnte. Die Erforschung und Systematisierung der Überlieferung blieb die zentrale Aufgabe der historischen Fächer. Dafür nahm man die radikale Relativierung der individuellen Forschungsleistung in Kauf. Aus dem Gelehrten wurde der wissenschaftliche ›Hilfsarbeiter‹, der fleißige Diener der Wissenschaft, der Arbeiter und Kärrner, der sich nun in einer säkularisierten Form der Askese zu bewähren hatte – in Mommsens Worten, gesprochen am Gedächtnistag des großen Universalisten Leibniz am 4. Juli 1895: »Die Wissenschaft allerdings schreitet unaufhaltsam und gewaltig vorwärts; aber dem emporsteigenden Riesenbau gegenüber erscheint der einzelne Arbeiter immer kleiner und geringer. [...] Unser Werk lobt keinen Meister und keines Meisters Auge erfreut sich an ihm; denn es hat keinen Meister und wir sind alle nur Gesellen. [...] Wir klagen nicht und beklagen uns nicht: die Blume verblüht, die Frucht muss treiben. Aber die Besten von uns empfinden, dass wir Fachmänner geworden sind.«[87]

4. VOM UMGANG MIT TOTEN FREUNDEN: JOHANN GUSTAV DROYSEN UND DAS ALTERTUM[*]

»Ich bin eigentlich ein rechter Narr gewesen, dass ich mich an das alberne, abgebröckelte Altertum gemacht habe, statt lieber in den vollen, bunt bewegten, luftnäheren Zeiten zu schwelgen. Da hat man doch Personen und Verhältnisse vor sich und nicht die ewige Not mit den armseligen Notizen, nicht dies ewige Zusammenkratzen aus altem Kehricht und grammatischen Rinnsteinen und Scholiastenmisthaufen, die mir gerade wieder jetzt zum vollsten Ekel geworden sind.«[1] Wer könnte Droysens Ärger nicht verstehen, dem er in einem Brief an seinen Freund Albert Heydemann vom 14. August 1841 Luft macht? Droysen quälte sich damals mit der Fortsetzung seines Werkes über den Hellenismus. Der ursprüngliche Zeitplan hatte sich als zu optimistisch erwiesen. Erst ein Drittel der Arbeit lag fertig vor. Droysen war chronisch überlastet, er kränkelte. Dennoch ist diese Bemerkung mehr als eine Momentaufnahme, die mit Hilfe psychologischer Exploration relativiert werden könnte. Gut zwei Jahre später, am 12. September 1843, schrieb er an Friedrich Gottlieb Welcker, es betrübe ihn bisweilen, dass er »mit einer großen Lebensaufgabe« sich »an das hinkende Altertum verkauft habe«; er würde tausendmal lieber der aufstrebenden Gegenwart zugewandt sein. Aber das Begonnene müsse doch zu Ende gebracht werden.[2]

Das klingt in der Tat anders als zu Beginn seines Studiums 1826, als er seiner Schwester gestand, er sei allein in Berlin, fremd unter Fremden, beschränkt auf sich »und den Umgang mit meinen toten Freunden, den hehren ernsten Alten«.[3] Die Begeisterung für die antiken Autoren und Texte war keine zwanzig Jahre später verflogen. Aus dem Altertumswissenschaftler und Althistoriker Droysen wurde der Geschichtsschreiber des Hauses Brandenburg und ein Neuhistoriker, der durch seine Vorlesungen über die »Historik« maßgeblich zur geschichtswissenschaftlichen Theoriebildung beitrug. Wie ist diese Metamorphose zu erklären? Können wir persönliche oder wissenschaftliche oder gar politische Gründe für diese Entwicklung namhaft machen? Vor allem: Wie fügt sich Droysens Vita in die gerade skizzierte Geschichte der Altertumswissenschaften der ersten Hälfte des 19. Jahrhunderts? Schließlich: Welche Bedeutung hat sein altertumswissenschaftliches und geschichtstheoretisches Werk heute?

Der Altertumswissenschaftler und sein Werk

Droysen wurde 1808 als Sohn eines Garnisonspredigers in Pommern geboren. Nach dem Besuch des Marienstift-Gymnasiums in Stettin entschied er sich für ein Studium an der Universität Berlin, an der damals fortschrittlichsten Hochschule in Deutschland. Seine Wahl fiel auf die Fächer Klassische Philologie und Philosophie, zu seinen Lehrern zählten August Böckh, den wir bereits als einen der Ahnväter der modernen Altertumsforschung kennengelernt haben, und Hegel, der in dieser Zeit auf dem Höhepunkt seines Ruhmes stand. 1831 wurde Droysen mit einer Arbeit über das Lagidenreich unter Ptolemaios VI. promoviert,[4] zwei Jahre zuvor hatte er bereits seinen ersten Aufsatz im »Rheinischen Museum« über »Die griechischen Beischriften von fünf ägyptischen Papyren zu Berlin« publiziert.[5] Im Jahr seiner Dissertation erhielt er eine Anstellung am berühmten Berliner Gymnasium zum »Grauen Kloster«. 1832 erschien seine metrische Nachdichtung der Tragödien des Aischylos, der 1835/38 eine dreibändige Übertragung der Komödien des Aristophanes folgte.[6] Es sind kongeniale Schöpfungen, die ihren Rang bis heute behauptet haben. In den Vorreden distanzierte sich Droysen von der klassizistischen Überhöhung der Stücke durch die konsequente Historisierung ihres Inhaltes.

1833 habilitierte sich der fünfundzwanzigjährige Forscher für Klassische Philologie und Alte Geschichte, und in ebendiesem Jahr erschien seine »Geschichte Alexanders des Großen«, die ihn auf einen Schlag zu einem bekannten – und umstrittenen – Autor machte. Hegels Einfluss ist mit Händen greifbar.[7] Droysen war ein aufmerksamer Hörer seiner Vorlesungen gewesen: Geschichte ist der Fortschritt des Geistes in seiner Freiheit. In Hellas hatte der Weltgeist die erste Stufe der Reflexion über die eigene Freiheit erreicht. Hegel entwickelte seine Vorstellung über das Wesen Griechenlands in dialektischer Abgrenzung zur orientalischen Welt. Den Gegensatz zwischen Orient und Okzident stellte auch Droysen heraus. Gleich in der Vorrede seines Alexanderbuches hieß es, schon »der erste Tag der Geschichte« habe »die Völker aus Abend und Morgen zum ersten Mal geschieden zu ewiger Feindschaft und dem ewigen Verlangen der Versöhnung«.[8] Der »Heldenjüngling« Alexander[9] trägt das Prinzip der Freiheit, das ein aufklärerischer Egoismus und ein destruktiver Partikularismus in Hellas selbst zerstört hatten, in die Weite des Ostens und schafft dort eine neue Ordnung.

Doch Droysen war kein blinder Parteigänger Hegels. Gegen die unentrinnbare Dialektik der Entfaltung des Weltgeistes betonte er den Willen und die Idee des Einzelnen, das Individuelle und das Einzigartige des großen Mannes. So zählt Alexander zu denen, »welche die Geschichte zu Vorkämpfern ihrer Siege, zu Werkmeistern ihrer Gedanken auserwählt«, denen sie »die Unsterblichkeit des ewigen Ruhmes« gibt, um »in der Dämmerung des ewigen Werdens gleich einsamen Sternen zu leuchten«.[10] Ein solcher Tatmensch ist Träger der Gedanken seiner Zeit und seines Volkes. Er verdient grenzenlose Bewunderung und kann nicht nach gewöhnlichen moralischen Maßstäben gemessen werden; sein Handeln ist durch das Telos der Geschichte gerechtfertigt. Er hat – so könnte man zuspitzen – »die Lizenz zum Töten«.[11]

Über allem waltet indes der absolute Wille Gottes – und nicht Hegels Weltgeist. Gewiss ist Geschichte ein fortlaufender Entwicklungsprozess: »Das Wesen der sittlichen Welt ist die rastlose Entwicklung, die ἐπίδοσις εἰς αὑτό [epídosis eis hautó]«, wird Droysen in seinen Vorlesungen über die »Historik« nicht in hegelianischer, wohl aber in aristotelischer Terminologie formulieren.[12] Für den gläubigen Protestanten blieb das Weltgeschehen Teil eines göttlichen Heilsplanes. Er sei so durchdrungen von der allmächtigen Regierung Gottes, schrieb Droysen 1836 an Friedrich Perthes, dass er meine, es könne auch kein Haar vom Haupte fallen ohne Gottes Willen.[13] Später wird er als die »höchste Aufgabe« der Geschichtswissenschaft die »Theodicee«, die Rechtfertigung Gottes bezeichnen, und bekennen, dass die Geschichte »an dem Glauben an eine weise und gütige Weltordnung Gottes« festhalte, »die nicht bloß einige Gläubige, noch ein auserwähltes, sondern das ganze Menschengeschlecht, alles Erschaffene« umfasse.[14] Da für den Christen Droysen die Entstehung des Christentums das alles überragende Ereignis der Menschheitsgeschichte ist, beurteilt er die Jahrhunderte nach Alexander aus dieser Perspektive und gibt dieser im Zeichen des Klassizismus abgewerteten Epoche eine neue Dignität. Hier finden Freiheit, Glaube und Ordnung zusammen.

Die Kritik am Elend und Bankrott der griechischen Kleinstaaten und der Hymnus auf die Effizienz der makedonischen Militärmaschinerie spiegeln zugleich zeitgenössische Erfahrungen und Sehnsüchte. Die Einigung Griechenlands unter dem Makedonen Philipp II. ist Vorbild für ein unter preußischer Initiative geeintes Deutschland. Höhepunkt der griechischen Geschichte ist die makedonische Eroberung, denn sie ist identisch mit dem Vollzug der nationalen Einigung, die es auch unter den Bedingungen der Gegenwart voranzutreiben gilt, um politische Emanzipation und individuelle Autonomie zu verwirklichen. Droysen verwirft die »entartete« griechische Freiheit, macht die makedonische Monarchie zum Repräsentanten des geschichtlichen Fortschritts und zieht gegen den Athener Demosthenes zu Felde, der zu Droysens Zeit als Garant hellenischer Unabhängigkeit verehrt und geschätzt wurde: »Es ist, als wolle man sich gegen Friederich den Großen für das Heilige Römische Reich in alter Form interessieren.«[15] Die Parallele zwischen Preußen und Makedonien wird Droysen in der zweiten Auflage seines Alexanderbuches von 1877 noch stärker herausarbeiten. Doch schon für die erste Auflage gilt: Die Vergangenheit muss in Beziehung zur Gegenwart gesetzt werden, die Vergegenwärtigung hat die Politisierung des Vergangenen zur Folge, Objektivität allein kann nicht Maßstab historischer Wissenschaft sein. Bereits in der »Geschichte Alexanders des Großen« von 1833 zeigen sich mithin diejenigen Merkmale, die konstitutiv für Droysens Geschichtsbild und seine Geschichtsschreibung sind: Der Historiker muss die Dynamik des »spezifisch menschlichen Fortschreitens«[16] erfassen, die Vereinbarkeit von Weltgeschehen und Heilsplan erkennen und das Vergangene konsequent aktualisieren.

Die zeitgenössische Kritik war von Droysens Alexanderbuch wenig begeistert.[17] Dennoch gelang es ihm 1835, zum außerordentlichen Professor an der Berliner Universität ernannt zu werden. Da die Stelle unbesoldet war, musste er neben seinen zehn Wochenstunden an der Universität noch zwanzig weitere am Gymnasium unterrichten. Die außerordentlichen Belastungen hatten jedoch keine Auswirkungen auf seine wissenschaftliche Produktivität. 1836 erschien der erste Band der »Geschichte des Hellenismus«, in dem Droysen einen neuen Epochenbegriff begründete, der heute noch benutzt wird und die Zeit von Alexander dem Großen bis zur ›Einverleibung‹ des letzten der hellenistischen Großreiche in das Imperium Romanum 30 v. Chr. bezeichnet.[18] In der Vorrede zum sieben Jahre später veröffentlichten zweiten Band,[19] die Droysen in nur wenigen Exemplaren für seine Bekannten drucken ließ, rechtfertigte er sein Unterfangen. Diese Zeit, so führte er aus, werde missachtet als »eine große Lücke, als ein toter Fleck in der Geschichte der Menschheit, als eine ekelhafte Ablagerung aller Entartung, Fäulnis, Erstorbenheit«. Ihm hingegen erscheine sie als »ein lebendiges Glied in der Kette menschlicher Entwickelung, als Erbin und tätige Verwalterin eines großen Vermächtnisses, als die Trägerin größerer Bestimmungen, die in ihrem Schoß heranreifen sollten«.[20] Damit wurde die Geschichte nach 338 v. Chr. unter ein völlig neues Vorzeichen gestellt, gleichermaßen antiklassizistisch umgedeutet: Sie war keine Zeit des Verfalls mehr, sondern des Fortschritts, in der die politischen, religiösen und kulturellen Voraussetzungen für den Sieg des Christentums in der Alten Welt geschaffen wurden.

In der mit Alexanders Eroberungszügen einsetzenden Verschmelzung der griechischen mit der orientalischen Kultur sah Droysen das Charakteristikum dieser Epoche, die er »Hellenismus« nannte. Das griechische Wort hatte in der Antike allerdings eine andere Bedeutung: Es war kein Epochenbegriff, sondern bezeichnete zunächst den korrekten Gebrauch des Griechischen, dann die griechische Kultur insgesamt; in der Spätantike schließlich wurde es als polemischer Ausdruck gegen nichtchristliche und heterodoxe Gruppen gebraucht. Für Droysens Verwendung war die zeitgenössische Diskussion um die in der Apostelgeschichte (6,1) genannten *Hellenistaí* wichtig, in denen Philologen und Theologen griechische Juden erkannten, die eine Mischform zwischen Griechisch und Hebräisch sprachen und folglich die mit hebräischen Bestandteilen durchsetzte Sprache des Neuen Testamentes als ›hellenistisch‹ bezeichneten.[21] Droysen hat dieses in der damaligen Wissenschaft beschriebene sprachliche Phänomen auf den gesamten Bereich der Kultur übertragen.

Seine Hellenismus-Konzeption erwies sich als ungemein wirkmächtig. Generationen von Wissenschaftlern haben im Anschluss an Droysen die vielfältigen Begegnungen von Griechen mit orientalischen Völkern untersucht.[22] Wir knüpfen heute an deren Forschungen an, und damit auch an Droysen. Daran ändert auch die Tatsache nichts, dass inzwischen kein ernstzunehmender Altertumswissenschaftler die Jahrhunderte nach Alexanders Tod noch als eine Epoche der Verschmelzung oder der Vermischung beschreibt. In der Zeit des Multikulturalismus und der Globalisierung spricht man eher von der Koexistenz griechischer und indigener Formen, aber Droysens Forderung, den »Hellenismus« als »ein lebendiges Glied in der Kette menschlicher Entwickelung« zu erkennen, hat sich die Forschung zu eigen gemacht, indem sie komplexe Akkulturationsprozesse, die wechselseitigen Beeinflussungen religiöser Vorstellungen und politischer Praktiken, das Verhältnis von Stadt und Herrscher, die unterschiedlichen Lebensrealitäten in den Poleis und den Staaten der östlichen Mittelmeerwelt und die vielfältigen Aspekte der hellenistischen Kultur erforschen. Damit löst sie das ein, was Droysen eigentlich eingefordert, nicht jedoch selbst vorgelegt hat: eine umfassende Geschichte des hellenistischen Zeitalters, unter Einschluss kultureller, sozialer, wirtschaftlicher und religiöser Entwicklungen. Denn Droysens »Geschichte des Hellenismus« konzentrierte sich ausschließlich auf die politische Geschichte der Epoche, beschrieb die Desintegration des Alexanderreiches und die Genese einer *balance of power* in den hellenistischen Nachfolgemonarchien. Doch selbst diese Darstellung blieb ein Torso. Der 1843 vorgelegte zweite Band endete mit dem Tode des Spartanerkönigs Kleomenes III. im Jahr 219 v. Chr. Die Kapitel über den Aufstieg Roms zur vorherrschenden Macht im Osten und über die Hellenisierung der römischen Politik blieben ungeschrieben.

Die Lebenssituation des Autors hatte sich inzwischen grundlegend geändert. 1840 nahm er einen Ruf auf die Professur für allgemeine Geschichte an der Universität Kiel an. Er sah sich vor eine »völlig neue Aufgabe« gestellt.[23] Rasch wurde Droysen in die Tagespolitik seiner Zeit hineingezogen, bezog Stellung in der schleswigschen Frage und verband historische Forschung mit politischem Engagement. Im Winter 1842/43 hielt er die »Vorlesungen über die Freiheitskriege«, die schon 1846 veröffentlicht wurden. Aus dem Althistoriker war der Neuhistoriker geworden, der jetzt die Notwendigkeit betonte, sich der neueren und neuesten Geschichte zu widmen. In seinem historischen Rückblick auf die europäische Revolutionszeit (1776–1815) entwarf er ein politisches Programm des deutschen Liberalismus, verfasste eine Fortschrittsgeschichte der Freiheitsbewegung, stritt für bürgerliche Partizipation und plädierte für Evolution statt Revolution. Der Schritt zur Neuzeit konnte ihm auch deshalb nicht schwergefallen sein, weil die Überlieferungslage für sein Hellenismus-Projekt sich zunehmend als schwierig erwies. So quälte er sich damit, aus den »einzelnen Notizen« zunächst »die Reihe der Einzelheiten mit möglichster Evidenz und Sicherheit« festzustellen, und hoffte, dass darüber der große Zusammenhang nicht verloren ginge.[24]

Dann hieß es, Revolution zu machen. 1848/49 vertrat Droysen die Herzogtümer Schleswig und Holstein im Frankfurter Nationalparlament, stritt für den kleindeutschen Nationalstaat und wurde rasch zu einem der einflussreichsten Vertreter borussischer Interessen. Preußen wurde nun zum überragenden Gegenstand seiner Geschichtsschreibung. Hatte er durch seinen »Alexander« und die »Geschichte des Hellenismus« nur indirekt auf die Zeitläufte einwirken wollen, so nutzte er die Historiographie jetzt als Instrument direkter politischer Agitation. Die Niederlage der schleswig-holsteinischen Autonomiebewegung zwang den *homo politicus*, 1851 den Ruf nach Jena anzunehmen, wo er »Das Leben des Feldmarschalls Yorck von Wartenburg« (1851/52) vollendete. Das Vorbild des preußischen Offiziers der Befreiungskriege sollte die Zeitgenossen anspornen, im Interesse der deutschen Einheitsbewegung zu handeln.

Unmittelbar nach Abschluss dieser Biographie begann Droysen seine Arbeit an der »Geschichte der preußischen Politik«, die ihn auch nach seinem Wechsel an die Berliner Universität im Jahr 1859 beschäftigte. Am Ende lagen 14 Bände vor, die Preußens Mission für Deutschland seit der Einsetzung der Hohenzollern in der Mark Brandenburg beschrieben und in denen Droysen die These entfaltete, dass durch die Verfolgung legitimer Partikularinteressen seit dem späten Mittelalter die Idee der deutschen Einheit vorangebracht worden sei. Trotz des beeindruckenden Umfanges blieb auch dieses Werk ein Torso, dem Hellenismus-Buch vergleichbar, das in dem Jahr seine zweite Auflage erlebte, als Droysen zum Historiographen des Hauses Brandenburg bestellt wurde: 1877. Der »Alexander« war jetzt der erste Teil einer dreiteiligen »Geschichte des Hellenismus«, die die Geschichte Alexanders des Großen und seiner Nachfolger, der Diadochen und der Epigonen, umfasste. Die pathetische Einleitung strich Droysen ganz und setzte einen neuen, lapidaren Satz an deren Stelle, der berühmt werden sollte: »Der Name Alexander bezeichnet das Ende einer Weltepoche, den Anfang einer neuen.«[25]

Man hat viel Fleiß und Mühe darauf verwendet, die erste und die zweite Auflage miteinander zu vergleichen.[26] Herausgekommen ist dabei wenig. Die Scheidung in ein hegelianisches Frühwerk und ein posthegelianisches Spätwerk ist obsolet und verkennt die oben skizzierte Komplexität und Originalität von Droysens althistorischem Oeuvre. Die Betonung der politischen Geschichte charakterisiert nicht erst die zweite, sondern bereits die erste Auflage. Man sollte sich mit der

Feststellung begnügen, dass die Jugendwerke »ihres früheren Überschwanges«, ihres Pathos entkleidet wurden, aber ihre Grundaussagen und ihre Tendenz durchaus behielten.[27] Es bleibt die zumindest in der Altertumsforschung viel beachtete These Arnaldo Momiglianos, Droysens »Geschichte des Hellenismus« habe unvollendet bleiben müssen, weil es unmöglich gewesen sei, die Juden in das deutsche Geistesleben zu integrieren.[28] Die jüdische Herkunft der Verwandten und Freunde von Droysen sei in der Familie tabuisiert worden, und ebendieses Tabu habe Droysen, den gläubigen Protestanten, bewogen, der Bedeutung des Judentums im Hellenismus und für die Entstehung des Christentums nicht weiter nachzugehen. Da dieses Phänomen in der Fortsetzung der Geschichte des Hellenismus hätte dargestellt werden müssen, habe, so Momigliano, Droysen sein Unterfangen ganz aufgegeben. Dieser Erklärungsversuch ist zwar bereits verworfen,[29] neuerdings aber wieder verteidigt worden: In der deutschen Übersetzung der Ausgewählten Schriften von Momigliano heißt es, Droysens Werk bleibe eines der größten Denkmäler der deutschen Geschichtsschreibung; gleichzeitig aber trage es »die Zeichen einer tiefen Verletzung, und diese Verletzung heißt Judentum«.[30] Eine solche Interpretation verkennt nicht nur die bereits dargelegten biographischen und überlieferungsspezifischen Gründe, die Droysen veranlassten, sich vom Hellenismus und damit von der Alten Geschichte abzuwenden, sondern übersieht die innere Konsequenz der Entwicklung Droysens vom Altertumswissenschaftler zum Historiker. Hierzu ist es notwendig, Droysen in der Geschichte der Altertumswissenschaft zu verorten.

Das altertumswissenschaftliche Fundament

Angesichts der herausragenden Bedeutung der Antike für das Selbstverständnis der akademisch gebildeten Eliten zu Beginn des 19. Jahrhunderts überrascht es nicht, dass Droysen wie zahlreiche andere Historiker an altertumswissenschaftlichen Gegenständen die Frage nach den Bedingungen der Möglichkeit objektiver Erkenntnis in der Geschichte zu beantworten suchte und Prinzipien der neu konstituierten Hermeneutik auf die philologisch-historische Analyse der komplexen Überlieferung anwandte. Denn für Droysen war sein Berliner Lehrer August Böckh wegweisend. Dessen Definition der Philologie als der »Erkenntnis des Erkannten« führte zwangsläufig dazu, dass die Aufgabe der Philologie mit der Aufgabe der Geschichtswissenschaft zusammenfiel. Philologie war identisch mit der Geschichte schlechthin, mit den Worten Droysens: »Es ist das große Verdienst

Boeckhs, der Klassischen Philologie ihre Stellung als historische Wissenschaft vindiziert zu haben.«[31] Historisierung wurde eingefordert, die Abkehr von einer normativen Betrachtungsweise. Hier beschritt Droysen konsequent Böckhs Weg weiter:[32] Aus der die gesamte vergangene Überlieferung berücksichtigenden Philologie, wie er sie selbst in seinen Anfangsjahren noch betrieben hatte, entwickelte er eine historische Kulturwissenschaft, die sich nicht auf politische Geschichte beschränkte, sondern das von anderen Hervorgebrachte in seiner Totalität erfassen wollte.

Damit nicht genug. Sein Lehrer Böckh hatte sich in seinem monumentalen Werk »Staatshaushaltung der Athener«, einer wirtschaftsgeschichtlichen Untersuchung, von der traditionellen Überhöhung der Klassik verabschiedet, und damit auch von dem überkommenen Klischee eines vorbildlichen Griechentums. »Zum Ziele nahm ich«, so schrieb Böckh in der Einleitung, »die Wahrheit, und ich bedaure nicht, wenn die unbedingte Verehrung der Alten gemäßigt werden muss, weil sich ergibt, dass, wo sie Gold berühren, auch ihren Händen Schmutz anklebt.« Soll der Altertumsforscher aber verhehlen, dass auch damals, wie heute, alles unter der Sonne unvollkommen war? »Gestehen wir lieber, dass viele unter den vortrefflichsten des Altertums an den gemeinsamen Fehlern des Menschengeschlechts krankten.«[33] Dennoch erkannte Böckh, wie er in seiner »Encyklopädie« ausführte, in der Erforschung des Altertums noch den vornehmsten Zweck der Philologie, »denn es ist ja Erkenntnis des Edelsten, was der menschliche Geist in Jahrtausenden hervorgebracht hat, und gewährt eine Tiefe und große Einsicht in das Wesen der göttlichen und menschlichen Dinge.«[34] Doch die Sonderrolle der Antike war folglich historisch bedingt, nicht normativ gesetzt: Die herausragende Bedeutung dieses Zeitalters in der Menschheitsgeschichte rechtfertigte das historische Interesse und machte seine Kultur zur Grundlage der gegenwärtigen Bildung.[35] Der Vergleich anderer Epochen mit der Antike wurde dadurch geradezu herausgefordert, Philologie und Geschichte mussten sich um andere historische Zeiten und Räume bemühen. Im Anschluss an Böckh ist, wie Droysen zu Recht festhielt, »die für das klassische Altertum errungene Methode als Deutsche, Romanische, Indische Philologie in Anwendung gekommen und eine geschichtliche Forschung begonnen, von der man vor 50 Jahren auch noch nicht eine Ahnung gehabt hat«.[36] Aber erst Droysen ging den Schritt vom Humanismus, genauer: von einer die pädagogische Funktion der Antike betonenden Klassischen Philologie hin zu einer Geschichtswissenschaft, die das griechisch-römische Altertum und seine Hervorbringungen möglichst wertfrei als eine Epoche unter vielen erforscht.

Droysens Methodologie und Enzyklopädie der historischen Wissenschaften, die er zum ersten Mal im Sommersemester 1857 in Jena unter dem Titel »Encyclopaediam et methodologiam historiarum« hielt und die 1868 als Buch erschien,[37] ist in Fortführung der Enzyklopädievorlesung seines Lehrers, der eine historische Altertumswissenschaft zu konstituieren suchte, eine theoretische Begründung der Geschichtswissenschaft und ein wesentlicher Beitrag zur geisteswissenschaftlichen Theoriediskussion.[38] Seine zentrale Forderung, die historische Wissenschaft müsse »forschend verstehen«, ist durch Böckhs philologische Methode des Verstehens und das von ihm definierte Verhältnis von Hermeneutik und Kritik beeinflusst. Beide stimmten darin überein, dass die historische Wissenschaft das Seiende als ein Gewordenes verstehen muss.[39] Doch mit Böcks Forderung, die philologische Kritik habe die Zeugnisse nach ästhetischen und sittlichen Kriterien, aber auch nach Wahrheit zu prüfen, konnte Droysen nichts mehr anfangen. Sein Lehrer verlangte, »das gesamte geschichtliche Leben einer Nation oder Zeit nach dem Ideal der Humanität zu messen«.[40] Für Droysen hingegen war das historische Material »als Ausdruck dessen zu erfassen, was sich darin hat äußern wollen«.[41] Die Überlieferung interessierte nicht um ihrer selbst willen, sondern einzig als Grundlage, um vergangenes Geschehen zu rekonstruieren.

Böckh verlangte wie die meisten Vertreter des Neuhumanismus, dass Wissenschaft um ihrer selbst willen, nicht aber um eines ihr fremden Zweckes willen betrieben werden müsse.[42] Daraus folgerte er, dass jeder äußerliche Pragmatismus der wissenschaftlichen Betrachtung zuwider sei und das Urteil trübe.[43] Nur da, »wo alle Leidenschaft« schweige, sei ein unbefangenes Urteil möglich.[44] Das aufklärerische Pathos der Unparteilichkeit teilte Droysen nicht mehr. Er arbeitete vielmehr aus der theoretischen Betrachtung des Verstehens und Interpretierens als des Wesens der geschichtlichen Methode die Perspektivität und Subjektivität aller historischen Erkenntnis heraus. Unparteilichkeit und Objektivität waren für Droysen nicht einzulösen: »Das Gegebene für die historische Forschung sind nicht die Vergangenheiten, denn diese sind vergangen, sondern das von ihnen in dem Jetzt und Hier noch Unvergangene, mögen es Erinnerungen von dem, was war und geschah, oder Überreste des Gewesenen oder Geschehenen sein.«[45] Die Formen der Darstellung bestimmen sich folglich auch »nicht nach erforschten Vergangenheiten, sondern aus Motiven der Forschung und des Forschers«.[46] Droysens geschichtswissenschaftliche Theoriebildung zeigt deutlich den Einfluss von Immanuel Kant: Der Königsberger Philosoph hatte in der Vorrede zur zweiten Auflage der »Kritik der reinen Vernunft« von 1787 ausgeführt, dass sich Erkenntnis nicht nach den Gegenständen ›orientiere‹, sondern dass vielmehr sich die »Gegenstände nach der Erkenntnis richten«, »weil die Vernunft nur das einsieht, was sie selbst nach ihrem Entwurfe hervorbringt«.[47]

Gegenstand der historischen Forschung ist das »historische Material«, das Droysen im Gegensatz zu Böckh nicht primär auf sprachliche Zeugnisse beschränkte, sondern wesentlich breiter fasste und in Überreste, Quellen und Denkmäler differenzierte.[48] Der Umgang mit diesem Material muss jedoch, das hatte Droysen bei seinem Lehrer Böckh gelernt, in methodisch reflektierter Form erfolgen. Die Geschichtswissenschaft darf keine willkürlichen Konstruktionen hervorbringen, sondern hat die Vergangenheit empirisch abgesichert zu repräsentieren: »Die Geschichte ist das Ergebnis empirischen Erfahrens und Erforschens (ἱστορεῖν [*historeîn*])«, wie Droysen formulierte.[49] Ausgangspunkt der historischen Forschung ist indes die Frage, die der Historiker an das Material heranträgt. Sein Interesse ist konstitutiv für die historische Wissenschaft. »Die historische Forschung setzt die Reflexion voraus, dass auch der Inhalt unseres Ich ein vermittelter, gewordener, ein historisches Resultat ist.«[50] Otto Gerhard Oexle hat daraus gefolgert, dass historische Forschung »auf zwei Pfeilern« beruht: zum einen »auf der sorgfältigen Arbeit mit dem historischen Material« als der empirischen Basis und zum anderen »auf der Reflexion des erkennenden Individuums über die Bedingungen, die Tragweite und natürlich auch über die Grenzen seiner Fragestellung«.[51] Historische Erkenntnis ist für Droysen eine empirisch gestützte Hypothese, sie ist nicht Rekonstruktion des »Wie es eigentlich gewesen«, sie ist keine Abbildung des Vergangenen, sondern »erkannte Geschichte«, das Produkt des erkennenden menschlichen Geistes, das »Ergebnis empirischen Wahrnehmens, Erfahrens und Forschens«, oder in der Sprache der griechischen Geschichtsschreibung: ἱστορία [*historía*].[52] Mit dem Begriff wird seit Herodot die Nachforschung des Historikers, deren Resultate und schriftliche Darlegung bezeichnet.[53] Damit war die Bedingtheit jeder geschichtswissenschaftlichen Erkenntnis postuliert und als unlösbares Problem historischer Forschung identifiziert.

Aus dieser fundamentalen Einsicht erklärt sich Droysens anhaltende Polemik gegen Leopold von Ranke und alle diejenigen Verfechter »eunuchischer Objektivität«,[54] die glaubten, durch minutiöse Textkritik zur historischen Wahrheit vorzudringen. In Deutschland sei man »auf unleidliche Weise in die so genannte Kritik versunken, deren ganzes Kunststück darin besteht, ob ein armer Teufel von Chronisten aus dem andern abgeschrieben hat. Eine Weisheit gerade so groß, als wenn die Philologie im Konjekturenmachen ihr dünnes Leben hineinspinnt. Es hat schon einiges Kopfschütteln veranlasst, dass ich feliciter behauptet habe, die Aufgabe des Historikers sei Verstehen oder, wenn man will, Interpretieren.«[55]

Seine »Historik« hat Droysen in einer Vorlesung entwickelt, die er zwischen 1857 und 1882/83 in Jena und Berlin siebzehn Mal hielt und die er auch »Enzyklopädie und Methodologie der Geschichte« oder »Enzyklopädie und Methodologie der historischen Wissenschaften« nannte.[56] Die Grundannahmen seiner »Wissenschaftslehre der Geschichte« hatte Droysen jedoch bereits in seiner »Privatvorrede« zum zweiten Band der »Geschichte des Hellenismus« von 1843 entfaltet.[57] Geschichte wird hier im Sinne Hegels als der »ununterbrochene Fortschritt« der Menschheit zur Freiheit verstanden.[58] Der Althistoriker Droysen versuchte in dieser Vorrede, das Zeitalter des ›Hellenismus‹ als Epoche des vermeintlichen Niedergangs in den Progress geschichtlicher Entwicklung zu integrieren und als die »moderne Zeit des Altertums« zu rehabilitieren;[59] hierzu vertraute er nicht auf die apriorische Konstruktion einer »dialektischen Bewegung«, die Hegel entwickelt hatte, sondern macht sich unter Berufung auf Kant auf historische Spurensuche.[60] »Hat die sogenannte historische Ansicht«, so führte er aus, »ein höheres Kriterium als das des *fait accompli*, als das einer durchgesetzten faktischen Geltung, so kann sie konsequenter Weise keine Art von Instanz gegen die Phase von Entwicklungen geltend machen, welche sie verdammt.«[61] Ausdrücklich betonte Droysen den Gegenwartsbezug und die Standortgebundenheit historischer Erkenntnis: »Selbst was schön, wahr, recht, edel ist, steht nicht über Raum und Zeit, sondern hat sein Maß und seine Energie darin, dass es gleichsam projiziert erscheint auf ein Hier und Jetzt.«[62]

Die historische Altertumswissenschaft, die Droysen bei Böckh kennengelernt hatte, war ihm eine geschichtswissenschaftliche Disziplin, die die Prinzipien historischen Forschens und Denkens auf Texte und Überreste der Alten Welt anwandte. Doch Böcks Theorie der philologischen Wissenschaft war nicht notwendigerweise an den Gegenstand gebunden, an dem er sie expliziert hatte, also an das Altertum. Droysen verdeutlichte in seinem Werk und in seiner Biographie, dass sich philologische und historische Tätigkeit nicht auf die »klassische Epoche des Altertums« beschränken ließen. Der Böckh-Schüler Droysen verstand, pointiert formuliert, unter Geschichte das, was sein Lehrer als Philologie definiert hatte: historische Erkenntnis schlechthin.[63] Aus ebendiesem Grund nahm – und nimmt noch immer – die Alte Geschichte eine Mittler- und Brückenfunktion ein und steht zwischen der Altertumswissenschaft und der Geschichtswissenschaft.

Der Bacon der Geschichtswissenschaft

Zu Droysens enthusiastisch verehrten Vorbildern zählte Wilhelm von Humboldt, den er den »Bacon für die Geschichtswissenschaft« nannte.[64] Humboldt habe zwar kein philosophisches System entwickelt, aber überzeuge als Historiker, da er politische Einsicht und darstellerische Fähigkeit »in merkwürdiger Harmonie« besessen habe.[65] Wissenschaft und Politik verbanden sich auch in der Biographie Wilhelm von Humboldts, dessen dreibändige Monographie über die Kawi-Sprachen Droysen als eines der großartigsten Werke bezeichnete, die je geschrieben worden seien. Dort habe Humboldt ein Muster historischer Methode gegeben, die auch für ihn, Droysen, vorbildlich gewesen sei. Wenn es gelinge, »eine Historik, eine Wissenschaftslehre der Geschichte, durchzubilden«, so müsse »Humboldt als deren Gründer genannt werden«.[66] Denn Humboldt sei der erste gewesen, der deutlich gemacht habe, dass die Aufgabe der Historik weder eine reine Enzyklopädie der historischen Wissenschaften noch eine Philosophie der Geschichte noch eine Poetik für die Geschichtsschreibung sein dürfe, sondern ein »Organon historischen Denkens und Forschens«; ihre Aufgabe sei es, »zu erkennen, zu erklären, zu verstehen«.[67]

Humboldt hatte unter dem Eindruck der Französischen Revolution in seinen Studien zur Alten Welt die Bedeutung des Individuums für die historische Entwicklung betont. Der Politiker habe folglich solche Bedingungen zu schaffen, dass die individuellen Kräfte sich frei entfalten können, wolle er die Verhältnisse zum Besseren ändern; der Historiker wiederum müsse in der vergangenen Epoche ebendiese Kräfte in ihrer jeweils spezifischen Erscheinungsform erkennen und darstellen. Die historische Suche nach Individualität habe sich auf das Allgemeine zu richten, das sich im Handeln des einzelnen Menschen, aber auch in der Sprache, der Nation und dem Staat manifestiere. Zwar räumte Humboldt prinzipiell jeder Nation die Möglichkeit ein, einen individuellen Charakter auszubilden, bekannte aber zugleich, dass die griechische Antike von überragender Bedeutung sei. »Durch alle diese Züge wurde der Charakter der Griechen insofern das Ideal alles Menschendaseins, dass man behaupten kann, dass sie die reine Form der menschlichen Bestimmung unverbesserlich vorzeichneten, wenn auch die Ausfüllung dieser Form hätte hernach auf andre Weise geschehen können.«[68]

Da Humboldt die von ihm verehrten Griechen nicht als zeitlose Muster darstellte, wurden sie zu einem Gegenstand historischer Forschung, deren Aufgabe es war, die einzigartige Individualität des griechischen Nationalcharakters in seiner historischen Gebundenheit zu beschreiben. Folglich konnte es nicht mehr die alleinige Aufgabe der Wissenschaft sein, die aus der Antike überkommenen Texte zu edieren und zu kommentieren, sie musste die Überlieferung der historischen Auswertung und Interpretation unterwerfen. Die durch Humboldt eingeleitete Historisierung des griechischen Altertums wurde von Droysen vollendet.

Mit Humboldt teilte Droysen auch die Vorstellung, wie der Historiker das Vergangene darzustellen habe. In seiner »Geschichte des Verfalls und Untergangs der griechischen Freistaaten«[69] bemerkte Humboldt, er habe einen »dreifachen Zweck vor Augen«. Zum einen wolle er sich in eine Zeit versetzen, »in welcher der tief rührende, aber immer anziehende Kampf besserer Kräfte gegen übermächtige Gewalt auf eine unglückliche, aber ehrenvolle Weise gekämpft« worden sei. Dann beabsichtige er zu zeigen, »dass Entartung die Schuld des Verfalls Griechenlands nur zum Teil« getragen habe. Schließlich sei ein »Standpunkt zu fassen, von dem sich die alte und neue Geschichte in ihrem ganzen Umfange bequem überschauen« lasse.[70] Die Betrachtungsweisen, die Humboldt für die Verfallsgeschichte Griechenlands vorschwebten, sind nichts weniger als drei grundlegende Arten, Geschichte zu schreiben: Von einer ästhetischen, anrührenden Betrachtung des Zustands Griechenlands vor dem Verfall wollte er über die Analyse des zeitpolitischen Geschehens und des Staatensystems zu einem Standpunkt gelangen, der einen universalhistorischen Blick auf die Vergangenheit und die Gegenwart eröffnete. Auch wenn Droysen die Humboldt'sche Schrift über die »Geschichte des Verfalls und Untergangs der griechischen Freistaaten« nicht gekannt haben dürfte, da erst Albert Leitzmann sie Ende des 19. Jahrhunderts aus dem Archiv in Tegel edierte,[71] vertrat er – allerdings vor einem anderen Erfahrungshintergrund – diesen weitreichenden Anspruch der Geschichtsschreibung. Ebenfalls aus zeitpolitischem Interesse wandte er sich der ›Verfallsgeschichte‹ Griechenlands zu. Politik und Geschichte wurden von beiden, von Droysen wie von Humboldt, in ihren Studien zum nachklassischen Hellas verbunden.

Die Geschichtswissenschaft musste der Gesellschaft ein Bild ihrer selbst vermitteln: »Die Historie ist das γνῶθι σαυτόν [gnôthi sautón] der sittlichen Welt und ihr Gewissen.«[72] Geschichtsschreibung diente, wie der Verweis auf die bekannte Inschrift am Apollontempel von Delphi verdeutlichte, der Selbsterkenntnis des Individuums und bot die Möglichkeit, den Gang der Zeitläufte zu beeinflussen. Ihre exklusive Kompetenz – und Aufgabe – bestand und besteht darin, »die Gegenwart über ihr Werden aufzuklären und damit über den historischen Moment, dem sie zugehört und dem sie gerecht werden muss«.[73] Deshalb muss sich der Historiker zu seinem politischen Standpunkt bekennen, überhaupt zu seinem Standpunkt: »Scharf machen ist das Allernotwendigste; was meiner Partei gehört, dient, hilft, das ist gut, alles andere hat relativen Sachwert.«[74] Historisches Verstehen ist aber auch Voraussetzung für politisches Handeln, Geschichtswissenschaft eine Art politischer Propädeutik: »Das historische Studium ist die Grundlage für die politische Ausrichtung und Bildung. Der Staatsmann ist der praktische Historiker«; denn er muss, wie Droysen unter Rückgriff auf eine Wendung bei Plutarch formulierte, in der Lage sein, zu verstehen, was ist, und zu tun, was notwendig ist.[75]

Entscheidend für Droysens Geschichtstheorie war Humboldts Akademierede von 1821 »Über die Aufgabe des Geschichtsschreibers«, die er möglicherweise durch Böckh kennengelernt hatte.[76] Humboldt trat hier das Erbe der aufgeklärten Historiographie an, um diese sogleich zu überwinden. Er entwarf das Programm einer forschenden Geschichtsschreibung, die die Aufzählung der Fakten hinter sich lässt und in deren Zentrum die Einbildungskraft, die Phantasie steht. Dieser bedarf es, um die inneren Zusammenhänge der Geschichte, die Gesetze der historischen Entwicklung erfolgreich zu erkunden. Humboldt zielte auf die Ideen, die die Geschichte strukturieren und aus dem Faktenstoff ein Gewebe machen. Die Ideen liegen ihrer Natur nach zwar »außer dem Kreise der Endlichkeit«, aber sie durchwalten und beherrschen die Weltgeschichte »in allen ihren Teilen«.[77] Aufgabe des Historikers ist es, die transzendenten Ideen als die treibenden Kräfte der Geschichte mit Hilfe seines »Ahndungsvermögens« und seiner »Verknüpfungsgabe«[78] aufzuspüren und ihr Wirken in der Immanenz darzustellen. »Das Geschäft des Geschichtsschreibers in seiner letzten, aber einfachsten Auflösung ist Darstellung des Strebens einer Idee, Dasein in der Wirklichkeit zu gewinnen.«[79] Ebendiesen Satz zitierte Droysen zustimmend in seiner Historik-Vorlesung[80] und machte sich Humboldts Forderung zu eigen, dass Geschichte keine Tatsachenwissenschaft sei, sondern die hinter den »Begebenheiten« liegenden, aber nur an diesen Begebenheiten zu erkennenden Ideen zu ergründen habe.[81] Auf der Grundlage des historischen Materials und unter Berücksichtigung zeitlicher, räumlicher, materieller und individueller Bedingungen muss der Historiker die in der Geschichte wirksamen Kräfte, muss der Fortschritt der Ideen aufgedeckt werden.[82] Droysen teilte Humboldts Zuversicht, dass Geschichte ein sinnvoller Prozess sei und dass sich Zeitalter in Ideen zusammenfassen ließen. Zugleich überzeugte ihn Humboldts Interesse an dem, was er selbst die »sittlichen Mächte« nennen wird, d. h. an Werten und Normen und ihrer Institutionalisierung in objektivierbaren Systemen: in Familie und Arbeit, in Recht und Staat.[83]

Die Geschichte des Altertums behielt bei Droysen wie bei Humboldt ihre geschichtliche Bedeutung als Moment eines universalhistorischen Prozesses, den beide historiographisch und theoretisch zu erfassen suchten. Und sie waren sich sicher, dass der Staatsmann vom Altertum lernen könne und müsse.

Folgen und Folgerungen

Droysen beschritt den Weg von der Klassischen Philologie über die historistische Altertumswissenschaft zur Geschichtswissenschaft. Er vollzog in seiner Person die Abkehr vom normativen Klassizismus und die Hinwendung zum Historismus. Droysen selbst schrieb, er sei völlig zur Historie übergetreten.[84] Also widmete er sich methodisch und inhaltlich zukunftweisenden Editionsprojekten, um die archivalische Überlieferung zur borussischen Geschichte systematisch zu erschließen,[85] und polemisierte gegen eine Altertumswissenschaft, die sich das Klassische Altertum als ein verlorenes Paradies vorstelle: »In dem Maß, als sie es unterließ, das Klassische Altertum in seinem geschichtlichen Zusammenhang zu fassen, verlor sie den Maßstab der Beurteilung, die Möglichkeit des tieferen Verständnisses, verrannte sie sich in die Sackgasse von Idealisterei.«[86]

Die deutsche Altertumswissenschaft feierte Droysen als den Begründer der deutschsprachigen Hellenismus-Forschung. Gelesen wurde er jedoch kaum. Denn seine »Geschichte des Hellenismus« wurde von der zwölfbändigen »History of Greece« des englischen Autodidakten und Bankiers George Grote hinweggefegt, die zwischen 1846 und 1856 erschien. Der liberale Politiker idealisierte die athenische Demokratie als welthistorisch einzigartigen Ort der Freiheit und Toleranz, verteidigte die Sophisten und Kleon, feierte Demosthenes und rechnete mit Philipp II. und Alexander ab. Droysen lobte er für die eine oder andere textkritische Bemerkung.[87] Damit war es aber des Lobes schon genug. Ausdrücklich bezog er Stellung gegen Droysens Alexanderbild, so etwa gegen dessen Versuch, Alexanders Größe an den zahlreichen Städtegründungen belegen zu wollen. Grote bemerkte lapidar: »But in regard to the majority of these foundations, the evidence upon which Droysen grounds his belief that Alexander was the founder, appears to me altogether slender and unsatisfactory.«[88] Der englische Dilettant, vertraut mit den Regeln der Quellenkritik, erteilte dem deutschen Professor eine hübsche Lektion. Zugleich widersprach er, dass Alexander irgendetwas zur »systematic diffusion of Hellenic culture for the improvement of mankind« beigetragen habe: Das sei ein Mythos, den »eulogists of Alexander« wie Droysen verbreiteten.[89] Alexander sei der Zerstörer des freien Hellas gewesen, und als Herrscher ähnlich unfähig wie die persischen Könige und Napoleon.[90] »Hellenism« war und blieb für

Grote durch die kulturellen Prinzipen des klassischen Athen repräsentiert; er ging deshalb mit der Herrschaft Alexanders zugrunde, und den »Decline and Fall« des athenischen »Hellenismus« wollte Grote nicht schreiben. Seine Anhänger nannten Droysens hellenistische Epoche deshalb »Hellenisticism«.[91]

Grotes Apotheose der athenischen Demokratie war nicht nur in England, sondern auch in Deutschland ungemein erfolgreich. Eine deutsche Übersetzung erschien zwischen 1850 und 1855. Bezeichnend ist das Lob des Gräzisten Ulrich von Wilamowitz-Moellendorf, der an seinen Schwiegervater Theodor Mommsen schrieb: »Die modernen kann ich einfach nicht lesen, Grote, wie immer, ausgenommen.« Er erachtete es als Grotes bleibendes Verdienst, die Griechische Geschichte vom liberalen Standpunkt aus »konsequent und mit politischer Klarheit und Schärfe geschrieben« zu haben.[92] Folglich überrascht es nicht, dass die griechischen Geschichten, die in der zweiten Hälfte des 19. Jahrhunderts in Deutschland erschienen, von Friedrich Kortüm über Ernst Curtius, Georg Busolt und Adolf Holm bis zu Karl Julius Beloch und Eduard Meyer, eine Antwort auf Grote, nicht auf Droysen darstellten.[93] Auch Jacob Burckhardt, der im Winter 1839/40 bei Droysen in Berlin eine Vorlesung über Alte Geschichte gehört hatte und von dem jungen Dozenten begeistert gewesen war, distanzierte sich in seiner »Griechischen Kulturgeschichte« von dem früheren Lehrer. Gewiss, er legte mit Droysen seiner Darstellung einen weiten Kulturbegriff zugrunde und integrierte die hellenistische Epoche; aber Burckhardt ließ seine Erzählung von Verfall und Kontinuität nicht mit dem Untergang des hellenischen Altertums und dem Triumph des Christentums enden, sondern mit der Fortexistenz des »griechischen Geistes« in den folgenden Jahrhunderten.[94]

Es scheint, als habe Grotes herausragender Einfluss im deutschen Sprachraum auch zur verspäteten Rezeption von Droysens »Geschichte des Hellenismus« beigetragen. Erst die zahlreichen Neufunde durch vermehrte Grabungsaktivität und der damit einhergehende Aufstieg der Archäologie, der Epigraphik und Papyrologie veranlassten nach 1900 die besten Köpfe, sich der Erforschung der Geschichte der hellenistischen Staaten zuzuwenden: William W. Tarn in Großbritannien, Ulrich Wilcken in Deutschland, Maurice Holleaux in Frankreich, Michael Rostovtzeff zunächst in Russland und später in den USA, schließlich Giuseppe Cardinali in Italien.[95] Der kontinuierliche Zuwachs an Papyri, Inschriften und archäologischen Zeugnissen beschleunigte die Spezialisierung der altertumswissenschaftlichen Forschungen zum Hellenismus, wie etwa die herausragenden Arbeiten von Louis Robert zeigen, aus dessen Schule eine ganze Generation von (nicht nur französischen) Epigraphikern hervorgegangen ist.[96]

Doch wie steht es heute um Droysens Erbe? Die normative Kraft der antiken Erkenntnisgegenstände, die man immer wieder zu retten suchte, scheint unwiederbringlich verloren. Altertumsforschung als Selbstzweck ist zu Beginn des 21. Jahrhunderts nicht mehr möglich. Wir können nicht hinter Droysen (und seine Zeitgenossen) zurückfallen. Was von Droysen bleibt, ist seine konsequente Überwindung der klassizistischen Überhöhung des Altertums, seine dezidierte Historisierung der Antike und seine erfrischende Polemik gegen gelehrte Materialklauberei.

Es ist unbestritten, dass die »Geschichte des Hellenismus« die politische Geschichte in den Vordergrund stellte und sich auf die handelnden Akteure konzentrierte. Doch sie enthält zugleich das Programm einer umfassenden Kulturgeschichte, das Droysen in seiner »Historik« explizit macht: »Was hilft es, sich immer wieder mit der Politik der sinkenden hellenistischen Königreiche zu plagen, die ebenso langweilig wie in allen Einzelheiten unsicher ist. Die Angaben der ersten und der abgeleiteten Quellen sind äußerst dürftig: Hier und da kann eine Inschrift ein historisches Datum konstatieren, einiges ergibt sich aus Münzen, aber alles zusammengerechnet bleibt das Ergebnis für die politische Geschichte äußerst gering. Die Gravitation jener zwei Jahrhunderte vor Christi Geburt liegt nicht in der Politik, sondern in der Entwicklung des geistigen Lebens.«[97] Droysen selbst hat dieses Programm nicht mehr realisiert, aber die Forschung bis heute inspiriert.

Zu Recht berufen sich daher moderne Synthesen auf Droysen, wenn sie die Einheit von politischer und kultureller Dimension des Phänomens Hellenismus betonen und eine Kulturgeschichte des Politischen im hellenistischen Zeitalter entwerfen. Auch wenn sich in der Betrachtung des Hellenismus längst post-koloniale Ansätze, die über Droysen hinausführen, durchgesetzt haben, so bleibt seine »Geschichte des Hellenismus« zumindest in zweierlei Hinsicht aktuell: Zum einen muss mit Droysen über die Frage nach den zeitlichen und räumlichen Grenzen der multipolaren Welt des Hellenismus nachgedacht werden. Zum anderen enthält sein Hellenismus-Konzept ein probates Antidot gegen die Versuchungen einer gräkozentrischen Politikgeschichte.

Nicht minder bedeutend ist Droysens theoretisches Erbe, das er in der Auseinandersetzung mit dem Altertum entwickelt hat. Seine »Historik« war in der zweiten Hälfte des 19. Jahrhunderts wenig bekannt – und wenig geschätzt. Rankes »Geschichtsreligion« hatte sich durchgesetzt.[98] Doch die Beurteilung seiner Wissenschaftslehre der Geschichte hat sich nach dem Zweiten Weltkrieg grundlegend geändert. Von zentraler Bedeutung bleibt das von Droysen aufgeworfene Problem der Wahrheitssicherung. Der Anfang des historischen Forschens ist nicht der

Zweifel, sondern die historische Frage, die es erst möglich macht, dass die Dinge sprechen.⁹⁹ Die Interessen des Historikers werden zum konstituierenden Moment der Wissenschaft. Im Mittelpunkt der historischen Forschung wiederum steht die Interpretation bzw. das Verstehen. Deren Grundlage muss jedoch die Kritik sein, die »das heuristisch zusammengebrachte Material« daraufhin untersucht, ob es »in der Tat zu den Willensakten, die wir verstehen wollen, in dem Verhältnis steht, dass wir es zu deren Verstehen nutzen können. Die Summe des so kritisch Festgestellten gibt uns dann einen Bestand kritisch gesicherten Materials, mit dem wir weiterzuarbeiten vermögen.«¹⁰⁰ Die historische Kritik dient nicht der Rekonstruktion der eigentlichen Tatsache, sondern der Überprüfung unserer vorgängigen Fragestellung.¹⁰¹ Es ging Droysen im Gegensatz zu Ranke eben nicht um die Auslöschung des Ichs, sondern um die Erkenntnis, dass ›reflektierte Subjektivität‹ ebenso ein Instrument der Erkenntnis ist wie die Überlieferung selbst, insofern diese Reflexion über die Bedingungen der Erkenntnis Aufschluss gibt.¹⁰² Damit ist Objektivität in der Geschichtswissenschaft nicht einzulösen. Max Weber hat später in seiner Auseinandersetzung mit dem Althistoriker Eduard Meyer 1906 davon gesprochen, dass »die populäre naive Vorstellung, die Geschichte sei ›bloße‹ Beschreibung vorgefundener Wirklichkeiten oder einfache Wiedergabe von Tatsachen«, nicht zutreffe, historische Erkenntnis sei, wie alle Erkenntnis, ein Gedankengebilde, eine Konstruktion.¹⁰³ Daraus folgt nicht, dass die Ergebnisse historischer Forschung beliebig sind, denn historische Forschung setzt den methodisch kontrollierten Vollzug voraus, über den der Historiker Rechenschaft geben muss. Diese Forderung gilt indes nicht nur für die Beschäftigung mit dem Altertum, sondern grundsätzlich für den Umgang mit allen toten Freunden.

5. Das Zentrum: Die Altertumswissenschaften an der Berliner Akademie der Wissenschaften*

Zu Beginn des 19. Jahrhunderts entstanden neue Akademien. Das Pariser Modell einer Zentralakademie, das nach der Liquidation der alten Akademiestruktur während der Französischen Revolution entstanden war, entfaltete in Europa eine große Wirkung, wie ein Blick auf die 1803 reorganisierte Kaiserlich Russische Akademie und die 1807 neukonstituierte Königlich Bayerische Akademie der Wissenschaften zeigt. In Preußen setzte sich Wilhelm von Humboldt an die Spitze einer

Reformbewegung, die nicht nur zur Gründung der Berliner Universität (1810), sondern auch zur Neugestaltung der Akademie (1812) führte. Die Königlich Preußische Akademie der Wissenschaften wurde im 19. Jahrhundert vorbildlich für eine moderne und effiziente Wissenschaftsakademie, deren zentrale Funktion in der Organisation, Repräsentation und Koordination von Wissenschaft lag. In Deutschland verhinderte die Einheit von Forschung und Lehre allerdings einen Vorrang der Akademien vor den Universitäten, wie er etwa in Frankreich zu beobachten war.

Seit dem Beginn des 19. Jahrhunderts waren in ganz Europa Philologie und Historie in den Akademien tonangebend, und sie überragten nicht nur in Berlin die Naturwissenschaften. Der Rekurs auf die antike Tradition verstärkte die schon seit dem 17. Jahrhundert betonte Distanz zu Theologie und Jurisprudenz, deren normativ-praktische Orientierung als nicht vereinbar mit dem aufgeklärten Wissenschafts- und Innovationsverständnis erachtet wurde. Die Vertreter dieser Fächer konnten nur als Historiker aufgenommen werden. Die neuhumanistische Wissenschaftslehre konstruierte ein Akademiemodell, das die idealisierte Konzeption einer quasi zeitlosen platonischen Akademie mit einem positivistischen Wissenschaftsverständnis und einer höchst effizienten Wissenschaftsorganisation verband.

AM ANFANG WAR NIEBUHR

Am 1. März 1815 landete Napoleon, der kurz zuvor seinen Verbannungsort Elba verlassen hatte, mit gut tausend Mann auf dem französischen Festland. Seine Herrschaft der 100 Tage begann. Auf dem Wiener Kongress begruben daraufhin die rivalisierenden Siegermächte Russland, England, Österreich und Preußen ihren Streit und schlossen am 25. März erneut einen Koalitionsvertrag. Einen Tag zuvor hatte man an der Preußischen Akademie der Wissenschaften zukunftsfroh ein für damalige Verhältnisse gigantisches Vorhaben auf den Weg gebracht: Die Sammlung aller antiken Inschriften. Den Antrag hatte August Böckh verfasst, der seit vier Jahren Professor an der neu gegründeten Berliner Universität war und seit 1814 in der Akademie saß.[1] Während das preußische Heer gegen Napoleon marschierte, unterstützte das Ministerium das Gesuch für vier Jahre mit insgesamt 6000 Talern. Böckhs Antrag definierte zugleich die Aufgabe der Akademie: Deren »Hauptzweck« müsse sein, »Unternehmungen zu machen und Arbeiten zu liefern, welche kein Einzelner leisten kann; teils weil seine Kräfte denselben nicht gewachsen sind, teils weil ein Aufwand dazu erfordert wird, den kein Privatmann daran wagen wird.«[2] Damit hat die geisteswissenschaftliche Verbundforschung ein exaktes Gründungsdatum: den 24. März 1815. Umgesetzt werden sollte diese Form der kooperativen Forschung auf dem Gebiet der Altertumswissenschaft, in einem Fach mithin, das im Zeitalter des Neuhumanismus die unbestrittene Leitdisziplin an den deutschen Universitäten und Akademien war.

Die Idee, oder um Ulrich von Wilamowitz-Moellendorff zu zitieren, »der schöpferische Gedanke« für dieses Projekt kam indes nicht von August Böckh, sondern vielmehr von Barthold Georg Niebuhr, der die entsprechenden Vorschläge zum Entwurf des Planes ausgearbeitet[3] und erkannt hatte, dass »Inschriften für die alte Geschichte den Urkunden für die neuere« entsprächen. Also konzipierte er eine weit ausgreifende Sammlung, die nicht nur die griechischen und lateinischen, sondern altitalische, etruskische, punische und palmyrenische Inschriften umfassen sollte.[4] Nichts durfte »wegen Unbedeutendheit des Inhalts« ausgeschlossen werden; alle In- und Aufschriften innerhalb der Grenzen des Imperium Romanum waren zu erfassen. Organisatorisch sollte das Unternehmen als internationale Kooperation angegangen und die wichtigsten ausländischen Zuträger entweder zu korrespondierenden oder zu Ehrenmitgliedern der Akademie ernannt werden. Man wollte von den gedruckten Sammlungen ausgehen, dazu aber die handschriftliche Überlieferung systematisch auswerten und durch Reisen bekannte Monumente aufnehmen.[5] Niebuhrs Plan war zukunftweisend: Die epigraphische Überlieferung wurde Teil einer erkenntnistheoretisch reflektierten, ›historisch-kritischen‹ Geschichtsforschung, deren Aufgabe das »Erkennen des Gewesenen aus dem Gewordenen mittelst der Einsicht in die Gesetze des Werdens« war.[6]

Zur Durchführung des Planes wurde Mitte Juni 1815 eine Kommission eingesetzt, der neben Niebuhr, Böckh und Philipp Buttmann auch Friedrich Schleiermacher und Immanuel Bekker angehörten.[7] Man kam überein, zunächst mit den griechischen Inschriften zu beginnen, an denen Böckh, der mit der Leitung des *Corpus Inscriptionum Graecarum* betraut wurde, mit Blick auf seine eigenen historischen Studien besonderes Interesse hatte. Die Kommissionsmitglieder verpflichteten sich, die Inschriften zusammenzutragen. Doch das Unternehmen geriet ins Stocken. Schon 1816 ging Niebuhr als preußischer Gesandter zum Heiligen Stuhl, und auch die anderen Mitarbeiter zeichneten sich nicht gerade durch übermäßiges Engagement aus. Alles hing an Böckh, der denn auch im Oktober 1817 in einem Brief klagte, die Akademie sei und bleibe »eine Leiche«. Mit dem Corpus gehe es nur langsam voran; weil man von außen kaum neue, d.h. bisher nicht veröffentlichte Inschriften erhalte, müsse er, Böckh, »alles fast allein aus den gedruckten Büchern zusammensuchen«.[8] Griechenland war fern; Böckh selbst bereiste niemals Hellas. Statt auf korrekte Abschriften der Originale setzte er auf Konjekturalkritik.

August Böckh war sicher kein herausragender Wissenschaftsorganisator. Die Arbeit an der Inschriftensammlung war für ihn ein Akt protestantischer Pflichterfüllung. »Dieses Werk lastet centnerschwer auf mir«, schrieb er schon im Oktober 1815 an den Minister von Reitzenstein.[9] Als der erste Faszikel, 1825 veröffentlicht, von Gottfried Hermann in der Leipziger Literaturzeitung heftig kritisiert, um nicht zu sagen: hingerichtet wurde,[10] gab die Sammlung Anlass zu dem bereits erwähnten Streit über die Aufgaben der Philologie.

Bald verfluchte Böckh das Unternehmen als »Pönitenz«, die er sich auferlegt hatte.[11] Entsprechend langsam gingen die Arbeiten voran. Mehr und mehr trugen Böckhs Schüler Johannes Franz und Adolf Kirchhoff die Verantwortung für die Edition der gut 10 000 Inschriften, die aus der gesamten Mittelmeerwelt stammten. 1856 übernahm Kirchhoff die Leitung des *Corpus Inscriptionum Graecarum*. Der letzte Band, genauer: der zweite Faszikel des vierten Bandes erschien 1859. Schon zu diesem Zeitpunkt war die Sammlung, für die insgesamt 60 000 Taler ausgegeben worden waren, hoffnungslos obsolet: Zum einen hatte man auf Grund der Widrigkeiten der Zeitläufte und der fehlenden Initiative weitgehend auf das Prinzip der Autopsie der Inschriften verzichtet, obwohl Theodor Mommsen ebendiese 1847 in seiner Denkschrift zum lateinischen Inschriftencorpus zum Prinzip der modernen Epigraphik erklärt hatte; zum anderen kamen nach der Befreiung Griechenlands zahlreiche epigraphische Neufunde zutage, die durch Ludwig Ross,[12] Arthur von Velsen, Ulrich Köhler und andere Gelehrte in Abschriften nach Berlin kamen und die Akademie veranlassten, das Projekt in seiner ursprünglichen Konzeption nicht fortzuschreiben.

DIE ERFINDUNG DER GROSSWISSENSCHAFT

Das lateinische Inschriftencorpus entstand nicht in Berlin, sondern in Rom. Im Spätsommer 1844 machte sich Theodor Mommsen, ausgestattet mit einem großzügigen Reisestipendium des dänischen Königs, auf den Weg nach Italien, um alle inschriftlich erhaltenen Gesetzesurkunden zu sammeln.[13] Sein Ziel war das *I(n)stituto di Corrispondenza Archeologica*, das 1829 durch die Initiative des Archäologen Eduard Gerhard gegründet worden war.[14] Dort hatte Olav Kellermann, der erste Epigraphiker des Instituts, den weitausgreifenden Plan eines Inschriftencorpus hinterlassen, als er am 1. September 1837 an Cholera starb.[15] Zugleich wusste man in Rom auch um die Aktivitäten, die in Frankreich entfaltet wurden, um eine große Sammlung lateinischer Inschriftenfunde zu verwirklichen. Mommsen erkannte sofort das Potential dieser Unternehmungen auf dem Gebiet der lateinischen Epigraphik. Also versuchte er, sowohl an den französischen Planungen zu partizipieren als auch an der Realisierung der von Kellermann projektierten Inschriftensammlung beteiligt zu werden.[16]

Höhepunkte von Mommsens Italienreise war die zweimalige Begegnung mit Bartolomeo Borghesi in der Republik San Marino, der seit der Gründung des Instituts enge Kontakte zu den deutschen Gelehrten in Rom unterhielt. Der »Alte vom Berge« war die unbestrittene Autorität in epigraphischen und numismatischen Fragen. Borghesi bestärkte Mommsen, ein großes, auf Autopsie beruhendes Inschriftencorpus in Angriff zu nehmen und die Vorzüge dieser Methode an den Inschriften einer Region aufzuzeigen. Auf sein Anraten hin zog Mommsen kreuz und quer durch das Königreich Neapel, um noch in den kleinsten Dörfern nach Originalinschriften zu suchen und sie aufzunehmen. 1852 erschienen die *Inscriptiones regni Neapolitani Latinae*; die Ausgabe war Borghesi gewidmet. Dieser hatte auch gezeigt, dass Inschriften und Münzen nicht nur die Lokal- und Regionalgeschichte illustrierten, sondern für die Erforschung der römischen Geschichte, und hier vor allem ›staatsrechtlicher‹ Zusammenhänge, von größter Bedeutung waren. Erst Borghesi machte Mommsen zum Epigraphiker, der die Inschriftenkunde aus den Beschränkungen antiquarischer Detailforschung befreite. Nicht von ungefähr gehörte Mommsen – auf Vermittlung von Léon Renier – der Kommission an, die nach Borghesis Tod 1860 die französische Gesamtausgabe seiner Werke betreute.[17]

Als Mommsen im Mai 1847 die Heimreise antrat, war der ursprüngliche römischrechtliche Zweck seiner Stipendienreise dem großen Plan gewichen, ein für die Altertumsforschung grundlegendes epigraphisches Corpus der lateinischen Inschriften herauszugeben. Mommsen selbst brachte es 1877 bei seiner Ansprache zu seinem 60. Geburtstag auf den Punkt: »Der Jurist ging nach Italien – der Historiker kam zurück.«[18] Ohne Mommsens Aufenthalt am römischen Institut und ohne seinen Kontakt zu Borghesi hätte es kein *Corpus Inscriptionum Latinarum* gegeben, und ohne das *Corpus Inscriptionum Latinarum* keine differenzierte Rekonstruktion der Geschichte des antiken, besonders des kaiserzeitlichen Rom und des Imperium Romanum.

Über das Archäologische Institut in Rom fand Mommsen Anschluss an die internationale Altertumsforschung. Geschickt stellte er Verbindungen zu italienischen Gelehrten her, um im Land die notwendige Unterstützung zu gewinnen. Herausragende Bedeutung kam Giovanni Battista de Rossi zu, den Mommsen bereits Anfang 1845 kennengelernt hatte und der sich mit den christlichen Inschriften Roms befasste. De Rossi war *scrittore* der Vatikanischen Bibliothek: Er ermöglichte Mommsen und seinen Mitarbeitern den Zugriff auf die dortigen epigraphischen Schätze und garantierte durch seine persönlichen Verbindungen zu den höchsten Repräsentanten des katholischen Klerus, dass sich für die Berliner Sammlung in Italien manche sonst verschlossene Tür öffnete.[19] Rom wurde zu dem Ort, an dem über Jahrzehnte deutsche und italienische Wissenschaftler in der epigraphischen Forschung und in anderen altertumswissenschaftlichen Unternehmungen zusammenfanden. Dabei zählten politische oder konfessionelle Überlegungen nicht, einzig ein Ziel hatte man vor Augen: die Realisierung der Großprojekte durch die Integration ausländischer Gelehrter und den Aufbau personaler Netzwerke.[20]

Aber noch war das Projekt in Berlin nicht gesichert. Bereits 1847 hatte Mommsen in seiner Denkschrift »Über Plan und Ausführung eines Corpus inscriptionum Latinarum« der Preußischen Akademie dargelegt, wie das Inschriftenwerk zu organisieren sei.[21] Erbittert wurde um das Vorhaben gestritten. Denn in Berlin war der Philologe und Gymnasiallehrer August Wilhelm Zumpt, ein Neffe des Akademiemitgliedes Karl Gottlob Zumpt, dem Vorbild Böckhs gefolgt und hatte fünf Jahre lang alte Inschriftenbände zerschnitten, um so zu einer neuen Sammlung lateinischer Inschriften zu kommen. Böckh unterstützte den jungen Zumpt, der ihm ohnehin besser gefiel als der selbstbewusste Mommsen, der der Akademie, obwohl kein Mitglied, vorschreiben wollte, wie sie lateinische Inschriften zu edieren hatte. Doch Böckhs Mehrheit schwand. Noch zögerten manche, sich auf eine Unternehmung einzulassen, deren institutionelle Folgen schwer zu überschauen waren und die enorme Mittel auf Jahre band. Geschickt gelang es aber Mommsens Fürsprechern, allen voran Friedrich Carl von Savigny und Eduard Gerhard, durch Hartnäckigkeit und taktisches Geschick, die Gegner in der Akademie auszumanövrieren. Immer wieder wurde Mommsens Denkschrift von 1847 als die einzig tragfähige Grundlage für eine große Sammlung angeführt. Die konzertierte Aktion zeigte allmählich Wirkung. In einer sehr kontroversen Sitzung der philosophisch-historischen Klasse am 6. Juni 1853 wurde mehrheitlich dem Antrag des Ägyptologen Richard Lepsius entsprochen, die »Hauptleitung« des lateinischen Inschriftencorpus Mommsen und Wilhelm Henzen »in der Weise zu übertragen, dass sie für eine die Akademie befriedigende Ausführung verantwortlich, in der Wahl ihrer Mitarbeiter aber nicht gebunden sind«. Tatsächlich bedeutete diese äußerst geschickt formulierte Bestimmung, dass Mommsen in Absprache mit Henzen alle notwendigen weiteren Schritte einleiten konnte, um *seinen* Plan zu verwirklichen.

5. DAS ZENTRUM 79

Mommsen hatte auf der ganzen Linie gesiegt. Böckh blieben nur noch Separatvoten, um die Sache zu vereiteln. Selbst im Plenum, wo er als Sekretar der philosophisch-historischen Klasse den Antrag vertreten musste, opponierte er. Doch sein Sperrfeuer zeigte keine Wirkung, sondern beschleunigte nur die Erosion seiner Macht in der Akademie. Mommsen, der damals noch an der Universität Zürich wirkte, wurde mit Henzen und de Rossi am 16. Juni 1853 zu korrespondierenden Mitgliedern der Akademie gewählt.[22]

Bis zu guter Letzt lagen jedoch bei Mommsen die Nerven blank. Noch am 5. Januar 1854 schrieb er an seinen Freund und Lehrer Otto Jahn: »Übrigens können die Berliner mich lecken wo sie wollen.«[23] Am 13. Februar 1854 bewilligte der preußische König Friedrich Wilhelm IV. für das Corpus je 2000 Taler auf sechs Jahre. Mommsen beeilte sich, Böckhs letzten Bundesgenossen Zumpt, der sich nicht so einfach beiseiteschieben lassen wollte, endgültig zu beseitigen. Eine Einigung mit dem »inepten Menschen« lehnte er brüsk ab. Das einzige, was an den von Zumpt angehäuften Zetteln brauchbar sei, ließ er die Akademie wissen, sei die weiße Rückseite.[24] Damit endete Zumpts Tätigkeit für das Inschriftencorpus, und mit dem Triumph des Mommsen'schen Planes war zugleich Böckhs Corpus der griechischen Inschriften als methodisch veraltet stigmatisiert.

Es dauerte allerdings einige Zeit, bis die Arbeiten am *Corpus Inscriptionum Latinarum* aufgenommen werden konnten. Zum 1. Januar 1855 erließ die epigraphische Kommission der Akademie, der außer Gerhard und Lepsius der Bibliothekar Moritz Pinder und der gerade nach Berlin berufene Moriz Haupt angehörten, ein gedrucktes Rundschreiben, in dem die wissenschaftliche Öffentlichkeit von dem Vorhaben in Kenntnis gesetzt und zur Mitarbeit aufgefordert wurde. Jetzt setzte Mommsen seine Konzeption um, die er in seiner Denkschrift vom Januar 1847 entwickelt hatte. Am Anfang stand die Sammlung des inschriftlichen Materials. Zu diesem Zwecke mussten die handschriftliche Überlieferung und die gesamte einschlägige Literatur systematisch ausgewertet und die erhaltenen Steine durch Autopsie untersucht werden. Mommsen ließ nie einen Zweifel daran, dass »alle Kritik ohne Zurückgehen auf die letzten Quellen Stückwerk ist«, und verlangte von jedem Herausgeber, dass er »die Hauptfundörter der lateinischen Inschriften persönlich besuche«.[25] Die Inschriften sollten nach geographischen und inhaltlichen Gesichtspunkten angeordnet werden. Zugleich mussten eindeutige und überprüfbare Kriterien entwickelt werden, um das Echte vom Falschen zu scheiden. Mommsen legte die strengen Maßstäbe einer modernen textkritischen Edition an die inschriftlichen Zeugnisse an. Aus eigener Erfahrung wusste er, dass die aus Autopsie gewonnene Erfahrung im Umgang mit Inschriften »maßgebend für die Kritik« war. Zur Konstituierung des Textes empfahl er dem Herausgeber »nicht bloß epigraphische Kenntnis überhaupt, sondern namentlich praktische Übung im Lesen der Steine«. Die Kritik war Mommsen wichtiger als die erschöpfende Annotierung. Deshalb wandte er sich prinzipiell gegen den im Böckh'schen Corpus gepflegten Grundsatz, die Inschriften ausführlich zu kommentieren. Ihm genügten wenige »erklärende Noten«, eindeutige Angaben zum Fundort und gegebenenfalls abweichende Lesarten. Eingehende Erörterungen wichtiger epigraphischer Texte hat Mommsen immer separat veröffentlicht, sei es in seiner berühmten Abhandlung über die spanischen Stadtrechte, sei es in seiner Edition der »Königin der Inschriften«, des Monumentum Ancyranum.[26] Schließlich bestand Mommsen darauf, dass jedem Band umfangreiche Indices beigefügt wurden, die nach dem Vorbild älterer Sammlungen das schier unübersehbare Material für den Benutzer ordneten und seine Auswertung unter leitenden Fragestellungen ermöglichten.

Der 6. Juni 1853 war die Geburtsstunde der Großwissenschaft an der Berliner Akademie, die die internationale Verbundforschung, nachdem sie 1815 bereits eingefordert worden war, jetzt zum ersten Mal erfolgreich umsetzte und mit neuesten wissenschaftlichen Standards einen riesigen Quellenbestand systematisch erschloss. Das Corpus der lateinischen Inschriften wurde zum methodischen und organisatorischen Paradigma für andere geisteswissenschaftliche Großunternehmen, aber auch für entsprechende Vorhaben der naturwissenschaftlichen Klasse. Am 27. April des Folgejahres wurde Theodor Mommsen zum ordentlichen Mitglied der Berliner Akademie der Wissenschaften gewählt.[27] In seiner Antrittsrede zeigte er am Beispiel des *Corpus Inscriptionum Latinarum*, welche Bedeutung der Akademie zukam. Wie in den naturwissenschaftlichen Disziplinen könne auch auf dem Gebiet der Altertumswissenschaft nur die straffe Organisation die »Archive der Vergangenheit« ordnen und damit die Voraussetzung schaffen, um zu neuen historischen Erkenntnissen zu gelangen. Hierzu sei es zum einen notwendig, sich der Unterstützung und Mitarbeit fähiger deutscher und ausländischer Wissenschaftler zu versichern. Zum anderen brauchten die großen Unternehmen bedeutende Geldmittel vom Staat. Schließlich liege es an seiner Generation, in der Akademie die unfruchtbare und traditionelle »Arbeitszersplitterung« in der klassischen Altertumsforschung zu überwinden, indem Geschichte, Philologie und Jurisprudenz zusammenwirkten.[28]

Mommsen leistete für das Corpus über 50 Jahre seines Forscherlebens entsagungsvolle Kärrnerarbeit. Nichts weniger strebte er an, als alle lateinischen Inschriften, mit Ausnahme der stadtrömischen christlichen *tituli* (die aus strategischem Kalkül de Rossi überlassen worden waren), bis zum sechsten Jahrhundert zu sammeln. Für den Dienst am Corpus hat Mommsen manches andere Vorhaben hintangestellt. Möglicherweise ist wegen seiner Verpflichtung für das Inschriftencorpus auch der vierte Band seiner »Römischen Geschichte« nicht geschrieben worden.[29] Doch nicht nur die individuellen Konsequenzen für Mommsen waren gravierend. Die konsequente Übertragung der philologisch-kritischen Methode auf das Studium der Inschriften und die Erfassung einer ungeheuren Masse neuer Inschriften veränderten nicht nur die lateinische Epigraphik von Grund auf, sondern auch die Altertumswissenschaften. Eine Quellengruppe, die früher Antiquaren, Sammlern, gelehrten Dilettanten und Lokalhistorikern überlassen worden war, wurde nun systematisch von der althistorischen Forschung ausgewertet. Diese epigraphische ›Revolution‹, die in Berlin ihren Ausgang nahm, gab der Altertumsforschung fruchtbare Impulse, wie sie sie seit dem Humanismus nicht mehr erfahren hatte. Die Inschriften veränderten die historische Wahrnehmung gerade der römischen Kaiserzeit grundlegend, indem sie wirtschaftliche, religiöse, militärische, gesellschaftliche und kulturelle Zusammenhänge erhellten. Nunmehr konnten die Verwaltung des Imperium Romanum rekonstruiert und die Geschichte der Provinzen geschrieben werden, wie es Mommsen dann im fünften Band seiner »Römischen Geschichte« von 1885 zeigte.[30] Dazu war es notwendig, sich von der Pedanterie epigraphischer Detailforschung zu lösen und übergreifende historische Fragestellungen zu entwickeln.

Die Epoche der Altertumswissenschaften

In den folgenden Jahrzehnten seiner Mitgliedschaft in der Königlich Preußischen Akademie der Wissenschaften setzte Theodor Mommsen den ›Arbeitsplan‹, den er in seiner Antrittsrede 1858 vorgelegt hatte, konsequent und erfolgreich in die Tat um und prägte nachhaltig die Institution, deren Sekretar er von 1874 bis 1895 war. Durch seine Initiative und unter seiner Führung entstanden die großen altertumswissenschaftlichen Unternehmungen, die quellenkritische Grundlagenforschung betrieben und die in hohem Maße dazu beitrugen, den internationalen Ruhm der deutschen Altertumswissenschaft zu begründen. Mommsen förderte systematisch die Expansion der akademischen Vorhaben und brachte seine Erfahrungen aus der Arbeit am Inschriftencorpus ein, um die Berliner Akademie gezielt zu einem »Großbetrieb der Wissenschaften«[31] umzustrukturieren.

Nachdem 1874 der Haushalt der Akademie mehr als verdreifacht worden war, ging Mommsen in seiner Festrede vom 2. Juli auf die neue Situation ein. Es war seine erste Ansprache als Sekretar der Akademie. Eindrucksvoll zeigte er am Beispiel seiner Disziplin, dass noch immer wichtige Vorarbeiten fehlten, die ein einzelner Forscher nicht leisten könne. Abhilfe schaffe einzig die Konzentration individueller Kräfte und die Organisation der Arbeit. Doch dies allein reiche nicht aus. »Alle die wissenschaftlichen Aufgaben, welche die Kräfte des einzelnen Mannes und der lebensfähigen Assoziation übersteigen, vor allem die überall grundlegende Arbeit der Sammlung und Sichtung des wissenschaftlichen Apparates muss der Staat auf sich nehmen, wie sich der Reihe nach die Geldmittel und die geeigneten Personen und Gelegenheiten darbieten. Dazu bedarf es eines Vermittlers, und das rechte Organ des Staates für diese Vermittlung ist die Akademie.«[32]

Mommsen, der Altertumswissenschaftler, hatte damit *coram publico* die Aufgabe der Akademie neu definiert und die Pflichten des Staates klar benannt. Zugleich unterstützte er die Revision der Statuten, so dass die Berliner Akademie auch durch eine modernisierte Verfassung den neuen wissenschaftsorganisatorischen Erfordernissen gerecht werden konnte.[33] Die Akademie hatte jetzt auch Stiftungen zu verwalten, die wissenschaftlichen Zwecken dienten, und trug somit der wachsenden Bedeutung privater Mittel für die Finanzierung akademischer Unternehmungen Rechnung.

Die Preußische Akademie der Wissenschaften war für Mommsen weniger eine Stätte des gelehrten Diskurses als vielmehr eine Einrichtung, die die Voraussetzungen zur arbeitsteiligen Großforschung gewähren musste. Diese leistungsfähige Institution des Industriezeitalters hatte nichts mehr mit der traditionellen Honoratiorenvereinigung zu tun, die August Böckh noch geschätzt hatte. Zur Transformation der Akademie gehörte auch die forcierte Monopolisierung der Entscheidungen durch einzelne herausragende Akademiemitglieder, in der Regel der Sekretare, die zugleich in zahlreichen Kommissionen und Stiftungskuratorien saßen und auch außerhalb der Akademie Funktionen und Ämter kumulierten. Dies ermöglichte ihnen, die akademische Forschungspolitik effizient zu kontrollieren. Mommsen etwa war neben seiner Tätigkeit in fast allen altertumswissenschaftlichen Kommissionen der Akademie zeitweise auch Mitglied der Savigny-Stiftung, die seit 1863 rechtshistorische Forschungen unterstützte, der Eduard-Gerhard-Stiftung, die seit 1893 ein archäologisches Reisestipendium vergab, der Charlottenstiftung, die 1874 von der Witwe Charlotte Stiepel, geb. Freiin von Hoffgarten, testamentarisch eingerichtet wurde und junge deutsche Philologen auf die Dauer von vier Jahren förderte, die ihre Universitätsstudien vollendet, aber noch keine feste Anstellung gefunden hatten. Schließlich hatte er zeitweise den Vorsitz des Kuratoriums der 1894 eingerichteten Wentzel-Heckmann-Stiftung inne. Mommsen verstand es, durch straffe Organisation und klare Hierarchien seine Interessen und Vorstellungen durchzusetzen. Arnaldo Momigliano wiederum sprach Jahrzehnte später auch mit Blick auf das Inschriftencorpus von Mommsens Tyrannei (*tirannia di Mommsen*), die bei solchen Unternehmungen auch heute noch nötig sei.[34]

Die personelle Verschränkung zwischen Akademie und Universität war eng. Die altertumswissenschaftlichen Ordinarien der Friedrich-Wilhelms-Universität waren in der Regel Mitglieder der philosophisch-historischen Klasse der Akademie. Bei einzelnen Berufungsverhandlungen, wie etwa der Otto Hirschfelds, wurde zudem die Mitgliedschaft in Aussicht gestellt, um das Einkommen des zu Berufenden zu erhöhen. Da die materiellen Ressourcen der Akademie wesentlich größer waren als die der einzelnen Lehrstühle, war es nur folgerichtig, dass nicht die universitären Seminare die Träger des wissenschaftlichen Fortschrittes auf dem Gebiet der griechisch-römischen Altertumskunde waren, sondern vielmehr die akademischen Großprojekte, die methodisch und inhaltlich die Entwicklung der altertumswissenschaftlichen Disziplinen – keineswegs nur in Deutschland – beeinflussten. Daran änderte auch die Schaffung neuer Lehrstühle und die Gründung altertumswissenschaftlicher Institute nichts. Die eigentliche Forschung vollzog sich in außeruniversitären Einrichtungen wie der Akademie der Wissenschaften.

Hierzu fügt sich, dass die universitären Fachvertreter zumeist ihre wissenschaftliche Sozialisation in den akademischen Kommissionen erfahren hatten; denn diese Kommissionen dienten gleichzeitig der Rekrutierung des wissenschaftlichen Nachwuchses, wie das Beispiel des *Corpus Inscriptionum Latinarum* eindrucksvoll zeigt. Die Liste der Mitarbeiter ist lang, die an deutschen Universitäten und in wissenschaftlichen Einrichtungen Karriere machten. Otto Hirschfeld, ein tüchtiger Epigraphiker und Verwaltungshistoriker, trat 1884 auf dem Berliner Lehrstuhl für Alte Geschichte Mommsens Nachfolge an. Eugen Bormann, Alfred von Domaszewski, Heinrich Dressel, Emil Hübner, Christian Hülsen, Elimar Klebs, August Mau, Johannes Schmidt, Gustav Willmanns und Karl Zangemeister zählten zur großen Zahl der Epigraphiker, die ihre Meriten am Corpus der lateinischen Inschriften verdienten und später in unterschiedlichen wissenschaftlichen Bereichen erfolgreich arbeiteten.[35] Mommsen hatte am Beispiel des lateinischen Inschriftenwerkes das Konzept des Großbetriebes der Wissenschaft entwickelt, der über ein Heer von Mitarbeitern verfügte, die sich ebenso selbstlos den Erfordernissen der umfassenden Sammlungen und Editionen unterordneten wie die Projektleiter, aber auch immer mit dem Risiko leben mussten, »schroff bei Seite« geschoben zu werden,[36] wenn sie nicht mehr gebraucht wurden oder es zu einem

Zerwürfnis gekommen war. Nicht nur für »Zettelschreiberei und Handlangerdienste«,[37] sondern für verschiedene selbständige Tätigkeiten wurden vielversprechende und ehrgeizige Nachwuchskräfte eingesetzt, die sich mit mühsamer epigraphischer oder philologischer Kleinarbeit die Sporen verdienten.

In immer neuen Unternehmungen sollten alle erhaltenen Zeugnisse der römischen Antike gesammelt und ausgewertet werden. Die Berliner Akademie edierte griechische Inschriften, gab Aristoteles heraus und unterstützte die Veröffentlichung der byzantinischen Historiker. Nach Mommsens Eintritt 1858 vervielfältigte sich die Zahl der altertumskundlichen Projekte rasch. Zu dem lateinischen Inschriftencorpus, das schon 1854 bewilligt worden war, trat 1874 die Prosopographie der römischen Kaiserzeit des ersten bis dritten Jahrhunderts.[38] Ende der achtziger Jahre rief Mommsen die Kommission für Numismatik ins Leben, die mit der Sammlung der antiken Münzen Nordgriechenlands ihre Arbeit aufnahm.[39] Darüber hinaus engagierte er sich für ein Wörterbuch der römischen Rechtssprache, eine neue Fronto-Ausgabe, eine umfassende Sammlung der Papyri, einen sachlich geordneten Katalog aller überlieferten Einzeldaten zum römischen Militärwesen der Kaiserzeit und die Herausgabe des *Codex Theodosianus*. Gemeinsam mit Adolf Harnack ging er daran, die »Griechischen Christlichen Schriftsteller der ersten drei Jahrhunderte« zu edieren. Kurzum: Die erfolgreichsten Unternehmen der editorischen und historischen Grundlagenforschung des Kaiserreichs erstreckten sich vor allem auf die Altertumswissenschaften.

Mommsens kategorische Forderung, das gesamte Quellenmaterial des römischen Altertums zu sichten und in umfassenden, kritischen Ausgaben vorzulegen, setzte nicht nur die Kooperation einzelner Wissenschaftler, sondern vielmehr ganzer Organisationen voraus. »Die Zusammenarbeit aller Kulturunternehmen ist eine notwendige Folge des Großbetriebes der Wissenschaft«, formulierte Mommsens Schwiegersohn Ulrich von Wilamowitz-Moellendorff.[40] Es war offenkundig, dass die organisatorischen und die finanziellen Ressourcen der Preußischen Akademie nicht genügten, um alle Großunternehmen zu realisieren. Neue Strategien der Forschungsfinanzierung und Wissenschaftsorganisation mussten entwickelt werden, die in Zukunft für altertumswissenschaftliche Großprojekte richtungweisend waren und die sich andere Fächer zu eigen machten. Zum einen bot sich die Möglichkeit, die Reichsadministration zur Übernahme einzelner Institute oder langfristiger wissenschaftlicher Unternehmen zu bewegen: Diese Konzeption wurde realisiert beim Archäologischen Institut und bei der Römisch-Germanischen Kommission, bei den *Monumenta Germaniae historica*, beim Deutschen Historischen Institut in Rom und bei der Reichslimeskommission. In den

Direktorien dieser Einrichtungen saßen von der Preußischen Akademie gewählte Mitglieder. Zum anderen arbeiteten die deutschsprachigen Akademien der Wissenschaften zusammen, um große Vorhaben wie den *Thesaurus linguae Latinae* und die sechsbändige »Enzyklopädie der mathematischen Wissenschaften« zu verwirklichen.

Eindrücklich war die Ergänzung und Erneuerung des altertumswissenschaftlichen Mitgliederbestandes in der philosophisch-historischen Klasse in den siebziger, achtziger und neunziger Jahre des 19. Jahrhunderts.[41] Die Namen lesen sich wie ein Who is Who der deutschen und internationalen Altertumswissenschaften. Theodor Mommsen etwa zeichnete die Wahlvorschläge für Julius Friedländer (1872), Hermann Diels (1881), Otto Hirschfeld (1885) und Ulrich Köhler (1888) zu ordentlichen Mitgliedern und für Giovanni Battista de Rossi (1875) zum auswärtigen Mitglied der Akademie. Zu korrespondierenden Mitgliedern wurden mit seiner Unterstützung Jacob Bernays (1864), Friedrich Imhoof-Blumer (1879), Georges Perrot (1884), Hermann Usener (1891), Basil Latyschew (1891) und Emil Schürer (1893) gewählt.

Die altertumswissenschaftlichen Unternehmungen der Berliner Akademie hatten entscheidenden Anteil an der organisatorischen Modernisierung der Wissenschaften in Deutschland. Bis in die Zeit des Ersten Weltkrieges prägten sie die Akademie nachhaltig. Die Altertumswissenschaftler bildeten die weitaus größte Gruppe in der philosophisch-historischen Klasse und besetzten mit den Klassischen Archäologen Alexander Conze und Reinhard Kekulé von Stradonitz bis 1910 selbst die beiden ordentlichen Fachstellen für Kunstwissenschaft, stellten die meisten der korrespondierenden und auswärtigen Mitglieder, betreuten die Mehrzahl der Akademieunternehmen und majorisierten mit ihren Beiträgen die Sitzungsberichte. Die altertumswissenschaftlichen Vorhaben dienten anderen Fächern als methodisches und organisatorisches Paradigma; selbst die physikalisch-naturwissenschaftliche Klasse eiferte diesem Vorbild nach. Das deutsche Modell der editorischen Grundlagenforschung wurde zudem im Ausland kopiert, wie ein Blick nach Frankreich, England und Italien zeigt.

Ein Blick in die Inschriftencorpora

Die Epoche des Deutschen Kaiserreiches ist im historischen Rückblick die erfolgreichste Ära der griechischen und lateinischen Corpusarbeit. Mommsen gelang es 1883 mit Hilfe des mächtigen Ministerialbürokraten Friedrich Althoff und dank seiner effizienten Netzwerke in Wissenschaft und Politik, die Fortsetzung des *Corpus Inscriptionum Latinarum* nach Abschluss der ersten zehn Bände zu garantieren, um die epigraphischen Neufunde veröffentlichen zu können.⁴² In einem nächsten Schritt sicherte er die Finanzierung des Vorhabens. Mit Althoffs Unterstützung konnte »ein dauernder Fonds« für das *Corpus Inscriptionum Latinarum* eingerichtet werden. Der Staat alimentierte das Vorhaben großzügig.⁴³ Damit war das Corpus endgültig als Langzeitunternehmen der Akademie fundiert. Bis 1900 wurden über 400 000 Mark investiert. Der erste Band, der die Inschriften des republikanischen Roms bis zum Tode Caesars umfasste, erschien 1863. Als Mommsen 1903 starb, waren in fünfzehn Bänden etwa 130 000 Inschriften aus dem gesamten *orbis Romanus* ediert worden.

Gleichzeitig wurde die Sammlung der griechischen Inschriften auf eine neue Grundlage gestellt.⁴⁴ Von den zunächst geplanten Supplementbänden zum *Corpus Inscriptionum Graecarum* verabschiedete man sich sang- und klanglos. 1877 wurde noch ein Gesamtindex veröffentlicht – sozusagen das teure Ehrengeleit zur Beerdigung von Böckhs Projekt. Am 28. Oktober 1867, zwei Monate nach Böckhs Tod, war eine Kommission eingerichtet worden, die unter Mommsens Einfluss beschloss, sich auf eine »vollständige Sammlung und Neubearbeitung der attischen Inschriften« zu konzentrieren.⁴⁵ Seit 1873 erschien das *Corpus Inscriptionum Atticarum*. Indes, weshalb verwarf die akademische Kommission das Konzept einer Gesamtedition aller griechischen epigraphischen Zeugnisse der Mittelmeerwelt? Ulrich von Wilamowitz-Moellendorff war später mit einer Antwort rasch zur Hand: Kirchhoff habe das Unternehmen vierzig Jahre so geleitet, »als ob Mommsen nie gezeigt hätte, wie man es anzufangen hat«.⁴⁶ Damit verschleierte er die Tatsache, dass 1867 außer dem skrupulösen Kirchhoff auch Moriz Haupt und Theodor Mommsen Mitglieder der Kommission waren. Mommsen hatte damals weder das Interesse noch die Kompetenz noch die persönlichen Verbindungen in den Orient, um das Böckhsche Corpusprojekt inhaltlich und organisatorisch auf eine neue Grundlage zu stellen. Seine erste Sorge galt der Sammlung der lateinischen Inschriften, deren Erfolg erst noch unter Beweis gestellt werden musste. Mommsen handelte strategisch – und opferte die Idee einer umfassenden Sammlung der griechischen Inschriften.

Die Fragmentierung des griechischen Inschriftencorpus war seit 1867 beschlossene Sache. An der Berliner Akademie wurden in der Folge die Sammlungen der nordgriechischen Inschriften, der Inschriften der Peloponnes, der Inseln und (auf Anregung Mommsens) von Sizilien und Italien in Angriff genommen. Manches gelang, so die Edition der attischen Inschriften, deren Zahl rasch die aller Inschriften im alten *Corpus Inscriptionum Graecarum* übertraf und um die sich besonders Ulrich Köhler und Habbo Gerhard Lolling verdient machten,[47] anderes blieb Stückwerk, wie die nordgriechischen, peloponnesischen und zypriotischen Inschriften.[48]

Im Frühjahr 1897 nahm die Entwicklung des griechischen Inschriftenwerkes eine neue Wendung. Ulrich von Wilamowitz-Moellendorff, Mommsens Schwiegersohn, war gerade von Göttingen nach Berlin berufen worden, und schon wurde der Gräzist als derjenige gehandelt, der »die versumpfte Corpussache unauffällig in den richtigen Gang zu bringen«[49] vermöchte. Wilamowitz hatte zuvor bereits Anteil an dem Unternehmen genommen, musste aber bis zu seiner offiziellen Inthronisation als Kirchhoffs Nachfolger noch bis zum Sommer 1902 zuwarten. Dann übergab ihm sein Vorgänger die Aufgabe, indem »er einen Kasten ausschüttete, in dem das ihm für die Sammlung zugewiesene Geld lag, das ich sofort bei der Seehandlung [sc. der späteren Preußischen Staatsbank] hinterlegte«.[50]

Mit dem ihm eigenen Selbstvertrauen und der ihn auszeichnenden Energie legte er wenig später eine neue Konzeption des Corpus vor, die zukunftweisend war.[51] Ausdrücklich wurde das Prinzip der Autopsie für das Unternehmen verbindlich festgeschrieben; nach dem Vorbild des lateinischen Inschriftenwerkes sollten den einzelnen Städten und Landschaften *fasti* beigegeben werden, und die bislang gebrauchten Drucktypen, die die eingemeißelten Buchstaben mehr oder weniger genau zu imitieren suchten, mussten aus Kostengründen den Minuskeln weichen. Darüber hinaus dekretierte Wilamowitz: »Heute kann und soll nach dem Abklatsch greifen, wer die Lesung berichtigen will.«[52] Hatten Böckh und Kirchhoff die Abklatsche noch weggeworfen, begann man nun nach dem Vorbild der Sammlung des *Corpus Inscriptionum Latinarum* mit dem Aufbau eines der weltweit bedeutendsten epigraphischen Archive, das heute etwa 80 000 Abklatsche umfasst. Wilamowitz verabschiedete sich in seinem Strategiepapier endgültig von der Möglichkeit, ein umfassendes Corpus aller griechischen Inschriften zu erstellen. Schon der Name war programmatisch gewählt: *Inscriptiones Graecae* hieß das Unternehmen und nicht länger *Corpus Inscriptionum Graecarum*. In Wilamowitz' eigenen Worten: »Dass die Akademie ebenso alle griechischen Inschriften herausgäbe wie alle lateinischen, ist weder möglich noch wünschenswert.«[53] Damit hatte Mommsens Schwiegersohn den Status quo anerkannt: Das griechische Inschriftenwerk der Berliner Akademie wurde auf Europa und die Mittelmeerinseln beschränkt, weil die Inschriften Kleinasiens seit 1890 von der Akademie in Wien bearbeitet wurden (*Tituli Asiae Minoris*). Die Pariser Académie des Inscriptions et Belles-Lettres wiederum hatte sich der Inschriften von Delos und Delphi angenommen. Die

Bände der delischen und delphischen Inschriften, die auf die Funde der französischen Grabungen zurückgriffen, sollten nach einem Vertrag aus dem Jahr 1899, um dessen Zustandekommen sich besonders Mommsen und Théophile Homolle, der Direktor der École française d'Athènes und korrespondierendes Mitglied der Preußischen Akademie der Wissenschaften, verdient gemacht hatten, im Rahmen der Berliner Sammlung herausgegeben werden. Das Corpus der griechischen Inschriften konnte so weiterhin die vollständige Erfassung der epigraphischen Zeugnisse im griechischen Raum Europas anstreben.[54] Die geographische Aufteilung der Arbeitsgebiete hatte jedoch auch zur Folge, dass einzelne Regionen wie Syrien und Ägypten, für die sich keine Bearbeiter fanden, in dem Editionsplan nicht berücksichtigt wurden.

Die wissenschaftspolitische Rhetorik in Berlin, aber auch in Paris und Wien oszillierte zwischen der Verteidigung internationaler Zusammenarbeit und der Propagierung nationaler Interessen. Einerseits war die Integration ausländischer Gelehrter unverzichtbar; die großen Sammlungen verlangten kategorisch die Zusammenarbeit vieler Wissenschaftler aus unterschiedlichen Ländern, um Inschriften vor Ort zu prüfen, Handschriften zu kollationieren, Druckwerke einzusehen und Texte wiederherzustellen. Die Corpora konstituierten ein erfolgreiches Modell supranationaler wissenschaftlicher Kooperation. Dennoch waren die Sammlungen deutsche Unternehmen, die auf internationaler Ebene die Suprematie der deutschen Wissenschaft sichern sollten. Mommsen spielte daher immer wieder die nationale Karte, um die finanzielle Sicherung des lateinischen Inschriftencorpus durch die öffentliche Hand zu sichern. In seiner Denkschrift von 1883 hob er darauf ab, dass die »Fortführung« des CIL der deutschen Nation verbleiben müsse, »nicht bloß weil wir einmal im Besitz sind, sondern vor allem weil es das höchste der wissenschaftlichen Privilegien unserer Nation ist, dass bei uns nicht bloß der einzelne Gelehrte auf seine Hand arbeitet, sondern die Deutschen es verstehen die wissenschaftliche Arbeit zu organisieren und die individuelle Leistung ebenso auf dem wissenschaftlichen Gebiet zum Gliede eines größeren Ganzen zu machen, wie dies für unser Staats- und Heerwesen das Fundament ist«.[55]

So nimmt es auch nicht wunder, dass die »große Politik« die Corpusarbeit beeinflusste. Der Deutsch-Französische Krieg von 1870/71 hatte fatale Folgen für die deutsch-französische Zusammenarbeit. Ernest Desjardins polemisierte scharf gegen Mommsen, der mit gleicher Münze zurückgab, Léon Renier brach mit der Berliner Akademie, und Mommsen stellte in der Praefatio zu CIL III fest: *ex amicis hostes facti sunt, ex hostibus inimici*, »aus Freunden wurden Gegner, aus Gegnern Feinde«.[56] Als 1882 unmittelbar nach der Errichtung eines französischen Protektorats in Tunesien ein Teil der französischen Presse heftig dagegen polemisierte, dass die römischen Inschriften Nordafrikas von einem deutschen Akademieunternehmen erschlossen würden, konnte Mommsen dank seiner engen Verbindung sowohl zur preußischen Politik als auch zu französischen Kollegen die Wogen wieder glätten.[57] Zugleich erklärte Mommsen die ›industrialisierte‹ Forschung jedoch exakt zu dem Zeitpunkt zu einer nationalen Aufgabe, als in deutschen und französischen Zeitungen die Frage kontrovers diskutiert wurde, wer die nordafrikanischen Inschriften edieren solle. Als Wilamowitz 1897 fürchtete, dass auf einem internationalen archäologischen Kongress in Athen die deutschen Interessen nicht adäquat vertreten würden, betonte er in einem Brief an Althoff, das preußische Unterrichtsministerium müsse eine deutsche Delegation entsenden, da es um nichts weniger als das wissenschaftliche Prestige des Reiches gehe. Es gelte, einen »Vorstoß Frankreichs gegen die Berliner Akademie« abzuwehren, »die seit drei Menschenaltern die griechischen Inschriften als ihre Domäne betrachtet«.[58]

Doch eben diese Position, dass die Berliner Akademie das Monopol auf die griechischen Inschriften halte, teilte Mommsen nicht. Bereits 1887 hatte er Théophile Homolle eine Aufteilung der deutschen und der französischen Interessengebiete vorgeschlagen und neben den Inseln und Ägypten auch Kleinasien den französischen Gelehrten zugestanden; doch dieser Plan ließ sich nicht verwirklichen, und Homolle klagte zehn Jahre später seinem Minister, dass die Pariser Akademie für das Scheitern verantwortlich sei.[59] Die Edition der kleinasiatischen Inschriften übernahm dann die Wiener Akademie; Mommsen äußerte sich am 17. September 1891 in einem Brief an seinen Schwiegersohn zu diesem Vorhaben: »Natürlich kann von Konkurrenz zweier Akademien nicht die Rede sein, und wir müssen es durchaus vermeiden, die antike Epigraphik als Berliner Domäne zu behandeln.«[60] Mommsen lenkte ein, da er größere Pläne hatte, die uns noch beschäftigen werden: Er plante mit der Unterstützung von Friedrich Althoff eine internationale Vereinigung der Akademien, das sog. Akademie-Kartell, in dem die Altertumswissenschaften eine führende Rolle spielen sollten und dessen Aufgabe es war, neue große Unternehmungen in länderübergreifender Verbundforschung zu realisieren. Da er sich ohnehin bereits von der Idee eines *Corpus Inscriptionum Graecarum* distanziert hatte, opferte er jetzt weit ausgreifende Editionspläne auf dem Altar des Akademiekartells.

Vor dem Ersten Weltkrieg waren die Erfolge der altertumswissenschaftlichen Unternehmungen der Akademie im Allgemeinen und der Inschriftencorpora im Besonderen offenkundig. Die Durchsetzung der editorischen Grundlagenforschung hatte jedoch durchaus ambivalente Folgen. Einerseits legten die Quellensammlungen das Fundament für jede weitere Forschung zur Alten Welt. Sie verschafften der Forderung nach Autopsie der epigraphischen Zeugnisse universelle Gültigkeit und begründeten die internationale Kooperation von Epigraphikern und Altertumswissenschaftlern. Zugleich teilte die Mehrheit der Gelehrten fortschrittsgläubig die Überzeugung, dass das kleinste Fragment des Sammelns wert sei, da es ein potentielles Objekt künftiger Erkenntnis sein könne. Also bemühte man sich um die Erschließung und Systematisierung der Quellen, die aus der Antike erhalten waren oder – wie Inschriften, Münzen, Papyri und archäologische Überreste – neu gefunden wurden. Andererseits trugen die entsagungsvolle Arbeit an den Corpora und die hochspezialisierte Realienforschung maßgeblich dazu bei, dass sich das Bild des Wissenschaftlers veränderte; er wurde, wie wir bereits gesehen haben, zum Kärrner. In diesem Prozess verloren das historiographische Narrativ und die »Meistererzählung« ihre Bedeutung; an ihre Stelle traten quellengesättigte Detailuntersuchungen, wie sie Mommsen zum Beispiel in seinen »Römischen Forschungen«[61] vorlegte.

Neue Gebiete: Das frühe Christentum und die Spätantike

Für die Erforschung der Geschichte des frühen Christentums und der Spätantike gaben zwei Akademieunternehmen auf unterschiedlicher Weise wesentliche Impulse. Sie unterstreichen nicht nur das organisatorische, sondern auch das wissenschaftliche Potential einzelner Vorhaben, veranschaulichen aber zugleich auch die Grenzen einzelner Projekte, die immer ambitionierter konzipiert wurden.[62]

Am 22. Januar 1891 legte Harnack der philosophisch-historischen Klasse der Akademie den detaillierten Entwurf einer Eingabe an das Ministerium vor, in dem die Edition der literarischen Denkmäler des ältesten Christentums von seiner Entstehung bis zur Begründung der Reichskirche durch Konstantin unter Ausschluss des Neuen Testamentes und der lateinischen Quellenschriften angeregt wurde. Das damit umrissene Corpus der »Griechischen Christlichen Schriftsteller der ersten drei Jahrhunderte«,[63] kurz »Kirchenväterausgabe« genannt, steht wie kein zweites Unternehmen für die erfolgreiche wissenschaftliche und akademiepolitische Zusammenarbeit von Mommsen und Harnack. Der Eintritt des Kirchenhistorikers in die Berliner Akademie der Wissenschaften im Jahr 1890 war von Mommsen gerade mit Blick auf die geplante patristische Editionsreihe unterstützt worden. Harnacks Antrittsrede und Mommsens Antwort lesen sich wie eine Antizipation des Förderungsantrages für die »Griechischen Christlichen Schriftsteller«. Eine weitere Lücke in der Erfassung des Quellenbestandes der Alten Welt sollte geschlossen werden; die Werke der ältesten griechischen christlichen Autoren waren ein integraler Bestandteil der zu ordnenden Archive der Vergangenheit.[64] In bewusster Abgrenzung zum Wiener Corpus der lateinischen Vätertexte wurden die »Griechischen Christlichen Schriftsteller« zur nationalen Aufgabe erklärt: »Es ist eine Ehrenpflicht der deutschen Wissenschaft, die für die Aufhellung der Urgeschichte der christlichen Religion das Meiste getan hat, dass sie auch die ältesten Urkunden der Religion in der erreichbar besten Gestalt vorlegt und damit der religionsgeschichtlichen Forschung zu weiteren Fortschritten verhilft.«[65]

Da das Unternehmen, dessen Gesamtkosten Harnack bei einer Laufzeit von fünfzehn Jahre bereits 1893 auf 75 000 Mark berechnet hatte, nicht aus den laufenden Mitteln der Akademie finanziert werden konnte, war man auf andere Mittel angewiesen. Nach einer unsicheren und wechselvollen Anfangsphase konnte die Kirchenväterausgabe deshalb erst 1896 mit Hilfe der Wentzel-Heckmann-Stiftung endgültig als weiteres editorisches Großprojekt an der Akademie eingerichtet werden. Das von Mommsen und Harnack vertretene Projekt hatte sich gegen rivalisierende Anträge, darunter auch gegen das von Adolf Erman beantragte ägyptische Wörterbuch, mit dem denkbar knappsten Ergebnis, nämlich mit einer einzigen Stimme Mehrheit, durchgesetzt. Den Beschluss des Kuratoriums, die patristische Editionsreihe mit 80 000 Mark auf fünfzehn Jahre zu fördern, empfand Harnack »wie eine Erlösung«.[66] Die Kirchenväterausgabe konnte nun gleichberechtigt neben die anderen großen altertumswissenschaftlichen Vorhaben der Akademie treten.

Harnacks exakte Koordination der Arbeiten, seine permanente Kommunikation mit den Kommissionsmitgliedern und Entscheidungsträgern in und außerhalb der Akademie und seine präzisen Vorbereitungen der Sitzungen waren entscheidende Voraussetzungen für die erfolgreiche Realisierung und die effiziente Organisation des Unternehmens. Schon allein der Umstand, dass Klassische Philologen, Patristiker und Althistoriker gemeinsam in der Kirchenväterkommission saßen und als Mitarbeiter Editionsaufgaben übernahmen, offenbart den interdisziplinären Charakter dieses Vorhabens. Mommsen selbst ironisierte seine Tätigkeit für die Ausgabe mit den Worten, eine jede Kommission müsse ein Mitglied besitzen, das von der Sache nichts verstehe.[67] Andererseits vermochte auch die fächerübergreifend besetzte Kommission nicht den prinzipiellen Dissens in der damaligen wissenschaftlichen Diskussion zu lösen, ob dem Theologen oder aber dem Philologen die eigentliche Kompetenz bei der Edition antiker christlicher Texte zukomme. Diese Auseinandersetzung wird uns noch beschäftigen.

Doch die Mitglieder der Kommission stimmten unabhängig von ihrer fachlichen Ausrichtung in der Forderung überein, Theologie als historische Wissenschaft zu konzipieren. So überrascht es nicht, dass die Editionsreihe nicht theologisch, sondern religionsgeschichtlich begründet wurde. Die theologische Wissenschaft spielte in der Akademiepolitik nur dann eine Rolle, wenn sie zur Historisierung ihres Gegenstandes beitrug. Harnack war 1890 folglich nicht als Theologe, sondern als Kirchenhistoriker in die Akademie aufgenommen worden. Die Planung, Ausführung und Unterstützung der Kirchenväterausgabe war für Mommsen ebenso wie für Harnack folglich kein konfessionelles, sondern ein wissenschaftstheoretisches Bekenntnis. Für Mommsen eröffnete sich hierdurch die Möglichkeit, eine weitere Quellengruppe für die Geschichte des Imperium Romanum zu erschließen, für Harnack war die Väterausgabe das entscheidende Instrument zur historisch zuverlässigen Rekonstruktion der Geschichte der frühen Christenheit und seiner theologisch-dogmatischen Konditionierung. Harnack war gleichwohl immer bemüht, den theologischen Ertrag der patristischen Quellenforschung sichtbar zu machen. Im Zeitalter des naturwissenschaftlichen Denkens sollte das Christentum durch eine fast ausschließlich historisch orientierte Theologie wissenschaftlich »begründet«, d. h. mit Hilfe der historisch-kritischen Methode die christliche Lehre mit der modernen Wissenschaft harmonisiert werden.

Die ambitionierte Aufgabe war ohne die Beteiligung ausländischer Editoren nicht zu leisten. Zu ihnen zählten der Finne Ivar August Heikel, der Niederländer Hendrik van de Sande Bakhuyzen, der Italiener Giovanni Mercati, der Belgier Joseph Bidez und der Nordamerikaner Charles Henry Beeson. Das Bekenntnis zur Wissenschaft implizierte auch eine gewisse konfessionelle Offenheit bei der Rekrutierung der Mitarbeiter. So wurden einzelne Vertreter des deutschen Reformkatholizismus in die Kirchenväterkommission integriert. Der katholische Kirchenhistoriker Albert Ehrhard sollte die Märtyrerakten edieren, sein Tübinger Kollege Franz Xaver Funk die Pseudoklementinen und verwandte Schriften. Zugleich anerkannte die Akademie durch diese Aufgabe die wissenschaftlichen Leistungen zweier katholischer Gelehrter, die in der innerkatholischen Diskussion von ultramontanen Gegnern als Modernisten angegriffen und verfolgt wurden. Die Berliner Akademie wollte ihre Sonne, so lautete jedenfalls Harnacks akademiepolitisches Credo, über Weiße, Schwarze und Farbige aufgehen lassen, »wenn sie wirklich viel wissen und können«.[68]

Die Kirchenväterkommission widmete sich indes nicht nur der Edition von Texten. Im April des Jahres 1901 richtete Harnack an alle protestantischen Kirchenhistoriker Deutschlands ein Rundschreiben, in dem zu lesen war, dass »der

5. DAS ZENTRUM 93

Altmeister der geschichtlichen Wissenschaft« erklärt habe, »der Zeitpunkt sei gekommen, um die Geschichte des 4.–6. Jahrhunderts von der Vernachlässigung zu befreien, in der sie liegt«.[69] Deshalb plane er die Fortsetzung der Prosopographie der römischen Kaiserzeit für die Spätantike, d. h. für die Zeit von 284 bis zum Tode Justinians im Jahre 565 n. Chr. Nichts weniger als ein umfassendes personenkundliches Arbeitsinstrument für Profan- und Kirchenhistoriker sowie für Theologen und Philologen sollte dadurch erstellt werden, das christliche und weltliche Würdenträger gemeinsam aufführen wollte. Diese Konzeption beruhte auf der wegweisenden Einsicht, dass für eine Epoche, in der das Christentum in die höchsten sozialen Schichten eingedrungen war und auch aus den großen, politisch aktiven Familien immer mehr Personen in die kirchliche Hierarchie überwechselten, nur eine den christlichen wie den paganen Bereich erschließende Prosopographie ein geeignetes Forschungsinstrument darstellte, um die komplexen Beziehungen zwischen Heidentum und Christentum zu untersuchen.

Gegen den heftigen Widerstand von Wilamowitz, der grundsätzliche methodische Bedenken erhob, gelang es Harnack und Mommsen, die Prosopographie der Spätantike innerhalb kürzester Zeit institutionell und finanziell zu sichern. Wieder sprach die Wentzel-Heckmann-Stiftung beachtliche Mittel. Mommsen begann sofort mit der Auswertung einschlägiger juristischer und historiographischer Texte. Aus arbeitsökonomischen Gründen richtete man eine profan- und eine kirchenhistorische Redaktion ein. Fast 50 Kirchenhistoriker aus dem In- und Ausland verpflichteten sich, unentgeltlich Quellen zu exzerpieren, die ihnen Harnack zugewiesen hatte – als Entschädigung für die mühevolle Arbeit wurde ihnen ein Freiexemplar des ganzen Werkes in Aussicht gestellt. Doch die *Prosopographia Imperii Romani saec. IV. V. VI.* erschien nie im Druck. Das Vorhaben scheiterte an dem zu weit gesteckten Ziel, das Mommsen zu verantworten hatte. Er hatte die Schwierigkeiten, die sich aus der ungeheuren Masse christlicher literarischer Quellen und dem Fehlen textkritischer Editionen ergaben, allzu leichtfertig abgetan und die Unwägbarkeiten, die bei der Erstellung chronologisch zuverlässiger Bischofslisten auftraten, gewaltig unterschätzt. So stellten sich noch vor Ausbruch des Ersten Weltkrieges erhebliche Probleme in der planmäßigen Fortführung des Vorhabens ein, die sich in der Folgezeit immer mehr verschärften. Zunächst entschloss sich die Akademie, die Arbeiten an dem profangeschichtlichen Teil der Prosopographie, die der Althistoriker und Mommsenschüler Otto Seeck bis zu seinem Tod 1921 geleitet hatte, einzustellen. 1933 wurde schließlich das gesamte Unternehmen aufgegeben, nachdem 75 000 Zettel beschrieben, ein Projektleiter verschlissen und fast 100 000 Mark verbraucht worden waren.

Man war über das Stadium von Vorarbeiten nicht hinausgekommen. Der Plan einer umfassenden spätantiken Prosopographie, die man mit großer Zuversicht auf den Weg gebracht hatte, war endgültig gescheitert, wie Wilamowitz schon zuvor festgestellt hatte.[70] Dennoch bleiben die altertumswissenschaftlichen Akademieunternehmen eine Erfolgsgeschichte – auch über das 19. Jahrhundert hinaus. Hier wurden neue Quellengattungen erschlossen, Hunderte von Texten und Abertausende von Inschriften ediert und unverzichtbare Nachschlagewerke in Angriff genommen. Es wurden mithin Fundamente gelegt, auf denen die heutige Forschung in vielerlei Hinsicht aufbaut. Selbst die Zettel der unvollendeten Prosopographie der Spätantike halfen, diese Epoche geschichtswissenschaftlich zu erschließen: Die abertausenden Exzerpte dienten nach dem Zweiten Weltkrieg als Grundlage für ein britisch-französisches Unternehmen, das zwei umfassende personenkundliche Hilfsmittel für den weltlichen und den kirchlichen Bereich erarbeitete und auf die Berliner Sammlung zurückgreifen konnte: für die *Prosopography of the Later Roman Empire*, deren erster Band 1971 veröffentlicht wurde, und die *Prosopographie chrétienne du Bas-Empire*, die 1982 zu erscheinen begann.[71]

Akademiepolitik nach Mommsen

»Aber Ihre Leistungen wie Ihre Jugendkraft geben uns zugleich die Hoffnung, dass das verwaiste Werk an Ihnen den rechten Meister gefunden hat, und wir erwarten jetzt, wo Sie unserem Kreis selbst angehören, vor allem von Ihnen die einsichtige, energische und entsagende Leitung des schwierigen Unternehmens.« Mit diesen Worten antwortete am 29. Juni 1882 Theodor Mommsen als Sekretar der philosophisch-historischen Klasse der Preußischen Akademie der Wissenschaften auf die Antrittsrede des neuen Mitgliedes Hermann Diels.[72] Der Sohn eines Bahnbeamten wusste genau, weshalb man ihn in den erlauchten Kreis gewählt hatte: Seit 1877 hatte er sich um die *Commentaria in Aristotelem Graeca* verdient gemacht, nachdem sein Vorgänger Adolf Torstrik überraschend verstorben war. Im selben Jahr schrieb der Oberlehrer am Berliner Königstädtischen Gymnasium mit seiner von der Akademie preisgekrönten Edition der *Doxographi Graeci* Philologiegeschichte. Eduard Zeller und Theodor Mommsen hatten zusammen mit Hermann Bonitz, Adolf Kirchhoff und Johannes Vahlen schon am 25. November 1880 den Wahlvorschlag unterbreitet.[73] Die Wahl zum Ordentlichen Mitglied im Sommer 1881 war die Anerkennung seiner bisherigen Verdienste und zugleich Ansporn zu weiteren Leistungen. Diels war sich bewusst, dass er seine Mitgliedschaft in der Akademie vor allem seinem Freund, dem Philosophiehistoriker Eduard Zeller verdankte – und Theodor Mommsen, der »seine gewichtigste Stimme in die Waagschale gelegt hatte«,[74] da er von ihm ein verstärktes Engagement im Aristoteles-Unternehmen und die Rekrutierung jüngerer Mitarbeiter erhoffte. Die auf ihn gesetzten Erwartungen erfüllte Diels im Laufe seiner fast vierzigjährigen Tätigkeit für die Akademie über alle Maßen.

Im Jahr 1900 gab es kaum eine altertumswissenschaftliche Kommission, in der Diels nicht mit Sitz und Stimme vertreten war. Zuvor bereits war er zum Sekretar der philosophisch-historischen Klasse gewählt worden. Als Mommsen am 30. September 1895 dieses Amt als endgültig niederlegte, nachdem er die Wahl seines politischen Gegners Heinrich von Treitschke zum ordentlichen Mitglied nicht hatte verhindern können,[75] musste ein Nachfolger gefunden werden. Die Wahl verlief nicht reibungslos, da mehrere Kandidaten als geeignet erachtet wurden. Anfangs schien es, als würde wiederum ein Vertreter einer historischen Wissenschaft gewählt werden, da der zweite Sekretarsposten mit dem Klassischen Philologen Johannes Vahlen besetzt war. Die Aufmerksamkeit lenkte sich deshalb auf den Nationalökonomen und Staatswissenschaftler Gustav Schmoller und auf den Kirchenhistoriker Adolf Harnack. Den Theologen favorisierten Diels und Mommsen. So schritt man in der Klassensitzung am 7. November 1895 zur Wahl. Zunächst ergaben sich keine klaren Mehrheitsverhältnisse. Im ersten Wahlgang erhielten Diels acht, Schmoller fünf, Harnack vier, der Archäologe Alexander Conze drei, der Germanist Karl Weinhold zwei Stimmen; auf Otto Hirschfeld und den Sprachwissenschaftler Johannes Schmidt entfiel je eine Stimme. Im zweiten Wahlgang gaben zwölf Mitglieder ihre Stimme für Diels, neun für Schmoller und drei für Harnack. Erst im dritten Wahlgang konnte sich Diels mit vierzehn zu neun Stimmen gegen Schmoller durchsetzen. Diels nahm die Wahl »mit schwerem Herzen« an, nachdem seine und Mommsens Bemühungen, Harnack als Sekretar durchzusetzen, daran gescheitert waren, dass die Mehrheit keinen Theologen in dem Amt haben wollte. Da Diels überzeugt war, dass Schmoller für die Akademie »kein Heil« bedeute, beugte er sich dem Wunsch der Majorität, wiewohl er wusste, »welche Bürde das Amt ist und durch Vermehrung der Geschäfte noch mehr wird, und vor allem welcher geschäftliche und finanzielle Augiasstall da gemistet werden muss«.[76] Obgleich Diels Harnacks Kandidatur unterstützte, ließ er keinen Zweifel daran, dass er als eigentlichen Nachfolger Mommsens in der Akademie Wilamowitz erachtete, über dessen Berufung nach Berlin damals bereits verhandelt wurde.

Diels trat 1895 in der Akademie an Mommsens Stelle. Es war ein schwieriges

Erbe, das »viel Leiden und wenig Freude« brachte.⁷⁷ Wie sein Vorgänger glaubte er an den wissenschaftlichen Fortschritt durch akademische Großunternehmungen, auch wenn er – wie Wilamowitz – den grenzenlosen Optimismus, über den Mommsen noch verfügte, nicht teilte oder nicht mehr teilte. Aber Mommsen hatte, wie er es selbst an Diels schrieb, die Akademie »regiert« und ihr mehr als einmal seinen Willen oktroyiert. Diese Politik wollte und konnte Diels nicht fortsetzen. Aber er kopierte erfolgreich das von Mommsen vorgegebene »Muster großartiger wissenschaftlicher Organisation«.⁷⁸ Bald saß er in zahlreichen Ausschüssen und Kommissionen und nahm an den Besprechungen über das Verhältnis der Akademie und der Kaiser-Wilhelm-Gesellschaft teil. Zu Beginn des neuen Jahrhunderts griff er Johann Ludwig Heibergs Initiative für ein *Corpus Medicorum Graecorum* auf und überzeugte die Berliner Akademie, das Unternehmen gemeinsam mit der Leipziger und Kopenhagener Schwesterinstitution zu verwirklichen. Durch vorzügliche Koordination der Arbeiten und selbstlosen Einsatz gelang es ihm, die 23bändige Ausgabe der griechischen Kommentatoren des Aristoteles im Oktober 1909 abzuschließen. Damit hatte er die Tugend des »Fertigmachens« unter Beweis gestellt, die auch Mommsen schätzte, der einst an Hermann Usener kritisiert hatte, dieser gehöre zu denjenigen Wissenschaftlern, »qui sibi, non aliis discunt« – die nur für sich selbst, aber nicht für andere Forschung treiben. Unzweideutig setzte er hinzu: »Das Fertigmachen ist auch ein Teil der Tüchtigkeit.«⁷⁹

Diels war ein fähiger Wissenschaftsorganisator, der die altertumswissenschaftlichen Unternehmungen der Berliner Akademie zuverlässig und effizient leitete. Mommsen hatte sich schon bald mit Diels' Wahl zum Sekretar »ganz einverstanden« gezeigt, denn – wie es in einem Brief an Wilamowitz vom 4. Dezember 1895 heißt – »er ist geschäftsgewandt und hat Interesse auch über seinen eigenen Kreis hinaus, in jeder Hinsicht besser als Vahlen, dessen innerliche Steifleinigkeit mir weniger sympathisch ist und dessen Licht auch nicht weit leuchtet«.⁸⁰ Doch Mommsens eigentlicher Erbe in der Akademie war Adolf Harnack. Als der Kirchenhistoriker 1890 in die Preußische Akademie aufgenommen wurde, begrüßte ihn Mommsen als denjenigen, der die Gabe besitze, »jüngere Genossen zu fruchtbarer Arbeitsgemeinschaft zu gewinnen und bei derjenigen Organisation, welche die heutige Wissenschaft vor allem bedarf, als Führer aufzutreten«: Wie der Großstaat und die Großindustrie sei »die Großwissenschaft, die nicht von Einem geleistet, aber von Einem geleitet wird, ein notwendiges Element« der »Kulturentwicklung, und deren Träger sind die Akademien oder sollten es sein«.⁸¹ Fünf Jahre nach Harnacks Eintritt war die Zeit noch nicht gekommen, dass er Mommsens führende Position in der Akademie übernehmen konnte. Diels musste aushelfen.

Erst in der Vorbereitungsphase für das zweihundertjährige Akademiejubiläum von 1900 gelang es Harnack, seinen Einfluss in der Akademie nachhaltig zu verstärken. Es half ihm entscheidend, dass er 1896 beauftragt worden war, zum 200. Jahrestag die offizielle Darstellung der Geschichte der Akademie vorzulegen. Das Werk wurde ein großer Erfolg.[82] Die Erfahrungen der Kirchenväterkommission und seine Vorstudien für die Akademiegeschichte führten Harnack zu der Erkenntnis, dass die überkommene Personalstruktur der Akademie der effektiven Durchführung größerer Forschungsvorhaben nicht förderlich sei. Deshalb setzte er sich nachdrücklich für die Schaffung von wissenschaftlichen Dauerstellen ein. Im Sommer 1899 unterbreitete die Akademie dem Unterrichtsministerium Harnacks Antrag auf »Einrichtung Wissenschaftlicher Beamtenstellen an der Akademie«. Pünktlich zum Akademiejubiläum wurden vier Stellen genehmigt, je zwei für die philosophisch-historische und die physikalisch-mathematische Klasse. Die beiden Stellen der philosophisch-historischen Klasse waren altertumswissenschaftlichen Unternehmungen vorbehalten: zum einen der altchristlichen Quellenforschung, zum anderen dem lateinischen Inschriftencorpus und der numismatischen Kommission. Eingestellt wurden zunächst der Koptologe und Harnackschüler Carl Schmidt für die »Kirchenväterausgabe« und Hermann Dessau für das *Corpus Inscriptionum Latinarum*.[83] Mommsen versorgte seinen Schüler, der sich um die italischen und nordafrikanischen Inschriften verdient gemacht hatte und an der Herausgabe der *Inscriptiones Latinae selectae* saß. Auf eine universitäre Karriere konnte er nicht hoffen, wie Mommsen wusste. Seine Ambitionen scheiterten am grassierenden Antisemitismus im Kaiserreich: Dessau bekannte sich offen zu seinem jüdischen Glauben und musste deshalb über die Akademiestelle dauerhaft versorgt werden.

Zu Beginn des Jahres 1901 bewilligte das Ministerium auch einen Wissenschaftlichen Beamten für die numismatischen Publikationen der Akademie; Hans von Fritze wurde für diese Aufgabe gewonnen. 1903 beantragte Wilamowitz, der 1902 die Leitung des griechischen Inschriftenwerkes von Adolf Kirchhoff übernommen hatte, erfolgreich einen Mitarbeiter für die *Inscriptiones Graecae*; als Beamter wirkte seit 1904 Friedrich Freiherr Hiller von Gaertringen, der bereits zuvor auf eigene Kosten in Griechenland Inschriften gesammelt und Ausgrabungen durchgeführt hatte. 1905 heiratete er Wilamowitz' älteste Tochter Dorothea. Er legte in seinem Forscherleben insgesamt neun Teilbände der *Inscriptiones Graecae* vor.[84] Das System der verbeamteten Mitarbeiter erfuhr nach dem großen Akademiejubiläum den geplanten und von dem Ministerium alimentierten Ausbau. Die Inschriftencorpora profitierten überdurchschnittlich von dieser Entwicklung. Die

Wissenschaftlichen Beamtenstellen der Akademie führten, wie schon Zeitgenossen erkannten,[85] zu einer nachhaltigen Steigerung der organisatorischen Effizienz der Unternehmungen, da sie die Geschäftsführer und die Kommissionen bei Planung, Ausführung, Koordination und alltäglicher Kleinarbeit merklich entlasteten. Da die Personalkosten durch den Staatshaushalt gedeckt waren, beeinträchtigten sie den Etat der Akademie nicht und beanspruchten weder die bisherigen staatlichen Zuwendungen für akademische Unternehmungen noch die Mittel aus den akademischen Stiftungen. Der dominierenden Rolle der Altertumswissenschaften an der Akademie entsprach die Zahl der Beamten, die den einzelnen Unternehmungen zugestanden wurden.

Harnack hatte seit den Vorbereitungen zur Zweihundertjahrfeier seine Führungsrolle in der Akademie nicht usurpiert, sondern sich vielmehr kontinuierlich wissenschaftsorganisatorische Autorität und wissenschaftspolitischen Einfluss erarbeitet. Seit dem Akademiejubiläum besaß er wie kaum ein anderer Hochschullehrer Zugang zum Kaiser, verstand dessen Wohlwollen nicht zuletzt durch eine geschickte Gesprächsführung für wissenschaftspolitische Anliegen zu nutzen und stieg zu einem führenden Vertreter gouvernementaler Gelehrtenpolitik auf.[86] Mit Mommsens Hilfe hatte er sich in den ersten eineinhalb Jahrzehnten seiner Tätigkeit in Berlin ein weitgespanntes Netz persönlicher Beziehungen aufgebaut, das er vorzüglich für seine Initiativen und Anliegen einzusetzen wusste. So erweiterte sich bald der Kreis seiner Aufgaben. Der Umstand indes, dass Harnack nach der Jahrhundertwende in der Akademie Mommsens Führungsposition übernahm, verschärfte die Spannungen mit Ulrich von Wilamowitz-Moellendorff, dem wohl bedeutendsten Repräsentanten der deutschen Altertumswissenschaften nach Mommsens Tod, der es nicht verwinden konnte, dass Harnack dessen wissenschaftspolitisches Erbe antrat.

6. Akteure: Theodor Mommsen, Ulrich von Wilamowitz-Moellendorff und Adolf Harnack*

»Mit beiden schloss er ein Bündnis mit dem Ziel, dass nichts in der römischen Republik geschehen solle, was einem von den dreien missfiele.« Mit diesen Worten beschreibt der römische Historiker Sueton das sogenannte erste Triumvirat, das Caesar im Jahre 60 v. Chr. mit Pompeius und Crassus eingegangen war.[1] Aus der negativen Formel spricht die Mühe, die es gekostet hatte, die drei so unterschiedlichen Persönlichkeiten an einen Tisch zu bringen. Doch die drei römischen Politiker stellten damals ihre persönlichen Dissonanzen aus politischem Kalkül bewusst hintan. Die drei Männer, denen im Folgenden unsere Aufmerksamkeit gelten soll, gelangten nie zu einer Verständigung, die im Interesse eines höheren Zieles wissenschaftliche und persönliche Differenzen überwunden hätte. Der unbedingte Wille, die *res publica litterarum* zu dominieren, eignete allen dreien. Sie stellten ihre Disziplinen auf neue Grundlagen: Theodor Mommsen die Wissenschaft vom römischen Altertum, Ulrich von Wilamowitz-Moellendorff die griechische, ja die gesamte Klassische Philologie und Adolf Harnack die Geschichte der Alten Kirche. Unermüdlich schufen sie ein gigantisches wissenschaftliches Oeuvre, von dem Generationen von Altertumswissenschaftlern heute noch zehren. Sie bildeten eine Vielzahl von Schülern aus, die ihre Lehre im In- und Ausland fortschrieben. Sie hatten, wie wir gerade gesehen haben, an der Transformation des deutschen Wissenschaftssystems zu einem internationalen Großbetrieb entscheidenden Anteil. Sie avancierten zu den wichtigsten Ratgebern des preußischen Hochschulreferenten Friedrich Althoff und übten einen nachhaltigen Einfluss auf die Berufungspolitik in ihren Disziplinen aus. Und sie betrieben ihre Wissenschaft nicht im Elfenbeinturm: Mommsen erhielt als erster Deutscher für seine dreibändige »Römische Geschichte« 1902 den Literaturnobelpreis, dem »geborenen Conferencier« Wilamowitz saß, wenn er Montag und Donnerstag abends im Auditorium Maximum das Katheder an der Friedrich-Wilhelms-Universität zur öffentlichen Vorlesung bestieg, das Berliner Bildungsbürgertum zu Füßen,[2] und Harnacks berühmte Vorlesungen über das »Wesen des Christentums«, die er im Wintersemester 1899/1900 für Hörer aller Fakultäten hielt, erlebten noch im Erscheinungsjahr drei Auflagen, und bis zum Jahre 1927 folgten weitere elf mit insgesamt 71 000 Exemplaren. Allerdings fanden nur zwei näher zusammen und bildeten, wenn man denn will, ein Duumvirat: Theodor Mommsen und Adolf Harnack. Außen vor blieb Ulrich von Wilamowitz-Moellendorff, seit 1878 Mommsens Schwiegersohn und seit 1897 Harnacks gräzistischer Kollege an der Friedrich-Wilhelms-Universität zu Berlin.

Die Akteure: A very short introduction

Theodor Mommsen war der älteste des Triumvirats.[3] Der Sohn eines protestantischen Pfarrers wurde 1817 im schleswigschen Städtchen Garding geboren. Nach dem Besuch des Königlichen Christaneums, einer Eliteschule in Altona, studierte Mommsen Jura an der Landesuniversität Kiel (1838–43). Sein Hauptfach war das römische Recht. Doch den größten Einfluss auf den Studenten übte der gerade vier Jahre ältere Klassische Philologe Otto Jahn aus. Nach einem glänzenden Examen und einer erfolgreichen Promotion über ein römischrechtliches Thema bereiste Mommsen Italien, wo er das Fundament für eine umfassende Sammlung lateinischer Inschriften legte. Während der Revolution von 1848 engagierte er sich für ein vereintes und freiheitliches Deutschland. Seine Tätigkeit als Journalist in Rendsburg tauschte er im Herbst 1848 mit einem Extraordinariat für Römisches Recht in Leipzig. 1851 aus politischen Gründen entlassen, folgte er 1852 einem Ruf auf einen rechtshistorischen Lehrstuhl in Zürich, um 1854 nach Breslau zu wechseln. 1858 wurde er als Herausgeber des *Corpus Inscriptionum Latinarum* auf eine Forschungsprofessur an die Berliner Akademie berufen; 1861 erhielt er schließlich das Ordinariat für Römische Altertumskunde an der Universität Berlin.

Berühmt wurde Mommsen durch seine glänzend geschriebene dreibändige »Römische Geschichte« (1854–1856). Das Werk endet mit dem Sieg Caesars über seine Gegner im Jahr 46 v. Chr. Im Zentrum der Darstellung steht die Krise der späten Republik. Das Werk vergegenwärtigte den historischen Stoff, kompensierte das Scheitern der 1848er Revolution historiographisch und redete einer die Nation einigenden Machtpolitik das Wort. Einen vierten Band, der die römische Kaiserzeit darstellen sollte, hat Mommsen nie verfasst. 1885 folgte als fünfter Band die Geschichte der römischen Provinzen. Sein wissenschaftliches Hauptwerk war die systematische Darstellung des »Römischen Staatsrechts« (3 Bde., ³1887/88).[4] Hierin (re-)konstruierte Mommsen das für die römische Geschichte der Republik und Kaiserzeit maßgebliche Staatsrecht, indem er eine breite Überlieferung literarischer wie nichtliterarischer Provenienz nach den Regeln des hermeneutischen Verstehens der Klassischen Philologie interpretierte und deren ›staatsrechtliche‹ Aussagen mit Hilfe streng juristischer Begriffe systematisierte. Die Auseinandersetzung mit diesem Produkt der juristischen Methodenlehre des 19. Jahrhunderts hat die römische Altertumskunde nachhaltig beeinflusst. In seinem Alterswerk rekonstruierte er schließlich das »Römische Strafrecht« (1899).

Doch nicht nur als Wissenschaftler wirkte Mommsen, er tat sich sein Leben lang auch als Politiker hervor. Wissenschaft und Politik waren für ihn untrennbar.

Der Liberale glaubte bis an sein Lebensende an die politische Verantwortung des Intellektuellen; Zivilcourage war ihm die erste Bürgerpflicht. Im preußischen Abgeordnetenhaus begrüßte er die nationale Einigung der deutschen Länder unter Bismarcks Regie und feierte die Annexion Schleswig-Holsteins 1864 ebenso wie den Anschluss Elsass-Lothringens 1871. Sieben Jahre später, 1878, trat er für das Sozialistengesetz ein, saß dann aber als Angehöriger der linksliberalen Sezession um Ludwig Bamberger im Reichstag und wurde zum erklärten Gegner des Eisernen Kanzlers, der ihn mit einer Beleidigungsklage anging. Im hohen Alter trat er, erschreckt über die wilhelminische Flottenpolitik, für die deutsch-englische Freundschaft ein und forderte ein Bündnis zwischen den Linksliberalen und der Sozialdemokratie. Bis an sein Lebensende focht er gegen die »Gesinnung der Canaille«, d. h. gegen den politischen Antisemitismus im Kaiserreich, und überwarf sich deshalb mit seinem Kollegen, dem Historiker Heinrich von Treitschke, dem er es nicht verzieh, dass dieser sich mit dem »Pöbel aller Klassen« gemein gemacht und dem Antisemitismus publizistisch den »Kappzaum der Scham« genommen hatte.[5] Den mit der Gründung des Deutschen Reiches 1871 einsetzende Prozess, in dessen Verlauf sich die Trennung der nationalen Einheitsidee von den liberalen Freiheitsidealen vollzog, empfand Mommsen über drei Jahrzehnte hinweg als schmerzliche politische Offenbarung. Der Pessimismus des alten Mommsen zeugt von dem fehlenden parlamentarischen und gesellschaftlichen Machtpotential eines in sich gespaltenen, krisenhaft erschütterten Liberalismus und präludiert die Krise des bürgerlichen Selbstverständnisses und Selbstbewusstseins des 20. Jahrhunderts.

Ulrich von Wilamowitz-Moellendorff wurde als Sohn eines ostelbischen Junkers auf Gut Markowitz in der Provinz Posen geboren.[6] Er besuchte das renommierte Internatsgymnasium Schulpforte (bei Naumburg) und erwarb dort 1867 das Abitur. Die Valediktionsarbeit »Inwieweit befriedigen die Schlüsse der erhaltenen griechischen Trauerspiele? Ein ästhetischer Versuch« wies auf seinen künftigen Lebensweg: Er entschied sich gegen eine standesgemäße Karriere als Offizier oder Großagrarier und schlug stattdessen die akademische Laufbahn ein. Er wollte, wie er selbst in seiner Arbeit formulierte, »ein Jünger der Wissenschaft werden«. Sein in Bonn begonnenes Studium, das nicht nur die Klassische und die neuere Philologie umfasste, sondern auch Sanskrit und Kunstgeschichte einschloss, setzte er nach Otto Jahns Tod im September 1869 in Berlin fort, wo er bereits 1870 mit »Observationes criticae in comoediam Graecam selectae« von Moriz Haupt promoviert wurde. Möglicherweise auf persönliche Gegensätze in Schulpforte, sicher aber auf unterschiedliche Vorstellungen von der Aufgabe der »Philologie« als Wissenschaft ging seine Aversion gegen Friedrich Nietzsche zurück, dessen

»Geburt der Tragödie« er 1872 in seiner Streitschrift »Zukunftsphilologie!« mit einer wüsten Polemik überzog.[7]

Nach seinem Militärdienst im Deutsch-Französischen Krieg 1870/71 erhielt Wilamowitz durch die Empfehlung Theodor Mommsens das Reisestipendium des Deutschen Archäologischen Instituts, das ihn von August 1872 bis April 1874 nach Italien und Griechenland führte. Ein enger persönlicher Austausch zwischen den beiden Wissenschaftlern setzte ein. 1875 widmete Wilamowitz seinem Mentor Mommsen seine philologische Habilitationsschrift über Euripides (»Analecta Euripidea«). Drei Jahre später heiratete er die älteste Mommsentochter Marie.

Bereits 1876 war er einem Ruf als ordentlicher Professor für Klassische Philologie an die Universität Greifswald gefolgt, nachdem er im Jahr zuvor das Extraordinariat in Breslau ausgeschlagen hatte. 1883 wurde er nach Göttingen berufen. Hier entstanden u.a seine berühmte kommentierte Edition von Euripides' »Herakles«, die ebenfalls eine Einleitung in die Attische Tragödie bot (2 Bde., 1889; ²1909), und seine Abhandlung über »Aristoteles und Athen« (2 Bde., 1893), die durch die Entdeckung der aristotelischen Schrift über die »Verfassung der Athener« angeregt worden war. 1897 wechselte Wilamowitz nach schwierigen und mühsamen Verhandlungen an die Friedrich-Wilhelms-Universität in Berlin. Wilamowitz verteidigte in der Tradition Winckelmanns die Idealität der klassischen Antike. Seine Apotheose des künstlerisch produktiven Individuums ist vor allem in seinen biographisch ausgerichteten Büchern über Platon (2 Bde., 1919) und Pindar (1922) greifbar. Mit seinen »Reden und Vorträgen« (1901; 2 Bde., ⁴1925/26) wollte er ein breites Publikum erreichen. Seine Übersetzungen griechischer Tragödien (4 Bde., 1899–1923) wurden bei Theateraufführungen nicht nur in Berlin auf die Bühne gebracht. In seinem letzten, Fragment gebliebenen Werk, »Der Glaube der Hellenen« (2 Bde., 1931/32) entwarf er ein kulturgeschichtliches Entwicklungsmodell der griechischen Religion.

Adolf Harnack, der Sohn des Dorpater Theologieprofessors und Universitätspredigers Theodosius Harnack wurde 1851 in die aristokratische und bildungsbürgerliche Welt des Baltikums hineingeboren.[8] Der Ruf des Vaters an die Erlanger Theologische Fakultät führte die Familie 1853 nach Franken. 1866 kehrte sie in die Heimat zurück. Der berufliche Weg des begabten Schülers war früh vorgezeichnet: Er wollte Theologe werden. 1869 immatrikulierte er sich in Dorpat und setzte im Herbst 1872 sein Studium in Leipzig fort. Der kirchliche Positivismus und die orthodoxe lutherische Dogmatik seines Vaters boten Harnack allerdings keine wissenschaftliche Perspektive. Er wandte sich vielmehr Albert Ritschl zu, übernahm von ihm die strikte Ablehnung mystischer und metaphysischer Grundlagen der Theologie und wurde zu einem entschiedenen Verfechter der historischen Kontextualisierung des frühen Christentums und seiner Dogmen.

In Promotion und Habilitation behandelte Harnack quellenkritische Fragen zur Geschichte der Gnosis. Seit 1874 war er Privatdozent in Leipzig. Ein Jahr zuvor hatte er zusammen mit einigen Freunden einen ersten Plan für die »Theologische Literaturzeitung« entworfen, die der theologischen Wissenschaft neue Impulse geben sollte. 1876 wurde der gerade Fünfundzwanzigjährige zum außerordentlichen Professor ernannt. Aus theologisch-konfessionellen Gründen lehnte er Rufe nach Breslau und Dorpat ab, um 1879 als ordentlicher Professor für Kirchengeschichte nach Gießen zu gehen. 1886 folgte er einem Ruf an die Universität Marburg. Als im Spätherbst 1887 eine Mehrheit von vier Professoren der Berliner Theologischen Fakultät sich entschied, Harnack an die Friedrich-Wilhelms-Universität zu berufen, kam es zum Skandal: Die dem Ministerium unterbreitete Liste stieß auf den erbitterten Widerstand des Evangelischen Oberkirchenrates, der an dem Verfahren beteiligt war und an Harnacks Einstellung zum Kanon des Neuen Testamentes, zur Auferstehung Christi und dem Taufsakrament Anstoß nahm. Eine Machtprobe zwischen Staat und Kirche bahnte sich an. Der »Fall Harnack« wurde zu einem Präzedenzfall staatlich garantierter Freiheit von Forschung und Lehre. Erst durch die Intervention des Reichskanzlers Bismarck und des jungen Kaisers Wilhelm II. konnte Mitte September 1888 Harnacks Berufung nach Berlin erfolgen. Er wolle keine »Mucker«, ließ Seine Majestät aus dem Manöverquartier verlauten.

In seiner Berliner Zeit erreichte Harnack den Höhepunkt seiner wissenschaftlichen Karriere. Er vollendete seine Dogmengeschichte, deren erster Band bereits 1885 erschienen war, schrieb eine dreibändige Geschichte der altchristlichen Literatur (1893–1904), hielt seine Vorlesungen über »Das Wesen des Christentums« (1900), untersuchte »Die Mission und Ausbreitung des Christentums in den ersten drei Jahrhunderten« (1902; [4]1924) und veröffentlichte als Frucht langer Studien seine berühmte Monographie über den frühchristlichen Häretiker »Marcion« (1921; [2]1924). In einer Vielzahl von Monographien und Aufsätzen machte er die historisch-kritische Historiographie zur theologischen Leitdisziplin und verwandelte die protestantische Theologie in eine Kulturwissenschaft des Christentums. Dabei kam der patristischen Quellenforschung eine herausragende Bedeutung zu. Doch Harnack war nicht nur ein Mann der Wissenschaft, sondern auch der Kirche. In vielen Schriften, die sich an ein großes Publikum wandten, versuchte er, die christliche Lehre in einer zunehmend säkularisierten und naturwissenschaftlich geprägten Gesellschaft als individuell erfahrbare Heilsbotschaft zu bewahren. Doch seine innerkirchliche Rolle blieb umstritten. Der protestantischen Orthodoxie war seine Lehre ein ständiger Stein des Anstoßes, zumal er offen erklärte, dass der akademische Unterricht bei den angehenden Theologen eine heilsame Krise bewirken solle. Vor allem seine entschlossene Verteidigung der historisch-kritischen Methode zur Rekonstruktion der Kirchen- und Theologiegeschichte rief die anhaltende Kritik konservativer evangelischer Traditionalisten hervor, da das emanzipatorische Potential seines Ansatzes die theologische Beseitigung überkommener kirchlicher Lehrmeinungen beschleunigte. Die Auseinandersetzungen, die 1892 im Zuge des sogenannten Apostolikumstreits um das altkirchliche Glaubensbekenntnis ausgetragen wurden, führten zur Einrichtung einer kirchlich-orthodoxen ›Strafprofessur‹ an der Berliner Universität. Auch in späteren Jahren kam es immer wieder zu Zusammenstößen.

Nach seinem Wechsel an die Friedrich-Wilhelms-Universität und seiner Wahl in die Berliner Akademie stieg Harnack rasch zu einem der einflussreichsten Wissenschaftspolitiker auf. Im Oktober 1905 wurde er gegen den Widerstand der Wissenschaftlichen Bibliothekare zum Generaldirektor der Königlichen Bibliothek in Berlin, der späteren Preußischen Staatsbibliothek, ernannt, und 1911 wählte man ihn zum Präsidenten der neu gegründeten »Kaiser-Wilhelm-Gesellschaft zur Förderung der Wissenschaften«. In dieser Funktion war Harnack mit wissenschaftspolitischen und organisatorischen Grundsatzfragen der zeitgenössischen Forschung befasst und unterstützte nachdrücklich die Anliegen der naturwissenschaftlichen und technischen Disziplinen. 1914 erhielt er anlässlich der Einweihung des Neubaus der Königlichen Bibliothek den erblichen Adelstitel.

EIN GEMEINSAMES WISSENSCHAFTLICHES INTERESSE: DAS FRÜHE CHRISTENTUM

Harnack hat in seiner Trauerrede auf Mommsen als »das Geheimnis seiner wissenschaftlichen Eigenart« bezeichnet, dass dieser »die Aufgaben und Geschäfte der Historie, die sonst verteilt zu sein pflegen, ja die sich auszuschließen scheinen, sämtlich und auf einmal in die Hand nahm und sie nun als der Meister festhielt«.[9] Auf Grund seines umfassenden methodischen Zugriffes auf die Geschichte Roms beschäftigte sich Mommsen schon früh mit Fragen des spätantiken römischen Staates und damit implizit mit dem frühen Christentum. Seine bedeutendsten Beiträge zur Geschichte des frühen Christentums veröffentlichte Mommsen indes erst, nachdem er Adolf Harnack nach dessen Berufung an die Berliner Universität im Jahre 1888 kennengelernt hatte, so zum »Religionsfrevel nach römischem Recht«,[10] dem »Prozess des Christen Apollonius unter Commodus«,[11] den »Rechtsverhältnissen des Apostels Paulus«[12] und den »Pilatus-Acten«.[13] Hinzu traten seine großen patristischen Editionen: Die Severinsvita des Eugipp,[14] der *Liber pontificalis*, eine Sammlung von Papstbiographien,[15] und die Übersetzung der eusebianischen Kirchengeschichte durch Rufin.[16]

Auch für Wilamowitz war es eine Selbstverständlichkeit, sich um die *cognitio totius antiquitatis*, der heidnischen wie der christlichen, zu bemühen. Also tauschte er sich schon in Greifswald mit dem Alttestamentler Julius Wellhausen über philologisch-religionsgeschichtliche Fragen aus,[17] traktierte später »Ein Bruchstück aus der Schrift des Porphyrius gegen die Christen«[18] und gab seinem »Griechischen Lesebuch« ein eigenes Kapitel mit altchristlichen Zeugnissen bei, das die Lektüre des Neuen Testamentes in griechischer Sprache voraussetzte.[19] »Sie haben damit«, schrieb Harnack nach Erhalt dieses Werkes, »den griechischen Unterricht auf eine neue Grundlage gestellt und ihm zugleich einen neuen Zweck gegeben. Melanchthon regiert nicht mehr, sondern Comenius. So gebührt's sich, wenn wir wahre Ideale und unsre Arbeit durch die Griechen stärken wollen.«[20]

Es war kein konfessionelles Bekenntnis, das Mommsen und Wilamowitz mit ihren Studien zum frühen Christentum ablegten. Beide waren vom ererbten Glauben abgefallen. Der Pfarrerssohn Mommsen ließ sich in seiner Jugend lieber Jens als Theodor, d. h. »Gottesgeschenk« rufen. Als »ausgelebte jüdische Sekte«, »Köhlerglauben« und »plebejische Religion« bezeichnete der Agnostiker das Christentum. Den noch ausstehenden vierten Band seiner »Römischen Geschichte«, so soll Mommsen Monseigneur Louis Duchesne gegenüber erklärt haben, schreibe er nicht, weil selbst im fortgeschrittenen Berlin bei seinen protestantischen Gesinnungsgenossen seine Ansichten über das Christentum nicht gebilligt würden.[21] Wilamowitz, der sich in seinem Brief an Eduard Norden als Heide (*paganus*) bezeichnete, hingegen schrieb in seiner lateinischen Autobiographie: *Christiana cor meum numquam intravere*, »das Christentum ist niemals in mein Herz eingedrungen«.[22] Für Wilamowitz und Mommsen waren die Anwendung der historischkritischen Methode auf die Geschichte des Christentums eine wissenschaftliche Selbstverständlichkeit. Dass sich auch die protestantische Theologie – gerade in ihrer historischen Dogmenkritik – diese Methode zu eigen gemacht hatte, erfuhren sie durch Adolf Harnack, der – in Anschluss an Schleiermacher, David Friedrich Strauß und Ferdinand Christian Baur – Religion als Geschichte verstand und die Historisierung des Christentums vorantrieb.[23] Also wurde Harnack 1890 auf Mommsens Initiative wegen seiner historischen Arbeiten in die Preußische

Akademie der Wissenschaften aufgenommen, die »ergänzend und belebend in diejenige Geschichtsforschung eingreifen, welche uns die Gegenwart verständlich macht, wie die griechisch-römische Zivilisation eben durch ihre meistenteils gegensätzliche Verschmelzung mit dem im Orient wurzelnden Christenglauben zu einem notwendigen Bestandteil der heutigen geworden ist«.[24] Den vielfältigen Verbindungen von klassischer Antike und Christentum ging man in der Folge in verschiedenen gemeinsamen Publikationen und Projekten nach.[25]

Alle drei waren gleichermaßen von der These der Hellenisierung des Christentums überzeugt. Die abendländische Kultur beruhte in ihren Augen auf einer Synthese von Antike und Christentum. Auch sonst gab es verbindende Forschungsgegenstände: Die Staatsfeindlichkeit der sozial marginalisierten Christen, ihre Verantwortung am Niedergang des Römischen Reiches, die Bedeutung der ›Konstantinischen Wende‹ und die Übernahme staatlicher Einrichtungen durch die katholische Kirche. Doch die übergeordneten Fragestellungen und die Ziele der Forschungen divergierten. Für Mommsen, den intransigenten Apostaten aus dem südschleswigschen Pfarrhaus, blieb das Christentum die intolerante Religion der Plebejer und letztlich verantwortlich für den Untergang des Römischen Reiches. Theologischen oder religionshistorischen Fragen öffnete er sich nicht. Der brillante französische Kirchenhistoriker Louis Duchesne meinte scharfzüngig, Mommsen sei auf des Gebiet der patristischen Studien wie ein Rhinozeros in einen Weinberg eingedrungen, und er zertrete alles, ohne sich um den Schaden, den er um sich herum anrichte, auch nur im Geringsten zu kümmern.[26] Bezeichnend ist in diesem Zusammenhang sein Verhalten während des Streites um das altkirchliche Glaubensbekenntnis im Jahre 1892: Damals machte Mommsen in der Akademie durch einige lobende Worte, die sich auf eine epigraphische Entdeckung Harnacks bezogen, deutlich, dass er zu dem Wissenschaftler Harnack stand; zu den kirchlich-theologischen Implikationen der Diskussion äußerte er sich allerdings nicht.[27] Die Geschichte des frühen Christentums interessierte ihn einzig unter historischem, philologischem und juristischem Blickwinkel.

Wilamowitz hingegen integrierte die christliche Botschaft in sein Entwicklungsmodell der griechischen Religion. Demnach fand der romantisch verklärte und individualistisch überhöhte »Glaube der Hellenen« seinen Höhepunkt in Platon, dem Inbegriff griechischer, ja überhaupt menschlicher Religiosität, für die sich Wilamowitz schon in Schulpforte entschieden haben will. Erst der Niedergang der griechischen Religion ermöglichte den Aufstieg des Christentums,[28] das als eine dem Hellenismus konträre Weltanschauung apostrophiert wurde.[29] Immerhin räumte er ein: »Im Evangelium und bei Paulus steckt Religion«, um sogleich aber hinzuzufügen: »Die ist mehr wert als Theologie und Kirchengeschichte.«[30] Dass seine Apperzeption der griechischen Religion aus dem Geiste des verachteten liberalen Protestantismus geboren ist, steht auf einem anderen Blatt. Schon Franz Overbeck, der scharfzüngige Basler Kirchenhistoriker, bezeichnete ihn maliziös als »frommen Herzenskünder der Heiden« und »Theologen des Heidentums«.[31]

Harnack schließlich wollte durch die historisch-kritische Methode zum Proprium der christlichen Religion, dem von dem Ballast der antiken Überlieferung befreiten Evangelium Jesu Christi vordringen. In seinem Vortrag »Was verdankt unsere Kultur den Kirchenvätern« ließ er keinen Zweifel daran, dass die *patres* Antike und Christentum der Nachwelt vermittelt, aber zu gleicher Zeit die »Klassik« des Evangeliums und der Antike verdunkelt hatten.[32] Sein dialektischer Ansatz führte einerseits zur radikalen Relativierung der dogmengeschichtlichen Tradition, andererseits zur Enthistorisierung des gereinigten, überzeitlichen Evangeliums. Sein prononciert theologischer Ansatz, den er im Übrigen nie leugnete, verhinderte im Zeitalter des Historismus die Integration der Geschichte des frühen Christentums in die allgemeine Geschichte des Imperium Romanum. Zugleich verbot seine Theologisierung, oder wenn man denn will: seine Evangelisierung des antiken Christentums vermittels der historisch-kritischen Methode *a priori* die Aufnahme des von ihm vertretenen (und methodisch neu konstituierten) Faches in den ständig wachsenden Kreis der Wissenschaften vom Altertum.

WER SOLL DIE KIRCHENVÄTER EDIEREN?

Die Ausgabe der »Griechischen Christlichen Schriftsteller der ersten drei Jahrhunderte«, an der Harnack mit Mommsen und Wilamowitz in der entsprechenden Kommission der Berliner Akademie arbeitete, war ein gemeinsames wissenschaftliches Anliegen, mit dem jeder einzelne allerdings unterschiedliche Ziele verfolgte. Für Mommsen eröffnete sich hierdurch die Möglichkeit, eine weitere Quellengruppe für die Geschichte des Imperium Romanum zu erschließen. Wilamowitz wollte richtungsweisende Editionen »für die Geschichte der griechischen Sprache und die der antiken Kultur überhaupt« vorlegen,[33] und für Harnack war die Väterausgabe das entscheidende Instrument zur historisch zuverlässigen Rekonstruktion der »paläontologischen Schicht des Christentums«[34] und seiner theologisch-dogmatischen Konditionierung. Also las er die patristischen Texte eher »als Urkunden [...] denn als literarische Werke«[35] und schrieb mit seiner

»Geschichte der altchristlichen Literatur bis Eusebius« keine theologische Formengeschichte, wie sie Franz Overbeck eingefordert hatte,[36] oder eine altchristliche Literaturgeschichte, wie sie Wilamowitz vorlegte,[37] sondern eine Dokumentengeschichte der frühen Kirche.[38]

Wilamowitz wurde Anfang Mai 1897 unmittelbar nach seiner Berufung auf das Berliner Ordinariat Mitglied der Kirchenväterkommission, der damals neben Mommsen und Harnack noch der Klassische Philologe Hermann Diels, der Bibliothekar Oskar von Gebhardt und der Kirchenhistoriker Friedrich Loofs angehörten.[39] Damit hatte man den führenden deutschen Gräzisten gewonnen, der in den fast dreieinhalb Jahrzehnten seiner Mitgliedschaft dem Unternehmen wichtige personelle und inhaltliche Impulse gab, der sich aber auch nie zu schade war, die entsagungsvolle Korrektur einzelner abgeschlossener Manuskripte zu übernehmen. Vor allem setzte er sich energisch dafür ein, den zeitlichen Rahmen des Unternehmens zu erweitern; auf seine Initiative ist zurückzuführen, dass 1902 die Kirchenhistoriker des fünften Jahrhunderts in das Editionsprogramm aufgenommen wurden.[40] Doch schon vor seiner Kooptation hatte er, sozusagen als »stiller Teilhaber«[41] von Göttingen aus, Anteil an dem Editionsvorhaben genommen und sich mit Erfolg für die Mitarbeit des finnischen Klassischen Philologen Ivar August Heikel eingesetzt.[42]

Kaum Mitglied der interdisziplinär besetzten Kommission, griff Wilamowitz die damals in der wissenschaftlichen Öffentlichkeit geführte Diskussion auf, ob dem Theologen oder aber dem Philologen die eigentliche Kompetenz bei der Edition antiker christlicher Texte zukomme. Mit Hermann Usener war Wilamowitz der Auffassung, dass die Theologen »ihr besonderes Griechisch« hätten, das »zur Herausgabe griechischer Kirchenväter« nicht genüge.[43] Im konkreten Fall kam für Wilamowitz erschwerend hinzu, dass Harnack in seinen Augen kein Griechisch verstand. Bitter äußerte sich der Theologe gegenüber seinem Kollegen und Vertrauten, dem Marburger Kirchenhistoriker Adolf Jülicher: »Nun hat Wilamowitz dem sel. Ritschl und anderen gegenüber das Urteil ausgesprochen, ich verstünde kein Griechisch, und dieses Urteil ist dann mit der Kraft der *fama* weiterbefördert worden. Ich halte dieses Urteil für ganz richtig; denn ich habe außer dem Griechischen so vieles Andere treiben müssen, dass ich in der Tat weniger davon verstehe, als ich in meinem Amte verstehen müsste. Allein diejenigen, welche dieses Urteil weiter befördern, haben selten eine Ahnung davon, an welchen Maßstäben es bemessen ist.«[44]

Doch Wilamowitz' Auffassung teilten nicht nur die Philologen Eduard Schwartz und Richard Reitzenstein, sondern auch der Alttestamentler Julius Wellhausen.[45]

Harnack wiederum hielt Eduard Schwartz für einen »entsetzlich hochmütigen Burschen«, der »alle Unarten eines hochmütigen Philologen« in sich vereinige und sich vor allem durch »die eigentümliche Haltung« auszeichne, »seinem Verdienste alle Erkenntnisse zuzuschreiben, die er auf Gebieten fördert, die bisher kein Philologe bearbeitet hat; denn Theologen existieren nicht, und was sie gefunden haben, haben sie als blinde Hühner gefunden, so dass jeder Philologe berechtigt ist, es noch einmal zu entdecken«.[46] Auch Hermann Usener erregte sich 1892 über »ein *monstrum grammaticum*«, will sagen eine falsche Verbform, die sich in Harnacks Edition eines Evangelienfragmentes gefunden habe, obgleich die korrekte Form sogar in der Handschrift stand.[47] Später verärgerte den Theologen die »philologische Unfreundlichkeit«, mit der die ersten drei Bände der Kirchenväterausgabe »geschulmeistert« worden seien.[48] Noch 1915 klagte Harnack in einem Brief an Karl Holl, dass von philologischer Seite seit Jahren ein energischer Krieg gegen seine Arbeiten geführt werde, »ja nicht nur gegen meine Arbeiten, sondern gegen meine ganze Stellung in der Wissenschaft«.[49]

In der Tat sah Wilamowitz nicht nur durch Harnacks ungenügende philologische Kompetenz sein Postulat, das Christentum als »Erzeugnis der Kultur der alexandrinisch-caesarischen Welt«[50] zu studieren, ernsthaft gefährdet. Hinzu trat, dass er dem Ritschlschüler Harnack *a priori* methodische Voreingenommenheit unterstellte: »Sie bleiben christliche Theologen: es ist ihnen unmöglich, den heiligen Geist als eine rein mythische Figur zuzulassen: sie verflüchtigen ihn im Dogma«, schrieb er 1889 an Mommsen.[51] Tatsächlich fand Harnack nur bedingt Zugang zu den religionsgeschichtlichen Forschungen seiner Zeit. Untersuchungen wie Hermann Useners bahnbrechender Arbeit über »Das Weihnachtsfest« von 1899 warf er mangelnde Kenntnis der einschlägigen theologischen Literatur vor; zudem widersprach er der Benutzung paganer Quellen für die Interpretation urchristlicher Zeugnisse und forderte die stärkere Berücksichtigung der jüdischen Tradition.[52] Grundsätzlich unterstrich Harnack die Individualität religiöser Ausdrucks- und Erscheinungsformen und unterstellte der Religionsgeschichtlichen Schule die Vernachlässigung des Wandels religiöser Aussagen. Ihm missfiel die These, wie er an Martin Rade schrieb, dass das Christentum »aus einem hellenischen Winkelkult« entstanden sei.[53]

Folglich ließen Konflikte nicht lange auf sich warten. 1899 spielte in der polemisch geführten Diskussion um Paul Koetschaus Edition der Origenesschrift »Contra Celsum« einmal mehr die philologische Kritik an der theologischen Leitung der Kirchenväterkommission eine zentrale Rolle.[54] Wenig später entzweite man sich über die Gestaltung der Ausgabe der Kirchengeschichte des Eusebius, die von Schwartz betreut wurde, während Mommsen die lateinische Übersetzung und Fortführung durch Rufin edierte. Mommsen oktroyierte damals den opponierenden Kommissionsmitgliedern seine Vorstellungen. Wilamowitz räsonierte noch Jahre später über diesen Eklat. In einem Brief an Werner Jäger aus dem Jahr 1928 heißt es: »Und was sagt der Rufin neben dem Eusebius von Schwartz? Mommsen ist lediglich von Harnack vor dessen Wagen gespannt.«[55]

DER STREIT UM MOMMSENS ERBE

Wilamowitz hatte jedoch Mommsen vor Augen, als er den »Despotismus« der Direktoren harsch kritisierte, gegen den die einfachen Mitglieder der akademischen Kommissionen nur schwerlich etwas auszurichten vermochten.[56] Er wusste, wovon er sprach, hatte er doch aus methodischen, finanziellen und organisatorischen Gründen gegen weitausgreifende Projekte seines Schwiegervaters Front gemacht, die monumentale, ja gigantomanische Züge trugen und den ungebrochenen positivistischen Glauben an wissenschaftlichen Erkenntniszuwachs durch umfassende Quelleneditionen spiegeln. Wilamowitz hingegen sah in ihnen eine Gefahr für den Fortschritt der Wissenschaft. Mommsen indes ließ sich nur schwer von seinen großen Vorhaben abbringen. Dabei verstand er es, durch die Verbindung mit Harnack seinen ohnehin schon beträchtlichen Einfluss auf die Wissenschaftspolitik der Preußischen Akademie noch zu steigern. Loyal und vorbehaltlos machte sich Harnack Mommsens Vorgaben zu eigen; einmal mehr realisierten die beiden äußerst geschickt ein akademisches Unternehmen. Wilamowitz versuchte, das Projekt, das er für undurchführbar erachtete, zu verhindern, da er das hierfür ausgegebene Geld für editorische Aufgaben verwendet sehen wollte.[57] Aber er vermied die direkte Konfrontation und äußerte nur in der Akademie Vorbehalte gegen das finanziell bedenkliche, »chaotische«[58] und »uferlose«[59] Unternehmen, als weder Harnack noch Mommsen zugegen waren. Mommsen sah in der Opposition seines Schwiegersohns vor allem einen persönlichen Affront. »Ihre treue Freundschaft«, schrieb er in diesen Tagen an Harnack, »ist mir ein innerlicher Halt und ich brauche ihn.«[60]

Doch Harnack ließ nicht nur Mommsens Plänen seine Hilfe und Fürsprache angedeihen. Er zeigte im gelehrten Diskurs deutlich seinen Respekt vor der wissenschaftlichen Autorität und Reputation des älteren Kollegen, von dem gelernt zu haben er offen aussprach.[61] Mommsen wiederum wandte sich häufig in wissenschaftlichen Fragen an Harnack, der in seinen Augen »mit allen christlichen

Dingen *au courant*« war.⁶² Je vertrauter der Umgang mit Harnack, desto gespannter wurde die Beziehung zu Wilamowitz,⁶³ den Mommsen als jungen Wissenschaftler intensiv gefördert hatte, der seit dem 20. September 1878 sein Schwiegersohn war und mit dem er bis zu seinem Tod im gelehrten Austausch stand. Auch in der Wissenschaft ging man immer häufiger getrennte Wege. So lehnte Mommsen 1891 Wilamowitz' Ausgabe der euripideischen Tragödie »Hippolytos« scharf ab; die Einwände, die er polemisch vortrug,⁶⁴ verletzten seinen Schwiegersohn tief. Dieser distanzierte sich dafür von dem Bild des Augustus, das Mommsen verbreitete,⁶⁵ klagte immer öfter über Mommsens herrische »Caesarnatur« und bekundete, dieser habe keine Achtung vor dem Gesetz gekannt und andere Personen nicht respektiert.⁶⁶ In seinen Erinnerungen, die 1928 erschienen und die für ein größeres Publikum bestimmt waren, begnügte sich Wilamowitz noch damit, die Distanz anzudeuten, die zwischen ihm und seinem Schwiegervater bestand.⁶⁷ Im familiären Kreis und in seiner ebenfalls 1928 verfassten lateinischen Autobiographie schlug er deutlichere Töne an; dort beklagte er sich, er habe an seinem Schwiegervater den übermäßigen Weinkonsum, die Schmähsucht und die Gier nach Anerkennung verabscheut.⁶⁸

Mommsen jedenfalls wandte sich seit 1888 »bewundernd dem aufsteigenden Stern Adolf Harnacks« zu.⁶⁹ Als Wilamowitz zum Sommersemester 1897 nach schwierigen und mühsamen Verhandlungen an die Friedrich-Wilhelms-Universität wechselte,⁷⁰ war Mommsen gealtert und, wie Eduard Schwartz bemerkte, »im Banne neuer Freundschaften«.⁷¹ Gemeint ist Adolf Harnack, der als »Dritter« zwischen Wilamowitz und Mommsen stand.⁷² Was begründete nun diese Freundschaft? Zunächst achtete Mommsen den Wissenschaftler. Schon 1889 schrieb er an seinen Schwiegersohn, nachdem er Harnacks Besprechung von Useners religionsgeschichtlicher Abhandlung über das Weihnachtsfest gelesen hatte, »Harnack gefällt mir überhaupt gut«.⁷³ Die Achtung vor der wissenschaftlichen Kompetenz, dem unermüdlichen Fleiß und der methodischen Zuverlässigkeit begründete eine gelehrte Freundschaft, die durch persönliche Sympathien vertieft wurde. In diesem Zusammenhang ist bezeichnend, dass man Wilamowitz im Gegensatz zu Harnack nur selten in der Öffentlichkeit an Mommsens Seite sah. Verschiedenen akademisch-gesellschaftlichen Zirkeln, die Mommsen und Harnack gemeinsam besuchten und in denen im regelmäßigen Turnus etwa griechische Autoren gelesen wurden, blieb Wilamowitz fern: In solche Kreise, schrieb er später, habe er nicht gepasst.⁷⁴

Doch bald trat auf Mommsens Seite die Erkenntnis hinzu, in Harnack einen »wissenschaftlichen Typus« gefunden zu haben, der, so meinte Werner Jaeger, ihm näherstehe als der Wilamowitzsche.[75] Hierher gehört die beiden gemeinsame Entschlossenheit, wissenschaftliche Großunternehmen nicht nur zu inaugurieren, sondern auch so zu konzipieren, dass sie abgeschlossen werden konnten. Nicht um jeden Preis sollten weitausgreifende editorische Vorstudien betrieben und Erkenntnisfortschritte abgewartet werden; lieber nahm man das Risiko in Kauf, später nachbessern zu müssen. Anders gewendet: Man hatte den Mut, sich Blößen zu geben, wie Harnack an Adolf Jülicher schrieb, »denn ich sehe nicht ein, wie wir vorwärts kommen sollen, wenn man jenen Mut nicht besitzt«.[76] So wischte Harnack im Dezember 1897 Wilamowitz' durchaus berechtigten Einwand, für die Rekonstruktion der frühchristlichen Überlieferung müssten die sogenannten Katenen, d. h. die kumulative Kommentierung biblischer Schriften durch patristische Exegeten, ausgewertet werden, nicht zuletzt mit dem Argument vom Tisch, dass es darauf ankomme, in spätestens zwanzig Jahren die Kirchenväterausgabe abgeschlossen zu haben. Wenn es ihnen gelänge, in diesem Zeitraum alles zusammenzutragen, »was wir von der Literatur des vorkonstantinischen Christentums besitzen, [...] können wir m. E. das Verdikt tragen, dass wir noch Vollkommeneres geleistet hätten, wenn wir 50 Jahre gearbeitet hätten«.[77] Ebendiese Sicht eignete auch Mommsen, für den, wie wir schon gehört haben, »das Fertigmachen« zur wissenschaftlichen Tüchtigkeit gehörte.[78]

Wilamowitz war vorsichtiger und skrupulöser. Harnack als verantwortlicher Leiter der Kirchenväterkommission war ihm auch deshalb suspekt, weil dieser »mehr auf Fixigkeit als für die Richtigkeit« schaue.[79] Er teilte zudem nicht die optimistischen Erwartungen, die Mommsen und Harnack in den »Großbetrieb der Wissenschaften« setzten, und warnte vor der »Gefahr der unzulänglichen Lösungen«.[80] Mommsens Inschriftencorpus nannte er nach einer Sakralformel, die sich häufig in lateinischen Grabinschriften der Kaiserzeit findet, verächtlich »*Dis Manibus*-Wissenschaft«, die Wissenschaft von den Totengöttern.[81]

Schließlich hatte Mommsen in Harnack einen kongenialen Organisator gefunden, der den wissenschaftlichen Großbetrieb mit der erforderlichen Souveränität und Autorität zu leiten vermochte. Bereits in seiner Antwort auf Harnacks akademische Antrittsrede hatte Mommsen dessen Fähigkeit gerühmt, die »Großwissenschaft« organisatorisch zu bewältigen und ihr als »Führer« vorzustehen.[82] Als Wilamowitz 1899 zum ordentlichen Mitglied der Berliner Akademie gewählt wurde,[83] hatte Harnack bereits die Grundlagen gelegt, um nach der Jahrhundertwende an diesem Ort Mommsens Führungsposition zu übernehmen. »Harnack ist der Mann, der Mommsens Erbschaft hat und noch viel mehr will«, schrieb Wilamowitz im September 1901 an Eduard Schwartz.[84]

Der Achtundvierziger, der Junker und der Vernunftrepublikaner

Nicht nur diese Differenzen im wissenschaftlichen Austausch erschwerten den Umgang zwischen Mommsen und Wilamowitz. Hinzu traten erhebliche Unterschiede in der politischen Orientierung. In den Augen von Wilamowitz hatte Mommsen, wie es in einem Brief an Werner Jaeger aus dem Jahre 1917 heißt, sich die Stimmung des 48ers bewahrt, »wie er immer die Formen seiner Jugendverse beibehielt«.[85] Aus diesen Worten spricht das völlige Unverständnis für eine kompromisslose liberale Haltung, die sich aus den Idealen der 1848er Revolution speiste.[86] Die Unterschiede in der politischen Anschauung erschwerten den persönlichen Umgang der beiden außergewöhnlichen Gelehrten ungemein. Für den »Bürger« Mommsen war sein Schwiegersohn durch seine aristokratische Geburt und durch seinen politischen Konservativismus letztlich doch ein ostelbischer Junker, der zwar durch seine »bürgerliche« Berufswahl und Heirat radikal mit seiner Familientradition gebrochen hatte,[87] aber dennoch zu den erklärten Gegnern des Politikers Mommsen zählte. »Mein sonst höchst vortrefflicher Schwiegersohn Prof. v. Wilamowitz gehört zwar nicht zu der agrarischen Gaunerbande, die jetzt auf Raub auszieht, aber ist keineswegs mit mir gleicher politischer Gesinnung«, schrieb Mommsen 1901 an seinen politischen Mitstreiter Lujo Brentano.[88] Als Wilamowitz auf einer Griechenlandreise im Jahr 1890 zusammen mit Heinrich von Treitschke und Reinhard Kekulé von Stradonitz die Nachricht von Bismarcks Entlassung erhielt, die für Mommsen eine »wahre Erlösung« war, entschlossen sich die drei Griechenlandreisenden, von Theben aus »ein Huldigungstelegramm« an den entmachteten Reichskanzler zu senden.[89]

Indes, auch Harnack repräsentierte in politischer Hinsicht einen grundsätzlich anderen Gelehrtentypus als Mommsen. Harnack zählte, wie Wilamowitz, zu einer jüngeren, »monarchistischen« Generation erfolgreicher Wissenschaftler, die nicht mehr durch die politischen Erfahrungen der 48er Revolution geprägt waren, sondern die sich im Kaiserreich eingerichtet hatten und durchaus ›loyalitätsbedürftig‹ das persönliche Regiment Wilhelms II. anerkannten. Sie gehörten zu der von Martin Doerry eindrücklich charakterisierten Generation der wilhelminischen »Übergangsmenschen«, die auf den beschleunigten sozialen und kulturellen Wandel sensibel reagierten und ihre Zeit als transitorische Epoche wahrnahmen.[90] Darüber hinaus war Harnack weitaus stärker als Mommsen von dem Leitbild des protestantischen Kulturstaates geprägt und vertraute optimistisch auf die Entwicklungsfähigkeit der deutschen Nation und die Integrationskraft eines säkularisierten protestantischen Bildungsideals. Ebendieser Optimismus fehlte Mommsen angesichts seiner politischen Erfahrungen nach der Reichsgründung und angesichts des Niedergangs des Liberalismus. Der abwägende, unterschiedliche Aspekte berücksichtigende und differenziert argumentierende Theologe lehnte aus spontaner Erregung geborene politische Manifeste kategorisch ab und vertraute – wie Hans Delbrück und Gustav Schmoller – viel eher auf persönliche Gespräche mit einflussreichen Repräsentanten der bürokratischen Elite, auf Denkschriften und Eingaben, um staatliche Entscheidungsprozesse zu beeinflussen.[91] Obgleich er sowohl in theologischen als auch in politischen Fragen liberale Positionen vertrat, schloss sich Harnack im Gegensatz zu dem politischen Professor Mommsen nie einer Partei an. Er sah sich als Mann der »überparteilichen« Mitte, der das Gemeinwohl über Partikularinteressen stellen wollte und der auf die Macht des vernünftigen Wortes setzte.

Wilamowitz verzichtete ebenfalls bewusst auf eine aktive parteipolitische Partizipation und engagierte sich vielmehr aus patriotischer Überzeugung in formell überparteilichen Organisationen wie dem Flottenverein.[92] Zu Beginn des Ersten Weltkrieges leisteten Harnack und Wilamowitz ihre vaterländische Pflicht mit der Feder:[93] Der Theologe verfasste den Aufruf des Kaisers an das deutsche Volk, der Philologe brachte wenig später die »Erklärung der Hochschullehrer des Deutschen Reiches« zu Papier, und beide setzten ihre Unterschrift unter den berühmtberüchtigten »Aufruf der 93 an die Kulturwelt!« vom 4. Oktober 1914.[94] Doch schon bald trennten sich ihre Wege. Während Wilamowitz 1915 die annexionistische Seeberg-Adresse unterzeichnete und später den unbeschränkten U-Boot-Krieg befürwortete, ging Harnack auf Distanz zu den expansionistischen Kriegszielforderungen nationalistischer Kreise. Zum endgültigen Bruch *in politicis* kam es, als sich Harnack nach dem Ende des Krieges und nach der Novemberrevolution »auf den Boden der Verfassung«[95] stellte, d. h. der neuen Republik seine Unterstützung nicht verweigerte und der Reichsregierung seine Mitarbeit anbot. Wilamowitz stand dem Staat von Weimar ablehnend gegenüber: Die »Novembermänner« hatten seine Heimat Westpreußen durch »schmählichen Verrat« preisgegeben und die Welt, die er kannte, zerstört.[96] Das Mitglied des Reichsausschusses deutschnationaler Hochschullehrer lernte in diesen Tagen sein Volk verachten[97] – und Adolf von Harnack, dem er charakterlosen Verrat an der Treue zum Herrscherhaus unterstellte. Damit befand sich Wilamowitz in bester Gesellschaft: Der frühere Reichskanzler Bernhard Fürst von Bülow sowie seine Kollegen Eduard Schwartz und Ulrich Kahrstedt ereiferten sich über Harnack.[98] Als dieser nach Eberts Tod den Zentrumspolitiker Wilhelm Marx als Kandidaten für das Amt des Reichspräsidenten unterstützte, war das Maß endgültig voll. Selbst ein wissenschaftlich-distanzierter Umgang fiel Wilamowitz nun schwer. Er bestand darauf, dass die Zusammenkünfte der Kirchenväterkommission nicht mehr in Harnacks Haus stattfanden, sondern auf neutralem Territorium.[99]

Mommsens kompromissloser Liberalismus, Wilamowitz' elitär-antidemokratisches Denken und Harnacks pragmatische Überparteilichkeit schlossen gleichwohl politische Gemeinsamkeiten, genauer: Berührungspunkte nicht aus. Die vom Kulturprotestantismus geprägten Bildungsbürger grenzten sich gleichermaßen vom katholischen, antisemitischen und sozialistischen Milieu ab, fochten für die Weltgeltung deutscher Wissenschaft, verteidigten die Überlegenheit des an der klassischen Antike orientierten Bildungsideales und propagierten die Identität von Protestantismus und nationaler Größe.

Der alte Meergreis und die Rose von Jericho

Am 7. Mai 1901 hielt der über dreißig Jahre ältere Mommsen eine Tischrede zu Harnacks 50. Geburtstag. Darin hieß es: »Ich alter Meergreis konnte keinen Anspruch mehr auf Freundschaften machen – daher betrachte ich es als ein unerwartetes Glück, dass ich noch meine Rose von Jericho gefunden habe in diesem Mann, der den Orient mit dem Okzident verbunden hat.«[100]

Fragen wir abschließend nochmals nach den Gründen, die Mommsen zu diesem außerordentlichen Zugeständnis bewogen, nach den Ursachen, die ihn Harnacks Freundschaft suchen ließen und die ihn dadurch gleichzeitig von Wilamowitz entfremdeten. Sicherlich stand der sozialpolitisch engagierte und liberale Harnack in politischen Dingen Mommsen viel näher als Wilamowitz, aber die ausgleichende und abwägende Gelehrtenpolitik, die Harnack betrieb, war die Sache des politischen Professors Mommsen nicht. Fraglos war Harnack konzilianter und umgänglicher als der schroffe und widersprüchliche Wilamowitz. Offenkundig ist zudem, dass das freundschaftliche Verhältnis der beiden Gelehrten nicht auf dem christlichen Bekenntnis gründete. Zu theologischen Problemen fand Mommsen, auch nachdem er Harnack kennengelernt hatte, keinen Zugang. In welchem Umfang bei den allwöchentlichen Begegnungen der beiden oder bei gesellschaftlichen Treffen im größeren Kreis religiöse Fragen erörtert wurden, kann heute nicht mehr sicher geklärt werden. Es mag sein, dass Mommsen im hohen Alter, sozusagen »als späte Frucht«, sich Harnack auch als Seelsorger anvertraute.[101] Immerhin hat er kurz vor seinem Tod Harnack gegenüber Johann Rists Kirchenlied »O Ewigkeit, du Donnerwort« mit großer Bewegung zitiert[102] und sich ausbedungen, dass bei seiner kirchlichen Trauerfeier einzig und allein Harnack spreche.[103] Doch der freundschaftliche Umgang mit Harnack hinderte Mommsen nicht, bis zu seinem Ende dem christlichen Glauben mit »gebildeter, weltmännischer Verachtung« zu begegnen, die schon im vierten Jahrhundert »ein Teil der besten Männer« dem Christengott entgegenbrachten.[104]

In der Geburtstagsansprache begrüßt vielmehr der homerische »Meergreis«,[105] Proteus, das Symbol der Auferstehung, die Rose von Jericho: Der jüngere Harnack gab dem alten, vereinsamten Mommsen durch gemeinsame Arbeit und bewundernde Freundschaft neue Kraft und Zuversicht. Zunächst faszinierte Harnack als Wissenschaftler. Durch ihn erfuhr Mommsen »die Theologie als Wissenschaft – eine Verbindung, der er, wie er in drastischer Form gestand, bisher noch nicht begegnet war; er erlebte in ihm den religiösen Charakter und wurde dadurch in seiner Beurteilung des Christentums als historische[r] Erscheinung stark beeinflusst«.[106] Doch Mommsen erschloss sich mit Harnacks Hilfe nicht nur die Patristik. Gemeinsam beschwor man den wissenschaftlichen Fortschritt durch editorische Grundlagenforschung. Und Mommsen erkannte schnell, dass Harnack es glänzend verstand, den zukunftweisenden »Großbetrieb der Wissenschaft«[107] zu organisieren. Er hatte in ihm seinen Nachfolger in der *res publica litterarum* gefunden.

7. POLITIK FÜR DIE ALTERTUMSWISSENSCHAFTEN: FRIEDRICH ALTHOFF[*]

Eine erfolgreiche Universitäts- und Akademiepolitik setzte eine enge Kooperation der Professoren mit dem vorgeordneten Ministerium voraus. Dabei waren die Verbindungen zu den einzelnen Ministern, die kamen und gingen, weniger wichtig als der Kontakt zu den Ministerialbeamten, die häufig die Kontinuität in der Wissenschaftspolitik garantierten.[1] In dem Ende 1817 geschaffenen Preußischen Ministerium der geistlichen, Unterrichts- und Medizinalangelegenheiten unter dem Minister Karl vom Stein zum Altenstein war es der studierte Theologe und Klassische Philologe Johannes Schulze, der bis zu seiner Pensionierung im Jahr 1858 die Fäden zog, eng mit den Professoren an den preußischen Universitäten verbunden war und als enger Freund Hegels dafür sorgte, dass Hegelianer auf die Lehrstühle berufen wurden.[2]

7. POLITIK FÜR DIE ALTERTUMSWISSENSCHAFTEN

Nicht minder einflussreich war in der zweiten Jahrhunderthälfte der Vortragende Rat und spätere Ministerialdirektor Friedrich Althoff, der seit 1882 der Abteilung IIa der Behörde angehörte, die für Universitäten und wissenschaftliche Anstalten, das höhere Unterrichtswesen, Kunst und Kunstgewerbe zuständig war. Ein Vierteljahrhundert beeinflusste Althoff, der unter vier Kultusministern arbeitete, die staatliche Wissenschafts- und Kulturpolitik nachhaltig und hatte entscheidenden Anteil an der Expansion und Differenzierung des deutschen Hochschul- und Bildungswesens im wilhelminischen Zeitalter. Wer war Friedrich Althoff?[3]

ZUR EINLEITUNG: DER PROTAGONIST

Friedrich Althoff, 1839 in Dinslaken geboren, war ein brillanter Jurist, der zunächst an der Universität Straßburg gewirkt hatte und dort ohne Promotion und Habilitation »gegen jede akademische Tradition«[4] erst zum Extraordinarius und dann zum Ordinarius ernannt worden war. Doch der »Mann der unerschöpflichen Einfälle und rastlosen Initiative« wollte niemals Professor, sondern »stets Verwaltungsbeamter« sein.[5] Als im Berliner Ministerium der geistlichen, Unterrichts- und Medizinalangelegenheiten die Stelle des Universitätsreferenten frei wurde, griff Althoff zu. Am 10. Oktober 1882 erfolgte seine Ernennung zum Geheimen Regierungs- und Vortragenden Rat. Er übernahm ein umfangreiches Aufgabengebiet, von dem bereits sein Vorgänger, Heinrich Robert Goeppert, gesagt hatte, dass die Last keinem Einzelnen mehr zugemutet werden sollte.

Althoff beeinflusste die Wissenschafts- und Kulturpolitik nachhaltig. Schon die Zeitgenossen sprachen von einem »System Althoff«. 1897 wurde er zum Ministerialdirektor befördert. Als Leiter der ersten Unterrichtsabteilung mit dem Titel eines Wirklichen Geheimen Oberregierungsrates unterstanden ihm bis zum Jahr 1907 Hochschulen, Bibliotheken, Museen, die Denkmalpflege und das höhere Schulwesen. Seit dem 1. Oktober 1900 war er darüber hinaus Vorsitzender der Wissenschaftlichen Deputation für das Medizinalwesen und zuständig für die medizinische Wissenschaft. Der »wetterfeste Steuermann auf dem Meere der parlamentarischen, der Universitäts- und Unterrichtskämpfe,« dessen Lebensmaxime nach Vergil lautete, »die Unterlegenen zu schonen und die Hochmütigen niederzuwerfen« (*parcere subiectis et debellare superbos*),[6] war schon zu Lebzeiten eine Legende. Er galt als Bismarck der Universitätspolitik, die einen schätzten seinen aufgeklärten Absolutismus, die anderen verachteten seinen diktatorischen Stil. Viele Professoren beurteilten ihn ambivalent. Max Weber etwa nannte ihn »das alte Scheusal«, lobte zugleich jedoch Althoff als einen »Mann von sehr weiten Gesichtspunkten.«[7]

Der Althistoriker Theodor Mommsen und der Kirchenhistoriker Adolf Harnack, die Klassischen Philologen Ulrich von Wilamowitz-Moellendorff und Hermann Diels, der Klassische Archäologe Ernst Curtius und der Ägyptologe Adolf Erman, sie alle wussten um die Bedeutung des Universitätsreferenten Friedrich Althoff für die Realisierung ambitionierter Projekte. Auch der Kontakt, den einzelne Vertreter wie Curtius und Harnack zum kaiserlichen Hof unterhielten, konnte ein gutes Verhältnis zu dem Ministerialbeamten nicht ersetzen. Man war sogar bereit, »Willkürregiment« und »Favoritenwirtschaft«[8] hinzunehmen, sprich den gouvernementalen Führungsstil Althoffs und die fehlende Transparenz seiner Politik zu tolerieren. Denn nur indem man einen *modus agendi* mit dem Ministerialbeamten fand, konnten wichtige Forschungsvorhaben realisiert und Einfluss auf die ministerielle Politik ausgeübt werden. Er wolle sich nur ungern mit Althoff überwerfen, sagte Mommsen einem Freund, »denn für viele wissenschaftliche Organisationspläne brauche ich ihn«.[9] Althoff wiederum brauchte die preußischen Professoren und die Mitglieder der Berliner Akademie, um seine weitreichenden wissenschaftspolitischen Ziele durchzusetzen. Aber er litt unter fehlender Anerkennung und politischen Rückschlägen.[10] Die permanente Arbeitsüberlastung zerrte an seinen Nerven und war seiner Gesundheit abträglich. Insgesamt acht Mal reichte er seinen Abschied ein, um sich auf eine Professur versetzen zu lassen, konnte sich dann aber doch nicht von seiner Arbeit in Berlin lösen. 1907 trat er von seinem Amt zurück; ein Jahr später verstarb er.

DAS UNIVERSITÄTSREGIMENT:
DIE AMBIVALENZEN DES SYSTEMS ALTHOFF

Althoff war bei der Begründung und Fortführung der großen altertumswissenschaftlichen Vorhaben der Preußischen Akademie der Wissenschaften beteiligt, die Mommsen, Wilamowitz und Harnack leiteten oder mitverantworteten. Diese nicht zum geringsten Teil über das Ministerium realisierte Forschungspolitik hatte die Institutionalisierung, Spezialisierung und Differenzierung der altertumskundlichen Forschung zur Folge und begründete die moderne arbeitsteilige ›Großforschung‹. Althoff gab den Vertretern der Altertumswissenschaften die Mittel an die Hand, ihre epistemischen Überzeugungen und disziplinären Vorstellungen in die wissenschaftliche Praxis umzusetzen.

Der Ministerialbeamte hatte immer ein offenes Ohr für altertumskundliche Vorhaben. Die Denkschriften, die an das Ministerium geschickt wurden, um ein Projekt zu begründen oder die Förderung für ein laufendes auszuweiten, gingen grundsätzlich über Althoffs Schreibtisch. Über Leitung, Finanzierung und Aufgaben der Reichsinstitute tauschte man sich ebenso aus wie über drittmittelgeförderte Unternehmungen. Die Akademiestiftungen des Grafen Loubat, von Elisabeth Heckmann-Wentzel und Friedrich Imhoof-Blumer wurden durch Mommsen und Althoff eingerichtet. Doch es ging nicht nur um die Belange der Königlich Preußischen Akademie der Wissenschaften. Als der Generaldirektor der türkischen Museen, Hamdi Bey, mehrere Reliefs mit einer Löwenjagd, die deutsche Archäologen auf ihrer Expedition zum Nemrûddagh rechtmäßig erworben hatten, im syrischen Alexandrette entwendete, sollte Althoff helfen. Der Althistoriker Mommsen äußerte sich wiederum zur Gründung der Biologischen Station Helgoland und wurde bei der Beschaffung eines Refraktors für das Astrophysikalische Institut in Potsdam eingeschaltet. Die Erwerbung der Bibliotheca Meermaniana für die Königliche Bibliothek wurde nur möglich, weil sich unter Mommsens Führung ein Konsortium von Großindustriellen, Bankiers und Gelehrten bereit erklärte, die Sammlung anzukaufen. Mommsens Rat war Althoff in zahllosen Angelegenheiten wichtig: bei dem Neubau der Königlichen Bibliothek, dem Erwerb von Handschriften, Papyri und Alten Drucken, der Reorganisation des Internationalen Leihverkehrs und der Göttinger Gesellschaft der Wissenschaften, der Vergabe von Stipendien und der Bewilligung von Förderanträgen, der Ehrung von ausländischen Wissenschaftlern und schließlich der Schulreform.

Mit seinem Wechsel nach Berlin 1888 intensivierten sich Harnacks wissenschaftspolitische und gesellschaftliche Kontakte mit Althoff. Harnack gelang es in kaum zehn Jahren, zu einem der bedeutendsten Ratgeber der Wissenschafts- und Kultusbürokratie aufzusteigen. Althoff schätzte nicht nur seine organisatorische und wissenschaftliche Kompetenz, sondern auch seinen auf Ausgleich und Konsens zielenden Führungsstil. So führte Harnack die Verhandlungen der Akademie mit dem Unterrichtsministerium, als in der Vorbereitungsphase der Zweihundertjahrfeier der Königlich Preußischen Akademie der Wissenschaften mehrere Beamtenstellen beantragt wurden. Nach der Jahrhundertwende stand der Kirchenhistoriker dem Beirat vor, der die Reorganisation des Preußischen Historischen Institutes begleitete und wurde zu baulichen Veränderungen der Universität, der Akademie und der Königlichen Bibliothek gehört.

Eine weitere Herausforderung war die staatliche Alimentation der Akademie. Die jährlichen Dotationen und außerplanmäßigen Zuschüsse im Staatshaushalt genügten bald nicht mehr, um die notwendigen personellen und organisatorischen Rahmenbedingungen für eine schnell wachsende positivistische Grundlagenforschung sichern zu können. Daher mussten neue Finanzierungsmöglichkeiten aufgetan werden. In dieser Situation erkannten die Akteure die Bedeutung der privaten Forschungsfinanzierung. Harnack setzte gemeinsam mit Althoff und dessen Mitarbeiter Friedrich Schmidt-Ott den von Mommsen energisch betriebenen Ausbau der Universität und der Akademie zum wissenschaftlichen Großbetrieb fort, bemühte sich als Generaldirektor der Königlichen Bibliothek um die Reform des Bibliothekswesens und förderte den deutsch-amerikanischen Professorenaustausch. Er wirkte an der Gründung der Kaiser-Wilhelm-Gesellschaft und der Errichtung außeruniversitärer wissenschaftlicher Forschungsinstitute mit.

Wichtig waren die wissenschaftspolitischen Netzwerke bei Berufungsverfahren. Die Fakultäten unterbreiteten damals dem Unterrichtsministerium eine Vorschlagsliste. Der staatlichen Behörde war es unbenommen, von der vorgegebenen Reihenfolge abzuweichen oder den Vorschlag ganz abzulehnen. Mit den ministeriellen Entscheidungen war Althoff befasst, der bei seiner Urteilsbildung die wissenschaftliche Qualifikation und Originalität des Bewerbers, aber auch grundsätzliche hochschul-, konfessions- und forschungspolitische Implikationen bedachte. Um die wissenschaftliche Leistungsfähigkeit der Kandidaten kompetent bewerten zu können, wandte Althoff sich von Fall zu Fall an bedeutende Fachvertreter, namentlich an den Nationalökonomen Gustav Schmoller, den Philosophen Eduard Zeller, den Mathematiker Felix Klein, an Theodor Mommsen, Ulrich von Wilamowitz-Moellendorff[11] und Adolf Harnack[12]. Während Mommsen und Wilamowitz zu den mächtigsten Gutachtern in altertumswissenschaftlichen Berufungsverfahren und damit in einer wissenschaftlichen und gesellschaftlichen Leitdisziplin des wilhelminischen Deutschland zählten, beeinflusste Harnack die Berufungspolitik im Fach Theologie nachhaltig. Auch er förderte konsequent akademische Bewerber, die ihm wissenschaftlich und persönlich nahestanden. Ihren Einfluss im Ministerium und ihre Verbindungen zu Althoff nutzten Mommsen, Wilamowitz und Harnack für eine gezielte Personalpolitik, die ihren Schülern und Mitarbeitern eine Karriere an preußisch-deutschen Hochschulen und in außeruniversitären wissenschaftlichen Institutionen ermöglichte. Ihre Gutachtertätigkeit beschleunigte zugleich die Professionalisierung und Differenzierung der jeweiligen Disziplinen und schrieb das historistische Wissenschaftsparadigma fort. Erst der maßgeblich von Althoff vorangetriebene und gesteuerte personelle Ausbau der Hochschulen und wissenschaftlichen Institutionen ermöglichte zahlreichen jungen Wissenschaftlern eine universitäre Karriere. Für die Entstehung einer international einflussreichen deutschen Altertumsforschung waren folglich nicht nur die innovative Forschung an den Universitäten und die wissenschaftlichen Großprojekte an der Akademie, sondern auch die neuen Rahmenbedingungen einer modernisierten Hochschulverwaltung verantwortlich.[13]

Anfang Juni 1900 nahmen Mommsen und Harnack gemeinsam an der Preußischen Schulkonferenz teil, auf der gegen Mommsens Widerstand die Monopolstellung des Humanistischen Gymnasiums für die Zulassung zu den Hochschulen beseitigt, gleichzeitig aber auf Grund des Einflusses von Harnack und Wilamowitz beschlossen wurde, dass das Griechische als Pflichtsprache des traditionellen Gymnasiums erhalten blieb; sechs Jahre später konsultierte Althoff den Kirchenhistoriker bei der Reform des preußischen Mädchenschulwesens.[14]

Unter Althoffs Ratgebern aus der Berliner Universität ragte Harnack seit Beginn des neuen Jahrhunderts durch seine engen Verbindungen mit dem kaiserlichen Hof und den höchsten politischen Funktionsträgern heraus. Harnack versäumte es nie, Althoff vertraulich detaillierte Informationen über seine privaten Gespräche mit Wilhelm II. zukommen zu lassen, sofern sie für den Ministerialbeamten von wissenschaftspolitischem oder persönlichem Interesse waren. Teilweise kam Harnack die Rolle des Vermittlers zwischen dem Kaiser und dem Reichskanzler einerseits und dem Unterrichtsministerium andererseits zu, und Althoff wusste diplomatisch geschickt die gesellschaftlichen Verbindungen des Theologen für seine Wissenschaftspolitik einzusetzen. Harnack berücksichtigte als protestantischer Theologe und gouvernementaler Gelehrtenpolitiker in noch höherem Maße als Mommsen die Interessen der preußischen Unterrichtsverwaltung; so billigte er bei der Schaffung einer katholischen Geschichtsprofessur an der Universität Straßburg politische Erwägungen des Ministeriums und sah im Gegensatz zu Mommsen keine Veranlassung, einen prinzipiellen Streit um die Voraussetzungslosigkeit der Wissenschaft zu entfesseln.

Mommsen hingegen blieb im Grunde skeptisch, auch wenn er von dem »System Althoff« profitierte. »Unser Universitätsregiment ist freilich ein schlimmes Ding«,[15] schrieb er an seinen Schwiegersohn Ulrich von Wilamowitz-Moellendorff. Er nahm die Ambivalenzen des »Systems Althoff«, die auch die neuere Forschung herausgearbeitet hat, deutlich wahr: Der ungemein erfolgreiche Ausbau des deutschen Wissenschaftssystems im Deutschen Kaiserreich wurde durch eine gezielte Missachtung universitärer Autonomie vorangetrieben, und wissenschaftsorganisatorische Effizienz ging zu Lasten der hochschulpolitischen Transparenz. Althoffs gouvernemental-autoritärer Führungsstil stieß auch die Professoren vor den Kopf, die von ihrer unmittelbaren Nähe zu dem Ministerialbeamten persönlich und institutionell profitierten. So pries Mommsen dessen »Selbstlosigkeit« und seinen »offenen Sinn für alle wissenschaftlichen Aufgaben«,[16] kritisierte zugleich aber dessen »Sklavenhändler-Manier«.[17]

Die administrativen Entscheidungen waren keineswegs nur durch sachgemäße Kriterien bestimmt. Persönliche Beziehungen zwischen einzelnen Universitätsrepräsentanten und dem Ministerialbeamten waren von zentraler Bedeutung. Mommsen stellte sich auf das »persönliche Regiment« des »Geheimen Rates« ein, obgleich er scharfsichtig »die ungeheure Gefahr« erkannte, »die in der Konzentrierung des Regiments aller Universitäten in einer noch dazu formell nicht verantwortlichen Person liegt«.[18] Das »System Althoff« war ganz auf seinen Schöpfer zugeschnitten und stand und fiel mit der individuellen Eignung des Ministerialbeamten. Folglich war die Kontinuität einer erfolgreichen Wissenschaftsadministration institutionell nicht gesichert. Den Beweis für diese Feststellung traten Althoffs Nachfolger an, unter denen, wie der Orientalist und Bildungspolitiker Carl Heinrich Becker maliziös formulierte, nur noch verwaltet wurde.[19]

Die sichtbaren Erfolge der preußischen Universitätspolitik, vor allem die institutionelle, personelle und finanzielle Expansion des Wissenschaftssystems waren nicht nur in Mommsens Augen, sondern in der Sicht der meisten Professoren Althoff zu verdanken. Man akzeptierte als Voraussetzungen einer erfolgreichen Wissenschaftspolitik die Bürokratisierung, Professionalisierung und Rationalisierung der Verwaltung sowie die hierarchische Struktur des »Systems Althoff«, denn man war überzeugt, dass nur der »Tyrann« Althoff und sein »bürokratischer Caesarismus«[20] den Umbau des deutschen Wissenschaftssystems zu einem modernen, international konkurrenzfähigen Großbetrieb gewährleisten konnte. Die Einsicht, dass man aufeinander angewiesen war, bildete die Grundlage für eine fruchtbare Symbiose in der Wissenschaftspolitik des Deutschen Kaiserreichs und für den weiteren Aufstieg der altertumswissenschaftlichen Großwissenschaft.

Für Mommsen und Curtius, für Harnack und Wilamowitz, für Diels und Erman stand Althoff für eine rational bestimmte Wissenschaftspolitik, die im wissenschaftlichen und nationalen Interesse die Leistungsfähigkeit des preußischen und deutschen Universitätssystems institutionell und personell steigerte und die deutsche Forschung zu internationalem Ansehen führte. Ihr Ziel war auch Althoffs Ziel: Die Weltgeltung der deutschen Wissenschaft im Zeitalter des wilhelminischen Imperialismus.

Die Altertumswissenschaften profitierten im hohen Maße von dem »System Althoff«, d. h. von einer kunstvoll elaborierten bürokratischen Herrschaftskonfiguration, die sich durch eine planvolle, institutionalisierte Regierungstätigkeit, eine rationale Kosten-Nutzen-Abwägung und das höchst effiziente Management eines Geflechtes von Macht- und Interessensfaktoren mit unterschiedlicher Durchsetzungsfähigkeit auszeichnete. Aber von einer rigiden Kontrolle der Universitäten und einer starken Beschneidung der Wissenschaftsautonomie durch das Ministerium kann nicht die Rede sein. Vielmehr wurden schwierige Gegenstände intensiv zwischen den Akteuren aus Wissenschaft und Kultusbürokratie verhandelt, genauer: ausgehandelt. Für die Entscheidungsfindung war die gesellschaftliche Interaktion wichtiger als der ministerielle Oktroi.

Theodor Mommsen interessierte indes weniger das System als die Person. Er bewog 1895 Friedrich Althoff, sein Amt nicht aufzugeben, und nannte die individuellen Vorzüge und Leistungen des Ministerialbeamten: »Gewiss gehören Sie zu den Bestgescholtenen in unserm lieben unmündigen Vaterland, und ich verstehe wohl, dass Sie das fühlen und darunter leiden. Aber davon halten Sie sich überzeugt, dass die Besten und die Kundigsten [...] sehr wohl wissen, was wir an Ihnen haben und was so sicher nicht wieder kommt: Ihre volle Selbstlosigkeit, Ihr offener Sinn für alle wissenschaftlichen Aufgaben, Ihr Wagemut und Ihre Klugheit.«[21]

Die Altertumswissenschaftler wussten, dass Althoff auf Grund seiner Sachkompetenz und der hohen Informationsdichte in der Wissenschaftsadministration eine herausgehobene Stellung innehatte, dass an seiner Zustimmung in allen wichtigen Fragen kein Weg vorbeiführte, dass er widerstreitende Kräfte moderieren konnte und dass er in der Regel seinen Willen durchzusetzen verstand. Aber Althoff war nicht das einzige Bewegungszentrum der deutschen Wissenschaftspolitik im Kaiserreich. Die Konkurrenz der wissenschaftlichen Schulen, der Widerstreit der akademischen Faktionen und der permanente Wandel der universitären Interessen hatten zur Folge, dass bei strategisch weitreichenden Unternehmen immer mehrere Protagonisten neben- und teilweise auch gegeneinander agierten. Deshalb mussten Entscheidungen genau vorbereitet und gezielt vorberaten werden. Die großen wissenschaftspolitischen Diskussionen wurden nicht allein zwischen Ministerium und Universität geführt, sondern integrierten weite Teile der bürgerlichen Gesellschaft der Zeit. Die virtuose Beherrschung von Netzwerken öffnete Möglichkeiten der Einflussnahme und Spielräume der Gestaltung, von denen individuelle wissenschaftliche Interessen und übergreifende wissenschaftsorganisatorische Strukturen profitierten.

»DIE URGESCHICHTE UNSERES VATERLANDES«: DIE REICHSLIMESKOMMISSION

Diese Beobachtung gilt auch für die Reichslimeskommission, die das größte Bodendenkmal Mitteleuropas, den obergermanisch-raetischen Limes zum Gegenstand ihrer Aktivitäten machen sollte.[22] Kein anderes Unternehmen, das Mommsen initiiert hatte, unterstützte Althoff so nachdrücklich. Mommsen hatte sich schon unmittelbar nach der deutschen Reichsgründung von 1871 um ein zentrales Limesunternehmen bemüht. Weder der Reichskanzler Bismarck noch die süddeutschen Länder waren allerdings von seinem Vorhaben angetan.[23] Immer wieder wies er auf die Notwendigkeit hin, den »großen Militärbau von militärisch geschärften Augen in seiner Gesamtheit« aufzuarbeiten, und zeigte sich enttäuscht, dass »die Hoffnung, dass das geeinigte Deutschland sich auch zu der Erforschung dieses seines ältesten geschichtlichen Gesamtdenkmals vereinigen werde«, fehlgeschlagen war.[24] Erst als sich Althoff 1889 einschaltete, konnte der Plan einer einheitlichen Limesforschung realisiert werden. Die Entscheidungsträger in Preußen und in den anderen deutschen Ländern vermochte Mommsen davon zu überzeugen, dass das Vorhaben von nationalem Interesse sei. In einem programmatischen Vortrag über die »einheitliche Limesforschung«, den er auf dem 50-jährigen Stiftungsfest der Archäologischen Gesellschaft zu Berlin hielt, verlieh Mommsen der Erwartung Ausdruck, dass »die Umwandlung der Vaterländer in ein doch nicht bloß geographisches Vaterland auch für diese Forschung die Einheitlichkeit bringen werde, deren sie dringend bedurfte«.[25] 1891 hieß es dann in einem Memorandum für den Kaiser: »Es ist der Limes das älteste größte historische Bauwerk, welches Deutschland besitzt, seine Aufklärung ebenso folgenschwer für die Geschichte des Römerreichs [...] wie für die Urgeschichte unseres Vaterlandes. Das zerrissene Deutschland hat auch in dieser Hinsicht nur Schwäche und Zerfahrenheit gezeigt; möge das geeinigte nachholen, was versäumt ist, nur [möge] dabei auch nicht vergessen werden, dass von den noch erhaltenen Zeugen dieser fernen Vergangenheit jeder Tag weiteres abbröckelt.«[26]

Das Limesunternehmen sollte die Leistungsfähigkeit der historischen Wissenschaften im vereinigten Deutschland dokumentieren und wurde zur patriotischen Pflicht des deutschen Kaisers, der kurz zuvor, auf der Schulkonferenz des Jahres 1890, eine intensive Förderung des »Nationalen [...] in Fragen der Geschichte, Geographie und Sage« eingefordert hatte und die Bildungseinrichtungen ermahnte, »nationale junge Deutsche [zu] erziehen und nicht junge Griechen und Römer«.[27] Der Limes wurde zu einem imperialen Denkmal der deutschen Urgeschichte und der nationalen Erinnerung.[28] Wilhelm II. hat dafür Mommsen gedankt und ihn 1904 auf der Saalburg, dem ehemaligen römischen Kastell im Taunus, mit einem Denkmal geehrt.[29]

Da ein römischer »Grenzwall« untersucht werden sollte, kam man darin überein, die Leitung der Arbeiten zwei »Dirigenten«, einem Archäologen oder Architekten und einem Militär, zu übertragen. Die Verhandlungen gestalteten sich indes schwierig. Weil verschiedene deutsche Länder, auf deren Boden sich Überreste der römischen Grenzsicherung befanden, an der Kommission beteiligt werden sollten, mussten nicht nur personelle und wissenschaftliche Fragen geklärt, sondern auch politische Probleme beseitigt werden. Althoff setzte sich erfolgreich dafür ein, dass die gesamten Kosten vom Reich getragen wurden. Mommsen nutzte seine Netzwerke, um einflussreiche Altertumswissenschaftler und Archäologen in den einzelnen deutschen Ländern für seinen Plan zu gewinnen, allen voran Karl Zangemeister in Heidelberg, Ernst Herzog in Tübingen, Felix Hettner in Trier und Heinrich von Brunn in München. Zunächst wurden die Desiderate der Forschung aufgezeigt und ein länderübergreifendes Unternehmen gefordert: »Selbstverständlich übersteigt die Lösung aller der bezeichneten Aufgaben die Kräfte eines Einzelnen, aber auch die getrennte Tätigkeit mehrerer Privatpersonen oder verschiedener Vereine führt nicht zu dem Ziele, welches die Wissenschaft sich stecken muss. Ein Zusammenwirken unter einheitlicher Leitung oder wenigstens auf einheitlichen Gesichtspunkten ist auch auf diesem verhältnismäßig beschränkten Gebiete unbedingt erforderlich.«[30]

Die verdienstvollen Untersuchungen der lokalen Altertumsvereine und verschiedener Privatgelehrter wurde mit einem Satz beiseite geschoben: »Derartige Arbeiten sind für die wissenschaftliche Forschung wertlos, schädlich aber durch den trügerischen Schein der Sicherheit, welche die auf diesem Gebiet weniger orientierten Leser leicht irreführen kann.«[31] Konkurrenten wie den Wiesbadener Limesforscher Carl August von Cohausen oder den Neusser Privatgelehrten Constantin Koenen isolierte Mommsen mit Althoffs Hilfe von Anfang an; keiner sollte ihm die Leitung streitig machen, und niemand sollte alternative Konzepte formulieren. Cohausen wurde nicht nur unterstellt, er könne kein Latein, sondern Mommsen behauptete auch, dieser »Militärschriftsteller« zeichne sich durch »die absolute Unkenntnis des römischen Militärwesens« aus.[32] Koenens Überlegungen über das Legionslager von Neuss, die sich später als tragfähig erwiesen, wurden als Phantastereien eines lokalpatriotischen Dilettanten abgetan: »Er ist gewandt und praktisch, zeichnet gut und voll von Lokalpatriotismus, also durchaus brauchbar und respektabel. Aber alle eigentlichen Kenntnisse gehen ihm ab; was er über die Lager daselbst, deren er nahezu ein halbes Dutzend ansetzt, zusammenphantasiert, ist schlechthin unbrauchbar und er bedarf der Kontrolle durch einen Fachmann.«[33]

1892 fanden die gemeinsamen Bemühungen von Mommsen und Althoff ihren Abschluss in der Gründung der Reichslimeskommission, die von Mitgliedern aus Baden, Bayern, Hessen, Preußen und Württemberg gebildet wurde. Darüber hinaus war der Preußischen und der Bayerischen Akademie das Recht zugestanden worden, je einen Gelehrten zu entsenden. Sitz der Kommission war Heidelberg. Unabhängig von der Anzahl der delegierten Mitglieder wurde jedem Land und jeder Akademie bei den Beratungen eine Stimme zugebilligt. Die Reichslimeskommission war somit das erste föderal organisierte Forschungsprojekt des deutschen Kaiserreichs. Den Vorsitz hatte Mommsen inne: Er steuerte die Berufung der Mitglieder, leitete das Unternehmen und gab die wissenschaftlichen Ziele vor. Im Ministerium wiederum hatte Althoff entscheidenden Anteil daran, dass die provinzialrömische Forschung in Deutschland organisiert wurde.

Mommsen setzte auf die Zentralisierung und Professionalisierung der Limesforschung. Dieser Schritt hatte die Entmachtung der historischen Vereine zur Folge, die »zu Recht stolz auf ihre erfolgreiche Arbeit am Limes und ihre durch jahrzehntelange Limesforschung erworbene Erfahrung« waren.[34] Noch in der entscheidenden Reichstagsdebatte am 16. Januar 1892 glaubte man daran erinnern zu müssen, »dass eine ganze Menge von Vereinen und Einzelforschern längst an der Limesforschung tätig waren, ehe Herr Mommsen nur daran dachte oder irgendwer an ihn gedacht hat«.[35] Man hielt dem Berliner Professor vor, die Limesforschung »zur Domäne einer Koterie zu machen«. Hinter diesem Angriff stand die berechtigte Befürchtung süddeutscher Vereine und Regierungsvertreter, die weitere Arbeit könnte wissenschaftlich durch die preußischen Professoren und militärisch durch den preußischen Generalstab dominiert werden. Mommsen nährte solche Befürchtungen, indem er in seiner Agitation für das Projekt geschickt die nationale Dimension des Denkmals in den Vordergrund stellte, an den Patriotismus des geeinten Kaiserreichs appellierte und die Leistungen der lokalen und regionalen Altertumsvereine relativierte. Von den gegenseitigen Vorhaltungen und der zum Teil heftigen Polemik zeugt auch ein Wort über die prähistorische Forschung, das Mommsen zugeschrieben wird: »Diese leichtgewichtige Altertumswissenschaft, zu der man keinerlei Kenntnisse in Griechisch und Latein benötigt, eine Wissenschaft, die eine geeignete und unschuldige Beschäftigung und Zerstreuung für Kreisphysici und Provinzial-Landräte, Obristen außer Dienst, Dorfschulmeister und pensionierte Landpastoren darstellt.«[36]

7. POLITIK FÜR DIE ALTERTUMSWISSENSCHAFTEN 127

Auch im Reichstag sammelten Althoff und Mommsen ihre versprengten Truppen, um das Limesprojekt gegen heftigsten Widerstand schließlich doch noch durchzusetzen. Selbst Mommsens Parteifreunde waren mehrheitlich auf Distanz gegangen und hatten in der Budgetkommission des Reichstages den Etatentwurf abgelehnt. Althoff blieb zuversichtlich: »Die Sache wird jetzt ja interessant: der ganze Reichstag muss nun über den *limes* springen.«[37] Geschickt propagierte man die Realisierung des Unternehmens »als eine Vollstreckung des Moltkeschen Testaments«:[38] Der einstige Chef des preußischen Großen Generalstabs, Helmuth Graf von Moltke, konnte der publikumswirksamen Instrumentalisierung seiner Unterstützung, die er dem Vorhaben hatte angedeihen lassen, nicht mehr widersprechen, da er kurz zuvor verstorben war. Um dem »ultramontanen Gekläff« entgegenzutreten, erklärte Mommsen öffentlich, er sei damit einverstanden, wenn Cohausen zum Mitglied der Reichslimeskommission berufen werde; privat hingegen ließ er verlauten, dieser Vorgang zeige »die ganze Schwächlichkeit und Unsicherheit unseres Reichsregiments«.[39] Mommsen erhob den selbstgerechten Anspruch, durch die Integration der Limesforschung in den von ihm geschaffenen Großbetrieb der Berliner Akademie die dilettantischen Untersuchungen der Geschichtsvereine wissenschaftlich nobilitiert zu haben. Um seine Ziele zu erreichen, setzte er auf Kooperation und Konfrontation: Der eine Teil der Laienforscher arbeitete an dem neuen Unternehmen mit, der andere wurde erfolgreich ausgegrenzt.

Durch die Einrichtung der Reichslimeskommission und – 1902 – der Römisch-Germanischen Kommission wurde die Erforschung des Limes und der archäologischen Zeugnisse der deutschen Vorgeschichte mit Althoffs politischer Unterstützung in das methodische Konzept des Historismus integriert. Die Prähistorie galt nun als ein patriotisch und wissenschaftlich legitimiertes Fach. Die Rekonstruktion der germanischen Geschichte und damit der deutschen Urgeschichte musste auf eine sichere Quellenbasis gestellt werden. Die Folgen waren weitreichend. Einerseits war zuzugeben, dass die Germanen nicht ohne die Römer zu fassen waren,[40] andererseits musste eingeräumt werden, dass die Erkenntnismöglichkeiten beschränkt waren. Denn da schriftliche Zeugnisse weitgehend fehlten, »versagen auch durchgängig die scharfen Grundanschauungen, derer unsere Kunde des klassischen Altertums nicht entbehrt. Es gehört zur Signatur unserer Nation, dass es ihr versagt geblieben ist, sich aus sich selbst zu entwickeln; und dazu gehört es mit, dass deutsche Wissenschaft vielleicht weniger vergeblich bemüht gewesen ist die Anfänge und die Eigenart anderer Nationen zu erkennen als die der eigenen.«[41]

Das historistische Modell transzendierte zugleich die traditionelle Antithese zwischen einer germanenzentrierten und einer romzentrierten Interpretation des Limes. Hier wurde die Befreiung des okkupierten Landes durch die germanischen Vorfahren zelebriert, dort die Überlegenheit der römisch-christlichen Zivilisation beschworen. Der Streit um die rechte Interpretation der »Vorgeschichte« polarisierte die Lokalforschung, spaltete viele Altertumsvereine und war auch noch in der Reichstagsdebatte um die Einrichtung der Reichslimeskommission greifbar, die keineswegs nur durch parteipolitische Gegensätze bestimmt wurde. Mommsens »einheitliche Limesforschung«[42] wollte mit der historisch-kritischen Methode und naturwissenschaftlichen Techniken nicht nur den gelehrten Dilettantismus der Vereine überwinden, sondern nach dem organisatorischen und methodischen Vorbild der Erforschung der klassischen griechisch-römischen Antike auch die »provinzialrömische« Archäologie in Deutschland begründen. Programmatisch war dabei die Verbindung von römischer und germanischer Vergangenheit, die Erforschung der *Germania Romana* und der *Germania libera*.[43] Dadurch wurde ein Prozess eingeleitet oder zumindest beschleunigt, der die germanische Frühzeit des Deutschen Reiches historisierte und ihre nationale Bedeutung relativierte. Diese Entwicklung stand jedoch im Gegensatz zur zeitgenössischen Germanenideologie, die die Superiorität der germanischen (oder nordischen) »Rasse« feierte, die Blutsverwandtschaft von Germanen und Deutschen behauptete und Deutschlands »Wiedergeburt« in Szene setzte.[44]

Von der vaterländischen Idealisierung und völkischen Romantisierung der Germanen, derer sich Mommsen bei seiner Antragsstellung aus strategischen Gründen bedient hatte, profitierte die Feldforschung der Reichslimeskommission nicht; im Gegenteil: die teutomane Literatur wissenschaftlicher und pseudowissenschaftlicher Provenienz wurde im Kaiserreich (und später in der Weimarer Republik und im »Dritten Reich«) von den Ergebnissen der Reichslimeskommission und der Römisch-Germanischen Kommission kaum beeinflusst. Die 15 monumentalen Bände, die den obergermanisch-raetischen Limes dokumentierten und zwischen 1894 und 1937 erschienen, nahmen nur Spezialisten zur Kenntnis. Der Germanenkult, der in völkischen Parteien und Zirkeln gepflegt wurde, zeigte sich immun gegen die wissenschaftliche Entmythologisierung. Die römisch-germanische Altertumskunde geriet durch ihren integrierenden Ansatz in die Defensive, und es ist nicht überraschend, dass im Nationalsozialismus die Limesforschung fast vollständig sistiert wurde. Nur die reine Lehre: die deutsche Vorgeschichtsforschung und die germanische Altertumskunde waren nun förderungswürdig. Dennoch zerstörte der moderne wissenschaftliche Realismus *à la longue* die Sonderstellung der Germanen, von der nicht nur englischen Rassisten wie Houston

Stewart Chamberlain, sondern viele deutsche Bürger überzeugt waren. Doch dieser Vorgang zog sich über Jahrzehnte hin und wurde durch die großen Brüche des 20. Jahrhunderts verzögert. Doch Theodor Mommsen war, pointiert formuliert, ein Totengräber des deutschen Ur-Helden Hermann, der aber immer wieder aus seinem Grabe auferstand.

»Wissenschaftliche Monstrewerke«: Internationale Kooperationen

Wissenschaft war aus akademischer und ministerieller Perspektive eine Frage der Organisation. Deshalb wurden bestehende Kooperationen (etwa für das lateinische Inschriftencorpus) fortgeführt und neue Formen der nationalen und internationalen Zusammenarbeit begründet. Dazu bedurfte es leistungsfähiger moderner Akademien. Das erste einschlägige Vorhaben, das Althoff anging, war die Reorganisation der Sozietät der Wissenschaften in Göttingen Ende der 1880er Jahre. Die zweitälteste deutsche Akademie stand sowohl institutionell als auch finanziell unter Druck. Mommsen begutachtete ebenso wie Gustav Schmoller Reformvorschläge, die aus Göttingen, das seit 1866 preußisch war, dem Ministerium unterbreitet wurden.[45] Mommsen wirkte im Hintergrund, um sein Konzept einer modernen ›Wissenschaftsakademie‹ umzusetzen, die mit der lokalen Universität verbunden war, und korrespondierte in dieser Sache mit seinem Schwiegersohn Ulrich von Wilamowitz-Moellendorff, der damals einen Lehrstuhl für Klassische Philologie in Göttingen innehatte und ebenfalls mit Althoff in Verbindung stand.[46]

Im Umfeld der Göttinger Reformdiskussionen entstand die Idee eines internationalen Akademiekartells. An der Konzeption war Wilamowitz maßgeblich beteiligt: Die Hegemonie, zumindest die zentrale Rolle der Altertumswissenschaften sollte auch in einem solchen Zusammenschluss gesichert werden. Mommsen stimmte dem Plan sofort zu. So hoffte er, »wissenschaftliche Monstrewerke«[47] verwirklichen zu können. Frühzeitig suchte man den Kontakt zum Auswärtigen Amt. Friedrich von Holstein, die »Graue Eminenz« der deutschen Außenpolitik, wurde eingeschaltet. Der Kultusminister Robert Bosse schrieb am 10. Mai 1892 an den Reichskanzler und preußischen Minister der Auswärtigen Angelegenheiten, Leo Graf von Caprivi: »Es ist in den letzten Jahrzehnten mehr und mehr die Erkenntnis zum Durchbruch gekommen, dass zur Förderung der Wissenschaft ein getrenntes Vorgehen einzelner Nationen in manchen Fällen nicht genügt, dass es vielmehr zahlreiche wissenschaftliche Aufgaben gibt, welche nach ihrer ganzen Beschaffenheit nur durch eine internationale Vereinigung zur Erledigung gebracht werden können. Diese Erkenntnis hat schon für mehrere Wissenschaftsgebiete, so namentlich für die Erdmessung, die Astronomie, die Meteorologie, das Maß- und Gewichtswesen zu internationalen Organisationen geführt, welche sich auf das beste bewährt haben. In gelehrten Kreisen besteht der lebhafte Wunsch, dieses System auch für andere Zweige der Wissenschaft nutzbar zu machen, und da ist es vor allem die Altertumskunde, welche als die gemeinsame Grundlage unserer gesamten Bildung in erster Reihe Berücksichtigung verlangen darf.«[48]

Mommsen führte mit »Billigung der Regierung« erste Gespräche in Wien und Rom, um die Chancen für die Realisierung des ambitionierten Unternehmens zu sondieren.[49] Paris blieb aus politischen Erwägungen außen vor. In Berlin waren Mommsen und Althoff guter Dinge. Man werde »ganz gewiss siegen«, meinte Althoff im August 1892.[50] Doch es kam anders. Ausgerechnet an der Preußischen Akademie formierte sich Widerstand, der von der Physikalisch-Mathematischen Klasse organisiert wurde und die hochfliegenden Pläne Anfang 1893 zunichte machte. Mommsen hatte sich so sehr mit dem 1893 gegründeten »Verband der wissenschaftlichen Körperschaften« in Göttingen, Leipzig, München und Wien identifiziert, dass ihn die Entscheidung seiner Akademie, dem Kartell nicht beizutreten, bewog, sein Amt als Sekretar zum 1. April 1893 niederzulegen. Es geschah »mit der bitteren Empfindung«, dass er »schändlich im Stich gelassen« worden sei:[51] Seinen »deutschen Freunden« wollte er zeigen, dass er »das ablehnende Verhalten der Berliner Akademie gegenüber einer Einigung der deutschen Interessen auf diesem Gebiet persönlich missbillige und dieser Missbilligung nicht bloß platonischen Ausdruck zu geben Willens« sei.[52] Erst als sich die Berliner Akademie bereit erklärte, »von Fall zu Fall« mit den anderen fünf deutschsprachigen Akademien zusammenzuarbeiten, ließ sich Mommsen nochmals überreden, als Sekretar die Geschäfte weiterzuführen.

Mommsen lag besonders der *Thesaurus linguae Latinae* am Herzen. Das Lexikon, das auf einer umfangreichen Materialsammlung basierte, sollte die gesamte erhaltene lateinische Literatur der Antike (von den ersten Zeugnissen bis etwa 600 n. Chr.) lexikographisch erschließen. Zur Verwirklichung des Thesaurus hatte Mommsen zu Beginn der neunziger Jahre auf Veranlassung der Preußischen Unterrichtsverwaltung Kontakte zu der Wiener und den deutschen Akademien hergestellt. Auch der Thesaurus sollte als föderales Unternehmen des vereinigten Deutschland umgesetzt werden.[53] Die nachfolgenden Beratungen wurden von dem Klassischen Philologen Hermann Diels geführt, der die Interessen der Berliner Akademie vertrat und sich unermüdlich für die Belange der Gemeinschaftsarbeit einsetzte.⁵⁴ Er verhandelte mit Althoff und Friedrich Schmidt-Ott im Ministerium und hielt Mommsen auf dem laufenden, der zuerst die angebotene Oberdirektion ablehnte, dann die ganze Sache verwarf und sich schließlich Diels gegenüber zur Zurückhaltung verpflichtete. Nur dem diplomatischen Geschick, »der Umsicht und Tatkraft« von Diels, wie Wilamowitz formulierte,⁵⁵ war es zu verdanken, dass die Thesaurus-Konferenz, die sich am 21. und 22. Oktober 1893 in Dicls' Berliner Haus versammelte und auf der die Bevollmächtigten der deutschsprachigen Akademien vertreten waren, mit einem positiven Ergebnis endete.

Es galt, personelle, konzeptionelle, finanzielle und politische Schwierigkeiten zu überwinden. Zunächst war strittig, wer in dem Leitungsgremium vertreten sein sollte. Vor allem entzündete sich die Kritik an dem Münchner Klassischen Philologen Eduard Wölfflin, der neben dem Bonner Franz Bücheler Direktor werden sollte. Doch schon Bücheler mochte mit Wölfflin nicht zusammenarbeiten und warf ihm »Unfähigkeit zu wirklich wissenschaftlicher Arbeit« und philologische Inkompetenz vor.⁵⁶ Mommsen hielt ebenso wie Wilamowitz, der die Interessen der Göttinger Akademie wahrnahm, das Vorhaben mit dem »zur Zeit und Unzeit tintenfertigen Wölfflin«⁵⁷ für undurchführbar. Anstoß erregte zudem sein Hang, »seine edle Uneigennützigkeit in Brillantbeleuchtung zu setzen«.⁵⁸ Der Münchner Philologe sollte ausgeschaltet werden. Verschiedene Modelle der Leitung wurden diskutiert. Klarheit brachte erst eine Besprechung zwischen Mommsen, Bücheler und Wölfflin im Juni 1893 in Frankfurt, die Althoff veranlasst hatte. Erst als es gelang, den allseits geschätzten Friedrich Leo an der Leitung des Unternehmens zu beteiligen, lenkte man in Berlin ein. »Wenn das Werk auf verständige Basis gestellt« und »nicht direkt wölfflinisiert« werde, so schrieb Mommsen an Diels, dann sei er bereit, »in jeder Weise dafür einzutreten«.⁵⁹

Mit Blick auf die Organisation und Anlage des Unternehmens gab es Differenzen. Diels wollte kein Handwörterbuch, das nur auf einer Auswahl an Autoren basierte, keinen »Thesaurulus«, sondern stritt in Anlehnung an Theodor Mommsens Gutachten, das er für die Berliner Akademie erstellt hatte,⁶⁰ erfolgreich für die vollständige Verzettelung der Autoren, die der nachklassischen Epoche, der sogenannten Silbernen Latinität, angehörten; zu diesen zählte etwa der Historiker Tacitus. Die schwierige Finanzierung schien weitgehend gesichert, als die Ministerialbeamten Althoff und Schmidt-Ott, die bei der Zusammenkunft anwesend waren, den beiden preußischen Akademien in Berlin und Göttingen die erforderlichen Mittel in Aussicht stellten.⁶¹ Doch im politischen Bereich gab es Missstimmungen, da gerade in München die Furcht vor einem »borussifizierten«, also preußisch dominierten Thesaurus umging, die man in Berlin mit allen Mitteln zu zerstreuen suchte.[62] Wissenschaftspolitisch versuchten Mommsen und Althoff, durch das Thesaurus-Projekt die Mehrheitsfraktion der Berliner Akademie, die dem Kartell ablehnend gegenüberstand, auszumanövrieren, gleichzeitig aber die deutsche Kontrolle des Großunternehmens gegen österreichische Ansprüche zu sichern.

Nachdem die fünf Akademien in Berlin, Göttingen, Leipzig, München und Wien den Thesaurusplan angenommen hatten, konnte das Unternehmen Mitte 1894 unter dem Kommissionsvorsitzenden Diels und den Direktoren Leo, Bücheler und Wölfflin beginnen. Als sich die Akademien in Göttingen, Leipzig, London, München und Wien 1898 entschlossen, unter Beteiligung ihrer europäischen und amerikanischen Schwesterinstitutionen eine internationale Assoziation der großen Akademien ins Leben zu rufen, war Mommsen sofort für diesen Plan gewonnen. Der erste Kongress der assoziierten Akademien tagte im April 1901 in Paris; unter den Delegierten der Berliner Akademie befand sich der 83-jährige Mommsen, der versuchte, das Münzcorpus der Preußischen Akademie zu einem internationalen Unternehmen zu machen. Seinem Bemühen war jedoch kein Erfolg beschieden.[63]

Das Ende einer Freundschaft: Der Fall Spahn

Althoff garantierte aus der Sicht der Zeitgenossen eine rational bestimmte Wissenschaftspolitik, die im wissenschaftlichen und nationalen Interesse die Effizienz des preußischen und deutschen Universitätssystems institutionell und personell steigerte. Das Ministerium hatte die materiellen, organisatorischen und personellen Rahmenbedingungen zu gewährleisten, die den Erfolg der deutschen Wissenschaft im internationalen Wettbewerb sicherten. Doch trotz des fundamentalen Konsenses über die Ziele der Wissenschaftspolitik kam es zwischen Mommsen und Althoff zu einem tiefen Zerwürfnis, das nicht durch ein kontroverses Berufungsverfahren oder ein umstrittenes Editionsprojekt, sondern durch einen grundsätzlichen konfessions- und hochschulpolitischen Dissens hervorgerufen wurde. Die Rede ist von dem sogenannten »Fall Spahn«, der eine der schwersten hochschulpolitischen Krisen des Kaiserreiches markiert, in deren Verlauf das ›System Althoff‹ und sein Schöpfer in das Kreuzfeuer der Kritik gerieten.[64]

Die Auseinandersetzung nahm ihren Ausgang mit Mommsens berühmter Erklärung über »Universitätsunterricht und Konfession«, die am 15. November 1901 in den »Münchner Neuesten Nachrichten« erschien.[65] Darin stritt er für die »voraussetzungslose Forschung«, die er durch den »Todfeind des Universitätswesens«, den »Konfessionalismus«, bedroht sah. Was war der Hintergrund dieser Agitation? Am 17. Oktober 1901 war der 26-jährige katholische Historiker Martin Spahn, der Sohn eines bekannten Zentrumspolitikers, auf den Lehrstuhl für Mittelalterliche und Neuere Geschichte an der »Reichsuniversität« Straßburg berufen worden. Der ganze Vorgang hatte einen politischen Hintergrund. Die Einrichtung von katholischen Lehrstühlen für Geschichte und Philosophie an der Straßburger Universität war nur die Vorbereitung zur Gründung einer Katholisch-Theologischen Fakultät, die das Ziel verfolgte, das Ausbildungsmonopol des katholischen Klerus in den bischöflichen Seminaren von Elsass-Lothringen zu brechen, die als Zentren der deutschfeindlichen Opposition der katholischen Bevölkerungsmehrheit galten. Über die Universität sollte die katholische Bevölkerung des »Reichslandes« germanisiert werden. Regie führte in Berlin Friedrich Althoff, der sich Roms Wohlwollen in dieser Angelegenheit dadurch sichern wollte, dass er das bisher bestehende Ordinariat für Geschichte in zwei konfessionell gebundene Lehrstühle aufteilte und den katholischen Lehrstuhl gegen das ausdrückliche Votum der Straßburger Philosophischen Fakultät mit dem Bonner Extraordinarius Spahn besetzte. Dies war ein meisterlicher Schachzug, da der junge Historiker als ausgezeichneter Wissenschaftler galt und auf Distanz zu klerikal-ultramontanen Kreisen in Deutschland gegangen war. Er versprach, die preußisch-deutschen Interessen im »Reichsland« bestens zu vertreten.

Die wissenschafts- und hochschulpolitischen Hintergründe der Berufung Spahns interessierten Mommsen allerdings nicht. Er setzte sich an die Spitze des Protestes, der von dem Münchner Nationalökonomen und Kathedersozialisten Lujo Brentano entfacht worden war. Mommsens Erklärung wirkte wie ein Paukenschlag. Auf eine differenzierende Argumentation legte er keinen Wert. »Simplizität« hieß die Devise, »die wie der Pfeil auf dem Bogen die Seele aller Polemik ist«.[66] Mommsen beschwor die »Wahrhaftigkeit« der Forschung, die »mit Zweckerwägungen und Rücksichtnahmen« unvereinbar sei. Wer an der deutschen Wissenschaft rühre, »der führt die Axt gegen den mächtigen Baum, in dessen Schatten und Schutz wir leben, dessen Früchte die Welt erfreuen«.[67] Nicht nur die Existenz konfessionell gebundener Lehrstühle außerhalb der Theologischen Fakultäten empörte Mommsen, sondern auch die politisch gewünschte und ministeriell oktroyierte Berufung eines katholischen Historikers auf ein katholisches Ordinariat. Der Vorgang war für Mommsen ein willkommener Anlass, seinen antikatholischen Ressentiments freien Lauf zu lassen und den Kulturkampf fortzusetzen. Auf die Stimmen aus seinem Kollegenkreis, die ihn zur Mäßigung anhielten, hörte er nicht. Die eigene konfessionelle Voreingenommenheit blieb unreflektiert, und vergessen waren seine Worte, dass »objektive Geschichtsdarstellung notorisch ein Unding« sei. Zu dieser Erkenntnis war er 1889 in einer Althoff vorgelegten Denkschrift über den »Wert des Geschichtsunterrichts, insbesondere der neueren Geschichte, auf den Sekundärschulen« gelangt.[68]

Ende 1901 versammelten sich innerhalb kürzester Zeit zahllose protestantische Professoren unter dem Banner der Freiheit von Forschung und Lehre, die man durch die Straßburger »Weltanschauungsprofessur« ernsthaft gefährdet sah. Schon erschienen die ersten Zustimmungsadressen zu Mommsens Manifest. Wer nicht mitmachte, dem wurde Mangel an Zivilcourage und politische Unbedarftheit unterstellt. Rasch eskalierte der Konflikt und entzog sich der weiteren Kontrolle durch Brentano und Mommsen. Jetzt geriet das preußische Kultusministerium in das Sperrfeuer der Kritik. Schon wurden Stimmen laut, die Althoffs Rücktritt forderten. Mommsen, der um Althoffs Verdienste gerade auch für die Altertumswissenschaften wusste, war an dessen Sturz nicht interessiert. Andererseits wollte er, im Gegensatz zur Mehrzahl seiner Berliner Kollegen, keine Ehrenerklärung für den politisch angeschlagenen Ministerialbeamten abgeben. Unversehens saß er zwischen allen Stühlen. Sein einst vertrauensvolles Verhältnis zu Althoff war ruiniert. Die konservative Presse setzte zum Gegenschlag an. Der Streit, der zunächst über der prinzipiellen Frage entbrannt war, ob es gerechtfertigt sei, »Universitätsprofessuren, außerhalb der theologischen Fakultäten, nach konfessionellen Rücksichten und mit konfessionellem Rechtszwang zu vergeben«,[69] hatte sich dank Mommsens Intervention zu einem Politikum erster Ordnung entwickelt. Sein leidenschaftliches Engagement für das »Prinzip der voraussetzungslosen Forschung« hatte ihn, zumindest in Berlin, isoliert. Dennoch blieb er seiner Überzeugung treu, dass konfessionell gebundene Lehrstühle a priori ein Angriff auf die Freiheit der Wissenschaften seien.

Es ist jedoch bezeichnend, dass Mommsen selbst auf dem Höhepunkt der Auseinandersetzung nie die Forderung erhob, Althoff solle zurücktreten. Also schrieb er Anfang Januar 1902 an Brentano: »Mehr zu hoffen, als dass Althoff bleibt, wagt kein auch auf der Höhe der Zeit stehender preußischer Universitätslehrer, und auch ich bin überzeugt, dass das richtig ist. Er ist am Ende ein bon diable und das persönliche Regiment, das allein noch gelegentlich vorläufigen Schutz gegen Schlimmeres verspricht, liegt damit wenigstens in den Händen eines klugen und nicht bösartigen Individuums.«[70]

Althoff schickte Mommsen zu Beginn der Affäre einzelne Veröffentlichungen, die gegen ihn gerichtet waren und die er sorgfältig gesammelt hatte. Zunächst flüchtete der Ministerialbeamte sich in Ironie, doch bald stellte sich Verbitterung ein, da Mommsen zwar in privaten Mitteilungen Althoff seine Verbundenheit und seinen Dank bekundete, aber beharrlich die von Althoff eingeforderte öffentliche Loyalitätsbekundung verweigerte. Zwar wechselte man daraufhin noch Neujahrsgrüße, und Althoff versicherte, es gelinge seinen »langjährigen erbitterten persönlichen Feinden«[71] nicht, ihn und Mommsen auseinanderzubringen. Tatsächlich aber war der Riss in ihrer Beziehung nicht mehr zu kitten.

Am 5. Januar trafen sich im Hause Gustav Schmollers »die ersten Männer der Berliner Universität«[72] zu einem Abendessen zu Ehren Althoffs. Auch Mommsens Schwiegersohn, Ulrich von Wilamowitz-Moellendorff, war zugegen. Nur Mommsen fehlte. Schmollers Rede verteidigte, genauer: rehabilitierte trotz einzelner kritischer Untertöne das »System Althoff«.[73] Seine Ausführungen erschienen am Folgetag in allen großen Zeitungen und demonstrierten der Öffentlichkeit auf eindrucksvolle Weise, dass die Berliner Gelehrten Althoffs Wissenschafts- und Hochschulpolitik loyal unterstützten. Die konservative Presse setzte zum Gegenschlag an. Houston Stewart Chamberlain eröffnete das Kesseltreiben und diffamierte den »voraussetzungslosen Mommsen« als eingebildeten und eigensinnigen Greis, der einzig nach der Gunst seiner zweifelhaften Anhänger trachte und jede Gelegenheit nutze, sich publikumswirksam in Szene zu setzen.[74] Der alte Mommsen war nicht nur im Berliner Kollegenkreis zu einem Außenseiter geworden. Seine Zeit war vorbei.

ÜBERGÄNGE IN EIN NEUES ZEITALTER

8. ORDNUNG DES WISSENS: DAS »HANDBUCH DER KLASSISCHEN ALTERTUMSWISSENSCHAFT«[*]

Das ausgehende 19. Jahrhundert ist das Zeitalter der großen Handbücher und der monumentalen Enzyklopädien. Die Idee solcher Sammelwerke, die die aktuelle Forschung abbildeten, war indes nicht neu. August Friedrich Pauly hatte die »Real-Encyclopädie der classischen Alterthumswissenschaft« begründet, die zwischen 1837 und 1852 veröffentlicht wurde und sich an das »gelehrte Publikum« richtete.[1] Sie ist die Vorgängerin der gleichnamigen, umfassenden »Realencyclopädie der classischen Altertumswissenschaft«, die ab 1893 bei der J. B. Metzlerschen Verlagsbuchhandlung erschien, zunächst von dem Klassischen Philologen und Religionswissenschaftler Georg Wissowa, dann von Wilhelm Kroll und schließlich von Konrat Ziegler herausgegeben wurde und erst 1978 mit 68 Teil- und 15 Supplementbänden ihren Abschluss fand. Sie umfasst das gesamte klassische Altertum und akkumuliert mit dem historistischen Anspruch auf Vollständigkeit alle erreichbaren Zeugnisse zu den einzelnen Lemmata, deren Grundstock die Eigennamen bilden. Das auch heute noch nicht ersetzte Arbeitsinstrument bestätigt eindrücklich die Leistungsfähigkeit des wissenschaftlichen Großbetriebes und spiegelt das Vertrauen in die Einheit der klassischen Altertumswissenschaft.[2]

Ein »Handbuch der Archäologie der Kunst« hatte Karl Otfried Müller bereits 1830 vorgelegt, das durch den Heidelberger Archäologen Karl Bernhard Stark ersetzt werden sollte. Die erste Lieferung des Werkes erschien 1878; doch da der Verfasser im folgenden Jahr starb, blieb es ein Torso. In seiner richtungsweisenden »Geschichte der archäologischen Studien«, die auf einer ungemein breiten und tiefen Kenntnis der älteren Forschung seit der Renaissance beruhte, historisierte er den

8. ORDNUNG DES WISSENS 137

durch Winckelmann begründeten idealistischen Zugang zur antiken Kunst und öffnete sein Fach in methodischer Hinsicht zu innovativen philologisch-historischen, kulturanthropologischen und naturwissenschaftlichen Fragestellungen.[3]

In München wiederum machte sich der Verleger Oskar Beck Mitte der 1870er Jahre erstmals Gedanken, ein Handbuch zu veröffentlichen, das einen Überblick über die klassischen Altertumswissenschaften bieten sollte. Beck wollte aber kein alphabetisch geordnetes Lexikon, sondern ein systematisch angelegtes Handbuch, dessen einzelne Teile sich planmäßig zu einem umfassenden Ganzen zusammenfügten. Als Herausgeber gewann er Iwan (seit 1889: von) Müller, Professor der Klassischen Philologie in Erlangen.[4]

DIE ANFÄNGE

Iwan Müller erwies sich für den Verleger als richtige Wahl. 1890, sechs Jahre, nachdem er seinen Herausgebervertrag für das »Handbuch der klassischen Altertumswissenschaft in systematischer Darstellung mit besonderer Rücksicht auf Geschichte und Methodik der einzelnen Disziplinen« unterzeichnet hatte, lagen bereits die Bände zu den »Hilfsdisziplinen« (Band I) vor, zur »Sprachwissenschaft, Metrik und Musik« (II), zu »Geographie und Geschichte« (III), zu den »Staats-, Kriegs- und Privataltertümern« (IV) und zur »Geschichte der griechischen Literatur« (VII). In Teilen waren die Bände zur Naturwissenschaft und Philosophie sowie den »Sakralaltertümern« (V) und zur »Geschichte der römischen Literatur« (VIII) veröffentlicht.

Der noch fehlende Band VI war der »Archäologie der Kunst« gewidmet und erschien in drei Teillieferungen in den Jahren 1893 bis 1895. Ein begleitender Atlas in großem Format mit aberhunderten Nachzeichnungen antiker Kunst- und Bauwerke folgte im Jahr 1897. Binnen weniger Jahre hatte das Handbuch einen guten Teil seiner Ziele erreicht. Dies war nur möglich, da Müller schon 1885, als der erste Band erschien, 29 Mitarbeiter gewonnen hatte, deren Zahl sich in den folgenden Jahren noch erheblich vergrößerte. Doch wer schrieb für das Handbuch?

Große Namen waren unter den Autoren kaum zu finden. Und wenn ein Name heraussticht, wie etwa der des bekannten Philosophen Wilhelm Windelband,[5] so war es nicht sein Handbuchbeitrag über die »Geschichte der antiken Philosophie« aus dem Jahr 1888, der ihn berühmt machte: Der Neukantianer war kein Spezialist für die Philosophie des Altertums und erlangte Weltruhm nicht als Historiker, sondern als Systematiker. Vielmehr fällt auf, dass die einflussreichen preußischen

Professoren nicht am Unternehmen mitwirkten; zwei Generationen borussischer Ordinarien fehlen. Franz Bücheler, Hermann Diels, Theodor Mommsen, Hermann Usener, Ulrich von Wilamowitz-Moellendorff und Eduard Zeller, um nur diese zu nennen, wären nicht im Traum auf die Idee gekommen, für den in den Altertumswissenschaften noch unbekannten süddeutschen Verlag die Feder zu ergreifen. Die älteren und arrivierten Hochschullehrer publizierten ihre Arbeiten bei den angesehenen nord- und mitteldeutschen Wissenschaftsverlagen wie der Weidmannschen Buchhandlung oder bei B. G. Teubner. Aus der Not machten der Verleger Oskar Beck und sein Herausgeber Iwan Müller eine Tugend: Man setzte einen eindeutigen Schwerpunkt bei der Autorenrekrutierung im süddeutschen Raum; gewonnen wurden vor allem Altertumswissenschaftler an den bayerischen Universitäten. Des Weiteren vertraute man auf jüngere Professoren, die zwischen 35 und 45 Jahre alt waren und für das Verlagsunternehmen des noch wenig bekannten Verlegers angeworben werden konnten. Einige Autoren waren Gymnasialdirektoren und Gymnasiallehrer, die für die Praxisorientierung des Handbuchs warben, zugleich aber die enge Verbindung zwischen dem altsprachlichen Unterricht an den Humanistischen Gymnasien und den Altertumswissenschaften an den Universitäten repräsentierten. Der Herausgeber Iwan Müller selbst war vom Gymnasial-»Professor« zum Universitätsprofessor aufgestiegen. Nach seiner Tätigkeit in Erlangen wurde er 1893 nach München berufen. Mit dem Handbuch und den damit aufgebauten Netzwerken konnte man zumindest in Bayern Karriere machen. München blieb bis in die zweite Hälfte des 20. Jahrhunderts der Ort, an dem der jeweilige Herausgeber wirkte, auch wenn allmählich zahlreiche Autoren gewonnen wurden, die außerhalb Bayerns tätig waren.

Das »Handbuch der klassischen Altertumswissenschaft« band nicht viele Autoren an C.H.Beck. Noch war dessen symbolisches Kapital in der Altertumskunde zu gering und der Wissenschaftscharakter des Programms zu wenig evident. Aber einige der jüngeren Wissenschaftler erwiesen sich als Glücksgriff, auch wenn sie Außenseiter ihrer Zunft waren. Sie setzten wichtige Akzente und profilierten das Handbuch.

ROBERT PÖHLMANN

Hier ist an erster Stelle Robert (seit 1909: von) Pöhlmann zu nennen, Professor der Alten Geschichte erst in Erlangen und seit 1901 in München. Er verfasste 1889 den Beitrag zur griechischen Geschichte im dritten Band des Handbuchs, der die

Geographie und politische Geschichte des klassischen Altertums behandelte.⁶ Mit dem Mittdreißiger, der erst fünf Jahre zuvor auf eine Professur gelangt war, gewannen das Handbuchunternehmen und der Verlag einen Historiker, der als Mediävist begonnen und vielfältige Anregungen aus der Nationalökonomie erhalten hatte, der die gesamte europäische Vormoderne souverän überblickte und der zudem flott schreiben konnte. Sieben Jahre später, 1896, erschien Pöhlmanns Griechische Geschichte im Handbuch als eigenständiger Band.

Die Altertumswissenschaften durchliefen in den letzten Jahrzehnten des 19. Jahrhunderts eine rasante Entwicklung. Also musste auch das Handbuch einerseits immer wieder auf den neuesten Stand gebracht werden, andererseits galt es die disziplinären Spezialisierungen abzubilden. Pöhlmann formulierte in der zweiten Auflage seines »Grundrisses der griechischen Geschichte« von 1896 am Beispiel seines Faches das Credo des Handbuchs: »In der Tat ist eine über die wichtigsten Fragen orientierende kritische Übersicht für den Lernenden unentbehrlich geworden, nachdem der Fortschritt der literarischen, der Inschriften- und Denkmälerforschung uns nicht nur mit einer Fülle neuer Tatsachen, sondern auch neuer Probleme bereichert hat, und die zahlreichen, von den verschiedensten Standpunkten aus unternommenen Neubearbeitungen des Stoffes nicht nur eine Menge von überkommenen, scheinbar feststehenden Anschauungen ins Wanken gebracht, sondern auch zur Aufstellung einer Fülle neuer – sich oft diametral widersprechender – Hypothesen und Konstruktionen geführt haben: ein Labyrinth von Tatsachen und Meinungen, in dem es eines Führers dringend bedarf. Auch zur Entlastung der akademischen Vorlesungen, denen er die zeitraubenden Literaturangaben möglichst erspart, kann ein derartiger alle wichtigeren literarischen Nachweise erhaltender Grundriss gute Dienste leisten.«⁷

Gewiss, Pöhlmann gab gediegene Informationen zur politischen Ereignisgeschichte, aber auch zur Überlieferung und Forschungslage. Er stellte jedem Kapitel, wie schon der Titel »Grundriß der griechischen Geschichte nebst Quellenkunde« andeutete, einen Abschnitt voran, in dem er die Quellenlage zusammenfasste und jeweils den aktuellen Stand der wissenschaftlichen Diskussion zur Überlieferung darlegte. Am stärksten sind die Abschnitte zum archaischen und klassischen Griechenland. Mit der Geschichte des Hellenismus, zunächst noch unter der Überschrift »Das makedonische Zeitalter« abgehandelt, war Pöhlmann weniger vertraut, und er skizzierte nur kurz die Entwicklung in der römischen Kaiserzeit. Von George Grote und Ernst Curtius hielt Pöhlmann wenig, da sie in seinen Augen die Bedeutung der Demokratie für die Entwicklung der athenischen Polis überbewerteten.⁸ Einflussreich für seinen Grundriss war, trotz aller Einwände im Detail,

Jacob Burckhardt, mit dem Pöhlmann die Kritik an der »Staatsknechtschaft des Individuums« – in seinen eigenen Worten: »an der egoistischen Ausnutzung der politischen Gewalt im Interesse der Massenmehrheit« – teilte; ausdrücklich folgte er nicht Ulrich von Wilamowitz-Moellendorff und Eduard Meyer in ihren Verdikten gegen den Basler Historiker. Burckhardt habe »den Griechen« noch primär vom Staate aus geschildert, »d.h. als politisch ringenden und leidenden Menschen«. Pöhlmann verlangte hingegen eine »Betrachtungsweise«, »welche den Griechen zugleich als wirtschaftliches [...] und soziales Wesen verstehen lehrt«.[9] Folglich wurde in dem Handbuch nicht nur der *status quaestionis* beschrieben, sondern der Versuch unternommen, das Fach zur Wirtschafts- und Sozialgeschichte hin zu öffnen. Pöhlmann war damit ein Häretiker im Feld der Alten Geschichte, denn die einflussreichen Repräsentanten der Disziplin konzentrierten sich auf die Politikgeschichte und das Staatsrecht.

Charakteristisch war und blieb für Pöhlmann der Blick auf die Gegenwart. Die griechische Geschichte hatte in neuhumanistischer Tradition einen paradigmatischen Bildungswert, sie »ist und bleibt nun eben einmal eines der wichtigsten Blätter in der Geschichte der Menschheit«, wie Pöhlmann in der Einleitung kategorisch feststellte. Politische Aussagen wurden daher in die Darstellung integriert. So warnte der nationalliberale Althistoriker vor der nivellierenden Wirkung der attischen Demokratie des vierten Jahrhunderts: Dem System war Sokrates zum Opfer gefallen, und es »reizte nur die Begierden des Pöbels, ohne sie befriedigen zu können«. Er verachtete die autokratische Volksherrschaft und die Verheißungen »der revolutionären sozialen Demokratie«, die in den »Bankerott der Prinzipien der Freiheit und Gleichheit« mündeten.[10] Dem Publikum gefiel das »politische« Lesebuch so sehr, dass es einer der erfolgreichsten Bände in der Geschichte des »Handbuchs der klassischen Altertumswissenschaft« wurde. 1906 erschien die dritte, 1909 die vierte und 1914 die fünfte Auflage.

Oskar Beck verlegte ebenfalls Pöhlmanns epochemachendes zweibändiges Werk über die »Geschichte des antiken Kommunismus und Sozialismus« (1893/1901). Über die Handbucharbeit und die Verbindungen nach Erlangen war Beck an einen höchst originellen Althistoriker gekommen, der auf der Suche nach einem Verleger war. Der protestantische Verlag, der 1889 nach München übersiedelte und sich in den Altertumswissenschaften zu profilieren begann, schien dem protestantischen Universitätsprofessor, der sich gerade anschickte, seine akademische Karriere voranzutreiben, eine lohnende Option. 1886 hatte er den Ruf auf den Basler Lehrstuhl Jacob Burckhardts abgelehnt. Die fachliche Ausrichtung, die regionale Verortung und die konfessionelle Bindung sprachen aus der Sicht des Althistorikers für C.H.Beck. Er hatte einen Verleger gefunden, der noch nicht zu den ganz großen Repräsentanten der Branche zählte und zur Realisierung seines expansiven Kurses in den Altertumswissenschaften auf Autoren setzten musste, die innerhalb des wissenschaftlichen Feldes noch randständig waren, dafür aber aktuelle und kontroverse Themen ansprachen. Pöhlmanns »Geschichte des antiken Kommunismus und Sozialismus« war gerade aus dem Grund für Oskar Beck attraktiv, weil hier Themen wie kapitalistische Wirtschaftsstrukturen und großstädtische Lebensbedingungen, Bevölkerungskonzentration und Massenelend, Sozialutopien und Protestbewegungen angesprochen und die Alte Geschichte für sozial- und wirtschaftsgeschichtliche Fragen geöffnet wurde.

Pöhlmann wollte keinen sterilen Abriss der vormodernen Geschichte, sondern eine Darstellung präsentieren, die, wie es in der Vorrede zum ersten Band hieß, von der Überzeugung getragen war, dass »die alte Welt von denselben Lebensfragen bis zum Grunde bewegt« war, »welche noch heute zum Teil ungelöst jeden ehrlichen Mann beschäftigen«. Pöhlmanns Darstellung passte gleichzeitig zum popularisierenden Programm, das Oskar Beck in seinem Verlag favorisierte. Die Altertumswissenschaften sollten sich nicht in der Behandlung gelehrter Quisquilien erschöpfen, sondern Wissenschaft und Leben verbinden. Dem Verleger musste es recht sein, dass Pöhlmann schon in seiner Vorrede mit Ferdinand Lassalle die »antike Bildung« als »die unverlierbare Grundlage des deutschen Geistes« erklärte und sich gegen die »traditionelle Zunftbetrachtung« wandte, »die die großen sozialen Kulturfragen mehr oder minder ignorieren zu können glaubt« und damit den Wert herabsetze, »welchen die Antike gerade für die Gegenwart gewinnen könnte. Denn wenn wir nicht imstande sind, unsere Wissenschaft von der Antike zugleich als eine Wissenschaft vom antiken Volkstum in *all* seinen Lebensäußerungen auszubauen, werden wir nimmermehr dazu gelangen, die antike Welt uns und anderen wirklich lebendig zu machen.«[11]

Das Werk, so hoffte Beck zuversichtlich, würde breit rezipiert und in den bürgerlichen Bücherregalen ebenso zu finden sein wie in den universitären Seminaren. Während Pöhlmanns althistorischer Beitrag zur zeitgenössischen Diskussion der »sozialen Frage« in der Zunft eher verhalten aufgenommen wurde,[12] gefiel dem Publikum die Darstellung, die 1912 unter dem geänderten (und treffenderen Titel) »Geschichte der sozialen Frage und des Sozialismus in der antiken Welt« in zweiter Auflage erschien. Eine dritte, ergänzte Auflage gab 1925 der Bonner Althistoriker Friedrich Oertel bei C.H.Beck heraus.

Durch das Buch verhalf Pöhlmann dem Verlag, national und sogar international wahrgenommen zu werden. Im Februar 1895 ließ er Oskar Beck wissen, dass der erste Band seiner »Geschichte des antiken Kommunismus und Sozialismus« auch in Frankreich Verbreitung finde. Mit der Aufnahme seines Buches »von Seiten der Kritik« könne man, »einige Nörgler natürlich ausgenommen«, »im höchsten Grade zufrieden sein«. In der Tat war dies nicht übertrieben. Positive Besprechungen des Werkes erschienen in bekannten Organen wie der Deutschen Literaturzeitung, der Neuen Philologischen Rundschau, der Berliner Philologischen Wochenschrift, dem Literarischen Zentralblatt und der Wochenschrift für Philologie.[13] Selbstverständlich unterbreitete Oskar Beck dem erfolgreichen Autor das Angebot auf eine großzügige Gewinnbeteiligung für den nächsten Band.

Nicht minder wohlwollend aufgenommen wurden die unter dem Titel »Altertum und Gegenwart« 1895 publizierten »Gesammelten Abhandlungen«, in denen er energisch »das Klassische Altertum in seiner Bedeutung für die politische Erziehung des modernen Staatsbürgers« verteidigte und die Kritik Wilhelms II. an den Humanistischen Gymnasien zurückwies, große Werke der Historiographie des 19. Jahrhunderts, darunter George Grotes »Griechische Geschichte«, Mommsens fünften Band seiner »Römischen Geschichte« und Rankes »Weltgeschichte«, geistreich besprach und eigenwillige Betrachtungen über die Entstehung des Caesarismus und über »Extreme bürgerlicher und sozialistischer Geschichtsschreibung« anstellte. Karl Julius Beloch, keineswegs ein unkritischer Rezensent, hielt in der »Historischen Zeitschrift« ausdrücklich fest, Pöhlmann habe erfolgreich den Nachweis geführt, dass »nur auf Grund eingehender Beschäftigung mit der wirtschaftlichen und sozialen Seite des antiken Lebens zu einem wirklichen Verständnis der Geschichte der klassischen Völker zu gelangen ist«.[14] Die Sammlung wurde vom Publikum so breit rezipiert und von der Kritik so wohlwollend aufgenommen, dass sich Oskar Beck veranlasst sah, 1911 dem ersten einen zweiten Band mit weiteren Aufsätzen folgen zu lassen.[15]

Mit Pöhlmann hatte Oskar Beck einen Autor gewonnen, der »die engen Grenzen der traditionellen Geschichts- und Altertumswissenschaft« überwand und »eine realistische Erfassung der Antike« forderte, »die auch sozialpolitische Gesichtspunkte berücksichtigen sollte«.[16]

Karl Krumbacher

Die traditionelle Konzeption der »klassischen« Altertumswissenschaft überwand auch der zweite Autor, von dem hier die Rede sein soll: Karl Krumbacher, der sich 1886 als dreißigjähriger Privatdozent der Klassischen Philologie an der Universität

München entschloss, in einem Supplement zur griechischen Literaturgeschichte des Münchner Ordinarius Wilhelm von Christ, dessen Schüler er war, die Literatur der byzantinischen Ära zu behandeln.[17] Allerdings verzögerte sich der Abschluss des Manuskriptes, das für Neujahr 1888 vereinbart war. Krumbacher war durch seine berufliche Doppelbelastung nicht in der Lage, den Termin einzuhalten: Er war in Wissenschaft und Unterricht tätig, da er als unbesoldeter Privatdozent zwar ein neues Fach: die Byzantinistik, begründete, aber seinen Lebensunterhalt als Gymnasiallehrer verdiente. Am 17. Juli 1889 fragte Oskar Beck deshalb an, wie es denn mit dem Beginn der Drucklegung der byzantinischen Literaturgeschichte stehe: »Ich habe schon in den letzten Monaten auf das Manuskript gewartet.«[18] Krumbacher teilte ihm nicht nur mit, dass sich der Abschluss bis in den Herbst verzögern werde, sondern dass der Umfang von den geplanten vier bis fünf Bogen auf inzwischen ca. zwanzig Bogen gewachsen sei. Der Verleger reagierte sofort und informierte zunächst Wilhelm von Christ, dass der zweite Teil seiner Literaturgeschichte, der die nachklassische Periode der griechischen Literatur umfassen sollte, »gesondert ausgegeben« werde, um eine weitere Verzögerung des Erscheinungsdatums zu vermeiden; gleichzeitig war er damit einverstanden, dass Krumbacher ein wesentlich größeres Manuskript vorlegte als ursprünglich vereinbart und sein Band damit »für eine eigene Abteilung« reiche.[19]

Oskar Beck unterstützte mit seiner verlegerischen Entscheidung die Entstehung eines neuen Faches: der byzantinischen Literaturgeschichtsschreibung, die wiederum die Grundlage der universitären Byzantinistik bildete.[20] Damit hatte sich der Verleger ein für die damalige Zeit innovatives Verständnis der Altertumswissenschaften zu eigen gemacht, die von einer normativen Betrachtung der klassischen Antike Abstand nahmen und die gesamte Hinterlassenschaft des griechischen und lateinischen Kulturraumes bearbeiteten. Krumbacher formulierte diese Überzeugung in seiner programmatischen Vorrede: »Um es kurz zu sagen: soll sich die Philologie als eine geschichtliche Wissenschaft im vollsten Sinne des Wortes bewähren, so muss sie auch die Erforschung der byzantinischen Zeit ohne Rückhalt in ihr Bereich ziehen; dann müssen auch die gutgemeinten Bedenken der sinnenden Gemüter verstummen, die noch nicht gelernt haben, die Begriffe des ästhetischen Vergnügens und der pädagogischen Brauchbarkeit von dem der wissenschaftlichen Forschung zu trennen.«[21]

Das Werk, das Krumbacher als 35-Jähriger 1891 veröffentlichte, machte den Autor auf einen Schlag berühmt. Noch im selben Jahr trat er in den Universitätsdienst ein und wurde zum Extraordinarius für Mittel- und Neugriechisch ernannt. 1897 wurde er auf den Lehrstuhl für »Mittel- und Neugriechische Philologie« an der Universität München berufen. Im selben Jahr erschien die zweite, stark erweiterte Auflage des Handbuchs. Neu hinzugekommen waren ein umfangreicher Abschnitt über die theologische Literatur, den der katholische Kirchenhistoriker Albert Ehrhard verfasst hatte, und ein »Abriss der byzantinischen Kaisergeschichte« aus der Feder des Jenenser Althistorikers Heinrich Gelzer.

Mit seinem Handbuch erreichte Krumbacher ein breites, altertumswissenschaftlich interessiertes Publikum, das er ebenfalls mit seinem Abriss der »griechischen Literatur des Mittelalters« in Paul Hinnebergs umfassender Enzyklopädie »Die Kultur der Gegenwart« adressierte, in der kein geringerer als Ulrich von Wilamowitz-Moellendorff die klassische griechische und lateinische Literatur beschrieb.[22] Das Handbuch verankerte die byzantinische Literaturgeschichtsschreibung in der klassischen Altertumswissenschaft und damit innerhalb der Philosophischen Fakultäten. Dasselbe Ziel verfolgte die vom Krumbacher herausgegebene »Byzantinische Zeitschrift«, die seit 1892 zweimal jährlich bei B. G. Teubner in Leipzig erschien und rasch zum Zentralorgan der neuen Wissenschaft wurde.[23] Dort wurde seit 1898 auch das »Byzantinische Archiv« veröffentlicht.[24] 1909 verstarb Karl Krumbacher, gerade einmal 53 Jahre alt.

Ludwig Traube

Das »Handbuch der klassischen Altertumswissenschaft« trug maßgeblich auch zur Konstituierung der mittellateinischen Philologie bei, die an der Universität München seit 1889 von dem Privatdozenten Ludwig Traube vertreten wurde, der sein Leben lang unter dem auch im akademischen Milieu grassierenden Antisemitismus litt.[25] Deshalb wurde der begnadete Forscher, den Theodor Mommsen und Ulrich von Wilamowitz-Moellendorff gleichermaßen schätzten, erst sechzehn Jahre nach seiner Habilitation im Jahre 1904 auf ein besoldetes Ordinariat an der Universität München berufen. Drei Jahre später starb der noch nicht 46-Jährige an Leukämie.

Der Verleger Oskar Beck fühlte sich mit dem jungen Gelehrten eng verbunden, der – noch keine 30 Jahre alt – eine Geschichte der lateinischen Literatur im Mittelalter schreiben wollte. Das Handbuch veränderte einmal mehr das Konzept der traditionellen Altertumskunde. Auch die mittellateinische Philologie wurde durch die Integration in das Handbuch Teil der »klassischen Altertumswissenschaft«. Im Gegensatz zur Byzantinistik konnte Oskar Beck in diesem Fach allerdings ein fachwissenschaftliches Periodikum begründen: die »Quellen und Untersuchungen zur lateinischen Philologie des Mittelalters«, die seit 1906 von Ludwig Traube herausgegeben wurden und in dem 1907 als zweiter Band seine bahnbrechende Untersuchung über die »Nomina sacra. Versuch einer Geschichte der christlichen Kürzung« erschien. Die Aufnahme der Byzantinistik und der mittellateinischen Philologie in den Kanon der altertumskundlichen Fächer erweiterte deren zeitlichen Horizont, und die Berücksichtigung der nachklassischen Epochen trug entscheidend dazu bei, die klassizistische Fokussierung auf die griechisch-römische Antike zu überwinden. In dieselbe Richtung zielte auch die Darstellung der Geschichte und Geographie des alten Orients in der dritten Abteilung des Handbuchs.

Ludwig Traube, von körperlichen und seelischen Gebrechen gequält, konnte aber die »Geschichte der lateinischen Literatur des Mittelalters« nicht zu Papier bringen. Leider, so klagte Beck Anfang 1895 in einem Brief an Krumbacher, lasse Traube ihn hängen: »quousque tandem? – Wie lange noch?«, fragte er mit einem berühmten Zitat aus Ciceros erster Catilinarischer Rede. Er hoffte, dass Krumbacher seinen Kollegen anhalte, seinen Vertrag zu erfüllen.[26] Vergeblich. Im März 1897 klagte Beck: »Möchte doch auch Traube seiner Pflichten gegen unser Werk eingedenk sein!«[27] Am Ende lösten beide Seiten den Vertrag einvernehmlich. An Traubes Stelle trat der Dresdner Privatgelehrte Max Manitius, der in drei Bänden eine solide Geschichte der lateinischen Literatur des Mittelalters von Justinian bis zum Ende des 12. Jahrhunderts vorlegte, die in den Jahren 1911, 1923 und 1931 erschien. Nach Traubes Tod veröffentlichte C.H.Beck dessen »Vorlesungen und Abhandlungen« zwischen 1909 und 1920 in drei Bänden, die maßgeblich zur Begründung der lateinischen Philologie des Mittelalters beitrugen.

Das Konzept des Handbuches

Der Verleger Oskar Beck gab rückblickend Rechenschaft über seine Ziele, die er verfolgte, als er mit dem »Handbuch der theologischen Wissenschaften« das erste der Handbücher im Jahr 1882 begründete. Er habe beabsichtigt, »ein ganzes großes Wissenschaftsgebiet in enzyklopädischer Weise nach Maßgabe des neuesten Standes der Forschung nach einem sorgfältig festgestellten Plane in der Weise zur Darstellung zu bringen, dass einerseits die in die Hände der berufensten Spezialgelehrten gelegten Bearbeitungen der Einzeldisziplinen sich zu einem organisch geschlossenen lückenlosen Gesamtbild des betreffenden Wissenschaftskomplexes zusammenfügten, andererseits aber doch der Bearbeitung der Einzeldisziplinen vollständige Selbständigkeit erhalten bliebe«.[28]

Dieses Ziel: die Integration eines rasch wachsenden Wissensgebiets, verfolgte auch das »Handbuch der klassischen Altertumswissenschaft«. Iwan Müller stellte in der Vorrede zum ersten Band fest, dass sowohl die Verwissenschaftlichung der Fächer als auch die Popularisierung der disziplinären Forschung die Publikation von »enzyklopädischen Werken« begünstige.[29] In einer Zeit, als das Wissen gewaltig zunahm und von dem Einzelnen kaum mehr zu überblicken war, wurde der Versuch unternommen, die sich ständig erweiternden Wissensbestände zu dokumentieren. Eine solche Synthese war notwendig: Die akademischen Fachwissenschaften waren schnell zu Systemen angewachsen, deren gesammeltes Wissen geordnet werden musste, um ein gesichertes Fundament zu schaffen, von dem aus weitergeforscht werden konnte. Die Anlage der Bände, die von Anbeginn des Unternehmens ins Auge gefasst wurde, spiegelte diese Entwicklung. »Jede Disziplin« sollte in »koordinierte größere Kapitel, jedes dieser letzteren aber in rubrizierte Unterabschnitte gegliedert« werden. Literaturübersichten waren am Ende eines jeden Kapitels anzuführen und die Hauptwerke gegebenenfalls kurz zu charakterisieren; einleitend hingegen musste »auf den geschichtlichen Entwicklungsgang der darzustellenden Disziplin« zurückgeblickt werden.[30] Der Verlag C.H.Beck operierte mit seinem Handbuch an der Schnittstelle zwischen Wissenschaft und Allgemeinbildung. Die Veröffentlichung eines solchen Sammelwerkes ging einher mit dem Wandel im wissenschaftlichen Kommunikationssystem: »Je stärker der inhaltliche *und* organisatorische Pluralismus in den Wissenschaften fortschritt, desto größer wurde der Wunsch nach Standardisierung und desto stärker verlagerte sich die Kontrolle darüber, ob und wie die wissenschaftliche Kommunikation ihr Publikum erreichte, auf die Verlage, die damit Bestandteil dieses Kommunikationsprozesses wurden.«[31]

Aus Müllers »Vorrede zum ersten Bande« wird ersichtlich, dass zum Zielpublikum sowohl (Gymnasial-)Professoren und Studenten wie auch gebildete Laien zählten: »wissenschaftlich ausgebildete Philologen, wie angehende Jünger der Wissenschaft und sonstige Freunde des Altertums«.[32] Wilhelm von Christ, Professor der Klassischen Philologie in München, verfasste den Band zur »Geschichte der griechischen Literatur«; er »wollte ein Buch für Philologen und Freunde der klassischen Literatur, nicht für Theologen und wissenschaftliche Spezialforscher schreiben«, wie er in der Vorrede zur dritten Auflage von 1898 bekundete. Die Wissenschaftlichkeit des Werks wurde sichergestellt, indem Christ »Nachweise über die gelehrten Hilfsmittel« anfügte. Die Höhe der Auflage belief sich auf 2500 Exemplare; dazu kamen 200 Frei- und Rezensionsexemplare.[33] In der Tat war das Handbuch außer bei Gymnasiallehrern zunächst auch bei Studenten höchst beliebt, um sich effizient auf das Examen vorzubereiten.³⁴ Die Bände des »Handbuchs des klassischen Altertums« fehlten zudem in keiner Gymnasialbibliothek.³⁵ C.H.Beck trug zur Popularisierung komplexer altertumswissenschaftlicher Inhalte bei und verband Fachwissenschaft und Öffentlichkeit. Das Handbuch war in seiner Anfangszeit ein Sachbuch *avant la lettre*.

Zu seinem Erfolg trug auch seine positive Aufnahme in der Zunft bei. Harsche Kritik an Einzelbänden war selten. Allein Karl Sittls »Klassische Kunstarchäologie«, deren drei Teile zwischen 1893 und 1895 erschienen, fand keine Gnade. Charakteristisch war Ferdinand Dümmlers scharfe Abrechnung mit dem Werk in der »Berliner Philologischen Wochenschrift«, wo die »kolossalen Mängel« des Buches aufgelistet, die fehlende »Reinlichkeit und Zuverlässigkeit« beklagt und ein vernichtendes Urteil formuliert wurde: »Wenn Sittl den Spruch des alten Plinius beifällig zitiert, dass kein Buch so schlecht sei, aus dem man nicht etwas lernen könne, so kommt dieser Spruch immer noch Plinius mehr zu gute als ihm.«³⁶ Für den Herausgeber und den Verleger konnte es ein Trost sein, dass nicht über das ganze Unternehmen, sondern nur über die defizitäre Darstellung des Würzburger Archäologen der Stab gebrochen wurde: »Ein unzuverlässiges Handbuch ist nicht nur mangelhaft, sondern schädlich.«³⁷ Beck versuchte dem Übel dadurch zu begegnen, dass er die »Kunstarchäologie« noch vor dem Ausbruch des Ersten Weltkrieges durch ein eigenes »Handbuch der Archäologie« ersetzte. Doch auch dieser Plan stand unter keinem guten Stern. Denn die griechische und römische Kunstgeschichte sollte Adolf Furtwängler, Archäologe an der Münchner Universität und Direktor der Glyptothek und der Antikensammlungen, übernehmen. Oskar Beck hatte mit Furtwängler einen der bedeutendsten deutschen Archäologen seiner Zeit gewonnen. Doch der Vater des Dirigenten Wilhelm Furtwängler konnte das Buch nicht mehr schreiben, da er 1907 mit 54 Jahren in Athen an der Ruhr starb, mit der er sich bei Ausgrabungen auf der Insel Ägina infiziert hatte. Ein erster Band über die »Allgemeinen Grundlagen« des Faches erschien 1913; dann geriet das Unternehmen ins Stocken. Mit dem einflussreichen Berliner Archäologen Gerhart Rodenwaldt schloss der Verlag im November 1929 einen Verlagsvertrag ab, um das Unternehmen neu zu beleben.³⁸ Auch diese Hoffnung trog. Weitere Versuche, die Abteilung neu aufzubauen, scheiterten ebenfalls. Die Archäologie blieb ein Sorgenkind.

In der Phase der Konzeption waren für das Handbuch der klassischen Altertumswissenschaft ursprünglich vier, dann fünf, später sieben Bände vorgesehen; als 1885 das Projekt umgesetzt war, sollte das Gesamtwerk in neun Bänden erscheinen. Immer wieder musste der Plan jedoch erweitert werden, damit neue

Forschungsgebiete aufgenommen werden konnten. In rascher Folge wurden Werke im Handbuch über griechische und römische Sprache und Literatur, Geschichte, Staat und Recht, Religion, Philosophie und Naturwissenschaften veröffentlicht. Seit 1889 begannen mehrere Bände in Neuauflage zu erscheinen. Sie waren immer überarbeitet, und häufig wuchs die Seitenzahl erheblich an. Die Einzelbände, die größere Gebiete abdeckten, gliederten sich in mehrere Teilbände, die als »Abteilungen« bezeichnet wurden. Hier ließen sich disziplinäre Entwicklungen ablesen: vor allem der Aufstieg der Hilfswissenschaften, das wachsende Interesse an der Religionsgeschichte und der Übergang von der statischen Betrachtung der Altertümer zur dynamischen Rekonstruktion der Kulturgeschichte. Die einleitend in dem ersten Band vereinten Darstellungen zu den Hilfsdisziplinen, zu Paläographie und Epigraphik, zu Chronologie und Numismatik wurden als separate Monographien geplant. Aus den »griechischen Staats- und Rechtsaltertümern« wurde seit der dritten Auflage von 1920 die »Griechische Staatskunde«, und den »griechischen Kultusaltertümern« wurde ein umfangreicher Band über »Griechische Mythologie und Religionsgeschichte« beigegeben, der zwischen 1897 und 1906 in zwei Teilen erschien.

Die sukzessive Differenzierung und Segmentierung des Werkes hatte zur Folge, dass das Handbuch notwendigerweise auf Erneuerung und Expansion setzte. Das Werk stand an der Schnittstelle des bildungsbürgerlichen und des wissenschaftlichen Literaturmarktes. Als sich der Erfolg Ende des 19. Jahrhunderts eingestellt hatte, wurde es für deutsche Ordinarien attraktiv, einen Handbuchband zu übernehmen. Zu dem Gräzisten Wilhelm von Christ, dem Latinisten Martin (seit 1900: von) Schanz und den Althistorikern Robert Pöhlmann und Benedikt Niese traten im Laufe der Jahre zahlreiche ausgewiesene Altertumswissenschaftler, darunter Georg Busolt, Carl Hosius, Herbert Hunger, Max Kaser, Martin Persson Nilsson, Wilhelm Schmid, Eduard Schwyzer, Otto Stählin, Heinrich Swoboda und Georg Wissowa. Anders gewendet: Das Handbuch wurde zum Signet der professionalisierten Altertumswissenschaft im historistischen Zeitalter. Die »Verwissenschaftlichung« des Handbuchs hatte Folgen: Christs griechische Literaturgeschichte war seit der umfassenden Neubearbeitung durch Wilhelm Schmid und Otto Stählin »so umfangreich geworden, dass sie als Hilfsmittel für die Studierenden nicht mehr in Betracht kam«.[39] Die »Geschichte der römischen Literatur« von Martin Schanz, die ursprünglich auf sechzehn Bogen veranschlagt war, hatte solch einen Umfang angenommen, dass mehrere Hundert Seiten von den späteren Bearbeitern Carl Hosius und Gustav Krüger gekürzt werden mussten; nur so konnte die Bandzahl von sieben auf fünf reduziert werden.[40]

Dem kommerziellen Erfolg scheint die Tendenz zur Verwissenschaftlichung zunächst keinen Abbruch getan zu haben; die fünfte Auflage der griechischen Literaturgeschichte war in rund zweieinhalb Jahren vergriffen. Neben den beiden Literaturgeschichten und den »Grammatiken« zur griechischen und lateinischen Sprachwissenschaft zählten auch die Bände zur griechischen und römischen Geschichte zum Kern des Handbuchs und verkauften sich ausgesprochen gut.

WALTER OTTO

Die expansive Dynamik des Handbuchs wurde erst durch den Ersten Weltkrieg gebremst. 1913 hatte Iwan Müller aus Altersgründen die Leitung des Unternehmens niedergelegt; an seine Stelle trat Robert von Pöhlmann, der allerdings bereits im darauffolgenden Jahr verstarb. Der Erste Weltkrieg verhinderte den weiteren Ausbau der Reihe. Stagnation trat ein. Die Situation verbesserte sich erst unter dem neuen Herausgeber, den Oskar Beck nach dem Ende des Krieges gewann: Walter Otto, der 1918 die Nachfolge Ulrich Wilckens auf dem Lehrstuhl für Alte Geschichte in München angetreten hatte.[41] Wieder lag die Leitung des Handbuchs in den Händen eines Althistorikers. Der Verleger Oskar Beck dürfte damit keine Grundsatzentscheidung zugunsten der Alten Geschichte getroffen, sondern einen der fähigsten Altertumswissenschaftler, der damals in Süddeutschland wirkte, an die Spitze des Unternehmens gestellt haben. Das Handbuch war damit über Jahrzehnte in der Hand der Münchner Althistorie.

Walter Otto erwies sich als eine hervorragende Wahl. Er war ein effizienter Organisator und uneigennütziger Editor. Vor allem aber setzte er sein offensives Bekenntnis zur Universalgeschichte auch im Handbuch um; den Alten Orient betrachtete er als integralen Bestandteil der Geschichte der Alten Welt und bewirkte eine Öffnung der Reihe, die auch die sogenannten »Randvölker« des Altertums wie die Etrusker umfassen sollte. Nur die germanischen Völker blieben außen vor, auch wenn Otto nach 1933 angesichts der nationalsozialistischen Germanenbegeisterung eine Zeit lang erwog, deren Geschichte ebenfalls darzustellen. Programmatisch war seine Entscheidung, auf das Epitheton »klassisch« im Titel zu verzichten. Künftig sprach man nur noch vom »Handbuch der Altertumswissenschaft«. Auf 55 Großoktavbände berechnete er den Umfang des Handbuchs, das damit weiterwachsen und neue Bereiche wie Rechtsgeschichte und die Byzantinistik erschließen sollte. Die Reihe gliederte er in 12 Abteilungen, die auch heute noch Bestand haben.[42] Otto setzte darüber hinaus die Öffnung zur »Kulturgeschichte des Alten

Orients« durch: In der dritten Abteilung, die neben der griechischen und römischen Geschichte auch den Alten Orient umfasste, schrieben Hermann Kees über Ägypten, Albrecht Götze über »Kleinasien«, d.h. über die Hethiter, und Arthur Christensen über den Iran. Anderes blieb ungeschrieben oder Stückwerk. Der Leipziger Alttestamentler Albrecht Alt erfüllte nicht seinen Vertrag, einen Band über Syrien und Palästina zu verfassen, und die Erneuerung von Krumbachers byzantinischer Literaturgeschichte scheiterte an dem frühen Tod von August Heisenberg, der die Aufgabe übernommen hatte. Das »Handbuch der Archäologie« kam über die ersten drei Lieferungen, die zwischen 1937 und 1939 erschienen, nicht hinaus.

Kontexte

Fragen wir abschließend nach den Kontexten, in denen das »Handbuch der klassischen Altertumswissenschaft« entstanden ist.

Erstens führte der rasante Ausbau der Universitäten zu disziplinärer Spezialisierung und Diversifizierung der Disziplinen. Der Typus des Universalgelehrten war längst dem Fachwissenschaftler gewichen. Das Handbuch erhielt im Zeitalter des großbetrieblichen Wissenschaftssystems jedoch die Fiktion einer alle Einzeldisziplinen umfassenden *klassischen* Altertumswissenschaft aufrecht, welche die antike Welt in ihrer Totalität abbilden wollte. Der Name war Programm, obschon ein Blick auf die Konzeption zeigte, dass es ebendiese eine, klassische Altertumswissenschaft nicht mehr gab. Walter Otto zog nach dem Ersten Weltkrieg die Konsequenz aus dieser Entwicklung und änderte den Namen des Handbuchs.

Zweitens standen die Geisteswissenschaften im Banne des Historismus, der als »ein Grundelement der Welt der Moderne« verstanden wurde, »das die Kultur der Moderne von allen anderen bekannten Kulturen unterscheide, nämlich: die Erkenntnis der durchgängigen historischen Gewordenheit alles dessen, was ist; die Auffassung, dass alles, was ist, wesentlich historisch geworden ist und nur als Bestandteil geschichtlicher Entwicklungen verständlich erscheint und verstanden werden kann«.[43] Auf der Grundlage einer methodisch kontrollierten Quellenkritik war man bestrebt, ein objektives Bild vergangener Epochen zu rekonstruieren. Indem die Forschung die antike Lebenswirklichkeit in allen ihren Manifestationen dokumentierte, beschleunigte sie den Prozess der Historisierung des Altertums. Die Antike war am Ende des 19. Jahrhunderts kein normatives Modell mehr, sondern stand als eine Epoche neben anderen. Doch erste Zweifel an der Berechtigung einer wertfreien, positivistischen Wissenschaft wurden laut, die zu zersplittern drohe und sich in dem sterilen Objektivismus einer antiquarischen Forschung erschöpfe. Kritische Stimmen prangerten die »Ameisenarbeit« der »historisch-kritischen« Textkritik an und zweifelten an deren Nutzen für die Erkenntnis des vergangenen Lebens.[44] Die Wissenschaftsgläubigkeit wich der Wissenschaftskritik, die um die Jahrhundertwende weite Teile des Bürgertums erschütterte.[45] In dieser Situation war es notwendig, durch Handbücher den Stand der Wissenschaft zu normieren und den Zuwachs an Erkenntnissen zu dokumentieren. Die Fortschrittsgläubigkeit der professionalisierten Wissenschaften manifestierte sich in den rasch wachsenden Handbuchreihen. Dieser neue Buch- und Informationstypus war um 1900 ein weit über das universitäre Milieu hinaus gefragtes Medium, weil es die aktuelle Forschung abbildete.

Drittens wurden die Buchverlage immer stärker in den Austauschprozess zwischen Wissenschaft und Öffentlichkeit involviert. Der Verlag C.H.Beck beteiligte sich an der Kommunikation von Wissen unter Einbeziehung der diese Kommunikation konstituierenden sozialen Gruppen »in den wissenschaftlichen Erkenntnisprozess«;[46] zugleich wirkte er gestaltend auf die akademischen Disziplinen ein, indem er deren Fachwissen rezipierte, dokumentierte und diversifizierte. Das »Handbuch der Altertumswissenschaft« spiegelte und förderte gleichermaßen die disziplinäre Differenzierung der Altertumswissenschaften im Zeitalter des Historismus. Systemtheoretisch formuliert: Die Systeme »Buchhandel« und »Wissenschaft« wurden partiell funktional integriert, wodurch sich das Subsystem des »wissenschaftlichen Buchhandels« herausbildete, in dem sich nun der Verlag C.H.Beck verortete. Die Grenze zwischen den beiden Systemen wurde durchlässig, beiden diente das Buch als Kommunikationsmedium.[47] Zugleich ergaben sich vermehrt Interdependenzen, d.h. veränderte Kommunikationsbedingungen in der Wissenschaft wirkten auf den Buchhandel; umgekehrt konnten Buchpublikationen produktive Veränderungen im System der Wissenschaft auslösen. Die »Wissenschaftspopularisierung«, die unmittelbar vor der Jahrhundertwende einsetzte und der sich auch das Handbuch verschrieb, war kein linearer Diffusions-, sondern vielmehr ein komplexer Austauschprozess zwischen zünftigen Wissenschaftlern und wissenschaftlich interessierten Laien. Das Handbuch arbeitete spezialisiertes Wissen für die universitäre und gymnasiale Praxis auf. Durch die Präsentation des immensen Stoffes, seine Segmentierung und Strukturierung, seine Normierung und Rationalisierung, veränderte das Handbuch das Wissen selbst. Der Erfolg des »Handbuchs der Altertumswissenschaft« unter Walter Ottos Leitung beruhte nicht zuletzt darauf, dass es tradiertes Wissen transformierte, neue Akzente setzte und damit maßgeblich zur Erneuerung der Wissenschaft beitrug.

Das »Handbuch der (klassischen) Altertumswissenschaft« legte großen Wert darauf, nicht etwa eine populärwissenschaftliche, sondern eine wissenschaftliche Reihe zu sein, in der Wissen nicht nur präsentiert, sondern auch strukturiert wurde. Je umfassender die Pluralisierung der Wissensbestände voranschritt, desto größer war der Wunsch nach Ordnung und Standardisierung. Der Verlag C.H.Beck vermochte mit seinem altertumswissenschaftlichen Handbuch diese Funktion zu erfüllen. Das Kompendium der Altertumswissenschaft erreichte um die Jahrhundertwende »neben der immensen stofflichen Tiefe, die bereits eine entsprechende Selektionsleistung voraussetzte, zudem einen methodischen Reflexionsgrad, der alles bisher Gekannte übertraf«.[48] Hier kam dem Verlag C.H.Beck durchaus ein hohes Innovationspotential zu, indem er die Prozesse der Neu- und Umordnung von Wissen aktiv begleitete; im Vergleich zu den traditionellen Wissenschaftsverlagen B. G. Teubner und J. C. B. Mohr setzte er jedoch nicht primär auf die exklusive und elitäre Wissenschaftsliteratur, die nur eine kleine akademische Gemeinschaft integrierte, sondern suchte Formen der Wissensvermittlung, die größere Kreise erreichte. Das »Handbuch der (klassischen) Altertumswissenschaft« kanonisierte wie andere Handbücher Wissen, oder genauer: Es erhielt im permanenten Wandel die Vorstellung eines Kanons aufrecht. Aus dem Geist des 19. Jahrhunderts geboren wurde es weit über den Ersten Weltkrieg hinaus sowohl im akademischen als auch im bildungsbürgerlichen Milieu rezipiert. Die Strahlkraft des Handbuchs dauerte an und ließ erst Mitte des 20. Jahrhunderts nach.[49]

9. DIE KATASTROPHE: DER ERSTE WELTKRIEG UND SEINE FOLGEN

Anfang April 1918 machte sich der Althistoriker Otto Seeck zusammen mit anderen deutschen Professoren auf den Weg in das Kaiserliche Deutsche Generalgouvernement Belgien. Ziel war Brüssel. Dort erwartete sie der deutsche Generalgouverneur, Generaloberst Ludwig von Falkenhausen.[1] Am 21. März hatte an der Westfront die deutsche Frühjahrsoffensive begonnen. Drei Armeen mit insgesamt 42 Divisionen sollten mit der Operation Michael an der Somme eine Wende des Krieges herbeizwingen.[2] Während die deutschen Angriffstruppen unter hohen Verlusten tief in das Feindesland vorstießen, konzentrierte man sich im Hinterland auf die geistige Kriegführung. Im Auftrag der Obersten Heeresleitung hielten deutsche Universitätsprofessoren vor deutschen Offizieren und Soldaten »belehrende Vorträge«,[3] um deren Kampfmoral zu steigern. Die Wissenschaftler setzten die geistige Mobilmachung im vierten Kriegsjahr fort.

Otto Seeck reiste in illustrer Begleitung. Nach Brüssel fuhren nicht nur die beiden katholischen Kirchenhistoriker Heinrich Schrörs (aus Bonn) und Emil Göller (aus Freiburg im Breisgau), sondern auch der *princeps philologorum*, Ulrich von Wilamowitz-Moellendorff. Seeck berichtete über seine Aktivitäten in einem Brief an seine Frau Auguste, der auf den 3. April 1918 datiert: »Der heutige Vortrag, in dem ich meine Theorie von der Ausrottung der Besten vortrug, wurde zwar mit gespanntester Aufmerksamkeit angehört, schien aber bei den Zuhörern mehr Befremdung als Zustimmung hervorzurufen.« Seeck tröstete sich: »So muss es freilich jedem gehen, der einen ganz ungewohnten Standpunkt vertritt. Die Zahl meiner Zuhörer (50–60) ist übrigens nicht geringer als bei Wilamowitz.« Aber mit dem berühmten Gräzist konnte er nicht konkurrieren: »Doch wie ich erwartete, stellt dieses große Licht mich völlig in den Schatten. Alles drängt sich um ihn, und da ich mich ihm geflissentlich fernhalte, soweit das, ohne auffällig zu werden, geschehen kann, komme ich auch mit den übrigen Kollegen wenig zusammen.«[4]

AUF EXPANSIONSKURS: DIE ALTERTUMSWISSENSCHAFTEN UM DIE JAHRHUNDERTWENDE

Die Episode in Brüssel unterstreicht die Bedeutung, die den Altertumswissenschaften in der Öffentlichkeit zugeschrieben wurde. Ihre erzieherische Funktion sollte sich im Völkerringen des Ersten Weltkrieges ausüben. Zuversichtlich vertraute man in der Obersten Heeresleitung auf die rhetorischen und pädagogischen Fähigkeiten der deutschen Ordinarien, die Offiziere und Soldaten durch ihre Vorlesungen zu erreichen. Die Altertumswissenschaften waren zu Beginn des 20. Jahrhunderts wissenschaftlich produktiv, gesellschaftlich geachtet und institutionell gesichert. Sie blieben ein unverzichtbarer Bestandteil des Fächerspektrums an den Philosophischen Fakultäten und wurden gezielt an allen neu gegründeten Universitäten eingerichtet: in Münster, wo Otto Seeck seit 1907 Alte Geschichte lehrte, in Frankfurt, wo Matthias Gelzer seit 1919 das Fach vertrat, in Hamburg, wo ebenfalls seit 1919 Erich Ziebarth als Althistoriker tätig war, und schließlich in Köln, wo Johannes Hasebroek seit 1927 in Alter Geschichte lehrte und forschte. An diesen Standorten war auch die Klassische Philologie und die Klassische Archäologie vertreten.

Den größten Aufschwung hatte die Klassische Archäologie genommen, die sich zu einer systematischen Grabungswissenschaft mit immer exakteren, auch naturwissenschaftlichen Methoden entwickelte. Selbstbewusst erklärte Adolf Michaelis rückblickend das 19. Jahrhundert zu einem »Jahrhundert kunstarchäologischer Entdeckungen«.[5] Exponent dieser Epoche war aber Adolf Furtwängler, der seit 1894 in München wirkte. Mit größter Präzision ordnete er in Katalogen und Monographien unterschiedliche Gattungen, von den Meisterwerken der Plastik über die griechischen Vasen und Gemmen bis zu den Kleinbronzen.[6] Im Geiste des Historismus sollte die gesamte archäologische Überlieferung erschlossen werden, um ein umfassendes Bild der Vergangenheit zu zeichnen; klassizistische Ideale, die in der ersten Hälfte des Jahrhunderts noch vorherrschend gewesen waren, bestimmten nicht mehr die archäologische Forschung. Die Entdeckung und Erschließung neuer Quellen sowie die Akkumulation von Wissen waren auch in der historistisch konditionierten Archäologie entscheidend. Zu den Abguss-Sammlungen klassischer Kunstwerke, die mit pädagogischem Anspruch zu Beginn des 19. Jahrhunderts eingerichtet worden waren, traten nun archäologische Museen, die Zeugnisse menschlicher Kultur authentisch präsentierten und neue Räume und Epochen museal erschlossen.

Die archäologischen Kampagnen erregten im Kaiserreich eine große öffentliche Aufmerksamkeit. Sie hatten immer auch politische Implikationen, da sie Teil des erbitterten wissenschaftlichen Wettbewerbs der kolonialen Großmächte waren. Gegraben wurde im gesamten Mittelmeerraum. Die Gelder flossen reichlich. An manchen Orten herrschte Goldgräberstimmung auch unter den Wissenschaftlern. Eine der erfolgreichsten Grabungen wurde seit 1875 in Olympia durchgeführt.[7] Die Originale mussten hier jedoch nach dem griechischen Antikengesetz vom Mai 1834, das der philhellenischen Ausplünderung Griechenlands einen Riegel vorgeschoben hatte, im Land bleiben; ausgeführt werden durften nur Abgüsse. Der Olympia-Vertrag zwischen dem Deutschen Reich und Griechenland war ein Epochenvertrag, mit dem das Zeitalter der konkurrierenden Großgrabungen der führenden Wissenschaftsnationen eröffnet wurde. Kaum hatten die Deutschen begonnen, Olympia zu erforschen, sicherten sich die Franzosen Delos und Delphi. Die militärisch flankierte Expedition wich nun der groß angelegten Kampagne, die die Professionalisierung der archäologischen Methoden beschleunigte. Innenpolitisch war der Olympia-Vertrag nicht nur in Griechenland, sondern auch in Deutschland umstritten. In Athen fürchtete man die Umgehung des Antikengesetzes, in Berlin die Explosion der Kosten. Zwischen Staatsinteresse und Parteipolitik drohte das Projekt zeitweise zerrieben zu werden. Aus taktischem Kalkül machte sich Bismarck das Argument der Gegner zu eigen, dass das Reich viel zu viel Geld für eine Grabung ausgebe, die am Ende statt der ersehnten Originale nur Gipsabgüsse einbringe. Allein den engen Verbindungen der Archäologen Ludwig Ross und Ernst Curtius zum preußischen Kronprinzen und seiner Entourage war es zu verdanken, dass das Vorhaben doch noch realisiert werden konnte. Zu guter Letzt bewilligte Wilhelm I. 80 000 Mark aus seinem Dispositionsfonds. Der positive Ausgang der kontroversen Debatte zeigt einmal mehr, dass die Altertumsforschung damals zu den Leitdisziplinen zählte und zum internationalen Ansehen der Wissenschaften des neu gegründeten Kaiserreichs beitragen sollte.

In sechs Kampagnen wurde das Zentrum des antiken Heiligtums meist bis zum gewachsenen Boden erforscht. Die Ausbeute war riesig, doch Meisterwerke griechischer Plastik und Toreutik fanden sich zur allgemeinen Ernüchterung eher selten. Dafür boten fast tausend Inschriften wichtige Aufschlüsse über die Organisation des Kultortes. Eine fünfbändige Publikation[8] war 1897 ein eindrucksvolles Zeugnis für den ungeheuren wissenschaftlichen Ertrag des Unternehmens. Das Werk, das auch die Kleinfunde penibel verzeichnete, setzte Maßstäbe für künftige Grabungsdokumentationen und brach mit der ahistorischen Idealisierung der klassischen griechischen Kunst. Gleichzeitig verfolgte eine interessierte Öffentlichkeit die Ergebnisse der archäologischen Feldforschung selbst in Tageszeitungen. Die Ausgrabungs- und Fundgeschichte Olympias ist ein eindrückliches Beispiel der Wissenschaftspopularisierung im Kaiserreich.

Im Gegensatz zur Klassischen Philologie, die sich als historische Wissenschaft verstand und mit ungeheurer Energie die vielfältigen schriftlichen Zeugnisse der griechischen und römischen Vergangenheit edierte und interpretierte, rezipierte die Alte Geschichte schon seit der zweiten Hälfte des 19. Jahrhunderts verstärkt Methoden und Modelle anderer Fächer zum Zwecke der Theoriebildung. Mommsen griff in seinem »Römischen Staatsrecht« die axiomatische Annahme der historischen Rechtsschule auf, dass die Institutionen des römischen Staates ein geschlossenes System rationalen Rechtes repräsentierten. Robert von Pöhlmann, Karl Julius Beloch und Eduard Meyer übernahmen für ihre Forschungen Anregungen von Nationalökonomie, Statistik und Demographie.[9] In der Wirtschaftsgeschichte setzte die ›Modernismusdebatte‹ über die Bewertung der antiken, speziell der griechischen Ökonomie ein, die das wissenschaftliche Bild der antiken Wirtschaft prägte und auf die spätere Autoren wie Michael Rostovtzeff, William L. Westermann und Moses I. Finley immer wieder zurückkamen. Die Vertreter der ›modernistischen‹ Auffassung, zu denen Eduard Meyer und Karl Julius Beloch zählten, wollten in der Alten Welt ähnliche Entwicklungen erkennen wie in der Neuzeit. Die Gegenposition, die die Nationalökonomen Johann Karl Rodbertus und Karl Bücher formulierten, betonten die Eigengesetzlichkeit der antiken Wirtschaft.[10] Zu dieser und anderen Kontroversen lieferte Max Weber, der sich im Altertum vorzüglich auskannte und grundlegende Studien zur römischen Agrargeschichte und zur antiken Stadt vorlegte, die anspruchsvollsten und anregendsten Beiträge aus einer fächerübergreifenden Perspektive.[11] Für die Sozialgeschichte wurde Matthias Gelzers Habilitationsschrift ein Meilenstein, da sie wichtige Impulse gab, künftig nicht nur die politischen und rechtlichen, sondern auch die gesellschaftlichen Voraussetzungen der »Nobilität der römischen Republik« (Leipzig 1912) zu untersuchen.[12]

Eduard Meyer war einer der wenigen Altertumswissenschaftler, der in einer weit verbreiteten kleinen Schrift das Problem von »Theorie und Methodik der Geschichte« aufgriff, dort zugleich aber gegen neuere geschichtswissenschaftliche Ansätze im Allgemeinen und Karl Lamprecht im Besonderen polemisierte, um die Antithese zwischen Geschichts- und Sozialwissenschaften zu kanonisieren und den Vorrang der politischen über die Kulturgeschichte festzuschreiben.[13] Auch die Forschungen zur Geschichte des frühen Christentums wurden in den 1920er Jahren durch Meyer neu belebt, der sich in drei Bänden über »Ursprung und Anfänge des Christentums« aus universalhistorischer Perspektive ausführlich mit den politischen, religions- und mentalitätsgeschichtlichen Voraussetzungen der Entstehung des Christentums und des Judentums befasste.[14] Der Althistoriker, der den dritten Band seines Werkes der Theologischen Fakultät der Berliner Universität widmete, historisierte die neutestamentlichen Schriften ohne Einschränkung und analysierte die Evangelien wie auch die Apostelgeschichte einzig unter der Fragestellung, ob die dort vorzufindenden Aussagen über das Leben Jesu und die Geschichte der frühen Christen historisch zutreffend seien.

Die Wissenschaft, so schien es, schritt unaufhaltsam fort. Das tiefe Vertrauen in die Erkenntnismöglichkeiten der quellenkritischen Grundlagenforschung ging bei der überwältigenden Mehrheit der Altertumswissenschaftler einher mit einem ausgeprägten Fortschrittsoptimismus. Hegels Geist wehte kräftig durch ihre Publikationen. Geschichte wurde als evolutiv-linearer Prozess verstanden, die Altertums- und Geschichtswissenschaften zur Leitdisziplin des Bildungsbürgertums verklärt, deren Ziel die »Erkenntnis des Wirklichen zu zweckvollem Handeln« sei.[15] Doch der umfassende Wandel, der die bürgerliche Kultur am Übergang vom 19. zum 20. Jahrhundert erfasste, und die manifeste Konkurrenz unterschiedlicher Lebensstile ließ immer weniger Zeitgenossen an das erzieherische und emanzipatorische Potential der klassischen Antike glauben. So überrascht es nicht, dass im letzten Viertel des 19. Jahrhunderts die führende Rolle der Altertumswissenschaft als universitäre und gesellschaftliche Leitdisziplin zunehmend in die Kritik geriet. Bereits 1877 erhob der berühmte Berliner Physiologe und Wissenschaftspolitiker Emil du Bois-Reymond in seiner programmatischen Rede über »Kulturgeschichte und Naturwissenschaft« die Forderung: »Kegelschnitte! Kein griechisches Skriptum mehr!«[16] Insgesamt drei Schulkonferenzen erschütterten die überragende Stellung des Humanistischen Gymnasiums. Die Naturwissenschaften erlebten einen rasanten Aufstieg, den auch die Polemik einzelner Repräsentanten geisteswissenschaftlicher Fächer nicht zu bremsen vermochte.

Der Rankeschüler und Kunsthistoriker Herman Grimm, der Mitbegründer der Goethe-Gesellschaft und Herausgeber der Weimarer Goethe-Ausgabe, wollte 1896 den dorischen Zeustempel von Olympia bei Berlin wiederaufgebaut sehen, um im Innenraum die deutschen Dichter und Denker zu verewigen. »Aber diese Idee war nur noch ein Nachklang der Bildungsreligion der Klassik und ihrer Synthese von Griechentum und Nation, war ein später Versuch, den Einklang von Geist, Kultur und Nation sinnfällig zu machen. Im Reich von 1871, im realistischen Machtstaat, hatten solche Vorstellungen keine Aussichten auf Verwirklichung mehr.«[17]

Seit dem ausgehenden 19. Jahrhundert machte sich gerade bei jüngeren Altertumswissenschaftler ein Gefühl der Krise breit. Es schwand die Zuversicht, dass sich wissenschaftlicher Erkenntniszuwachs in immer größeren und detaillierteren Quelleneditionen spiegele. Doch auf die Wissenschaftspraxis hatte die von Nietzsche geäußerte Kritik an einer analytisch-empirischen Wissenschaft, die nicht dem Leben diene, zunächst keinen Einfluss. Minutiöse Quellenkritik und exakte Textinterpretationen fanden weiterhin den lautesten Beifall der *res publica litterarum*. Die Altertumswissenschaftler verweigerten sich mehrheitlich einer selbstkritischen Reflexion, beharrten auf dem Postulat der Objektivität und erneuerten gebetsmühlenartig ihren kulturpolitischen Führungsanspruch, um in Schulen und Universitäten die Antike als relevantes Bildungsmedium zu verankern und einer von politischen, sozialen und kulturellen Veränderungen erschütterten Gesellschaft sichere Orientierung zu geben.[18] In der dissonanten Debatte über die wissenschaftsimmanente und lebensweltliche Funktion der historisch orientierten Wissenschaften hielten die Altertumswissenschaftler an dem Glauben fest, historisch-wissenschaftliche und lebensweltlich-normative Erkenntnis könnten harmonisiert werden. Doch was hatten sie anzubieten? Vielen blieb nur die Apotheose der großen Einzelpersönlichkeit und die Flucht in die Geschichtsreligion.[19] Die historische Wissenschaft, so ermahnte Harnack als Rektor der

Friedrich-Wilhelms-Universität seine Kommilitonen, stelle an jeden einzelnen hohe Anforderungen, denn »der Dienst der Wahrheit ist Gottesdienst, und in diesem Sinne sollen Sie ihn treiben«.[20]

Zugleich idealisierten die Ordinarien das forschungsbezogene ›Seminar‹, das bereits dem Studierenden die Möglichkeit eröffnen sollte, sich wissenschaftlich zu qualifizieren, und die große ›Vorlesung‹, die ein umfangreiches Stoffgebiet systematisch darzustellen vorgab. Die Zahl der Studenten wuchs indes schneller als die der Ordinarien, so dass kurz vor dem Ersten Weltkrieg doppelt so viele Studierende auf einen ordentlichen Professor kamen wie 50 Jahre zuvor.[21] Die Studenten verloren folglich immer öfter den Kontakt zu den Professoren und wurden von Privatdozenten oder Assistenten betreut. Die universitäre Lehre reagierte nicht auf die veränderte Studentenstruktur; die Forderung, »Jünger der Wissenschaft« zu erziehen, verkannte die Tatsache, dass viele durch ein mehr und mehr verschultes »Brotstudium« mit teils universitären, teils staatlichen Prüfungen die Grundlage für den beruflichen Aufstieg legen wollten. Der rasche Anstieg der Studentenzahlen führte – wie schon um 1830 – zur Überfüllung der akademischen Berufe, so dass die Angst vor der ›Proletarisierung‹ und politischen Radikalisierung der arbeitslosen Universitätsabsolventen umging. Die studentische Subkultur wurde dominiert von den schlagenden Verbindungen, deren neo-feudaler Verhaltenskodex durch nationalistische, völkische, antisemitische und monarchistische Elemente geprägt war. Für nicht wenige Studenten, die sich ideologisch anpassten und sozial abgrenzten, garantierten die Männerbünde den sozialen Aufstieg.

Vor diesem Hintergrund beschrieb ein ungarischer Doktorand seine Erlebnisse am Berliner Institut für Altertumskunde. Das Ergebnis war eine Satire: »Die Wissenschaft des Nicht Wissenswerten«.[22] In einer Vorlesung über Catull erstickte der Ordinarius die herrlichsten Gedichte des jungen Dichters in einem Wust von textkritischen, überlieferungstechnischen und grammatikalischen Quisquilien. Die »Tatsachenknechtschaft des 19. Jahrhunderts« konnte der Autor nur mit Spott ertragen: »›*Vivamus mea Lesbia atque amemus*‹ ... Lass uns leben, meine Lesbia, und lieben, sagt der Herr im zerknitterten Rock auf dem Katheder, indem er seine bösen Äuglein auf zwei Bücher heftet. Das eine Buch ist seine Catullausgabe, das andere die eines Kollegen.«[23] Zugleich polemisierte der Verfasser, Ludwig Hatvany, gegen »die Mittelschullehrer- und Philologenantike« mit ihren »gesetzten leblosen Forschungen« und wollte zu einer humanistischen Wissenschaft zurückfinden, die es den Menschen ermögliche, »ein Verhältnis zu allem zu finden, was hier auf Erden Großes und Schönes geschaffen worden ist«.[24]

Etwa zur selben Zeit kam ein katholischer Studiosus namens Carl Schmitt an

9. DIE KATASTROPHE

die Friedrich-Wilhelms-Universität zu Berlin. »Der Malstrom« habe ihn zum ersten Mal erfasst, als er 1907 gleich nach dem Abitur sein erstes Semester an die Universität Berlin absolviert habe. Er »wollte keine Zeit verlieren, fleißig arbeiten und die weltberühmten Professoren hören«. Doch es dauerte nicht lange, bis ihn die weltberühmten Professoren desillusioniert hatten. Die Vorstellungen, die der berühmte Philologe Ulrich von Wilamowitz-Moellendorff auf dem Katheder gab, empfand er als abstoßend. Die »ethische Verhaltenheit« der protestantischen Askese war ihm ebenso zuwider wie die Goethe-Maske, die »drei bürgerliche Gesichter, das eines Predigers, eines Professors und eines Schauspielers« verband. Darin sah er »das tiefste Unheil der Zeit«. »Die Mischung von preußischem Konservatismus und liberaler Fortschrittlichkeit, von Nationalismus und Humanismus«, von »betontem Selbstbewusstsein und ebenso betonter Bescheidenheit« war Schmitt rasch suspekt.[25]

Schmitt flüchtete mit vielen seiner Generation zu Herder, Humboldt und Hölderlin. Die Altertumswissenschaftler hingegen verschanzten sich hinter den hohen Mauern der Universitäten und der Akademien. Sie vertrauten auf ihre manifesten Erfolge und den Fortschritt der Wissenschaft. Die nach wie vor unangefochtene hegemoniale Stellung der Altertumswissenschaften stärkte die Kräfte der Beharrung. Man hatte sich in einem Wissenschaftsbetrieb behaglich eingerichtet, in dem Ernst Troeltsch die »völlig relativistische Wiedererweckung beliebiger vergangener Bildungen mit dem lastenden und ermüdenden Eindruck historischer Allerweltskenntnis und skeptischer Unproduktivität für die Gegenwart« erkannt hatte.[26] Doch der Erste Weltkrieg bedeutete eine tiefe Zäsur.

IM SCHÜTZENGRABEN UND AN DER HEIMATFRONT: EINSTEHEN FÜRS VATERLAND

Nationaler Chauvinismus und militärische Aggression entzogen den Altertumswissenschaften im Ersten Weltkrieg lebensnotwendige materielle, personelle und ideelle Ressourcen und unterbrachen die internationale wissenschaftliche Kommunikation. Auf den Schlachtfeldern starben anerkannte Wissenschaftler, hoffnungsvolle Nachwuchskräfte und idealistische Studenten.[27] Zahllose Familien hatten Opfer zu beklagen. Wilamowitz' ältester Sohn Tycho, der 1911 an der Universität Freiburg im Breisgau mit einer Untersuchung über die dramatische Technik des Sophokles promoviert worden war, fiel Anfang Oktober 1914 an der deutschen Ostfront.[28]

Die um die Jahrhundertmitte oder später geborenen Universitätsprofessoren standen fast durchweg loyal zum politischen System des Wilhelminismus und fühlten sich gleichermaßen von Parlamentarismus, Liberalismus und Sozialismus abgestoßen. Die Weltgeltung der deutschen Wissenschaft war ihnen Teil der nationalen Sendung des Kaiserreichs. Die Mehrheit der »deutschen Mandarine«[29] hatte sich schon vor Kriegsausbruch der politischen und sozialen Modernisierung widersetzt. Im Ersten Weltkrieg standen sie treu zu Kaiser und Vaterland. Viele herausragende Gelehrte, darunter die beiden weltberühmten Altertumswissenschaftler Eduard Meyer[30] und Ulrich von Wilamowitz-Moellendorff, beteiligten sich an der Kriegspropaganda. Die Politik des Vereinigten Königreichs und der Vereinigten Staaten, aber auch des »Erbfeindes« Frankreich waren beliebte Themen der (wissenschafts-)politischen Polemik. Den Aufruf »An die Kulturwelt!« von Anfang Oktober 1914 unterschrieben die Archäologen Wilhelm Dörpfeld, Friedrich von Duhn, Karl Robert und Theodor Wiegand, der Althistoriker Eduard Meyer und der Klassische Philologe Ulrich von Wilamowitz-Moellendorff, der dann auch die »Erklärung der Hochschullehrer des Deutschen Reiches« verfasste, die am 16. Oktober 1914 veröffentlicht und von über 4000 Gelehrten unterzeichnet wurde.[31] Der »Krieg der Geister«[32] wurde indes auf allen Seiten hart geführt; Sanktionen gegen die deutschen Altertumswissenschaftler blieben nicht aus. Wilamowitz etwa wurde aus der Académie des Inscriptions et Belles Lettres in Paris durch Dekret des Präsidenten am 28. Mai 1915 ausgeschlossen. Auch die Schwesterinstitutionen in Brüssel und St. Petersburg stießen ihn aus.[33] Solche Maßnahmen bedingten harsche Reaktionen auf der deutschen Seite. Als Vorsitzender Sekretar der Berliner Akademie griff Hermann Diels am Jahrestag König Friedrichs II. im Jahr 1916 die »Scheelsucht« und »Feindschaft« an, die sich gegen die »allseitig, wenn auch widerwillig anerkannte Übermacht der deutschen Wissenschaft« richte, beschwor die Verteidigungsbereitschaft des deutschen Volkes und stellte zugleich siegessicher die Neuordnung der Universitäten Gent und Warschau in Aussicht, die nach dem Vormarsch der deutschen Truppen in besetztem Gebiet lagen.[34]

Die Archäologen waren den deutschen Militärs hochwillkommen, da sie über ausgezeichnete Landes- und auch Sprachkenntnisse verfügten. Gerne stellten sich die Wissenschaftler in den Dienst des Heeres, zumal wenn sie davon auch wissenschaftlich profitieren konnten. Theodor Wiegand, der Ausgräber von Milet und Direktor der Antikenabteilung der Königlich Preußischen Museen, nutzte die Aufnahme antiker Stätten, die Militärflugzeuge aus der Luft mitbrachten, um die Luftbildarchäologie zu begründen. Zugleich leitete er das Deutsch-Türkische

Denkmalschutzkommando und war mit osmanischer Hilfe Generalinspektor der Altertümer in Syrien und Palästina.[35]

Die Erfahrung der Schützengräben wiederum prägte eine ganze Generation von jungen Altertumswissenschaftlern, zu denen Victor Ehrenberg, Paul Friedländer, Hermann Fränkel, Felix Jacoby, Ulrich Kahrstedt, Kurt Latte, Paul Maas, Fritz Pringsheim, Fritz Taeger, Eugen Täubler und Joseph Vogt zählten. Darunter befanden sich nicht wenige, die später unter den Nationalsozialisten wegen ihrer jüdischen Herkunft verfolgt wurden. Friedländer tauschte sich mit seinem Lehrer Wilamowitz auch aus dem Felde über wissenschaftliche Probleme aus und gedachte am 30. November 1917 des hundertsten Geburtstages von Theodor Mommsen. Für seine Beförderung zum Offizier, die lange auf sich warten ließ, da Friedländer jüdischer Herkunft war, setzte sich der Berliner Ordinarius nachdrücklich ein.[36] Ehrenberg wiederum, der im Westen kämpfte, wurde schon im September 1914 mit dem Eisernen Kreuz ausgezeichnet und stieg schließlich bis zum Leutnant auf; er führte von der Front einen intensiven Briefwechsel mit seinem akademischen Lehrer Eduard Meyer, in dem die Altertumswissenschaft »vor den militärischen Dingen« zurücktreten musste.[37]

Zahlreiche arrivierte Historiker und Philologen gefielen sich darin, Reden mit Analogien zwischen der Antike und der Gegenwart zu halten.[38] Eduard Meyer zog 1918 als antike »Vorläufer des Weltkriegs« die Perserkriege und den Peloponnesischen Krieg heran.[39] Beliebt war der Vergleich zwischen Rom und Karthago auf der einen und Deutschland und England auf der anderen Seite. Allerdings konnten die Redner ganz unterschiedliche Akzente setzen und dadurch implizite Kommentare zur aktuellen Lage an den Fronten und zu den Kriegszielen abgeben. So hielt Walter Otto, der zum Wintersemester 1914/15 aus Greifswald an die damals preußische Universität Marburg berufen worden war, 1916 im Rahmen einer Veranstaltungsreihe, die an der Marburger Universität seit dem Ausbruch des Krieges zugunsten des Roten Kreuzes abgehalten wurde, einen Vortrag über Alexander den Großen. Otto hatte zwar zu Kriegsbeginn nicht den Aufruf »An die Kulturwelt!«, wohl aber die »Erklärung der Hochschullehrer des Deutschen Reiches« unterzeichnet und war nun bereit, seine patriotische Pflicht mit der Feder zu erfüllen.[40] Der Althistoriker setzte nicht mit einem klassisch-antiken Zitat ein, sondern mit den »mannhaften Worten des Schweizerführers« Adrian von Bubenberg vor der Schlacht bei Murten von 1476: »So lange sich noch eine Ader in uns regt, wollen wir uns tapfer wehren.« Diesem »heißen Gelöbnis« folgte ein leidenschaftlicher Appell an den Verteidigungswillen der Heimat[41] Stolz verwies Otto auf die Leistungen der deutschen Historiker, die Zeugen eines geschichtlichen Vorganges seien, »von dessen ungeheurer Größe sich niemand vorher eine zutreffende Vorstellung gemacht« habe. Ihre Darstellungen würden die »Notwendigkeit einer streng kritisch vorgehenden Geschichtsforschung für die menschliche Gemeinschaft« anerkennen und erhöben sich deshalb »turmhoch über die Kriegsliteratur« der Feinde; denn die gegnerischen Werke seien gekennzeichnet durch »den blinden Hass, die schamlose Verleumdung, die bewusste, in fast wunderbarer Weise organisierte Unwahrheit und die kühl berechnende Entstellung«. Damit war die Überlegenheit der deutschen Wissenschaft herausgestellt.

Scharfsinnig erkannte der quellenkritisch geschulte Althistoriker allerdings die methodischen Probleme einer Kriegsgeschichtsschreibung, die auf eine höchst heterogene, ja dichotome Überlieferung zurückgreifen musste, in die sich »außerordentlich viel Falsches [...] eingeschmuggelt« habe, so dass sich auch »in urkundlichem Material, in amtlichen Veröffentlichungen, ebenso gut wie in einfachen privaten Meldungen grobe Fälschung oder zum mindesten Vertuschung des wahren Sachverhaltes« breitmache. Dieser Umstand veranlasste Otto, den künftigen Dissens in der wissenschaftlichen Erörterung des Krieges zutreffend zu prognostizieren.[42] Seine methodischen Reflexionen zur zeithistorischen Quellenlage exemplifizierte der Altertumswissenschaftler an der Alexanderüberlieferung, in der »zwei scharf einander gegenüberstehende Richtungen in der Auffassung des großen Königs« greifbar seien, »neben der Liebe und der Bewunderung auch die Abneigung und der Hass«.[43]

Das Alexanderbild, das der Vortrag zeichnete, war durchaus konventionell und schloss an die Forschungen des 19. Jahrhunderts, vor allem an Johann Gustav Droysen an.[44] Ausführlich schilderte Otto den Alexanderzug, den er in Übereinstimmung mit der *communis opinio* als großen Erfolg feierte, weil er »das politische und kulturelle Übergewicht des Westens über den Osten«[45] bis in die Zeit der islamischen Eroberungen besiegelt habe. Otto betonte nachdrücklich die universalgeschichtliche Bedeutung des Makedonen und thematisierte eingehend seine Verschmelzungspolitik. Alexander habe die Welt weder hellenisieren noch orientalisieren wollen; eher könne man davon sprechen, dass er daran gedacht habe, »sie mehr oder weniger zu entnationalisieren: er wollte etwas Neues, das aus dem Alten gemischt war, schaffen«.[46] Doch hier sei der Herrscher gescheitert, weil er »die Macht des Nationalitätsprinzips« unterschätzt habe.[47]

Die Kritik, die Karl Julius Beloch an der bisherigen Forschung geübt hatte, war Otto fremd. Dieser hatte behauptet, »Alexander sei weder ein großer Feldherr noch ein großer Staatsmann noch überhaupt ein großer Charakter gewesen«.[48] Von Belochs Negativurteilen distanzierte sich Otto in seinem Vortrag implizit, nachdem er bereits 1905 dessen Alexanderbild in einer längeren Rezension explizit zurückgewiesen hatte.⁴⁹ Alexander dürfe der Ruhm, »einer der größten Feldherren gewesen zu sein«, nicht abgesprochen werden, dekretierte er.⁵⁰ Mit der Eroberung des Perserreiches sei an die Stelle des alten makedonischen Heerkönigtums »das absolutistische Großkönigtum Asiens« getreten.⁵¹ Otto war ein überzeugter Monarchist und beschrieb an dem historischen Paradigma den idealen Herrscher, der hoch über den Untertanen thronte. »Die Allmacht, über die Alexander verfügte, ist für sein Reich die Quelle reichen Segens gewesen.«⁵² Der Makedonenkönig besaß diplomatisches Geschick, baute zukunftweisende Verwaltungsstrukturen auf, förderte als »ein wahrhaft großer Volkswirt« den »Welthandel«, zeichnete sich durch »landesväterliche Fürsorge« aus und hatte ein sicheres Gespür für die Erfordernisse des »asiatisch-europäischen« Riesenreiches. Alexander war ein »innerer König von seltener Größe«.⁵³

Schließlich betrachtete Otto die letzten Pläne des Makedonenherrschers und seine Idee, ein »wirkliches Weltreich« zu errichten: »Es wäre ein Eintagsgebilde entstanden, und derartiges darf ein großer Staatsmann, der nicht nur für das Jetzt, sondern auch für die Zukunft vorsorgen muss, nicht zu seiner Lebensaufgabe machen. Ein solcher wird sich überhaupt vor Welteroberungsplänen hüten.« Denn »eine Universalherrschaft« sei »doch nur durch die rücksichtsloseste Unterdrückung zu erreichen und durch Knechtung aufrecht zu erhalten«. So seien denn auch Alexanders Weltherrschaftspläne »ein Unding gewesen«.⁵⁴ Otto folgerte, dass Alexander zwar ein Genie, aber kein guter Staatsmann gewesen sei und darin Napoleon I. geglichen habe.

Obwohl Walter Otto aktiv Parteien der extremen politischen Rechten – wie die Deutsche Vaterlandspartei – unterstützte, die annexionistische Kriegsziele propagierten und für den »Siegfrieden« stritten,⁵⁵ verwarf er in dem Kriegsvortrag von 1916 mit Hilfe des historischen Vergleichs überzogene außenpolitische Forderungen und verteidigte die staatsmännische Kunst, sich in außenpolitischer Zurückhaltung zu üben. Otto folgte hier der Kaiserrede seines althistorischen Lehrers Ulrich Wilcken aus dem Jahr 1915, der Wilhelm II. nahegelegt hatte, »Alexander nicht zum Vorbild zu nehmen«; also warnte auch der Schüler vor »Weltherrschaftsgedanken und Fremdherrschaftsgelüsten«.⁵⁶

An Siegesgewissheit ließ es Otto in seiner aktualisierenden Kriegsrede jedoch nicht mangeln. Während die Feinde des Deutschen Reiches »auf die Macht der Masse« vertrauten, glaube das deutsche Volk an »die Persönlichkeiten und die sittlichen Kräfte, die hinter ihnen stehen und sie leiten«. Darauf gründe sich die deutsche Überlegenheit: »Das gibt uns jene unbedingte Siegeszuversicht, das lässt uns hoffen, dass der Weg des deutschen Volkes, ist er auch steinig und schwer, hinaufführt zu lichten Höhen, dass der Tag des Deutschen in der Geschichte nicht schon vorüber ist, sondern in seiner vollen Herrlichkeit erst anzubrechen beginnt.«[57]

Der konservative Historiker hatte sich in diesem Vortrag nicht nur zur deutschen Mission und Überlegenheit, sondern auch zur monarchischen Staatsform bekannt. Demokratische Massenherrschaft perhorreszierte er mit der großen Mehrzahl seiner Kollegen. Folglich stand er nach dem November 1918 auf der Seite der Republikfeinde. Die gewaltsame Liquidation der bayerischen Räterepublik unterstützte er durch Wort und Tat.[58] Otto bezog gegen den Versailler Vertrag und die »Kriegsschuldlüge« Stellung,[59] einmal mehr mit Hilfe der Aktualisierung antiker Ereignisse.[60] Die Deutschnationale Volkspartei wurde in der Weimarer Republik seine neue politische Heimat.[61]

KOOPERATIONEN UND KONFLIKTE: DIE EPIGRAPHISCHE INTERNATIONALE NACH 1914

Der Abbruch der internationalen Wissenschaftskooperation im Ersten Weltkrieg und die weitgehende Isolation der deutschen Wissenschaft in den Anfangsjahren der Weimarer Republik führten die epigraphischen Corpora notwendigerweise in eine tiefe Krise.[62] Hatte Wilamowitz die Zusammenarbeit mit Frankreich vor dem Großen Krieg überschwänglich gepriesen, stellte er 1928 verbittert fest, es sei eine »Illusion« gewesen, dass »die Franzosen sich mit uns aufrichtig vertragen könnten«.[63] Die Pariser Akademie hatte 1917 beschlossen, von der vereinbarten Veröffentlichung der delischen Inschriften in den *Inscriptiones Graecae* abzusehen, und eine eigene Publikation begonnen, deren erster Teil 1926 erschien, in dem die Inschriften, die bereits in Berlin gesetzt waren, ohne Rücksprache mit der Preußischen Akademie und ohne eine klärende Vorrede abgedruckt wurden.[64] Wilamowitz reagierte in einer Anzeige der »Inscriptions de Délos« scharf auf diesen Vorgang.[65] Auf Beschluss des Sekretariats wurde die Rezension den anderen Akademien und gelehrten Gesellschaften zugesandt.[66] Aber Deutschland sei auf Grund des Versailler Vertrages leider nicht in der Lage, gegen das Pariser Unternehmen Schritte zu unternehmen, hieß es in der Akademie.[67] Das Ende der deutsch-französischen Kooperation war manifest.

Wilamowitz war nicht der richtige Mann, die Wogen nationalistischer Aufwallungen zu glätten. Für den konservativen Gelehrten war es ausgemacht, dass nur derjenige eine Versöhnung mit den Franzosen für möglich halten könne, »wer zur Dienstbarkeit unter Frankreich so bereit ist wie einst die Staaten des Rheinbundes«.[68] Am 18. August 1924 ließ er Eduard Norden in der Akademie wissen: »Natürlich erhält *niemand* in Frankreich den Band der Inscriptiones Graecae.«[69] Trotz dieser markigen Worte kann von einer andauernden internationalen Isolation des griechischen Inschriftenunternehmens nicht die Rede sein. Spätestens in der zweiten Hälfte der 1920er Jahre entspannten sich in Folge der Stabilisierung der deutschen Außenpolitik die wissenschaftlichen Beziehungen zu verschiedenen europäischen Ländern.[70] Kontakte wurden nach Griechenland und Skandinavien,[71] aber auch nach Frankreich aufgenommen. Auf französischer und deutscher Seite versuchte eine Generation jüngerer Epigraphiker, wieder aufeinander zuzugehen und die gegenseitige Sprachlosigkeit zu überwinden. Für die Entspannung des deutsch-französischen Verhältnisses setzten sich in Frankreich erfolgreich Pierre Roussel sowie Louis Robert und in Deutschland Günther Klaffenbach ein, der am 1. Oktober 1929 auf Veranlassung seines Lehrers Wilamowitz die Leitung des griechischen Inschriftenwerkes von Hiller von Gaertringen übernahm.[72] Klaffenbachs Erfolge waren beachtlich; nicht zuletzt seinen internationalen Kontakten war es zu verdanken, dass die deutsche Epigraphik wieder als gleichberechtigtes Mitglied in die internationale *res publica litterarum* aufgenommen wurde. Wilamowitz schrieb in seinem letzten Bericht zum griechischen Inschriftenwerk von 1931 eher versöhnlich, dass man immer dazu bereit sei, »Gelehrte des In- und Auslandes durch Zusendung von Abklatschen« zu helfen und sich über die Zusendung einschlägiger Publikationen freue; besonders erwähnte er, dass die Berliner Akademie von französischer Seite die »schönen Bände von Délos« und die »Fouilles de Delphes« erhalten habe.[73]

Welche Fortschritte machte das lateinische Inschriftenwerk, das *Corpus Inscriptionum Latinarum* (CIL), nach dem Ende des Krieges? Am 22. Juni 1921 erstattete Hermann Dessau dem Akademiemitglied Eduard Norden Bericht über den Stand der Arbeiten. Der wissenschaftliche Zweck des Unternehmens sei erreicht, führte er aus, aber »die Fortführung des CIL, die Ergänzung der alten Bände durch Supplemente und der Ersatz einiger von ihnen durch neue Auflagen« sei »eine unabweisbare Aufgabe«, die nicht weniger wichtig sei als einst »die Herstellung des Originalwerks«.[74] Die Preußische Akademie der Wissenschaften und Deutschland könne diese Aufgabe aber nicht mehr allein schultern. Ohne Krieg hätten sich über die Arbeitsteilung »gütliche Vereinbarungen« treffen lassen. Doch zur Zeit lasse sich nicht sagen, »wie die gewaltsame und plötzlich eingetretene Teilung der Arbeit an den lateinischen Inschriften sich in Zukunft, nach weiterer Beruhigung der Gemüter, einmal definitiv gestalten wird; aber es wäre zu bedauern, wenn Deutschland bei dieser Teilung ausfallen oder nur pro rata des ihm gebliebenen Stücks einstmals römischen Bodens (des verstümmelten Rheinlands und des raetischen Limes) berücksichtigt werden sollte«. Italien jedenfalls sei nicht im Stande, den ihm geographisch zufallenden Anteil der Inschriftenarbeit allein zu leisten. Dort – wie auch andernorts – würden die »durch langjährige Arbeit erworbenen Sonderrechte« des Berliner Unternehmens zumindest »in der Stille« anerkannt. Man dürfe deshalb auf gar keinen Fall den Anschein erwecken, als wolle Berlin auf die angestammten Rechte verzichten. Dennoch, so schlug Dessau vor, solle sich das Unternehmen auf eine Neuauflage des ersten Faszikels von CIL III konzentrieren, d. h. auf die Inschriften aus dem Osten des Imperium Romanum. Dieser Vorschlag berücksichtigte, dass seit der Edition von 1872 zahlreiche Neufunde zu verzeichnen waren, die die seither erschienenen Supplemente nur unbefriedigend erschlossen. Dessau selbst hatte zudem seit Jahren Material für diese Neuauflage zusammengetragen. Entscheidend war allerdings, dass hier ein Gebiet gewählt wurde, auf dessen »wissenschaftliche Bearbeitung keine der großen Kulturnationen« territorial einen Anspruch erhob. »Weder Engländer noch Franzosen werden uns die Berechtigung mit einer neuen Auflage von CIL III, 1 zu kommen absprechen; einzelne werden uns unterstützen.«[75] Doch auch ohne die Fortführung des Corpus sei es wünschenswert, dass eine Stelle existiere, »die ex officio über den fortwährenden Zuwachs an lateinischen Inschriften zunächst sich selbst, und nach Wunsch oder nach Bedarf andere Stellen unterrichtet«.

Nach dem verlorenen Krieg war man also an der Berliner Akademie bescheiden geworden. Dessau akzeptierte de facto die Regionalisierung und Fragmentierung des *Corpus Inscriptionum Latinarum*, um die internationale Bedeutung der Berliner Epigraphik zu sichern. In der Tat gelang es dem Epigraphiker, der sich während des Ersten Weltkrieges politisch nicht exponiert hatte, internationale Wissenschaftsbeziehungen wiederherzustellen.[76] Im Zusammenhang mit der Neuausgabe von CIL III 1 stieß die Berliner Akademie auf »Entgegenkommen in Wien wie auch in den verschiedensten anderen Stellen der einstigen österreichisch-ungarischen Monarchie«.[77] Lothar Wickert, der seit 1924 als Wissenschaftlicher Hilfsarbeiter tätig war, kommunizierte mit italienischen, südosteuropäischen und spanischen Epigraphikern.[78] Zu Frankreich entspannten sich die Beziehungen rasch. Das vierte Supplement zum achten Band des *Corpus Inscriptionum Latinarum*, das Dessau 1916 mitten im Krieg herausgegeben hatte und dessen Titelblatt keinen einzigen Bearbeiter nannte, fand bereits vier Jahre später den Beifall René Cagnats, der selbst mit anderen französischen Epigraphikern an der Sammlung beteiligt gewesen war und besonders die Höflichkeit (*courtoisie*) und Fairness (*équité*) der

Berliner hervorhob.[79] Dessau zeigte sich zudem damit einverstanden, über die Französische Botschaft in Berlin »etliche tausend« Abschriften an Stéphane Gsell »vollständig und geordnet« zurückzusenden, die der französische Epigraphiker ihm 1905 überlassen hatte. Er wusste, dass es keinen Sinn hatte, sich den französischen Plänen entgegenzustellen, die auf eine Neubearbeitung der algerischen Inschriften zielten.[80] In der Folge pflegte Dessau seine persönlichen Kontakte zu den französischen Kollegen, die an der Edition der nordafrikanischen Inschriften arbeiteten und tauschte großzügig die Publikationen des lateinischen Inschriftencorpus.[81]

Die Inschriftenwerke litten jedoch in den ersten Jahren der Weimarer Republik massiv unter der ökonomischen Depression.[82] Es war zwischenzeitlich zu fürchten, dass das Geld fehlte, um überhaupt noch weitere Inschriftenbände veröffentlichen zu können. Einen Großteil der thesaurierten Mittel hatte man im Weltkrieg für den Kauf von Kriegsanleihen eingesetzt, die nun nicht mehr zurückgezahlt wurden. Die Kommission für die *Inscriptiones Graecae* hatte Anleihen in Höhe von 13 000 Mark gekauft, die Verantwortlichen für das *Corpus Inscriptionum Latinarum* hatten 38 000 Mark investiert.[83] Die Hyperinflation von 1922 und 1923 zerstörte endgültig die finanziellen Grundlagen der Unternehmen. Im Rechnungsjahr 1923 verbuchte Wilamowitz 100 Mark Zinsen aus den Reichsanleihen; gleichzeitig beliefen sich die Ausgaben für Porti, die Hiller von Gaertringen zu erstatten waren, auf 395 500 Mark.[84] Hilfe brachten Gelder aus Deutschland und dem Ausland. Die Notgemeinschaft für die deutsche Wissenschaft, das Ministerium für Wissenschaft, Kunst und Volksbildung und die Emergency Society for German and Austrian Science and Art, die deutschstämmige Emigranten in den USA ins Leben gerufen hatten, stellten Mittel zur Verfügung.[85] Auch ideelle Hilfe war höchst willkommen: In den Sitzungsberichten des Jahres 1922 hob Wilamowitz ausdrücklich hervor, dass »in Griechenland alle amtlichen und privaten Kreise dem Unternehmen jede mögliche Förderung gewährten«.[86]

Der Erste Weltkrieg und die politischen Konvulsionen der Weimarer Republik hatten allerdings keine Folgen für das Wissenschaftsverständnis der Kommissionsmitglieder und Mitarbeiter der Inschriftenunternehmen. Sie vertraten die traditionelle Vorstellung der »reinen Wissenschaft«,[87] wandten sich gegen Vermassung und Nivellierung und verteidigten ihre Einrichtung als »selbstbestimmtes Elite- und Repräsentationsorgan der preußischen und deutschen Wissenschaft«.[88] Politisch war man konservativ. Die nachrevolutionäre Sowjetunion wurde abgelehnt, der Kontakt zu den Wissenschaftlern dennoch gepflegt. Am 4. Juni 1924 – St. Petersburg war wenige Monate zuvor in Leningrad umbenannt worden –

schrieb Hiller von Gaertringen an Johannes Kirchner, den Bearbeiter der attischen Inschriften der nacheuklidischen Zeit, um die Anschrift des russischen Altertumswissenschaftlers Salomon Luria zu erfragen: »Lieber Kirchner! Du hast wohl noch die Adresse von Herrn Luria in dem Kommunistenloch; würdest Du so gut sein, sie deutsch und russisch zuzufügen. Ich habe die Umschläge weggegeben wegen der Briefmarken, und auf den Briefen steht nur der alte Name Petersburg.«[89]

BERLIN UND MOSKAU: EIN NEUBEGINN

Die russischen Altertumswissenschaftler des Zarenreiches, die mit ihren deutschen Kollegen ein bürgerliches Leistungsethos und die Verabsolutierung wissenschaftlicher Wahrheitssuche verbunden hatte,[90] hatten bereits vor dem Ausbruch des Ersten Weltkrieges ihre Abhängigkeit von der deutschen Wissenschaft überwunden. Ihre Forschungen wurden in Deutschland rezipiert und diskutiert, sofern sie nicht auf russisch, sondern in Deutsch, Französisch, Englisch oder Latein publizierten. Die bedeutende Position der russischen Altertumswissenschaft manifestierte sich auch darin, dass zwei der insgesamt vier Korrespondierenden Mitglieder der Preußischen Akademie der Wissenschaften, die vor dem Ausbruch des Ersten Weltkrieges aus Russland stammten, sich der Erforschung der Alten Welt widmeten: Vasilij (Basil) V. Latyschew und Michael I. Rostovtzeff.[91] Den Wahlvorschlag für den russischen Epigraphiker verfasste 1891 Ulrich Köhler, Rostovtzeffs Aufnahme beantragte 1914 Eduard Meyer.[92] Der Vorgang bestätigt, dass sich die russische Altertumskunde vor der Oktoberrevolution höchst erfolgreich in die internationale altertumswissenschaftliche Gemeinschaft integriert hatte.

Eduard Meyer unterstützte verschiedene Initiativen, Kontakte zur Sowjetunion aufzubauen, nachdem durch die Einwirkungen des Ersten Weltkrieges und infolge der Oktoberrevolution persönliche und institutionelle Verbindungen abgerissen waren.[93] Er repräsentierte den Teil der deutschen Professorenschaft, der sich gemeinsam mit den Selbstverwaltungsgremien der deutschen Wissenschaft nach Osten orientierte, obwohl man das neue politische System radikal ablehnte.[94] Auch auf sowjetischer Seite wollte man die politische Stigmatisierung überwinden und Anschluss an die Forschungen und Fortschritte Deutschlands und damit des westlichen Europa finden. Für die russischen Wissenschaftler eröffneten die Kooperationen die Möglichkeit, internationale Bewegungsfreiheit zu erhalten oder wiederzugewinnen. Ihr besonderes Interesse an Deutschland erklärt sich nicht zuletzt dadurch, dass sie in aller Regel die deutsche Sprache vorzüglich beherrschten.

9. DIE KATASTROPHE 169

Allerdings spielte für die Begründung der sowjetisch-deutschen Wissenschaftsbeziehungen nach dem Ersten Weltkrieg nicht die Akademie, sondern die Kaiser-Wilhelm-Gesellschaft und die »Deutsche Gesellschaft zum Studium Osteuropas« eine herausragende Rolle. So erhielt der Neurobiologe Oskar Vogt, Leiter des Kaiser-Wilhelm-Institutes für Hirnforschung, 1925 aus der Sowjetunion den Auftrag, Lenins Gehirn zu untersuchen und ein Staatsinstitut für Hirnforschung in Moskau aufzubauen. Vizepräsident der »Deutschen Gesellschaft zum Studium Osteuropas« war der konservative Historiker und DNVP-Abgeordnete Otto Hoetzsch, ein politischer Weggefährte Eduard Meyers und seit 1920 ordentlicher Professor für Osteuropäische Geschichte und Landeskunde an der Berliner Friedrich-Wilhelms-Universität.[95] Auf russischer Seite wiederum war Sergej Oldenburg, Ständiger Sekretar der Akademie der Wissenschaften in St. Petersburg von 1904 bis 1929, Motor der Kontakte zu Deutschland; bereits im Hebst 1923 weilte er zu Gesprächen in Berlin.[96]

Meyer gehörte neben den beiden Sekretaren der Berliner Akademie Heinrich Lüders und Max Planck zur offiziellen Delegation, die im September 1925 für die Berliner Akademie an den Feierlichkeiten zum 200-jährigen Jubiläum ihrer russischen Schwesterinstitution teilnahm, denen die Umbenennung der Akademie in »Akademie der Wissenschaften der UdSSR« Ende Juli vorausgegangen war. Über seine Eindrücke schrieb Meyer in der »Deutschen Rundschau«. Unter dem Titel »Das neue Russland« verglich er die deutschen Sozialdemokraten und die Bolschewisten, die beide an der Niederlage ihres Vaterlandes die Schuld trügen, lobte das politische Genie Lenins und applaudierte dem politischen Realismus der bolschewistischen Regierung. »Der Schöpfer des neuen Russlands ist Lenin. Die gewaltige Bedeutung seiner Persönlichkeit tritt dem Fremden bei jedem Schritt entgegen. Auch er war ein enthusiastischer Idealist, ein überzeugter Anhänger der Lehre von Marx.« Meyer fuhr fort, Lenin sei »weit mehr als ein Volksführer und Agitator« gewesen: »Er ist unter all den Politikern, die seit Bismarck die Geschicke der Völker zu leiten versucht haben, vielleicht der einzige, der den Namen eines Staatsmannes in vollem Sinne des Wortes verdient.«[97] Meyer distanzierte sich sowohl von dem »alten, innerlich verrotteten zaristischen Regiment« als auch dem sowjetischen »Schreckensregiment«, das noch weit hinausgehe über das der Französischen Revolution und alle Gegner rücksichtslos vernichte.

Die Verbindungen zwischen deutschen und russischen Forschern wurden in der Folge institutionalisiert. Mehrere Altertumswissenschaftler der Akademie waren an bilateralen Verhandlungen beteiligt.[98] Persönliche Autorität und institutionelle Netzwerke sicherten ihnen Einfluss; aber neue altertumswissenschaftliche Projekte wurden kaum mehr in Angriff genommen. Eine Ausnahme bildeten die »Archäologischen Mitteilungen aus russischen Sammlungen«, die von Gerhart Rodenwaldt und Oskar F. Waldhauer initiiert worden waren, seit 1928 erschienen und vom dem Deutschen Archäologischen Institut herausgegeben wurden.[99] Eduard Meyer gehörte (neben Rodenwaldt) dem Vorbereitungskomitee der sowjetischen Historikerwoche an, die vom 7. bis 14. Juli 1928 in Berlin stattfand; doch die Alte Geschichte als Fach war bei dieser Zusammenkunft nicht vertreten.[100] Im leitenden Ausschuss der »Deutschen Gesellschaft zum Studium Osteuropas« saßen Adolf Harnack, der Theologe Karl Holl, der Römischrechtler Emil Seckel und ebenfalls Gerhard Rodenwaldt.[101] Altertumskundliche Gegenstände wurden hier nicht verhandelt. Höhepunkt der Zusammenarbeit war die glaziologische Expedition der deutschen Notgemeinschaft und der sowjetischen Akademie der Wissenschaften nach Kirgisien; Grabungen auf der Krim, die Eduard Meyer forderte, wurden indes nicht realisiert.[102] Die künftige Marginalisierung der Wissenschaften von der Alten Welt zeichnete sich sowohl in der sowjetischen wie in der preußischen Akademie ab.[103]

Griechischer Sehnsuchtsort: Spartas Wiederentdeckung

Nach 1918 signalisierte die Fortführung der großen Gemeinschaftsunternehmungen des Kaiserreichs: der Realenzyklopädie, des Handbuchs der Altertumswissenschaften und der *Corpora* der Berliner Akademie, zunächst die Kontinuität traditioneller Modelle und Methoden. Doch neue Impulse waren überall greifbar.[104] »Unklassische« Epochen wie der Hellenismus und die Spätantike, aber auch die griechische Archaik wurden neu entdeckt und aufgewertet. Häufig fanden »griechische Kulturgeschichte und moderner Kulturpessimismus« zusammen.[105]

In der Klassischen Philologie und Klassischen Archäologie interessierten besonders Stil, Gestalt und Form, für deren Analyse die »Kunstgeschichtlichen Grundbegriffe« richtungweisend wurden, die der Basler Kunsthistoriker Heinrich Wölfflin 1915 vorgelegt hatte. Darüber hinaus sollte die Kluft zwischen Wissenschaft und Leben überbrückt und die Antike als sinnstiftende historische Größe rehabilitiert werden. Neue Bildungskonzepte, die an Friedrich Nietzsche anknüpften und von Jacob Burckhardt, aber auch von Stefan George beeinflusst wurden, traten im öffentlichen Diskurs neben diejenige Altertumswissenschaft, die an Universitäten und in den Akademien betrieben wurde.

Der Gräzist Werner Jaeger, seit 1921 der Nachfolger auf Wilamowitz' Berliner

Lehrstuhl, leitete mit seinem Programm des »Dritten Humanismus« eine neuerliche Idealisierung der griechischen Antike ein.[106] Er zielte damit zugleich auf die Erhaltung des traditionellen Humanistischen Gymnasiums; deshalb pflegte er auch enge Verbindungen mit dem preußischen Kultusminister und Orientalisten Carl Heinrich Becker.[107] Jaeger befürwortete ein staatlich kontrolliertes Bildungssystem nach dem Vorbild des antiken Sparta, lobte »die ethische Größe des dorischen Volkes«, machte den Dichter Pindar, der kein Dorer war, kurzerhand zum Archetyp »der hellenischen Rassenaristokratie« und behauptete, dass »die dorische Rasse Pindar sein Ideal des blonden hochrassigen Menschentyps gab«.[108] Jaegers Konzept der παιδεία [paideía] spiegelte das aristokratische Credo eines elitären Gelehrten, der nicht Athen, sondern Sparta als arisch-nordischen Kriegerstaat glorifizierte, die griechische Polis enthistorisierte und einen Gegenentwurf zum bestehenden Staat propagierte.[109]

Auch die Themen der Alten Geschichte, die in der wissenschaftlichen Diskussion wie in der öffentlichen Wahrnehmung bevorzugt wurden, änderten sich.[110] Seit Herder gefiel vielen die Vorstellung, dass Athen und Sparta die beiden Pole menschlicher »Sittenkultur« repräsentierten: Aufklärung und Patriotismus. Diese antagonistische Betrachtung der beiden griechischen Poleis teilte Hegel, der Athen als politisches Modell favorisierte. Denn die athenische Demokratie des 5. Jh. v. Chr. habe den Vollzug individueller Freiheit und Autonomie ermöglicht, ohne dass Partikularinteressen und Subjektivismus obsiegt hätten. In Sparta hingegen habe eine erzwungene Egalität die Freiheit des Einzelnen zerstört und ein übermächtiger Staat bürgerliche Verantwortung und sittliche Vervollkommnung verhindert. Hegels dialektische Reduktion der Unterschiede zwischen Athen und Sparta war zugleich eine Reaktion auf das neue Bild der Polis am Eurotas, das Friedrich Schlegel und, vor allem, Karl Otfried Müller entworfen hatten. Diese erklärten die Spartaner zu den Doriern par excellence. Aus dem spartanischen Gemeinwesen wurden die Verfassung sowie die Sitten und Gebräuche der älteren und reineren hellenischen, eben der dorischen Vergangenheit rekonstruiert. Doch Sparta, dessen Geschichte, Verfassung, Religion und Gesellschaft im Zeitalter des Historismus akribisch rekonstruiert wurden, stand im deutschen Kaiserreich ganz im Schatten Athens. Damals träumte man an Universitäten, Humanistischen Gymnasien und bürgerlichen Stuben lieber »von des attischen Reiches Herrlichkeit«, die schon Wilamowitz 1877 in einer Rede zum Geburtstag des Kaisers gefeiert hatte.[111] Während an der Wende vom 18. zum 19. Jahrhundert Johann Gottfried Herder und Friedrich Schiller die politische Tugend und den Patriotismus der Spartaner noch vorbehaltlos bewundert hatten, rechnete Wilamowitz mit Sparta ab: Die Polis sei »feig und ehrlos«, das »peloponnesische Dorertum völlig verrottet«; dort gebe es nur »eitel Plumpheit, Stumpfheit, Dumpfheit«.[112]

Im Zuge der Neubesinnung auf das antike Traditionsgut nach dem militärischen Zusammenbruch des Deutschen Kaiserreichs und dem demokratischen Umsturz im November 1918 wurde Sparta zum populärsten antiken Stadtstaat, der Athen den Rang ablief und keineswegs nur Wissenschaftler in seinen Bann zog. Die politische Opposition gegen das demokratische System der Weimarer Republik fokussierte sich auf die moralische Überlegenheit und die »rassische« Reinheit der aristokratischen Gesellschaft Spartas. Die athenische Demokratie, das kulturelle und geistige Zentrum der aufgeklärten Ionier, war über Nacht obsolet geworden. Stattdessen wurde Sparta zum Modell eines utopischen Staates, der auf antimodernen, antiparlamentarischen und sozialdarwinistischen Prinzipien basierte. Das historische Paradigma wurde zur politischen und kulturellen Kritik an der Gegenwart herangezogen.

In der deutschen Jugendbewegung, deren Anführer desillusioniert aus dem Krieg zurückgekehrt waren, wurde nicht nur Nietzsche gelesen und das archaische Griechenland beschworen, sondern auch das heroische spartanische Leben verherrlicht. Man sehnte sich nach der Wiederauferstehung der deutschen Jugend mit Hilfe des spartanischen Vorbildes und idealisierte eine männliche Gemeinschaft, die eugenische Selektion und päderastische Sexualität praktizierte. »Das Hellas der Deutschen« wurde unter den Olivenbäumen Spartas gesucht.[113]

Besonders beliebt war der Rekurs auf die Perserkriege, genauer: auf die Schlacht an den Thermopylen aus dem Jahr 480 v. Chr., als der spartanische König Leonidas diesen Pass zwischen Thessalien und Mittelgriechenland gegen das übermächtige persische Landheer verteidigen sollte, während die griechische Flotte am Kap Artemision Stellung bezog. Doch die persischen Truppen vermochten nach dreitägigem Kampf das Hindernis auf einem Bergpfad zu umgehen. Als Leonidas die Nachricht von der Wendung des Schlachtenverlaufs erhielt, entließ er die Verbündeten und stellte sich mit seinen 300 spartanischen Vollbürgern, unterstützt von einigen Hundert Thespiern und Thebanern, dem Feind – den sicheren Untergang vor Augen. Sein Tod ist über alle nationalen und ideologischen Grenzen hinweg gepriesen worden. Schon das berühmte Epitaph, welches dem Dichter Simonides zugeschrieben wird,[114] verherrlichte im 5. Jh. v. Chr. den aussichtslosen Kampf und den Gehorsam des Leonidas und seiner Kameraden; Cicero übertrug das Epigramm in seinen »Tusculanen« ins Lateinische,[115] und Friedrich Schiller verdanken wir die bekannteste deutsche Übersetzung: »Wanderer, kommst du nach Sparta, verkündige dorten, du habest / Uns hier liegen gesehn, wie das Gesetz es befahl.«[116]

An dem historischen Sehnsuchtsort suchten nach 1918 expressionistische Autoren nach einer homosexuellen, heroischen und aristokratisch-elitären Männergesellschaft. Theodor Däubler pries in einem Essay über Sparta aus dem Jahr 1923 fiktive homoerotische Paare, die in Liebesgemeinschaft an den Thermopylen fürs Vaterland in den Tod gingen.[117] Erich Bethe, der Leipziger Philologe, hatte einige Jahre zuvor in seinem umstrittenen Artikel über »Die dorische Knabenliebe – ihre Ethik und Ideale« dieses Thema in den wissenschaftlichen Diskurs eingeführt und sich gegen Positionen gewandt, die behaupteten, dass die Dorer in der Frühzeit eine intime Freundschaft zwischen Männern als notwendig für deren Erziehung angesehen hätten, die Päderastie aber als eine ungriechische, aus Lydien eingeführte Sitte charakterisierten. Dagegen betonte er, die Knabenliebe sei eine »allgemein geübte Lust« und »ein notwendiges Element des eleganten, griechisch gebildeten Lebens« gewesen.[118]

Gottfried Benn, dessen Spartabild von Nietzsche und Burckhardt geprägt worden war, führte in seinem Artikel »Dorische Welt« von 1934 aus, der Dorier »Traum« sei »Züchtung und ewige Jugend, Göttergleichheit, großer Wille, stärkster aristokratischer Rassenglaube, Sorge über sich hinaus für das ganze Geschlecht«. Dorisch sei »jede Art von Antifeminismus«, »die Knabenliebe« und »die Liebe der Kriegszüge«, denn »solche Paare standen wie ein Wall und fielen«.[119] Hier grüßte in historischer Entfremdung der nationalsozialistische Staat.

Aber nicht nur Dichter verehrten den Soldatenstaat und das Männerlager am Eurotas. Sparta faszinierte eine ganze Generation von Intellektuellen, die durch die furchtbaren Erlebnisse in den Schützengräben des Ersten Weltkrieges geprägt waren und die militärische Niederlage von 1918 nicht akzeptieren wollten. Gleichzeitig wurde die Schlacht an den Thermopylen mit dem berühmten Epigramm in den politischen Totenkult integriert.[120] Der 1919 gegründete »Volksbund Deutsche Kriegsgräberfürsorge« verwandelte das historische Ereignis in ein allgegenwärtiges Beispiel für aufrechten Patriotismus. Die Parole »Gehorsam dem Befehl« spiegelte den Ehrenkodex der einfachen Soldaten und der humanistisch gebildeten Offiziere, die bereit waren, für das Vaterland zu sterben. Auf zahlreichen Friedhöfen, die an die Toten des Ersten Weltkrieges erinnerten, verliehen Simonides' Verse entweder im griechischen Original oder in deutscher Übersetzung dem Tod abertausender deutscher Soldaten einen Sinn.

Auch in deutschen und österreichischen Schulen waren die tapferen spartanischen Kämpfer präsent. Im Bundesgymnasium Feldkirch im westösterreichischen Vorarlberg verewigte eine 1922 eingeweihte Steintafel 72 ehemalige Schüler und zwei Lehrer, die alle im Ersten Weltkrieg gefallen waren. Das Monument betonte den Gehorsam der spartanischen Soldaten, die an den Thermopylen starben und zeigte einen Wanderer mit Stock und Tasche, der die Botschaft des sterbenden Spartaners hört. Dieser liegt am Boden und hält sein Schwert in der rechten Faust, während er mit der linken Hand auf seine toten Mitstreiter zu zeigen scheint. Unter den beiden Figuren war das griechische Epigramm des Simonides eingraviert. Es folgten in zwei Kolumnen die »Opfer des Weltkrieges 1914–1918«, die »im Kampfe für Gott, Kaiser und Vaterland« gefallen waren. Bei der Einweihungsfeier wies der Direktor des Gymnasiums ausdrücklich auf den antiken Helden als Vorbild für Patriotismus und Pflichterfüllung hin.

Die wissenschaftliche Diskussion über Sparta wurde in den zwanziger und dreißiger Jahren hauptsächlich von den Arbeiten der beiden Althistoriker Victor Ehrenberg und Helmut Berve geprägt. Ehrenberg, ein liberaler Jude, hatte an den Universitäten Göttingen und Berlin Klassische Philologie studiert.[121] In seinen Studien verband er traditionelle Quellenforschung und historische Interpretationen mit neuen Methoden und Fragestellungen. Schon als junger Gelehrter versuchte er, politische Geschichte und Ideengeschichte zusammenzuführen. Einflüsse erfuhr er dabei von seinen Lehrern Eduard Meyer und Wilhelm Weber, aber auch von Jacob Burckhardt und Max Weber. Wie so viele andere deutsche Altertumswissenschaftler seiner Zeit fühlte er sich von dem »Ideal disziplinierter Männlichkeit«, wie es die spartanischen Bürger repräsentierten, angezogen.

1925 veröffentlichte Ehrenberg sein Buch über den »Neugründer des Staates«, in dem er die einflussreiche Theorie eines einzelnen spartanischen Gesetzgebers entwickelte, der im 6. Jahrhundert v. Chr. die Polis am Eurotas neu gründet und gleichzeitig seine Gesetzesreformen dem sagenumwobenen Gesetzgeber Lykurg zugeschrieben habe. Von ihm stammt auch der historische Teil des Artikels über Sparta, der sich in der »Realenzyclopädie der classischen Altertumswissenschaft« findet. Dort konnte man lesen: »Aber die Einseitigkeit dieses Menschentums ist seine Größe. [...] Das größte aber ist, dass diese männliche und soldatische Gesellschaft im uneingeschränkten Dienste des Nomos steht, der als Verkörperung ihres Staates, ihres religiösen Glaubens, ihrer Sitte und Tradition ihr einziger Herr ist. Nur dadurch ist es möglich gewesen, dass diese Gesellschaft ihr Eigenleben fast völlig dem Staate geopfert hat.«[122]

Nach der Machtübergabe an die Nationalsozialisten am 30. Januar 1933 bekam Ehrenberg, seit 1929 ordentlicher Professor für Alte Geschichte an der Deutschen Universität in Prag, die Auswirkungen auf das gesellschaftliche und geistige Leben in der Tschechoslowakei zu spüren. Seine Familie litt unter den Auswirkungen des Antisemitismus, und für ihn wurde es schließlich unmöglich, weiterhin an der

Universität zu lehren. 1939 beschloss er, nach England zu emigrieren. Im selben Jahr distanzierte sich Ehrenberg in einem Rundfunkvortrag in Prag von seinem Bild eines »totalitären Staates« in der Antike und warnte die Zuhörer vor zeitgenössischen Vertretern des Totalitarismus, die Sparta als Vorbild für ihre eigene menschenverachtende Politik benutzten.[123]

Ehrenbergs berühmte Theorie eines einzigen spartanischen Gesetzgebers war sofort auf die Missbilligung von Helmut Berve gestoßen, der seit 1927 den Lehrstuhl für Alte Geschichte an der Universität Leipzig innehatte. Er erklärte, »der fremde Kosmos und der spartanische Geist« seien »nicht gemacht« worden, sondern »aus den letzten, zeitlosen Tiefen einer Volksseele« gewachsen.[124] Berve entwickelte seine Vorstellungen über die spartanische Geschichte in einem Aufsatz über »Sparta«, der 1931 veröffentlicht wurde, und verbreitete sie in seiner »Griechischen Geschichte«, die 1931 bzw. 1933 innerhalb der »Geschichte der führenden Völker« des Herder-Verlages erschien.[125] Nach einem treffenden Wort von Alfred Heuß ist die »Griechische Geschichte«, die durchaus älteren Darstellungen verpflichtet ist, »eine bewusste Absage an das neunzehnte Jahrhundert und richtet sich gegen solche, die in der Gegenwart noch so schrieben wie vor 1914.«[126] Berve führte erfolgreich das Konzept der Volksgeschichte in die Geschichtsschreibung der griechischen Welt ein. Er betonte die Gemeinschaft und den Willen, negierte den zersetzenden Individualismus, akzeptierte Gewalt und Selektion, rekurrierte auf das »Wesen« der »Völker« sowie auf »Stämme« und »Rassen« und rezipierte die romantische, auf Schlegel und Müller zurückgehende Dichotomie zwischen Ioniern und Doriern. Berve beharrte auf der »Gegensätzlichkeit der Stammesart und Gesinnung unter den Hellenen« und kontrastierte das »sinnenfrohe« und »farbentrunkene« Ioniertum mit der »Härte und Schwere des spartanischen Wesens«.[127] Die Schlacht an den Thermopylen war der Höhepunkt der dorischen Identität: Die Spartaner »opferten sich bewusst, nicht nur einer strategischen Notwendigkeit, sondern dem Gesetz dorischer Mannheit. Mit Recht gelten sie als die Thermopylenkämpfer schlechthin. Sie waren es, in denen der autonome griechische Mensch bewusst sich dem Schicksal entgegenstemmte, bereit, ihm zu unterliegen, aber nicht sich freiwillig ihm zu beugen.«[128]

Berve feierte in Leonidas die dorische Virilität und in der Thermopylenschlacht die staatlich verordnete Erziehung des perfekten Menschen, die militärische Tapferkeit und den unbändigen Kampfeswillen. Das archaische Sparta wurde zur Verkörperung einer zeitlosen Polis, die ihre historische Bedingtheit transzendierte und zur Metapher eines herbeigesehnten neuen deutschen Staates wurde. Krieg und Konflikt erschienen als Grundlagen der Politik. Immer wieder bemühte Berve den Begriff der »Gemeinschaft«, die durch rationale und zielgerichtete Maßnahmen herbeigeführt werden musste. Das »bewusst organisierte Gemeinschaftsleben« des »jugendstarken Sparta«[129] repräsentierte eine die gesellschaftlichen Gegensätze integrierende Staatsordnung, die er als vorbildlich für Deutschland begriff.

Schon vor dem 30. Januar 1933 hatten manche Altertumswissenschaftler – und darunter auch solche, die später als Juden verfolgt wurden – die Bausteine einer vitalistischen, irrationalen und aristokratisch-elitären Betrachtung der Antike zu einem eindrucksvollen Gebäude zusammengefügt, das unverkennbare Affinitäten zur nationalsozialistischen Weltanschauung aufwies. Ein tief sitzendes Krisenbewusstsein, die Konkurrenz wissenschaftlicher und politischer Leitsysteme, antidemokratische und antiparlamentarische Überzeugungen, die schwindende Bedeutung der Antike und ein antihistoristischer Reflex ließen nach 1933 einzelne Gelehrte auf ihrer Suche nach einem neuen Bild der Antike nationalsozialistische Ideologeme rezipieren.

10. Vom Los eines Aussenseiters: Carl Friedrich Lehmann-Haupt[*]

Exercitationibus interfui historicis, quas Berolini moderabatur vir doctissimus Theodorus Mommsen: »Übungen in Geschichte habe ich belegt, die in Berlin der herausragende Gelehrte Theodor Mommsen abhielt.«[1] Mit diesen Worten charakterisierte Carl Friedrich Lehmann in seiner lateinischen Vita, die er der Druckfassung seiner Dissertation aus dem Jahr 1886 beigegeben hatte, sein Studium bei Theodor Mommsen. Der Althistoriker war bekannt für seine seminaristischen Veranstaltungen, die einen kleinen Kreis besonders begabter und leidensfähiger Studenten in die Methoden der Altertumswissenschaften einführten. Im Mittelpunkt stand der Umgang mit epigraphischen und numismatischen Zeugnissen, die die literarische Überlieferung ergänzten. Mommsen förderte allerdings nicht die wissenschaftliche und intellektuelle Selbständigkeit seiner Schüler. Auf Kritik reagierte er höchst empfindlich. Nicht von ungefähr hatte er unter seinen Berliner Studenten den Spitznamen »Das Rasiermesser«.[2] Doch für Lehmann war er, wie er in seinem Nachruf in den »Berliner Neuesten Nachrichten« schrieb, »der Wächter der Wissenschaft«, dessen »Hinscheiden« »endgültig den Abschluss einer Blüteperiode deutschen Geisteslebens« besiegelte.[3]

Die Vita des ausgezeichneten Historikers, der wenige Jahre nach seiner Heirat mit Therese Haupt im Jahr 1901 den Doppelnamen Lehmann-Haupt annahm,[4] spiegelt nicht allein die wissenschaftliche Sozialisation und die akademische Karriere im Fach Alte Geschichte im Zeitalter des Historismus, sondern auch das Verhältnis einer Altertumswissenschaft, die primär das griechisch-römische Kulturerbe fokussierte, zur altorientalischen Philologie und Altertumskunde, die in der wissenschaftlichen und außerwissenschaftlichen Öffentlichkeit auf steigendes Interesse stieß. An seiner Biographie lassen sich zudem die Möglichkeiten und Grenzen der akademischen Karriere eines Außenseiters (oder im Bourdieuschen Sinne: eines Häretikers[5]) im Feld der klassischen Altertumswissenschaften im deutschen Kaiserreich bestimmen.

DIE SCHWIERIGEN ANFÄNGE ALS ALTERTUMSWISSENSCHAFTLER

Carl Friedrich Lehmann war mit 22 Jahren 1883 nach dem Studium der Rechte in Göttingen zum *doctor utriusque iuris* promoviert worden. Im Anschluss studierte er orientalische Sprachen und Altertumskunde, zunächst auch in Leipzig, dann an der Johns Hopkins University in Baltimore und schließlich in Berlin.[6] Seit dieser Zeit suchte er den Kontakt zu Theodor Mommsen, um sich das Wohlwollen eines mächtigen akademischen Patrons zu sichern, der nicht eigentlich sein Lehrer war, aber über großen Einfluss an der Universität, in der Akademie und in der Kultusbürokratie verfügte.

Lehmann wurde 1886 an der Friedrich-Wilhelms-Universität zu Berlin mit einer Arbeit über die Keilinschriften Šamaš-šuma-ukins, des Bruders Assurbanipals und Vizekönigs in Babylon im 7. Jh. v. Chr., zum *doctor philosophiae* promoviert. Eberhard Schrader, Professor für semitische Sprachen in Berlin und Begründer der Assyriologie in Deutschland, verfasste das Gutachten, das die philologischen Fähigkeiten des jungen Wissenschaftlers lobte, aber monierte, dass nicht immer zwischen Wichtigem und Unwichtigem geschieden sei; das »Stoffliche« sei zu sehr in den Vordergrund getreten; der Arbeit fehle »die letzte Feile«. »Das gilt auch von dem Latein des Verfassers, welches, wenn auch im Allgemeinen lesbar und verständlich, doch neben gelegentlichen grammatischen Versehen der Missgriffe in der Wahl der lateinischen Ausdrücke und Redewendungen nicht entbehrt.«[7] Das Gesamturteil war keineswegs positiv, auch wenn die Zulassung zur mündlichen Prüfung beantragt wurde. Zwar verwies Schrader auf den Erkenntnisgewinn der Arbeit, verlangte aber für deren Druck eine gründliche Überarbeitung.

Geprüft wurde Lehmann in den Hauptfächern Assyriologie und Arabisch sowie im Äthiopischen als Nebenfach. Manche seiner Antworten wurden als klar und präzise gelobt. Seine Kenntnisse der äthiopischen Literatur jedoch waren »unsicher und lückenhaft«, und beim Übersetzen arabischer Texte bedurfte er der »Nachhilfe«. Seine grammatischen Kenntnisse erwiesen sich als »befriedigend«, »wenn auch nirgends besonders tief«. »Auf literarhistorischem Gebiet ergaben sich Lücken.« Dann hieß es: Augenscheinlich habe der Kandidat »durch großen Eifer und Fleiß zu ersetzen gesucht, was seinem Studium an Dauer fehlt«. Das Resultat entsprach »den üblichen Forderungen in der Hauptsache«. Die Fakultät beschloss, dass Lehmann das Examen mit *cum laude* bestanden habe. Die Promotion wurde am 13. Oktober 1886 vollzogen. 25 Jahre war Lehmann alt. Er strebte trotz des nur bedingt verheißungsvollen Auftaktes eine wissenschaftliche Karriere an. 1887/88 war er Volontär und Hilfsarbeiter in der ägyptischen Abteilung der Königlichen Museen.[8]

Die Habilitation an der Philosophischen Fakultät der Berliner Friedrich-Wilhelms-Universität erfolgte sieben Jahre später, am 18. Oktober 1893, unter dem Dekan Otto Hirschfeld, der 1885 Mommsens Nachfolge auf dem Ordinariat für römische Altertumskunde angetreten hatte.[9] Es war der zweite Anlauf. Lehmann beantragte am 1. März 1893 die Lehrberechtigung, die Venia für Alte Geschichte.[10] Ein erster Antrag auf Zulassung war im Jahr zuvor gescheitert. Lehmann hatte sich damals »um die Facultas für alte Geschichte und Assyriologie« beworben, war aber nicht zum Kolloquium zugelassen worden, weil »die von ihm eingereichte geschichtliche Arbeit als ungenügend befunden« worden war.[11]

1892 war sein schmales Buch über Šamaš-šuma-ukin in der Assyriologischen Bibliothek bei Hinrich in Leipzig erschienen.[12] Das gebundene Exemplar sandte Lehmann vor der entscheidenden Fakultätssitzung an Mommsen. Allerdings sah er voraus: »Der Gegenstand hat ja keinen Anspruch auf Ihr näheres Interesse.«[13] Deshalb erinnerte er auch an einen römisch-rechtlichen Beitrag, der bereits 1888 in der Savigny-Zeitschrift veröffentlicht worden war.[14] Doch der Brief an Mommsen, in dem er um Unterstützung warb, half nichts.[15] Edition, Kommentar und Übersetzung inschriftlicher Zeugnisse vom Anfang der Regierungszeit des babylonischen Herrschers genügten für eine althistorische Habilitation nicht, zumal sich das Thema des Buches mit dem der sechs Jahre zurückliegenden Dissertation deckte. Mommsen musste den Kandidaten trösten. Er solle sich »durch diesen Echec nicht werfen lassen, sondern wiederkommen«.[16] Lehmann dankte Mommsen für diesen Zuspruch in seinem Nachruf, den er über zehn Jahre später für den am 1. November 1903 verstorbenen Historiker verfasste: »So zu ermutigen und aufzurichten vermochte keiner wie er. Wer sich missverstanden glaubte, in seiner

Laufbahn Hinderungen erfuhr, dem hielt er zum Troste die einstigen eigenen Erlebnisse vor, wiewohl der Vergleich tatsächlich nur wenig passte.«[17]

Schon kurz nach dem *échec* im ersten Verfahren berichtete Lehmann in einem Brief an Mommsen über eine ausführliche und offene Unterredung mit Ulrich Köhler, der seit 1886 das zweite Ordinariat für Alte Geschichte an der Berliner Universität innehatte.[18] Er habe die Überzeugung gewonnen, »dass es, wenn auch gewiss nicht leicht, so doch nicht aussichtslos« sei, dessen »Ansprüchen zu genügen«. Er habe den Plan einer neuen Arbeit über Herodot gebilligt und »sich auch damit einverstanden erklärt, dass die sonstige Prüfung meiner Kenntnisse sich außer auf das Gebiet des alten Orients vornehmlich auf die Periode Alexanders des Großen und die hellenistische Zeit beziehe«. Lehmann hoffte, »kein zu großes Risiko auf sich« zu nehmen, wenn er nach dem Scheitern des vorausgegangenen Verfahrens seine Lehrbefugnis beschränkte, d. h. »zunächst die venia für Alte Geschichte namentlich der orientalischen Völker« beantragte.[19] Doch die Unsicherheit war groß. Noch intensiver als zuvor suchte er Mommsens Nähe: »Ich werde gelegentlich einmal früh Morgens anfragen, betone aber dabei, dass da ich einen regelmäßigen Frühgang mache mir eine eventuelle Abweisung und ein ev. mehrfacher Versuch weit weniger drückend sein würden als das Gefühl, Sie in dringenden Geschäften zu stören.«[20]

Im folgenden Jahr legte Lehmann als Habilitationsschriften außer seiner Monographie über Šamaš-šuma-ukin dreizehn Aufsätze und Rezensionen sowie das umfangreiche Manuskript »Beiträge zur historischen Kritik des Herodot« nebst Karten vor, das einen prominenten Autor der klassischen Altertumswissenschaften eingehend traktierte und den griechischen Text mit der altorientalischen Überlieferung verglich.[21] Die Gutachten verfassten der Althistoriker Ulrich Köhler und der Assyriologe Eberhard Schrader. Köhler führte aus, dass die »sehr umfangreiche Arbeit« zu Herodot, die mit Nachträgen und Berichtigungen 526 Seiten umfasste, den »Zweck« habe, »die Berichte Herodots über Babylonien und Assyrien zu sichten und aus den orientalischen Geschichtsquellen zu rektifizieren und zu ergänzen«. Ein Gesamturteil zu fällen fiel Köhler nicht leicht, weil sich die Arbeit auf sehr disparate Gegenstände erstrecke; sie zeuge aber im Vergleich zu der im ersten Verfahren eingereichten Untersuchung »von größerer Sorgfalt« und beweise, dass der Verfasser sich mit Erfolg bemüht habe, seine Studien zu vertiefen. Doch »das Haschen nach blendenden Hypothesen« habe sich Lehmann »noch nicht abgewöhnt«. Zu den manifesten Mängeln der Arbeit rechnete Köhler »die selbstgefällige und dilettantenhafte Breite«. Im Zeitalter der Spezialisierung war ein fächerübergreifender Ansatz riskant. Insgesamt jedoch zeigte sich Köhler angetan: Der gelungenste und wertvollste Teil der Untersuchung liege »in der Verbindung der orientalischen Quellen mit der griechischen Überlieferung«. Doch von Lehmanns Kritik an dem griechischen Historiker distanzierte er sich: Die in der Arbeit zu Tage tretende Auffassung, »nach welcher Herodot zwar kein frecher Schwindler, wie behauptet worden ist, aber ein großer Confusionarius gewesen wäre, wird schwerlich als begründet angesehen werden können«. Es fehle Lehmann »nicht an Gedanken und Kombinationsgabe«, aber es fehle ihm »die nötige Selbstkritik«. Köhler schloss versöhnlich: Insgesamt sei die »eingereichte Arbeit für ihre Bestimmung genügend«.

Schrader stimmte »nach Durchsicht der die orientalischen Geschichtsquellen vornehmlich betreffenden Partien der Abhandlung« Köhlers Antrag auf Zulassung »zu den weiteren Habilitationsleistungen für das Fach der alten Geschichte zu«. Auf Abweisung des Antrages plädierte nur der Klassische Philologe Johannes Vahlen. Die Zulassung zum Kolloquium erfolgte auf der Fakultätssitzung am 22. Juni mit denkbar knappem Ergebnis: Sie wurde mit 18 gegen 16 Stimmen beschlossen. Die Probevorlesung behandelte das Thema »Der erste Syrische Krieg und das Königtum der Seleukiden«. Das Kolloquium verlief Ende Juli 1893 erfolgreich, zumal Ernst Curtius »noch einige anerkennende Bemerkungen über die metrologischen Studien« Lehmanns fallen ließ. Die Zulassung zur Habilitation wurde daraufhin von der Fakultät einstimmig genehmigt. Seine öffentliche Vorlesung hielt Lehmann am 18. Oktober 1893 um 11 Uhr in der Aula der Friedrich-Wilhelms-Universität über »Das altarmenische Reich von Van«. Damit behandelte er einen Gegenstand, der ihn auch künftig beschäftigten sollte. Großes Interesse zeigte die Fakultät indes nicht an dem Nachwuchswissenschaftler: Von den Ordinarien fanden nur Köhler, Schrader, Diels und Hirschfeld den Weg in die öffentliche Vorlesung – und der Dekan August Kundt, ein Physiker. Aber Carl Friedrich Lehmann war nun Privatdozent der Alten Geschichte – und wartete auf den Ruf auf eine althistorische Professur. Doch ebendieser Ruf stellte sich nicht ein.

DAS PREKARIAT DER PRIVATDOZENTEN

»Das akademische Leben ist also ein wilder Hazard.«[22] Max Weber hat in seinem berühmten Vortrag über »Wissenschaft als Beruf« von 1919 überzeugend herausgearbeitet, dass eine universitäre Karriere im deutschen Hochschulsystem schlechterdings nicht planbar ist. Denn der akademische Novize ist zahlreichen Unwägbarkeiten ausgesetzt. Die zyklischen Schwankungen in der Einstellungspraxis der

Universitäten unterwerfen die individuelle Lebensplanung des angehenden Wissenschaftlers dem Zufall. Webers Bemerkungen über das Schicksal spät oder gar nicht berufener Privatdozenten sind zeitlos. Den Grund für den Erfolg des »wilden Hazard« im akademischen Leben sieht Weber nicht in »persönlichen Minderwertigkeiten« der verantwortlichen Akteure und Institutionen, sondern vor allem in den Unzulänglichkeiten der kollektiven Willensbildung in Berufungsverfahren, in der die einzelnen Entscheidungsträger zu Kompromissen verpflichtet sind, die verhindern können – und es auch tatsächlich tun –, dass die »Tüchtigkeit« des Kandidaten für die »Auslese« wichtiger ist als das Glück.[23]

Lehmann musste als Privatdozent folglich neue Projekte auftun, um sich wissenschaftliche Perspektiven zu eröffnen und um die auch materiell prekäre Existenz zu bewältigen. Er wandte sich der Geschichte des Kaukasusgebietes zu und entdeckte Sprache und Kultur der Urartäer, die er nach ihrem Hauptgott Chalder nannte.[24] Sein Interesse wurde gefördert durch die Bekanntschaft mit dem Chemiker Waldemar Belck, der für den Siemenskonzern in einem Kupferbergwerk in Transkaukasien tätig war und im Auftrag Rudolf Virchows, der für seine anthropologischen Forschungen bereits früher den Kaukasus bereist hatte, nach Eriwan und Van aufgebrochen war und Inschriften erfasst hatte. Für Mommsen war Mitte der 1890er Jahre Lehmanns armenischer Forschungsschwerpunkt wichtig, da für die »Griechischen Christlichen Schriftsteller« neben der Kirchengeschichte auch die Chronik des Eusebius von Caesarea ediert wurde, für deren Rekonstruktion außer der lateinischen Übertragung des Hieronymus auch eine armenische Übersetzung herangezogen werden musste.[25] Dabei kam einer Handschrift aus dem 15 km westlich von Eriwan gelegenen Kloster Etschmiadsin besondere Bedeutung zu; eine Abschrift der ersten vierzehn Seiten des Textes, Vergleichung einer größeren Anzahl ausgewählter Stellen und der Jahreszahlen der Chronik sowie photographische Faksimiles stellte damals ein Geistlicher jenes Klosters, Galust Tēr Mkrtičean, zur Verfügung. Als Übersetzer aus dem Armenischen wurde der Marburger Indogermanist und Iranist Ferdinand Justi gewonnen.

Schon 1893 wurde die Möglichkeit einer Expedition nach Armenien ventiliert.[26] Mommsen war sofort gewonnen,[27] und auch der einflussreiche Mediziner und Anthropologe Rudolf Virchow unterstützte den Plan.[28] Diese Forschungen zu fördern, sei notwendig, so wurde Lehmann nicht müde auszuführen, um Deutschlands wissenschaftliche Hegemonie auch auf diesem Gebiet zu sichern: »Das Interesse an diesem bisher weniger beachteten Gebiet wächst, und wenn die Arbeiten nicht von deutscher Seite fortgeführt werden, so werden Franzosen, Engländer, Amerikaner nicht lange säumen einzugreifen und, auf den nunmehr gemeinsamen Bahnen fortschreitend, holen, was zu finden ist.«[29] 1894 wollte man die Expedition antreten,[30] aber die Pogrome gegen die armenische Zivilbevölkerung verhinderten die Realisierung des Unternehmens: »Was unsere Reiseangelegenheit betrifft, so hat eine unter der Hand bei der deutschen Botschaft in Konstantinopel eingezogene Erkundigung bestätigt, dass eine Bereisung Armeniens« nicht möglich sei, schrieb Lehmann an Mommsen. »Die Türken« mit Sultan Abdülhamid II. »an der Spitze«, würden alles »als Spionage betrachten«.[31]

Die Planungen wurden in den nächsten Jahren fortgesetzt. Mommsen half, die Finanzierung zu sichern. 1898/99 bereiste Lehmann zusammen mit Waldemar Belck im Auftrag der Berliner Akademie der Wissenschaften und mit Unterstützung der Göttinger Gesellschaft der Wissenschaften, der Rudolf-Virchow Stiftung, der Hamburger Averhoff- und Kellinghusen-Stiftungen, der Hamburger Geographischen Gesellschaft und des Kaiserlichen Dispositionsfonds »Russisch-, Persisch- und Türkisch-Armenien«, um die bekannten chaldischen, d. h. urartäischen Inschriften zu kollationieren, nach weiteren Keilinschriften zu suchen und »die zu durchreisenden Gebiete nach Möglichkeit und Bedarf zu erforschen«.[32] Nicht nur von Schnee verschlossene Pässe machten die Reise beschwerlich. »Räuberische Überfälle und Scharmützel mit Kurden waren trotz Kavallerieeskorte an der Tagesordnung.«[33] Doch es konnte ein riesiges Gebiet wissenschaftlich erschlossen werden. Die epigraphische Ausbeute war eindrucksvoll: Die Zahl der bekannten »chaldischen« Keilinschriften verdoppelte sich nahezu; 1350 Zeilen kamen neu hinzu. Zu den bedeutendsten Entdeckungen zählte die dreizeilige Felsinschrift von Kaisaran am türkischen Van-See.[34]

Carl Friedrich Lehmann setzte indes nicht allein auf ein neues Forschungsgebiet. Er wollte zugleich von der Begeisterung für Corpora profitieren, die im Zeitalter des Historismus unter Altertumswissenschaftlern herrschte. Er plante daher eine nach Provenienz geordnete, systematische Sammlung des gesamten vorhandenen Materials an antiken Gewichten und ihre Vereinigung in einem *Corpus ponderum antiquorum*, das von den wichtigsten Typen und Exemplaren genaue Abbildungen bieten sollte. Zur Ausführung gelangte dieses Unternehmen nicht. Doch Lehmann verfolgte seit seiner Forschungsreise nach Armenien noch einen weiteren Plan, der allerdings erst viele Jahre später realisiert werden konnte. Er wollte ein *Corpus Inscriptionum Chaldicarum* vorlegen, das nach dem Vorbild des von Mommsen begründeten lateinischen Inschriftenwerks, des *Corpus Inscriptionum Latinarum*, alle chaldischen, d. h. urartäischen Inschriften erfassen sollte. In Zusammenarbeit mit Felix Bagel und seinem Schüler Fritz Schachermeyr gab er 1928 und 1935 die ersten beiden Bände heraus.[35]

10. VOM LOS EINES AUSSENSEITERS

Ein weiteres Projekt des Privatdozenten hatte hingegen durchschlagenden Erfolg. Seit 1900 verfolgte Lehmann mit Mommsens Unterstützung energisch den Plan, eine althistorische Zeitschrift zu gründen. Er benötigte dessen Hilfe, denn die Anfänge waren alles andere als einfach. Es gab durchaus Konkurrenz: Der Musikwissenschaftler und Verleger August Hettler hatte 1899 die »Zeitschrift für alte Geschichte« gegründet. Als er von Lehmanns Plänen hörte, bot er sie ihm zum Verkauf an. Lehmann aber trat auf das Angebot nicht ein, nachdem ihm Alfred Giesecke vom Verlag B. G. Teubner auf dem Historikertag in Halle gesagt hatte, »dieser Herr sei kann Fachmann, sondern ein unvorteilhaft bekannter buchhändlerischer Spekulant, der Zeitschriften gründet, um sie kurz darauf zu verkaufen«.[36]

Damit nicht genug. Lehmann musste sich zudem des Vorwurfs des Plagiats erwehren. Der Berliner Ordinarius für Historische Geographie, Wilhelm Sieglin, verbreitete die Behauptung, dass Lehmann die Idee für diese Zeitschrift ihm »entlehnt«, mithin gestohlen habe.[37] Es kam zu einem heftigen Streit.[38] Sieglin beharrte darauf, dass Lehmann einen »Gedanken«, den er ihm »mitgeteilt« habe, »unrechtmäßig verwertet« habe. Die Nerven lagen blank. Inzwischen ging es nicht mehr nur darum, dass Sieglin auf Lehmanns Verlobungsanzeige von Weihnachten 1900 nicht geantwortet hatte. »Im verletzendsten Tone« habe Sieglin geschrieben, »geradezu beleidigende Ausdrücke« gefunden, klagte Lehmann. Schließlich warf er seinem Widersacher »schwere Ehrenkränkungen« vor, die dieser zurücknehmen müsse.

Trotz dieses denkbar ungünstigen Auftakts konnte sich Lehmanns Zeitschrift, die zunächst »Beiträge zur Alten Geschichte« und seit 1904 »Klio. Beiträge zur Alten Geschichte« hieß, im wissenschaftlichen Feld durchsetzen. Mommsen und Hirschfeld, seine Berliner Patrone, standen zu ihm. Beim Aufbau der Zeitschrift half Ernst Kornemann, der Privatdozent an der Universität Gießen war und seit dem dritten Jahrgang von 1903 als Mitherausgeber einstieg. Kornemann hatte noch bei Mommsen und Hirschfeld studiert und war – ebenso wie Lehmann – ein großer Bewunderer Mommsens: »Zu Mommsens Füßen gesessen zu haben, war Zeit seines Lebens Kornemanns Stolz. Seine schier abgöttische Verehrung für ihn war auch nicht durch das Bewusstsein getrübt, dass Mommsens gigantische Größe für seine Nachfahren mit der Last des Epigonentums erkauft war.«[39]

Von Anfang an setzte Lehmann auf die Internationalisierung der Zeitschrift. Mitarbeiter sollten aus dem Ausland gewonnen werden, so Ettore Pais in Italien und René Cagnat in Frankreich.[40] Kein geringerer als Wilamowitz applaudierte: Die Beiträge hätten »recht gute Artikel gebracht und vor allem Ausländer herangezogen«, zu denen auch »ein junger Russe«, Rostovtzeff, zähle, den Wilamowitz »für einen Forscher ersten Ranges« hielt; dieser würde ohne diese Zeitschrift »weder deutsch noch an einem zugänglichen Ort schreiben«.[41]

Als Kornemann allerdings seine Studien zum *Monumentum Ancyranum* publizierte, die sich von Mommsens Interpretation distanzierten,[42] nahm Otto Hirschfeld Anstoß. Lehmann verteidigte seinen Mitherausgeber. Ein gegen Mommsen polemisierender Artikel könne durchaus auch in dem Faszikel der »Klio« veröffentlicht werden, der »durch sein Bild und Worte des Gedenkens speziell mit seinem Andenken verknüpft« werde. »Dass sein Gedächtnis *auch* darin gepflegt wird, dass man über Mommsen hinausgeht, nachprüft und berichtigt, wird ohnehin voraussichtlich ausgesprochen werden.«[43]

Während Ernst Kornemann 1902 als außerordentlicher Professor nach Tübingen berufen wurde, hatte Lehmann Schwierigkeiten, in Berlin eine unbesoldete außerordentliche Professur zu erlangen. Nicht nur der »wilde Hazard« der Berufungen war ihm abträglich, sondern auch seine wissenschaftliche Schwerpunktsetzung, die ihn zum Außenseiter im wissenschaftlichen Feld machte.

CARL FRIEDRICH LEHMANN UND DIE ALTERTUMSWISSENSCHAFT

»Die unscheinbare Grabinschrift eines Privaten und der Rechenschaftsbericht über ein kaiserliches Leben, der späte Chronist und der dürftige Epitomator neben den nüchternen Annalisten und dem tiefsinnigen Historiker, die ihre eigene Epoche behandeln; der Papyrus, die Tontafel und das Schleuderblei; die Münze, nicht bloß nach Aufschrift und Bild, sondern nach Schrot und Korn; Rechtsnorm wie Maß und Gewicht; Kunstschöpfung und Stümperwerk, Sprachgeschichte und Schrift, religiöse Lehre und rituelle Mystik – sie alle sind an sich gleichberechtigte Gegenstände und Hilfsmittel der historischen Forschung.«[44]

Mit diesen Worten charakterisierten Carl Friedrich Lehmann und Ernst Kornemann »Mommsens Vermächtnis« nach dessen Tod am 1. November 1903. Sie folgten dem historisch-kritischen Ansatz der historistischen Altertumswissenschaften und postulierten kategorisch die Zusammenschau unterschiedlicher Methoden und Quellen, um die traditionelle Zersplitterung der Altertumswissenschaften zu überwinden. Methodisch schloss dies an die idealistische Vision August Böckhs an, dass die vollständige Erfassung der Überlieferung – die *cognitio totius antiquitatis* – die notwendige Grundlage der wahrheitsgetreuen Rekonstruktion der historischen Wirklichkeit sei.

Teil dieser *cognitio totius antiquitatis* wurde der Alte Orient, dessen Erforschung an der Wende vom 19. zum 20. Jahrhundert durch zahlreiche Ausgrabungen starke Impulse erfuhr.[45] Das öffentliche Interesse an den »Ländern der Bibel«, wie es damals hieß, stieg durch die expansive Forschungsfinanzierung des Deutschen Reiches und die stetig wachsende Zahl neuer Funde. 1898 wurde die Deutsche Orient-Gesellschaft in Berlin gegründet, um Forschungen auf dem Gebiet der orientalischen Altertumskunde zu fördern und um die Königlichen Museen bei der Erwerbung orientalischer Altertümer, Kunst- und Kulturdenkmäler zu unterstützen.[46] 1902 und 1903 erschütterte der von dem Assyriologen Friedrich Delitzsch losgetretene Babel-Bibel-Streit eine breite Öffentlichkeit, in dem um die Bewertung der babylonisch-assyrischen Kultur im Vergleich zur alttestamentlichen Überlieferung gerungen wurde.[47]

Der *furor orientalis*[48] erfasste auch Carl Friedrich Lehmann. Die Kultur und Geschichte Babyloniens und Assyriens faszinierten ihn, die Probleme der altorientalischen Chronologie fesselten ihn, und zur philologischen und historischen Auswertung der Überlieferung wollte er beitragen. Im Gegensatz zu Eberhard Schrader oder Julius Wellhausen lehnte er es jedoch ab, die neu entdeckten altorientalischen Quellen in die Wissenschaft vom Alten Testament einzubringen; wie seine Lehrer Friedrich Delitzsch und Paul Haupt verfolgte er kein theologisches, sondern ein säkulares Erkenntnisinteresse. Die Altorientalistik war für ihn integraler Bestandteil einer Altertumswissenschaft, die weit in Zeit und Raum ausgriff: »Es heißt nicht nur die Fäden rückwärts verfolgen, die von Rom über Alexanders großartige Gestalt und über die Griechen hinüberführen zu den altorientalischen Kulturstaaten Vorderasiens, sondern zugleich muss der Weg vorwärts gegangen werden von Rom aus und zwar nicht bloß auf abendländischem Boden. Von Rom aus weiterschreitend müssen wir suchen Byzanz verstehen zu lernen. In den orientalischen Provinzen dieses Reiches haben alte Geschichte und alte Kultur ihre letzten Ausläufer, wie sie einstmals dort ihren Ausgang genommen hatte.«[49]

Die Wissenschaft von der griechisch-römischen Antike war epistemologisches und methodisches Paradigma. Die gesamte orientalistische Forschung stand im Schatten der klassischen Altertumswissenschaft. Lehmann wagte deshalb nicht den Bruch mit der Alten Geschichte. In dem Grundriss zur griechischen Geschichte, der 1912 in erster und 1923 in zweiter Auflage in der von Alfred Gercke und Eduard Norden herausgegebenen »Einleitung in die Altertumswissenschaft« erschien, bekannte er sich zur »klassischen Altertumskunde«: »Hauptziel der Altertumskunde« sei »die Erkenntnis der Wirkung und der Verbreitung der griechischen Kultur, die auch der römischen zugrunde liegt und hauptsächlich durch deren Vermittlung auf die unsere lebendig fortwirkt«. Und im Anschluss an Böckh formulierte er: »Aufgabe der Geschichte ist es, das Gewordene als Werdendes zu verstehen. Historisch geworden ist auch das Volkstum der Hellenen.«[50]

Der Alte Orient gehörte zu einer umfassenden Altertumswissenschaft, die Eduard Meyer theoretisch und inhaltlich begründete.[51] Doch universalhistorische Reflexionen waren Lehmanns Sache nicht. Er schrieb vielmehr die hegemoniale Position der griechischen und römischen Vergangenheit fort und konzipierte den Alten Orient in dem Grundriss als ein ›Präludium‹ der griechischen Geschichte. Die Sonderrolle der Griechen wurde nicht in Frage gestellt.[52] Auch sonst folgte Lehmann den historiographischen Konventionen der Zeit: Er gab einen ereignisgeschichtlichen Überblick, in dem nur die metrologischen Exkurse auffallen.[53] Lehmann warnte zugleich vor der »Überschätzung der tatsächlichen und scheinbaren Ergebnisse der Assyriologie gegenüber den durch ältere, namentlich klassische Quellen und andere Forschungsmethoden gewonnenen Ergebnissen«; dies sei eine »sattsam behandelte und vielbesprochene Erscheinung«.[54] Der Althistoriker Lehmann widerstand, so konnte man zugespitzt formulieren, der Versuchung des Panbabylonismus. 1903 distanzierte er sich in seiner Schrift »Babyloniens Kulturmission einst und jetzt« ausdrücklich von seinem Lehrer Friedrich Delitzsch; statt sich ausschließlich auf den Einfluss von »Babel« auf das Alte Testament zu konzentrieren, wollte er eine breitere Diskussion der Bedeutung des mesopotamischen Erbes für die Kulturgeschichte des Mittelmeerraumes. Auch als Lehmann die Ergebnisse seiner Forschungsreise nach Armenien publizierte, bekannte er sich zu einer klassischen Altertumswissenschaft, die auch die altorientalische Geschichte berücksichtigt: »Nicht als Spezialist auf orientalischem Gebiet bin ich gereist, sondern als Historiker, dessen eigentliches Forschungsgebiet das ganze Altertum bis zu seinen späten Ausgängen in spätrömischer und frühbyzantinischer Zeit ist, und der daher den Perioden des klassischen Altertums seine Aufmerksamkeit nicht minder zuwendet wie der früheren Zeit.«[55]

Lehmann erschloss, wie so viele andere Privatdozenten, neue Gebiete, vor allem die Geschichte Altarmeniens, schrieb Maßgebliches zur antiken Metrologie, leistete seinen (meist nicht vergüteten) Beitrag zur akademischen Lehre und unterstützte den Ausbau und die Diversifizierung seines Faches. Dennoch erhielt er im Kaiserreich keinen Ruf auf ein besoldetes Extraordinariat oder Ordinariat. Vier Faktoren dürften Lehmanns akademischen Aufstieg in der Alten Geschichte behindert haben:

Lehmann hatte *erstens* ein Spezialgebiet, das eher abseits lag: die Metrologie.[56] Auch hier wies er Tendenzen zurück, die *a priori* griechisch-römische Maße und

Gewichte auf babylonische Vorläufer zurückführen wollten, und betonte statt dessen die Bedeutung von Normeinheiten und ihren Bruchteilen, um Abhängigkeiten in metrologischen Systemen verschiedener Gebiete und Epochen differenziert rekonstruieren zu können. Kategorisch forderte er deshalb eine vergleichende Metrologie und berief sich auf August Böckh, Theodor Mommsen und Johannes Brandis. Doch das Interesse, das Mommsen den einschlägigen Studien entgegenbrachte, war nicht repräsentativ:[57] Die große Mehrzahl der Altertumswissenschaftler erreichte Lehmann mit seinen metrologischen Untersuchungen nicht, die eine vergleichende Kulturtransferforschung *avant la lettre* betrieben.

Zweitens vertrat Lehmann in Fragen der historischen Kritik, genauer: in der Beurteilung des Verhältnisses von Mythos und Geschichte eine Minderheitsposition. Mochte seine Distanz zur »radikalen Richtung der Quellenkritik«, die Karl Julius Beloch vertrat, noch auf einige Zustimmung stoßen,[58] so isolierte ihn sein Widerspruch gegen Eduard Meyers Forderung, der Historiker müsse den Beweis antreten, dass eine Erzählung geschichtlich sei oder zumindest einen geschichtlichen Kern habe.[59] Dagegen argumentierte Lehmann in seinem Buch über »Israel, seine Entwicklung im Rahmen der Weltgeschichte« (Tübingen 1910), dass »jede Überlieferung, die sich bei einem Volke über dessen eigene Vorgeschichte, wenn auch in sagenhafter Gestaltung und Umkleidung erhalten hat, bis zum Beweise des Gegenteils als im Kerne historisch angesprochen werden muss«.[60]

Drittens galt Lehmann im Zeitalter der fortschreitenden disziplinären Spezialisierung als Generalist, der zu breit publizierte, zu viele Themengebiete abdeckte und kein klares Profil hatte. Stimmen wie die von Wilamowitz waren die Ausnahme: »Dr. Lehmann macht anerkennenswerte Anstrengungen, die orientalische Geschichte mit der griechisch römischen zu verbinden, und das ist wissenschaftlich eben so wünschenswert wie für den Unterricht notwendig.«[61] Lehmann war ein Wanderer zwischen den Welten und stieß deshalb auf Kritik in beiden Feldern, die seine Arbeiten berührten: Assyriologen hielten ihm wissenschaftliche Unzuverlässigkeit vor,[62] für Althistoriker hatte er sich zu wenig in der griechischen und römischen Geschichte ausgewiesen.[63]

Viertens führte Lehmanns habituelle Theorieferne zu methodischer Verengung. Quellenkritik und Texthermeneutik standen im Vordergrund, übergreifende Fragestellungen wurden kaum mehr verfolgt. Wissenschaftlich wegweisende Synthesen vermochte Lehmann nicht vorzulegen, lieber schrieb er umfassende Überblicke, die für ein breites Publikum bestimmt waren.[64] Auch hier traf Wilamowitz den Punkt: »Ich halte Lehmann nicht für einen für die Tiefe stark begabten Mann, aber wohl hat er recht weite Kenntnisse.«[65]

Max Weber hatte zu seiner Feststellung, dass das akademische Leben »ein wilder Hazard« sei, hinzugefügt: »Ist er ein Jude, so sagt man ihm natürlich: *lasciate ogni speranza*« – lassen Sie alle Hoffnung fahren.[66] Im Falle von Carl Friedrich Lehmann, der aus einer Hamburger Patrizierfamilie mit jüdischen Vorfahren stammte, lässt sich allerdings nicht nachweisen, dass antisemitische Vorurteile, die im Kaiserreich auch an den Universitäten zu finden waren, seine Schwierigkeiten, eine Professur zu finden, bedingt oder verstärkt hätten. Bereits Lehmanns Großeltern waren zum Protestantismus konvertiert, und Lehmann selbst bekannte sich zu seiner evangelischen Konfession, wie er in der Vita, die seiner Dissertation beigefügt war, ausdrücklich schrieb.[67]

Der beschwerliche Weg zum Extraordinariat

1900 wechselte Ulrich Wilcken, Mommsens Starschüler, an die Universität Würzburg. Sein Ordinariat in Breslau war vakant. Lehmann fasste Hoffnungen: 1898 hatte er seine 224 Seiten starke Arbeit »Zwei Hauptprobleme der altorientalischen Chronologie und ihre Lösung« vorgelegt, und im selben Jahr war er zu seiner rund eineinhalb Jahre dauernden Forschungsreise nach Armenien aufgebrochen. Gerade zurückgekehrt, hatte er im November 1899 den Kontakt zu Mommsen gesucht, damit dieser ihn im Ministerium ins Gespräch bringe, obwohl er wusste, dass dieser – ebenso wie Hirschfeld – von einem Antrag auf Beförderung abgeraten hatte.[68] Jetzt schrieb er wieder an Mommsen und erinnerte ihn an den Bericht über die armenische Forschungsreise, den er auf einer außerordentlichen Sitzung der Berliner Gesellschaft für Anthropologie, Ethnologie und Urgeschichte im Januar 1900 vorgetragen hatte. Durch Mommsens Anwesenheit sei seinen Ausführungen »die schönste Weihe gegeben« worden, setzte er hinzu. Dann kam er zu seinem eigentlichen Anliegen. Durch Wilckens Weggang sei »seit langer Zeit« zum ersten Male »wieder eine Professur für Alte Geschichte an einer preußischen Universität frei«, schrieb er an Mommsen. Doch Lehmann reüssierte nicht; an die schlesische Friedrich-Wilhelms-Universität wurde der Leipziger Extraordinarius Conrad Cichorius berufen.[69]

Lehmann gab nicht auf. Er strebte nach einer außerordentlichen Professur in Berlin. Doch in welchem Fach? Seine Vorlesungen und Übungen behandelten das Gebiet der altorientalischen, der klassisch griechischen sowie der hellenistischen Geschichte; zudem führte er die Studenten in die Metrologie ein.[70] Mommsen schlug deshalb vor, eine Professur für altorientalische Geschichte oder für Alte Geschichte mit besonderer Betonung der altorientalischen Geschichte zu beantragen. Dabei müsse aber sichergestellt sein, dass Lehmann das Gebiet der griechischen Geschichte in der Lehre abdecke.[71]

Die Sache ging nur zäh voran. Der Privatdozent bat im April 1901 Mommsen, »ein fürsprechendes Wort« bei dem mächtigen Ministerialbeamten Friedrich Althoff einzulegen.[72] Lehmann wusste, dass nicht nur Berufungen, sondern auch allfällige Beförderungen und Vertretungsangebote über Althoffs Schreibtisch gingen. Und er wusste, dass Mommsen damals noch immer einer der wichtigsten Vertrauten von Althoff in den Altertumswissenschaften war. Anfang September 1901 fragte Althoff tatsächlich an, ob Mommsen damit einverstanden sei, dass der Privatdozent Carl Friedrich Lehmann den erkrankten Ulrich Köhler auf dem Berliner Lehrstuhl für Alte Geschichte vertrete.[73] Mommsen antwortete wohlwollend: »Dass Lehmann Lehrauftrag erhalten soll, freut mich für ihn wie für uns; es steckt etwas in ihm, wenn es auch noch recht gärt und nicht immer erfreulich ist.« Aber Lehmann zählte nicht zu Mommsens engsten Favoriten, wie er in seinem Schreiben deutlich machte, denn er fügte hinzu: »Sollte es sich einmal um Besetzung des Ordinariates handeln, so denken Sie doch an Wilcken. Der ist für die spätere griechische Geschichte (von der Alexanderzeit an) als Dozent recht brauchbar, und auf die Papyrusschätze und diese Forschung werden Sie auch so weit möglich Rücksicht nehmen.«[74] Ulrich Wilcken war durch Mommsens Protektion mit 27 Jahren 1889 an die Universität Breslau berufen worden und stieg in der Folge kometenhaft auf.[75] 1917 erhielt er als Nachfolger von Otto Hirschfeld einen Ruf an die Berliner Universität, nachdem Eduard Meyer 1902 Ulrich Köhlers Nachfolge angetreten hatte.[76]

Der vierzigjährige Carl Friedrich Lehmann wurde am 24. Dezember 1901 zum unbesoldeten außerordentlichen Professor an der Philosophischen Fakultät der Universität Berlin ernannt.[77] Acht Jahre war er Privatdozent gewesen. Jetzt frohlockte er über die bezahlte Vertretung des Ordinariates und die unbesoldete außerordentliche Professur. Noch am Heiligabend schrieb er an Mommsen: »Soeben erhalte ich – außer dem Lehrauftrag und der Remuneration – meine Bestallung als außerordentlicher Professor an der hiesigen Universität, was ich Ihnen hocherfreut und mit wiederholtem innigem Dank für Ihre Hilfe anzeige.«[78]

Mommsen hatte seinen Einfluss im Ministerium und seine Verbindungen zu Althoff für eine gezielte Personalpolitik genutzt, die seinem Protegé eine Professur verschaffte. Doch in Deutschland wartete keine glänzende Karriere auf Carl Friedrich Lehmann. Seine wissenschaftlichen Qualifikationsschriften lagen nicht im *mainstream* der althistorischen Forschung, und er gehörte nicht zum *inner circle* der

Mommsenschüler. Lehmann blieb in Deutschland außerordentlicher Professor – ohne Gehalt.

»DIESE SCHÖNE HOCHSCHULE«: AUSBLICK

An Weihnachten 1901 war Lehmann guten Mutes. Der erste Jahrgang seiner Zeitschrift »Beiträge zur alten Geschichte« war erschienen, er wurde außerordentlicher Professor an der Friedrich-Wilhelms-Universität, und er heiratete seine Verlobte, die Schriftstellerin Therese Haupt, Tochter eines Stettiner Schulrates.[79] Doch in den folgenden Jahren stagnierte seine Karriere. Alle Bewerbungsbriefe, die er in eigener Sache verfasste,[80] nützten nichts. Anfang 1903 war er bei der Besetzung des Lehrstuhls in Halle im Gespräch – neben Ulrich Wilcken, dem Göttinger Privatdozenten Adolf Schulten und dem Breslauer Ordinarius Conrad Cichorius.[81] Ulrich Wilcken machte schließlich das Rennen. Der Klassische Philologe Georg Wissowa schrieb am 23. Januar 1903 aus Halle an Eduard Meyer: »Über Wilckens Berufung haben wir uns natürlich hier alle ungeheuer gefreut, um so mehr, als wir diesen Ausgang kaum mehr zu hoffen gewagt hatten.« Erst die »eindringlichen Ausführungen« der Hallenser Professoren hätten ihn überzeugt, dass »mit Leuten der Qualitätsnummer« von Adolf Schulten und Carl Friedrich Lehmann »einer Universität vom Range Halles eine Unbilligkeit zugefügt« würde.[82]

Nach dem Tode des Leipziger Althistorikers Kurt Wachsmuth 1905 gelangte die Nachricht an Lehmann, dass bei der Wiederbesetzung der Stelle auch an ihn gedacht werde. Theodor Mommsen war tot. Lehmann wandte sich nun an Otto Hirschfeld: »Für alle jetzigen und zukünftigen Möglichkeiten erschiene es mir aber wichtig, dass bei dieser bedeutsamen Gelegenheit der Mythus, ich sei nur ›Orientalist‹, der namentlich bei den klassischen Philologen eingewurzelt ist, möglichst definitiv zum Schweigen gebracht würde, indem von autoritativer Seite urgiert würde, dass ich Historiker bin und dass meine Neigungen ganz in dieser Richtung liegen.«[83] Wachsmuths Nachfolger wurde Ulrich Wilcken. 1905/6 war Lehmann im Gespräch für Wilckens Nachfolge in Halle.[84] Er scheiterte erneut.

Georg Wissowa brachte es 1910 auf den Punkt, als nach Benedikt Nieses Tod der althistorische Lehrstuhl in Halle wieder besetzt werden musste: »C. F. Lehmann-Haupt wollen wir entschieden *nicht*.« Sie brauchten einen Historiker, »der mit beiden Füssen im griechisch-römischen Altertum« stehe. Dann distanzierte sich der Philologe scharf von dem erfolglosen Extraordinarius: Der habe sich »durch seine würdelosen Bewerbungsbriefe« an verschiedenen Orten »unmöglich gemacht«.[85]

Berufen wurde Ernst von Stern, der zuvor an der Universität Odessa gelehrt und über die griechische Kolonisation am Schwarzen Meer, vor allem aber über die Geschichte Spartas und die römische Republik gearbeitet hatte.[86]

Lehmann-Haupt gab auf. Ein Jahr später, 1911, ging er nach Liverpool, wo er als Gladstone Professor of Greek tätig war. Im Juli 1914 veröffentlichte er noch einen Beitrag über »Herodotus and the Battle of Marathon« in der Festschrift für seinen Kollegen, den Historiker John Macdonald Mackay.[87] Der Erste Weltkrieg ließ ihn die Insel verlassen. Freiwillig meldete er sich zum Kriegsdienst und verfasste politische Flugschriften gegen »Englands Mißgunst und Scheelsucht« und das dort grassierende »Hirngespinst einer ›German Invasion‹«.[88] Zunächst vertrat er das althistorische Ordinariat an der Universität Greifswald. 1915 half ihm die Politik der Mittelmächte, genau: das Bündnis, das das Osmanische Reich mit dem Deutschen Reich und Österreich-Ungarn geschlossen hatte, auf den Lehrstuhl für Alte Geschichte an der Universität Konstantinopel berufen zu werden. Der Vertrag war auf fünf Jahre beschränkt und sah wöchentliche Lehrverpflichtungen bis zu zwölf Stunden vor. Glücklich war Lehmann-Haupt in Konstantinopel nicht. Die Kriegsereignisse und die Gräueltaten gegen die Armenier belasteten ihn sehr. Hermann Dessau teilte Anfang Juli 1917 Otto Hirschfeld seinen Eindruck mit, den er bei einer Begegnung gewonnen hatte: »Kürzlich sprach ich hier C. F. Lehmann-Haupt, der für einige Tage hier war und, ehe er zum Winter nach Konstantinopel zurückkehrt, noch einmal auf einige Wochen hierher kommen wird; er scheint in Konstantinopel nicht gerade auf Rosen gebettet, klagt insbesondere über die Schwierigkeit der Lebensverhältnisse.«[89]

Zum 1. Oktober 1918 nahm Lehmann-Haupt den Ruf nach Innsbruck an. Obwohl sein Vorgänger Rudolf von Scala lieber Julius Kaerst aus Würzburg, Ulrich Kahrstedt aus Münster oder Felix Staehelin aus Basel als seinen Nachfolger gesehen hätte, hatte die Philosophische Fakultät Lehmann-Haupt *primo et unico loco* vorgeschlagen.[90] Die Ernennung zum ordentlichen Professor der Geschichte des Altertums unterzeichnete noch Kaiser Karl am 11. September 1918, wenige Wochen vor der Auflösung der Donaumonarchie.[91] Die Novemberrevolution in seiner deutschen Heimat, die die Herrschaft Wilhelms II. beendete und eine parlamentarische Republik begründete, verabscheute der deutschnationale Historiker. Matthias Erzberger und Philipp Scheidemann gab er die Schuld am Untergang des deutschen Kaiserreichs. So schrieb er an Otto Hirschfeld im Mai 1919: »Ich habe ja, nach reichem Ungemach, das besondere Glück gehabt, gerade noch rechtzeitig vor dem Zusammenbruch am Bosporus die Berufung an diese schöne Hochschule als Ordinarius für Alte Geschichte zu erhalten.«[92]

An der Universität Innsbruck wirkte Lehmann-Haupt in offizieller Funktion bis zu seiner Emeritierung im Herbst 1932. Der »Klio« blieb er bis 1936 als Herausgeber verbunden. Als er am 24. Juli 1938 starb, hatten ihn die Nürnberger Gesetze zu einem Juden gemacht. Nach seinem Tod würdigten ihn weder die Verantwortlichen der Universität Innsbruck noch die Herausgeber der von ihm begründeten Zeitschrift.[93]

11. DIE ENTDECKUNG EINER NEUEN EPOCHE: DIE SPÄTANTIKE[*]

Am 12. September 1921, auf der Kieler Herbstwoche für Kunst und Wissenschaft, hielt Ernst Kornemann, Althistoriker an der schlesischen Friedrich-Wilhelms-Universität in Breslau, einen Vortrag über den Untergang der antiken Welt. Den Gegenstand seiner Ausführungen bezeichnete er als »das Problem der Probleme« der modernen Geschichtsschreibung. Der deutsche Althistoriker wagte einen Lösungsversuch. Der Wohlstand der Kaiserzeit, so betonte er, habe allenthalben Dekadenz erzeugt, die gesellschaftliche Kohäsion paralysiert, den männlichen Soldatengeist, der Rom einst groß gemacht hatte, zerstört und die Kaiser zu einer illusionären Friedenspolitik verleitet. So sei das kulturelle Leben unter den schädlichen Einfluss kollektivistischer Religiosität östlicher Provenienz geraten.[1]

Das von Kornemann formulierte Problem hatte die Wissenschaft seit Jahrhunderten umgetrieben. Diskutiert wurden seit der Renaissance die Ursachen des Untergangs des Römischen Reiches und der genaue Zeitpunkt, an dem die Antike endete und das Mittelalter begann. Als Epochenjahr beliebt war die Absetzung des Romulus Augustulus, des letzten Kaisers im weströmischen Reich, im Jahr 476, die schon von Zeitgenossen als Zäsur empfunden worden war. Im Laufe des 19. Jahrhunderts verabschiedete man sich jedoch von der Vorstellung eines abrupten Übergangs, der exakt zu datieren sei, und entwickelte das Modell einer allmählichen Veränderung. Der Einschnitt zwischen Antike und Mittelalter wurde als weniger tief empfunden, und im Anschluss an das klassische Werk des österreichischen Historikers Alfons Dopsch, »Wirtschaftliche und soziale Grundlagen der europäischen Kulturentwicklung aus der Zeit von Caesar bis auf Karl den Großen« (1918/19; ²1923/24), betonten nicht wenige die Kontinuität statt der Diskontinuität. Bei dieser Diskussion verschob sich die Grenze zwischen Antike und Mittelalter deutlich in spätere Zeiten: Genannt wurden jetzt der Einfall der Langobarden in Italien (568 n. Chr.), die Regierung des Kaisers Justinian (527–565) oder der Papat Gregors des Großen (590–604). Der belgische Wirtschaftshistoriker Henri Pirenne verfocht in seinem Buch »Mahomet et Charlemagne« 1927 die (mittlerweile widerlegte) These, dass erst der Islam, genauer: das Vordringen der Araber in Nordafrika und Spanien, die epochale Wende herbeigeführt habe. Die Annahme einer sukzessiven, Jahrhunderte währenden Transformation begründete die Spätantike als Epoche *sui generis*. Die Vorstellung einer ›langen‹ Spätantike vom Ende des 3. Jh. bis in das 7. Jh. erwies sich als äußerst fruchtbar, nicht nur für die politische, sondern auch für die Kirchen-, Kultur-, Wirtschafts-, Sozial- und Literaturgeschichte.

Die Spätantike galt seit dem Humanismus als Verfallszeit, deren Beginn mit Konstantin, den Soldatenkaisern oder gar Augustus angesetzt wurde. Zahllose Erklärungen für den vermeintlichen Untergang des *Imperium Romanum* und der antiken Welt sind vorgeschlagen worden.[2] Nicht selten sagen die einzelnen Modelle mehr über die ideologische und politische Position ihrer Urheber aus als über die historische Formation, die zu verstehen sie vorgeben. Zu den prominentesten inneren und äußeren Krisenfaktoren, die benannt wurden, zählten der Aufstieg des Christentums, der Gegensatz zwischen Armen und Reichen, die Ausbreitung der Germanen, erschöpfte Lebensgrundlagen wie Klimaverschlechterung, Verkarstung und Entvölkerung; aber auch Bleivergiftung und Hypothermie, Rassenmischung und biologische Degenerationen wurden von einzelnen Autoren in Anschlag gebracht. Diametral einander entgegenstehende Bewertungen sind in der gelehrten Literatur zu finden: Den einen waren die Germanen Zerstörer, den anderen Bewahrer und Erneuerer der antiken Kultur, hier wurde der Ausgang des griechisch-römischen Heidentums beklagt, dort die Geburt des christlichen Europa, die Synthese von Antike und Christentum und der Aufgang des Abendlandes gefeiert. Einzelne Autoren versuchten, aus dem Niedergang der römischen Welt organizistische Modelle und gesetzmäßige Kulturzyklen abzuleiten. Das inzwischen selbst zur Geschichte gewordene historisch-materialistische Geschichtskonzept markierte die Spätantike als Übergangszeit von der antiken Sklavenhaltergesellschaft zum Feudalismus des Mittelalters.[3]

Im 19. Jahrhundert historisierte der Rekurs auf die Spätantike die eigene Gegenwart und aktualisierte die Vergangenheit.[4] Der englische Historiker Edward Gibbon hatte in seiner monumentalen »History of the Decline and Fall of the Roman Empire« (6 Bde., 1776–1788) eine solche Aneignung der Epoche nicht erwogen, weil er mit aufklärerischem Optimismus eine dem Untergang der antiken Welt vergleichbare Katastrophe zumindest für die europäische Zukunft ausschloss.[5] In der ersten Hälfte des Jahrhunderts projizierten Liberale, Absolutisten und Ultramontane in Deutschland, Frankreich und England ihre jeweiligen politischen Hoffnungen (und Enttäuschungen) in die Spätantike. Die Linken feierten das ›radikale‹ Urchristentum, begrüßten die Industriearbeiter als neue ›Invasoren‹ und verdammten die ›bürgerliche‹ Anpassung der Konstantinischen Wende. Das Scheitern der Revolution von 1848 machte indes aus der fortschrittsfrohen politischen Instrumentalisierung der Spätantike eine rezeptionsgeschichtliche Episode. Die Barbaren wurden in der Folge nicht mehr als die Träger des antiken Erbes, sondern als die Begründer der nationalen Frühzeit verstanden, und neuhumanistisch inspirierte Autoren idealisierten nicht nur in Deutschland die griechisch-römische Klassik in deutlicher Abgrenzung zur christlichen Spätantike.

Auch die literarische Avantgarde entdeckte nach der Jahrhundertmitte diese Epoche. Europäische Intellektuelle wie Flaubert und Mallarmé, Walter Pater und Oscar Wilde machten eine zukunftslose und dekadente Spätantike zur Leitepoche des *fin de siècle*. Ihre Verse faszinierten auch deutsche Leser. Im Bild dieser fernen Epoche zeichnete sich vielfach gebrochen das Porträt des modernen Autors ab. Die existentielle Spätzeiterfahrung wurde literarisch verfremdet und Teil einer melancholischen Modernität, die sich an Tod und Untergang delektierte. Der ästhetische Pessimismus des 19. Jahrhunderts bediente sich mit Vorliebe spätantiker Stoffe. So lautet die erste Strophe des berühmten Sonetts *Langueur* (»Erschöpfung«) des französischen Symbolisten Paul Verlaine aus dem Jahre 1883: »Je suis l'Empire à la fin de la décadence, / Qui regarde passer les grands Barbares blancs / En composant des acrostiches indolents / D'un style d'or où la langueur du soleil danse.« Der junge Dichter Wolf von Kalckreuth, der sich mit 19 Jahren das Leben nahm, hat sie 1906 unter der Überschrift »Die Besiegten« kongenial ins Deutsche übertragen: »Ich bin das Kaiserreich an seiner letzten Wende, / An dem vorbeizieht der Barbaren blonde Flut, / Das Akrostychen sinnt, auf denen müde ruht / Ein spätes Sonnenlicht, wie flimmernd Goldgeblende.«

Vielfalt der Perspektiven: Innovative Impulse

Die Geschichte der Spätantike war ein Gebiet, das unterschiedliche Disziplinen im Laufe des 19. Jahrhunderts entdeckten: Alt- und Kirchenhistoriker, Philologen und Kunsthistoriker. Im deutschsprachigen Raum trug der Mommsenschüler Ludo Moritz Hartmann maßgeblich dazu bei, die Übergangszeit von der Antike ins Mittelalter als eigenständigen Gegenstand historischer Forschung zu konstituieren.[6] In der Diskussion der christlichen Überlieferung fanden Gräzistik und Patristik zusammen.[7] Die Wissenschaftler suchten nach neuen Modellen, die den Aufstieg des frühen Christentums erklären,[8] die Ursachen für den Untergang des Römischen Reiches benennen und die epochenspezifischen Besonderheiten der Spätantike bestimmen sollten.

Die Diskussion um die Verantwortung der Christen an dem »Decline and Fall of the Roman Empire« war seit Gibbons epochaler Darstellung nicht mehr abgerissen und hatte durch Jacob Burckhardts Konstantin-Biographie neue Nahrung bekommen. Der Basler Historiker schilderte in seinem glanzvollen Erstlingswerk »Die Zeit Constantins des Großen« (1853; ²1880) den römischen Herrscher als einen »genialen Menschen«, »dem der Ehrgeiz und die Herrschsucht keine ruhige Stunde« gegönnt hätten; zugleich war Konstantin in seinen Augen ein kühl kalkulierender Machtpolitiker, in dem »von Christentum und Heidentum, bewusster Religiosität und Irreligiosität gar nicht die Rede sein« könne; denn »ein solcher ist ganz wesentlich unreligiös, selbst wenn er sich einbilden sollte, mitten in einer kirchlichen Gemeinschaft zu stehen«.[9] Burckhardt hat in diesem Werk aber durchaus christliche Kräfte wie das Anachoretentum positiv beurteilt und richtungsweisend den Triumph des Christentums aus der Entwicklung des Heidentums erklärt.

1901 veröffentlichte der Wiener Kunsthistoriker Alois Riegl seine Untersuchung über die »Spätrömische Kunstindustrie«, in der er die Ästhetik des *fin de siècle* auf die Betrachtung der frühchristlichen und spätantiken Kunst übertrug und sie durch strenge Formanalyse konsequent historisierte. Die klassizistische Unterscheidung von Blüte und Verfall, von schön und hässlich wurde aufgegeben, der Kunststil einer Epoche als autonomes Phänomen verstanden. Riegl sah in den verschiedenen Kunstformen: in Architektur und Skulptur, in Malerei und Kleinkunst der späten Kaiserzeit keine Zeugnisse eines barbarischen Stils oder eines kulturellen Niedergangs, sondern Belege eines spezifischen »Kunstwollens«, das einen eigenen Epochenstil konstituierte, der immer wieder das klassische Erbe reflektierte, aber einer entmaterialisierten und auf das Jenseits gerichteten Gesinnung entsprang, deren religiöse Manifestation das Christentum war.[10]

Riegl definierte die Spätantike als eine Epoche, die durch das Mailänder Toleranzedikt (313 n. Chr.) und den Herrschaftsantritt Karls des Großen (768 n. Chr.) begrenzt wurde. Von der Kunstgeschichte übernahm die Geschichtswissenschaft diese Periodisierung. Eduard Meyer definierte ab der zweiten Auflage seines *opus magnum*, der »Geschichte des Altertums«, die Spätantike als die Übergangszeit von der »absoluten Monarchie« Diokletians im ausgehenden dritten Jahrhundert bis zur »karolingischen Monarchie« im Westen.¹¹ Matthias Gelzer bezeichnete in seinem programmatischen Vortrag über »Altertumswissenschaft und Spätantike« von 1926 die Spätantike als die Zeit vom dritten bis zum sechsten Jahrhundert.¹² Damit war die Spätantike konstituiert, und der Begriff bürgerte sich in den europäischen Sprachen ein; im Englischen spricht man von *late antiquity*, im Französischen von *antiquité tardive*, im Italienischen von *tarda antichità* und im Spanischen von *antigüedad tardía*.

Konsequent betrieb die »Religionsgeschichtliche Schule« seit der Jahrhundertwende die Historisierung des Christentums, indem sie die vielfältigen Wechselwirkungen zwischen der christlichen Botschaft und den verschiedenen Formen religiöser Überzeugung und Praxis im antiken Mittelmeerraum untersuchte. Schon Hermann Usener hatte die Bedeutung spätantiker Heiligenleben für die christliche und pagane Forschung erkannt. Wenig später untersuchten die Cambridge Ritualists und Émile Durkheim die gesellschaftliche Funktion verschiedener Riten und ihre Bedeutung für die Bildung von Gruppenkohärenz und Gruppenidentität. Um die Erforschung der Spätantike unter religionsgeschichtlichen Fragestellungen machten sich in der ersten Hälfte des 20. Jahrhunderts vor allem der Belgier Franz Cumont und der Brite Arthur Darby Nock verdient; ihre Studien entfalteten eine weitreichende Wirkung auch in der deutschsprachigen Altertumswissenschaft. Der Beitrag der religionsgeschichtlichen Forschungen zur Überwindung der traditionellen, konfessionell konditionierten Betrachtung der antiken Religionen im Allgemeinen und des Christentums im Besonderen kann nicht überschätzt werden.¹³

Zu Beginn des 20. Jahrhunderts parallelisierte der protestantische Theologe Ernst Troeltsch die Kultur der ausgehenden Antike mit dem Humanismus der Goethezeit und forderte eine intensive historische Beschäftigung mit der Spätantike, um die Lehre des frühen Christentums in der europäischen Gegenwart neu zu verankern und dadurch die Krise des Historismus zu überwinden.¹⁴ Der katholische Religionshistoriker Franz Joseph Dölger wollte mit seinem Programm der umfassenden Untersuchung der gegenseitigen Durchdringung von Antike und Christentum auch zeitgenössischen Strömungen begegnen, die jede Anpassung der christlichen Tradition an die Moderne ablehnten. Aus seiner Initiative entstand nach dem Zweiten Weltkrieg das nach ihm benannte Dölger-Institut in Bonn, das seit 1955 das »Reallexikon für Antike und Christentum« herausgibt.¹⁵

Auch in den Kriegen und Konflikten der ersten Hälfte des 20. Jahrhunderts war die Spätantike in und außerhalb der Wissenschaft ein häufig bemühtes historisches Exempel. Die Epoche schien der Gegenwart ein mahnendes Beispiel zu sein. Die manifesten sozialen Gegensätze und die Ideen des historischen Materialismus sensibilisierten verschiedene Wissenschaftler für sozial- und wirtschaftsgeschichtliche Fragestellungen. Für die Analyse der Struktur der spätantiken Gesellschaft waren vor allem die Arbeiten von Max Weber von herausragender Bedeutung. In seinem 1896 gehaltenen Vortrag über »Die sozialen Gründe des Untergangs des Römischen Reiches«[16] und in seiner erstmals im »Handwörterbuch der Staatswissenschaften« von 1909 veröffentlichten Untersuchung über die »Agrarverhältnisse im Altertum«[17] benannte er als Krisenfaktoren unter anderem die Nivellierung von Sklaven und freien Kleinpächtern, den Niedergang der Städte und der Geldwirtschaft, die Ausbreitung der Naturalwirtschaft, die rapide Bürokratisierung der Verwaltung und die Begrenzung privater wirtschaftlicher Initiative. Damit waren verschiedene Themen angesprochen, die in der Folgezeit von den Altertumswissenschaften – mit und ohne Bezugnahme auf Weber – eingehend diskutiert werden sollten. Während Weber in seinen frühen Schriften jede Aktualisierung der Antike vermieden hatte, sah er 1909 im spätrömischen Staat ein totalitäres Schreckbild der eigenen Zukunft: »Die Bureaukratisierung der Gesellschaft wird bei uns des Kapitalismus aller Voraussicht nach irgendwann ebenso Herr werden, wie im Altertum.«[18] Das pessimistische Epochenbild der zweiten Hälfte des 19. Jahrhunderts hatte auch die kritische Sozialwissenschaft des 20. Jahrhunderts eingeholt.

DIE AUSROTTUNG DER BESTEN: OTTO SEECK

Eine andere Erklärung für den Fall Roms versuchte ein Mommsenschüler zu geben: Otto Seeck.[19] Der 1850 in Riga geborene Sohn eines erfolgreichen Fabrikbesitzers begann mit dem Studium der Chemie in Dorpat. Dann fiel ihm Theodor Mommsens »Römische Geschichte« in die Hände. »So forschen und schreiben zu können, wurde das höchste Ziel meiner Wünsche«, gestand er später.[20] Also wechselte er nach Berlin an die Friedrich-Wilhelms-Universität, wo Mommsen bald auf den ehrgeizigen Studenten aufmerksam wurde und den jungen Mann unter seine Fittiche nahm. Seeck machte sich das Wissenschaftsverständnis und Arbeitsethos seines verehrten Lehrers zu eigen und leistete philologische Kärrnerarbeit. Vor allem aber begeisterte er sich für die Geschichte der Spätantike. So wurde Seeck durch Mommsens Initiative die Ausgabe der Werke des spätantiken Redners Quintus Aurelius Symmachus für die *Auctores antiquissimi* der *Monumenta Germaniae historica* übertragen.[21] Zuvor bereits hatte er ein spätantikes

Verwaltungshandbuch ediert.[22] 1877 habilitiert, erhielt Seeck vier Jahre später mit Mommsens Hilfe einen Ruf nach Greifswald.[23] 1885 unterstützte Mommsen den Antrag der Philosophischen Fakultät der Ostseeuniversität, Otto Seeck zum Ordinarius zu ernennen. Mommsen schrieb damals an Friedrich Althoff im preußischen Wissenschaftsministerium: »Er ist ein Mann von Talent und in einem beschränkten Gebiet (der späten Kaiserzeit) auch von Wissen; das ist immer mehr als leider von den meisten jüngeren Historikern gesagt werden kann. Wir sind recht arm, wie Sie wissen. Es ist mir von glaubwürdiger Seite versichert worden, dass Seeck in der letzten Zeit seine Vorlesungen ernstlicher nimmt und namentlich das griechische Altertum behandelt; das mag recht unvollkommen sein, aber er ist begabt und wenn er nur will, wird er schon besser werden. Geben Sie ihm eine gute Ermahnung mit auf den Weg und den Ordinarius.«[24]

Mit 35 Jahren hatte Otto Seeck den Lehrstuhl für Alte Geschichte an der Universität Greifswald inne. An seiner akademischen Karriere lässt sich exemplarisch darstellen,[25] dass sich die Mommsenschüler in den altertumswissenschaftlichen Projekten der Berliner Akademie ihre Sporen verdienen mussten, um an einer Universität Karriere zu machen. Seecks wissenschaftliche Biographie bestätigt darüber hinaus Pierre Bourdieus Beobachtung, dass die Wahl der *thèse* und die Wahl des *patron* für den akademischen Aufstieg entscheidend waren – und sind.[26]

Doch ein Vergleich mit den Universitätskarrieren anderer Althistoriker im Wilhelminismus zeigt, dass Seeck innerhalb seiner Wissenschaft nicht eigentlich Erfolg beschieden war. Greifswald war die kleinste preußische Hochschule und galt als »Einsteigeruniversität«. Seeck blieb 26 Jahre hier, bis er am 1. Oktober 1907 durch Ministerialerlass an die wenige Jahre zuvor wiedergegründete Universität Münster versetzt wurde. Dort wirkte er bis zu seinem Tode im Jahre 1921. Die großen Lehrstühle in Göttingen, München oder gar Berlin blieben ihm zeitlebens verwehrt. Eine Schule begründete er nicht. Auch andere Auszeichnungen, wie etwa die Mitgliedschaft in Akademien, ließen lange auf sich warten. An seiner wissenschaftlichen Produktivität konnte es nicht liegen, dass Seeck im kompetitiven Universitätssystems des Kaiserreiches nicht reüssierte. Es war unbestritten, dass er für die Alte Geschichte Wichtiges leistete. Aber Seeck stieß viele Kollegen durch sein »schroffes Wesen« vor den Kopf, über das schon Mommsen geklagt hatte.[27] Darüber hinaus galt er als Spezialist nur auf »beschränktem Gebiet«[28], nämlich der Spätantike. Diese Epoche wurde damals erst allmählich von den Altertumswissenschaften, nicht zuletzt durch Seeck selbst, entdeckt, galt aber im Vergleich zu den klassischen Abschnitten der griechischen und römischen Geschichte noch immer als randständig und an den Universitäten als ein »wenig brauchbares Gebiet«.²⁹ Doch Seeck musste in mehreren Berufungsverfahren seinen Konkurrenten auch deshalb den Vortritt lassen, weil er sich, wie schon Alfred Heuß erkannte, »durch starke Anlehnung an darwinistische Gedankengänge um die ihm und seiner großen Kennerschaft von Rechts wegen zukommende Anerkennung« brachte.³⁰

Damit sind wir bei der sechsbändigen »Geschichte des Untergangs der antiken Welt« angelangt, in der sich Seeck zeitgenössischen biologistischen Strömungen verpflichtet zeigte. Das Werk, zwischen 1895 und 1920 verfasst, zählt zu den bekanntesten Schöpfungen der deutschsprachigen Historiographie und erlebte schnell mehrere Auflagen.³¹ Die Darstellung bewegt sich in den damals geläufigen Epochengrenzen. Sie setzt mit der Herrschaft Diokletians und Konstantins des Großen ein und endet mit der Absetzung des Romulus Augustulus 476 n. Chr. Im zweiten Teil des ersten Bandes sowie im zweiten und dritten Band finden sich unter den Überschriften »Verfall der antiken Welt«, »Die Verwaltung des Reiches« und »Religion und Sittlichkeit« ausführliche themenbezogene Erörterungen, mit denen der Verfasser bisweilen weit über den gesteckten zeitlichen Rahmen hinausgreift und nicht nur die Verhältnisse in der römischen Republik, sondern auch im frühen und klassischen Griechenland behandelt. Die verbleibenden Bände wenden sich wieder der politischen Geschichte zu, die durch die Herrschaft einzelner Kaiser strukturiert wird. Gelegentlich sind Exkurse, etwa zur Einwanderung der Goten (Bd. 5) oder zu der großen Gesetzeskodifikation unter Theodosius II. (Bd. 6), eingeschoben.

Auf der Grundlage seiner eigenen intensiven Forschungen zur Spätantike und unter Berücksichtigung der zeitgenössischen wissenschaftlichen Diskussion hat Seeck eine Gesamtdarstellung vorgelegt, die sich vor allem durch große Quellennähe, eine beeindruckende Detailfülle und die souveräne Beherrschung der Materie auszeichnet. Die narrativen Abschnitte spiegeln die Ereignisgeschichte anhand der antiken Überlieferung, die rasch über den Anmerkungsteil zu erschließen ist, zuverlässig wider.

Seeck behandelte, zum Teil in mehr oder weniger umfangreichen Annotationen, zentrale Fragen der spätantiken Geschichte und Quellenkritik, die auch die heutigen Altertumswissenschaften noch beschäftigen. Dennoch sind die Lücken und Defizite der Darstellung offenkundig: Sozial- und wirtschaftsgeschichtliche Entwicklungen finden nur am Rande seine Aufmerksamkeit, die Kultur- und Mentalitätsgeschichte sind nicht vertreten, und die theologie- und dogmengeschichtlichen Exkurse leiden unter seinen antikirchlichen Ressentiments. Im Mittelpunkt steht die auf große Persönlichkeiten konzentrierte politische Geschichte, die mit dem quellenkritischen Instrumentarium der zeitgenössischen Altertumswissenschaft zuverlässig rekonstruiert wird.

Seeck war zudem bemüht, anschaulich und fesselnd zu schreiben. Er bediente sich einer bildhaften Sprache, zeichnete plastische Porträts und scheute vor ebenso eindeutigen wie einseitigen Urteilen über die handelnden Akteure nicht zurück. Als Agnostiker überzog er die christliche Kirche mit beißender Ironie und böser Häme. Die asketischen Bußübungen der aristokratischen Römerinnen etwa tat er als »die tränenreiche Hysterie ungewaschener Frauenzimmer« ab.[32] Selbst Augustin findet keine Gnade: Dem Kirchenvater wird vorgehalten, dass er im deutschen Kaiserreich noch nicht einmal als Kandidat des Pfarramts Aufnahme gefunden hätte, da er kein Hebräisch verstanden habe und seine Kenntnisse im Griechischen schlecht gewesen seien.[33]

Doch Seeck suchte zugleich eine neue Erklärung für den Fall Roms. Ebendiesem Ziel waren insbesondere die thematisch ausgerichteten Kapitel der ersten Bände gewidmet, in denen er ein eindrucksvolles Niedergangsszenario entwarf, das in der »Ausrottung der Besten« kulminierte.[34] Jenes Schlagwort umschrieb eine negative Selektion, die Seeck durch eine Reihe von Faktoren gefördert sah. Nicht die Germanen brachten in seinen Augen das Römische Reich zu Fall, vielmehr verzehrte es »innere Krankheit«[35]. Den Beginn der krisenhaften Veränderung datierte er in die Gracchenzeit und bezeichnete die »Unfreiheit« als »alles zerfressenden Krebsschaden der antiken Welt«.[36] Darüber hinaus verwies er auf die fatalen Auswirkungen der Bürgerkriege, die allgegenwärtige Servilität, die Geringschätzung der Ehe und den damit einhergehenden Geburtenrückgang, die Verdrängung der »Altfreien« durch die Nachkommen freigelassener Sklaven, die Christenverfolgungen, denen die Tapfersten zum Opfer gefallen seien, und die religiöse Askese, die die Besten zur Ehelosigkeit angehalten habe. »Nur die Feiglinge blieben am Leben«, so folgerte er, »und aus ihrer Brut gingen die neuen Generationen hervor.«[37]

Seeck benutzte, wie zahlreiche seiner Zeitgenossen, zur Deutung des historischen Geschehens das Modell des »Unterganges« und ließ die Antike mit dem politischen Ende des weströmischen Kaisertums im Jahre 476 enden. Doch der Verfasser wollte, wie schon der programmatische Titel zeigt, mehr, als die Ereignisgeschichte nacherzählen. Sein erklärtes Ziel war es, »nicht nur dem Gelehrten bei seinen Forschungen zu dienen, sondern auch den Gebildeten an einem charakteristischen Beispiel in die Gesetze des historischen Werdens und Vergehens einzuführen«.[38] In Übereinstimmung mit der zeitgenössischen Funktionsbestimmung der Geschichtsschreibung verfolgte Seeck mit seinem Werk ein didaktisches

Anliegen. Ein großes Publikum wollte er erreichen. Es werde deshalb kein breiteres Wissen vorausgesetzt, »als jede Mittelschule zu gewähren pflegt«.³⁹ Auch der Aufbau des Werkes richtete sich nach diesem Postulat: Jedem der sechs Bände war ein eigener Band mit Anmerkungen beigegeben, »die nur für den Fachmann Wert haben«.⁴⁰ Die Lektüre sollte nicht durch einen wissenschaftlichen Apparat erschwert werden. Erst der Nachdruck hat die beiden Teile verbunden und in jeweils einem Band veröffentlicht.

Entschieden wies Seeck organizistische Erklärungsversuche zum Untergang des Römischen Reiches zurück und erteilte der »Phrase von dem allmählichen Altern und schließlichen Tode der Nationen« eine Absage.⁴¹ Die antike Welt musste nicht notwendigerweise untergehen.⁴² Erst als die Besten und Tüchtigsten durch die inneren Missstände zu einer kleinen Minderheit und die »angeerbte Feigheit« und »das moralische Erschlaffen« durch die Gesetze der Vererbung zu den beherrschenden Eigenschaften der Gesellschaft geworden waren,⁴³ war der Zeitpunkt des Zusammenbruchs gekommen.

Diese Vorstellungen sind der Evolutionsbiologie des 19. Jahrhunderts entlehnt. Seeck hatte nicht nur die Arbeiten von Charles Darwin zur Entstehung der Arten und zur Abstammung des Menschen zur Kenntnis genommen, sondern zahlreiche einschlägige Publikationen seiner Zeit gelesen.⁴⁴ Ausführlich berichtete er über die Züchtungsversuche, die der Naturforscher Fritz Müller in Brasilien an Maiskolben vorgenommen hatte⁴⁵ und die ihm das Regressionsgesetz zu bestätigen schienen, demzufolge mit einem Rückgang herausragender Fähigkeiten in der nächsten Generation zu rechnen sei. Auch über die Zuchtwahl verschiedener Hunderassen, spanischer Hähne und englischer Milchkühe sowie über die zurückgehende Körpergröße französischer Soldaten äußerte sich Seeck in diesem Zusammenhang.⁴⁶ Überzeugt zeigte er sich von der damals verbreiteten Auffassung, dass sich im Laufe der Entwicklung erworbene geistige wie körperliche Eigenschaften vererben würden. Diese Lehre, die auf den französischen Wissenschaftler Jean-Baptiste de Lamarck zurückging, fügte sich vorzüglich zu der Hypothese, dass die Gesetze der Genetik von zentraler Bedeutung für den Aufstieg und Fall ganzer Völker seien.⁴⁷

Der Rekurs auf biologische Theorien kann nicht überraschen. Eine ganze Generation von Gelehrten versuchte damals, die Erkenntnisse der Naturwissenschaften, genauer: der Vererbungslehre auf die kulturelle Entwicklung der Menschheit zu übertragen. Die Evolutionsbiologie wurde zu einem Paradigma historischer Erkenntnis. War der Mensch in die Reihe der Lebewesen integriert, konnte auch nach der Bedeutung von Evolution und Selektion für Gesellschaften und Nationen gefragt werden. Ende des 19. und zu Beginn des 20. Jahrhunderts war Darwins Deszendenztheorie unter linken Politikern, liberalen Denkern und konservativen Philosophen gleichermaßen populär. In den politischen und intellektuellen Diskursen hielten Begriffe wie Auslese, Ausmerze, Kampf ums Dasein, Überleben des Tüchtigsten und Höherzüchtung Einzug. Die These von der Vererbung erworbener Eigenschaften rechtfertigte glänzend die bürgerliche Leistungsideologie. Eine Vielzahl unterschiedlicher, zum Teil einander widersprechender Theorien wurde verbreitet, die wir mit dem plakativen Etikett ›sozialdarwinistisch‹ zu versehen gewohnt sind.[48] Eugenische, demographische, rassenanthropologische und sozialhygienische Überlegungen traten hinzu. Vor diesem Hintergrund ist Seecks »Geschichte des Untergangs der antiken Welt« zu lesen. Er rezipierte eigenwillig und eklektisch Forschungspositionen, die er in der Biologie und ihren Nachbarwissenschaften vorfand, und übertrug sie auf die Geschichte der Spätantike. Andere Stereotypen, die oft mit sozialdarwinistischen Überzeugungen einhergingen, machte er sich nicht zu eigen. So enthielt er sich des obsessiven Germanenkultes, war nicht belastet von antisemitischen Klischees,[49] sah in der ›Rassenmischung‹ durchaus Vorteile[50] und erteilte grundsätzlich rassistischen Kategorien, wie sie die damalige Anthropologie entwickelte, eine deutliche Absage.[51] Anders als viele Autoren, die sich als Künder der reinen darwinistischen Lehre gerierten, propagierte Seeck nicht das Recht des Stärkeren und lehnte die Vorstellung vom unterschiedlichen Alter der Nationen ab.[52]

Eine kritische Reflexion der einmal als richtig anerkannten theoretischen Prämissen fand allerdings nicht statt. Mit der abwägenden Betrachtung abweichender Erklärungsmodelle hielt Seeck sich nicht auf; andere Forscher wurden ohnehin bevorzugt zu Einzelfragen zitiert. Mit erstaunlicher Konsequenz vollendete Seeck sein biologistisches Geschichtsmodell in sechs Bänden über einen Zeitraum von 25 Jahren hinweg. Seine Ausführungen über den Verfall der antiken Welt erfuhren seit der ersten Auflage von 1895 manche Ergänzung im Detail, aber keine grundsätzliche Veränderung.

Der Rekurs auf die Naturwissenschaften bot Seeck zugleich die Möglichkeit, überzeitliche Normen in der geschichtlichen Entwicklung zu erkennen und dem methodischen Postulat der Geschichtswissenschaft des 19. und frühen 20. Jahrhunderts nach objektiver Abbildung und Wiedergabe der Vergangenheit zu entsprechen. Die »Gesetze des historischen Werdens und Vergehens« konnten mithin in der Antike ebenso wie in der Gegenwart aufgespürt werden, und so nimmt es nicht wunder, dass zahlreiche Hinweise auf allgemeingültige Regeln und vergleichbare Entwicklungen in anderen historischen und kulturellen Zusammenhängen Seecks Darstellung durchziehen. »Es ist eine alte Wahrheit, dass jede Epoche sich die Talente gebiert, deren sie am meisten bedarf«, heißt es im ersten Band.⁵³ An anderer Stelle wird die Bedeutung der Kriege für die Auslese an Beispielen aus der Weltgeschichte dargelegt und die Entartung der Perser mit dem Niedergang der Römer verglichen.⁵⁴

Den scheinbaren Verlust an normativen Werten und die offene Konkurrenz kulturell-politischer Leitsysteme seit dem Ende des 19. Jahrhunderts beantwortete Seeck – wie andere Historiker – mit einem Bekenntnis zur Geschichte als *magistra vitae*. Als Hochschullehrer sah er sich in der Rolle des »Sinnstifters« und »Wertegebers«. Gleichzeitig wollte er der schnell fortschreitenden Spezialisierung der Altertumskunde entgegenwirken und der humanistisch gebildeten bürgerlichen Gesellschaft die Antike als sinnstiftendes Ideal bewahren. Die »Geschichte des Untergangs der antiken Welt« sollte nichts weniger sein als ein Besitz für alle Zeit.

Indem er sich aufmachte, den Nachweis zu erbringen, dass der Untergang des Römischen Reiches nicht unausweichlich war, sondern durch die allmähliche »Ausrottung« der besten und tüchtigsten Menschen herbeigeführt worden war, wollte Seeck die damals wohlfeile Vorstellung, der Zerfall des *Imperium Romanum* präfiguriere das unabwendbare Schicksal anderer Völker, entkräften. Darwins Lehre beweise, so erklärte Seeck, dass Nationen unter normalen Verhältnissen niemals in Verfall geraten können.⁵⁵ »Es ist also falsch, dass die gleichen Gesetze für Individuen und ganze Nationen gelten; die Zeit als solche zwingt nur jene, ihre Kräfte allmählich zu verbrauchen, während diese sich immer neugebären und niemals altern können.«⁵⁶ Der Althistoriker war durch und durch geprägt von dem politischen System des Wilhelminismus und fühlte sich von Parlamentarismus und Liberalismus abgestoßen. Voller Zuversicht beurteilte er die Entwicklungsmöglichkeiten des deutschen Kaiserreiches und wandte sich scharf gegen kulturpessimistische Prophezeiungen, die Deutschland im unaufhaltsamen Niedergang wähnten.⁵⁷

Wer Seecks Sicht der Weltgeschichte folgte, konnte optimistisch in die Zukunft blicken und auf einen Platz an der Sonne hoffen. Noch im Frühjahr 1918 war Seeck konsterniert, dass die Soldaten an der Westfront, die gerade den Hekatomben der Schützengräben entflohen waren, von seiner historischen Weltdeutung nicht angetan waren und von der »Ausrottung der Besten« nichts hören wollten. Erst die endgültige militärische Niederlage Deutschlands und der Zusammenbruch der monarchischen Ordnung setzten den zukunftsfrohen Erwartungen ein abruptes Ende, das Seeck mit vielen konservativ-gouvernementalen Professoren völlig unvorbereitet traf und zutiefst erschütterte.

Der Untergang des Abendlandes: Oswald Spengler

Die in den bürgerlichen Eliten Europas um die Jahrhundertwende verbreitete Niedergangsstimmung wurde durch das Erlebnis des Ersten Weltkrieges und der russischen Oktoberrevolution verstärkt. Viele Zeitgenossen glaubten, dass die kriegerischen Auseinandersetzungen und die ideologischen Konflikte das Ende der globalen Hegemonie Europas einleiteten, und versuchten, diese Wahrnehmung durch zyklische Geschichtsvorstellungen zu verarbeiten, die auf das historische Paradigma des Falls von Rom rekurrierten. Das in dieser Hinsicht bedeutendste und einflussreichste Werk war Oswald Spenglers »Der Untergang des Abendlandes«,[58] das Deutschlands militärische Niederlage als Symptom eines gesamteuropäischen Verfalls interpretierte.

Spengler hasste »die schmutzige Revolution von 1918«,[59] lehnte die demokratische Ordnung der neuen Republik kategorisch ab und verteidigte die welthistorische Mission Deutschlands, als deren Träger er das Bürgertum identifizierte. Er gehörte zu jenen, die die parlamentarische Ordnung untergruben, und redete einem autoritären Ständestaat das Wort, ohne sich von dem später als »Prolet-Arier« verhöhnten Hitler persönlich vereinnahmen zu lassen.[60] Sein zwischen der Marokkokrise von 1911 und dem Kriegsjahr 1917 verfasstes Hauptwerk bestimmte das Geschichtsbild einer ganzen Generation. »In diesem Buch«, so schrieb er in der Einleitung, »wird zum ersten Mal der Versuch gewagt, Geschichte vorauszubestimmen. Es handelt sich darum, das Schicksal einer Kultur, und zwar der einzigen, die heute auf diesem Planeten in Vollendung begriffen ist, der westeuropäisch-amerikanischen, in den noch nicht abgelaufenen Stadien zu verfolgen.«[61]

Es sei Otto Seecks Werk gewesen, das Spengler zu dem Titel seines Buches inspiriert habe. Er habe es zufällig in einem Schaufenster entdeckt, wie seine Schwester später berichtete.[62] Allerdings ist von der »Geschichte des Untergangs der antiken Welt« im »Untergang des Abendlandes« nirgends die Rede. Ob er Seecks Darstellung überhaupt zur Kenntnis genommen hat, lässt sich nicht sicher sagen.[63] Doch Spenglers geschichtsphilosophischer Entwurf liest sich in verschiedener Hinsicht wie eine direkte Erwiderung auf Seeck.

Das historische Paradigma für den Untergang des Abendlandes war der Untergang der klassischen Antike. Obwohl »der Vergleich zwischen Antike und Abendland ganz im Vordergrund« stand,[64] entwickelte Spengler eine vergleichende »Morphologie« von acht Hochkulturen. Seine organizistische Deutung der Weltgeschichte gründete auf der Annahme, dass jede Kultur gesetzmäßig die Altersstufen des einzelnen Menschen durchlaufe und in die Phasen Entwicklung, Blüte und Niedergang zu differenzieren sei. Das Abendland sei seit dem 19. Jahrhundert in das Stadium der »Zivilisation« und damit des Niedergangs eingetreten. Dieses Modell widerspricht diametral Seecks Konzeption, der einen aus einer zyklischen Interpretation der Geschichte abgeleiteten notwendigen Zerfall gerade abgelehnt hatte.

Das Altertum ließ Spengler bereits mit der Schlacht bei Actium 31 v. Chr. enden; es folgte ein entwicklungsloses tausendjähriges Zwischenstadium, das er durch eine ›magische‹ oder ›arabische‹ Kultur bestimmt sah. Sie sei ihrem Formenbestand nach noch durch die antike, genauer: die griechische Zivilisation getragen, ihrem Wesen nach aber durch den Orient geprägt. Dieses Phänomen bezeichnet Spengler als »Pseudomorphose«, einen Begriff aus der Mineralogie, mit dem er »Fälle« zu beschreiben versuchte, »in welchen eine fremde Kultur so mächtig über dem Land liegt, dass eine junge, die hier zu Hause ist, nicht zu Atem kommt«.[65] Nicht nur die Kaiserzeit mit ihren »immer negerhafteren Kämpfen um den Caesarentitel«,[66] sondern auch die Krise der Spätantike und die Wirren der Völkerwanderung sind für Spengler die Konsequenz der mit Augustus einsetzenden Erstarrung der einst lebendigen antiken Kultur.

Spenglers kulturpessimistische Lehre vom notwendigen Untergang der Kulturen unterschied sich prinzipiell von Seecks Entwurf. »Der Untergang des Abendlandes« traf den Nerv der Zeit wie kein anderes Buch, da es die Vergangenheit zum Zwecke der Diagnose der politischen Gegenwart aktualisierte. Wie eine Antwort an Seeck mutet Spenglers Differenzierung zwischen historischer und naturwissenschaftlicher Erkenntnis an. Nicht »ein Stück verkappter Naturwissenschaft« solle die Geschichtsschreibung bieten, sondern das »Studium der morphologischen Verwandtschaft, welche die Formsprache *aller* Kulturgebiete innerlich verbindet«.[67]

Inhaltlich brach Spengler mit überkommenen Konventionen der abendländischen Geschichtsschreibung und -wissenschaft: Er wies nicht nur die auf Christoph Cellarius zurückgehende, traditionelle Periodisierung der Geschichte in Altertum, Mittelalter und Neuzeit ab, sondern vertrat eine prononciert universalhistorische Perspektive, die die arabische, indische, babylonische, mexikanische, chinesische und ägyptische Hochkultur gleichberechtigt neben die griechisch-römische Antike und das Abendland stellte. Die als »kopernikanische Entdeckung« apostrophierte räumliche Öffnung sollte das »ptolemäische System der Geschichte« überwinden.[68]

Zugleich verstand Spengler die Spätantike zukunftweisend als einen Kulturkreis, der sowohl christlich-jüdische als auch arabische Elemente integriert hatte.

Für dessen Studium sei eine neue »Geschichtsforschung« nötig, die es erlaube, die »Probleme der arabischen Kultur« zu erfassen: »Die Religionsforschung zerlegte das Gebiet in Einzelfächer nach *westeuropäischen* Konfessionen, und für die christliche Theologie ist wieder die ›Philologengrenze‹ im Osten maßgebend gewesen und ist es noch. Das Persertum fiel in die Hände der iranischen Philologie.« Er setzte hinzu: »Für die Geschichte des talmudischen Judentums ist endlich, da die hebräische Philologie mit der alttestamentlichen Forschung *ein* Fach bildet, kein weiteres Fach abgegrenzt worden und es wurde deshalb in allen großen Religionsgeschichten, die ich kenne, die jede primitive Negerreligion – weil es eine Völkerkunde als Fach gibt – und jede indische Sekte in Betracht ziehen, vollständig *vergessen*.«[69]

Gewiss, Spenglers krude Abgrenzung der arabisch-magischen Kultur von der apollinischen des klassischen Altertums und der faustischen des Abendlandes vermag nicht zu überzeugen, das postulierte Millennium und die Periodisierung der Epoche ist aus gutem Grund auf Kritik gestoßen, und zahlreiche Ungenauigkeiten, Übertreibungen, Inkonsistenzen, fragwürdige Analogien und Fehldeutungen wurden zu Recht moniert.[70] Doch Spengler überwand mit einem Teil der Forschung auch traditionelle Stereotypen: Er gab die Epochengrenze 476 auf, vertrat die Vorstellung einer langen Spätantike und betonte wie manche zeitgenössischen Historiker die Kontinuität des Zeitalters über politische Brüche hinweg; vor allem erkannte er den arabischen Kulturkreis als autonome Größe zwischen griechisch-römischer Antike und okzidentaler Moderne an (quasi als »Vormoderne«) und interpretierte das Aufkommen des Islam nicht als Ende, sondern als integralen Bestandteil der Spätantike.[71] Zugleich wurde die Spätantike zum Gegenstand einer interdisziplinären und komparatistischen Forschung *avant la lettre*, die nicht durch religiöse oder epistemologische Vorannahmen konditioniert war. Spengler hat damit sowohl ein neues Verständnis der Epoche selbst als auch ein innovatives Konzept ihrer Erforschung grundgelegt, das die arabische Kultur *a priori* mit einschloss. Seine Darstellung über den »Untergang des Abendlandes« war damit wesentlich einflussreicher als das Werk des Althistorikers Otto Seeck über die »Geschichte des Untergangs der antiken Welt«, von dessen Titel Spengler sich möglicherweise inspirieren ließ, von dessen zentraler Aussage er sich jedoch eindeutig abgrenzte.

12. Akteure: Adolf Erman und Eduard Schwartz*

Die weitreichenden Veränderungen der Altertumskunde im Übergang vom 19. ins 20. Jahrhundert lassen sich beispielhaft an den Biographien von Adolf Erman, der 1854 geboren wurde und 1937 verstarb, und Eduard Schwartz, der 1858 das Licht der Welt erblickte und bis 1940 lebte, darstellen. Sie stehen für die sukzessive Ausweitung des altertumskundlichen Fächerspektrums, die konsequente Umsetzung methodischer und epistemischer Standards, die unbestrittene internationale Anerkennung der deutschen Forschung und den rasanten Zuwachs an Wissen über das Altertum. Zugleich spiegeln sie die wissenschaftlichen und politischen Turbulenzen, in denen ihre Fächer in den 1920er und 1930er Jahren gerieten. Die Frage nach der Verbindung von Wissenschaft und Leben erhielt damals eine ganz neue Aktualität.

Adolf Erman, der einer Hugenottenfamilie entstammte und dessen Vater als Professor für Physik an der Berliner Universität wirkte, gilt als der Begründer der modernen Ägyptologie und war der überragende Repräsentant der einflussreichen »Berliner Schule« oder »École de Berlin«, an der eine ganze Generation jüngerer Forscher, die aus allen Teilen der Welt zu ihm pilgerten, ausgebildet wurde.[1] Schon vor Erman war man sich sicher, dass, wie Gottfried Wilhelm Leibniz formuliert hatte, Ägypten »für die Menschheit von größter Bedeutung« sei (*maximi semper in rebus humanis momenti Aegyptus fuit*). Der Ahnvater der Berliner Akademie der Wissenschaften wollte das Land am Nil mit Hilfe Ludwigs XIV. erkunden.[2] Doch in der Akademie an der Spree wurde die Ägyptologie erst Mitte des 19. Jahrhunderts durch die Wahl von Richard Lepsius zunächst zum Korrespondierenden (1844) und dann zum Ordentlichen Mitglied (1850) heimisch. Lepsius, der mit königlicher Unterstützung ausgiebig Ägypten bereist hatte, widmete sich, wie er in seiner akademischen Antrittsrede ankündigte, der »wissenschaftlichen Eroberung des altpharaonischen Ägyptens«.[3] Ihn interessierten insbesondere chronologische und antiquarische Fragen. Die große Zeit der grammatischen und philologischen Forschungen und der systematischen Rekonstruktion der ägyptischen Sprache sollte erst mit seinem Schüler Adolf Erman einsetzen, der seit 1884 das Ägyptische Museum in Berlin leitete und an der Friedrich-Wilhelms-Universität die Ägyptologie vertrat, zunächst noch als außerordentlicher, seit 1892 als ordentlicher Professor.

Der Klassische Philologe Eduard Schwartz, mütterlicherseits mit Otto Jahn und

Johann Gustav Droysen verwandt, ging bei Hermann Usener, Franz Bücheler, Ulrich von Wilamowitz-Moellendorff und Theodor Mommsen in die Lehre.[4] Seine Nachfolger wiederum nannten Schwartz selbst in einem Atemzug mit den Heroen des Faches. Auch wenn er keine eigene Schule begründete, verehrte ihn eine Generation deutscher Altertumswissenschaftler, von denen viele nach 1933 ins Exil gehen mussten, wie Felix Jacoby, Kurt von Fritz, Eduard Fraenkel und Rudolf Pfeiffer.

PHILOLOGISCHE METHODE UND EPISTEMOLOGISCHE ABSTINENZ I: ADOLF ERMAN

Bis weit in das 19. Jahrhundert hinein war Ägypten das Land der Ruinen und Wunder. Trotz der wissenschaftlichen Fortschritte der Ägyptologie wurde in dem Fach nach wie vor ein gelehrter Dilettantismus geschätzt. Adolf Erman jedoch entmythologisierte seinen Forschungsgegenstand, indem er »die historische, durch das Studium der semitischen Sprache ausgebildete philologische Methode« absolut setzte.[5] An die Stelle der intuitiven Schau trat die sprachwissenschaftliche Präzision. Erman hatte sein der klassischen Altertumswissenschaft entlehntes Programm in seiner Antrittsrede in der Berliner Akademie klar formuliert: »Aus der heiteren, an überraschenden Entdeckungen reichen Wissenschaft« musste »eine trockne Philologie mit unbequemen Lautgesetzen und bösen syntaktischen Regeln« werden.[6] Er rekonstruierte abstrahierend die Grammatik der alten Ägypter wie Theodor Mommsen das System des römischen Staatsrechts. Erman hatte durch seine Tätigkeit in der Akademie und an der Universität entscheidenden Anteil an der wissenschaftlichen Modernisierung der Ägyptologie. Doch der Siegeszug der »trocknen Philologie« verstärkte die Tendenz zur innerfachlichen Spezialisierung. Er versuchte, auch darin Mommsen ähnlich, durch große Synthesen dieser Entwicklung entgegenzusteuern, vermochte sie letztlich aber nicht aufzuhalten.

Ermans fernes Ziel war die umfassende Darstellung der Geschichte Ägyptens, seiner Kultur und seiner Kunst. Durch die systematische Erschließung und Auswertung des bisher gesammelten Materials wollte Erman »die Entwicklung eines Volkes durch fünf Jahrtausende an der Hand seiner Denkmäler und Urkunden« verfolgen.[7] Aber zunächst mussten Ägyptens »Archive der Vergangenheit« geordnet werden. Eine »ägyptische Altertumswissenschaft von der Sprache und den Sachen« sollte nach dem Vorbild der griechisch-römischen Altertumskunde geschaffen werden.⁸ Die Auswertung der reichen Sammlung des Berliner Museums und der zahllosen Kleinfunde, die bisher vernachlässigt worden waren, wurde vorangetrieben. Das Böckh'sche Postulat der *cognitio totius antiquitatis* wurde auf die Ägyptologie übertragen. Also gratulierte Wilamowitz seinem Kollegen, dass er »Archäologie und Philologie« zu einer ägyptischen Altertumskunde vereinigt habe.⁹ Die Wissenschaft von der griechisch-römischen Antike war epistemologisches und methodisches Paradigma. Selbst die Verzettelung des Materials wurde bei dem von Erman initiierten Wörterbuch der ägyptischen Sprache nach den Vorgaben des 1893 begonnenen *Thesaurus linguae Latinae* durchgeführt.¹⁰

Hatte Erman in seinen Bestsellern über »Ägypten und das ägyptische Leben im Altertum« und über die »Ägyptische Religion« Verwaltung und Geschichte, Kultur und Religion umfassend dargestellt, so setzten seine Schüler diese Versuche nicht fort. Die Beschäftigung mit der ägyptischen Sprache rückte in das Zentrum des Interesses; grammatische, syntaktische und semantische Fragen wurden in größter Ausführlichkeit traktiert, religions- und kulturgeschichtliche Themen hingegen vernachlässigt: Die Berliner Schule war konstituiert.

Über die Voraussetzungen seiner wissenschaftlichen Arbeit und die Bedingungen der Möglichkeit historischer Erkenntnis reflektierte Erman nicht. »Als Gelehrter war Erman durch und durch Empiriker. Er glaubte nicht an den entscheidenden Wert methodischer Prinzipien. Methodologische Diskussionen waren ihm ein Greuel.«¹¹ Aus dem Gefühl der Überlegenheit der bürgerlichen Kultur beurteilte der »Spätling der Aufklärung«¹² selbstbewusst die ägyptische Kultur und Religion mit den Maßstäben der Gegenwart. Schon Alexander Scharff, sein Münchner Kollege auf dem Lehrstuhl für Ägyptologie, wies in seinem Nekrolog darauf hin, dass Erman, der »Erneuerer« der Ägyptologie, bei seiner Darstellung des ägyptischen Lebens »gelegentlich einen ironischen, skeptischen, bei religiösen Fragen allzu rationalistischen Unterton« gepflegt habe.¹³ Ebendiese Einstellung ist auch in einem Gespräch greifbar, das Erman Ende 1911 mit Eduard Meyer über die Einrichtung einer ordentlichen Stiftungsprofessur für Kultur- und Literaturgeschichte der Juden vom babylonischen Exil bis zum Abschluss des Talmuds führte.¹⁴ Ein solches Ordinariat wollten die jüdischen Gemeinden Deutschlands anlässlich der 100. Wiederkehr des Tages einrichten, an dem die preußische Judenemanzipation zum Gesetz erhoben wurde. Erman pochte darauf, dass die Professur konfessionell nicht gebunden sein dürfe. Seine Begründung verdient es, zitiert zu werden: »Ich will nicht betonen, dass man um die Religionsurkunden eines Volkes richtig zu beurteilen und zu werten, dieser Religion nicht selbst angehören darf – was hülfe uns ein mohammedanischer Kollege zur Erklärung des Koran?«¹⁵

Obwohl sich Erman durchaus für die – wir würden heute sagen – Idee der »Wissenschaftspopularisierung« erwärmen konnte und die Bedeutung des Wörterbuchs der ägyptischen Sprache einem größeren Publikum zu verdeutlichen suchte,[16] wies er scharf wissenschaftliche »Nützlichkeitsbestrebungen« zurück und verfocht, unabhängig von den Zeitläuften, das Konzept einer »reinen« Wissenschaft.[17] Die intensive Debatte um die wissenschaftsimmanente und lebensweltliche Funktion der historisch orientierten Wissenschaften, die seit 1900 die Fakultäten erschütterte, nahm Erman nicht wahr.

PHILOLOGISCHE METHODE UND EPISTEMOLOGISCHE ABSTINENZ II: EDUARD SCHWARTZ

1901 eröffnete Eduard Schwartz die Versammlung deutscher Philologen und Schulmänner in Straßburg. Der damalige Professor für Klassische Philologie an der elsässischen Universität beschrieb in seiner Rede den Gegenstand seiner Disziplin und bot die Variation eines Themas, das wir bereits bei Wilamowitz und Lehmann-Haupt gehört haben: »Die Protokolle der Volksversammlungen und Erlasse der Könige, die stolzen Denkmäler der Stadtrepubliken und das unendliche Schreibwerk des Beamtenstaates, verlorene Meisterwerke und ephemere Produkte der Tagesliteratur, die Kontrakte des Geschäftsmannes und Steuerquittungen, Vorlesungen des Philosophieprofessors und der stammelnde Brief des Kindes an den Vater, kostbarstes Gold und Silber und die reizvolle Unscheinbarkeiten der Töpferware« – all diese Zeugnisse waren Gegenstand einer Philologie, die sich um das gesamte griechisch-römische Kulturerbe bemühen musste.[18]

Also bekannte sich Eduard Schwartz mit seinen akademischen Lehrern zur »streng philologischen Methode«,[19] sah sich in der Nachfolge von Friedrich August Wolf und August Böckh, ordnete wie Adolf Erman die »Archive der Vergangenheit«[20] und legte in seinem langen Leben meisterliche Ausgaben griechischer Texte vor, darunter die Ilias und die Odyssee,[21] die Scholien zu Euripides,[22] die Schriften der christlichen Apologeten Tatian und Athenagoras,[23] die Kirchengeschichte des Bischofs Eusebius von Caesarea[24] und die *Acta Conciliorum Oecumenicorum*, die noch nicht abgeschlossene Edition der Konzilsakten der Spätantike und des frühen Mittelalters.[25] Obwohl Schwartz selbst Verfasser vorzüglicher Synthesen zur griechischen Historiographie,[26] antiken Literatur[27] und spätantiken Kirchengeschichte[28] war, achtete er diese wissenschaftliche Tätigkeit gering: »Die Philologie in ihrem eigentlichen Wesen«, so betonte er, sei eine kunstvolle Technik (téchne), die »der schriftstellerischen Synthese nicht« bedürfe und »für ihr Meisterstück immer die Ausgabe« erachte – »ein Meisterstück freilich, bei dem sich die wenigen Meister von den vielen Stümpern scheiden«.[29]

Die klassizistische und romantische Verklärung der Antike war Schwartz fremd. Er sah sich einem historistischen Wissenschaftsverständnis verpflichtet, das jedes Zeugnis aus dem Altertum als wichtig erkannte, weil es ein potentielles Objekt der geschichtlichen Erkenntnis sein konnte. Schwartz wandte sich konsequent der frühchristlichen Überlieferung und damit zugleich der Spätantike und der Geschichte der Alten Kirche zu.[30] Um philologische »Meisterstücke« vorlegen zu können, die die außergriechische Überlieferung patristischer Texte berücksichtigten, ging er bei den Orientalisten in die Lehre und lernte noch als Professor Syrisch und Armenisch. Scharf polemisierte er auf der Straßburger Philologenversammlung von 1901 gegen diejenigen Kollegen, die ihr »bisschen Schulhebräisch so rasch wie möglich zu vergessen« trachteten.[31] Auch wenn er die versammelten Klassischen Philologen für die Welt des Orients zu begeistern versuchte und sie ermutigte, orientalische Sprachen zu erlernen, war er nicht fähig und willens, im Umgang mit den Zeugnissen des Orients eine Hermeneutik des Fremden zu entwickeln; statt dessen verteidigte er die Monopolstellung des Humanistischen Gymnasiums, warb für eine in den Alten Sprachen geübte »geistige Aristokratie« und beharrte auf der Idee der Verwandtschaft zwischen griechischem und deutschem Wesen.[32]

Nicht die religionsgeschichtliche Methode seines Bonner Lehrers Usener führte ihn zur Geschichte des frühen Christentums, sondern das Totalitätsideal der modernen Altertumswissenschaft. Also zerlegte er mit der historisch-kritischen Methode Homer[33] und Thukydides[34] ebenso wie das Johannesevangelium.[35] Verschiedene Fassungen und Bearbeiter wurden postuliert, Werk und Autor seziert, und die »überscharfe Logik« des »analytischen Verfahrens«[36] feierte Triumphe. Über die Rekonstruktion ihrer jeweiligen Entstehungsgeschichte wollte er zum Verständnis der Texte vordringen.[37] Theologiegeschichtliche Fragestellungen wurden delegitimiert, dogmatische Auseinandersetzungen in der Spätantike als politische Kämpfe interpretiert, und die Konzilsakten galten als Publizistik. »Nicht das Abstraktum Christentum, sondern die geschichtliche Wirklichkeit der Kirche muss ins Zentrum gestellt werden: dann schiebt sich alles zurecht.«[38] Seine Freundschaft mit dem protestantischen Apostaten Julius Wellhausen bestärkte ihn in der Überzeugung, genauer: in dem Vorurteil, dass Wissenschaft und Kirche unvereinbar seien. Schwartz war sich sicher, dass allein eine historisch-kritische Altertumswissenschaft das Instrumentarium bereitstelle, die Geschichte des frühen

Christentums konsequent zu historisieren. Die »theologischen Komplexitätsreduktionen« hatten weitreichende Folgen für die weitere Forschung, in der »sich die Dichotomie zwischen politischen und theologischen Ansätzen denn auch jahrzehntelang als tragendes Paradigma« etablierte.[39]

Zu seinem Lieblingsgegner wurde der protestantische Kirchenhistoriker Adolf Harnack, der der Kirchenväterkommission der Berliner Akademie vorsaß und 1891 zusammen mit Mommsen die Herausgabe der Griechischen Christlichen Schriftsteller der ersten drei Jahrhunderte initiierte. Als Eduard Schwartz im Oktober 1890 durch Mommsens Vermittlung der Berliner Akademie ein Gesuch vorlegte, um für seine geplante Edition verschiedener Schriften des Clemens von Alexandria und des Eusebius von Caesarea finanzielle Unterstützung zu erhalten, nahm dies Harnack zum Anlass, seinen Plan einer »Kirchenväterausgabe« zu präzisieren und einen möglichst baldigen Beginn der Arbeiten anzumahnen.[40] Schwartz musste zurückstehen und beschuldigte Harnack deshalb in späteren Jahren, sein Antrag sei deshalb abgewiesen worden, »weil Harnack, der Mommsens Ohr hatte, für die von ihm geplante Ausgabe der griechischen Kirchenväter philologische Mitarbeit nicht wünschte«.[41] Am Beispiel Harnacks glaubte Schwartz den Nachweis erbringen zu können, dass die methodische Voreingenommenheit und philologische Unfähigkeit der Theologen den Fortschritt der Wissenschaft behinderten.[42] Während diese dem dreieinigen Gott dienten, verehrten die Philologen den »Gott der Wahrheit und der Wahrhaftigkeit«.[43] Dass seine Forderung nach der Historisierung christlicher Religion auch aus dem Geiste des verachteten liberalen Protestantismus geboren war und Harnack grundsätzlich dasselbe Ziel vor Augen hatte, wollte Schwartz nicht sehen. Also stritt man miteinander in heftigen, aufsehenerregenden Kontroversen wie der 1908 und 1909 ausgetragenen Debatte um das antiochenische Synodalschreiben von 325, in der Harnack gegen Schwartz energisch die Authentizität des Dokumentes bestritt – und irrte.[44]

Der Kulturprotestant Schwartz sprach den Kollegen in den Theologischen Fakultäten die philologische und damit die wissenschaftliche Kompetenz ab, sich mit den Zeugnissen des frühen Christentums zu beschäftigen, da sie sich nicht auf die »rücksichtslos ehrliche Wahrheitsforschung«[45] verstünden, die nur der Philologe beherrsche. So war er der festen Überzeugung, dass es »der Wissenschaft nie gut« bekomme, »wenn die Historiker keine Philologen sein wollen«.[46] Daraus spricht der ungestüme Optimismus eines Klassischen Philologen, der die alte Kirchengeschichte aus der Isolation einer konfessionell gebundenen Kirchenhistorie erfolgreich herausführte. Allerdings stellte Schwartz seine – vermeintlich überlegene – philologische Methode niemals in Frage, und damit auch nicht seine politischen und religiösen Grundüberzeugungen, die sein Urteil über die Persönlichkeit eines Autors bestimmten. Wissenschaftstheoretische und epistemologische Abstinenz führte zu disziplinärer Arroganz.

WISSENSCHAFTSORGANISATION:
DAS WÖRTERBUCH DER ÄGYPTISCHEN SPRACHE

Adolf Erman wurde am 22. November 1894 in einem für Akademiker nachgerade jugendlichen Alter von gerade einmal 40 Jahren durch die philosophisch-historische Klasse zum Ordentlichen Mitglied gewählt.[47] Bereits sein Großvater, der Physiker Paul Erman, und sein Urgroßvater, der Historiker Jean Pierre Erman, hatten der Akademie angehört.

Den Antrag zur Aufnahme Ermans hatte am 8. November 1894 der Assyrologe Eberhard Schrader formuliert; mit unterzeichnet wurde er von dem Arabisten Eduard Sachau, dem Indologen Albrecht Weber, dem Klassischen Archäologen Alexander Conze, dem Klassischen Philologen Hermann Diels und dem Sprachwissenschaftler Johannes Schmidt. Schrader verwies ausdrücklich auf die philologisch-sprachwissenschaftliche Kompetenz Ermans.[48] Er sollte innerhalb der Akademie die Ägyptologie vertreten, die nach dem Tode von Richard Lepsius 1884 nicht mehr von einem Fachgelehrten repräsentiert wurde. Am Leibniztag des Jahres 1895, dem 4. Juli, hielt Erman seine akademische Antrittsrede, auf die kein geringerer als Theodor Mommsen antwortete.[49] Keine drei Jahre, nachdem er auf den Lehrstuhl der Berliner Universität berufen worden war, wurde Erman also Mitglied der Akademie. Die Institution hatte mit dem Ordinarius für Ägyptologie und dem Direktor des Ägyptischen Museums einen ausgewiesenen Wissenschaftler kooptiert und sich zur wissenschaftlichen Profilierung ihrer altertumswissenschaftlichen Unternehmen die Mitarbeit eines international renommierten Kollegen gesichert.

Erman wurde – wie so mancher andere Wissenschaftler – in die Akademie gewählt, um ein bestimmtes Projekt zu realisieren: das Wörterbuch der ägyptischen Sprache.[50] Bereits in seiner Antrittsrede von 1895 antizipierte er das Unternehmen: »Auf dem mühsamen Weg empirischer Forschung« sollte es erarbeitet werden.[51] Die Akademie bot mithin, wie für Mommsens Inschriftencorpus und Harnacks Kirchenväterausgabe, den institutionellen Rahmen, um ein innovatives Vorhaben in den Altertumswissenschaften durchzuführen. Die Dauer und der Finanzbedarf des Projektes wurden, wie bei fast allen Vorhaben der philosophisch-historischen

Klasse, zu optimistisch kalkuliert, wohl weniger aus Unterschätzung der zu leistenden Arbeit, sondern eher aus strategischen Gründen. Ursprünglich waren 70 000 Mark einschließlich der Kosten für die Herstellung des endgültigen Manuskriptes in Anschlag gebracht worden. Für die Sammlung und Sichtung des Materials waren zunächst fünf Jahre angesetzt worden. Das erwies sich als illusorisch: Das Wörterbuch der ägyptischen Sprache kostete von 1897 bis 1922, in den ersten 25 Jahren mithin, 150 000 Mark; 120 000 gewährte das Reich, 30 000 die Akademie.[52] Dennoch war das Wörterbuch im Vergleich zu anderen Riesenprojekten der Akademie, die Unsummen verschlangen und ohne greifbare Ergebnisse blieben, durchaus ein Erfolgsunternehmen, das nach zwei Weltkriegen und der Teilung Deutschlands 1961 zu einem Abschluss kam.

Das Wörterbuch galt als ein Gemeinschaftsprojekt der vier deutschen Akademien zu Berlin, Göttingen, Leipzig und München. Da die Gelder vom Reich zur Verfügung gestellt worden waren, musste eine von diesen Akademien konstituierte Kommission über die Verwaltung der finanziellen Mittel wachen. Doch die wesentlichen methodischen und inhaltlichen Entscheidungen, die das Wörterbuch betrafen, wurden nicht von der Kommission, sondern in Berlin getroffen.[53] Bezeichnenderweise befasste sich das Kartell der Akademien nicht mit dem Wörterbuch. In München war man von der preußischen Kontrolle gar nicht angetan und klagte über den »von Erman stillschweigend beschlossenen und durchgeführten Ausschluss der übrigen Akademien von jener anfangs proklamierten Gemeinschaftsarbeit zugunsten der Berliner Akademie allein«.[54]

Trotz der preußischen Suprematie musste das ägyptologische Unternehmen, wie andere altertumswissenschaftliche Projekte, auf Grund der Größe der zu bewältigenden Arbeit auf internationale Kooperation setzen. In den ersten 21 Jahren waren 31 Mitarbeiter für das Wörterbuch tätig, darunter zwei Amerikaner, zwei Engländer, ein Ire, ein Franzose, zwei Dänen, ein Schwede und ein Schweizer. Zu den ausländischen Forschern, die Belege für das Wörterbuch sammelten, zählten der erste Lehrstuhlinhaber für Ägyptologie in den USA, James H. Breasted, der spätere Präsident der Egypt Exploration Society, Sir Alan H. Gardiner, und der Däne Hans O. Lange. Die verdienten ausländischen Mitarbeiter wurden durch die Wahl zu Korrespondierenden Mitgliedern der Berliner Akademie ausgezeichnet und dadurch die internationalen Netzwerke gestärkt.

Dennoch war auch dieses Unternehmen ein deutsches. Es sollte von der wissenschaftlichen Größe und organisatorischen Effizienz der deutschen Ägyptologie Zeugnis ablegen. Mommsen hatte bereits in seiner Antwort auf Ermans Antrittsrede formuliert, das neue Mitglied möge dazu beitragen, dass »die Stelle, die

Deutschland in dieser Hinsicht von jeher eingenommen hat« gewahrt und gesteigert werde.[55] Auf dem Internationalen Orientalistenkongress des Jahres 1897 in Paris erklärte Erman, die deutsche Ägyptologie habe die Aufgabe übernommen, der Wissenschaft dasjenige Hilfsmittel zu geben, »das sie bei ihrem heutigen Stande am dringendsten benötigt: das erschöpfende Wörterbuch«.[56] Man diente, wie Eduard Sachau einmal schrieb, »in lauterster Sachlichkeit« nicht nur der Wissenschaft und dem Amt, sondern eben auch dem Vaterland.[57]

Auf wissenschaftlichem Gebiet sollte das Deutsche Reich in Ägypten und im gesamten Vorderen Orient eine Frankreich und England vergleichbare Stellung erlangen. Die Notwendigkeit, für das Wörterbuch neue Texte in Abschriften oder Abklatschen zu beschaffen und das bisher gesammelte Material im Land zu überprüfen, diente der Akademie als willkommener Anlass, um von der Reichsregierung seit 1898 die Schaffung einer wissenschaftlichen Dependance in Kairo zu verlangen. Seit den 1880er Jahren hatte Erman mit Friedrich Althoff Schritte zur Schaffung einer deutschen wissenschaftlichen Station beraten. Zunächst wurde die Stelle eines wissenschaftlichen Attachés am Generalkonsulat in Kairo eingerichtet, 1907 aber ein »Kaiserlich Deutsches Institut für ägyptische Altertumskunde« gegründet, der ein mit Professorentitel nobilitierter Direktor vorstand.[58]

Neben die Institutionalisierung der wissenschaftlichen Repräsentation in Ägypten traten umfangreiche Ausgrabungen und der Ankauf einschlägiger Exponate für die Museen. Erman selbst stand im engen Kontakt mit dem jüdischen Unternehmer und bedeutenden Mäzen James Simon, der als Begründer der Deutschen Orient-Gesellschaft die Grabungen im ägyptischen Tell el-Amarna finanzierte, bei denen die Büste der Nofretete gefunden wurde, die Simon 1920 dem Ägyptischen Museum schenkte.[59]

Das öffentliche Interesse an den »Ländern der Bibel«, wie es damals hieß, die expansive Forschungsfinanzierung des Deutschen Reiches und die stetig wachsende Zahl neuer Funde ließen Altertumswissenschaftler und Orientalisten an der Akademie 1910 den Plan fassen, eine »Anstalt für orientalische Studien in der Art der naturwissenschaftlichen Forschungsinstitute« einzurichten.[60] Die Idee stammte von Erman, unterstützt wurde er von dem Althistoriker Eduard Meyer, dem Indogermanisten Wilhelm Schulze, dem Indologen Heinrich Lüders, dem Assyrologen Friedrich Delitzsch und den Orientalisten Eduard Sachau und Friedrich Wilhelm Karl Müller. Die Gelehrten wollten nach dem Vorbild der Naturwissenschaften eine Institutsgründung außerhalb der Akademie vornehmen. Dies war ein völlig neues, ja für die Geisteswissenschaften geradezu unerhörtes Modell, und daher wurde der Antrag vom 9. November 1910 von dem Ministerium an die Akademie zur Beratung verwiesen. Dort machte sich Harnack, der künftige Präsident der Kaiser Wilhelm-Gesellschaft, die Sache zu eigen. Er erkannte die wissenschaftliche Bedeutung eines solchen Institutes, unterstützte das Begehren offensiv, integrierte es zugleich aber wieder in die Akademie. In seinem Antrag wurde ein »Orientalisches Forschungsinstitut der Königlichen Akademie der Wissenschaften« gefordert, das philologische Arbeit leisten sollte: die orientalischen Schriftdenkmäler herausgeben, übersetzen, erklären und »in jeder Weise wissenschaftlich verarbeiten«. Dafür wurden sechs wissenschaftliche Beamtenstellen in Anschlag gebracht: zwei für die Assyrologie, eine für die Ägyptologie und drei für die aufsehenerregenden Turfanfunde aus Zentralasien.[61] Insgesamt wurde ein Bedarf von etwas mehr als 60 000 Mark kalkuliert. Der ambitionierte Antrag der Akademie vom 11. Februar 1911 fiel jedoch beim Finanzminister durch, der die Schaffung weiterer Stellen für wissenschaftliche Beamte kategorisch ablehnte.

Die Verhandlungen kamen erst dann wieder voran, als Eduard Meyer 1912 auf einem Empfang Wilhelms II., der auch Protektor der Deutschen Orient-Gesellschaft war, diesen für die Idee gewinnen konnte. Jetzt wurden 20 000 Mark bewilligt, aber keine Beamtenstellen. Die Orientalische Kommission der philosophisch-historischen Klasse konstituierte sich am 2. Mai 1912. Ihr gehörten Meyer als Vorsitzender an sowie Erman, Sachau, Lüders, Müller und Wilhelm Schulze.[62] Die Kommission erzielte in den zwei Vorkriegsjahren und während des Krieges keine aufsehenerregenden Ergebnisse. Aber in den zwanziger Jahren entfaltete sie eine erfolgreiche Tätigkeit: Ägyptische, hethitische und assyrische Inschriften aus dem Bestand der Berliner Museen wurden ediert und die zentralasiatischen Handschriftenfunde der Turfan-Expeditionen ausgewertet.

Erman kumulierte wie seine Kollegen in der Akademie zahlreiche Ämter und Funktionen. Er war Ordentlicher Professor an der Berliner Universität, Direktor des Ägyptischen Museums und Mitglied der Akademien in Berlin, München, Wien und Göttingen. In der Berliner Akademie gehörte er zahlreichen wissenschaftlichen Kommissionen an; den Vorsitz führte er in der Ägyptologischen Kommission, die 1904 gegründet worden war.

Die wissenschaftlichen Erfolge, die Erman erzielte, beruhen nicht nur auf seinen intellektuellen Fähigkeiten, seiner Gelehrsamkeit, seinem ungeheuren Fleiß und seiner persönlichen Arbeitsleistung. Die spezialisierte Großforschung erforderte auch in der Ägyptologie Mitarbeiter, die sich ebenso selbstlos den Erfordernissen der umfassenden Sammlungen unterordneten wie die verantwortlichen Projektleiter, denen die wichtige Aufgabe zukam, die großen Unternehmen zu organisieren. »Je höher die Aufgaben auf allen Gebieten der Forschung sich stellen,

12. ADOLF ERMAN UND EDUARD SCHWARTZ 217

desto weniger reicht der Fleiß und das Talent des einzelnen Arbeiters aus. Die Organisierung der Arbeit, sei es durch Sammlung der Materialien oder der Resultate, sei es durch Schulung der hinzutretenden Arbeitsgenossen, nimmt immer weiteren Umfang an und fordert vor allem jene Stabilität der Einrichtungen, die über die Lebensdauer des einzelnen Mannes hinaus den Fortgang der Arbeit verbürgt«, hatte Mommsen schon 1888 erklärt.[63] In dem Wörterbuchprojekt wurde der wissenschaftliche Nachwuchs der Ägyptologie geschult und rekrutiert.[64] Erman unterstützte, wie auch die Leiter anderer Akademievorhaben, die wissenschaftliche Karriere seiner Schüler. Kurt Sethe baute er konsequent zu seinem Nachfolger auf, machte ihn zunächst zum Korrespondierenden und dann zum Ordentlichen Mitglied der Akademie.[65] Auch sein Schüler Hermann Junker, Ordinarius für Ägyptologe an der Universität Wien, wurde auf Ermans Vorschlag hin 1922 zum Korrespondierenden Mitglied gewählt.[66] Wie Sethe war auch Junker Mitglied der Ägyptologischen Kommission.

Doch welche Rolle spielte das von Erman vertretene Fach in der Akademie? Die Ägyptologie war ein Teilgebiet der Orientalistik, die über drei fachgebundene Stellen verfügte.[67] Das Fach wurde zwar nicht als unnütze Marotte abgetan,[68] aber es stand nicht im Mittelpunkt des Interesses der philosophisch-historischen Klasse. Hier war die Hegemonie derjenigen Projekte unangefochten, die sich der griechisch-römischen Antike widmeten. Der Antrag an das Kuratorium der Wentzel-Heckmann-Stiftung, das Wörterbuch mit 35 000 Mark verteilt auf fünf Jahre zu fördern, wurde Ende 1896 abgelehnt, da die Stiftung den Beschluss fasste, Harnacks teures Kirchenväterprojekt auf 15 Jahre zu unterstützen.[69] Ein hauptamtlicher Mitarbeiter wurde zwar seit der Jahrhundertwende wiederholt für das Wörterbuch gefordert,[70] aber die im Zuge des Akademiejubiläums von 1900 geschaffenen Stellen wurden für die Kirchenväterausgabe, die Inschriftenprojekte und das griechische Münzwerk verwendet. Das ägyptische Wörterbuch musste bis 1922 mit »Hilfsarbeitern« auskommen; erst dann wurde ein wissenschaftlicher Beamte für das Unternehmen eingesetzt, aber nicht auf einer etatisierten Stelle, sondern »durch die Übertragung der bei der Kommission für lateinische Inschriften freigewordenen Stelle auf die ägyptologische Kommission«.[71]

Die Ägyptologie, ja überhaupt die gesamte orientalistische Forschung, stand in der Akademie zunächst im Schatten der klassischen Altertumswissenschaft. Die von Mommsen und Diels, von Harnack und Wilamowitz initiierten und geleiteten Unternehmungen profitierten weniger von ihrer längeren Laufzeit als vielmehr von der neuhumanistischen Idealisierung der griechisch-römischen Antike und von dem Einfluss und der Autorität ihrer Leiter in der Berliner Akademie. Erman war zwar als Wissenschaftler geachtet, vermochte aber nie, Klassensekretar zu werden, und spielte in der Akademiepolitik eine untergeordnete Rolle. Die Situation verbesserte sich indes in den beiden Jahrzehnten vor dem Ausbruch des Ersten Weltkrieges: Das stark gestiegene Interesse der Öffentlichkeit am Alten Orient und an Ägypten, die Nachrichten von sensationellen Funden, die dynamisch wachsende Forschungsförderung des Reiches und der wissenschaftsimperialistische Anspruch, dass die altorientalische und ägyptologische Forschung zur Größe der deutschen (Kultur-)Nation beitrage, gaben den Fächern starke Impulse. In der Berliner Akademie war zudem die Wahl des Althistorikers Eduard Meyer zum Ordentlichen Mitglied im Jahr 1903 wichtig, da dieser Ägypten und den Vorderen Orient als integralen Bestandteil einer universalhistorisch definierten Altertumswissenschaft verstand und damit von der älteren Position abrückte, die Ägypten und seine Kultur ausschließlich vom Standpunkt des klassischen Altertums bewertete. Die Überwindung einer exklusiv auf die griechische und römische Vergangenheit fokussierten Altertumskunde im Zeitalter des Historismus ermöglichte den Aufstieg der Fächer, die sich mit dem »Altertum« anderer Regionen und Ländern beschäftigten und sich auf die Suche nach einer globalen Antike machten, die bereits Alexander von Humboldt umgetrieben hatte.

Der Habitus des Wissenschaftlers: Von Kärrnern und Dienern

Adolf Erman und Eduard Schwartz hatten das Ideal des Wissenschaftlers verinnerlicht, der sich fleißig und uneigennützig in den Dienst der Wissenschaft stellt und ohne zu klagen entsagungsvolle Kärrnerarbeit leistet, um die Überlieferung zu sichten und zu ordnen. Der gelehrte Habitus war durch »Entsagung und Einsamkeit« charakterisiert.[72] In Schwartz' Worten: »Es ist eben vergnüglicher im Flugzeug hoch über Berg und Tal dahinzufahren, statt sich mit vergilbten Pergamenten, verwitterten Inschriften, abgescheuerten Münzen, chronologischen Berechnungen und anderen unbequemen Handwerkszeug der Forschung mühselig abzuplagen.«[73] Aber erst eine solche Arbeit nobilitierte den Forscher.

Eduard Schwartz wurde bereits als junger Nachwuchswissenschaftler in den Großbetrieb der Altertumswissenschaften eingeführt. Mommsen hatte sich zu Beginn der 1880er Jahre dafür eingesetzt, dass seine Edition der Euripidesscholien durch die Berliner Akademie unterstützt wurde. Fast zwanzig Jahre später wurde ihm im Auftrag der Kirchenväterkommission die Kirchengeschichte des Euseb übertragen, und er unterstützte selbstlos Mommsens Ausgabe des Rufin.⁷⁴ Ihm oblag überdies die Überwachung der Drucklegung, die nicht reibungslos verlief und durch depressive Verstimmungen, unter denen Mommsen litt, unterbrochen wurde.⁷⁵ Befürchtete schon Mommsen, Schwartz werde den Rufin verwünschen,⁷⁶ so schrieb Ulrich von Wilamowitz-Moellendorff am 7. September 1901 an seinen Freund Georg Kaibel, Schwartz' Eusebius sei eine Freude, aber es sei kaum zu ertragen, wie Mommsen ihn quäle.⁷⁷

Schwartz' organisatorisches Vorbild war und blieb die Preußische Akademie der Wissenschaften, die leistungsfähigste wissenschaftliche Akademie des Kaiserreiches. Bald nach der Jahrhundertwende gelang es Schwartz, die Straßburger Wissenschaftliche Gesellschaft davon zu überzeugen, sein wissenschaftliches Großunternehmen, die Herausgabe der *Acta Conciliorum Oecumenicorum* zu unterstützen.⁷⁸ Dieses Unternehmen war nicht so breit aufgebaut wie etwa Mommsens lateinisches Inschriftencorpus, aber dennoch hatte es »gigantische Ausmaße«.⁷⁹ Schwartz setzte bei diesem Projekt nach dem Berliner Vorbild auf Arbeitsteilung, private Zusatzmittel und internationale Kooperation.⁸⁰

Die Bayerische Akademie der Wissenschaften, deren Mitglied Schwartz nach seinem Ruf nach München 1919 wurde und deren Präsident er von 1927 bis 1930 war, wurde von ihm ebenfalls nach borussischem Vorbild zu einem Instrument akademischer Großforschung umgebaut. Schwartz saß in den Kommissionen, agierte für die Akademie auf internationalem Parkett und vertrat sie in dem Kartell der Akademien. Dem *Thesaurus linguae Latinae* verschaffte er während seiner Präsidentschaft eine neue Heimstatt im Maximilianeum. Der Neuordnung des Kanzlei-, Archiv- und Bibliotheksbetriebes widmete er seine Aufmerksamkeit und die Stiftungsfonds wertete er auf. Die Organisation der Wissenschaft war ein notwendiger Teil der erfolgreichen Tätigkeit des Wissenschaftlers.⁸¹

Konsequent stellte auch Erman seine Schaffenskraft in den Dienst eines Wissenschaftsverständnisses, das die Erschließung und Systematisierung der Überlieferung zur zentralen Aufgabe der Forschung erklärte und individuelle Leistung relativierte. Er bekannte: »Ich habe dreißig Jahre lang alle Arbeiten und Hilfsarbeiten mitgemacht, ich habe Texte verglichen und unendliche Texte übersetzt, ich habe 4000 Stellen autographiert und auch beim Ordnen der Zettel geholfen, zuletzt habe ich 18 Jahre lang die gesammelten Zettel – es waren etwa 1 300 000 Stück – durchgearbeitet.«⁸²

Erman praktizierte wie sein Kollege Schwartz die innerweltliche Askese des Wissenschaftlers. Das Ideal umschrieb der Klassische Philologe Eduard Norden in seinem Dankesschreiben für die Glückwünsche, die ihm am 21. September 1928 zu seinem sechzigsten Geburtstag erreicht hatten: »Ein Selbstverständliches ist auch dieses: ich bin, solange ich zurückdenken kann, ›unermüdlich fleißig‹ gewesen.«[83] Selbst der »Wahnsinn der Weltgeschichte«, der Erste Weltkrieg, führte nicht zu einer Änderung dieser Haltung. Die Devise lautete nach wie vor: »Wir legen die Hände nicht in den Schoß, sondern streben weiter, weiter.«[84] Also las Erman »Sonntags vormittags in seiner Wohnung völlig privatim Texte mit seinen Studenten«.[85]

Diesem Wissenschaftsverständnis entsprach es auch, dass kein großes Aufheben um die eigene Arbeit gemacht werden sollte. »Schließlich ist das, was wir geleistet haben doch nur unsere Pflicht gewesen«, stellte der protestantische Gelehrte fest. Er setzte hinzu: »Aber unser Reich ist doch nicht von dieser Welt – und all die äußeren Höflichkeiten, die man uns und der Wissenschaft erweist, helfen dieser doch nicht viel. Wenn die Herren uns bei unseren Arbeiten durch Mitteilungen unterstützen, so ist das mehr wert, als die billige Schwärmerei für die école de Berlin und das Wörterbuch.«[86] Die Rhetorik der Bescheidenheit war fester Bestandteil der wissenschaftlichen Selbstdarstellung.

Wie reagierten Erman und Schwartz jedoch auf die vielfältigen kulturellen und ideologischen Krisensymptome, die das bildungsbürgerliche Selbstverständnis und Selbstbewusstsein seit dem Ende des 19. Jahrhunderts erschütterten? Auf der Suche nach neuer Sinnstiftung hielten sie an den traditionellen kulturprotestantischen Werten und dem Vertrauen auf Fortschritt durch wissenschaftliche Erkenntnis fest. Die beiden Professoren bekannten sich in Wort und Schrift zu den methodischen, inhaltlichen und organisatorischen Standards einer deutschen Altertumswissenschaft, die von Berlin aus dominiert wurde.

WISSENSCHAFT UND POLITIK: ZWEI BIOGRAPHIEN

Der 1854 geborene Erman und der vier Jahre jüngere Schwartz gehörten einer jüngeren, ›monarchistischen‹ Generation erfolgreicher Wissenschaftler an, die sich mit dem 1871 gegründeten Kaiserreich identifizierten.[87] Während Erman sich jedoch als apolitischer Gelehrter verstand, war Schwartz bis zum Ende des Ersten Weltkrieges in der Nationalliberalen Partei engagiert. Von den linksliberalen Aktionen seines Lehrers Mommsen hielt er nichts. Den unterstützte er erst, als es Ende 1901 darum ging, die Einrichtung eines konfessionsgebundenen Lehrstuhls für Mittlere und Neuere Geschichte an der Universität Straßburg zu verhindern.[88]

Für Erman und Schwartz bedeutete der Erste Weltkrieg eine tiefe Zäsur.

12. ADOLF ERMAN UND EDUARD SCHWARTZ 221

Schwartz gehörte mit Eduard Meyer und Wilamowitz zu den Hardlinern unter den Altertumswissenschaftlern. Er beschwor in Kriegsreden den militärischen Konflikt als »nationales Erlebnis«, feierte 1915 »Das deutsche Selbstbewusstsein« und betrieb die Apotheose des Volksstaates.[89] Sechzigjährig musste er am 15. November 1918 unter Zurücklassung seiner Bibliothek und seiner Manuskripte aus Straßburg vor den französischen Truppen flüchten. Drei erwachsene Söhne hatte er ins Feld geschickt. Die beiden Älteren, Gerhard und Ivo, fielen, der dritte kam einarmig zurück. Das Trauma der Niederlage verarbeitete Schwartz nicht, stattdessen verbreitete er vom Katheder die Dolchstoßlegende. Am 17. Januar 1925, zur Reichsgründungsfeier, erklärte er an seiner neuen Wirkungsstätte, der Universität München, der »Gedenktag deutscher Größe« dürfe nicht »in das gemeine Alltagsgetriebe« hinabgestoßen werden, denn dies »wäre ein Verrat an der einzigen Wirklichkeit, die uns geblieben ist, an der Erinnerung«.[90] Mit der Republik von Weimar wollte und konnte er sich nicht identifizieren. Die Nationalliberalen verließ er 1918, weil sie auf der »demokratischen Welle« ritten.[91] Er schloss sich zeitweilig der DNVP an. Nach dem missglückten Kapp-Putsch im März 1920 pries Schwartz in der Universitätszeitschrift »Münchner Studentendienst« jene wehrhaften Studenten, die sich »in schweren Kämpfen gegen die Massen« ausgezeichnet hatten.[92]

Erman hatte bei Kriegsausbruch den berühmt-berüchtigten Aufruf der 93 »An die Kulturwelt« vom 4. Oktober 1914 nicht unterzeichnet. Im Gegenteil: Sein Freund Eduard Meyer war für ihn seit 1914 »der leidenschaftlichste Vertreter des Völkerhasses«, der »keine Überlegung und keine Mäßigung« kannte.[93] Die Einsicht in die Notwendigkeit internationaler wissenschaftlicher Kooperation veranlasste ihn, schon 1915 gemeinsam mit Max Planck in der Akademie »zur Zurückhaltung gegenüber Erscheinungen der Kriegspsychose« zu mahnen und sich von der Forderung, ausländische Korrespondierende Mitglieder auszuschließen, zu distanzieren; stattdessen nahm er ausländische Kollegen, die als deutschfeindlich denunziert wurden, in Schutz.[94] Ausdrücklich wandte er sich gegen die Zerstörung wissenschaftlicher Zusammenarbeit aus chauvinistischer Verblendung und erachtete es als »einen schweren Fehler, wenn die Berliner Akademie das ihr von anderer Seite wohl gern überlassene Odium auf sich nehmen wollte, den ersten Schritt auf einem Wege zu tun, der möglicherweise nicht nur für ihre eigene Entwicklung, sondern auch für die Institution der Akademien überhaupt von verhängnisvoller Bedeutung werden könnte«.[95]

Die Unterbrechung der akademischen Tätigkeit durch den Weltkrieg und die Wirren der Nachkriegszeit belasteten ihn jedoch sehr. Jüngere Mitarbeiter am Wörterbuch waren im Felde geblieben,[96] und nach 1918 beeinträchtigten finanzielle Schwierigkeiten die wissenschaftliche Arbeit. Aus der Tristesse des Alltags flüchtete Erman in die Erinnerung an das Kaiserreich, das von vielen Wissenschaftlern zum Goldenen Zeitalter verklärt wurde. Antimodernistische Zivilisationskritik war auch dem Ägyptologen nicht fremd, wie das düstere Zeitporträt beweist, das er am Ende seiner Erinnerungen entwirft.[97] Dennoch nutzte er nach 1918 erfolgreich seine Verbindungen zu ausländischen Wissenschaftlern, um die ägyptologischen Forschungen zu sichern und die Reintegration der deutschen Ägyptologie in die internationale *res publica litterarum* zu beschleunigen.

Erman zählte im Gegensatz zu Schwartz jedoch zu den Stillen, die im Weltkrieg und auch in der Weimarer Republik nicht an tagespolitischen Auseinandersetzungen teilnahmen. Lieber mahnte er, die wissenschaftliche Arbeit fortzusetzen: »Ich bin der Meinung, dass dieses Durchhalten unseres Werkes verdienstlicher gewesen ist, als wenn ich, wie so viele, durch Vorträge und durch Schriften für ›vaterländische Aufklärung‹ gesorgt hätte. Arbeiten erscheint mir immer besser als Reden.«[98] Doch die Folgen der »Machtergreifung« der Nationalsozialisten trafen auch den verdienten Wissenschaftler. Denn ihm fehlten, wie er schon 1929 sarkastisch eingeräumt hatte, Qualitäten, auf die man nun in Deutschland Wert lege: »das reine Blut« und »die reine Rasse«. Unter seinen Vorfahren waren, wie er in seinen Erinnerungen offen gesteht, drei Franzosen und ein Jude. Noch bekannte er sich »mit Freude« zu seinen Ahnen, ironisierte die vermeintlichen Vorzüge irgendeiner »reinen Rasse«, bestritt selbstbewusst, »ein reiner Germane« oder »ein reiner Arier« zu sein,[99] und gab, um Ulrich von Wilamowitz-Moellendorff zu zitieren, mit seiner Familiengeschichte »den Rasseschnüfflern die prächtige Abfuhr«.[100]

Doch 1934 wurde Erman aufgrund seiner jüdischen Vorfahren aus der Fakultät ausgeschlossen. An den Rektor der Berliner Universität schrieb er daraufhin, er weigere sich, sein mehr als fünfzigjähriges Wirken für die Universität als schädlich anzusehen: »Und ebenso werden Sie begreifen, dass ich auch weiterhin meiner ›nicht-arischen‹ Vorfahren und Verwandten mit der gleichen Verehrung gedenke wie der arischen. Auch jene haben in der Wissenschaft, in der Kunst, im Heer, in der Verwaltung das Ihrige geleistet, auch sie haben bei Lützen, bei Königgrätz, bei Gravelotte, bei Kowno und an der Somme ihr Leben für Deutschland hingegeben, ohne zu ahnen, dass man dereinst ihr Deutschtum anzweifeln würde.« Er sei stolz auf »die drei Generationen« seiner Familie, »die seit 1810 das Glück gehabt haben, an der Berliner Universität zu wirken«.[101] Wenig später wurde dem Nichtarier Erman die Lehrbefugnis an der Friedrich-Wilhelms-Universität entzogen. Auf Grund des Gesetzes zur Wiederherstellung des Berufsbeamtentums vom 7. April 1933 wurde ihm als »nichtarischem Beamten« jede öffentliche Tätigkeit untersagt.

Das Ministerium revidierte nach dem Protest der Fakultät zwar seinen Beschluss, aber der greise Erman war zutiefst getroffen.[102]

Erman flüchtete sich in die Idealisierung der preußischen Tradition und gratulierte am 4. Juni 1934 Wilhelm II. zu dessen 75. Geburtstag. In dem Brief berief er sich auf die Erinnerung an »das alte Preußen«, das seiner Familie einst eine Zuflucht gewährt habe und in dem sie während zwei Jahrhunderten arbeiten und forschen durften – »frei von religiöser u. geistiger Bedrückung«.[103] Zu Erman hielten Freunde und Kollegen aus Akademie und Universität, wie der Theologe Hans Lietzmann,[104] der Historiker Otto Hintze,[105] und Max Planck.[106] Der Sekretar der Berliner Akademie der Wissenschaften beschwor in seinem Gratulationsschreiben zu Ermans 80. Geburtstag am 31. Oktober 1934 nochmals die unpolitische, die reine Wissenschaft, die inzwischen endgültig zur Utopie geworden war. Es käme darauf an, so schrieb Planck, »unserer Auffassung von dem Supremat der großen Fragen der reinen Wissenschaft über kurzlebige Personen- und Tagesinteressen die nötige Geltung zu verschaffen. Und wenn ich richtig urteile, so schöpfen Sie gerade aus dieser Grundeinstellung Ihres Wesens auch die Kraft, mit welcher Sie es verstehen, über die Schwierigkeiten und Leiden, welche diese bewegte Zeit auch über Sie verhängt hat, innerlich Herr zu werden, sowie auch die Überzeugung, dass die echte Wissenschaft sich doch durch alle Fährlichkeiten immer wieder durchsetzen wird und muss.«[107]

Erman stimmte am 6. November 1934 ohne Zögern zu: »Auch für mich hat die Wissenschaft stets als das Höchste gegolten.« Er halte an dem Glauben fest, dass »in allem Wechsel der Zeiten« doch »die Wissenschaft das Höchste im Leben der Menschheit sein und bleiben« werde, »solange es überhaupt noch Menschen gibt, die nach Höherem streben«.[108] Die weitere Entrechtung blieb Adolf Erman erspart: Er starb am 26. Juni 1937. Sein Schüler Hermann Grapow, seit 1937 Ordentlicher Professor an der Berliner Universität, seit 1938 Ordentliches Mitglied der Akademie und Vorsitzender der Ägyptologischen Kommission,[109] verfasste den Nachruf, der allerdings in der Akademie nicht verlesen wurde.[110]

Eduard Schwartz musste keine Verfolgung erdulden, aber auch er litt unter den Repressionen des Unrechtsregimes. In der Weimarer Republik hatte er eine aristokratische Ethik vertreten und politisch rechts gestanden. Seine ideale Heimat schienen die hellenistischen Monarchien gewesen zu sein. Doch Antiparlamentarismus, Chauvinismus und Revanchismus machten aus dem Philologen keinen Nationalsozialisten. Der erzkonservative bürgerliche Gelehrte war nach 1933 nicht bereit, den ideologischen Erwartungen der Nazis zu entsprechen. Wie er bereits den in den zwanziger Jahren in den Altertumswissenschaften propagierten Paradigmenwechsel als »geistigen Morphinismus« abgelehnt hatte,[111] so stießen die in den dreißiger Jahren unternommenen Versuche, die Altertumskunde zu ideologisieren, bei ihm auf harsche Ablehnung. Der »alte Geheimrat« stand dem Nationalsozialismus ablehnend gegenüber, verweigerte sich der wissenschaftlichen »Totalmobilmachung« und wurde rasch nach der Machtübergabe an die Nationalsozialisten ausgeschaltet; dem seit 1929 emeritierten Gelehrten wurde nunmehr untersagt, Lehrveranstaltungen abzuhalten.[112] Scharf wandte er sich kurz, nachdem das Gesetz zur Wiederherstellung des Berufsbeamtentums Anfang April 1933 erlassen worden war, gegen die Politisierung der Hochschulen.[113] 1935 protestierte er offen gegen den nationalsozialistischen Philosophen Wolfgang Schultz, der der Münchner Universität aufgezwungen worden war.[114] Der Versuch, den Altertumswissenschaftler 1936 zum zweiten Mal zum Präsidenten der Bayerischen Akademie zu wählen, scheiterte aus politischen Gründen. Minister Rust ernannte den willfährigen Historiker und strammen Nationalsozialisten Karl Alexander von Müller.[115]

Schwartz verabscheute den Rassismus und Antisemitismus der Nationalsozialisten. In einem Brief an den Berliner Kirchenhistoriker Hans Lietzmann, den er unmittelbar nach dem Novemberpogrom von 1938 schrieb, bezeichnete er sich selbst als »radikalen Feind der jetzigen Gewalthaber«.[116] Schwer traf ihn der Exodus der besten deutschen Altertumswissenschaftler. Anfangs hoffte er, dass nur wenige Gelehrte Deutschland verlassen würden, und diejenigen, die gingen, sollten den Ruhm der deutschen Altertumswissenschaft dem Ausland künden. An Eduard Fraenkel, der gerade zum Corpus Christi Professor of Latin Language ernannt worden war, schrieb er 21. Dezember 1934: »Sie haben es gemacht wie Odysseus, und Pallas Athene hat Ihren Gastgebern klar gemacht, dass sie nichts besseres tun können, als Sie bei sich zu behalten. Sie wird Ihnen auch weiter helfen, und den Englishmen wird es gut tun, sich in die *disciplina Germanica* zu begeben. Ein Gefühl der Bitterkeit, dass wir Sie an England haben abtreten müssen, kann und will ich nicht unterdrücken; das trifft Sie nicht und soll Ihre Freude nicht schmälern.« Fraenkel bat er zugleich, zu überprüfen, ob die Bodleiana die *Acta Conciliorum Oecumenicorum* anschaffe. »Für den Fortgang des Unternehmens ist jedes gekaufte Exemplar von Bedeutung.«[117]

Schwartz tat, was er konnte, um die Verfolgten zu unterstützen. So verwandte er sich für Rudolf Pfeiffer, der sein Ordinariat verloren hatte, weil er mit einer nichtarischen Frau verheiratet war. Als er sah, dass seine Eingabe um Wiedereinsetzung gescheitert war, half er Pfeiffer bei der Emigration.[118] Am 2. Mai 1938 verfasste Schwartz ein positives »Testimonial« für seinen Schüler, das den wissenschaftlichen Neubeginn in der Fremde erleichtern sollte: »Er war ein ausgezeichneter akademischer Lehrer und Erzieher, verehrt von seinen Studenten und geachtet von seinen Kollegen. Unter den Verlusten, die die Klassische Philologie in Deutschland seit 1933 hat erleiden müssen, ist der Pfeiffers besonders schwer zu ertragen und auf keine Weise zu ersetzen.«[119] Drei Jahre zuvor, 1935, hatte er Kurt von Fritz geholfen. Der Klassische Philologe war, nachdem er sein Extraordinariat an der Universität Rostock verloren hatte, nach München gekommen, um in der Universitätsbibliothek seine wissenschaftlichen Studien, die traditionelle Fachgrenzen überschritten, fortzusetzen. Er wurde denunziert, weil er angeblich »mit einem jüdischen Kollegen zusammen eine französische Zeitschrift gesehen und dabei gelacht« habe.[120] Ihm wurde daraufhin die Benutzung der Bibliothek verboten. Von Fritz entschloss sich zur Emigration. Schwartz kommentierte diese Entwicklung in einem Brief an Eduard Fraenkel: »Der Philologie geht's schlecht bei uns; Sie werden gehört haben, dass von Fritz nun auch gezwungen ist sich ein Exil zu suchen. Er bat mich, Sie über ihn näher zu unterrichten.« In ihm hätten Philologie und Mathematik in eben seltener Weise zusammengefunden, und »etwas Großes« sei »im Werden«. Schwartz fügte bitter hinzu: »Und ein solches Göttergeschenk setzt man in Deutschland auf die Straße und zwingt ihn auszuwandern. Es ist als ob sich alle bösen Geister gegen unser Vaterland verschworen hätten.«[121] »In dem sich barbarisierenden Deutschland« klammerte sich Schwartz an seine Wissenschaft: »Intensives Arbeiten wirkt wie eine Narkose, sonst ist die Zeit nicht zu ertragen.«[122] Fünf Monate nach Ausbruch des Zweiten Weltkrieges, am 13. Februar 1940, verstarb er in München.

13. DIE ANTIKE IN »WEIHEN-STEFAN«: PLATON IM GEORGEKREIS[*]

Für Eduard Schwartz gehörten die Verehrer von Stefan George zu den »geistigen Morphinisten«. Doch einzelne Altertumswissenschaftler pflegten sehr wohl enge Verbindungen zu dem Dichter und seinem Kreis, zumal man gleiche Themen bearbeitete. So zählt der griechische Philosoph Platon zu den populärsten Gestalten im Georgekreis. Folgt man einer gängigen Zählung, so befassten sich in gut vierzig Jahren 26 Werke von sieben Autoren mit dem griechischen Philosophen.[1] Eine neuere Berechnung kommt auf wenigstens 50 einschlägige Veröffentlichungen.[2]

Übersetzungen stehen neben Biographien. Die Werke unterstreichen sämtlich die Bedeutung der historischen Gestalt für die Gegenwart. Allgegenwärtig ist die Abgrenzung von der zeitgenössischen Wissenschaft. Die Autoren verzichten auf den gelehrten Apparat und nehmen für sich in Anspruch, Dichtung und Wissenschaft verbinden zu können. Ästhetisch anspruchsvoll will man schreiben. Doch das griechische Original rückt häufig in weite Ferne. Stattdessen weht in den Darstellungen der Geist von »Weihen-Stefan«: Von »Schau« ist die Rede, von »Gesamt«, »Ewe«, und »Gebild«; Neologismen wie »der Sterbling«, »die Seherfrau« (für Diotima), »das männisch-gymnastische Wesen« und »die sokratische Tucht« strapazieren den Langmut jedes Lesers.[3]

Das hat alles herzlich wenig mit Platon zu tun, aber sehr viel mit Stefan George. Platons »Politeia« wird, *sit venia verbo*, auf den »Teppich des Lebens« heruntergeholt. Die Georgisierung Platons ist natürlich schon längst gesehen worden. Ein aufmerksamer Jesuit widmete bereits 1929 einen umfangreichen Aufsatz dem Thema: »Stefan George verdeutlicht durch Kurt Singers Platon«.[4] Im selben Jahr betonte der Philosoph Hans Leisegang, dass Platon »dasselbe für die Griechen seiner Zeit« war, »was George für die Kultur der Gegenwart sein soll«.[5]

Die erste ausführliche Erörterung dieser Kreis-Geschichte aus dem Athen des 4. Jahrhunderts v. Chr. stammt aus der Feder eines Doktoranden, der 1959 seine Dissertation diesem Gegenstand widmete. Ernst Eugen Starke will mit Martin Heidegger im Gepäck prüfen, »ob das von dem George-Kreis über Plato Gesagte diesem wesensgemäß ist oder nicht«.[6] Dazu versucht er, das Platonbild des Kreises zu harmonisieren und setzt tapfer sein eigenes Platonbild gegen das von ihm konstruierte Platonbild des Kreises. Mit der historisch-kritischen Methode werden die Verächter ebendieser Methode überwunden. Nach 200 Seiten ist Starke am Ziel: Die Platoninterpreten aus dem Georgekreis waren »Halbblinde«, die Platon pervertierten und »nur eine Phase des europäischen Nihilismus« repräsentierten; »von ihnen aus führt kein Weg in die Zukunft«.[7]

Aber kann die für diese Untersuchung konstitutive Differenzierung in Werke des Georgekreises über Platon und solche Werke, die zur Platondeutung des Georgekreises Berührungspunkte haben, überzeugen? Verkennt ebendiese Scheidung nicht die komplexen Wechselwirkungen zwischen dem Georgekreis und der zeitgenössischen Wissenschaft? Zudem: Korrespondiert nicht der Georgisierung Platons eine Platonisierung Georges?[8] Carola Groppe hat überzeugend dargelegt, dass der Rekurs auf Platon zur charismatischen Überhöhung des Meisters beitrug, wie schon Max Weber aufgefallen war:[9] Wie Platon die Mitte in der Akademie innehatte, so hatte sie George in seinem Kreis. George wurde durch die Publikationen der Kreismitglieder zu Platon in seiner elitären Rolle gestärkt, »weil die Position des Dichters als des überzeitlichen Sehers zu einer ›historischen‹ Konstante verklärt wurde«.¹⁰ Platon tritt als charismatischer Führer und Prophet neben Dante, Shakespeare, Goethe und Hölderlin.

Am Beispiel des Platonbildes lässt sich aber zugleich der Einfluss des Georgekreises auf die Altertumswissenschaften aufzeigen.¹¹ Lange Zeit behalf man sich mit stereotypen Aussagen: Für die einen gab es eine Platonforschung vor und nach George,¹² für die anderen hat die Fachwissenschaft von den Arbeiten des Georgekreises nicht im geringsten profitiert.¹³ Doch die Mitglieder des Georgekreises, die sich bewusst außerhalb des akademischen Diskurses stellten, trugen sehr wohl erfolgreich außerwissenschaftliche Diskurse in die krisenhaft erschütterten Altertumswissenschaften der zwanziger Jahre des 20. Jahrhunderts hinein. Sie machten ihre lebensweltliche Deutung der Antike im Allgemeinen und Platons im Speziellen in der Forschung wenn nicht heimisch, so doch zum Gegenstand kritischer Reflexion. Nichts weniger als eine »scienza nuova«, eine »neue Wissenschaft« sollte konstituiert werden.¹⁴

ANFÄNGE

Kurt Hildebrandt hat um 1930 den Ursprungsmythos niedergeschrieben. Am Anfang habe Friedrich Wolters Schrift »Herrschaft und Dienst« von 1909 gestanden. Dort sei jenes Ideal des herrscherlich religiösen Menschen konzipiert worden, in dem sich »der Leib vergottet und der Gott verleibt«. »Aus der neuen Gesinnung heraus« sei dann auch Platon interpretiert worden.¹⁵ Dies ist bestenfalls die halbe Wahrheit. Zur Klärung der Frage müssen wir weiter ausgreifen.

Stefan George hatte natürlich Platon auf dem Darmstädter Gymnasium gelesen, das er von Michaelis 1882 bis Ostern 1888 besuchte.¹⁶ Die Lehrpläne sahen in dieser Zeit eine Auswahl aus dem Corpus Platonicum »im Hinblick auf den pädagogisch bedeutsamen ethischen Gehalt« vor. In der Unter- und Oberprima stand Sokrates im Mittelpunkt: Apologie, Kriton und der Hauptteil des Phaidon wurden traktiert.¹⁷ Der den Schierlingsbecher leerende Sokrates war das griechische Vorbild der heroischen Einzelpersönlichkeit; die Lektion, die es zu lernen galt, bestand darin, dass man sich einer rechtmäßig verhängten Strafe nicht durch Flucht entziehen dürfe, auch wenn man das politische System, das ebendiese Strafe verhängt hatte, ablehnte.¹⁸ Von dieser verstaubten Altsprachenpädagogik des Kaiserreichs verabschiedete sich der Winzerspross spätestens in der Pariser

Bohème. Dort propagierten Ende des 19. Jahrhunderts die Symbolisten die ästhetische Immanenz und die Autonomie des Kunstwerks. Ihr Symbolbegriff bediente sich verschiedener philosophiegeschichtlicher Versatzstücke, der Naturphilosophie des deutschen Idealismus ebenso wie der neuplatonischen Theorie des Schönen.[19] Das alles interessierte George aber nur wenig; er war vielmehr fasziniert von dem Ästhetizismus der Dekadenz, dem Immoralismus der Avantgarde und dem Elitismus einer prätentiösen Dichteraristokratie. Römische Themen und die antike Spätzeit standen im Mittelpunkt. Platon wurde erst in der Heimat entdeckt. In Deutschland brach George mit der alexandrinischen Schwülstigkeit des Algabal und forderte in den Büchern der Hirten- und Preisgedichte eine neue Einfachheit. Nicht des attischen Reiches Herrlichkeit interessierte ihn, schon gar nicht die athenische Demokratie, sondern das archaische Sparta und der dorische Dichter Pindar.

Am Anfang war die unspezifische Begeisterung für Hellas. So heißt es in den »Blättern für die Kunst«, die der 24-jährige George gründete und die zum Zentralorgan seiner Dichtung wurde: »Eine ganze niedergehende welt war bei allen ihren einrichtungen aufs ängstlichste bedacht, den armen im geiste gerecht zu werden: möchte eine aufgehende sich vornehmen, der reichen im geiste zu gedenken. Dass ein strahl von hellas auf uns fiel: dass unsre jugend jetzt das leben nicht mehr niedrig sondern glühend anzusehen beginnt: dass sie im leiblichen und geistigen nach schönen maassen sucht: dass sie freien hauptes schön durch das leben schreiten will: dass sie schliesslich auch ihr volkstum gross und nicht im beschränkten sinne eines stammes auffasst: darin finde man den umschwung des deutschen wesens bei der jahrhundertwende.«[20] Der Strahl von Hellas, zuletzt von Nietzsche weitergegeben, sollte jetzt einen ausgewählten Kreis – »unsre Jugend« – erleuchten.[21]

Wann George auf Platon gestoßen ist, lässt sich nicht mehr genau rekonstruieren, da Selbstzeugnisse fehlen. Wahrscheinlich hat er über Nietzsche zu dem Philosophen gefunden. Wie in anderen Zirkeln der Avantgarde ist auch im Georgekreis der Einfluss Nietzsches manifest.[22] Man pflegte eine aristokratische Wahlverwandtschaft. Nietzsche hatte den elitären Ton angestimmt, zum Kampf gegen die Mediokrität aufgerufen und die Idee einer Erneuerung Deutschlands verkündet. Sein Ideal der Schönheit und der ästhetischen Form, sein Heroismus der Jugend, seine Umgestaltung der Gesellschaft und seine Umwertung aller Werte sprachen George und seine Mitstreiter an. Nietzsche wurde als der Überwinder des 19. Jahrhunderts gefeiert, da er gezeigt hatte, dass die trockene Wissenschaft mit dem Leben nichts gemein habe; der Dichter sollte daher eine Kunst schaffen, die das Leben unmittelbar reflektierte.[23] Trotz Winckelmann und Schleiermacher, trotz

Hegel und Schopenhauer wurde Platon erst durch Nietzsche in Deutschland wiederentdeckt und trat an die Stelle des (oder zumindest neben den) immer gegenwärtigen Platonismus. Über Nietzsche fand George aber auch zum frühen Griechenland, zur Epik Homers, zur archaischen Plastik, zu Pindar und Aischylos.[24]

Doch Nietzsche hatte ein negatives Platonbild: In dem griechischen Philosophen erblickte er – ebenso wie in Sokrates – den eigentlichen Verantwortlichen für den Niedergang des wahren Griechentums. Ein positiver Zugriff auf Platon war nur zu gewinnen, wenn man sich von Nietzsche emanzipierte. Diesen Schritt vollzog zunächst der Arzt Kurt Hildebrandt, der 1912 eine viel beachtete Übersetzung des platonischen »Symposion« vorlegte, in deren Einleitung er den zentralen Eros-Begriff neu zu fassen versuchte.[25] Hier wurden die Grundlagen für die weitere Erörterung platonischer Philosophie im Georgekreis gelegt.[26] Kanonische Bedeutung unter den Georgeanern erlangte jedoch die esoterische Dissertation von Heinrich Friedemann, der bei dem Neukantianer Paul Natorp in Marburg studiert hatte, sein »Platon«-Buch von 1914 aber Friedrich Gundolf, dem Führer und Freunde, widmete. Der 26-jährige Doktorand hielt es nicht mit dem Neukantianismus seines Lehrers Natorp, der Platon als Vorläufer Kants in Anspruch nahm; Friedemann brach mit der idealisierenden Betrachtung des griechischen Philosophen und verabschiedete sich von der letztlich erfolglosen Suche nach einer Einheit des Mannigfaltigen im Logos der Ideen.[27]

Die charakteristischen Züge seines Platonbildes sind rasch aufgezählt: Nicht der Philosoph und Schriftsteller Platon, sondern der Dichter und Priester steht im Mittelpunkt, der den »beiden urkräften griechischen lebens«, der Plastik und dem Kult, in seinen Schriften Ausdruck gibt.[28] Sein Denken ist weniger durch Vernunft als durch μανία [manía] bestimmt: Er strebt nicht nach Wissen, sondern nach der Schau des Schönen. Den platonischen Leib-Seele-Dualismus überwindet Friedemann dadurch, dass er den platonischen Leib als Seele deutet.[29] Mit der Verleibung des Gottes korrespondiert die Vergottung des Leibes. Dann wendet er sich Platons »Politeia« und den »Nomoi« zu. Herrschaft und Dienst werden als Fundamente des platonischen Staates erkannt. Das von dem griechischen Philosophen geschaffene Reich ist eine ›kultische Gemeinschaft‹ von Philosophenkönig und Jüngern. Den elitären Kreis hält der Eros zusammen. Oberste Pflicht der Jüngerschar ist unbedingte Ergebenheit. Platon ist der göttliche Seher und Künder, der charismatisch legitimierte Meister. Er ist der »sänger und seher«, Täter und Führer, der Dichter und Gründer, der »unvergängliche vater geistigen reiches.«[30] Und Sokrates? Er ist nicht mehr der geniale Vertreter der griechischen Aufklärung, den das 19. Jahrhundert gefeiert hatte, sondern das Ideal adligen Menschentums.

Wenige Tage nach Ausbruch des Ersten Weltkrieges erschien Friedemanns Abhandlung in den »Blättern für die Kunst«. Der Verfasser verlor, noch keine 27 Jahre alt, sein Leben im Kampf gegen das Heer des Zaren. Rasch wurde er von George und seinen Freunden verklärt, zu einem jungen Halbgott der Platondeutung. »Friedemann pflanzte damit ein Bild Platons auf, an dem im geistigen Deutschland keiner mehr vorübergehen konnte, ohne von ihm die Richtung oder Gegenrichtung zu nehmen. Von nun an gibt es eine Platonsicht vor und nach seinem Werke, ob man es nennt oder feig verschweigt.«[31] Friedrich Wolters Urteil ist übertrieben, aber es unterstreicht die epochale Bedeutung des Buches zunächst für den Georgekreis. Sein Platon stimmte, wie Kurt Weigand treffend bemerkt hat, »mit Plato so überein wie die Pferdebilder von Marc und Macke mit den Pferden. Es ist blühender Expressionismus. Eine ungeheure Provokation eines Jahrhunderts stolzer Platonphilologie.«[32]

Friedemann legte die für den Zirkel verbindlichen Kategorien der Platondeutung fest. »In kleinerem uns beschertem kreise« sollte »durch den verwandten schlag der geistigen liebe das versunkene leben« wiedererweckt werden. »Wie das leben selber der sammlung von tatsachen entgleitet und sich nur dem glühenden herzen bietet, so ist auch das griechentum mit wissen nicht zu fassen. Wissen schafft den weg zur pforte, den einlass gewährt nur die verwandtschaft des geistigen lebens.«[33] Kapitelweise formulierte Friedemann das Programm einer Annäherung an Platon: Sokrates, die Idee, der Eros, Seele und Leib, der mythische Führer, das Reich, Kult und Kunst. Platon selbst ist der Stifter eines neuen Kultes, der Führer und Menschenbildner, der seine höchste Erkenntnis und seine aus dem Mythos sprechende Weisheit in den Dienst der Erziehung einer aristokratischen Elite stellt. Die Akademie wird als ein Verband aus Meister und Jüngern interpretiert, der durch Herrschaft und Dienst charakterisiert ist und als »schule der erziehung« gefeiert wird.[34] Platons Kritik an den Künsten ist für Friedemann kein Urteil über die Kunst als eine Form der Initiation ins Leben schlechthin, sondern eine Erinnerung daran, dass nicht die Künste es vermögen, das Leben aus eigener Machtvollkommenheit zu erneuern. Dagegen setzt der Autor die »lebendig gewordene gemeinschaft« als Voraussetzung jeder Kunstblüte und legt nahe, sich Platons Staat als ein Lebewesen vorzustellen, von heutigen Institutionen darin unterschieden, dass es selbst ein Werk aus dem Geist der Kunst sei. Nur ein derartig gelungener Staat könne den Künsten einen neuen Platz zuweisen: »Erst von dieser warte aus wird Platons haltung zur kunst, die man immer zwiespältig sah, geschlossen und selbstverständlich: die musische erziehung im sinn des eignen kultes ist ihm das grundwerk des staates, wer sie erschüttert bringt auch den staat zu fall, und wer sie ändert ändert die gesetze des staates. Und dennoch gilt kein kampfruf schärfer als gegen die darstellung und den wucher der einzelkünste, die sich aus dem gesamtwerk des kultes schon gelöst haben, und gegen die reste früheren götterdienstes, die dem neuen gewächs den himmel sperren.«[35]

Nicht minder weitreichend ist Friedemanns Auseinandersetzung mit der platonischen Ideenlehre. Die Idee wird in neukantianischer Tradition als Hypothese verstanden, aber sie »ist die ursprünglich nur gedankliche aufnahme der idee, die idee des reifen Platon ist verdichtet zur kultischen gestalt«.[36] Die Ideenlehre ist in Friedemanns Deutung nicht Grundlage einer Erkenntnistheorie, sie wird vielmehr zur Glaubenslehre und Prophetie. Damit nicht genug: »Die von dem sinnenhaft vorbildlichen leben des meisters und dem mythischen schimmer seines todes erschüttert nun willigen geister vermag der größte jünger zu eines leiblichen reiches ringe zusammenzufügen.«[37] Friedemann verdeutlicht in seiner Dissertation, um nochmals Kurt Weigand zu zitieren, was die Ideenlehre für den Kreis bedeuten kann. »Zunächst bezeugt nur die vollendete Gestalt des Einzelmenschen die Leibhaftigkeit der Seele. Aus der Politeia steigt dann aber eine *überindividuelle* Gestalt auf: eine *Gemeinschaft* von Menschen wird als ›Gestalt‹ angesprochen.«[38] Friedemann konkretisierte eine solche Vision von geistiger Herrschaft und vermittelte dem Kreis ein ganz neues Programm. Er verband den Begriff »Gestalt« mit dem des »Reiches« durch Kultsetzung. Der Kreis kam dadurch auf die Idee seiner selbst. Er war nicht mehr bloß eine Reihe von gleichgesinnten Männern, sondern erkannte sich als das geistige Reich, als den platonischen Staat.[39]

Friedemann formulierte sein Programm: »Heute« rufe »die geburt des geistigen lebens nach einem ahnen«.[40] Er hatte ihn gefunden, Nietzsches Platondeutung überwunden und dem Kreis eine Mission gegeben. George war begeistert. Er verschlang Friedemanns Arbeit in zwei Nächten und stellte sie auf eine Stufe mit Nietzsches »Geburt der Tragödie«.[41] Natorp hingegen wandte sich mit Grausen ab: Der Anthropozentrismus der Platondeutung war ihm zuwider, mit der »fast fanatischen Anklammerung an das Diesseits« vermochte er nichts anzufangen.[42] Platon war in eine Welt ohne Transzendenz verbannt. Man näherte sich seiner Philosophie nicht rational, sondern durch Gefühl und Empfinden. Ein nach dem Ebenbild Georges geformter Platon passte wunderbar zu den antiken Maskenzügen und der homoerotischen Leibvergottung der Künstlerfeste, die als gezielte Herausforderung bildungsbürgerlicher Konventionen prächtig inszeniert wurden.[43]

Dies wäre indes nur eine Fußnote wert, wenn nicht die aus Nietzsche gespeiste und mit Hilfe des Neukantinianismus elaborierte Platonrezeption die Metamorphose des dandyhaften Dichters des *fin de siècle* zum »Geistpolitiker« des neuen

Jahrhunderts ermöglicht hätte, der zum charismatischen Oberhaupt eines sogenannten ›Staats‹ wurde, »der unter seinen Anhängern ›das geheime Deutschland‹ hieß«.[44] Im Kreis diente die platonische Politeia, die Friedemann geschaffen hatte, als von George sanktioniertes normatives Modell eines neuen Reiches. Aus dem Dichter George wurde der dialogisierende Meister, aus dem durch den Gymnasiasten Maximin Erweckten der sokratische Erwecker.[45]

Neue Ansätze

Friedemann hatte den christlich-neuplatonischen und den erkenntnistheoretischen Platon verabschiedet. Wie Nietzsche die griechische Tragödie nach dem Bild Wagners gestaltet hatte, so hatte er Platon nach dem Bilde Georges geschaffen. Sein Buch entfaltete jedoch erst nach dem Krieg eine beachtliche Wirkung. 1920 griff Kurt Singer in einem Vortrag über »Platon und das Griechentum« Friedemanns Gedanken auf.[46] Seine Ausführungen waren als »Vorläufer und Wegbereiter einer künftigen Gesamtdarstellung gedacht«, die 1927 erschien.[47] Edgar Salin wiederum untersuchte 1921 die Geschichte der Gattung Utopie und Staatsroman und begann mit »Platon und der griechischen Utopie«.[48] Kurt Hildebrandt machte sich zu Beginn der zwanziger Jahre in seiner philosophischen Dissertation daran, Nietzsche und Platon zu harmonisieren – oder genauer gesagt: zu georgisieren.[49] Der Versuch scheiterte kläglich. 1933 bewegte ihn der Kampf des Geistes um die Macht.[50]

Schon die kursorische Lektüre dieser Arbeiten unterstreicht die Vielschichtigkeit und Heterogenität des Platonbildes im Georgekreis. Der Arzt Hildebrandt entdeckte in der platonischen Politeia eine Anleitung zur Menschenzüchtung, während der Großbürger Salin sie als Aufforderung zur Herstellung sozialer Harmonie las. Die Einheit der Georgeschen Platonauffassung ist ein Konstrukt, das die Autoren des Kreises selbst errichtet haben, um sich von der etablierten Forschung auch dann noch abzugrenzen, als Elemente ihres Platonbildes längst Teil des wissenschaftlichen Diskurses geworden waren. Die Distanzierung von der »bürgerlichen Wissenschaft« des 19. Jahrhunderts, die Platon »verschüttet« habe,[51] ist mithin eine Leerformel.

Bei aller notwendigen Differenzierung der Platoninterpretationen im Georgekreis können dennoch, wie es scheint, Deutungsmuster benannt werden, die aus dem Kreis heraus den fachwissenschaftlichen Diskurs beeinflussten und in der zeitgenössischen Platoninterpretation ein hohes innovatives Potential entfalteten. Die Forderung der Georgeaner, einen von der abendländischen Tradition purifizierten, ›ganzheitlichen‹ Platon zu entdecken, machte Schule.⁵² Ihre Studien trugen maßgeblich dazu bei, dass der erste Alexandriner, wie Nietzsche Platon geheißen hatte, rehabilitiert wurde. Sie unterstützten die Wiederentdeckung des Platonischen Sokrates und förderten das Interesse an der ungeschriebenen Lehre.⁵³ Entscheidende Impulse verlieh der Gestalt-Begriff des Kreises, der von Friedrich Wolters im zweiten »Jahrbuch für die geistige Bewegung« für den Kreis entwickelt worden war.⁵⁴ Der Dichter und sein Werk erschienen als zeitlose Gestalt, die nicht biographisch-psychologisch beschrieben und analytisch zergliedert, sondern als individuell geistige Form erkannt, ›geschaut‹ werden musste. Schon Friedemann behauptete, »Platons Gott« sei »die gestalt« gewesen, »die dem aus der lebenseinheit gelösten logischen nicht mehr zugänglich« sei.⁵⁵ In der Folge wurde angemahnt, die platonische Philosophie nicht in eine Vielzahl wissenschaftlicher Disziplinen, in Logik, Ästhetik und Ethik zu separieren, sondern als Einheit zu erfassen. Das »gedanklich entdeckte« müsse »mit dem drange des ungeteilten ganzlebens erfüllt« werden, schrieb Friedemann,⁵⁶ und Salin distanzierte sich von der rationalen Betrachtung nach Ursachenreihen und Zweckgesichtspunkten und verlangte, das Wesen des Seins in der »gestalteten Form« zu ergründen.⁵⁷

Zwei Deutungsmuster der Georgeaner scheinen indes von besonderer Bedeutung gewesen zu sein: Zum einen wurde im Rekurs auf den platonischen Eros ein neuer Bildungsbegriff geschaffen, und zum anderen verhalf der politische Platon (nicht nur) dem Kreis dazu, die esoterische Gemeinschaft zu transzendieren und das Konzept eines neuen »Staates« oder »Reiches« zu entwickeln.

Schon Friedemann hatte darauf abgehoben, dass Eros das Band zwischen Meister und Jünger sei. Platon habe die Jünger durch Liebe und nach dem Vorbild des Sokrates geformt.⁵⁸ Die Jünger seien zugleich die Liebenden, wie Singer herausstellen wird: »Für Platon endet der Gedanke dort, wo er den Sinn des Eros erkannt hat als Willen zur Verewigung des Sterblings durch Zeugen im Schönen auf allen Stufen.«⁵⁹ Der Weg zur Zeugung ist die Knabenliebe; der Leib wird selbst beim Aufstieg zur Idee des Schönen nicht aufgegeben: »So aber steigt, so kündet euch Diotima, der diener des gottes die stufen vom körperhaften grunde bis zur körperlosen höhe, dass er erst den einzigen geliebten, den leiblich umfassten und begeistert in seiner schönheit erschauten anfüllt mit dem eigenen gefüge.«⁶⁰ Auch Platons Sokrates liegt gern bei den wohlgestalteten Knaben, trinkt, philosophiert, trinkt noch mehr, um dann die Paiderastie zu verherrlichen. »Das ist die Lebensluft Sokratisch-Platonischer Philosophie: nach Jünglingen, nach schönen Jünglingen fragt Sokrates, und die Schönheit gilt, selbst wenn die Weisheit noch nicht merkbar«,[61] bekundete Hildebrandt, der noch 1954 in einem Aufsatz über »Eros und Agape bei George« einen Hymnus auf die »gemeinschaftsbildende Liebe« und den »gestaltenden Eros« des Dichters singen wird.[62]

All dies ist mehr als die Sublimation von Jünglingskult, Leibvergottung und Homosexualität. Eine »politisch-gesellschaftliche Erziehungsutopie« sollte entworfen werden.[63] Eine auf Platons Philosophie aufruhende Bildung lehre, so Friedemann, dass der Mensch lebendig aufwachsen müsse, nicht tote Stoffe geistig ordne, sondern schöpferisch neuen Geist zeuge.[64] Salin pflichtete bei: Die Erziehung bilde den Zögling nach dem Bilde des Gottes, »auf daß der Gott sich in ihm verleiblicht und er den Gott in dieser Welt verbildlicht«. Wirkliches Erziehen sei kein scheues Gewährenlassen und noch weniger ein wahlloses Vorsetzen von Wissensstoff, »sondern ein aktives forderndes Bilden, Formen«.[65]

Ein solcher Bildungsbegriff hatte weitreichende politische Implikationen. So nimmt es nicht wunder, dass spätestens seit Singers »Platon der Gründer« von 1927 ästhetische Fragen in den Hintergrund traten: Der politische Platon faszinierte. Eros wurde zur staatsgründenden Kraft: »Freundschaft des Geistes, der Seele, damit aber zugleich Begründung des politischen Staates«,[66] schrieb Hildebrandt. Platon war jetzt der Führer zur Tat. Die Progredienz der politischen Deutung im Georgekreis verläuft parallel zu den politischen Konvulsionen der Weimarer Republik. In Hildebrandts »Platon. Der Kampf des Geistes um die Macht« von 1933 ging es nicht mehr nur um die Herrschaft über eine Jüngerschar, sondern um reale Macht, um ein neues Reich. Hildebrandt war sich sicher: »Platon dachte wohl niemals daran, eine wissenschaftliche Schule zu gründen, sondern er bedarf der unbedingt ergebenen Jüngerschaft, mit der er die Verfassung bestimmen, den neuen Geist verwirklichen kann.«[67] Indes, nach Dions Tod ist Platons Traum von der Verwirklichung seiner Politeia ausgeträumt. Hildebrandt wusste auch darauf eine Antwort: »Die Akademie war geistiger Staat, aber anfangs gedacht als Keimzelle des politischen Staates, jetzt allmählich, ungewollt, übergehend in das Weltalter geistiger Reiche.«[68]

Wenn Platon der heilbringende Führer war, der zwischen Gott und Mensch vermittelte, dann sollten nicht mehr die Hochschullehrer die Botschaft Platons künden, sondern Staatsmänner, die in einer Akademie erzogen worden waren. Der Sinn der Akademie erkannte man in der Erziehung von Philosophenkönigen, nicht im Gewinn der reinen Lehre.[69] Dion wiederum war der von Platon auserkorene »sichere Täter«, der »dem einen Staat und damit der ganzen hellenischen Welt die neue Richte zu geben« hatte, wie Renata von Scheliha 1934 formulierte.[70] Dieses Politeia-Konzept akzentuierte einseitig »die desintegrativen, zentrifugalen, sektenmäßigen Momente der platonischen *politeia*«[71] und reflektierte die Elemente der konservativen Kritik an der Weimarer Republik.[72]

Doch nicht nur die Platondarstellungen des Georgekreises, sondern die philosophiegeschichtlichen und altertumswissenschaftlichen Untersuchungen der 1920er Jahre waren von der Überzeugung geprägt, dass man durch die Wissenschaft allein die schöpferische Ganzheit Platons nicht erfassen könne. Intuition wurde gefordert. Durch Form- und Stilanalysen suchte man zur Gestalt und zum Wesen des platonischen Werkes vorzudringen. Der »Kern der neuen Platonerkenntnis« drehe sich, so Hans-Georg Gadamer, um Platon den Erzieher, den Gründer, um ›Paideia‹, Bildung, um die Nähe zum Staat und zur Gemeinschaft, und zwar auf dem Wege der Erziehung.[73] Ein Blick auf die Publikationen des Jahres 1928 zeigt dies: In diesem Jahr wurden Werner Jaegers programmatische Vorträge über Platons Stellung im Aufbau der griechischen Bildung als Broschüre veröffentlicht,[74] und zugleich erschienen zwei Bücher über Platon, die als eine Ausführung dieses Programms angesehen werden konnten und zugleich diejenigen Themen aufgriffen, die die Autoren des Georgekreises vorgegeben hatten. Es handelte sich um »Platon der Erzieher« aus der Feder des Philosophen Julius Stenzel[75] und um den ersten Band von Paul Friedländers Platonmonographie.[76] Es ist charakteristisch für beide Werke, dass sie mit Jaeger im ausdrücklichen Bezug auf die Idee der Paideia übereinstimmten und das Motiv der Erziehung zur Gemeinschaft untersuchten. Alle drei Autoren betonten ihre Verpflichtung gegenüber der Forschung von Ulrich von Wilamowitz-Moellendorff. Jaeger, Stenzel und Friedländer waren sich zugleich aber der Beschränktheit des überkommenen philologischen Standpunktes bewusst. Sie glaubten, dass der Zugang zur platonischen Philosophie durch die philologische Spezialforschung und durch eine von Fachphilosophen geschriebene Philosophiegeschichte verbaut werde; stattdessen propagierten sie eine auf exaktem philologischem Studium basierende geistesgeschichtliche Durchdringung platonischer Texte.[77] Damit sind wir bei den Wirkungen des Georgekreises auf die Altertumswissenschaften.

WIRKUNGEN

Die avantgardistische *relecture* des griechischen Philosophen im Georgekreis richtete sich gegen die Platonexegese der Klassischen Philologie, über die ein ungarischer Doktorand, der Anfang des 20. Jahrhunderts an der Friedrich-Wilhelms-Universität eine Dissertation schreiben wollte, spottete: »Der Philologe lebt in dem Irrwahn, dass das antike Werk sich von selbst Geltung verschafft, wenn nur die Frage der Lesarten ins Reine gebracht ist.«[78] Den Kampf gegen Relativierung und Wertepluralismus hatte sich auch der Georgekreis auf seine Fahnen geschrieben. Mit Nietzsche wusste man sich einig, dass die Historie dem Leben zu dienen habe. In der Krise der Fakultäten zog man gegen philologische Kleinkrämer und philosophische Haarspalter zu Felde.[79] Platon musste herhalten, um gegen die etablierte Wissenschaft zu polemisieren und eine umfassende Bildungserneuerung zu fordern. Als erster geriet Ulrich von Wilamowitz-Moellendorff ins Kreuzfeuer.[80] Man wollte, wie Hildebrandt 1910 betonte, im Gegensatz zum Historisten Wilamowitz die Fremdheit des Vergangenen begreifen, statt es der Gegenwart anzuverwandeln.[81] Doch im Zugriff auf Platon gab es durchaus Gemeinsamkeiten: Wilamowitz stritt für die Echtheit des berühmten siebten Briefes und verteidigte ihn als authentisches Dokument für Platons Leben und Schaffen. Darüber hinaus feierte er in seiner 1919 erschienenen, zweibändigen Platonbiographie[82] die Ungleichheit der Menschen und ein elitäres Staatsmodell.[83] Schon Arnaldo Momigliano hat betont, dass Wilamowitz ebenso wie der Georgekreis in Platon den »Führer« gesucht habe.[84] Aber die zum »Kulturdogma erhobene Wilamowitz-Invektive«[85] verstellt den Blick auf die Beeinflussung der Platondeutung des Georgekreises durch den Berliner Gräzisten, dessen Schriften selbstverständlich zur Kenntnis genommen wurden.

Der nicht zuletzt von Eitelkeiten auf beiden Seiten angefachte Streit zwischen George und Wilamowitz um das ›richtige‹ Antike- und Platonbild reichte indes weit zurück. Der junge Wilamowitz hatte wild gegen Nietzsches »Geburt der Tragödie« polemisiert und sich später in köstlichen Pasquillen über George und dessen »Mausegrau der Impotenz« lustig gemacht.[86] Der Kreis um den Dichterfürsten zahlte mit gleicher Münze heim. Seine Platonmonographie hieß man das »Marlittbuch für alte Jungfern« und den »Platon für Dienstmädchen«. »Wilamops« habe das Heroische an Platon nicht begriffen und nur seine Zeit im Athen des 4. Jahrhundert v. Chr. gesucht.[87] In der Tat beruhte für den protestantischen Junker jeder Staat auf Ordnung; »der Beamte des platonischen Staates ist ein wissenschaftlich gebildeter Militär oder ein militärisch geschulter Mann der Wissenschaft. Wohl dem Staate, der von solchen Beamten regiert wird.«[88]

In ihren Angriffen auf Wilamowitz distanzierten sich die George-Adepten nicht nur von der historisch-kritischen Methode der universitären Philologie, sondern vom kulturprotestantischen Establishment, das den selbstbewussten Anspruch erhob, das antike Erbe in der Gegenwart zu bewahren. Die Rebellion der Avantgarde erschütterte die selbsternannten Hüter des alten Systems auch in den

20er Jahren zutiefst. Ein Beispiel ist Hans Leisegangs schrille Abrechnung mit der georgeanischen Platondeutung seiner Gegenwart. Vom Gewimmel der schönen Phrasen ist die Rede, der gnostischen Vergewaltigung Platons, den fehlenden Sprachkenntnissen, und schließlich beklagt Leisegang den »steifen Ernst«, das »hohle Pathos« und das »mühsam anerzogene aristokratische Wesen der neuromantischen Jünger Georges, die sich selbst so ungeheuer wichtig nehmen, als hinge von ihnen allein die Erneuerung der Kultur des Abendlandes ab«.[89] Das alles verträgt sich nicht mit der »liebenswürdigen Heiterkeit des geborenen Aristokraten« Platon.[90] Andere sprachen von den »Orgien des Irrationalismus«,[91] und Wilamowitz, der schon 1920 die Berufung Gundolfs nach Berlin verhindert hatte, ließ acht Jahre später Hildebrandts Habilitation an der Friedrich-Wilhelms-Universität scheitern.[92]

Die Abgrenzungsthese der etablierten Philologen ist indes ebenso wenig überzeugend wie die Beschwörung der Außenseiterrolle, die die Georgeaner so sehr liebten und die konstitutiv für ihren Kreis war. Solche Anathemata konnten die Rezeption der avantgardistischen Platondeutung in den Altertumswissenschaften nicht verhindern. Der alte Wilamowitz musste in den 20er Jahren hilflos mit ansehen, wie gerade seine besten Schüler ins andere Lager überliefen, genauer gesagt: wie Paul Friedländer, Werner Jaeger und Karl Reinhardt, um nur diese drei zu nennen, für ihre Konzeptionen einer modernen Altertumsforschung auf zentrale Elemente der Platoninterpretation des Georgekreises rekurrierten. Aufschlussreich ist ein Selbstzeugnis Paul Friedländers von 1921, das sein erster Herausgeber, William M. Calder III., treffend als »The Credo of a New Generation« bezeichnet hat.[93] Es ist ein Dokument der Emanzipation: »Hätte ich mich Ihnen früher nicht so stark ergeben, so wäre die Lösung nicht so schmerzlich gewesen.« Die Befreiung von dem einst übermächtigen, dann zwangsemeritierten Lehrer verdanke er Nietzsche, Jacob Burckhardt, Heinrich Wölfflin und schließlich Stefan George: Nietzsche, der von früh an und mit den Jahren zunehmend seinen Gesamtblick auf das Leben bestimmt und besonders seine Ansicht vom Historischen formen geholfen habe, Burckhardt und Wölfflin, die eine ihm ganz neue Forderung an das Begreifen eines Werkes stellten, und George, der in den letzten Jahren »die größte Erschütterung und die stärkste Umlagerung aller Kräfte« gebracht habe.[94] So hingen in Friedländers Arbeitszimmer in Los Angeles nebeneinander die Photographien von Wilamowitz und George.[95]

Friedländer, Jahrgang 1882, zählt zu den aufstrebenden jungen Wissenschaftlern aus Wilamowitzens Schülerkreis,[96] die das Erlebnis des Ersten Weltkrieges und die Krise der Weimarer Republik tief prägen. Sie suchten nach neuen Ansätzen, die den Historismus in den altertumskundlichen Disziplinen überwinden und die Kluft zwischen Wissenschaft und Leben schließen sollten. »Ich konnte nicht wie andere 1919 da einsetzen, wo ich 1914 aufgehört hatte. Ich stelle jetzt viel höhere Anforderungen an die Notwendigkeit die die Dinge für mich haben müssen«, schrieb Friedländer an seinen Lehrer.[97] Er warf der traditionellen Philologie vor, über Textkritik, Mikroskopie des Einzelnen und dem Aufsuchen von Beziehungen versäumt zu haben, nach dem Ganzen eines ›Werkes‹ und seiner ›Gestalt‹ zu fragen. In Abgrenzung zu Wilamowitz verfolgte Friedländer philosophische Fragestellungen und wandte sich dem Philosophen Platon zu, den Wilamowitz in seiner Biographie bewusst ausgeklammert hatte. 1921 plädierte Friedländer für die Echtheit des »Großen Alkibiades«, die Wilamowitz bestritten hatte. Sieben Jahre später erschien sein großes, zweibändiges Platonwerk, das Wilamowitz gewidmet war. Hier wollte er »Form, Struktur, Morphe sichtbar machen im Ganzen und im Einzelnen« und das Ganze des »Werkes« als eine von der geschichtlichen Person und ihren Umständen zu abstrahierende Schöpfung verstehen, wie er einleitend betonte.

Friedländer ging es nicht mehr um das Werden und das Gewordensein, das konstitutiv für August Böckhs Verständnis der Aufgaben der Altertumswissenschaft gewesen war, sondern um das Sein, zu dem für Friedländer diejenigen objektiven Formen des Denkens zählten, in denen sich die »Gestalt« manifestierte. Aus der platonischen Ideenlehre leitete Friedländer, darin durchaus Friedemann vergleichbar, seinen Gestaltbegriff ab. Also untersuchte er die geistigen Formen und ewigen Wesenheiten der platonischen Philosophie, das Verhältnis von Seinswahrheit und Lebenswirklichkeit, erforschte, wie es im Untertitel des ersten Bandes hieß, *Eidos, Paideia, Dialogos*, beschrieb, so die Kapitelüberschriften, *Daimon, Arrheton, Ironie, Mythos*. Diese standen »als die inneren Ausdrucksformen der individuellen geistigen Gestalt an der Stelle des Biographischen, das eben bei Wilamowitz den ersten Band füllte«.[98] Gewiss bezog Friedländer die geschichtliche Umwelt in seine Ausführungen mit ein, aber entscheidend war sein ästhetischer Zugriff auf die platonischen Schriften, die er wie Dichtung interpretierte und in denen er die vollendete künstlerische Leistung der ganzen griechischen Literatur erblickte. Dadurch hatte die platonische Welt wie die aller Kunst eine absolute Gegenwärtigkeit, der geschichtlichen Gebundenheit ihres Schöpfers zum Trotz.[99]

Friedländer fußte auf dem Werk von Werner Jaeger, der bei aller persönlichen Distanz[100] von den Deutungsmustern des Georgekreise nicht unberührt blieb.[101] Jaeger, der Wilamowitz 1923 auf dessen Lehrstuhl an der Friedrich-Wilhelms-Universität folgte, war entsetzt, dass Wilamowitz sich für befähigt hielt, als Kunstrichter über griechische Dichtung zu urteilen, das Philosophische aber, das Hauptstück jeder Platonexegese, den Philologen nahm und den Fachphilosophen überließ. Aber sein Widerspruch reichte tiefer. Jaeger versuchte, den von Wilamowitz verworfenen Humanismus für die abendländische Kultur dadurch zu retten, dass er statt Rhetorik und Ästhetik die griechische Philosophie zum Fundament eines neuen, des sogenannten »Dritten Humanismus« machte.[102] Zentral für diesen weit ausgreifenden Entwurf war Platon, in dessen Philosophie er den Höhepunkt der griechischen Geistesgeschichte erblickte. Platons Philosophie war für Jaeger ihrem Wesen nach Paideia.[103]

Jaeger trat nach dem ersten Weltkrieg für eine humanistische Pädagogik ein, von der nur eine kleine Elite profitieren sollte. Seine Interpretation der Ideenlehre, sein Begriff der Gemeinschaft und sein Eintreten für eine elitäre Politeia werden erst vor dem Hintergrund der Georgeschen Platonrezeption verständlich. Jaeger war von einer charismatischen Glaubensgemeinschaft fasziniert, die nicht auf Vernunft setzte, sondern auf das Gemeinschaftsgefühl weniger Gebildeter. Damit stand er im offenen Widerspruch zur Platonlektüre Paul Natorps. Der Marburger Neukantianer hatte um 1900 eine weitreichende Demokratisierung der Pädagogik versucht und Platon zu einem Vorläufer des Sozialismus erklärt, der der Gemeinschaft und dem Prinzip der Gerechtigkeit den Vorrang gegenüber dem Einzelnen gegeben habe. Platon ist bei Natorp der Kronzeuge gegen eine Bildungsaristokratie und Vorläufer einer alle Menschen umfassenden »Aristokratie im Arbeiterkittel«.[104] In Jaegers »Paideia« hingegen ging es vorrangig um eine elitäre Staatsethik, um einen zur Staatsgesinnung erziehenden politischen Humanismus und um die Unterwerfung des Individuums unter den Staat, in Jaegers Worten: »um das Hineingestalten des entfesselten Ichs in ein Normbild des Menschen« und um die »Bildung des individualistischen Ichs zu überindividuellem Menschsein«.[105]

In der Philosophie setzte Hans-Georg Gadamer neue Akzente, der 1922 von Natorp mit einer Arbeit über »Das Wesen der Lust in den platonischen Dialogen« promoviert wurde. 1923 führte die Begegnung mit Martin Heidegger zu einer tiefen Verunsicherung. Gadamer brach daraufhin sein Philosophiestudium ab und wandte sich der Klassischen Philologie zu. 1927 legte er sein Staatsexamen in diesem Fach ab. Zwei Jahre später habilitierte er sich bei Heidegger mit einer Arbeit über »Platons dialektische Ethik«.[106] Gadamers Platonbild ist indes nicht nur dem Neukantianismus und Heidegger verpflichtet. Er ging zugleich in die Schule von Paul Friedländer und setzte sich darüber hinaus mit Jaeger, Stenzel und Reinhardt auseinander. Durch deren Arbeiten lernte er, zwischen Platon und dem Platonismus zu unterscheiden. So war er bemüht, die eigentliche Intention, das heißt die wahre, ursprüngliche Fragestellung Platons neu zu entdecken. Dazu gehörte die Entfaltung einer philologisch fundierteren Platoninterpretation, die die Aktualität und Unentbehrlichkeit platonischer Begriffe herausarbeiten und das platonische Denken für die Gegenwart wiederentdecken wollte. Die Wirkungsgeschichte des griechischen Philosophen sah Gadamer kritisch.[107]

Gadamer setzte sich in den 1930er und 1940er Jahren mehrfach mit Platon auseinander.[108] Im Januar 1934 hielt er vor der Gesellschaft der Freunde des Humanistischen Gymnasiums in Marburg einen Vortrag über »Plato und die Dichter«, in dem er Platons Polemik gegen die Dichter und Sophisten untersuchte und die Gemeinschaft der platonischen Akademie nicht als eine »staatsfremde Forschergemeinschaft« verstand, sondern als »Ort der Erziehung des staatlichen Menschen.«[109] Platonische Paideia bedeute daher eine Gegenbewegung »gegen den auflösenden Zug des von den Mächten der Aufklärung ergriffenen staatlichen Wesens«.[110] 1942 veröffentlichte er in einem Band mit Beiträgen zum Kriegseinsatz der Geisteswissenschaften seinen Aufsatz über »Platos Staat der Erziehung«. Das Thema, das Gadamer aus seiner Lektüre von Platons Politeia entwickelte, war der Niedergang des Staates in der Tyrannei und, als Ausweg aus dieser Krise, der Aufbau einer gerechten Herrschaft. Kritik der Tyrannei und Postulat der Gerechtigkeit – das klingt nach politischer Opposition. Doch in Wirklichkeit ging es um die Stabilisierung einer autoritären Herrschaft, die kein Vertrauen mehr genießt, auf einer erneuerten Legitimationsbasis. Um »innere Stimmigkeit im Umkreis möglicher Verstimmung« zu wahren, bedürfe es eines »erzogenen Führertums«, das in der Form der Rechtlichkeit herrsche. Die Macht, in dieser Form ausgeübt, binde und verbinde beide, Führer und Geführte, sei »Rechtsgewalt des Staates« und eben nicht Willkürherrschaft.[111] In der NS-Gegenwart stand diese Aussage in Opposition zum Freund-Feind-Schema Carl Schmitts, griff zugleich aber den politischen und den Erziehungsdiskurs der zwanziger Jahre auf, der maßgeblich vom Georgekreis beeinflusst worden war und den Gadamer auch in seiner Darstellung über »Plato und die Dichter« reflektierte.

DER GEORGEKREIS UND DIE ALTERTUMSWISSENSCHAFTEN

Der Georgekreis transportierte sein antihistoristisches Wissenschaftsverständnis und sein avantgardistisches Lebensmodell auf zahlreichen Wegen in bildungsbürgerliche Kreise hinein. Auch wenn das Ideal des Dichter-Wissenschaftlers nicht für alle jungen Akademiker, die sich mit Stefan George auseinandersetzten, attraktiv war, prägte die Auseinandersetzung mit Elementen der ›Wissenschaftstheorie‹ und des Wissenschaftsverständnisses des Georgekreises ihr eigenes Arbeiten. Das Wirkungspotential des Kreises sollte daher nicht unterschätzt werden. Es entfaltete sich, wie das Beispiel der Platondeutung zeigt, vor allem nach dem Ersten Weltkrieg in der Vermittlung zentraler Begriffe und Methoden. Carola Groppe ist folglich zuzustimmen, dass »die im Kreis hergestellte Verbindung von Wissenschaft, Dichtung und Erziehung unter dem Anspruch der Rekonstitution der Bildung« den Georgeanern »ein weites Wirkungsfeld« eröffnete. »Durch die Präsenz in den zentralen bildungsbürgerlichen Diskursen des ersten Drittels des 20. Jahrhunderts: Bildung, Kultur und Wissenschaft, entwickelte sich der Kreis zu einer Instanz im wissenschaftlichen, weltanschaulichen und pädagogischen Feld.«[112]

Die Platondarstellungen des Kreises beeinflussten die zünftige Philologie und Philosophie, die nunmehr in Platons Philosophie einen staatlichen und erzieherischen Willen zu erkennen glaubten.[113] Die Bewegung ›Zurück zu Platon‹, die in der ersten Hälfte des 20. Jahrhunderts in Deutschland breiten Zulauf fand, war vom Georgekreis angestoßen worden. Den George-Adepten gelang es, die von Nietzsche vollzogene Gleichsetzung von Platons Denken mit der platonischen Tradition aufzubrechen und dadurch Platon neu zu entdecken. Ihr Gegensatz zum analytischen Ansatz der Aufklärung stärkte das intuitive Moment der Platondeutung. Das Verstehen der Form und des Stiles wurden wichtig. Platon der Politiker wurde zum Gegenstand der Forschung. Die Diskussion um die »Ungeschriebene Lehre« war eine – wichtige – Folge. Aber Platons Philosophie wurde zugleich als Antidot zur persistierenden sozialen und wissenschaftlichen Krise gelesen; ein auf Platon zurückgehender elitärer Bildungsbegriff sollte einen neuen aristokratischen Menschen erziehen, nicht nur nach 1933, sondern auch noch nach 1945. Und seine Politeia war die Grundlage für politische Gegenutopien zu dem bestehenden demokratisch-parlamentarischen System. Aus manchem engagierten Vertreter der neuen Platondeutung wurde so nach 1933 ein glühender Nationalsozialist. Wissenschaftliche Innovation und politische Reaktion sind folglich die beiden Seiten der Platonrezeption im Georgekreis.

MITTEN IM 20. JAHRHUNDERT

14. ZWISCHEN VERWEIGERUNG UND ANPASSUNG: DIE ALTERTUMSWISSENSCHAFTEN IM »DRITTEN REICH«[*]

Im Oktober 1938 sollte an der altehrwürdigen Universität Leipzig die Geschichtswissenschaft neu begründet werden.[1] Die Ordinarien für Alte, Mittelalterliche und Neuere Geschichte: Helmut Berve, Hermann Heimpel und Otto Vossler, setzten damals alles daran, zu Professoren der Geschichte ernannt zu werden. Heimpel begründete das Begehren wie folgt:

»Das innere Recht dieses Antrages ergibt sich aus einer Entwicklung der historischen Wissenschaften, welche die jetzigen Bezeichnungen seit langem als veraltet gegenüber dem tatsächlichen Stande der Wissenschaft erweist. Die Fragwürdigkeit einer Fächerteilung, die auf nichts anderes zurückgeht als auf das Kulturbewusstsein des italienischen Humanismus, ist längst anerkannt.« Folglich sei »die offizielle Zerschneidung der Geschichte« in dem Augenblick »völlig unerträglich geworden«, »wo das *Volk* als übergreifende Macht in der Geschichte anerkannt und zugleich das räumliche wie das zeitliche geschichtliche Weltbild, insbesondere auch die Vorgeschichte, in einen ganz neuen Rahmen gestellt ist, in dem der landläufige Dreitakt der Geschichte als kleinlich und scholastisch im schlechten Sinne des Wortes erscheinen muss. Unter der Wucht weltgeschichtlicher Taten der Gegenwart wird uns die Einheit der deutschen und damit der Weltgeschichte neu bewusst. Die Entdeckung der Rasse als Geschichtsmacht würde allein schon genügen, die Herkunft des eigenen Seins in einer weltgeschichtlichen Sicht zu sehen, welche die Antike in sich einbezieht.«[2]

Heimpels Argumentation, die von Berve und Vossler unterstützt wurde, zielte darauf, unter Rückgriff auf die Volks- und Rassengeschichte die disziplinäre Differenzierung der Geschichtswissenschaften aufzuheben. Obwohl man schon neues Briefpapier hatte drucken lassen, das die Ordinarien als »Professoren der Geschichte« auswies, blieb dieser Vorstoß folgenlos. Die Episode, eine Fußnote der Wissenschaftsgeschichte, führt uns aber direkt zu unserem Thema: Die Altertumswissenschaften im »Dritten Reich«, die die »Rasse als Geschichtsmacht« entdeckten.

Bei diesem Thema ist die erste – wissenschaftliche und moralische – Pflicht des Historikers, der Verfolgten und Ermordeten des nationalsozialistischen Unrechtsregimes zu gedenken, und in vielen Fällen hat es viel zu lange gedauert, bis man ihrer gedacht hat. Selbstverständlich sind auch die Täter zu benennen, die Kollaborateure und Mitläufer in den Universitäten und an den Akademien. Die intellektuelle, politische und wissenschaftliche Biographie der einzelnen Repräsentanten der Fächer im »Dritten Reich« muss rekonstruiert werden, um Apologie und Hagiographie gleichermaßen die Grundlage zu entziehen. Dabei sollte sich der Historiker allerdings nicht die Rolle des Strafrichters anmaßen, sondern sich mit der des Untersuchungsrichters bescheiden.[3]

Um dem Gegenstand gerecht zu werden, müssen unterschiedliche wissenssoziologische Methoden und wissenschaftsgeschichtliche Fragestellungen zusammengeführt und die wissenschaftlichen Akteure ebenso berücksichtigt werden wie die wissenschaftlichen Einrichtungen, um nicht nur Paradoxien und Ambivalenzen des Verhaltens und des Handelns aufzuzeigen, sondern auch Umfang und Ausmaß von individueller und institutioneller Anpassung und Verweigerung zu beschreiben. In diesem Zusammenhang ist der Begriff »Verweigerung« bewusst gewählt, da von Widerstand in aller Regel nicht die Rede sein kann. Als einziger Altertumswissenschaftler verweigerte der Rostocker Klassische Philologe Kurt von Fritz den Eid auf Adolf Hitler und wurde deshalb Mitte April 1934 in den Ruhestand versetzt. Der außerplanmäßige Professor emigrierte über Oxford in die Vereinigten Staaten, wo er 1937 einen Ruf an die Columbia Universität in New York erhielt.[4]

Andere verbargen ihren Unmut über das Regime in gelehrten Zeitschriften. Bruno Snell, Klassischer Philologe an der Universität Hamburg, verspottete die Volksbefragung vom 19. August 1934, bei der 90% der Wähler einem Gesetz zugestimmt hatten, demzufolge der Führer und Reichskanzler Adolf Hitler ebenfalls das Amt des Reichspräsidenten übernehmen sollte, das durch Hindenburgs Tod vakant geworden war. Snell schrieb, dass das einzige griechische Wort, das ein griechischer Esel sprechen konnte, das Wort für »Nein« war, »während kurioserweise die deutschen Esel gerade umgekehrt immer nur ›Ja‹ sagen«.[5] Wieder andere flüchteten sich in die Anonymität. So veröffentlichte Alfred Heuß nach dem

Röhm-Putsch von 1934 ohne Angabe seines Namens in einer Schweizer Zeitung einen Artikel über das »neue Deutschland«.[6]

Das Augenmerk darf zudem nicht nur auf die Epoche des Nationalsozialismus gerichtet sein. Um Kontinuitäten und Diskontinuitäten herauszuarbeiten, ist es notwendig, die politischen und wissenschaftlichen Voraussetzungen in Erinnerung zu behalten, die zahlreiche prominente Historiker veranlassten, mit dem nationalsozialistischen Wissenschaftssystem zu kollaborieren. Dazu gehören nicht nur, aber sehr wohl im besonderen Maße antidemokratische Überzeugungen und antisemitische Stereotypen.[7] Das Ende einer liberalen und »intellektualistischen« Wissenschaft hatte man über Jahre hinweg herbeigesehnt. Schon 1920 hatte der Pädagoge und Philosoph Ernst Krieck eine »Revolution in der Wissenschaft« gefordert, um den »verblödeten« Historismus, mithin Wertrelativismus und Spezialisierung zu überwinden. 1933 war es so weit. Der nationalsozialistische Vorzeige-Erziehungswissenschaftler dekretierte: »Das Zeitalter der ›reinen Vernunft‹, der ›voraussetzungslosen‹ und ›wertfreien‹ Wissenschaft ist beendet.«[8] Der Rektor der Heidelberger Universität, Willy Andreas, erklärte im Sommersemester 1933: »Die Zeit eines verstiegenen und heimatlosen Intellektualismus ist gründlich vorbei, und einer weltfremden bloßen Anhäufung von Kenntnissen wird keiner von uns verfallen dürfen, der in der Fühlung mit der Wirklichkeit bleiben will.«[9]

Auch für viele Altertumswissenschaftler begann nun eine neue Epoche, eine Zeit der Tat. Beginnen wir mit einem der prominentesten Vertreter der Althistorie im nationalsozialistischen Deutschland.

ALTE GESCHICHTE IN DER DIKTATUR: DER FALL HELMUT BERVE

Die überragenden Repräsentanten der althistorischen Forschung im neuen Deutschland waren Helmut Berve und Wilhelm Weber.[10] Berve, der 1927 als 31-jähriger den Ruf auf das althistorische Ordinariat in Leipzig erhalten hatte, pries nach dem 30. Januar 1933 den Führerstaat in Wort und Schrift. Er unterzeichnete das Bekenntnis der Professoren an den deutschen Universitäten und Hochschulen zu Adolf Hitler und dem nationalsozialistischen Staat.[11] Die öffentliche Stellungnahme für den Nationalsozialismus unterstützte der Althistoriker mit vielen seiner Kollegen.[12] Weber, 1931 mit 49 Jahren auf den Berliner Lehrstuhl für Alte Geschichte berufen, hatte schon im Frühjahr 1933 pathetisch »Erwartungen und Forderungen des Professors« an den »germanischen Volkskönig« Adolf Hitler formuliert, der »siegreich durch das Brandenburger Tor seinen Einzug« gehalten habe. Obwohl ein exponierter Vertreter der nationalsozialistischen Ideologie, trat Weber im Gegensatz zu Berve der NSDAP nicht bei – ein Beispiel, das bestätigt, dass die Parteimitgliedschaft allein kein exklusives Kriterium für die Bestimmung des Grades der Anpassung an die NS-Ideologie ist.

Berve betrieb sofort nach dem 30. Januar 1933 die semantische Umdeutung der Antike im Sinne des Nationalsozialismus und propagierte rassistische Kategorien zur Interpretation des Altertums. Die Radikalisierung der Rassenkategorie war die konsequente Fortsetzung seiner in der Weimarer Republik betriebenen Mystifizierung des Wesens der Völker und Stämme. 1935 hielt er ein Grundsatzreferat über »Rasse und Geschichte«. Seine althistorischen Publikationen fügten sich nahtlos in das Geschichtsbild, das hochrangige nationalsozialistische Funktionäre und Adolf Hitler selbst verbreiteten. Berve huldigte dem Totalitarismus des »Führerprinzips« und der »Volksgemeinschaft«, dem Chauvinismus der »Lebensraumerweiterung« und des Weltmachtstrebens, dem Rassismus des Ariertums und der Vernichtung unwerten Lebens. Nennenswerten Widerstand aus Kollegenkreisen gab es gegen seine öffentlichkeitswirksame Nazifizierung der Antike nicht. Die Mehrheit passte sich geräuschlos an. Nach dem Krieg wurde gerne auf die ideologische Bedrohung der Altertumswissenschaften hingewiesen, der einzelne Fachvertreter wie Berve durch Bekenntnisse zum Nationalsozialismus und durch die Mitarbeit an zeitgemäßen Prestigeunternehmungen entgegenwirken wollten. Ihre Programmschriften und Vorträge aus der Zeit von 1933 bis 1945 entlarven diese Lebenslüge der frühen Bundesrepublik. Der Bestand der altertumswissenschaftlichen Fächer war nie gefährdet; mehr noch: an den neu eingerichteten »Reichsuniversitäten« Posen und Straßburg wurden altertumskundliche Lehrstühle geschaffen.

Der intellektuell brillante Althistoriker übernahm auch institutionelle Verantwortung: Von 1933 bis 1935 war Berve Dekan der Philosophischen Fakultät, von 1936 bis 1939 Prorektor und von 1940 bis 1943 Rektor der Universität Leipzig. Seine Rektoratsrede über Perikles bemühte nicht nur die »einmaligen, eben noch nicht dagewesenen Schöpfungen« der »nationalsozialistischen Gegenwart«, sondern machte aus Perikles einen Repräsentanten des Führerstaats, der »das Volk der Athener in allen seinen Schichten politisch zu aktivieren und zu einer wahren staatlichen Lebensgemeinschaft zusammenzuschweißen« vermochte.[13] In institutioneller Hinsicht verteidigte Berve in Dekanat und Rektorat energisch die traditionelle Autonomie der Hochschule gegen parteipolitische Infiltration. Den von den Nationalsozialisten geforderten Vorrang der Politik vor der Wissenschaft wies er kategorisch zurück und verstand, die Handlungsspielräume für die Universitätspolitik zu nutzen, die die Polykratie der nationalsozialistischen Wissenschaftsadministration eröffnete.

Doch Berves Ambitionen zielten noch höher. Seit 1940 war er für den Kriegseinsatz der Altertumswissenschaften im Rahmen der »Aktion Ritterbusch« zuständig und organisierte Anfang April 1941 eine Frühjahrstagung in Berlin, die auch von der politischen Prominenz besucht und von der Presse beachtet wurde.[14] Das zweibändige Sammelwerk »Das neue Bild der Antike« ist die publizistische Manifestation dieses prestigeträchtigen Unternehmens, für das Berve eine Einleitung verfasste, in der er einmal mehr einer rassistischen Geschichtsbetrachtung das Wort redet und sich klar zur nationalsozialistischen Weltanschauung bekennt: »Die Keime und Ansätze zu dem, was vor unseren Augen als ein neues Bild der Antike aufzusteigen beginnt, liegen in vielen Fällen vor dem revolutionären Geschehen der letzten Jahre. Freilich, erst der Durchbruch der nationalsozialistischen Gesinnung im deutschen Volk hat aus den einzelnen Anläufen und Vorstößen eine breite Front werden lassen, die nunmehr bei aller Verschiedenheit der Forscher und ihrer Arbeitsgebiete die Front der deutschen Altertumswissenschaft ist.«[15]

Obwohl einige nationalsozialistische Funktionäre Vorbehalte gegen Berves politische Loyalität hatten, ist festzustellen, dass er sich ganz mit der »nationalen Revolution« von 1933 identifizierte. Als *rector magnificus* der Universität Leipzig und »Kriegsbeauftragter der deutschen Altertumswissenschaft« beeinflusste er nachhaltig die personelle wie inhaltliche Entwicklung des Faches Alte Geschichte im »Dritten Reich«. Den Beifall eines akademisch gebildeten Publikums fanden nicht etwa die grotesken Theorien über den idealen Bauernstaat in Sparta, die der Blut- und-Boden-Mystiker Richard Walther Darré und seine ignoranten Epigonen von sich gaben.[16] Die gebildeten Leser zeigten sich vielmehr begeistert von Helmut Berves Konzept der griechisch-römischen Antike im Allgemeinen und der spartanischen *polis* im Besonderen. Berve beteiligte sich gemeinsam mit Fritz Schachermeyr,[17] Hans Oppermann,[18] Joseph Vogt[19] und einigen anderen Althistorikern an der nationalsozialistischen Umdeutung der Antike und rezipierte rassistische Kategorien, wie sie der »Rassepapst« Hans F. K. Günther vorgelegt hatte,[20] um sie auf die Geschichte der Alten Welt anzuwenden.[21] Die griechischen Stadtstaaten wurden damals in die »Nordische Weltgeschichte« integriert, und ein pseudowissenschaftlicher Biologismus entdeckte die enge rassische Verwandtschaft zwischen »Deutschtum und Hellenentum«.[22] Die griechische Antike war erfolgreich indogermanisiert, deutsche und griechische Identität wurde in verschiedenen Medien amalgamiert: In Leni Riefenstahls »Olympia. Fest der Völker« von 1936 verwandelte sich der hellenische Diskurswerfer in einen nordischen Olympiakämpfer.

14. ZWISCHEN VERWEIGERUNG UND ANPASSUNG 247

Die Konstituenden des Berve'schen Griechenbildes sind rasch benannt: Die Betonung der Gemeinschaft und des Willens, die Ablehnung von Individualismus und die Akzeptanz von Gewalt und Selektion, der Rekurs auf das »Wesen« der »Völker« sowie auf »Stämme« und »Rassen«, die organizistische Betonung des »Lebens« und die Rezeption der romantischen Dichotomie zwischen Ioniern und Doriern.[23] Berves antihistoristisches Konzept der griechischen Geschichte und überhaupt der antiken Gemeinschaften hat über Jahrzehnte hinweg die althistorische Forschung im deutschsprachigen Raum geprägt. Von bemerkenswerter Wirkmächtigkeit war sein Verständnis von Sparta, wo sich, so Berve, das einzelne Individuum freiwillig unter die Aufgaben des Staates unterordnete. Er glorifizierte die dorische Virilität, die staatlich verordnete Erziehung des perfekten Menschen, die militärische Tapferkeit und den unbändigen Kampfeswillen. Krieg und Konflikt erschienen als Grundlagen der Politik. Berve redete der Entpersönlichung, Enthumanisierung und Brutalisierung der Gesellschaft das Wort. Sein vitalistischer Immoralismus verteidigte rassistische und eugenische Theorien. Das archaische Sparta war die Verkörperung eines zeitlos nordischen Staates, der seine historische Bedingtheit transzendierte und zur Metapher des herbeigesehnten neuen deutschen Staates wurde.

In seinem kleinen Buch über Sparta, das sich an ein breites Publikum wandte, stellte Berve diese Polis als geeignetes historisches Modell für den nationalsozialistischen Staat dar. Die Abhandlung aus dem Jahr 1937 wurde 1944 und 1966 unverändert nachgedruckt.[24] Hier akzentuierte Berve den nordischen Geist der spartanischen Herrenmenschen und pries die Sitten und Gebräuche der dorischen Polis, vor allem ihre Rassengesetze und ihr elitäres Kriegertum. Folgerichtig reduzierte er die in der Schlacht bei den Thermopylen getöteten Hopliten auf die 300 aristokratischen Spartiaten und verlor kein Wort über die lakedaimonischen Periöken, über die Thespier und die Thebaner. Das Heldentum der Spartiaten lag darin, dass »sie fern von der Heimat, an einer Stelle, wohin der Befehl sie gestellt hatte, aushielten aus keinem anderen Grunde, als weil es so Befehl war«. Berve fuhr fort: »Wie hätte überhaupt ein lakedämonischer König, wie hätte eine Spartiatenmannschaft ihren Posten verlassen können, ein Leben zu retten, dessen höchste Erfüllung die Bewährung im Kampfe war, gleich, ob er Sieg oder Tod brachte! Undenkbar die Rückkehr einer solchen Schar! Genützt war freilich mit dem Opfer weder Mittelgriechenland noch den Lakedämoniern selbst, deren Adelstruppe fast ein Zwanzigstel ihres Bestandes verlor, aber der missversteht spartanische Kriegführung und verkennt die Kräfte, welche letzten Endes Hellas über den Perser haben siegen lassen, der hier nach äußerem Nutzen fragen oder gar nach ihm werten wollte. Wie die Größe, so lag auch die Wirkung der Tat gerade in ihrer Nutzlosigkeit.«[25]

Die Soldaten der Wehrmacht hatten diese Lektion erst noch zu lernen. Die Nazi-Elite zögerte keinen Moment, sich die vermeintlichen spartanischen ›Tugenden‹ zunutze zu machen, wenn es galt, ganze Armeen, ja ein ganzes Volk ins Verderben zu schicken. In den letzten Tagen des Kampfes um Stalingrad erinnerte Reichsmarschall Hermann Göring die Truppen an den Tod des Leonidas und seiner 300 Kameraden, den er als Beispiel höchsten Soldatentums verklärte. Zugleich sagte er eine neue Lesart des berühmten Epigramms voraus: »Kommst Du nach Deutschland, so berichte, du habest uns in Stalingrad kämpfen sehen, wie das Gesetz der Ehre und Kriegführung es für Deutschland befohlen hat.«[26] Am 20. April 1945 trafen sich die Granden des zusammenbrechenden Großdeutschen Reiches im Luftschutzbunker unter der Reichskanzlei, um zum letzten Mal Führers Geburtstag zu feiern. Hitler dachte damals einen Augenblick lang an einen Rückzug in die Alpenfestung, entschied sich dann aber, in Berlin zu bleiben. »Ein verzweifelter Kampf behält seinen ewigen Wert als Beispiel«, sagte er zu Martin Bormann. Und er fügte hinzu: »Man denke an Leonidas und seine dreihundert Spartaner.«[27]

Helmut Berve versuchte, sein Bild des antiken Stadtstaates einem größeren, auch nichtakademischen Publikum zu vermitteln. Dazu dienten seine populären Schriften, aber auch eine ausgreifende Vortragstätigkeit. Im Mittelpunkt standen immer die einzigartige staatliche Ordnung und das vorbildliche Gemeinschaftsleben der griechischen Polis am Eurotas. Über »Sparta. Ein indogermanischer Kriegerstaat« sprach Berve zwischen 1936 und 1943 gleich drei Mal: zunächst vor den Offizieren der Wehrersatzinspektion Leipzig am 29. Januar 1936, dann vor den Offizieren der Garnison Leisnig in Sachsen am 27. Januar 1942 und vor dem Führerkorps (Gau Sachsen) des Reichsarbeitsdienstes im Dresdener Schloss am 9. April 1943.[28] Seine letzte Vorlesung über Sparta kündigte Berve für den 2. Mai 1945 in München an.[29] Sie musste ausfallen, nachdem amerikanische Soldaten am 30. April 1945 in die Stadt einmarschiert waren.

Der Leipziger Althistoriker projizierte in seinen Veröffentlichungen und Reden die »Frontgemeinschaft« des Ersten Weltkrieges und die verbindende Erfahrung von Revolution und Inflation ebenso auf die antike Polis wie die Utopie eines unpolitischen, d. h. von Parteikämpfen nicht erschütterten Daseins. Das theoretische Instrumentarium für eine solche Interpretation entlehnte er einerseits Carl Schmitts Konzeption einer unpolitischen, sozial homogenen Gemeinschaft und andererseits der Ideologie des Volksstaates, die der in Leipzig wirkende Soziologe Hans Freyer propagierte.[30]

Zum Subjektivismus der intuitiven Schau trat die Ablehnung der universalhistorischen Konzeption, die nicht nur Eduard Meyer, sondern auch Berves Münchner Lehrer Walter Otto verfochten hatte. Auf der Grundlage einer irrationalen Epistemologie forderte er, das Interesse auf diejenigen Völker zu beschränken, »welche sich rassisch uns verwandt zeigen und als Begründer der indogermanischen Kultur Europas gelten können«.[31] Dies implizierte die Aufgabe des Alten Orients als eines integralen Bestandteiles der Alten Geschichte.

Auch sonst richtete Berve sein Fach auf die neue Zeit aus. Die erste vollständige Fassung der Historik von Johann Gustav Droysen, die der Rechtshistoriker Rudolf Hübner, ein Enkel Droysens, 1937 vorlegte, besprach der Leipziger Althistoriker an prominenter Stelle.[32] Er pries die »quellende Kraft der Sprache«, bewunderte »die glühende Leidenschaft der Überzeugung von dem was Geschichte als Wissenschaft sein soll und was sie nicht sein soll« und sah den »Wert« der »Historik« für den heutigen Althistoriker zunächst in der »Heranziehung zahlreicher Beispiele aus der antiken Geschichte«. Allerdings, so hieß es einschränkend, können »wir heute nicht mehr gleich ihm [sc. Droysen] den Glauben an einen kontinuierlichen Fortschritt in der Geschichte hegen, wir teilen nicht seine von liberalen Gedanken durchdrungene Auffassung vom Staat, auch würden wir dem Volk einen wesentlicheren Platz anweisen, als Droysen es tat, dem Christentum andererseits schwerlich die zentrale Stellung im Allraum der Geschichte einräumen«. Doch Droysens »harte Worte gegen eine blasse Neutralität des Historikers« überzeugten Berve, wirkten sie doch »wie für den heutigen Tag geschrieben«. Der Nationalsozialist Berve hatte damit »einen der schönsten, bisher vergrabenen Schätze deutscher Geschichtswissenschaft« zum Kronzeugen einer im nationalsozialistischen Sinne parteiischen Geschichte gemacht und damit auch für die Historiographie des »Dritten Reiches« wiederentdeckt.[33]

Das Deutsche Archäologische Institut

Das Deutsche Archäologische Institut (DAI) mit seinen Zweigstellen im Ausland war nach dem Ersten Weltkrieg ein wichtiger Faktor der auswärtigen Kulturpolitik und trug maßgeblich zur Restitution internationaler Wissenschaftskontakte bei.[34] Nach 1918 profitierte das DAI von der finanziellen Förderung durch das Auswärtige Amt und konnte an die erfolgreiche Entwicklung der Kaiserzeit anknüpfen. Seit 1929 hatte das Institut einen festen Etat, der sich auf fast eine Million Reichsmark belief. Im selben Jahr wurden das Deutsche Institut für Ägyptische

Altertumskunde in Kairo und die Zweigstelle in Istanbul inkorporiert.[35] Die prähistorischen Forschungen der Römisch-Germanischen Kommission (RGK), die sich vom Paläolithikum bis in das Mittelalter erstreckten, erfuhren einen deutlichen Aufschwung,[36] und die Aktivitäten deutscher Archäologen in Spanien, im Irak und Iran wurden unterstützt. Die politische Zielvorgabe des Auswärtigen Amtes lautete, eine effektive Kulturpolitik zu realisieren; inhaltliche Vorgaben oder Restriktionen bei wissenschaftlichen Programmen gab es nicht.

Als 1929 das 100-jährige Jubiläum des DAI, das 1829 als privater Gelehrtenverein gegründet worden war, in einem großen Festakt, zu dem sich zahlreiche, auch ausländische Gäste im Reichstag versammelt hatten, gefeiert wurde, konnten einer breiten, wissenschaftlichen wie außerwissenschaftlichen Öffentlichkeit das internationale Ansehen des DAI eindrucksvoll vor Augen geführt werden. In der Zeit nach 1933 setzte sich die Expansion des DAI fort. Die Auseinandersetzungen mit dem Berliner Prähistoriker und überzeugten Nationalsozialisten Hans Reinerth, der gemeinsam mit dem Amt Rosenberg die vorgeschichtlichen Forschungen aus dem DAI ausgliedern wollte, um seine Idee eines selbständigen Reichsinstitut für deutsche Vorgeschichte zu verwirklichen, stellten keine ernsthafte Gefahr für das Institut dar, zumal dessen Leitung personalpolitisch reagierte, indem sie 1935 den bisherigen Direktor der RGK, Gerhard Bersu, der nach den nationalsozialistischen Rassevorstellungen als Jude galt, in die Zentrale nach Berlin versetzte und durch Ernst Sprockhoff ersetzte.[37] Im polykratischen Kompetenzgerangel der NS-Wissenschaftsadministration verstanden es die Akteure des DAI sehr wohl, ihre Position zu festigen und sich Unterstützung zu sichern. Vor allem das Reichserziehungsministerium, dem das DAI nunmehr unterstand, garantierte die Fortsetzung einer erfolgreichen Wissenschaftspolitik im In- und Ausland, die mit hegemonialem Anspruch auftrat. Einzelne Vertreter des DAI beteiligten sich im Zweiten Weltkrieg am systematischen Kunstraub und illegalen Kunsthandel in den von Deutschland besetzten Ländern.

Nach dem Novemberpogrom des Jahres 1938 ging man daran, die reichsdeutschen Mitglieder des DAI, die Juden im Sinne des Reichsbürgergesetzes waren, auszuschließen. Damals war Martin Schede Präsident des Instituts, der mit Hitlers Bestätigung Anfang 1938 dem bereits zwei Jahre zuvor verstorbenen Theodor Wiegand nachgefolgt war.[38] Der deutschnationale Schede, der zuvor die Abteilung Istanbul geleitet hatte, hegte Sympathien für den neuen Staat, war aber kein glühender Anhänger des Nationalsozialismus und trat in die NSDAP erst später ein; allerdings teilte er offenbar antisemitische Vorurteile.[39] Schede bekannte sich zwar zum Mitbestimmungsrecht der Zentraldirektion, setzte aber als Technokrat in der

Verwaltung des Instituts das Führerprinzip durch. Er nutzte seinen Einfluss und seine Netzwerke, um das DAI als die zentrale deutsche Einrichtung der archäologischen Wissenschaften zu stärken. Wie zahlreiche Gelehrte an Universitäten und Akademien berief er sich auf die wissenschaftliche Autonomie, um sich Handlungsspielräume zu eröffnen, und er argumentierte mit der kulturpolitischen Bedeutung des DAI im Ausland, um Institutsinteressen und Personalentscheidungen durchzusetzen. Dennoch gab es direkte politische Einflussnahmen: So wurde 1937 Walther Wrede gegen den Willen der Zentraldirektion Erster Sekretar der Abteilung Athen, nachdem sich die »NS-Prominenz« bis zu Hitler selbst eingemischt hatte: Wrede war NSDAP-Parteimitglied und stieg rasch zum Landesgruppenführer der Auslandsorganisation der NSDAP und damit zum ranghöchsten Repräsentanten der Partei in Griechenland auf.[40]

Die Gründung von neuen Zweigstellen in Bagdad, Teheran und Madrid wurde vorbereitet. Anlässlich der Olympischen Spiele von 1936 fiel die Entscheidung, die Grabungen in Olympia im folgenden Jahr wieder aufzunehmen. Die Finanzierung erfolgte über Hitlers Dispositionsfonds. Die Mittel flossen reichlich.[41] Nach dem Anschluss des Österreichischen Archäologischen Instituts im Jahr 1939 kam als weitere »Führergrabung« Carnuntum hinzu; das bestdotierte Grabungsprojekt der NS-Zeit vor den Toren von Wien war somit der provinzialrömischen Archäologie verpflichtet. Kurzum: Das Institut war »zu keiner Zeit bedroht oder auch nur finanziell eingeschränkt«.[42] Erst im Bombenhagel des Zweiten Weltkriegs fand die Erfolgsgeschichte des DAI ein Ende.

Eine durchaus zeittypische Biographie eines Altertumswissenschaftlers im »Dritten Reich« bietet der Klassische Archäologe Gerhart Rodenwaldt, der von 1922 bis 1932 Generalsekretär des Deutschen Archäologischen Institutes gewesen war und dann auf ein Ordinariat an der Friedrich-Wilhelms-Universität in Berlin wechselte. Der herausragende Wissenschaftler, der grundlegende Untersuchungen zur römischen Kunst bis in die Spätantike vorlegte und die kaiserzeitliche Stilgeschichte auf eine neue Grundlage stellte, war von Werner Jaegers Konzept des »Dritten Humanismus« beeinflusst und wollte die allgemeinbildende Funktion und normative Bedeutung der Alten Welt einer breiten Öffentlichkeit mitteilen. Nach 1933 warb er durch Vorträge und populärwissenschaftliche Veröffentlichungen, aber auch durch Briefe und Memoranden für die kulturpolitische Bedeutung seines Faches und suchte die Nähe zu nationalsozialistischen Funktionären. Der konservative Gelehrte begrüßte die »Machtergreifung« der Nationalsozialisten mit Begeisterung als nationale Revolution, sammelte Zitate aus den Schriften und Reden Adolfs Hitlers über die Antike, feierte den neuen Klassizismus der nationalsozialistischen und faschistischen Architektur, beteiligte sich an den Vorbereitungen zu den Olympischen Spielen in Berlin von 1936 und leistete auch in den folgenden Jahren trotz wachsender Distanz zum System seinen Beitrag zum Aufbau des neuen Staates. Nach dem Überfall der Wehrmacht auf Griechenland im April 1941 verfasste er für die »Merkblätter für den deutschen Soldaten an den geschichtlichen Stätten Griechenlands und Afrikas« den Beitrag über die Akropolis in Athen. Die Publikation legitimierte im Namen Winckelmanns den Griechenlandfeldzug der Wehrmacht. Wenig Monate zuvor war unter dem Beifall Rodenwaldts die Winckelmann-Gesellschaft gegründet worden, die nicht allein das humanistische Bildungsideal bewahren, sondern auch die abendländischen Kultur gegen den Bolschewismus verteidigen sollte. Erfolgreich kommunizierte der Klassische Archäologe die kulturpolitische Bedeutung seiner Disziplin und wies die völkischen Germanenforscher um Hans Reinerth in die Schranken. Rodenwaldt lieferte als anerkannter Altertumswissenschaftler zugleich die fachliche Legitimation für die propagandistische Appropriation der klassischen Antike, wie sie etwa Leni Riefenstahl, Walter Hege und Arno Breker in unterschiedlichen Medien vollzogen. Seine »Aktualisierung der Antike und ›Antikisierung‹ der Gegenwart« trug maßgeblich dazu bei, den »schönen Schein des Dritten Reiches«[43] aufrechtzuerhalten.[44]

DIE BERLINER AKADEMIE DER WISSENSCHAFTEN

1940 veröffentlichte der belgische Ägyptologe Jean Capart[45] in der »Chronique d'Égypte« einen Nachruf auf den 1937 verstorbenen Adolf Erman, der mit der Bemerkung endete, dass dessen wissenschaftlichen Verdienste leider nicht die politischen Maßnahmen verhindert hätten, die seine letzten Lebenstage verdunkelten. Der eindeutige Hinweis auf die Verfolgung des großen jüdischen Gelehrten veranlasste Ermans Schüler Hermann Grapow, seit 1937 Ordentlicher Professor an der Berliner Universität, seit 1938 Ordentliches Mitglied der Akademie und Vorsitzender der Ägyptologischen Kommission und seit Januar 1939 auch Klassensekretar der nationalsozialistischen Akademieleitung, den belgischen Gelehrten bei SS und SD zu denunzieren. Capart wurde in dem von deutschen Truppen besetzten Brüssel verhört, konnte aber den Vorwurf deutschfeindlicher Agitation entkräften, obwohl Grapow ausdrücklich festhielt, dass er »von der Harmlosigkeit Herrn Caparts in dieser Sache nicht überzeugt« sei.[46]

Hermann Grapow, der schon im November 1934 ein Schwert im ägyptischen

Museum in Berlin als »sicher nordische Arbeit« erkannt hatte[47] und 1937 der NSDAP beigetreten war, wurde 1943 Vizepräsident der Akademie und damit faktisch deren Leiter, da Präsident und Vizepräsident zurückgetreten waren. Nach dem Krieg war er weiter Mitglied der Deutschen Akademie der Wissenschaften in Ostberlin. Für seinen Anteil an der Entwicklung der Ägyptologie wurde Grapow 1953 und 1959 der Nationalpreis der DDR verliehen.

Die nationalsozialistische Hochschulpolitik ließ die Akademien zunächst unbeachtet. Sie begann mit der ›Gleichschaltung‹ der Hochschulen; administrative Maßnahmen der neuen Machthaber korrespondierten mit tumultuarischen Einzelaktionen der nationalsozialistischen Studenten und Dozenten. Am 10. Mai 1933 inszenierten die Studierenden fast überall (außer an den württembergischen Hochschulen) das inquisitorische Ritual der Bücherverbrennung. Auf die nationalsozialistische »Säuberungspolitik« folgten die Verkleinerung der Zahl der Professoren und Studierenden sowie die drastische Reduzierung der staatlichen Zuwendungen. Im Herbst 1933 wurde das Führerprinzip in den Hochschulen eingeführt und die akademische Selbstverwaltung liquidiert. Seit dem 1. Mai 1934 ernannte Bernhard Rust, der Reichsminister für Wissenschaft, Erziehung und Volksbildung, die Rektoren, deren Macht durch die neue Hochschulverfassung vom 1. April 1935 gestärkt wurde.[48]

Die Situation der Akademien hingegen unterstreicht die eher marginale Bedeutung der Institution in der nationalsozialistischen Wissenschaftspolitik, die sich auf industriell und militärisch profitablere Einrichtungen wie die Kaiser-Wilhelm-Gesellschaft und ideologiekonforme Alternativen wie die NS-Dozentenakademien konzentrierte.[49] Hinzu kam, dass die Nazis zunächst kein akademiepolitisches Konzept hatten und sich erst 1938 der Berliner Akademie bemächtigten. Bezeichnenderweise blieb der öffentlichkeitswirksame Austritt des Nobelpreisträgers Albert Einstein vom 28. März 1933 ohne Konsequenzen für die Akademie. Die Mehrzahl der Mitglieder wehrte sich gegen die Versuche der plumpen Ideologisierung und gegen antisemitische Ressentiments, verfocht ein überkommenes Wissenschaftsverständnis, das das Gelehrtendasein fernab der politischen Geschäfte definierte, und versuchte, so gut es eben ging, Distanz zu wahren und die wissenschaftlichen Standards zu verteidigen. Indem man in Einzelfragen den Machthabern Kooperationsbereitschaft signalisierte, hoffte man, ein möglichst hohes Maß an institutioneller und personeller Autonomie zu erhalten. Bis 1938 schien die Rechnung aufzugehen. Dann wurde die alte Honoratiorengarde um Max Planck kaltgestellt und unter der Ägide von Hermann Grapow, dem Orientalisten Helmuth Scheel und Theodor Vahlen, dem Sohn des Klassischen Philologen Johannes

Vahlen und Vertreter der »Deutschen Mathematik«, die Integration der Akademie in das nationalsozialistische Wissenschaftssystem vollzogen, ohne dass es jedoch zur Paralyse der traditionellen organisatorischen und wissenschaftlichen Strukturen kam. Verantwortlich hierfür war indes nicht nur das »wissenschaftliche Verantwortungsbewusstsein« »bürgerlich-humanistischer Gelehrter«, wie bisweilen betont wurde,[50] sondern auch das zögernde Ausgreifen des neuen Regimes und das grundsätzliche Misstrauen der Nazis gegenüber der elitären Vereinigung bürgerlicher Wissenschaftler. Die polykratische Struktur der nationalsozialistischen Administration verhinderte eine konzise Akademiepolitik, so dass einzelne Akademiemitglieder bestimmte Handlungsspielräume zeitweise durchaus erfolgreich verteidigen und verfolgten Wissenschaftlern helfen konnten. Die Lage an der Berliner Akademie und den anderen deutschen Akademien war folglich strukturell mit der Situation der deutschen Universitäten vergleichbar, und die Mehrzahl der Mitglieder beider Institutionen lavierte zwischen Anpassung und Verweigerung.

Die großen altertumswissenschaftlichen Unternehmungen liefen weiter, so das griechische und das lateinische Inschriftenwerk, das Ägyptische Wörterbuch und die Griechischen Christlichen Schriftsteller. Aber die Mitarbeiter der Projekte mussten nun den Bestimmungen des Gesetzes zur Wiederherstellung des Berufsbeamtentums genügen, ihre arische Abstammung nachweisen, eine Erklärung über die Beamtenvereinigungen, denen sie angehörten, abgeben und den Diensteid auf Adolf Hitler leisten. Die Zugehörigkeit zur NSDAP war hingegen keine Voraussetzung, um eine Mitarbeiterstelle zu erhalten oder zu behalten. Die Mitarbeiter der Inschriftenprojekte gehörten nicht der Partei an. Der nationalkonservative Günther Klaffenbach, der vor 1933 Mitglied der DNVP gewesen war, trat nur den Alibivereinigungen der Nationalsozialistischen Volkswohlfahrt und dem Nationalsozialistischen Fliegerkorps bei.[51] Herbert Nesselhauf und Hans-Ulrich Instinsky, die in den dreißiger Jahren für das Corpus der lateinischen Inschriften arbeiteten, machten aus ihrer Ablehnung des Nationalsozialismus kein Geheimnis und nahmen deshalb berufliche Nachteile in Kauf.[52] Lothar Wickert, von 1933 bis 1938 Wissenschaftlicher Beamter am *Corpus Inscriptionum Latinarum*, trat erst 1941 in die NSDAP ein.[53] Öffentliche Bekenntnisse zum Nationalsozialismus legten nicht die Beamten, Hilfsarbeiter und die Kommissionsmitglieder, sondern einzelne externe Wissenschaftler ab, die mehr oder weniger eng mit den Unternehmen assoziiert waren: Rudolf Herzog, der ein Ordinariat für Klassische Philologie in Gießen innehatte, ein überzeugter Nationalsozialist war und für die *Inscriptiones Graecae* die Inschriften von Kos bearbeitete, hielt am 20. September 1933 einen Vortrag in der Aula der Athener Universität, der »Deutschland 1933« zum Thema hatte und dort den »griechischen Regierungsmännern, Generalen, Professoren und der deutschen Kolonie« die »deutsche Sache« verkündete.[54] Der Nachwuchsepigraphiker Werner Peek, den der altersmüde Wilamowitz »als seine letzte große Hoffnung« bezeichnet hatte, gründete die Hitlerjugend in Griechenland und war seit 1936 Referent im Stab der Reichsjugendführung.[55]

Die Politik der forcierten Nazifizierung und rassistischen Verfolgung hatte zur Folge, dass auch in den altertumswissenschaftlichen Akademieunternehmen Unrecht geschah und die Ausgrenzung jüdischer Mitarbeiter, die bisweilen auch denunziert wurden, den reibungslosen Fortgang der Arbeiten beeinträchtigte. So wurde die Zusammenarbeit mit Arthur Stein, der ordentlicher Professor für römische Altertumskunde und Epigraphik an der Deutschen Universität in Prag war, und Edmund Groag, der eine außerordentliche Professur für römische Geschichte an der Universität Wien innehatte, offiziell beendet. Die beiden Althistoriker zeichneten für die zweite Auflage der Prosopographie der römischen Kaiserzeit verantwortlich.[56] Stein wurde 1942 in das Konzentrationslager Theresienstadt verschleppt, aus dem er im Mai 1945 befreit wurde. Groag wiederum hielt sich in den letzten Kriegsjahren in einer Wiener Wohnung versteckt.

Nach Kriegsausbruch kam es immer häufiger zu Unterbrechungen der Arbeit; zuerst wurden Mitarbeiter zur Wehrmacht eingezogen, dann bestimmte der Bombenkrieg den Alltag. Papier wurde rationiert, und die Sammlungen, Bibliotheken und Manuskripte mussten in Sicherheit gebracht werden. Internationale Zusammenarbeit war nicht mehr möglich. Ein Kuriosum ist der Einsatz des rumänischen Numismatikers Vladimir Clain-Stefanelli für das »Griechische Münzwerk«. Der Wissenschaftler wurde Ende 1942 zusammen mit seiner Frau Elvira, kaum dass sie in Berlin angekommen waren, von der Gestapo verhaftet, da man ihm Verbindungen zu rumänischen Widerstandskreisen unterstellte, und nach Buchenwald deportiert. Auf Initiative der Akademie stimmten Gestapo, Auswärtiges Amt und Ministerium seiner weiteren wissenschaftlichen »Verwendung« im KZ Buchenwald zu; dort forschte er in einer eigens für ihn hergerichteten Baracke 1943/44 über griechische Münzen aus Dakien.[57]

Im September 1942 bat der Akademiepräsident Theodor Vahlen den deutschen Militärbefehlshaber in Frankreich, die beiden französischen Altertumswissenschaftler Fernand Robert und Jacques Coupry, die in deutscher Kriegsgefangenschaft saßen, der Akademie zur Verfügung zu stellen, die sie für Arbeiten an den *Inscriptiones Graecae* und dem *Corpus Inscriptionum Latinarum* einzusetzen beabsichtige. Soweit wir wissen, kamen sie in den Berliner Inschriftenunternehmen jedoch nicht zum Einsatz.[58]

Gab es in der Frage der Behandlung von jüdischen Mitgliedern nach 1938 keinen Spielraum mehr, so verteidigte die Akademie bei der Zuwahl neuer Mitglieder zumindest ihre wissenschaftliche Unabhängigkeit. Die Altertumswissenschaftler, die vor und nach der nationalsozialistischen Reorganisation als ordentliche oder korrespondierende Mitglieder aufgenommen wurden, genügten ohne jede Einschränkung den wissenschaftlichen Qualitätskriterien.

Die Sitzungsberichte der Akademie spiegelten – mit wenigen Ausnahmen – nicht den Zeitgeist, oder besser: den Ungeist der Zeit. Es gab kleinere Zugeständnisse an die herrschende Ideologie, wie sie etwa Matthias Gelzer, der Frankfurter Althistoriker, der einer konservativen Schweizer Pfarrersfamilie entstammte, bei seiner Wahl als auswärtiges Ordentliches Mitglied 1938 machte.[59] Ideologische Konformität demonstrierte vor allem der Assyriologe Bruno Meissner, ordentliches Mitglied seit 1930.[60] In seiner 1938 in den Sitzungsberichten veröffentlichten Untersuchung »Die Achämenidenkönige und das Judentum« fehlt kein antisemitisches Klischee.[61] Aber auch Distanz zum herrschenden System wurde formuliert: So rechtfertigte der Althistoriker Ulrich Wilcken in seinen Akademieabhandlungen aus dem Jahr 1940 in historischer Perspektive den Tyrannenmord.[62]

Doch die Singularität solcher Äußerungen muss ausdrücklich betont werden. Die große Zahl der altertumswissenschaftlichen Autoren folgte nicht nur traditionellen inhaltlichen und methodischen Vorgaben, sondern setzte die Tradition entlegener Spezialuntersuchungen fort. Damit entsprach man nicht den wissenschaftspolitischen Erwartungen der Nazis, die der bayerische Kultusminister Hans Schemm prägnant formuliert hatte: Es komme nicht mehr darauf an festzustellen, »ob etwas wahr ist, sondern ob es im Sinne der nationalsozialistischen Revolution ist«.[63] Die auf der strengen philologischen Methode beruhende »rücksichtslos ehrliche, [...] immer sich selbst und anderen Rechenschaft legende Wahrheitsforschung«[64] konnte hier nicht willfahren. Wie bereits der in den zwanziger Jahren propagierte Paradigmenwechsel in den Altertumswissenschaften in der Akademie und bei den mit dortigen Unternehmungen verbundenen Wissenschaftlern kaum Anklang gefunden hatte, so stießen die in den dreißiger Jahren unternommenen Versuche, die Altertumskunde zu nazifieren, mehrheitlich auf Ablehnung.

Die Berliner Akademie blieb so auch im »Dritten Reich« zumindest bis in die letzten Jahre des Zweiten Weltkrieges ein wichtiges internationales Kommunikationszentrum der altertumswissenschaftlichen Forschung. Sie sammelte Informationen, ordnete das Material, gewährte Einsicht in die umfangreichen Sammlungen und vermittelte Kontakte. Ein gemeinsames wissenschaftliches Ethos und die gleichen wissenschaftlichen Ziele integrierten die altertumswissenschaftlichen

Zirkel in anderen europäischen und außereuropäischen Ländern. Man tauschte sich über die wissenschaftliche Literatur aus, versandte Sonderdrucke, diskutierte wissenschaftliche Fragen, formulierte konstruktive Kritik. Die junge italienische Epigraphikerin Margherita Guarducci fasste in einem Brief an Günther Klaffenbach vom 16. Juni 1937 die verbindende Perspektive zusammen: »Die aufrichtige Liebe der Wahrheit«, schrieb sie in makellosem Deutsch, sei »das Einzige«, was »der wissenschaftlichen Arbeit überhaupt eine Rechtfertigung und ein Ziel geben kann«.[65]

NACHWUCHS

Alfred Heuß, einer der Leipziger Schüler von Helmut Berve, musste im Zuge seines Habilitationsverfahrens im Frühjahr 1937 eines der berüchtigten Dozentenlager auf Schloss Tännich bei Rudolstadt in Thüringen besuchen. Dort nahmen die Vertreter der NSDAP Anstoß an seiner Arroganz und seinem Sarkasmus. Die Beurteilung des angehenden Wissenschaftlers durch den Lagerführer, Obersturmbannführer Willi Grundig, vom 6. März 1937 fiel vernichtend aus. Heuß sei ein »Sonderling«, der es an nationalsozialistischer Gesinnung fehlen lasse. Unter dem Stichwort »charakterliche Schilderung« ist auf dem Fragebogen zu lesen, Heuß sei ein »Eigenbrödler mit induilekten [gemeint ist: intellektuellem] Einschlag«. Er kenne »lediglich sein Fachwissen, während ihn alles Geschehen seiner Umwelt unbeeindruckt« lasse. Er sei »eine jener kraft- und saftlosen Erscheinungen, die von der Hochschule fernzuhalten sind. Als Lehrer und Erzieher gänzlich ungeeignet. Von Kameradschaft, Sinn zur Gemeinschaft und überhaupt nationalsozialistischer Grundhaltung« sei »bei ihm nicht ein Hauch vorhanden. Kurz gesagt, eine vollkommene Null, ein Querulant und Miesmacher.« Heuß wurde in der Sprache der Zeit als Intellektueller verunglimpft[66] und in Gruppe 4 eingestuft, d.h. er war »abzulehnen, gefährlich, unbrauchbar«.[67]

Es schien, als habe damit die universitäre Laufbahn des vielversprechenden Historikers ein abruptes Ende gefunden. Eine Notiz in der Akte des vorgeordneten Ministeriums brachte es auf den Punkt: »Mit dem gleichen Lagerzeugnis würde jeder andre deutsche Bewerber kaum mit der Erteilung einer Dozentur rechnen können.« Dass Heuß am 20. Dezember 1937 dennoch zum Dozenten für Alte Geschichte ernannt wurde, verdankte er dem positiven Zeugnis seines Lehrers Helmut Berve,[68] den »guten politischen Beurteilungen« der Leipziger Kreisleitung der NSDAP vom 9. Juli 1937 und des Sicherheitsdienstes des Reichsführers SS vom 23. August 1937. Das Ministerium entschloss sich, »unter diesen Voraussetzungen«

und da »ein ausgesprochener Mangel an gutem Nachwuchs auf dem Gebiete der alten Geschichte« bestehe, eine Dozentur für Heuß »zu verantworten«. Heuß selbst war am 1. Mai 1937 in die NSDAP eingetreten.

Von den jungen Wissenschaftlern wurde politisches Engagement erwartet. Handhabe dazu bot die Reichshabilitationsordnung vom 13. Dezember 1934, die den Hochschullehrernachwuchs ideologisch uniformieren und kontrollieren wollte. Zu diesem Zweck trennte man das Habilitationsverfahren von der Erteilung der Lehrerlaubnis, der *venia legendi*. Das Reichsministerium für Erziehung, Wissenschaft und Volksbildung (REM) verlieh die Privatdozentur nur noch an Kandidaten, die von einschlägigen Parteistellen positiv begutachtet worden waren. Doch auch im universitären Verfahren waren Fragen etwa zur Rassenforschung ein probates Mittel, um wissenschaftlich, politisch oder persönlich unerwünschte Personen auszugrenzen. So tat sich der Althistoriker Ulrich Kahrstedt bei einem Kolloquium an der Universität Göttingen im Jahr 1938 mit einschlägigen Fragen hervor, um die Habilitation der Historikerin Gerda Krüger, die eine richtungsweisende Untersuchung zur Rechtsstellung der vorkonstantinischen Kirchen vorgelegt hatte, zu verhindern.[69]

Der altertumswissenschaftliche Nachwuchs erbrachte in der Folge Bekenntnisgesten und Loyalitätsleistungen, damit die akademische Karriere reibungslos verlief. Man fügte im Vor- oder Nachwort seiner Publikationen ein Zitat aus Hitlers »Mein Kampf« ein[70] und trat der SA, der NSDAP oder einer NS-Berufsorganisation bei.[71] Die Mitgliedschaft in der SS, der etwa die Klassischen Philologen Viktor Pöschl und Rudolf Till angehörten, war selten. Eine politische Laufbahn des Klassischen Archäologen und Bauforschers Hans Schleif, der im Persönlichen Stab des Reichsführers SS und im Einsatzkommando des Sicherheitsdienstes in Athen tätig war,[72] scheint eine Ausnahme gewesen zu sein. Wer sich jedoch politisch verweigerte, musste bis zum Ende des »Dritten Reiches« politische Repressalien in Kauf nehmen und sich auf Verzögerungen in der Karriere einstellen.

Parteiamtliche Beurteilungen hegten Zweifel an dem ideologischen Profil der Altertumswissenschaftler. In einem Vortrag, der der SS-Obersturmführer Hermann Löffler auf einer Tagung des Reichssicherheitshauptamtes im März 1941 hielt, wurde einmal mehr Klage darüber geführt, dass die Althistoriker nur zum Teil der nationalsozialistischen Weltanschauung verpflichtet seien. Mehr als die Hälfte der Professoren seien Einzelgänger, die sich »in den alten Bahnen« bewegten, sich »gelegentlich billiger Schlagworte über Rasse und Volkstum« bedienten und »unter dem Deckmantel strenger Methodik und Kleinarbeit [...] die weltanschaulich ausgerichtete Geschichtsbetrachtung« hemmten.[73] Zu einem ähnlichen Ergebnis war bereits eine Denkschrift für das Reichssicherheitshauptamt 1938 gelangt.[74] Doch der Historiker Löffler hoffte auf die Schüler von Wilhelm Weber und Helmut Berve. Zu Webers älteren, am Ausgang des 19. Jahrhunderts geborenen Schülern zählten Victor Ehrenberg, Joseph Vogt und Fritz Taeger. Alle drei hatten bereits während der Weimarer Republik Lehrstühle übernommen. Während Ehrenberg 1939 auf Grund seiner jüdischen Herkunft nach England fliehen musste, öffneten sich Vogt und Taeger[75] der nationalsozialistischen Rassenlehre. Zu ihnen trat eine Generation jüngerer Wissenschaftler, die sich auf Webers Rat entweder der antiken, insbesondere der römischen Numismatik zuwandten oder sich mit der Geschichte der Spätantike und den Germanen befassten. Zur ersten Gruppe gehörten Clemens Bosch, der wegen seiner jüdischen Frau 1934 die Universität Halle verließ und später in die Türkei emigrierte,[76] und Paul L. Strack, der ein Standardwerk über die römischen Reichsprägungen des zweiten Jahrhunderts vorlegte.[77] Zur zweiten Gruppe zählten der junge Aristokrat Alexander Schenk Graf von Stauffenberg,[78] der schon 1931 über die römische Kaisergeschichte bei Malalas promoviert wurde, Karl Friedrich Stroheker, der 1937 eine Arbeit über den Westgotenkönig Eurich verfasste, Berthold Rubin, der das Zeitalter Justinians erforschte, und endlich Johannes Straub, der 1939 seine herausragende Dissertation über »Das Herrscherideal in der Spätantike« veröffentlichte und dessen Habilitationsschrift von 1942 »Aktuelle Geschichtsbetrachtungen« sich mit Zeit und Tendenz der Historia Augusta beschäftigte.[79] Straub konnte sich als zeitweiliger Hauslehrer von Olga Rigeln, der Schwester von Hermann Göring, zugleich der Protektion eines der höchsten nationalsozialistischen Funktionäre sicher sein. Er wurde 1940 als wissenschaftlicher Hilfsarbeiter der Kommission für spätantike Religionsgeschichte der Berliner Akademie der Wissenschaften eingestellt.[80]

Kleiner, aber nicht minder eindrucksvoll war der Kreis, den Berve in Leipzig um sich scharte. »Eine ganze Reihe besonders begabter junger Althistoriker« wurden von ihm im Dritten Reich habilitiert, nämlich Hans Schaefer, Wilhelm Hoffmann, Franz Hampl, Alfred Heuß und Hans Rudolph.[81] Diese beiden Schulen besetzten zwischen 1933 und 1945 mehr als die Hälfte der althistorischen Professuren[82] und beeinflussten die Entwicklung des Faches in der Bundesrepublik maßgeblich. Sie stehen folglich für die Kontinuität der Althistorie zwischen dem »Dritten Reich« und der Bundesrepublik.

Die Berve- und Weberschüler waren wie die Mehrzahl der anderen Nachwuchswissenschaftler wissenschaftlich und politisch in der Weimarer Republik sozialisiert. Die nicht bewältigte Katastrophe des Ersten Weltkrieges, die mangelnde demokratische Alltagserfahrung und die Ablehnung der von politischen und ökonomischen Krisen erschütterten Republik, die Dynamik der Jugendbewegung, die expressionistische ›Revolution‹ der Moderne, die Negation liberalbürgerlicher Normalität sowie die omnipräsente Kultur- und Wissenschaftskritik prägten sie. Die manifeste Statuskonkurrenz und die unsichere wirtschaftliche Lage der jungen Akademiker verstärkten die Angst vor sozialer Marginalisierung. Ihre überwiegende Zahl war politisch konservativ und zeigte sich fasziniert von einem autoritären Staat. Viele waren zwar nicht als Wissenschaftler, aber als Bürger anfällig für nationalsozialistische Positionen und Parolen.

Denn die wissenschaftlichen Qualifikationsschriften, d.h. die Dissertationen und Habilitationen, orientierten sich nach 1933 nicht nur in der Alten Geschichte[83] an den traditionellen Standards der jeweiligen Disziplin, die im 19. Jahrhundert entwickelt worden waren. In zahlreichen Dokumenten der ideologischen Überwachung, die der nationalsozialistische Wissenschaftsbetrieb durchführte, wurde daher Kritik an einer »traditionalistischen«, »humanistischen« oder »klassizistischen« Wissenschaft geübt, die sich den Erfordernissen der Zeit verschlossen habe. Zumindest die Phalanx der jungen Althistoriker überließ rassengeschichtliche Experimente ihren Lehrern, arrivierten Professoren wie Joseph Vogt und Fritz Taeger sowie den Konjunkturrittern Franz Altheim,[84] Franz Miltner[85] und Fritz Schachermeyr. Gediegene Quellenkritik führte, so wussten sie, wesentlich schneller auf einen Lehrstuhl als nationalsozialistische Bekenntnisschriften.

Dennoch zeigen die Biographien zahlreicher junger Wissenschaftler aus der Zeit des »Dritten Reiches« paradigmatisch den Einfluss eines totalitären Systems auf die Rekrutierung des akademischen Nachwuchses. Der systemimmanente Druck musste nicht notwendigerweise Folgen für die Qualität der wissenschaftlichen Arbeit haben, konnte aber die Integrität der politischen Biographie beeinträchtigen.

Innovation

Im April 1941 wurde die Reichsuniversität Posen eröffnet. Der Universitätskurator und SS-Sturmbannführer Hanns Streit sprach zur feierlichen Eröffnung: »Den Studenten der Reichsuniversität Posen soll das Feuer nationalsozialistischer deutscher Ostpolitik eindringlich ins Herz gebrannt werden. So soll mit allen Universitätseinrichtungen den Studenten und dem Lehrkörper die Arbeit hier im Osten zu einem packenden Auftrag gemacht werden. Es sind zahlreiche Maßnahmen eingeleitet, um in Lehre und Forschung die Reichsuniversität Posen zu befähigen, die Gemeinschaftsleistung besonders zu pflegen.«[86]

14. ZWISCHEN VERWEIGERUNG UND ANPASSUNG

Die nicht nur geographisch, sondern auch ideologisch exponierte Hochschule im Warthegau wollte sich durch die Rassen- und Ostforschung sowie durch die Historische Demographie profilieren.[87] Es war unstrittig, dass ein Althistoriker an die neu gegründete Universität berufen werden sollte, der in dieses Schema passte. Doch die Auswahl war nicht allzu groß. Der nationalsozialistische Obergutachter Wilhelm Weber fand immerhin hoffnungsvolle Ansätze für eine althistorische Rassengeschichte in der Kieler Habilitation von Friedrich Vittinghoff über »Aufstieg der unterworfenen Völker in Roms Bürgertum und Herrenschicht« von Caesar bis Commodus aus dem Jahr 1939.[88] Vittinghoff war Schüler von Paul L. Strack, dessen akademischer Lehrer Wilhelm Weber war. Mit dem bevölkerungspolitischen Thema und der Anwendung der quantifizierenden Methode zählte Vittinghoff zur Avantgarde der historischen Forschung im »Dritten Reich«. Auch politisch galt Vittinghoff als zuverlässig. Der SA gehörte er seit dem 6. Mai 1933 an; in die NSDAP war er am 1. Juli 1937 eingetreten.[89]

So überrascht es nicht, dass Vittinghoff 1942 neben Hermann Bengtson, einem Schüler Walter Ottos, und Franz Hampl, einem Schüler Helmut Berves, Anwärter für die althistorische Professor an der Reichsuniversität Posen war.[90] Auf Grund seiner Habilitationsschrift änderte der zuständige Referent im Reichserziehungsministerium, Heinrich Harmjanz, den Listenvorschlag der Philosophischen Fakultät und berief den nach Bengtson und Hampl drittplatzierten Vittinghoff nach Posen. Seine Ernennungsurkunde, die Adolf Hitler im Führerhauptquartier ausgestellt hatte, datiert vom 26. Juni 1943.[91] Vittinghoff war nunmehr Kollege der Neuhistoriker Reinhard Wittram und Werner Conze. Doch scheinen Weltkrieg und Wehrdienst es dem jungen Professor unmöglich gemacht zu haben, das Katheder an der Reichsuniversität zu besteigen.

Die neu gegründete Universität Posen wirft die nach wie vor kontrovers diskutierte Frage nach der Modernisierung der deutschen Universitäten durch die nationalsozialistische Hochschulpolitik auf. Die NS-Funktionäre verfolgten zum Teil Konzepte, die an die Reformdiskussionen der Weimarer Zeit und an angloamerikanische Vorgaben anknüpften. Hier wird man unterscheiden müssen zwischen einer intentionalen und einer akzidentellen Modernisierung. Zu den ideologisch gewünschten Veränderungen der Hochschullandschaft gehörten die Einführung studentischer Gemeinschaftsarbeiten, die Stärkung der Hochschuldidaktik und die straffe Hierarchisierung der einst korporativ verfassten Universitäten. Aus der Not geboren waren hingegen andere Projekte. Um den durch die Säuberungen und den Kriegsausbruch verursachten Mangel an qualifizierten Akademikern zu beheben, wurde der Übergang von der Fachhochschule zur Universität erleichtert.

Teile der Wehrmacht drängten zudem auf die Einrichtung einer »Fernuniversität«, die es etwa Soldaten der Luftwaffe erlauben sollte, sich im Waffenrock fortzubilden. Schließlich führte der dramatische Verlust an jungen Akademikern im Verlauf des Zweiten Weltkrieges dazu, dass immer mehr Frauen als Assistentinnen eingestellt wurden.

Doch die organisatorische, personelle und institutionelle Veränderung der Hochschulen ist nur ein Aspekt der Wissenschaftsgeschichte im »Dritten Reich«. Es bleibt die Frage, ob in den Altertumswissenschaften zwischen 1933 und 1945 inhaltlich und methodisch neue Wege beschritten wurden, die die weitere Entwicklung der Disziplinen beeinflussten. Stefan Altekamp etwa spricht für die Klassische Archäologie von einer Phase der »Stagnation und Regression«.[92] Offenkundig ist, dass eine nationalsozialistische Altertumswissenschaft, wie sie in Heinrich Himmlers Ahnenerbe und Alfred Rosenbergs »Hoher Schule« konzipiert wurde, nur wenige Spuren hinterließ. Auch die Rassengeschichtsschreibung einzelner Universitätsprofessoren blieb eine Episode innerhalb einer traditionell ausgerichteten Wissenschaft. Dass es im »Dritten Reich« aber auch zu neuen Ansätzen kam, die ihr Modernisierungspotential erst nach 1945 bewiesen, zeigt exemplarisch Friedrich Vittinghoff, der nach dem Ende des Zweiten Weltkrieges an seine frühere Forschungen anknüpfte: Zwar legte er seine Habilitationsschrift nicht vor – diese soll in den Wirren der letzten Kriegsmonate verlorengegangen sein –, aber er behandelte in einer Abhandlung der Mainzer Akademie von 1951 die römische Kolonisation und die Bürgerrechtspolitik unter Caesar und Augustus. Rassengeschichtliche Fragestellungen waren nicht mehr opportun, wohl aber ist die spezifische Terminologie der Geschichtsforschung des »Dritten Reiches« noch greifbar. Vittinghoff sprach vom Imperium Romanum als der »dauerhaftesten Großraumordnung der Geschichte«, spannte einen weiten Bogen »von dumpf-vegetativen Daseinsformen, vom Nomadentum bis zu überfeinerter städtischer Hochkultur« und behandelte die »Spannungen zwischen Herrenvolk und Minderberechtigten«.[93] Mit dieser Arbeit legte er die Grundlage für seine richtungweisenden Untersuchungen zur Munizipalisierung und zur Bürgerrechtspolitik des Römischen Reiches. Die systematische Erforschung der Urbanisierung der römischen Provinzen folgte, die auf der Erfassung aller datierbaren Inschriften der Kolonien und der Munizipien beruhte. Vittinghoff, der 1955 nach Kiel, 1962 nach Erlangen und 1966 nach Köln berufen wurde, gab damit der althistorischen Sozialgeschichtsforschung entscheidende Impulse. Die Anfänge dieser Erfolgsgeschichte liegen im »Dritten Reich« und der nationalsozialistischen Förderung der Volkstumsforschung, der Bevölkerungsgeschichte und der Demographie.[94] Vittinghoff schloss seine Studien seit Ende der sechziger Jahre an die aktuelle neuhistorische Sozialgeschichtsschreibung an. Vom Aufstieg unterworfener Völker in Roms Herrenschicht war jetzt nicht mehr die Rede, sondern vielmehr von der Integration der Peregrinen in das Imperium Romanum.

Auch Hans Schaefer schuf in den dreißiger Jahren die Grundlagen für eine neue Sicht auf die griechische Geschichte. In seiner 1932 veröffentlichten, von Berve betreuten Dissertation über »Staatsform und Politik« hatte sich Schaefer auf die Suche nach einer »Formengeschichte des griechischen zwischenstaatlichen Lebens« in der archaischen Zeit gemacht.[95] Die assoziative Arbeit atmete, wie Alfred Heuß einmal treffend formulierte, »das geistige Klima der zwanziger Jahre«.[96] Die Abkehr von den systematisierenden ›verfassungsgeschichtlichen‹ Darstellungen im Anschluss an Mommsens Staatsrecht wurde vollzogen, die Fremdheit der Griechen akzentuiert, die Rückkehr zu einer Lebenswirklichkeit und Wissenschaft versöhnenden ›Ideengeschichte‹ postuliert und die »wesenmäßige Einheit von Griechentum und politischer Form« als das Spezifikum der griechischen Geschichte definiert.[97]

1935 legte Schaefer, ebenfalls in Leipzig, seine Habilitationsschrift vor. Sie trug den Titel »Herrscher und Volk im archaischen Griechentum. Ein Kapitel aus der griechischen Staatslehre«. Die Arbeit blieb ungedruckt. Selbstzeugnisse und Gutachten bestätigen jedoch eindrucksvoll, dass Schaefer seinen Weg einer Neudeutung der griechischen Poliswelt konsequent weiter beschritt. In einer Darlegung über seinen wissenschaftlichen Werdegang integrierte er seine Untersuchungen in den aktuellen verfassungstheoretischen Diskurs. Die unpolitische Einheit wurde beschworen, die sich über den gemeinsamen Kampf gegen einen Gegner konstituierte.[98] Das Wesen des Politischen gründete auch in der griechischen Frühzeit auf der dialektischen Scheidung zwischen Freund und Feind. Klar grenzte sich Schaefer wiederum von der älteren, vor allem durch Theodor Mommsen repräsentierten Forschung ab, die »Recht von Politik eindeutig trennen zu können« glaubte und berief sich zur Begründung seines Ansatzes auf »das geschichtliche Schicksal der letzten beiden Jahrzehnte«, das gelehrt habe, dass jede Zeit sich eigene Formen des staatlichen Lebens schaffe, die von der sie tragenden Politik nicht trennbar seien. Als Kronzeuge für eine solchermaßen verstandene »Überwindung der liberalen Antinomie von Recht und Politik« wurde Carl Schmitt zitiert. In Forschung und Lehre wollte er sich damit Fragen nähern, die »die deutsche Geschichte an geschichtlichen Motiven und Kämpfen zu jeder Zeit aufgeworfen hat« und »um deren Lösung in der Gegenwart im besonderen Maß gerungen wird«.[99] 1941 führte Schaefer dann aus, dass die isonome Verfassung des Kleisthenes keineswegs die demokratische Herrschaft der Masse, sondern vielmehr das »rätselhafte Ineinander von Volk und führendem Staatsmann« ermöglicht habe.[100] Die Geschichte des archaischen und klassischen Griechenlands transzendierte so ihre historische Bedingtheit und wurde zur – durchaus ambivalenten – Metapher des neuen deutschen Staates.

Wie Vittinghoff war Schaefer zu politischen Konzessionen bereit, um seine akademische Karriere nicht zu gefährden. Er trat 1933 der SA und 1937 – nach dem Ende des Aufnahmestopps – der NSDAP bei.[101] 1936 wurde er auf ein Extraordinariat an der Universität Jena, 1941 auf ein Ordinariat an der Universität Heidelberg berufen. Seine innere Unabhängigkeit versuchte er sich auch dadurch zu bewahren, dass er in der katholischen Zeitschrift »Hochland« publizierte.[102] Schaefers Untersuchungen aus den 1930er Jahren besaßen hohes innovatives Potential: Die Betonung der Eigenart der Griechen und die Suche nach spezifischen Formen der griechischen Politik, aber auch die Akzentuierung des Agonalen (im Anschluss an Jacob Burckhardt und Friedrich Nietzsche) und der Hinweis auf die Bedeutung von Adelskämpfen in der attischen Demokratie waren richtungweisend.[103]

Das Altertum im gymnasialen Unterricht

Berthold Oppermann wird in den fünf Monaten zwischen November 1932 und April 1933 von seinem neuen Klassenlehrer, dem glühenden Nationalsozialisten und Antisemiten Bernd Vogelsang, in den Tod getrieben. Vogelsang trägt dem jüdischen Schüler auf, einen Vortrag über das Thema »Was bedeutet uns Heutigen Hermann der Deutsche« zu halten. Berthold bereitet sein Referat gut vor, kommt aber vor der Klasse nur bis zur Wiedergabe eines Einwandes der Geschichtswissenschaft: die Schlacht im Teutoburger Wald sei praktisch ohne Bedeutung geblieben. Da unterbricht ihn Vogelsang mitten im Satz, dreht ihm das Wort im Munde um und beschuldigt ihn, »eine der hehrsten deutschen Taten durch platte rationalistische Kritik zu zersetzen«.[104] Kategorisch verlangt er, dass Berthold sich für diese blasphemische Interpretation öffentlich entschuldige. Doch der Schüler gibt nicht nach. Vor die Wahl gestellt, entweder zu revozieren oder die Schule zu verlassen, entschließt sich Berthold zum Selbstmord.

Das Geschehen, das Lion Feuchtwanger in seinem Roman »Die Geschwister Oppermann« entfaltet, ist im Augenblick der Niederschrift im Jahr 1933 (im südfranzösischen Exil Sanary-sur-mer) bittere Wirklichkeit. Die hier dokumentierte nationale Identitätsbildung des Nationalsozialismus schloss nahtlos an die historischen Mythen und pseudowissenschaftlichen Geschichtsbilder des wilhelminischen Kaiserreiches an. Hermann der Cherusker war in der zweiten Hälfte des 19. wie der ersten Hälfte des 20. Jahrhunderts eine omnipräsente Symbolfigur nationaler Einheit und Größe. In der historischen Forschung wurde seine Leistung indes durchaus kontrovers beurteilt, wie auch Feuchtwanger wusste. »Grüblerisch« sitzt deshalb Berthold Oppermann »über den Büchern, die sich mit dem Thema befassten, über Tacitus, Mommsen, Dessau«.[105] Theodor Mommsens »Römische Geschichte« und die »Geschichte der römischen Kaiserzeit« des Mommsenschülers Hermann Dessau werden als Autoritäten der geschichtswissenschaftlichen Relativierung des wohlfeilen Hermann-Mythos bemüht. »Hat eigentlich Hermann der Cherusker wirklich etwas zuwege gebracht?« fragt sich Berthold Oppermann. Seine althistorische Lektüre gibt ihm die Gewissheit: »Genutzt hat ihm der Sieg verdammt wenig. Schon zwei Jahre später standen die Römer wieder über dem Rhein; von den drei verlorenen Legionsadlern holten sie zwei zurück. Das Ganze war ein Kolonialkrieg, eine Art Boxeraufstand, mit dem die Römer rasch fertig wurden. Hermann selber, von den Römern besiegt, wurde von seinen eigenen Landsleuten erschlagen; sein Schwiegervater schaute von der kaiserlichen Loge aus zu, wie die Römer Hermanns Frau und seinen Sohn im Triumph aufführten.«[106]

Die neue »arische« Sicht auf die griechisch-römische Vergangenheit war jedoch nicht nur ein literarisches Phänomen. Sie wurde von nicht wenigen Gymnasiallehrern begierig aufgegriffen, die sich ihrerseits die nationalsozialistische Weltanschauung zu eigen gemacht hatten, rassistische Theorien verbreiteten und durchaus opportunistisch die herausragende Bedeutung der Antike für die rechte Erziehung des Volksgenossen betonten.[107] Damals mussten Schüler Aufsätze schreiben über »Xenophon in der Anabasis und Hitler in seinem Kampfe um die und in der Macht« oder »Der Heroismus in der Odyssee und in unserer Zeit, besonders verkörpert an dem antiken und dem neuzeitlichen Führer«.[108] Die zeitgenössischen Curricula reflektieren besonders die Bedeutung des historischen Paradigmas Sparta für die nationalsozialistische Schulpolitik. Braune Pädagogen priesen die Militarisierung des Lebens, die Omnipräsenz des Staates, die Kompromisslosigkeit einer aristokratischen Elite, das rigorose Erziehungssystem und die eugenische Selektion des Nachwuchses. Die homoerotischen und päderastischen Elemente der Erziehung und der Lebensführung wurden entweder verschwiegen oder beschönigt; viel lieber ergötzte man sich an der Frische und Jugend einer unzivilisierten, ›barbarischen‹ Gemeinschaft.[109] Spartas Niedergang hingegen war das Ergebnis der »Entnordung« der Vollbürger.[110]

Schon 1934 hatte Helmut Berve gefordert, das humanistische Gymnasium müsse einen »heroischen Menschen« wie Leonidas hervorbringen.[111] Im selben Jahr interpretierte ein humanistisch gebildeter Gymnasiallehrer die griechische Geschichte als »›grandiosen Kampf‹ der nordischen Rasse gegen die artfremden Völker Asiens und Afrikas«. Er setzte hinzu: »Der Geist des Leonidas und seiner Getreuen gab die Kraft dazu, Geist vom Geiste unserer Jugend, die bei Langemarck in den Tod für Volk und Reich ging, Geist vom Geiste der Heldenseelen, die in den letzten fünfzehn Jahren Blut und Leben opferte für die Erneuerung der deutschen Art.«[112] Ein Jahr später, 1935, stand im Amtsblatt des Erziehungsministeriums zu lesen, dass unter dem Gesichtspunkt der Rassengeschichte von den staatlichen Gebilden der Griechen Sparta die eingehendste Betrachtung verdiene.[113]

Am Beispiel Spartas und besonders der Thermopylenkämpfer lässt sich der Einfluss der nazifizierten Altertumswissenschaft auf den Schulunterricht im Dritten Reich zeigen. Die universitären Vertreter suchten die ideologische Begründung zu liefern, sich in der schulischen Praxis mit dem neuen Bild der antiken spartanischen Polis beschäftigen zu müssen. Von Sparta lernen, hieß siegen lernen, denn dort fanden sich, wie es Berve in seiner Monographie über Sparta aus dem Jahr 1937 formulierte: »Jugenderziehung, Gemeinschaftsgeist, soldatische Lebensform, Einordnung und heldische Bewährung des einzelnen, Aufgaben und Werte also, die uns selbst neu erstanden sind, scheinen hier mit einer Klarheit gestaltet, mit einer Unbedingtheit verwirklicht, die geradezu aufruft, sich in diese einzigartige Staatsschöpfung zu vertiefen.«[114]

Also sammelte ein Studienrat am Alten Gymnasium in Bremen 1937 die wichtigsten Quellen zur Schlacht an den Thermopylen; das Heft mit dem Titel »Leonidas« erschien als dritter Band in der Reihe »Führergestalten des Altertums«.[115] 1940 gab der Klassische Archäologe Otto Wilhelm von Vacano die Schrift »Sparta. Der Lebenskampf einer nordischen Herrenschicht« heraus;[116] das Textbuch für die Adolf-Hitler-Schulen glorifizierte den Heldentod des Leonidas. Zu den Autoren zählten Richard Harder, Franz Miltner und Helmut Berve.

Emigration und Exil

»*Unus homo nobis audendo restituit rem* – Ein Mann allein hat durch seinen Wagemut den Staat wiederhergestellt.« Mit diesen Worten kommentierte am 31. Januar 1933 der Klassische Philologe Eduard Norden, seit 9. Mai 1912 ordentliches Mitglied der Preußischen Akademie der Wissenschaften, in seinem Kolleg an der Berliner Universität die Ernennung Hitlers zum Reichskanzler am Vortag. Aus dem bekannten Enniusvers, der auf Q. Fabius Maximus, den »Cunctator« zielte, hatte er durch die Änderung eines Wortes ein Bekenntnis zu Adolf Hitler gemacht. Als konservativer Preuße begrüßte Norden die »Machtergreifung« ausdrücklich, die antisemitischen Obsessionen der neuen Machthaber wollte der zum Protestantismus konvertierte Jude nicht sehen. Doch schnell wurde er eines Besseren belehrt. Schon Mitte Mai agitierten an der Friedrich-Wilhelms-Universität nationalsozialistische Studenten gegen jüdische Dozenten.[117]

Norden jedenfalls fühlte sich schon ein Jahr später als »Staatsbürger zweiter Klasse«. Unmittelbar zuvor war er aus der Zentraldirektion des Archäologischen Institutes ausgeschlossen worden. Dies war jedoch erst der Auftakt der Demütigungen. Im Zuge der Nazifizierung und Arisierung der Berliner Akademie drängte der Wissenschaftsminister Bernhard Rust auf die Beachtung des Reichsbürgergesetzes von 1935 für die ordentlichen Mitglieder. Auf Grund der »Zweiten Verordnung« dieses Gesetzes war Norden Ende 1935 bereits die Lehrbefugnis entzogen worden. Jetzt bot es die pseudolegale Handhabe, die verbliebenen jüdischen Mitglieder der Akademie auszuschließen. Denn das »Gesetz zur Wiederherstellung des Berufsbeamtentums« vom 7. April 1933, das die Entlassung jüdischer Staatsdiener legalisierte, war auf die Akademiemitglieder nicht anzuwenden, da diese keine Beamten im eigentlichen Sinne waren. Über die bevorstehenden Maßnahmen informierte Max Planck die drei betroffenen Mitglieder vorab: den Mathematiker Issai Schur, den Kunsthistoriker Adolf Goldschmidt und Eduard Norden, der am 12. Oktober 1938 mit bewegenden Worten in einem Brief an den vorsitzenden Sekretar seinen Austritt aus der Akademie erklärte. Seine über 25-jährige Mitgliedschaft betrachtete er als sein »unverlierbares Besitztum«. Damit fand die glanzvolle und für einen konvertierten Juden durchaus ungewöhnliche Karriere in der Akademie ein abruptes Ende, wo er in zahlreichen Kommissionen – zum Teil als Vorsitzender – gewirkt hatte. Der Tübinger Indogermanist Ernst Sittig, Mitglied der NSDAP und seit 1931 »Vertrauensmann zur Verhütung der weiteren Verjudung der Professorenschaft in Tübingen«, war am Ziel seiner Wünsche, hatte er doch zuvor gegen den »Nichtarier« Norden als Leiter des »Corpus Inscriptionum Etruscarum« gehetzt.

Die Reaktion des Sekretars Max Planck auf die ministerielle Vorgabe ist symptomatisch für das Verhalten der Mehrheit der Akademiker – und der Altertumswissenschaftler. Eine offene Konfrontation sollte unbedingt vermieden werden. Also erhob sich gegen die Diskriminierungen der verdienten jüdischen Wissenschaftler keine Stimme. Im Gegenteil: Man war froh, dass die betroffenen Mitglieder selbst die Konsequenzen zogen und aus der Akademie nicht ausgeschlossen werden mussten. Auf den quasi »freiwilligen« Austritt reagierte Planck mit einem Brief, in dem Norden mit »schmerzlichem Bedauern« die Anerkennung und der Dank für seine »langjährige wertvolle Mitarbeit zum Ausdruck« gebracht wurde. In gleicher Weise verfuhren die Göttinger, die Bayerische und die Österreichische Akademie der Wissenschaften mit ihren unliebsamen Mitgliedern. Adolf Erman und Eduard Norden suchten in ihrer Korrespondenz im Angesicht der widrigen Zeitläufte Trost bei Horazversen.

Aussichtslos war das Gesuch, das ein ehemaliger Schüler Nordens, Horst Ducki, Ende Oktober 1939 an Adolf Hitler richtete und in dem er die Bitte aussprach, Norden zu arisieren und in seinen alten Stand einzusetzen. Für seinen Lehrer führte er u. a. dessen hohes Alter, seine Verdienste um die Erforschung der Germania und seine »stets deutsche Haltung« an. Unterstützung für sein Anliegen erhoffte sich Ducki bei der Akademie und wurde daher bei dem Sekretar der philosophisch-historischen Klasse, Hermann Grapow, vorstellig. Diesem war die ganze Angelegenheit mehr als unangenehm, zumal Ducki ohne Rücksprache mit der Akademieleitung an den Führer und Reichskanzler geschrieben hatte, dass Grapow – wie auch andere – die »arische« Gesinnung Nordens bezeugen könnten. Umgehend distanzierte sich Grapow in einem Aktenvermerk, den er neben Vahlen und Scheel auch dem Rektor der Berliner Universität und dem Führer der Dozentenschaft der Universität Berlin zukommen ließ, wortreich von der Petition und schloss mit dem Hinweis, er »brauche wohl als Parteigenosse und auf den Führer vereidigter Politischer Leiter« seine Stellung »nicht ausdrücklich zu betonen«. Das Gesuch wurde von der Kanzlei des Führers umgehend abgelehnt, Nordens Entpflichtung nicht rückgängig gemacht. Die gleichgeschaltete Akademieleitung wiederum wollte an ihrer ideologiekonformen Judenpolitik keinen Zweifel aufkommen lassen: Die Akademie war arisiert, und dabei sollte es bleiben.[118]

Norden schwieg zu dem Unrecht, das ihm zugefügt wurde, zunächst aus Verkennung der realen Gefahr, später wohl auch aus Angst. Erst das antisemitische Pogrom vom 9. auf den 10. November 1938, die sog. »Reichskristallnacht«, veranlasste ihn, seine Emigration zu betreiben. Anfang Juli 1939 verließ er mit seiner Frau Deutschland und lebte fortan als gebrochener Mann, von schweren Depressionen gequält, im Schweizer Exil, wo er unsagbar darunter litt, dass er, der protestantische Preuße, auf Grund seiner jüdischen Herkunft nicht mehr als Träger deutscher Kultur angesehen wurde. Am 13. Juli 1941 starb er in Zürich. Wenige Monate zuvor hatte er in einem Anschreiben an den Reichsminister darum gebeten, seinen Wohnsitz in der Schweiz behalten zu dürfen. Der offizielle Schriftverkehr beinhaltete die letzte Demütigung. Er musste den durch das Gesetz vom August 1937 oktroyierten zweiten Vornamen Israel führen.

Widerstand gegen die nationalsozialistische Rassenpolitik war selten. Die meisten schauten tatenlos zu, als jüdische Kollegen Opfer von Verfolgung und Vertreibung wurden. Friedrich Münzer, der die prosopographische Forschung zur römischen Republik auf eine neue Grundlage gestellt hatte, wurde 1942 74-jährig von den Nationalsozialisten nach Theresienstadt deportiert, wo er elend zugrunde ging.[119] Einzelfälle von Solidarität und Hilfe sind bezeugt. Als 1935 dem Klassischen Philologen Paul Friedländer an der Universität Halle, wo er seit 1932 wirkte, die Entlassung drohte, begab sich – so bezeugt Hans-Georg Gadamer – Siegfried Kaehler, sein neuhistorischer Kollege, »im vollen Wichs eines Reserveoffiziers zur Parteileitung« und protestierte »gegen dieses Verhalten gegen seinen Kriegskameraden lauthals«. Doch der Aktion war nur ein kurzfristiger Erfolg beschieden. Friedländer gab wie andere jüdische Kollegen nach der Reichspogromnacht von 1938 »die Hoffnung auf ein schnelles Ende des Hitler-Regimes« auf.[120] Zunächst durch das Frontkämpferprivileg vor Verfolgung geschützt, wurde er später zeitweilig in einem Konzentrationslager interniert und konnte erst in letzter Minute – unmittelbar vor dem Ausbruch des Zweiten Weltkriegs – noch in die USA emigrieren.[121]

Die nationalsozialistische Politik zwang 15 bis 20% der aktiven Hochschullehrer in die Emigration.[122] Das Gesetz zur Wiederherstellung des Berufsbeamtentums vom 7. April 1933 bildete die pseudolegale Grundlage zur »Dienstentpflichtung« von Universitätsdozenten aus rassischen, politischen und religiösen Gründen. Unter den 44 Wissenschaftlern, die in der NS-Zeit allein an der Universität Leipzig entlassen wurden, finden sich fünf Altertumswissenschaftler: der Rechtshistoriker Martin David, der Judaist Lazar Gulkowitsch, der Altorientalis Benno Landsberger, der Ägyptologe Georg Steindorff und der Keilschriftforscher Franz Heinrich Weißbach. Hinweisen könnte man auch auf den Medizinhistoriker Owsei Temkin.[123]

Die einzelnen altertumswissenschaftlichen Fächer waren unterschiedlich von der Verfolgung und der Vertreibung betroffen.[124] Aber offenkundig ist, dass der Emigrationsverlust entscheidend zur inhaltlichen und methodischen Verarmung und dem partiellen Niedergang der Altertumswissenschaften in Deutschland beigetragen hat. Eduard Schwartz hatte diese Folge bereits Mitte der dreißiger Jahre antizipiert. Am 27. Juli 1935 schrieb er an den aus Deutschland geflüchteten Latinisten Eduard Fraenkel in Oxford, er überlasse Kurt von Fritz ungern den Amerikanern, »aber der einzelne Gelehrte darf nicht darunter leiden, dass es mit der deutschen Wissenschaft zu Ende geht, wohl für Jahrhunderte«.[125]

Viele Altertumswissenschaftler suchten zunächst im benachbarten Ausland Schutz, auch im faschistischen Italien und in der türkischen Republik. Ein Sonderfall war der »Lehrstuhltausch« zwischen den beiden Indogermanisten Albert Debrunner und Walter Porzig, der mit Hilfe der offiziellen Stellen in Deutschland und der Schweiz 1935 realisiert werden konnte: Der Schweizer Wissenschaftler Debrunner, der sich für seine verfolgten Kollegen einsetzte, wechselte von Jena nach Bern, wo er die Professur des glühenden deutschen Nationalsozialisten Porzig übernahm, der in der Schweizer Bundesstadt nicht länger geduldet wurde und seinerseits nach Jena ging.[126]

In zahlreichen europäischen Ländern wurden Hilfskomitees für die entlassenen Akademiker eingerichtet. In der Schweiz kam es zur Gründung des *Comité international pour le placement des intellectuels réfugiés*.[127] In Großbritannien ergriff Sir William Beveridge, der Direktor der London School of Economics, die Initiative und errichtete im Mai 1933 das *Academic Assistance Council*. Namhafte englische Gelehrte unterstützten diese außeruniversitäre Institution, dem der berühmte Physiker und Nobelpreisträger für Chemie Ernest Rutherford als Präsident vorstand. Als deutlich wurde, dass das nationalsozialistische Regime keine Episode war und die *displaced German scholars* auf absehbare Zeit nicht nach Deutschland würden zurückkehren können, bemühte sich das *Academic Assistance Council*, den Vertriebenen neue berufliche Perspektiven zu eröffnen. Da die Zahl der Verfolgten ständig stieg, konnten nicht alle Betroffenen auf eine qualifizierte Anstellung in Großbritannien hoffen. Das Council versuchte deshalb, die Hochschullehrer in verschiedene Länder, vor allem in die Vereinigten Staaten von Amerika, zu vermitteln. Bis Ende des Jahres 1935 hatten von etwa 700 *refugee scholars* 95% wieder ein Auskommen gefunden.

Aber der Strom der Flüchtlinge schwoll weiter an, da in Deutschland die rassistische und antisemitische Gesetzgebung verschärft wurde. Bald waren es annähernd 1600 Universitätslehrer, die das Deutsche Reich verließen.[128] In dieser Situation wurde das *Academic Assistance Council* als *Society for the Protection of Science and Learning* reorganisiert, um die Arbeit auf eine sichere institutionelle und finanzielle Basis zu stellen.[129] Man wollte nicht nur verfolgten Wissenschaftlerinnen und Wissenschaftlern helfen, sondern auch die Freiheit der Forschung schützen. Gerade in Oxford konnten viele geflüchtete Altertumswissenschaftler auf Unterstützung zählen, und mancher fand dort auch eine neue berufliche Perspektive.[130] Vor allem der Latinist Eduard Fraenkel, der schon 1934 mit Hilfe des *Academic Assistance Council* dorthin emigriert war, half zahlreichen anderen verfolgten Wissenschaftlern, die sich nun bemühten, »das spezifisch philologische Ansehen dieser alten humanistischen Hochburg« weiter zu heben.[131] In Oxford fanden jetzt »German ›Altertumswissenschaft‹ and English classical scholarship« zusammen.[132] Aber auch andernorts beeinflussten die emigrierten deutschsprachigen Forscher die Entwicklung der Altertumswissenschaften nachhaltig.[133] Nicht wenige Flüchtlinge mussten sich allerdings auf eine beschwerliche Reise begeben und von einem Ort zum nächsten weiterziehen, bis sie endlich einen sicheren Beruf und eine dauerhafte Bleibe in der Fremde gefunden hatten. Für die verfolgten Assistenten und Privatdozenten bedeutete der Nationalsozialismus indes oft das Ende ihrer akademischen Karriere.

Die Liste der Opfer des Nationalsozialismus ist lang; unter ihnen finden sich die Althistoriker Elias Bickermann, Clemens Bosch, Victor Ehrenberg, Edmund Groag, Fritz Heichelheim, Richard Laqueur, Hans-Georg Pflaum, Eugen Täubler, Arthur Rosenberg, Arthur Stein und Ernst Stein;[134] die Klassischen Philologen Ernst Abrahamsohn, Herbert Bloch, Eduard Fraenkel, Hermann Fränkel, Paul Friedländer, Kurt von Fritz, Felix Jacoby, Werner Jaeger, Ernst Kapp, Walther Kranz, Paul Maas, Ernst Moritz Manasse, Eduard Norden, Rudolf Pfeiffer, Georg Rohde, Otto Skutsch, Friedrich Solmsen, Richard Walzer und Stefan Weinstock;[135] die Klassischen Archäologinnen und Archäologen Margarete Bieber, Otto Brendel, George Hanfmann, Paul F. Jacobsthal, Elisabeth Jastrow, Georg Karo, Richard Krautheimer, Karl Lehmann-Hartleben, Karl Schefold, Hermine Speier, Willy Schwabacher und Kurt Weitzmann.[136] Deutschland verließen zudem Ägyptologen, Orientalisten, Rechtshistoriker, Mittellateiner und Byzantinisten.[137] Selbst der katholische Kirchenhistoriker und Augustinforscher Berthold Altaner trug sich mit dem Gedanken, nach England zu emigrieren, nachdem er im November 1933 wegen seines pazifistischen Engagements im Rahmen des Friedenbundes Deutscher Katholiken seine Stellung als ordentlicher Professor der Kirchengeschichte an der Universität Breslau verloren hatte. Er entschied jedoch, in der Heimat zu bleiben.[138]

Aber nicht nur deutsche Wissenschaftler haben im 20. Jahrhundert Emigration und Verfolgung erfahren und mussten in der Fremde einen wissenschaftlichen Neubeginn wagen. Zahlreiche Biographien spiegeln die Konflikte und Konvulsionen dieses Jahrhunderts. Michael Rostovtzeff, der die Sozial-, Wirtschafts- und Regionengeschichte der Alten Welt auf eine neue Grundlage stellte, verließ nach der Oktoberrevolution von 1917 seine russische Heimat und lehrte seit 1925 in Yale Alte Geschichte; auch er zählt zu denjenigen europäischen Emigranten, die die Vereinigten Staaten zu einem neuen Zentrum der Altertumswissenschaften machten.[139] Arnaldo Momigliano, der nach der Erfahrung von Flucht und Verfolgung sich verstärkt der Geschichte der Altertumswissenschaften zuwandte, musste 1938 wegen der faschistischen Rassenpolitik seine Karriere in Italien beenden und nach England emigrieren.[140] Das Ende des Zweiten Weltkrieges bedeutete keineswegs das Ende der Vertreibungen. Andreas Alföldi, der wichtige Beiträge zur Spätantike, zur römischen Herrscherrepräsentation und zur Geschichte des Donauraumes vorlegte, verließ 1947 das sowjetisch beherrschte Ungarn und fand zunächst in der Schweiz, dann in den Vereinigten Staaten eine neue Heimat.[141] Moses I. Finley hingegen, der für die Erforschung der antiken Wirtschaft und Gesellschaft neue Maßstäbe setzte, floh vor der antikommunistischen Hetze der McCarthy-Ära aus den USA; 1954 übersiedelte er in die englische Universitätsstadt Cambridge.[142]

15. »Erste Briefe«: Die Wiederaufnahme wissenschaftlicher Kontakte nach 1945[*]

Am 27. März 1946 wandte sich Louis Robert, einer der bedeutendsten Epigraphiker des 20. Jahrhunderts, an Günther Klaffenbach, den Leiter der »Inscriptiones Graecae« an der Berliner Akademie der Wissenschaften. Es war der erste Brief des französischen Gelehrten an seinen deutschen Kollegen nach dem Ende des Zweiten Weltkrieges. Robert gab zunächst seiner Freude Ausdruck, dass sein Freund entgegen den Gerüchten, die ein Amerikaner gestreut hatte, noch am Leben war. Dann berichtete er kurz über sich und seine Familie: »Meine Mutter und meine Frau sind – ebenso wie ich selbst – gesund und wohlbehalten.« Er fuhr fort: »Sie werden schon vom Tod von Pierre Roussel gehört haben: Er ist an Tuberkulose gestorben; – von Michel Feyel, der in einem Konzentrationslager ums Leben gekommen ist; – von Mario Segre, der am 24. Mai 1944 zusammen mit seiner Frau und seinem Kind in Auschwitz umgebracht wurde.«[1]

Pierre Roussel, Michel Feyel, Mario Segre: Mit wenigen Worten hatte Robert den Opfern der nationalsozialistischen Verbrechen ein Gesicht gegeben.[2] Pierre Roussel, 1881 geboren, war von 1925 bis 1935 der Direktor der École française d'Athènes gewesen und hatte sich besonders um die Inschriften aus Delos verdient gemacht – bis zum Ersten Weltkrieg noch in Kooperation mit der Berliner Akademie. 1939 veröffentlichte er ein Buch über Sparta, in dem er sich von der rassistischen Instrumentalisierung der dorischen Polis distanzierte, wie sie damals

Helmut Berve betrieb.³ Michel Feyel, 1911 geboren, war ein junger Epigraphiker, der über die Geschichte Böotiens arbeitete und wichtige Editionen griechischer Inschriften vorgelegt hatte, bevor er im Sommer 1944, kurz nach der Geburt seines dritten Sohnes, den Deutschen als Geisel in die Hände fiel. Am 24. April 1945 starb er, noch keine 34 Jahre alt, im Lager Sandbostel südlich von Bremervörde.

Mario Segre war Jahrgang 1904 und galt als eine große Hoffnung der italienischen Altertumswissenschaften. Er forschte über die griechischen Inschriften aus Kos und Kalymnos. Aufgrund der italienischen Rassengesetze verlor er 1938 seine Anstellung an einer römischen Forschungseinrichtung. Eine akademische Laufbahn als Epigraphiker blieb ihm verwehrt, ein Vortrag auf dem ersten Internationalen Kongress für lateinische und griechische Epigraphik, der noch im selben Jahr in Amsterdam stattfand, wurde ihm untersagt, und seine wissenschaftlichen Arbeiten konnte er nicht publizieren. Einen Aufenthalt in London nutzte er allerdings nicht zur Emigration, sondern kehrte in die Heimat zurück, wo er seit 1940 nur noch im Verborgenen seinen Forschungen nachgehen konnte. Vor der Räumung des jüdischen Ghettos in Rom durch die deutschen Besatzer im Oktober 1943 konnte er sich zusammen mit seiner Frau und dem 1942 geborenen Sohn in das schwedische Institut in Rom flüchten, wurde aber Anfang April 1944 festgenommen und nach Auschwitz deportiert, wo er mit seiner Familie ermordet wurde.

Mario Segre korrespondierte noch im Sommer 1941 mit Friedrich Hiller von Gaertringen. Er hoffe, seine abgeschlossenen Arbeiten doch eines Tages publizieren zu können, schrieb er.⁴ Louis Robert, der im besetzten Paris lebte, blieb in den Kriegsjahren mit Klaffenbach in Verbindung. Das Bekenntnis zur historisch-kritischen Methode mit ihrem – aus epistemologischer Sicht: naiven – Wahrheitspostulat verband eine internationale Gemeinschaft von Wissenschaftlern, die trotz der Gewalteskalationen im Zweiten Weltkrieg ihre Kommunikation fortsetzte. Edmund Groag, der von den Nationalsozialisten als Jude verfolgt wurde, bedankte sich in einem Brief an Hans-Ulrich Instinsky noch Ende April 1943 für die Zusendung des dritten Bandes der zweiten Auflage der Prosopographie der römischen Kaiserzeit und bat darum, ein allfälliges Honorar ihm zur Zeit nicht auszuzahlen. Gleichzeitig unterrichtete er die Akademie davon, dass sein Kollege Arthur Stein, der ebenfalls an dem Projekt gearbeitet hatte, sich »jetzt in Theresienstadt (L 126)« befinde; »ob Drucksachen an seine jetzige Adresse gesendet werden können«, entziehe sich aber seiner Kenntnis.⁵

Nach der bedingungslosen Kapitulation der Wehrmacht am 8. Mai 1945 konnten die Überlebenden auch über ihr Schicksal in den zurückliegenden Jahren schreiben. Zuvor hatte man sich mit Andeutungen begnügen müssen und war schon froh, wenn man erfuhr, dass der vertraute Briefpartner wohlauf war: »Geben Sie mir doch, wenn es Ihnen möglich ist, ein Lebenszeichen, wie es Ihnen und den Ihrigen geht!«, schrieb Klaffenbach an Robert am 24. Juni 1944, da er lange Zeit aus Paris keine Nachricht erhalten hatte.[6] Die Befreiung vom Nationalsozialismus ermöglichte eine offene Kommunikation, die allerdings auch an die Verbrechen erinnerte, die von deutscher Seite verübt worden waren. Louis Roberts Brief an Günther Klaffenbach vom März 1946 war so das erste Lebenszeichen nach dem Ende des furchtbaren Krieges. Der französische Altertumswissenschaftler brach trotz der Verbrechen, die im deutschen Namen geschehen waren, nicht den Stab über seinen deutschen Kollegen. Im Gegenteil: Er bezeichnete seinen Brief gleich eingangs als »témoinage de notre fidèle amitié«, als ein Zeichen der treuen Freundschaft, die die beiden Wissenschaftler verband, erkundigte sich voller Anteilnahme nach dem Befinden des deutschen Freundes und berichtete schließlich über seine eigenen wissenschaftlichen Aktivitäten.

Günther Klaffenbach antworte am 7. April 1946 auf Roberts Brief. »Mit aufrichtigem Bedauern – denn ich habe ihn immer, wenn auch seine ganze Art zurückhaltend und spröde war, sehr hoch geschätzt – habe ich von dem Tode von Pierre Roussel gehört, mit dem man freilich nach Ihren Berichten hatte rechnen müssen. Jedenfalls ist sein Tod ein sehr empfindlicher Verlust für die ganze Wissenschaft.« Klaffenbach berichtete, dass man in Berlin den Selbstmord von Gerhart Rodenwaldt »auf das Schmerzlichste zu beklagen« habe, den der Klassische Archäologe am 27. April 1945 zusammen mit seiner Frau Jane »wenige Tage nach der Besetzung von Lichterfelde durch die Russen verübt« hatte. Klaffenbach berichtete weiter, dass er »mit einem Nachbarn beide Leichen in seinem Garten begraben« habe. Rodenwaldt habe ihm »auch menschlich immer besonders nahegestanden«. Dann erwähnte er den Tod des Kunsthistorikers und früheren Direktors der islamischen Abteilung der Berliner Museen, Friedrich Sarre, und sprach von einem »herbem Verlust«. Der Klassische Archäologe Robert Zahn, der im November 1945 verschieden war, sei »körperlich und geistig schon gebrochen« gewesen. Schließlich unterrichtete er den französischen Kollegen, das der Berliner Klassische Philologe Ludwig Deubner Ende März 1946 gestorben sei.[7] Zugleich fragte er, wie schon Robert in seinem Brief, nach dem Schicksal weiterer Kollegen. Robert antwortete in seinem nächsten Schreiben ausführlich auf diese Frage. Die internationale Gemeinschaft der Epigraphiker sollte wiedererstehen, zunächst zumindest im geschützten Raum des Briefes.

Auf den Mord an Michel Feyel und Mario Segre in deutschen Konzentrationslagern ging Klaffenbach zunächst nicht ein. Erst als Louis Robert schrieb, dass man nochmals über die Umstände, unter denen diese beiden gestorben seien, werde sprechen müssen, um »l'avenir des relations intellectuelles«, um den wissenschaftlichen Austausch zukünftig zu sichern, antwortete Klaffenbach: »Feyel und Mario Segre – lieber Freund, Sie ahnen nicht, wie schwer das auf mir lastet! Sofort als ich die erste Nachricht davon durch Sie erhielt, habe ich meinen Studenten im nächsten Kolleg davon Mitteilung gemacht – langes, betretenes, bestürztes Schweigen!« Er fürchte, dass diese und andere »noch unbekannte Fälle für eine unabsehbare Zeit ein unüberbrückbares Hindernis der wissenschaftlichen Beziehungen zum Ausland darstellen werden«. Bange frage er, wie er, »so sehr beschmutzt als Deutscher« überhaupt noch vor seine Kollegen treten könne. Auf jeder internationalen Tagung werde er »die Gestalt von Mario Segre sich erheben sehen«. Er müsse nicht ausführen, »wie schwer und bitter« dieser Umstand gerade ihn treffe, den »die Pflege der internationalen Beziehungen von jeher eine tief empfundene Herzenssache gewesen sei und der sich dafür stets und mit allen Kräften eingesetzt« habe.[8]

In diesen Korrespondenzen wurden keine Toten aufgerechnet; vielmehr leisteten beide Seiten Trauerarbeit, die allerdings nicht nach den Ursachen des Grauens und schon gar nicht nach Schuld und Sühne fragte, sondern unausgesprochen darin übereinkam, der Opfer zu gedenken. Nur auf dieser Basis vermochte man, in die Zukunft zu blicken und hoffnungsfroh auf die Fortsetzung der wissenschaftlichen Arbeit zu setzen.

First Letters – Erste Briefe

Die Restitution wissenschaftlicher Kontakte nach dem Ende des Zweiten Weltkrieges war eine der großen Aufgaben, die nicht nur Altertumsforscher zu meistern hatten. Der Kulturbruch der Shoah machte es vor allem deutschen Wissenschaftlern, die während der Herrschaft der Nationalsozialisten in Deutschland verblieben waren, zunächst schwer, sich in die internationale Gemeinschaft zu reintegrieren. Selbst die Kontaktaufnahme zwischen zwei befreundeten Forschern, die ihre jeweilige Heimat nicht verlassen hatten, war, wie das Beispiel von Robert und Klaffenbach zeigt, schwierig genug; doch der Versuch, die Verbindung zu Kollegen wiederherzustellen, die vor dem nationalsozialistischen Unrechtssystem hatten fliehen müssen und oft Verwandte und Freunde in den Vernichtungslagern verloren hatten, stellte beide Seiten vor fast unüberwindliche Hindernisse. Wie konnte das »feine Schweigen«,[9] dem sich viele in Deutschland nach 1933 verschrieben hatten und das auch die Nachkriegsgesellschaft mehrheitlich bevorzugte, überwunden werden? Hierzu bedurfte es einer spezifischen kommunikativen Situation und eines bestimmten Mediums: der »First Letters«, wie sie David Kettler genannt hat. Der Sozialwissenschaftler, der, 1930 in Leipzig geboren, als zehnjähriges Kind mit seinen Eltern in die Vereinigten Staaten emigrierte, hatte besonderes Interesse an solchen Schreiben, die Wissenschaftler, die aus dem nationalsozialistischen Deutschland geflohen waren, unmittelbar nach dem Ende des Zweiten Weltkrieges an einstige Bekannte oder Freunde schickten, die während der Hitlerzeit in Deutschland geblieben waren, um – aus unterschiedlichen Gründen – an frühere Verbindungen anzuknüpfen. In den Blick nahm Kettler auch Briefe, mit denen Emigranten auf einzelne Initiativen von deutscher Seite, den Kontakt wiederherzustellen, antworteten.[10]

Diese Quellengattung gibt, so Kettler, eindrücklich Zeugnis von »the dynamics and dilemmas of exile and return«, von den Dynamiken und Dilemmata des Exils und der Rückkehr. Diesen Briefen liegt, wie Nicolas Berg luzide ausgeführt hat,[11] eine antagonistische Konstellation zwischen »Wir und Ihr« zugrunde, zwischen denen, die in der Heimat geblieben waren und denen, die emigrieren mussten. Nach der Zäsur des Zweiten Weltkrieges und dem Hiat des Holocaust versuchten die Briefschreiber, das Unsagbare zu sagen, das Gespräch zwischen Exil und vormaliger Heimat wieder aufzunehmen. Obwohl man an frühere Kontakte anknüpfte, musste die Beziehung neu ausgehandelt werden. Im Zentrum der Kommunikation stand die Mitteilung über den Bruch einer Beziehung und die Verständigung über Möglichkeiten und Grenzen der Wiederaufnahme ebendieser Beziehung. Unverkennbar ist der konditionale Charakter dieser Schreiben: In diesen »Ersten Briefen« wurden die Bedingungen, unter denen das abgebrochene Gespräch fortgesetzt werden konnte, eindeutig bestimmt. Kam es über diese Bindungen zu keinem Konsens, wurde das Gespräch nicht fortgesetzt. Bisweilen dauerte es lange, bis man sich über Formen und Inhalte der restituierten Kommunikation verständigt hatte. Teilweise waren mehrere Briefe notwendig, bisweilen konnte der Austausch nicht fortgesetzt werden.

Die Schreiben bezeugen eindrücklich die soziale Realität der Wissenschaftler unmittelbar nach dem Ende des Zweiten Weltkrieges, sie thematisieren die unterschiedlichen Bedingungen, Ausformungen und Wahrnehmungen von Exil und Remigration, und sie bestimmen die Möglichkeiten und Grenzen der Restitution internationaler Kontakte in den Altertumswissenschaften nach der Shoah. Die Briefe transzendieren mithin den individuellen Kontext; auch der persönliche Ton kann nicht darüber hinwegtäuschen, dass hier Gegenstände von allgemeiner

Bedeutung verhandelt wurden. Dies hieß auf der einen Seite, sich zum eigenen Tun in der Zeit des Nationalsozialismus, zu Schuld und Verantwortung zu äußern, auf der anderen Seite die Frage von Erfolg oder Misserfolg im Exil zu thematisieren. Doch zunächst musste geklärt werden, ob sich der emigrierte Wissenschaftler weiterhin als einen Teil der Gemeinschaft sah, aus der er vertrieben worden war.[12] Dies geschah über unterschiedliche Verhandlungsstrategien und unter Rückgriff auf verschiedene Themen, die in jeweils vertrauten Kontexten angesprochen wurden.

Die Härten des Exils

»Es ist finanziell ein sehr bescheidener Posten (und London ist sehr teuer!), aber ich bin froh, dass ich diesen Posten habe.« So schrieb der deutsche Emigrant Victor Ehrenberg am 21. Juni 1946 an den Hamburger Philologen Bruno Snell.[13] Der Althistoriker hatte 1939 kurz vor dem Einmarsch der deutschen Truppen mit seiner Familie Prag verlassen und war nach England geflüchtet, wo er zunächst am King's College in Newcastle upon Tyne[14] und schließlich am Bedford College in London Alte Geschichte lehrte. 1946 schlug er einen Ruf an die Universität Hamburg aus,[15] ein Jahr später entschied er sich gegen ein Angebot der Universität München.[16]

Der Archäologe Paul F. Jacobsthal, der 1935 aufgrund der nationalsozialistischen Rassengesetze seinen Marburger Lehrstuhl aufgeben musste und nach Oxford emigrierte, wo er 1937 Lecturer am Christ Church College wurde, sprach in seinem ersten Brief an seinen Hallenser Kollegen Herbert Koch vom 20. Februar 1947 über seine Erfahrungen und Probleme mit der »Akklimatisation«. Er setzte hinzu: »Die Kriegsjahre waren unkomplizierter als die Jahre seit 1945/46: Seit die Abgeschnittenheit aufhörte und die alte Welt wieder über dem Horizont auftauchte, wurde uns unsere Situation zwischen den Nationen wieder bewusster.« Der Klassische Philologe Georg Rohde, der mit einer Jüdin verheiratet war und deshalb berufliche Nachteile in Kauf nehmen musste, emigrierte 1935 nach Ankara, um an der neu eingerichteten Philosophischen Fakultät die Latinistik und Gräzistik aufzubauen. Er schrieb am 10. August 1947 an Bruno Snell: »Was mich heute bewegt, ist nicht mehr das schreckliche Heimweh, das ich in den ersten Jahren hatte, nicht mehr das Gefühl des Fremdseins, das sich mit dem Eindringen in die Landessprache völlig verloren hat, sondern der Schmerz, so lange vom geistigen Leben der Heimat ausgeschlossen gewesen zu sein, und die Sorge, die Kräfte meiner besten Jahre an immer fragwürdige Aufgaben vergeudet zu haben.«[17]

Viele »Erste Briefe« thematisieren die Schwierigkeiten im Exil, und zwar häufiger und ausführlicher als die Umstände der Vertreibung. Wohl aber wurden Mitglieder aus Familie und Verwandtschaft, aus Freundes- und Kollegenkreisen benannt, die Opfer des Holocaust geworden waren. So ist in einem Brief Victor Ehrenbergs vom 16. August 1946 an Bruno Snell zu lesen: »Schrieb ich Ihnen, dass eine Schwester meiner Frau von den Nazis ermordet wurde, dass andere Verwandte Selbstmord begingen oder in Theresienstadt gestorben sind, dass viele unserer Prager Freunde nach Polen verschleppt wurden und dort untergegangen sind? Verstehen Sie mich nicht falsch, wenn ich alles das heute erwähne. Aber so sehr ich wünsche, dass unsereiner sich wieder ohne Hemmungen über ›die Entdeckung des Geistes‹ und ähnliches unterhalten kann, so fühle ich doch, dass das nur möglich ist, wenn man auf beiden Seiten sich ganz klar darüber ist, was hinter uns allen liegt.«[18] Die Shoah war in der Korrespondenz gegenwärtig, auch wenn sie nicht – wie hier – ausdrücklich thematisiert wurde, aber sie riss nicht notwendigerweise einen unüberwindlichen Graben auf. Der Wille zur Verständigung triumphierte über den Schmerz der Erinnerung.

Trotz des beruflichen und privaten Leids, das sie erdulden mussten, und unabhängig von der Frage, ob sie im Exilland bleiben wollten oder nicht, bekundeten die vertriebenen Wissenschaftler in den »Ersten Briefen« ohne jeden äußeren Zwang ihre Loyalitätsgefühle gegenüber den Ländern, in denen sie Aufnahme gefunden hatten. So schrieb Ehrenberg am 21. Juni 1946 an Bruno Snell: »Ich bin sehr dankbar, dass England meine Familie und mich aufgenommen hat.«[19] Er fuhr fort: »Ich hoffe, wir werden auch als Bürger dieses Landes aufgenommen werden, und ich ersehne nichts anderes, als den Rest meines Lebens hier in friedlicher und nützlicher Arbeit verbringen zu können, auch wenn es materiell nicht einfach sein wird.«[20] Für Georg Rohde in Ankara jedoch stand fest, dass er nach Deutschland zurückkehren wollte: »Das Gefühl der Zugehörigkeit zur Heimat ist bei mir nicht eine Sekunde erschüttert worden.«[21]

DIE KLAGE ÜBER DEN KRIEG

Mit den Härten des Exils, die die vertriebenen Wissenschaftler akzentuierten, korrespondierten die Klagen der in Deutschland Verbliebenen über den Krieg. Dabei konnte der Exilbegriff für die eigene Biographie usurpiert werden, um den Verlust der innerdeutschen Heimat zu charakterisieren, wie ein Brief des Kölner Klassischen Philologen Günther Jachmann vom 6. März 1946 an Eduard Fraenkel in

Oxford bestätigt. Die beiden kannten sich seit Göttinger Studienzeiten und von der gemeinsamen Arbeit am *Thesaurus linguae Latinae*.²² Die »Jahre der Bombenhölle« seien furchtbar gewesen, schrieb Jachmann. Erst habe die Familie alles in dem »kleinen schwachen Häuschen« über sich ergehen lassen müssen; dann habe man Zuflucht in dem »Privatbunker eines Nachbarn« gefunden, »der übrigens auch nur bedingten Schutz bot«. Er habe immer die Ruhe bewahrt, habe seine »bei aller Tapferkeit zitternde« Frau »aufrecht gehalten« und Mitte Oktober 1944 zwei Mal das brennende Haus gelöscht, das zweite Mal »mitten im Bombenhagel unter äußerster Lebensgefahr«. Doch das eigentliche Unglück habe erst begonnen, als er Köln habe verlassen müssen und nach Königsfeld im Schwarzfeld übergesiedelt sei: »Das Exil, vor allem die ersten Monate, wo ich das Verenden am Straßenrand als Obdachloser in Gedanken vor mir sah, dann aber auch weiter die lange Zeit der Ungewissheit über das Schicksal des Hauses, über die Möglichkeit einer Fortexistenz (mit einem Wiederaufleben der Kölner Universität rechnete man nicht), das alles mit der Hungerleiderei in Königsfeld verbunden – das hat mich viel mehr als alles frühere mitgenommen.«²³

Jachmann hatte schon am 26. Juni 1945, noch aus Königsfeld, an Fraenkel geschrieben und auf dessen letzten Brief vom 24. August 1939 geantwortet.²⁴ Dazwischen lag der Zweite Weltkrieg, der den brieflichen Austausch zwischen Köln und Oxford unmöglich gemacht hatte. Aber der Brief erreichte Fraenkel nicht direkt, sondern durch die Vermittlung des Schweizer Philologen Peter von der Mühll. Jachmann bekundete sogleich, dass der Ausgang des Krieges ihn »in keiner Weise« überrascht habe, auch wenn er »eine mehrjährige Dauer nicht angenommen« hatte. Er ließ zugleich keinen Zweifel an seiner politischen Haltung in den zurückliegenden Jahren und setzte unmissverständlich hinzu: »Mit das Beste, was wir noch besitzen, ist ein gutes Gewissen vor jedem gerechten Richter.«²⁵ Fraenkel antwortete fünf Monate später, nachdem ihm von der Mühll den Brief überbracht hatte, den er als »eine große aufregende Freude« empfand und »mit tiefer Bewegung« las. Er fragte den Freund nach dem gesundheitlichen Befinden, der Versorgungslage, aber auch seiner Privatbibliothek. Die Verbindung war wieder hergestellt: »Wie ich mich nach einem Gespräch mit Dir sehne!«, gestand der Freund am Ende des Briefes.²⁶

Politische Äußerungen über die nationalsozialistische Diktatur finden sich in den »Ersten Briefen« eher selten. Wirkte die Angst vor Zensur unterschwellig weiter? Oder sollte auf den Neubeginn nicht der lange Schatten des »Dritten Reiches« fallen? Jachmann nahm indes kein Blatt vor den Mund und bekannte, dass in einer Zeit, »als zu gelten schien: omnia vincit Adolph« und sich mancher seiner Kollegen – wie etwa Wolfgang Schadewaldt – »in Wunschträumen wiegten«, er indes »den Sieg Hitlers« gefürchtet habe. »Etwas andres als fürchten kam für mich nicht in Betracht, diesen Standpunkt habe ich so entschieden behauptet wie ganz, ganz wenige.«[27]

Die Versicherung der Freundschaft

Am 21. Juni 1946 erhielt Bruno Snell einen Brief von Victor Ehrenberg, in dem es hieß: »Ich hoffe sehr, dass Freundschaft mit einzelnen Menschen (von denen Sie einer sind) die Kluft dieser Jahre überstanden hat und vielleicht neu aufblühen wird.«[28]

Persönliche Nähe vor dem Krieg half nach dem Krieg, die einstigen Verbindungen wieder aufzunehmen. Aus dieser Nähe entsprangen Fragen nach dem Wohlergehen des Gegenübers, nach dem Schicksal der Familie und nach privaten und beruflichen Perspektiven. In solchen intensiven brieflichen Gesprächen zeigte sich, dass es die feste Verankerung im Herkunftsland war, die einen Emigranten als Exilanten qualifizierte.[29]

Selbst wenn die politische Haltung des in Deutschland verbliebenen Kollegen nicht eigens thematisiert wurde, war sie für die Wiederaufnahme wissenschaftlicher und vor allem persönlicher Beziehungen konstitutiv. »Freund« konnte nur sein, wer sich während der Hitler-Diktatur nicht kompromittiert hatte, wie die Korrespondenz von Fraenkel und Jachmann gezeigt hat und der Briefwechsel zwischen Günther Klaffenbach und Anthony E. (»Toni«) Raubitschek bestätigt. Raubitschek war nach dem »Anschluss« Österreichs aus seiner Heimat in die Vereinigten Staaten geflohen, um zunächst am Institute for Advanced Study (1938–1942), dann in Yale (1942–1947) und schließlich in Princeton (1947–1963) zu forschen. 1963 ging er nach Stanford. Raubitschek, der Klaffenbach zum letzten Mal auf dem Epigraphikkongress 1938 in Amsterdam getroffen hatte, erhielt dessen Anschrift von seinem Kollegen, dem Papyrologen C. Bradford Welles, dem Klaffenbach zuvor geschrieben hatte. Am 13. Mai 1947 ließ er Klaffenbach wissen, es sei sein Wunsch, »to reestablish contact«,[30] denn nicht nur Klaffenbachs wissenschaftliches Renommee, sondern vor allem seine politische Integrität waren für Raubitschek unbestritten. Allerdings benutzte er in der Korrespondenz zunächst die englische Sprache; wie andere Emigranten vermied er den Gebrauch der Sprache der Täter. Als Klaffenbach ihm vorab seine Besprechung von Michel Feyels Studie »Polybe et l'histoire de Béotie au IIIe siècle avant notre ère« (1942) übersandte, die in der »Deutschen Literaturzeitung« (DLZ) erschien,[31] antwortete Raubitschek freundlich, aber in Englisch: »If there should be a file of DLZ where Feyel is now, and he should happen to read it, I feel sure that he will be pleased and that he will think that his own misfortune was due to the fact that the worst Germans ruled the nation and not caused by the fact that all Germans are bad. And yet, my dear Professor Klaffenbach, is it not true that the people who are having a say today in Germany are exactly the same men who either supported or condoned the crimes such as Feyel fell victim to.«[32] Bei aller Kritik an der personellen Kontinuität im Deutschland der Nachkriegszeit betonte Raubitschek die persönliche Integrität seines Berliner Kollegen. Rasch intensivierte sich der Austausch. Der jüdische Emigrant ließ bald keinen Zweifel daran, dass er Klaffenbachs Schicksal im Nachkriegsdeutschland bedauerte: »That men like you should suffer is a disgrace, but that the German criminals who were working for such a conflict should be also caught in the trap is only fair.«[33]

Für Günther Jachmann war es nachgerade eine Befreiung, endlich wieder mit Eduard Fraenkel kommunizieren zu können. Fraenkel hatte ihm zuvor geschrieben, er habe »in den letzten Jahren so gut wie täglich« seines Freundes in Deutschland gedacht. Den Brief, der ihm unmittelbar vor dem Ausbruch des Zweiten Weltkrieges von Fraenkel geschickt worden war, hatte Jachmann als *testimonium amicitiae* aufbewahrt. Am 6. März 1946 schrieb er: »Mein lieber alter Freund – dies war die Anrede in Deinem Brief vom 24. August 1939«. Er habe ihn am 3. September 1939 in Köln vorgefunden, als er aus Lugano zurückgekehrt sei; dort hatte er sich mit seiner Frau Gertraude seit Mitte August in den Ferien aufgehalten, bis am 1. September morgens um vier Uhr der Weckruf einer schweizerischen Trompete ihnen angezeigt habe, »dass der 1933 eingeleitete Untergang der Welt oder doch der Kultur tatsächlich begonnen habe. Dann hat dieser liebe Brief länger als fünf volle Jahre auf dem Schreibtisch vor mir gestanden – oft gelesen mit stets erneuerter Freude an Deinem warmen Freundschaftsbekenntnis, mit immer neuer Trauer über die Unmöglichkeit es erwidern zu können, zuletzt mit steigender Gewissheit, dass Du ihn einmal als Brief an einen Verstorbenen würdest betrachten müssen –, dann, als weder der Schreibtisch noch sein Herr am alten Platze bleiben konnte, hat er mich auf den Irrfahrten meines, unseres Flüchtlingsdaseins (1. November 1944 bis 4. Juli 1945) ständig begleitet.«[34] In der Zeit des »Dritten Reiches« wurde diese Epistel für Jachmann quasi zu einer Reliquie, die von einer früheren und besseren Zeit kündete und die auf künftige Erlösung hoffen ließ. Am 13. August 1946 schrieb er an Fraenkel: »Was wäre die Welt ohne die Freundschaft.«[35]

Die apolitische Wissenschaft

»Auf Bornholm, auf der einsamsten Ecke dieser einsamen Insel erreichten mich nach langen Irrfahrten ihre Separata und freuten mich als ein Zeichen des Gedenkens. Ich las sie gleich und gern – eine mir etwas ungewohnt gewordene Art von Lektüre. Es sind ja so andere und nicht gerade weltbewegende Sachen, mit denen ich mein Brot verdiene. Ich weiß nicht, ob ich Ihnen geschrieben habe, dass ich an der Ausgabe der byzantinischem Lektionare arbeite, der Bücher, die die Bibeltexte enthalten, die an den verschiedenen Feiertagen in den Kirchen verlesen wurden, mit vielen kultischen Anweisungen, Antiphonen, Psalmen und dergl. Man lernt natürlich auch bei solcher Arbeit etwas. Aber es ist freilich doch überwältigend viel Mechanisches dabei.«[36] Diese Zeilen richtete der Klassische Philologe Günther Zuntz am 9. September 1946 an Hans-Georg Gadamer. Zuntz war bereits 1933 über Kopenhagen nach England gekommen und arbeitete seit 1943 als Bibliothekar in Oxford.[37]

Nach der fast vollständigen Liquidation der internationalen Wissenschaftskontakte waren die Briefschreiber begierig, wissenschaftliche Informationen auszutauschen, um Publikationen nachzufragen, sich nach Kollegen zu erkundigen und den Stand von Unternehmungen abzufragen. »Wann wird mir die Auslandsliteratur, vor allem die französische wieder zugänglich sein?«, fragte Klaffenbach 1946 Louis Robert. »Und wenn erst wieder die Möglichkeit dazu besteht, werde ich Sie wie die anderen Kollegen, sofern diese überhaupt noch etwas mit mir zu tun haben wollen, um die Hilfe der Beschaffung ausländischer Literatur, die mir verlorengegangen ist, bitten müssen.«[38]

Der Klassische Archäologe Paul F. Jacobsthal schrieb 1947 aus Oxford an seinen Kollegen Herbert Koch an der Universität Halle: »Interessieren wird Sie noch ein Wort über ein paar Deutsche hier.« Eduard Fraenkel, der Professor of Latin am Corpus Christi College, habe in den letzten Jahren »einen monumentalen Kommentar« zu Aischylos' Tragödie »Agamemnon« geschrieben. Allerdings sei er »durch sein Amt stark an die Universität gebunden« und reibe sich auf. Felix Jacoby, der 1935 auf Grund seiner jüdischen Herkunft seine ordentliche Professur an der Christian-Albrechts-Universität aufgeben musste,[39] setze die Arbeit an den »Fragmenten der Griechischen Historiker« fort. Er habe »wenig mit Oxford zu schaffen« und lebe »Kiel in Oxford«. Rudolf Pfeiffer habe seine Edition des hellenistischen Dichters Kallimachos fertig.[40] Er sei »weise, beweglich und mit Recht populär«. Raubitschek hingegen wollte von Klaffenbach wissen, wie es um die Berliner Akademie stehe: »You can imagine how eager I am to hear about you and about your work and about your plans at the Academy.«[41] Auch die in Deutschland Verbliebenen suchten den Kontakt zu emigrierten Kollegen: Der Brief, in dem Jachmann ausführlich über die letzten Jahre in Deutschland und die Lage in Köln berichtete, schloss mit Grüßen an die »deutschen Kollegen« in Oxford: Felix Jacoby, Paul Maas, Rudolf Pfeiffer, Paul F. Jacobsthal und Fritz Schulz. Den Rechtshistoriker hätte Jachmann gerne nach Bonn oder Köln berufen; aber er machte sich keine Hoffnungen: »Wer wird von Oxford in unser Elend kommen?«[42]

Von der Wiederherstellung der Kontakte profitierten beide Seiten. Die deutschen Altertumswissenschaftler sicherten auf diese Weise ihre rasche Reintegration in die internationale *academic community*. Klaffenbach etwa nutzte in der Folge Raubitscheks und Roberts Netzwerke, um die Verbindungen zu anderen Forschern, die während des Zweiten Weltkrieges abgerissen waren, wiederherzustellen. Für die vertriebenen Forscher eröffnete sich die Möglichkeit, am Wiederaufbau der deutschen Altertumswissenschaft teilzuhaben und nicht länger – wie im »Dritten Reich« – passiver Zuschauer, sondern aktiver Mitgestalter zu sein. Diese Rolle war nicht nur für diejenigen Wissenschaftler attraktiv, die darunter litten, dass sie am wissenschaftlichen Leben in Deutschland nicht mehr unmittelbar partizipierten, sondern auch für die, welche sich im Exilland eine neue Perspektive eröffnet hatten und nicht an eine Rückkehr dachten, wie Toni Raubitschek. Der österreichische Epigraphiker setzte allerdings in einem seiner Briefe hinzu: »You may think that it is frivolous in a time like this to engage in scholarly enterprises, and I am very much distressed to admit that I did nothing but epigraphy.«[43] Damit unterstrich er die Wirkmächtigkeit einer traditionellen Episteme, die unmittelbar an die historistische Altertumswissenschaft des 19. Jahrhunderts anknüpfte, zugleich aber den unpolitischen Charakter ebendieser Altertumswissenschaften betonte und sie gegen die Fährnisse der Zeitläufte, insbesondere ideologische Indoktrination verteidigen zu müssen glaubte. Kaum war die Bedrohung durch Faschismus und Nationalsozialismus ausgestanden, musste mit neuen Gefahren gerechnet werden. Der heraufziehende Kalte Krieg veranlasste Raubitschek, im März 1948 pessimistisch in die Zukunft zu schauen: »Any student of Thucydides must be shocked by the vengeance of historical necessity, Thucydides' work becoming an everlasting curse rather than a possession for all times. Blessed are the blind, but cursed are the seeing! If we shall ever meet again, it will not be in this world.«[44]

BEKENNTNISSE IN EIGENER SACHE

Äußerungen der vertriebenen Altertumswissenschaftler zur Ursache ihres Exils sind, wenn sie denn überhaupt erfolgen, lakonisch. Walther Kranz etwa schrieb an Bruno Snell: »Wie Sie wohl erfahren haben, habe ich Anfang 1944 Berlin mit Istanbul vertauschen und dadurch meine Frau vor der Verfolgung durch die SS-Leute retten können.«[45] Man ging davon aus, dass der Empfänger in Deutschland um das Geschehene wusste; die nationalsozialistische Rassenpolitik und ihre Folgen für die deutschen Juden musste nicht erklärt werden. »Erste Briefe« müssen nicht »zwangsläufig bekenntnishaft« sein. »Vielmehr ist es gerade von großem Interesse, zu sehen, wie viel oder wie wenig die Autoren in diesen Verhandlungen von sich selbst preiszugeben bereit sind.«[46]

Ausführlicher sahen sich die emigrierten Wissenschaftler in der Pflicht des Sich-Erklärens, wenn sie sich entschieden, nicht mehr nach Deutschland zurückzukehren, wie dies ein Brief Victor Ehrenbergs an Bruno Snell vom 21. Juni 1946 zeigt, in dem er es ablehnte, an die Universität Hamburg zu wechseln: »Das bringt mich auf Ihre Anfrage. Ich danke Ihnen herzlich für Ihren guten Willen. Aber ich sehe keine seelische Möglichkeit, jemals für dauernd nach Deutschland zu gehen. Die Erlebnisse der letzten Jahre – vor und während des Krieges – schließen eine solche Möglichkeit aus. Ich hoffe, Sie verstehen mich richtig. Ich habe keinen Hass in mir und viel Mitleid. Aber ich kann mir einfach nicht vorstellen, dass ich jemals wieder deutschen Studenten lehren soll.«[47]

Doch wie verhielt man sich auf deutscher Seite? Wurde hier über Schuld und Sühne, Versagen und Verdrängen gesprochen? Die Mehrzahl schwieg. Die Belasteten nahmen ohnehin keinen Kontakt auf. Auch hier bestätigt die Ausnahme die Regel, wie der Briefwechsel von Wolfgang Schadewaldt mit Eduard Fraenkel zeigt.[48] Schadewaldt hatte am 24. März 1933 abrupt den Kontakt zu seinem Jugendfreund abgebrochen, den er seit seinem Studium in Berlin kannte. Der dreizehn Jahre ältere Fraenkel, damals außerordentlicher Professor an der Friedrich-Wilhelms-Universität, hatte den jungen Nachwuchswissenschaftler nach Kräften gefördert. Gemeinsam hatte man 1930 an der Fachtagung für klassische Altertumswissenschaft in Naumburg teilgenommen, die sich unter Führung Werner Jaegers bemühte, »das Problem des Klassischen und die Antike« zu lösen und die Bedeutung altertumswissenschaftlicher Disziplinen für die Gegenwart zu klären. Der Gräzist Schadewaldt, »ein dezidierter Jünger« Jaegers, referierte über »Begriff und Wesen der antiken Klassik«, während der Latinist Fraenkel »eher in distanzierter Sympathie« verharrte und über »Die klassische Dichtung der Römer« sprach.[49]

Seit 1931 waren Schadewaldt und Fraenkel Kollegen an der Universität Freiburg im Breisgau, wo seit 1928 auch Martin Heidegger als Nachfolger seines Lehrers Edmund Husserl eine neue Philosophie zu begründen suchte.

Der wissenschaftliche Austausch zwischen den beiden Philologen war eng. Werner Jaeger zeigte sich begeistert, dass Schadewaldt und Fraenkel »so fruchtbare und schöne Zeiten durchleben« und »zusammenwirken« würden.[50] Doch dann kam der 30. Januar 1933. Schadewaldt unterstützte Heideggers Wahl zum Rektor der Universität Freiburg.[51] Fraenkel hingegen galt als »Angehöriger der jüdischen Rasse«; es folgte die »Beurlaubung« aus dem badischen Staatsdienst. Bereits im Februar 1933 ereilte ihn ein Lehrverbot. Seine Veranstaltungen übernahm der überzeugte Nationalsozialist Wolfgang Aly. Obwohl sich Schadewaldt und Heidegger offenbar bemühten, Fraenkels Entlassung zu verhindern, wurde der weltberühmte Latinist zum 21. Oktober 1933 vorläufig und zum 1. März 1934 endgültig »in den Ruhestand versetzt«. Schadewaldt schwadronierte am Ende des Sommersemesters 1933 in der Freiburger Studentenzeitung über den »Neuen Deutschen Studenten«, der sich in Arbeits-, Wehr- und Wissensdienst zu bewähren habe, und wurde am 15. Oktober dieses Jahres von Heidegger zum Dekan der Philosophischen Fakultät ernannt. Gewiss war der Gräzist kein fanatischer Nationalsozialist, selbst in die NSDAP trat er – im Gegensatz zu Heidegger – nicht ein. Aber er stellte sich mit seinen Studenten »den Forderungen der neuen Zeit und des neuen Staates«; dieses offensive Bekenntnis zum »Dritten Reich« beinhaltete auch die Absage an die Freundschaft mit Eduard Fraenkel. Eine nichtssagende Postkarte aus Italien war das letzte Schreiben, das er an seinen Freund schickte.

Fraenkel emigrierte im Herbst 1934 nach England. Im Dezember desselben Jahres wurde er zum Corpus Christi Professor of Latin Language and Literature in Oxford gewählt.[52] Aus Berlin gratulierte Eduard Norden »dem lieben Freund« zu dieser »unermesslich großen Ehre«, die noch viel größer sei als ein Ruf auf seinen Lehrstuhl an der Friedrich-Wilhelms-Universität,[53] und Werner Jaeger, der die Nachricht auf einer Vortragsreise in Nordamerika vernommen hatte, bekannte, dass ihn »in diesen bösen Zeiten« weniges so sehr gefreut habe wie Fraenkels Ruf nach Oxford. Ihm selbst, aber auch »der deutschen Wissenschaft« sei damit »eine Anerkennung vor aller Welt zuteil geworden, die weithin Beachtung finden« werde.[54]

Schadewaldt hingegen schwieg. 1934 folgte er einem Ruf an die Universität Leipzig. Dort ernannte ihn 1940 der dortige Rektor Helmut Berve zum Dekan der Philosophischen Fakultät. Ein Jahr darauf wechselte er nach Berlin, wo er auch Mitglied der Akademie wurde. Schadewaldt machte, obwohl er nicht der NSDAP beitrat, im nationalsozialistischen Wissenschaftssystem Karriere, indem er Bekenntnisgesten ablegte und keine Angriffsflächen bot. Angesichts der Vertreibung der jüdischen Kollegen blieb er stumm.

Erst nach dem Ende des Zweiten Weltkrieges, genau: am 17. März 1948, schickte Schadewaldt folgenden Brief nach Oxford, um Fraenkel zu seinem 60. Geburtstag zu gratulieren:[55]

Eduard Fraenkel zum sechzigsten Geburtstag.

An diesem Tage, dessen Bedeutung ich empfinde, will ich der Regung folgen und trotz allem, was sich wie ein Berg zwischen uns erhoben hat, ein Wort ins Ungewisse hinübersenden. Ich tue es nicht, um wieder anzuknüpfen. Ich weiß zu gut, dass den Berg auch Allvater Zeit so bald nicht abträgt. Ich schreibe, wenn ich jetzt schreibe, nicht um heut und morgen, sondern (wie man sagt) um Lebens und Sterbens willen.

Ich habe in den Jahren bis zum Fall Berlins vielfach unmittelbar vor dem Tod gestanden. Und es war kein Zufall, wenn wir in solchen Lagen, aus denen ich mich nur wie durch Wunder gerettet fand, auch immer wieder Dein Bild heraufstieg. Es war begleitet von dem schmerzlichen Bewusstsein, dass es doch einmal eine unschuldige Zeit gab, wo wir viel Gutes miteinander hatten, Du dem noch unerschlossenen Jungen viel Gutes antatest und er mehr an Dir hing, als er damals und später zu erkennen geben konnte. Dass dieses alles im Zusammenhang mit der großen Schuld in Fremdheit und Bitternis unterging, gehört zu dem Leidvollsten, was ich seitdem an Leidvollem im Leben erlitten habe, und es verlässt mich nicht. – Es ist etwas in Dir, das ein großer Schatz ist; die âme passionnée will ich es tastend nennen. Aus ihrer prachtvollen Unmittelbarkeit sind Dir die schönsten Dinge entstanden, seltene Wirkungen des Geistes und Gemüts, aber natürlich auch viele Schmerzen. Mit ihr hast Du mich mächtig angezogen, mir viel erschlossen und mich auch nicht losgelassen, nachdem ich Dir damals einmal die letzte Güte schuldig blieb. Zu meinem Wohl und Weh lebst Du in meinem Leben weiter als Teil meines Schicksals, den ich nicht von mir werfe, der wie ein Glied, das man verlor und das nicht mehr nachwächst, immer weiter durch sein Fehlen schmerzlich von sich Zeugnis gibt.

Nun stehen wir heute wieder im Ungewissen und sehen nicht, was vor uns liegt. Dass das hier Gesagte für den Fall der Fälle nicht ungesagt bleibe, dass Du es weißt, nicht mehr, ist das große Bedürfnis, aus dem ich schreibe.

Nach alten urtümlichen Vorstellungen haben Wünsche eine Art unzerstörbaren Charakter und wirken unabhängig davon, wo sie herkommen und von wem sie ausgehen. In diesem Sinne schließe ich meine Wünsche zum Tage heute an. Sie gelten dem jahrelangen Werk, das Du nun abrechnest und wodurch Du die bedeutende gelehrte Leistung Deines

Lebens zum Nutzen für uns alle gewaltig förderst. Sie gelten der Arbeit, die Du an so wichtiger Stelle leistest. Sie gelten Deiner Frau und Deinem Leben.

Wolfgang Schadewaldt

Das unpersönliche Eingeständnis persönlicher Schuld, die aufdringliche Larmoyanz, die rhetorische Formelhaftigkeit und die fehlende Selbstreflexivität sind durchaus zeittypisch. Obwohl Schadewaldt hier das »Zerbrechen« einer »einst tiefen Freundschaft« wortreich beklagte,[56] verweigerte er sich der Einsicht in die eigene Verantwortung für das geschehene Unrecht. Fraenkel dankte am 31. März für den Brief und schwieg künftig.

Doch solche apologetischen Bekenntnisse zum eigenen Verhalten in der Zeit des »Dritten Reiches« konnten in einer noch deutlicheren Schönfärberei gipfeln, wie ein Brief von Viktor Pöschl an Werner Jaeger zeigt.[57] Der berühmte Gräzist war wegen seiner jüdischen Ehefrau 1936 in die USA emigriert, wo er zunächst an der University of Chicago und seit 1939 an der Harvard University lehrte.[58] Viktor Pöschl, der Mitglied der NSDAP war und der SS angehörte, war nach seiner Habilitation in Heidelberg 1939 zunächst Privatdozent in München und dann an der deutschen Karls-Universität in Prag tätig.[59] Pöschl wurde gegen Ende des Krieges als planmäßiger Extraordinarius für Wien in Vorschlag gebracht, doch kam es nicht mehr zur Ernennung. Am 23. Dezember 1945 schrieb er von einem Bauernhof im »Salzburgischen«, auf den er sich mit seinen Eltern zurückgezogen hatte, an Werner Jaeger. Jetzt betonte der ehemalige SS-Mann, er sei als »Nazigegner« bekannt gewesen, und bemühte zur Selbstimmunisierung die Erinnerung an die Zeit vor der »Machtergreifung« der Nationalsozialisten: »Es sind am heutigen Tag, glaube ich, genau 15 Jahre her, als ich bei der unvergesslichen Berliner Weihnachtsfeier zu Ihrer Linken saß und Wilamowitz seine letzte Weihnachtsansprache hielt.«

Ausführlich legte Pöschl Zeugnis ab von seiner aktuellen Situation und seinen Erlebnissen im Krieg. Die Restitution des Postverkehrs in Österreich gebe ihm die erwünschte Gelegenheit, Jaeger nach langen Jahren des Schweigens ein Lebenszeichen zukommen zu lassen. »Über die weltgeschichtliche Bilanz kann der Gedanke nicht trösten, dass man es kommen sah (wenn auch eine Nuance weniger krass). Die 1933–45 progressiv zunehmende Borniertheit des deutschen Volkes, insbesondere seiner Intelligenz, war selbst für den Kenner der deutschen Begabungs- und Schicksalsgrenzen eine gewisse Überraschung. Meine persönliche Bilanz ist insofern nicht ungünstig, als ich noch lebe, sonst aber, beinahe möchte man sagen, die hier in Europa übliche. Die schöne elterliche Wohnung am Rhein mit meinem Steinwayflügel, den meisten Büchern und Noten, Aufzeichnungen und Kollegheften, fast allen Photographien meiner Reisen und vielen Kunstgegenständen aus Griechenland, ist im September 1943 ausgebrannt.«

Dann kam Pöschl auf den eigentlichen Anlass seines Schreibens zu sprechen: Er bemühe sich um eine Dozentur in Graz. »Ich wäre Ihnen in diesem Zusammenhang zu größtem Dank verpflichtet, wenn Sie mir ein Zeugnis, besonders über meine politische Einstellung, die Ihnen ja wohlbekannt war, hierher zu übersenden die Güte hätten. Ein solcher Nachweis von so autoritativer Seite wäre für mich von großem Wert, umso mehr, als fast alle meine näheren Bekannten und Freunde im Reich wohnen und ich mit ihnen bei der völligen Postsperre nicht in Verbindung treten kann.«

Ob Jaeger der Bitte entsprach, entzieht sich zumindest meiner Kenntnis. Pöschl indes konnte sich 1948 in Graz erneut habilitieren und erhielt 1950 einen Ruf auf eine ordentliche Professur für Klassische Philologie an der Universität Heidelberg.

Schadewaldt und Pöschl verhielten sich wie die meisten Deutschen, die zwischen vielen Mitläufern und wenigen Schuldigen differenzierten, persönliche Amnesien durch öffentliche Amnestien sanktionierten und die Aufarbeitung der Vergangenheit zunächst vertagten. Man hielt »an der entlastenden Metapher des schuldlosen Neuanfangs« fest, »die zur wichtigsten Denkfigur« im Nachkriegsdeutschland und in Österreich werden sollte.[60]

Der Neuanfang

Wolfgang Schadewaldt und Victor Pöschl stehen wie Helmut Berve und Fritz Schachermeyr stellvertretend für diejenigen Altertumswissenschaftler, mit denen vielen Emigranten ein Neuanfang nicht möglich schien. Schon am 5. Dezember 1945 hatte Victor Ehrenberg – noch auf Englisch – Snell wissen lassen: »Many former friends and colleagues have disappeared. But I know very little about those in Germany, and I wish you would give me some news about various people. You will know which of your colleagues are of particular interest to me – I do not mean only the former Rector of Leipzig«, also Helmut Berve.[61] Und am 16. August 1946 klagte er: »Und die Saat der Nazis trägt immer noch Früchte, oft dort, wo man es am wenigstens erwarten sollte.«[62]

Es gab, pointiert formuliert, wissenschaftliche Spruchkammerverfahren auf internationalem Parkett. Die vertriebenen Altertumswissenschaftler identifizierten die Täter und Kollaborateure des Unrechtsstaates. Ihnen wurden die Nichtbelasteten gegenübergestellt. Am 17. Juni 1947 schrieb Toni Raubitschek nach Berlin an Günther Klaffenbach: »It would be embarrassing to you if I told you just how much your letter of May 13, 1947, meant to me. It was like a message out of another world the complete destruction of which I had taken for granted. I know there are still Nazis in this world (and not only Germans, to be sure), and I also know that there are communists and their foes and enemies. But I did not realize that there were still decent people alive, and especially in Europe. I have heard from former Nazis and from their former enemies, and all the statements are full of venom. Here comes your letter, and there is the flavor of what I like to call true liberalism. Let me express to you both my affection and my admiration.«[63]

Die Altertumswissenschaftler, die in Deutschland geblieben waren und sich nicht kompromittiert hatten, wussten, dass es nicht genügte, allein auf die eigene Integrität zu hoffen. Bedingungen mussten ausgehandelt werden, mit deren Hilfe der Kontakt zu den vertriebenen Kollegen wiederaufgenommen oder ihnen die Rückkehr ermöglicht werden konnte. David Kettler hat in diesem Zusammenhang dargelegt, dass die »Ersten Briefe« als Eröffnungszüge eines Aushandelns von Kommunikation unter ungewissen Bedingungen verstanden werden müssen. Sie enthalten deshalb vorläufige Verhandlungsregeln. »Die Pointe solcher komplexer Unterhandlungen« liegt nun gerade darin, dass »die Verhandlungen über die Fragen, die offen ›auf dem Tisch‹ ausgebreitet werden, oft zugleich einen Prozess der Meta-Verhandlungen darüber einschließen, welche Fragen als verhandelbar gelten und welche nicht.«[64]

In den kommunikativen Räumen der Briefe hatten die Traumatisierungen durch Flucht und Vertreibung auf der einen, durch Krieg und Elend auf der anderen Seite ihren festen Platz. Den Hinweisen auf die Ermordeten des Holocaust begegneten die deutschen Kollegen entweder mit Schweigen oder mit einer eigenen Verlustbilanz. Verbindende Elemente waren persönliche Freundschaft, die tatsächliche oder supponierte Aufrichtigkeit des in Deutschland gebliebenen Gesprächspartners, das gemeinsame Engagement für den an humanistischen Idealen orientierten Wiederaufbau und damit die Gewissheit der Resilienz der deutschen Wissenschafts- und Kulturtradition. Davon unabhängig war die Frage der Rückkehr zu behandeln.

Die Gespräche, die die vertriebenen deutschen – und deutschsprachigen – Wissenschaftler mit ihren früheren Kollegen, die in Deutschland geblieben waren, führten, widersprechen der Vermutung, dass das Exil eine paradoxe Erfolgsgeschichte gewesen sei, da der globale Wissens- und Kulturtransfer antizipiert und wissenschaftlicher ebenso wie intellektueller Fortschritt garantiert worden seien.

Eine solche Perspektive ignoriert unzulässiger Weise die Tatsache, dass das Exil für den Einzelnen fast durchweg mit Scheitern und Verlust, mit Brüchen und Ängsten verknüpft war.[65] Selbst Fraenkel, der rasch in Oxford Fuß gefasst hatte, sprach offen über »Zeiten schwerer Sorge« während des Zweiten Weltkrieges, die er durchgemacht habe, »als es so schien, als sollten Hitler und seine Rotte über die ganze Erde triumphieren«.[66] Kurt von Fritz gestand im April 1947 in einem Brief an Bruno Snell, die Zeit nach seiner Ankunft in den Vereinigten Staaten sei »voller Mühen und Schwierigkeiten« gewesen, und seiner Frau gehe es nicht gut, da sie »gar niemand« habe, »an den sie sich anschließen könne«.[67] Ein Jahr später schrieb Walther Kranz, der zusammen mit seiner jüdischen Ehefrau verfolgt worden und 1943 nach Istanbul emigriert war,[68] an Bruno Snell, er sei »immer voll großer Sorge« um die Kollegen und Freunde im »Vaterlande«; »aber auch wir hier sind ja sehr bedroht, und unsere Existenz als europäische Gelehrte ist bei einer Änderung der politischen Lage aus. Sicherheit gibt es in Europa nicht mehr für einen Humanisten.«[69]

Die entscheidende Grundlage für die erfolgreiche Überbrückung des furchtbaren Abgrundes, von dem nicht nur Victor Ehrenberg sprach,[70] war der Verweis auf eine unpolitisch verstandene, traditionelle Altertumswissenschaft, die vor allem die großen Sammlungen und Corpora weiterführen oder wiederbeleben wollte. Der Rekurs auf diese Altertumswissenschaft erlaubte nach Krieg und Holocaust einen Neuanfang, der Vertriebene und Zurückgebliebene verband und als internationales Projekt verstanden wurde. Die historischen Traumata und die neuen Gefahren sollte in den Altertumswissenschaften wie in anderen Fächern das Konzept eines paneuropäischen Humanismus zu überwinden helfen, den zahlreiche der hier genannten Briefschreiber in unterschiedlicher Weise beschworen. Die vertriebenen und die nicht vertriebenen Altertumswissenschaftler wollten den politischen Spannungen nach dem Ende des Zweiten Weltkrieges, die im Zuge der Herausbildung einer bipolaren Ordnung Ost und West voneinander trennten, das offensive Bekenntnis zum Abendland und seinen traditionellen Werten entgegensetzen. Vertriebene und zurückgebliebene Altertumswissenschaftler fanden in einem Konservatismus zusammen, der sowohl ihre Wissenschaft wie das politisch-gesellschaftliche Leben betraf und von dem keine Impulse ausgingen, neue epistemische Modelle zu rezipieren. Die Wissenschaftler, die aus Deutschland hatten fliehen müssen, empfingen und gaben neue Anregungen für ihre jeweiligen Disziplinen durch den Austausch mit den Kollegen an ihren neuen Wirkstätten. Mit den in Deutschland Zurückgebliebenen knüpften sie an das wissenschaftliche Gespräch an, das irgendwann nach 1933 abgerissen war. Die humanistischen »Kulturbeschwörungen« waren hier ebenso wie das Postulat strenger Wissenschaftlichkeit sicher ein »Vermeidungsdiskurs«,[71] der aber notwendig war, um die Gegenwart mit der Vergangenheit, die Zeit des Neuanfangs mit der Erfahrung der Vertreibung zu korrelieren.

In diesen Briefen wurde folglich über Zeit verhandelt. Personale Einheit wurde in den »Ersten Briefen« durch die epistolographische Konstruktion von Temporalität hergestellt, indem der zeitliche Raum, der Sender und Empfänger verband, in gestern und heute geschieden wurde. Gegenwart und Vergangenheit wurden miteinander verwoben; und die Exilierten erlebten in diesen Briefen nochmals ihre Vertreibung, wie die in der Heimat Gebliebenen die Erfahrung des Krieges wiederholten. Wechselseitig verwies man auf erlebtes Unglück, das dadurch jedoch nicht relativiert wurde, sondern vielmehr die Grundlage des Neuanfangs bildete. Die Briefe mussten zugleich den Bruch thematisieren, um das Gespräch neu führen zu können. Gestern war Krieg und Verfolgung, und bisweilen wurde hier auch an das Vorgestern der gemeinsamen Arbeit vor 1933 erinnert. Das Heute stand für die Neubegründung des Kontaktes. Erst wenn diese Epochenzugehörigkeit wechselseitig eindeutig definiert war, konnte über das Morgen nachgedacht werden; in der Zukunft lag der gemeinsame Auf- und Ausbau der erneuerten Freundschaft und der erneuerten Wissenschaft – oder eben das endgültige Schweigen. Wissenschaftliche Gemeinschaft wurde dabei zugleich durch Exklusion hergestellt, indem die, welche sich dem nationalsozialistischen System angedient hatten, ausgegrenzt wurden; neues Vertrauen wurde nur den alten Freunden entgegengebracht, die sich in der Wahrnehmung der Vertriebenen nichts hatten zuschulden kommen lassen, die – in der Sprache der Zeit – »anständig« geblieben waren. Deshalb reflektierten die brieflichen Gespräche den Trennungsvorgang, der sich räumlich bereits vor langer Zeit vollzogen hatte, der nun aber intellektuell bewältigt werden musste: im positiven oder im negativen Sinne, d. h. durch Fortsetzung des Kontaktes oder durch den definitiven Abbruch. In den »Ersten Briefen« wird sehr wohl deutlich, dass aus Sicht der vertriebenen Wissenschaftler eine Kollektivamnestie undenkbar war.

16. EIN NEUSTART: DIE MOMMSENGESELLSCHAFT*

»In 1949 I returned for the first time to Germany. I had been invited to lecture at the first post-war classical conference in Georg Picht's school in Hinterzarten in the Black Forest, a pleasant setting for what as a whole proved to be a pleasant occasion.« So beschrieb der deutsche Emigrant Victor Ehrenberg in seinen unveröffentlichten Erinnerungen die Anfänge der Mommsen-Gesellschaft, des Verbandes von Forscherinnen und Forschern auf dem Gebiet des griechisch-römischen Altertums.[1] Auch wenn er sich gegen eine Rückkehr nach Deutschland entschlossen hatte, kam er 1949 nach Hinterzarten, um an der ersten größeren Zusammenkunft deutscher Altertumswissenschaftler nach dem Zweiten Weltkrieg teilzunehmen. Er fuhr fort: »I met again old friends and semi-friends, and my willingness to build bridges over the terrible abyss of the last decade was much appreciated.« Joseph Vogt und Fritz Taeger seien da gewesen, auch Matthias Gelzer und andere. »My general impressions, also later in other places, were more or less what one would expect. No revival of Nazism seemed possible, but there was comparatively little feeling of guilt.« Unter den jungen Teilnehmern »there was no political interest whatever, least of all among the students who, I was told, were only interested in their professional future.«

WIDER DIE ALTEN NAZIS: DAS »LUSTRUM« VON HINTERZARTEN

Das Treffen in Hinterzarten vom 29. August bis 2. September 1949, sollte, so könnte man pointiert formulieren, der internationalen Fachöffentlichkeit kommunizieren, dass die deutschen Forscher eigenverantwortlich und erfolgreich ein *lustrum*, einen Reinigungsprozess vollzogen hatten.[2] Eine entscheidende Rolle spielte Bruno Snell, dessen wissenschaftliche und moralische Autorität unangefochten war; er war nach 1933 zu den nationalsozialistischen Machthabern auf Distanz gegangen. Dem Hamburger Klassischen Philologen gelang es, nicht mit zensorischer Strenge, sondern mit diplomatischem Geschick diejenigen Kollegen zu marginalisieren, die sich im »Dritten Reich« eindeutig kompromittiert hatten. Damit verbunden waren neue Hierarchien innerhalb der einzelnen Fächer, die dem internationalen Publikum ebenfalls mitgeteilt wurden. Eine inhaltliche Auseinandersetzung mit der Verstrickung der Altertumswissenschaften in das nationalsozialistische Unrechtssystem fand allerdings nicht statt; man personalisierte das wissenschaftliche, politische und intellektuelle Versagen in der Zeit zwischen 1933 und 1945. Dadurch beraubte man sich der Möglichkeit, den strukturellen und epistemischen Ursachen nachzuspüren, die einzelne Wissenschaftler veranlasst hatten, auf ihrer Suche nach einem neuen Bild der Antike faschistische und nationalsozialistische Ideologeme zu rezipieren. Aber warum sollten sich die bürgerlichen Altertumswissenschaftler anders verhalten als die Mehrheit der deutschen Gesellschaft?[3] Wissenschaftlich wollte eine nach zwölf Jahren nationalsozialistischer Herrschaft verunsicherte Zunft mehrheitlich zunächst zurück zu Methoden und Themen des historistischen Zeitalters, die viele in den 1920er Jahren scharf abgelehnt hatten. Die »bloß fachgelehrte Historie«, deren »Gedankenlosigkeit und Unfruchtbarkeit« mehr als 25 Jahre zuvor Ernst Troeltsch kritisiert hatte,[4] galt jetzt als objektiv und politisch unverdächtig. Gefragt waren Edition und Kommentar, Sammlung und Dokumentation. Gebannt lauschten die Teilnehmer in Hinterzarten den Ausführungen über die Arbeitsvorhaben der Berliner Akademie der Wissenschaften, die deren Mitglieder, der Berliner Gräzist Wolfgang Schadewaldt und sein Jenaer Kollege Friedrich Zucker, vortrugen.[5] Weltanschauliche Experimente waren suspekt. Der Blick richtete sich auf Europa, die ideologische Basis bildete ein strapazierfähiger Humanismusbegriff, der Ost und West integrierte und Wissenschaft und Gymnasium zusammenführte.

Der Kongress von 1949 kam auf Initiative von Bruno Snell zustande. »Die Einladungen wurden, dem rein privaten Charakter der Tagung gemäß, auch rein privat ausgesprochen.«[6] Dennoch wurde ein vorbereitender Ausschuss eingerichtet,[7] dem der Frankfurter Althistoriker Matthias Gelzer (* 1886), der Freiburger Archäologe Walter-Herwig Schuchhardt (* 1900) sowie die Philologen Kurt Latte aus Göttingen (* 1891) und Bruno Snell (* 1896) aus Hamburg angehörten. Vor allem die beiden letztgenannten Gelehrten arbeiteten Hand in Hand. Snell hatte im »Dritten Reich« seinem Göttinger Kollegen Latte geholfen, der als Jude 1935 zwangsemeritiert worden war und sich hatte verstecken müssen, um überleben zu können. Latte wirkte seit Oktober 1945 wieder in Göttingen: Er vertrat von Oktober 1945 bis Oktober 1946 zunächst den durch die Suspendierung von Hans Drexler freigewordenen Lehrstuhl, dann erhielt er den Ruf auf das Ordinariat.[8]

Die Tagesordnung zeigt, dass hier die klassischen Altertumswissenschaften repräsentiert waren, die das griechisch-römische Erbe fokussierten: die Klassische Philologie, die Alte Geschichte und die Klassische Archäologie. Universalhistorische Konzepte, die etwa die Vorgeschichte oder die Geschichte des Alten Orients integrierten, wurden nicht verfolgt, wiewohl einzelne Fachvertreter der Prähistorie und der Altorientalistik im Publikum saßen. Mit Hans L. Stoltenberg (*1888) aus Gießen war ein Soziologe vertreten, der wichtige Beiträge zur Etruskologie vorgelegt hatte. Das Wort führten indes die Angehörigen der zwischen 1890 und 1900 geborenen Ordinariengeneration, die noch im Kaiserreich aufgewachsen und durch die Erfahrung des Ersten Weltkrieges geprägt worden waren. Mit Uvo Hölscher (*1914) und Ernst Zinn (*1910) kamen am dritten Tag immerhin zwei Vertreter der Nachwuchsgeneration zu Wort, die beide damals in Hamburg tätig waren und offenkundig ihren Auftritt Snells Protektion verdankten. Latte hatte Snell in einem Brief ermuntert: »Für Hinterzarten würde ich an Ihrer Stelle die Jugend auffordern – über die sich ein Urteil zu bilden, ist ja immer noch nicht unwichtig.«[9] Auch unter den Teilnehmern waren mehrere Nachwuchswissenschaftler vertreten, so etwa die Althistoriker Hermann Strasburger und Herbert Nesselhauf.

Bruno Snell gelang es, für dieses Treffen Repräsentanten der Altertumswissenschaften aus beiden deutschen Staaten einzuladen. Die Gründung der Bundesrepublik war am 23. Mai 1949 bereits vollzogen worden, die der Deutschen Demokratischen Republik stand am 7. Oktober 1949 unmittelbar bevor.[10] Viele konnten sich zum ersten Mal einen Überblick verschaffen, welche Projekte weiterverfolgt wurden, welche stagnierten oder gar in Gefahr waren und welche neu in Angriff genommen werden sollten. Endlich erfuhr man persönlich, wie es um die Altertumswissenschaften an den einzelnen Universitäten stand und wie die Lage der Alten Sprachen an den Gymnasien war. Wie groß das Bedürfnis war, sich nach dem Krieg zu treffen und auszutauschen, zeigt allein schon die Tatsache, dass über 80 Teilnehmer nach Hinterzarten kamen. Wissenschaftliche Vorträge machten aus der Tagung mehr als nur eine Informationsveranstaltung. Die Verlage zeigten Präsenz. Teubner Ost und Teubner West waren vertreten. Die Schweiz entsandte eine größere Delegation, darunter Walter Rüegg, der für die NZZ einen Tagungsbericht verfasste.[11] Aus Utrecht kam der Klassische Philologe Hendrik Wagenvoort, aus Paris die *Secrétaire générale adjointe* der *Fédération Internationale des associations d'Études Classiques* (FIEC) Juliette Ernst.[12] Sie hatte bereits Anfang 1949 Bruno Snell über die Situation der deutschen Altertumswissenschaften befragt[13] und berichtete in Hinterzarten als Mitarbeiterin des französischen Latinisten Jules Marouzeau über die »Année philologique«, das bibliographische Konkurrenzunternehmen zu »Bursians Jahrbüchern«; als Vizesekretärin der FIEC forderte sie die deutschen Wissenschaftler auf, im nächsten Jahr nach Paris zu kommen. Die Verbindung nach England stellte Victor Ehrenberg her, die nach Nordamerika Kurt von Fritz, der aus Columbia angereist war.

Die Frage, wie eine offizielle Vertretung der deutschen Forschung auf der Pariser Konferenz aussehen könne, wurde intensiv diskutiert und die Gründung einer »Gesellschaft zur Erforschung des klassischen Altertums« eingeleitet. Deren Satzung wollte man auf der nächsten Zusammenkunft zu Pfingsten 1950 beschließen, die entweder in der ostdeutschen Kleinstadt Ilsenburg im Harz oder – »bei politisch ungünstiger Lage« – in der westdeutschen Universitätsstadt Marburg abgehalten werden sollte. Des Weiteren wurden verschiedene Ausschüsse eingerichtet, die sich unter anderen um die Koordinierung der Editionsunternehmen, um Schulfragen und die »wissenschaftliche Betreuung der Studienräte« zu kümmern hatten. Zudem war die Gründung einer Gesellschaft der Freunde der antiken Kultur intendiert, die im Anschluss an Werner Jaegers Konzeptionen humanistische Ideen »in allen Volksschichten« verankern sollte.[14] Damit war über die Institutionalisierung und Internationalisierung der deutschen Altertumswissenschaften hinaus der Aufgabenkreis abgesteckt, der die Gesellschaft in der Folge beschäftigen sollte.

Die Präsenz von Victor Ehrenberg und Kurt von Fritz entsandte ein Signal an die zahlreichen Emigranten. Sie erhielten nach Jahren der Ausgrenzung und Verfolgung wenn nicht explizit, so doch implizit Sitz und Stimme in der deutschen Forschung. Bruno Snell wusste um die symbolische Bedeutung ihrer Anwesenheit. Er hatte gleich nach Kriegsende die Verbindung wiederhergestellt, Briefe geschrieben und ihr Kommen bewirkt. Ehrenberg und von Fritz waren gesprächsbereit und versöhnungswillig, und sie boten bereitwillig ihre Hilfe an, Brücken in die angelsächsische Welt zu schlagen. Aber sie grenzten sich auch ab, insbesondere Ehrenberg, der aus rassischen Gründen verfolgt worden war und dessen Familie Opfer des Holocaust zu beklagen hatte. Am 5. Juni 1949 fragte er Snell: »Werden Leute wie Berve in Hinterzarten sein?«[15] Snell verstand. Helmut Berve, der unter den Althistorikern an vorderster Front die Nazifizierung des Faches betrieben und zudem gegen Ehrenbergs Forschungen zu Sparta polemisiert hatte, war *persona non grata*. Bruno Snell wusste, auch durch seinen Kontakt mit Kurt Latte, dass »Leute wie Berve« so weit wie möglich von der neuen Gesellschaft ferngehalten werden mussten, wollte man international wieder Fuß fassen. Berve meldete sich zur Tagung an, aber er kam nicht. In der Mommsengesellschaft spielte er auch künftig keine Rolle.

Nachsicht übte Ehrenberg mit Joseph Vogt, der politisch auch kompromittiert war, mit dem er aber wissenschaftlich nicht die Klingen gekreuzt hatte. Beide setzten ihre auf die gemeinsame Studienzeit zurückgehende Freundschaft fort. Ehrenberg war von Vogts Integrität überzeugt. Andere waren es nicht. Walter Rüegg bemerkte in seinem insgesamt positiven Artikel, dass es bedenklich stimme, dass in Hinterzarten »Gelehrte, die unter den Nazis zu besonderen Konzessionen bereit waren, als ›entnazifiziert‹ wieder das große Wort führten«. Namentlich nannte er Fritz Taeger und Joseph Vogt.[16] Die publizistische Breitseite zeigte Wirkung: Vogt, der in den ersten »provisorischen« Vorstand der Gesellschaft gewählt worden war, musste weichen.[17] Seine Absicht, als deutscher Vertreter zur FIEC-Tagung nach Paris zu fahren, konnte er ebenfalls nicht verwirklichen.[18] Auch die Namen anderer NS-affiner Altertumswissenschaftler fehlten unter den gut 80 Teilnehmern: so die von Hans Drexler und Franz Dirlmeier. Der ebenfalls politisch belastete Rudolf Till war allerdings anwesend: Er unterrichtete damals auf dem Birklehof.[19] Es fehlten aber die ehemaligen Freiburger Philologen Wolfgang Aly, Hans Bogner und Hans Oppermann.[20] Aly, seit 1931 Mitglied der NSDAP und damit im »Dritten Reich«, um Jürgen Malitz zu zitieren, »der dienstälteste Parteigenosse des Lehrkörpers der Universität«, war nicht nur ein begeisterter Rassekundler, sondern auch ein gefürchteter Denunziant und Intrigant, der nach 1945 zu den wenigen gehörte, denen eine weitere Arbeit an der Universität Freiburg dauerhaft verwehrt blieb. Die Mommsen-Gesellschaft wollte ihn auch nicht in ihren Reihen sehen. Zu seinem mit erheblicher querulatorischer Energie geführten Kampf um »Rehabilitierung« gehörte in der ersten Hälfte der 1950er Jahre auch sein – letztlich erfolgreicher – Versuch, seine Aufnahme in die Gesellschaft durchzusetzen.[21]

Das Treffen in Hinterzarten war durch Snells Privatinitiative zustande gekommen. In den folgenden Jahren blieb er seiner Linie treu. Die Zusammensetzung des Vorstandes in der Anfangszeit der Mommsen-Gesellschaft verdeutlicht, dass er nicht nur auf einen gewissen fachlichen Proporz und die ostdeutsche Repräsentation der ›klassischen‹ Altertumswissenschaften achtete, sondern nur solche Altertumswissenschaftler mit Leitungs- und Repräsentationsfunktionen betraute, die als politisch nicht belastet galten.

Der vorbereitende Ausschuss für das Treffen von 1950 bestand zunächst aus dem Philologen Snell, dem Tübinger Indogermanisten Hans Krahe (* 1898), dem Marburger Archäologen Friedrich Matz (* 1890) und dem Tübinger Althistoriker Joseph Vogt (* 1895). Krahe und Vogt traten zurück.[22] Die Personaldecke war dünn, und bei den potentiellen Kandidaten für den Vorstand gab es individuelle Befürchtungen und Vorbehalte. Latte etwa wollte sich nicht »durch die Angst eines Haufens von Ex-Nazis wählen« lassen.[23] Auf der Versammlung im Jahr 1950, die weder in Ilsenburg noch in Marburg, sondern in Jena stattfand, wählten die Versammelten den Archäologen Friedrich Matz und die Philologen Bruno Hermann Kleinknecht aus Rostock (* 1907), Kurt Latte aus Göttingen, Bruno Snell aus Hamburg und Friedrich Zucker aus Jena (* 1881) in den Vorstand. 1952 in Marburg kam der Kieler Althistoriker Alfred Heuß hinzu (* 1909). Mit Kleinknecht und Heuß war auch »die jüngere Generation« im Leitungsgremium vertreten.[24]

Man kann den Befund dialektisch interpretieren: Für die erfolgreiche internationale Reintegration der Altertumswissenschaften nach dem Zweiten Weltkrieg wurde einerseits die demonstrative Exklusion einiger weniger Belasteter aus der Organisation betrieben, die andererseits aber die Wiederaufnahme der vermeintlich oder tatsächlich weniger Belasteten in die nationale und internationale Gemeinschaft der Forschenden ermöglichte. Kurt Latte wollte jedenfalls nicht nach Hinterzarten kommen. Ihn schreckten die Reisekosten, vor allem aber hatte er »wenig Lust«, »allerlei Hände zu drücken, die mir dort entgegengestreckt werden«.[25] In der Satzung der Gesellschaft fand Snell ein probates Mittel, politisch belastete Kollegen auszuschließen: Mitglied werden konnten nur »Dozenten der Altertumswissenschaften an den Universitäten« und »wissenschaftliche Beamte«, hier vor allem »die wissenschaftlichen Mitarbeiter an Akademien, Instituten, Museen und Bibliotheken«.[26] Die Gesellschaft exkludierte damit alle die wissenschaftlichen Beamten und Universitätsprofessoren, die im Entnazifizierungsverfahren wegen ihrer Betätigung im NS-System aus dem Beamtenverhältnis entfernt worden waren. Der Verband konnte formaljuristisch argumentieren, und tat dies auch, wie das Beispiel Wolfgang Alys zeigt, musste allerdings sich rasch dem Problem der sog. »131er« stellen, d.h. derjenigen entlassenen Beamten, die nach § 131 Grundgesetz wieder verbeamtet werden konnten, weil sie weder zu den »Hauptschuldigen« noch den »Belasteten« zählten.[27]

Die internationale Rehabilitation der deutschen Altertumswissenschaften war nicht zuletzt notwendig, um auch die finanzielle Unterstützung der notleidenden Unternehmen und Zeitschriften zu sichern. Bruno Snell selbst war für den traditionsreichen »Philologus« sowie die unmittelbar vor dem Ende des Zweiten Weltkrieges gegründete Zeitschrift »Antike und Abendland. Beiträge zum Verständnis der Griechen und Römer und ihres Nachlebens« verantwortlich. Aus seiner Korrespondenz mit Juliette Ernst war ihm bekannt, dass sich ausländische Wissenschaftler für die deutschen Editionsvorhaben und Publikationsorgane interessierten und dass über internationale Organisationen wie die UNESCO Mittel eingeworben werden konnten.[28] Den altertumswissenschaftlichen Projekten musste auch eine materielle Perspektive eröffnet werden. Georg Picht, der das Internat und die Schule in Hinterzarten leitete, wusste, worum es ging: Das »Monopol der wissenschaftlichen Schwerarbeit« sollte für Deutschland gesichert werden: »Mögen die Extragratifikationen nicht ausbleiben.«[29]

Bleiben wir noch einem Moment in Hinterzarten: Hier fanden sich konservative bürgerliche Wissenschaftler zusammen, die im »Dritten Reich« mehrheitlich weder verfolgt worden waren noch Widerstand geleistet hatten, sondern vielmehr Bekenntnisgesten und Loyalitätsleistungen abgelegt hatten, um ihre Karriere nicht zu gefährden oder als Nachwuchswissenschaftler voranzutreiben. Bruno Snell übernahm ihre Führung: Er war wissenschaftlich geachtet und politisch unbelastet. So konnten die in Hinterzarten versammelten deutschen Forscher sich mit Hilfe ausländischer Gäste und deutscher Emigranten anschicken, personell und institutionell die deutschen Altertumswissenschaften zu repräsentieren. Ihr Blick richtete sich nach vorne.

Von Jena nach Giessen und Speyer: Deutsch-deutsche Verwicklungen

Die Gründung der Mommsen-Gesellschaft fand am 1. Juni 1950 in Jena statt, im Rahmen einer »internationalen Fachtagung für Altertumswissenschaft«. Friedrich Zucker, der von 1945 bis 1948 Rektor der dortigen Universität gewesen, dann aber von der Sowjetischen Militäradministration abgesetzt worden war, hatte die Versammlung nach Thüringen geholt. Offenbar war Ilsenburg doch zu abgelegen, und Unterkünfte gab es auch in der Universitätsstadt Jena. Zucker war für Bruno Snell der entscheidende Ansprechpartner im Osten. Beide hatten bereits 1946 an den Marburger Hochschulgesprächen teilgenommen, in denen durch die Initiative der amerikanischen Besatzungsbehörde über die Zukunft der deutschen Hochschulen beraten wurde.[30] Die richtungweisende Abschlusserklärung bekannte sich zur Wissenschafts- und Lehrfreiheit, die auch in den Länderverfassungen verankert werden sollte, und mahnte die Reform und Vereinheitlichung des Schulwesens an.

Nach Jena waren etwa 45 Teilnehmer gekommen, darunter 33 aus der Deutschen Demokratischen Republik.[31] Viele Westdeutsche hatten offenbar die beschwerliche Reise in die »Ostzone« gescheut. Zudem vermerkt das Protokoll, es habe Terminkollisionen gegeben. Bei der Gründungsversammlung am 1. Juni waren gar nur 33 stimmberechtigte Mitglieder anwesend.[32] Eine überschaubare Zahl von Altertumswissenschaftlern gründete im Kleinen Saal des Abbeschen Volkshauses den »Verband der Forscher auf dem Gebiet des griechisch-römischen Altertums«, wählte den Vorstand, beriet über die Delegation für die FIEC-Tagung in Paris und verabschiedete vor allem eine Satzung. Über die Aufnahme in den

Verband entschied der Vorstand, in Zweifelsfällen die Mitgliederversammlung. Der Mitgliedsbeitrag wurde auf fünf Mark festgesetzt, zu entrichten in West- oder Ostwährung. Ausführlich diskutierte man über den Namen des Verbandes. Sollte er Mommsen- oder Wilamowitz-Gesellschaft heißen? Es hält sich das Gerücht, dass Bruno Snell der Namensgeber gewesen sei, weil er Gesellschaften immer gern mit »Heroennamen« versehen habe.[33] Das Protokoll der Versammlung weist die Initiative Kurt Latte zu, der betonte, dass der Name noch »unverbraucht« sei und für ein Programm stehe, das eine »wissenschaftliche Haltung bedeute«. Der Namenspatron stand für eine verschiedene Einzeldisziplinen integrierende, umfassende Altertumsforschung in der Tradition von Friedrich August Wolf und August Böckh. Latte dürfte, als er den Namen ins Gespräch brachte, aber auch daran gedacht haben, dass die von Mommsen initiierten und geleiteten Editionsprojekte unverzichtbarer Bestandteil der modernen Altertumskunde waren. Nicht thematisiert wurde offenbar das politische Erbe des streitbaren Liberalen, der als Abgeordneter im preußischen Landtag und im Deutschen Reichstag gesessen, gegen den Antisemitismus seiner Zeit gefochten und immer wieder zu tagespolitischen Fragen Stellung bezogen hatte. Allerdings dürfte den meisten Mommsens berühmte Testamentsklausel vom September 1899 bekannt gewesen sein, in der er über die »Entzweiung« mit dem deutschen Volke geklagt und sich von seiner Nation distanziert hatte, die es ihm unmöglich gemacht habe, »ein Bürger« zu sein; der Text war erst 1948 in der Monatszeitschrift »Die Wandlung« veröffentlicht worden, die von Dolf Sternburger herausgegeben wurde und zur demokratischen Erneuerung Deutschlands beitragen sollte.[34]

Als offizieller Delegierter der Mommsen-Gesellschaft für die FIEC-Konferenz in Paris wurde Bruno Snell gewählt. Bei den Verhandlungen über diesen Punkt zeigt sich in aller Deutlichkeit die Unsicherheit, mit der sich ost- wie westdeutsche Gelehrte nach dem Zweiten Weltkrieg auf internationalem Parkett bewegten. Lange wurde über die folgenden Fragen debattiert: Sollte man sich um die Aufnahme bemühen, auch wenn man möglicherweise abgewiesen würde? Wären private Sondierungen im Vorfeld ratsam? Auf wen könnte man zählen? Sollte Deutsch als Verhandlungssprache gelten oder gar eingefordert werden? In Paris waren die deutschen Teilnehmer dann erleichtert, dass für die »einzelnen Arbeitssitzungen« auch »deutsche Gelehrte herangezogen« wurden und »deutsch als Kongresssprache neben französisch, englisch, italienisch, spanisch zugelassen war«. Man wahrte »verständlicherweise« bei diesem »ersten Wiedererscheinen auf der Bühne der internationalen Altertumswissenschaft Zurückhaltung«; doch konnte Walter Marg aus Kiel als Schriftleiter des Gnomon »ein kurzes Referat über das

Problem der kritischen Zeitschriften« halten. Bruno Snell »sammelte in einer Sonderkonferenz die an einem Thesaurus linguae Graecae speziell Interessierten« und Otto Regenbogen aus Heidelberg »gab in einer am letzten Tage abgehaltenen Diskussion über die Stellung der antiken Kultur im modernen Bildungswesen einen vielbeachteten und auch im Schlusswort des Präsidenten [sc. Jules Marouzeau] rühmend erwähnten Bericht über die Antike als lebendige Kraft im deutschen, besonders Heidelberger philologischen Universitätsbetrieb.«[35]

Bei der Tagung der Mommsen-Gesellschaft in Jena vertrat man eine gesamtdeutsche Position. Auf die Präsenz ostdeutscher Wissenschaftler im Vorstand wurde geachtet. Die alle zwei Jahre stattfindenden Tagungen sollten alternierend in Ost- und Westdeutschland durchgeführt werden. Doch nur noch zwei weitere Konferenzen haben in der DDR stattgefunden: 1954 wiederum in Jena und 1958 in Eisenach. Die 1962 geplante Zusammenkunft in Meißen platzte. Werner Hartke, damals Präsident der Deutschen Akademie der Wissenschaften und auf Grund seiner wissenschaftspolitischen Beziehungen in der DDR Mitglied des Vorstandes der Mommsen-Gesellschaft,[36] erklärte in einem Brief an den ersten Vorsitzenden Kurt von Fritz seinen Rücktritt. Die Beziehungen zwischen den beiden deutschen Staaten seien »durch die feindselige Haltung der westdeutschen Regierung außerordentlich eingeschränkt worden«. Das habe sich auf die wissenschaftlichen Beziehungen ausgewirkt. »Die Mommsen-Gesellschaft, die ihren Sitz in Westdeutschland hat, hat durch die Entwicklung der Lage praktisch ihre Kompetenz für die Altertumswissenschaft in der DDR schon seit einiger Zeit verloren.«[37] In letzter Minute musste man sich in Gießen versammeln. Da die Kasse für die Mommsen-Gesellschaft in Ostberlin geführt wurde, eröffnete man vorsorglich ein westdeutsches Bank- und Postscheckkonto.[38]

Die Zeitläufte hatten den Verband eingeholt. Spätestens nach dem 13. August 1961, dem Tag des Mauerbaus in Berlin, nahm die deutsch-deutsche Geschichte Besitz von der Mommsen-Gesellschaft.[39] Eine neue Garde ostdeutscher Akteure, deren wissenschaftliches Epigonentum und intellektuelle Mediokrität ebenso manifest sind wie ihr politischer Opportunismus und ihr moralisches Versagen, versuchte, die Altertumswissenschaften in der DDR auf die Bedürfnisse der SED-Diktatur auszurichten. Dazu bedurfte es der Steuerung und der Überwachung durch die Staatssicherheit, die mit Hilfe von IM Johannes, d. h. Johannes Irmscher, realisiert wurde. Der 1920 geborene Philologe, einst Mitglied der NSDAP, war 1947 mit einer Arbeit über »Götterzorn bei Homer« an der Universität promoviert worden und stieg in den 1960er Jahren zu einem der einflussreichsten Repräsentanten der Altertumswissenschaften in der DDR auf, der nicht müde wurde, die überragende Bedeutung der klassischen Antike für den Sozialismus zu betonen. Doch allzu eng war die offizielle Kontrolle der Mommsen-Gesellschaft in der Folge allerdings nicht, da die Staatssicherheit der Auffassung war, dass »an und für sich [...] die wissenschaftliche Bedeutung der Gesellschaft nicht groß« sei; dennoch könne »auch beim Kaffeetrinken« politisch gegen die Deutsche Demokratische Republik »gearbeitet werden«. Daher solle man deren Zusammenkünfte »beobachten«.[40] Irmscher berichtete, dass »die Frage der Gesamtdeutschen Wissenschaft, die bei naturwissenschaftlichen und medizinwissenschaftlichen Fächern eine sehr große Rolle« spiele, bei den Altertumswissenschaften »nicht akut« sei. Eine Aufhebung der Mommsen-Gesellschaft in der Deutschen Demokratischen Republik, so sagte er richtig voraus, bliebe »ohne sonderliche Reaktion«.[41]

Nachdem bei den Versammlungen in Gießen 1962 und Kassel 1964 keine ostdeutschen Mitglieder der Mommsen-Gesellschaft anwesend waren, kamen Johannes Irmscher und Werner Peek 1966 nach Speyer.[42] Irmscher war damals der geschäftsführende Direktor des Instituts für griechisch-römische Altertumskunde der Berliner Akademie und auf der Gießener Tagung *in absentia* in den Vorstand der Mommsen-Gesellschaft gewählt worden,[43] Peek Ordinarius für Klassische Philologie an der Universität Halle, zudem zweiter Vorsitzender der Mommsen-Gesellschaft. Die Frage ihrer Reorganisation kam auf die Tagesordnung sowohl der Vorstandssitzung als auch der Mitgliederversammlung. Irmscher und Peek forderten in Absprache mit dem Staatssekretariat für das Fach- und Hochschulwesen eine »Angliederung durch Ausgliederung« oder einen »Anschluss durch Trennung«: Da die FIEC keine individuelle Mitgliedschaft vorsah, wollte man die Einrichtung einer eigenen DDR-Gesellschaft realisieren, die »den Wunsch nach einer eigenen Vertretung« in der FIEC ermöglichen und damit die »Würde der DDR« wahren könne.[44] Schon kursierte ein Name: Wilamowitz-Gesellschaft. Der war allerdings nicht sonderlich originell, weil er bereits 1950 in die Debatte geworfen worden war, und er ignorierte augenscheinlich die politische Ausrichtung des ostpreußischen Junkers. Aus der gesamtdeutschen Mommsen-Gesellschaft sollte ein Verband für Westdeutschland werden.

Die Mitgliederversammlung diskutierte höchst kontrovers: Bruno Snell sah keinen anderen Weg als den der Trennung, und Jochen Bleicken, der damals den Lehrstuhl für Alte Geschichte in Hamburg innehatte, hielt die Betreibung der Spaltung für verbandsschädigend. Schließlich wurde ein Antrag des Erlanger Klassischen Philologen Otto Seel angenommen, der die DDR-Mitglieder aus dem Vorstand verabschiedete, zugleich aber versprach, »der Entwicklung einer Schwester-Gesellschaft in der DDR« »mit wohlwollendem Interesse und dem Willen zur

Zusammenarbeit« entgegenzusehen. Schließlich: »Die erforderlichen Folgerungen für Satzung und Geschäftsordnung sollen zu einem späteren Zeitpunkt gezogen werden.«[45] Damit waren die Altertumswissenschaftler der DDR weiterhin Mitglieder des Verbands, hatten aber keine Vertretung mehr im Vorstand. *De facto* war damit die Trennung vollzogen. Der Verfall der altertumswissenschaftlichen Ökumene wurde in Kauf genommen. Die offiziellen Vertreter der DDR setzten auf disziplinäre Abgrenzung und institutionelle Abschottung. Die Mommsen-Gesellschaft tat dann 1972 in Bochum den letzten Schritt und beschloss, jetzt nur noch die »in der Bundesrepublik Deutschland (einschließlich West-Berlin) auf dem Gebiet des griechisch-römischen Altertums tätigen Forscher« zu vertreten.[46] Zur Gründung eines altertumswissenschaftlichen Berufsverbands in der DDR kam es allerdings nicht – im Unterschied zur Geschichtswissenschaft: Im März 1958 war die Deutsche Historiker-Gesellschaft (später Historiker-Gesellschaft der DDR) aus der Taufe gehoben worden; auf dem Historikertag in Trier im selben Jahr kam es zum Bruch mit dem westdeutschen Verband der Historiker Deutschlands.[47] Die wenigen ostdeutschen Mitglieder der Mommsen-Gesellschaft galten hingegen wissenschaftspolitisch als *quantité négligeable*. Die unvermeidliche Folge war, dass die Altertumswissenschaften der DDR nicht in der FIEC vertreten waren.

Im Zuge der Implementierung eines linkstotalitären Wissenschafts- und Hochschulsystems in der DDR wurden die bürgerlichen Gelehrten ausgegrenzt. Friedrich Zucker, der auch aus westdeutscher Sicht die gesamtdeutsche Perspektive der DDR-Altertumswissenschaften repräsentierte, war im April 1963 nach Hamburg übergesiedelt. Er stand einer Reorganisation nicht mehr im Wege. Erklärtes Ziel der regimenahen Altertumswissenschaftler um Werner Hartke war die internationale Anerkennung der DDR-Forschung auf dem Gebiet der Altertumswissenschaften. Die Mitgliedschaft im Eirene-Komitee der sozialistischen Länder genügte auf Dauer nicht. Man wollte die Zusammenarbeit nicht nur mit den sozialistischen, sondern auch den nichtsozialistischen Ländern intensivieren, um auf diesem Weg die altertumswissenschaftlichen Fächer an den Universitäten und die Forschungsvorhaben innerhalb der Akademie der DDR zu sichern. Es galt, die weitere Marginalisierung der von den realsozialistischen Ideologen als »bürgerlich« klassifizierten Disziplinen und Unternehmungen aufzuhalten. Die Diskussion um einen eigenen altertumswissenschaftlichen Berufsverband legte in aller Schärfe die Auseinandersetzungen um die Bedeutung der Altertumswissenschaften offen, die den ›progressiven‹ sozialistischen Kader in der SED als Relikte einer überkommenen bürgerlichen Forschung galten. Doch auch der Aufstieg des Marxisten Hartke und der Opportunisten Irmscher und Peek zeitigte keinen Erfolg:

Denn im Gegensatz zur Geschichtswissenschaft spielten die altertumswissenschaftlichen Disziplinen keine Rolle beim ideologischen Aufbau einer sozialistischen Gesellschaft.

In den 1950er Jahren war die Mommsen-Gesellschaft trotz gesamtdeutscher Rhetorik vor allem ein Instrument westdeutscher Forschungspolitik. Die westdeutschen Altertumswissenschaftler majorisierten nicht nur den Vorstand, sondern stellten auch strategische Überlegungen an, um im Wettbewerb der Systeme ihre personellen Optionen und inhaltlichen Positionen durchzusetzen. Es ging um »Hausmachtstreben«.[48] Dies lässt sich bis in die Gründungsphase verfolgen. Kurt Latte trieb Anfang des Jahres 1950 die Sorge um, dass auf der Pariser Tagung der FIEC als einziger Deutscher Franz Altheim spreche, »z. Z. Märtyrer der Sowjetverfolgung an der Westberliner Universität, übrigens ein erfreuliches Zeugnis dafür, wie ein gerissener Geschäftsmann die Chancen der SED beurteilt. Als Laubfrosch im Glase ist Altheim entschieden ernst zu nehmen.«[49] Als Latte 1958 nach einer Affäre um anonyme Briefe, die angeblich seine Frau versandt hatte und in denen Kollegen wegen politischer Verstrickungen im »Dritten Reich« angegriffen worden waren, als erster Vorsitzender nicht mehr mehrheitsfähig schien, suchte das Vorstandsmitglied Alfred Heuß nach einer »glücklichen Lösung«. Er brachte zunächst Kurt von Fritz in Stellung. Der 1954 nach Deutschland zurückgekehrte Emigrant war zwar bereit, für den Vorstand zu kandidieren, lehnte aber den Vorsitz ab. Deshalb sollte Bruno Snell nochmals »einspringen«. Denn er werde von »Sowjetzonen-Mitgliedern« sicher gewählt. Jedenfalls müsse man sich vor der Tagung in Eisenach absprechen und die Position des Westens festlegen, da die Verhältnisse in der »Sowjetzone« undurchsichtig seien. »Leitender Gesichtspunkt« müsse sein, »die bisherige Linie der Mommsen-Gesellschaft zu wahren, jemand von internationalem Ansehen und ausgestattet mit internationalen Kontakten zu gewinnen«; vor allem sei der Schein zu vermeiden, »als ob Lattes Zurückziehung aus seinen früheren Stellungen antisemitische Ursachen habe«. »Die vox populi der deutschen Philologenschaft«, wie Heuß maliziös formulierte, sprach sich für Snell aus.[50] 1958 wurde dann Alfred Heuß durch die Mitgliederversammlung zum ersten Vorsitzenden gewählt.[51]

Trotz der Wahl des Althistorikers Heuß blieben in der Mommsen-Gesellschaft letztlich die Klassischen Philologen tonangebend. Wer nach einer Erklärung sucht, mag sie darin finden, dass es für die beiden anderen Fächer, die Alte Geschichte und die Klassische Archäologie, weitere Verbände gab, die fachspezifische Interessen vertraten. Hier sind vor allem der Verband der Historiker und Historikerinnen Deutschlands und das Deutsche Archäologische Institut zu nennen. Die

Archäologen machten sich seit der zweiten Hälfte der 1950er Jahre für eigene fachwissenschaftliche Zusammenkünfte stark und erkannten den altertumswissenschaftlichen Alleinvertretungsanspruch der Mommsen-Gesellschaft nicht an.[52] Der Deutsche Archäologen-Verband wurde allerdings erst 1970 als »Berufsverband der Wissenschaftler in den archäologischen Disziplinen« in Bonn gegründet. Er stellte sich »die Aufgabe, die beruflichen, sozialen und wissenschaftlichen Interessen seiner Mitglieder zu vertreten, die interdisziplinäre Zusammenarbeit und gegenseitige Information zu fördern, sich mit allen Problemen der Berufsausbildung zu befassen sowie die Öffentlichkeit über Stand und Ziele der archäologischen Wissenschaften zu informieren«. Tatsächlich handelte es sich um eine Nichthabilitiertenvertretung, die »außer den Wissenschaftlern mit abgeschlossener Berufsausbildung« auch »Doktoranden und Examenskandidaten« als Mitglieder akzeptierte.[53]

Der traditionsreiche Deutsche Altphilologenverband hingegen war für die Organisation der universitären Philologen keine Konkurrenz zur Mommsen-Gesellschaft. Die philologische Dominanz zeigte sich in der Mitgliederstatistik, der Zusammensetzung des Vorstandes und in den Themen der Vorträge, die auf den Tagungen gehalten wurden. Das dürfte wiederum Rückkopplungseffekte gehabt haben. Die Althistoriker führten ihre Auseinandersetzung mit dem Historischen Materialismus, die kennzeichnend für die 1950er und 1960er Jahre waren, gerade nicht in der Mommsen-Gesellschaft, sondern im Historikerverband. Die nationalen und internationalen Historikerkongresse dienten der Standortbestimmung und Abgrenzung. Erinnert sei nur an den deutschen Historikertag in Trier 1958 und den Internationalen Historikertag in Stockholm 1960: Hier reiste die DDR-Delegation demonstrativ ab, nachdem drei ostdeutschen Historikern Redeverbot erteilt worden war, dort griff Moses I. Finley das von Joseph Vogt initiierte Sklavereiprojekt an der Mainzer Akademie heftig an.[54]

Die weitgehende Theorie- und Methodenabstinenz der Mommsen-Gesellschaft dürfte indes nicht nur am immanenten Konservatismus der Mehrheit der Klassischen Philologen gelegen haben. Auch die Mehrzahl der Althistoriker und Klassischen Archäologen teilte in Wissenschaft und Politik konservative Positionen. Ein anderer Grund dürfte entscheidend gewesen sein: Die drei Fächer hatten sich in ihren methodologischen und epistemologischen Grundlagen, ihren inhaltlichen Orientierungen und ihren organisatorischen Strukturen so weit auseinanderentwickelt, dass eine gemeinsame, integrierende Theoriebildung in den Altertumswissenschaften bereits damals nicht mehr möglich war. Die Mommsen-Gesellschaft begnügte sich deshalb damit, am normativen Konzept der »klassischen«

Altertumswissenschaft festzuhalten und ein affirmatives Verständnis des Altertums zu vertreten, das sich vor allem über die Sprachen Griechisch und Latein definierte und über ihre Rolle in der deutschen Bildungspolitik.

Von Humanisten und Vollphilologen: Bildungspolitik zwischen 1950 und 1970

Das Treffen im Landerziehungsheim Birklehof war mehr als nur der Nachkriegslogistik geschuldet. Es war eine programmatische Aussage. Leiter war Georg Picht, ein Urenkel des Archäologen Ernst Curtius, der sich für den griechischen Philosophen Platon ebenso wie für den deutschen Lyriker Stefan George begeisterte. Vor dem Zweiten Weltkrieg hatte er bei Wolfgang Schadewaldt, Eduard Fraenkel und Martin Heidegger Alte Sprachen und Philosophie studiert und war 1942 mit einer Arbeit über die Ethik des Stoikers Panaitios promoviert worden. Nach 1945 widmete er sich dem Wiederaufbau und der Leitung des Internats. Eine akademische Karriere strebte er nicht mehr an. »Die mut- und hilflose, oft opportunistische Reaktion von Professoren auf die Vertreibung jüdischer Kollegen nach 1933« hatten sein Vertrauen in Institutionen erschüttert, »die offensichtlich nicht in der Lage waren, Menschen heranzubilden, die sich der Barbarei widersetzten«.[55] Picht wollte Wissenschaft und Unterricht, Forschungsprogramm und Bildungspolitik miteinander verbinden. Die Stärkung des altsprachlichen Unterrichts an den Schulen sollte die Grundlage einer Bildungsreform sein, die die individuelle Verantwortung des Individuums für das *bonum commune* in den Mittelpunkt stellte. Philosophischer Bezugspunkt war Platon, dem auch ein von der Deutschen Forschungsgemeinschaft seit 1951 finanziertes lexikalisches Projekt gewidmet war. Ziel war die Verzettelung des platonischen Wortmaterials, um auf dieser Grundlage ein umfassendes Lexikon zu erstellen. Bis 1958 hatte man 136 000 DM ausgegeben, und der platonische Wortschatz war von verschiedenen Mitarbeitern auf Karteikarten erfasst worden. Das Lexikon hingegen wurde nie veröffentlicht.[56]

Georg Picht knüpfte an neuhumanistische und reformpädagogische Traditionen aus der Zeit der Weimarer Republik an. Für die in Hinterzarten versammelten Altertumswissenschaftler waren die klassische Antike, der Humanismus der frühen Neuzeit und der Philhellenismus der Sattelzeit die historischen Bezugspunkte. Picht sprach die Fachvertreter direkt an. Es fehle »die innere Einheit der Schule«, die einzelnen Fächer seien isoliert, die Didaktik hingegen sei »vorsintflutlich«. »Die Grammatik ist noch nicht weiter als Antike und Scholastik«. Die Erkenntnis, dass

»die Sprache Gestalt des Geistes« sei, habe sich noch nicht durchgesetzt. Die Schule hinke fünfzig Jahre »hinter der geistigen Entwicklung hinterher«. So sei es nicht verwunderlich, dass »sich infolge der 1933 einsetzenden und heute wieder zunehmenden Politisierung der Schule das Gymnasium in der Defensive« befinde. Es sei deshalb notwendig, dass die inhaltliche und institutionelle Trennung von geisteswissenschaftlicher und naturwissenschaftlicher Bildung überwunden werde. »In dem Durchdenken der Überlieferung der Alten« sei nämlich »engste Zusammenarbeit mit den andern Wissenschaften nötig«. Den sprachlich unkundigen Vertretern anderer Disziplinen müssten die Klassischen Philologen »durch wissenschaftlich einwandfreie Übersetzungen« die Quellen der Antike zugänglich machen. Dadurch könne »eine Atmosphäre« entstehen, »die die Allgemeinheit und das Humanistische Gymnasium verbinden könnte«.[57]

Für solche weitreichenden Reformen waren die zünftigen Altertumswissenschaftler nicht zu haben. Der Klassische Archäologe Friedrich Matz plädierte dafür, dass sein Fach bei der Gestaltung des Unterrichts stärker berücksichtigt werde. Der Althistoriker Matthias Gelzer verlas eine Resolution des Ausschusses, der die Tagung vorbereitet hatte und auf die Gefahr hinwies, »die durch die Beschränkung des altsprachlichen Unterrichts entstehe«, so dass »eine fruchtbare Einführung in das antike Denken unmöglich« gemacht werde. Alle großen Erneuerungsbewegungen seien aus der Berührung mit dem Erbe der Antike erwachsen. Hier müssten politische Meinungsverschiedenheiten schweigen, »um die Überlieferung nicht abreißen zu lassen und zu ermöglichen, dass dies Erbe der Quell neuen Lebens wird«.[58] Das Humanistische Gymnasium wurde zum Heilmittel, das, wie der Frankfurter Pädagoge Heinrich Weinstock in seinem viel beachtetem Buch »Die Tragödie des Humanismus« von 1953 schrieb, durch seine »Natur ein höheres und universaleres Ideal der Humanität gegenüber dem Kult des Nationalismus aufrechterhalten« sollte.[59]

Zugleich griff man nach der Katastrophe des Zweiten Weltkrieges nach (West-)Europa. Die von dem Verband mehrheitlich repräsentierte »Altertumswissenschaft« fügte sich nahtlos in die christlich-abendländische Kulturemphase der politisch konservativen Klasse der Bundesrepublik, die auf die Westintegration des neu gegründeten Staates setzte und traditionelle Stereotypen wie den kulturellen Ost-West-Gegensatz fortschrieb.[60] Durch das Bekenntnis zum Humanistischen Gymnasium, das auch der Deutsche Altphilologenverband betete, geriet die Mommsen-Gesellschaft jedoch rasch in die Defensive. Man folgte nicht Georg Pichts Empfehlungen von 1949, die sich auf die Stellung der Alten Sprachen, zumindest des Lateins, an denjenigen höheren Schulen bezogen, die mit dem Humanistischen Gymnasium in Konkurrenz getreten waren, nachdem im Jahr 1900 das Gymnasialmonopol für den Hochschulzugang in Preußen gefallen war. Nach 1945 erlebte das Humanistische Gymnasium nur eine Nachblüte. Eine Zahl mag genügen: Lernten in der Nachkriegszeit im Westen noch rund fünfzehn Prozent der Schüler Griechisch, waren es 1970 nur noch drei Prozent. Im Osten war der Traditionsbruch noch weit radikaler, auch wenn in der DDR die Idee eines sozialistischen Humanismus vertreten wurde, aus der sich jedoch keine gesellschaftliche oder politische Akzeptanz altsprachlicher Bildung ableiten ließ.[61]

Der Bezug auf die neuhumanistische Tradition prägte in den 1950er und 1960er Jahren die bildungspolitische Programmatik der Mommsen-Gesellschaft. Regelmäßig wurde gegen die Einschränkung des Griechischunterrichts auf den Humanistischen Gymnasien polemisiert. Noch 1966 verfasste man ein Memorandum, das »in tiefer Sorge um die geistige und kulturelle Zukunft unseres Volkes« das »Hamburger Abkommen« der deutschen Ministerpräsidenten vom Oktober 1964 kritisierte, das »den Unterricht des Faches Griechisch auf den humanistischen Gymnasien um ein Jahr verkürzen« wollte. Dadurch drohe »ein erheblicher Bildungsverlust«, und »das Interesse an den Fundamenten unserer Kultur erlahme«.[62] Die Gesellschaft richtete eine »Kommission für bildungspolitische Fragen« ein, deren Vorsitz der Klassische Philologe Erich Burck innehatte und der der Althistoriker Christian Habicht und der Klassische Philologe Hartmut Erbse angehörten; sie wurde beauftragt, »sich durch Zuwahl weiterer Mitglieder selbst« zu erweitern und »bei allen einschlägigen Vorgängen sorgfältige Unterrichtung und rasches Handeln« zu gewährleisten.[63] Wie im Wilhelminischen Kaiserreich betrieb man Gelehrtenpolitik mit dem Mittel der Denkschriften,[64] die Vertretern der westdeutschen Kultusbürokratie, die auf Tagungen anwesend waren, gleich mit auf den Weg gegeben wurden. Doch in den intensiven Bildungsdebatten, die seit den 1960er Jahren in der Bundesrepublik geführt wurden, wurde die Mommsen-Gesellschaft immer weniger vernommen. Ganz im Gegensatz zu Georg Picht, dessen Artikelserie über »Die deutsche Bildungskatastrophe« Mitte der 1960er Jahre nachhaltigen Einfluss auf die westdeutsche Bildungspolitik ausübte.[65]

Doch auch die Mommsen-Gesellschaft sah sich zeitbedingten Veränderungen ausgesetzt. Die sprunghafte Expansion der altertumswissenschaftlichen Fächer an den Universitäten der Bundesrepublik seit den 1960er Jahren hatte die Steigerung der Mitgliederzahl zur Folge. Zugleich verlor der Verband sukzessive seinen Charakter einer elitären Standesvertretung habilitierter Honoratioren. Bisher waren auf westdeutscher Seite in der Regel nur Habilitierte in die Gesellschaft kooptiert worden. Nichthabilitierte bedurften eines Empfehlungsschreibens, das ein

Ordinarius vor Ort zu verfassen hatte, der folglich den Zugang des Nachwuchses zum Verband kontrollierte. Die Privatdozenten wurden zu Vorträgen eingeladen, um sie in der Zunft bekannt zu machen. Zumindest für den westdeutschen Nachwuchs war die Mommsen-Gesellschaft vor der bundesweiten Einführung von Besetzungsverfahren, die Probevorträge vorsahen, ein wichtiger Ort des innerfachlichen Wettbewerbs und der kompetitiven Rekrutierung künftiger Ordinarien.

Auf der ostdeutschen Seite sah die Aufnahmepraxis anders aus: Um die Zahl der ostdeutschen Mitglieder zu erhöhen, wurden dort auch Promovierte aufgenommen, wie etwa Gerhard Perl, der Mitarbeiter der Berliner Akademie war und die Funktion des Kassenwartes der Mommsen-Gesellschaft zu Beginn der 1960er Jahre in Ostdeutschland versah.[66] Die Satzung von 1950 sah ausdrücklich vor, dass auch außerhalb der Universität tätige Altertumswissenschaftler Mitglied werden konnten;[67] ebendiese Bestimmung hatte es in den 1950er Jahren erlaubt, die Mitarbeiter der Berliner Akademie zu integrieren, deren Zahl im Zuge des Umbaus der traditionellen Gelehrtengesellschaft in ein Forschungskombinat ständig stieg.

Im Westen konnten Promovierte erst im Gefolge der weitreichenden Reformen, die zur strukturellen Demokratisierung der Hochschulen beitrugen und die traditionelle Ordinarienuniversität in Frage stellten, die Aufnahme in die Mommsen-Gesellschaft beantragen. Der Vorstand beschloss 1972 in Bochum, »neue Mitglieder unter den ›Habilitierten‹ und unter den besonders qualifizierten ›Unhabilitierten‹ zu werben«.[68] Für die Mitgliedschaft waren nun die Dissertation und ein oder zwei weitere Aufsätze erforderlich, um den Nachweis zu erbringen, dass man wissenschaftlich weiterarbeiten wollte. Hinzu trat die Möglichkeit, selbst einen Antrag zur Aufnahme zu stellen. Vorsichtig wurde auch in der Mommsen-Gesellschaft mehr Demokratie gewagt.

Welche neuen inhaltlichen Impulse wurden aufgegriffen? Dieser Frage soll abschließend am Beispiel der Klassischen Philologie nachgegangen werden. Das strukturkonservative Fach tat sich schwer mit Methoden- und Theoriediskussionen. Die Bewahrer und Zauderer stellten die schweigende Mehrheit. Die Protokolle verzeichnen häufig lange Wortmeldungen zu organisatorischen Fragen und administrativen Quisquilien. Bei den philologischen Vorträgen wurden, wenn man den Titeln folgen darf, traditionelle geistesgeschichtliche Interpretationen bevorzugt, die moderne Literaturwissenschaft war des Teufels. Doch seit der zweiten Hälfte der 1960er Jahre bewegte sich etwas. Die Wahl des damaligen Bochumer Gräzisten Hellmut Flashar zum ersten Vorsitzenden im Jahr 1970 markierte den überfälligen Generationenwechsel: Flashar (* 1929) war sechzehn Jahre jünger als sein Vorgänger, der Bonner Philologe Wolfgang Schmid (* 1913).[69]

Für kontroverse Debatten sorgte die Initiative des Konstanzer Latinisten Manfred Fuhrmann, der das Studium der Alten Sprachen nicht mehr auf das klassische Altertum ausrichten, sondern es wie in den modernen Philologien auf eine Sprache als Hauptfach konzentrieren wollte.[70] Hinzu sollte die eingehende Beschäftigung mit der Rezeptionsgeschichte des Altertums treten. Fuhrmann polemisierte gegen den typisch deutschen »Vollphilologen«, der gleichermaßen Griechisch und Latein betrieb, und verteidigte das exklusive Studium des Lateinischen, das aber in diachroner Perspektive die christliche, spätantike, mittel- und neulateinische Literatur und das Nachleben antiker Elemente in den modernen Sprachen umfassen sollte. Nichts weniger strebte er an als eine wissenschaftsgeschichtlich reflektierte Erneuerung der Klassischen Philologie und eine grundlegende Restrukturierung der universitären Ausbildung, die es Studierenden erlauben sollte, Latein mit einem anderen Fach als Griechisch zu kombinieren. Damit distanzierte er sich auch von der Idee des Humanistischen Gymnasiums, die er als nicht mehr zeitgemäß bezeichnete, deren Verteidigung sich aber die Mommsen-Gesellschaft auf ihre Fahnen geschrieben hatte. Eine Konfrontation war vorherzusehen, zumal Fuhrmann eine besondere Begabung hatte, seine Argumente zuzuspitzen und seine Kollegen zu provozieren.

Auf der Mommsentagung in Freiburg im Breisgau kam es am 3. April 1970 zu einer Grundsatzdiskussion zur Lage der Klassischen Philologie. Manfred Fuhrmann und sein Zürcher Kollege Hermann Tränkle referierten.[71] Zuvor war eine neunköpfige Kommission zur Prüfung von Studienmodellen eingesetzt worden, der beide Philologen angehörten. Fuhrmann genoss zwar aufgrund der Breite seines Wissens vielfach Anerkennung, aber die Radikalität, mit der er das Lateinische in den Fokus rückte, polarisierte die Mommsen-Gesellschaft und verschaffte ihm keine Mehrheiten. Selbst moderate Gelehrte, die um die Bedeutung der Gräzistik bangten, stieß er vor den Kopf. Die Gralshüter der Klassischen Philologie hatten so ein relativ leichtes Spiel, ihn zu isolieren. Die Mehrheit war nicht bereit, ihm eine zentrale Funktion in dem Verband zuzugestehen. 1972 kandidierte er in Bochum um den zweiten Vorsitz. Er unterlag. Mit einer Stimme Mehrheit wurde der Tübinger Philologe Ernst Zinn gewählt.[72]

Als man 1976 in Augsburg tagte, wollten einige Fuhrmann als ersten Vorsitzenden lancieren. Damals nahmen viele Mitglieder nur deshalb an der Versammlung teil, um den Konstanzer Philologen zu verhindern. An der Spitze der Mommsen-Gesellschaft sollte kein Verfechter eines aus der Sicht der Majorität einseitigen Bildungskonzepts stehen. Man fürchtete, dass Fuhrmann »Autorität und Apparat der Mommsen-Gesellschaft mit reformerischem Elan für sein Konzept« einsetzen werde.⁷³ Dennoch: Fuhrmanns Energie, verbunden mit Anregungen, die junge Wissenschaftler wie Walther Ludwig etwa aus Nordamerika mitbrachten,⁷⁴ hatte zur Folge, dass sich die Mommsen-Gesellschaft nicht länger exklusiv als Verband auf dem Gebiet des griechisch-römischen Altertums verstand, sondern die Wirkungsgeschichte der Antike mit einbezog. Sicher war dies kein Paradigmenwechsel. Aber die Vorträge und die Diskussionen in den 1970er Jahren zeigen, dass man sich im Verband zögerlich neuen Gebieten und Methoden öffnete, vor allem der spätantiken und neuzeitlichen lateinischen Literatur und der Rezeptionsgeschichte. Die Mommsen-Gesellschaft war jedoch einmal mehr kein Taktgeber. Sie reagierte auf Impulse von außen.

17. Ost und West: Die Altertumswissenschaften im geteilten Deutschland

Die Geschichte der Altertumswissenschaften unter den Bedingungen nationalsozialistischer Herrschaft macht offenkundig, dass es ein naiver Trugschluss ist zu glauben, man könne sich dauerhaft und erfolgreich dem Zugriff eines totalitären Staates entziehen, der alle Lebensbereiche effizient zu kontrollieren versucht. Nur wenige widerstanden der Versuchung, sich durch Bekenntnisgesten das Wohlwollen des übermächtigen Staates zu erkaufen. In ihren Selbstrechtfertigungen vor den Spruchkammern der Nachkriegszeit konstruierten die meisten Altertumswissenschaftler dann jedoch den politik- und ideologiefreien Raum der reinen Wissenschaft, den es an der Universität gegen den nationalsozialistischen Missbrauch zu verteidigen gegolten habe. Man verweigerte mit der Mehrheitsgesellschaft jegliches Nachdenken über die eigene Verantwortung in der Universität und darüber hinaus in der akademischen *res publica* während und vor der Zeit des Nationalsozialismus. Es überrascht daher nicht, dass die inzwischen berühmte Liste, die der in die USA emigrierte deutsche Ägyptologe Georg Steindorff im Juni 1945 zusammenstellte, um das Verhalten seiner Kollegen im »Dritten Reich« politisch zu bewerten, nur unter dem Tisch kursierte.¹ Zugleich sahen sich gerade die Altertumswissenschaftler als berufene Verteidiger des christlichen Abendlandes und professionelle Bewahrer einer humanistischen Tradition, die schon die Nationalsozialisten korrumpiert hatten und die nun gegen sozialistische Utopien und kapitalistischen Wertrelativismus verteidigt werden musste. Selbst Theoderich der Große erschien manchen nun als der Wegbereiter der europäischen Integration.[2]

Doch in der öffentlichen Diskussion wurden immer häufiger Stimmen laut, die grundsätzlich an der Bedeutung der Altertumswissenschaften für den Aufbau der beiden deutschen Staaten zweifelten und die humanistische Bildung insgesamt zu Grabe tragen wollten.[3] In der Deutschen Demokratischen Republik sollte das Konzept eines sozialistisch fortentwickelten Humanismus den Angriffen der Parteikader begegnen; zudem wurde man nicht müde, die klassische Bildung der sozialistischen Klassiker zu betonen: Zahllos sind die Hinweise auf Karl Marx, der seine anspruchsvolle Promotion über die Naturphilosophie Demokrits und Epikurs verfasst hatte,[4] und Friedrich Engels, der die griechischen Historiker im Original las. Aber auch in der Bundesrepublik zogen progressive Professoren, reformbeflissene Pädagogen und ambitionierte Politiker gegen die humanistische Bildung zu Felde. Den einen war diese Bildung zu antiquiert, den anderen zu elitär und den dritten nicht mehr zeitgemäß. Nach dem Ende des Zweiten Weltkrieges fragten manche vorwurfsvoll, warum auch sie in den Strudel ideologischer Verführungen und apokalyptischer Verbrechen geraten war. Alfred Andersch charakterisierte den Vater Heinrich Himmlers, den »Vater eines Mörders«, als unmenschlichen Griechischlehrer an einem Humanistischen Gymnasium in München. Egidius Schmalzriedt brachte es in seiner skandalträchtigen Tübinger Antrittsvorlesung von 1970 auf den Punkt: Die unkritische Verherrlichung des »Klassischen« in bürgerlichen Schulen und Wohnzimmern habe Platon und Thukydides, Horaz und Tacitus zu Kronzeugen des Faschismus gemacht.[5]

Die Vergangenheit, die vergehen sollte

Vermeintliche oder tatsächliche Ungerechtigkeiten während der Entnazifizierung führten auch bei denen, die dem Nationalsozialismus ferner gestanden hatten, zu Solidarisierungen mit den amtsenthobenen Kollegen, so dass die Frage nach individueller Schuld und justitiabler Verantwortung nicht mehr gestellt wurde, sondern die berufliche und soziale Rehabilitierung und die finanzielle Versorgung der Entlassenen immer wichtiger wurden.[6] Ohnehin stand vielen angesichts der drängenden Probleme beim Wiederaufbau der Universitäten und der Wiederaufnahme des Lehrbetriebs nicht der Sinn nach kritischer Auseinandersetzung mit der unmittelbaren Vergangenheit. Die vom Krieg gezeichneten Studenten und Dozenten freuten sich an der Wiederbegründung traditioneller Vereinigungen wie etwa des

Bonner Philologenkreises; dort glaubte man fest an die »Stunde Null«, blickte nicht zurück und stellte keine weiteren Fragen.[7] Martin Heideggers berüchtigte Freiburger Rektoratsrede von 1933 »war unter Studierenden damals kein Thema«.[8] Alte Netzwerke halfen den Mitläufern und den Mittätern, wieder Fuß zu fassen; den Vertriebenen und Opfern widerfuhr damals nicht selten zum zweiten Mal Unrecht. In Halle und Berlin etwa wurde die Berufung von Richard Laqueur, der 1936 auf Grund seiner jüdischen Abstammung seinen Lehrstuhl in Halle verloren hatte und 1939 in die USA emigriert war, von der Sowjetischen Militäradministration verhindert, weil Kollegen den deutsch-national gesinnten Althistoriker als Freicorpskämpfer, SA-Mitglied und Rechtsradikalen denunzierten. Er kehrte dennoch 1952 nach Deutschland zurück und wurde sieben Jahre später zum Honorarprofessor an der Universität Hamburg ernannt.[9]

Auch andernorts gab es politische Verwicklungen und persönliche Verwerfungen. Kurt Latte versuchte, an der Universität Göttingen die Berufung Konrat Zieglers zu verhindern, obwohl dieser seinem ehemaligen Greifswalder Kollegen im »Dritten Reich« unter Lebensgefahr hatte Hilfe zuteil werden lassen. Doch Latte hatte wissenschaftliche Vorbehalte: Ziegler sei »ein braver Mann, menschlich sehr sympathisch, aber als Philologe nicht viel mehr, denn als Verwaltungsbeamter.« Käme er auf eine Professur, so sei Göttingen »endgültig für die klassische Philologie verloren«, schrieb er an Bruno Snell.[10] Hinzu kamen politische Differenzen zwischen dem konservativen Latte und dem »roten Ziegler«, der Mitglied der SPD war und den Latte möglicherweise auch aus politischen Gründen nicht fördern wollte.[11]

»Eine Stunde Null« hat es nach dem deutschen Zusammenbruch von 1945 »auch wissenschaftspolitisch nicht gegeben«.[12] Der personellen entsprach die methodisch-inhaltliche Kontinuität. Nur wenige Fachvertreter, die nach 1933 in Deutschland geblieben waren, reflektierten die Erfahrung von Diktatur und Krieg in ihrer wissenschaftlichen Arbeit. Zu ihnen zählte Hermann Strasburger, dessen akademische Laufbahn durch die nationalsozialistischen Rassengesetze behindert worden war. Matthias Gelzers Schüler hatte nicht nur in seiner Dissertation über *concordia ordinum* den »Realpolitiker« Cicero und die aristokratischen Versuche, die überkommene Ordnung der Republik zu wahren, gegen Theodor Mommsens Polemik verteidigt, sondern in seinem *Optimates*-Artikel in Pauly-Wissowas Realenzyklopädie Zweifel an der gängigen These von dem notwendigen Untergang der *res publica* geäußert.[13] Nach seiner Habilitation in Heidelberg 1946 wurde er zunächst zum außerordentlichen und dann, 1955, als Nachfolger von Matthias Gelzer, zum ordentlichen Professor an die Universität Frankfurt berufen. Trotz des Erfolges war ihm bewusst, dass er zu denen gehörte, die »einmal bei den ›Spänen‹« waren, »als ›Männer, die Geschichte machen‹, ›hobelten‹«.[14] Seine ursprüngliche Faszination für die Heroen Alexander und Caesar wich der Kritik. Der »große Entmythisierer« räumte mit zahlreichen »liebgewonnenen Auffassungen« auf[15] und entdeckte die Opfer als Gegenstand historischer Betrachtung. Der Verherrlichung der vermeintlich großen Männer wurde mit quellenkritischer Präzision der Boden entzogen: Strasburger zeigte, dass Alexander der Große nur des eigenen Ruhmes wegen seinen Männern rücksichtslos die schlimmsten Entbehrungen zumutete und dass die Zeitgenossen Caesar keineswegs als genialen Staatsmann verehrten.[16] Zugleich war ihm sein »einst starker Glaube an die Feststellbarkeit von historischen Fakten und ihrer pragmatischen Zusammenhänge« doch »weitgehend abhanden gekommen«, »jedenfalls für das Gebiet der Alten Geschichte mit ihrem so kläglichen Quellenmaterial«.[17] In der Folge wandte sich Strasburger der griechischen Geschichtsschreibung zu und distanzierte sich von der »Gewaltherrschaft des Politischen«, die Thukydides »auch im Bereich des historischen Denkens hergestellt« habe,[18] und forderte unter Bezugnahme auf Herodot die Berücksichtigung der Kulturgeschichte.

Das Beharren der Mehrheit auf überkommenen Konzepten und Modellen verzögerte die Auseinandersetzung mit neuen Fragestellungen und Methoden, die in den Altertumswissenschaften außerhalb Deutschlands diskutiert wurden. Die vorherrschenden restaurativen Tendenzen der altertumskundlichen Fächer in der Bundesrepublik wurden durch zwei Faktoren verstärkt: Einerseits kehrten nur wenige Emigranten – wie der Klassische Philologe Rudolf Pfeiffer, der 1951 aus Oxford wieder an seine alte Wirkstätte an der Universität München zurückging,[19] und sein Kollege Kurt von Fritz, der 1954 zunächst an die Freie Universität in Berlin und dann an Universität München wechselte[20] – auf Professuren zurück, andererseits sah man sich nach der Teilung Deutschlands und im Kalten Krieg in einer Frontstellung gegen den Historischen Materialismus. Der bewusste Rekurs auf den vermeintlichen Objektivismus wertfreier Quelleninterpretation, der in der Tradition des 19. Jahrhunderts stand, charakterisierte die Kontroversen zwischen »bürgerlicher« und marxistischer Althistorie seit den fünfziger Jahren.

Die altertumswissenschaftlichen Fächer haben sich lange der Diskussion der Kontinuitätsproblematik verweigert.[21] Selbst Mitte der siebziger Jahre des letzten Jahrhunderts konnte noch behauptet werden, dass »die Blockwarte für den Nationalsozialismus meinungsbildender und einflussreicher« gewesen seien »als alle Ordinarien der Alten Geschichte«.[22] Das Statement, das im Übrigen ein Zeithistoriker von sich gab, ist ein eindrucksvolles Zeugnis für das Diskursverbot, das weite

Teile der professionellen Zunft über das Verhältnis von Geschichtswissenschaft und Nationalsozialismus in der Bundesrepublik verhängt hatten. Erst die Sektion »Deutsche Historiker im Nationalsozialismus« auf dem 42. Historikertag im September 1998 in Frankfurt hat dieses Thema mit Macht in den Mittelpunkt der wissenschaftshistorischen Diskussion gestellt.[23] Doch gab es zumindest in der Alten Geschichte schon zuvor erste mutige Ansätze, für die Karl Christ und sein Schüler Volker Losemann stehen. Zunächst waren sie in einer vergangenheitsvergessenen Disziplin allein unterwegs, wie die Ablehnung eines von Christ Ende 1968 gestellten Antrages an die Deutsche Forschungsgemeinschaft eindrücklich unterstreicht, der sich dem Thema »Alte Geschichte und Nationalsozialismus« widmete, aber innerhalb von nur fünf Tagen abschlägig beschieden und von Christ zurückgezogen wurde.[24] In anderen Teilen der Altertumswissenschaften dauerte es noch länger, bis die Aufarbeitung der eigenen Disziplinengeschichte im Nationalsozialismus in Angriff genommen wurde. Die Klassischen Archäologen mussten sich Anfang der 1980er Jahre von ihrem französischen Kollegen Alain Schnapp sagen lassen, dass nicht nur die Prähistoriker ihre Fachgeschichte im »Dritten Reich« zu betrachten hätten.[25] Seit 2006 hat sich indes ein interdisziplinär ausgerichtetes Forschungscluster des Deutschen Archäologischen Instituts bemüht, die Geschichte der Institution nicht nur in der nationalsozialistischen Epoche, sondern im gesamten 20. Jahrhundert zu rekonstruieren.[26] Die Ägyptologie wiederum nahm sich des Themas erst nach der 43. Ständigen Ägyptologenkonferenz im Juli 2011 konsequent an, auf der Vorträge zu »Ägyptologen und Ägyptologie(n) zwischen Kaiserreich und der Gründung der beiden deutschen Staaten« gehalten wurden.[27] Auch wenn es nach wie vor apologetische Positionen gibt, die elementare geschichtswissenschaftliche Standards nicht beachten, hat sich seit der Millenniumswende in den einzelnen Fächern eine kritische Wissenschaftsgeschichte durchgesetzt, die wesentlich dazu beiträgt, dass das Verhalten einzelner Akteure differenziert bewertet und die Situation der einzelnen Fächer im »Dritten Reich« reflektiert betrachtet wird.

WIEDEREINTRITT IN DIE INTERNATIONALE GEMEINSCHAFT

Der Ägyptologe Friedrich Wilhelm Freiherr von Bissing hatte schon 1944 erkannt, dass es eine »ungeheure, kaum lösbare Aufgabe nach dem Abschluss des Krieges« sei, die großen wissenschaftlichen Unternehmungen – und das bedeutete für die Altertumswissenschaften: die Corpora der Berliner Akademie, die Editionsreihen, die Zeitschriften, das Handbuch der Altertumswissenschaft und Pauly-Wissowas

Realencyclopädie der classischen Altertumswissenschaft – wieder zum Leben zu erwecken. Wenn Deutschland nicht rasch auf den Plan trete, dann werde »sich Amerika der Dinge bemächtigen und wir werden verdrängt werden«.[28] Allerdings gehörte Bissing zum Kreis derer, die nur bedingt geeignet waren, die Kontakte ins Ausland nach dem Ende des Zweiten Weltkrieges wieder aufzunehmen, da seine persönliche Integrität in den Jahren der nationalsozialistischen Diktatur erheblichen Schaden genommen hatte: Er war bereits 1925 in die NSDAP eingetreten und durch das Goldene Parteiabzeichen ausgezeichnet worden; auch nachdem er 1937 aus der Partei ausgeschlossen worden war, verbreitete er weiterhin völkische, antisemitische und nazistische Parolen.[29]

Die institutionelle und personelle Reintegration der deutschen Altertumswissenschaften in die internationale Gemeinschaft war ein *grass-roots movement*, eine Bewegung von unten, wie schon die Vorgeschichte der Mommsen-Gesellschaft gezeigt hat. Der Hamburger Altertumswissenschaftler Bruno Snell, der nach 1945 die Griechen den europäischen Geist entdecken ließ,[30] agierte erfolgreich, weil seine Distanz zu den Nationalsozialisten eine weithin bekannte Tatsache und keine in einem Entnazifizierungsverfahren *ex post* konstruierte Legende war.[31] Snell setzte in den folgenden Jahren seine ganze Kraft ein, um die deutschen Altertumswissenschaften wieder an die internationale Forschung heranzuführen. Ein entscheidendes Treffen zur Konsolidierung der Altertumswissenschaften auf europäischer Ebene war der erste Kongress der im September 1948 gegründeten *Fédération Internationale des Associations d'Études Classiques* (FIEC), der vom 28. August bis 2. September 1950 in Paris stattfand.[32] Die Zusammenkunft stand unter »le haut patronage« der UNESCO und »sous les auspices« des *Conseil international de la philosophie et des sciences humaines*, der kurz zuvor ins Leben gerufen worden war, um die Verwüstungen des Zweiten Weltkrieges inhaltlich und organisatorisch überwinden zu helfen und um verschiedene Formen der erneuerten internationalen Zusammenarbeit in den Geisteswissenschaften zu unterstützen.[33] Gezielt förderte Snell auch einzelne Nachwuchswissenschaftler, die zeitweise im Ausland studieren wollten, wie den Klassischen Philologen Carl Joachim Classen, der in den 1950er Jahren nach Oxford ging, um dort den akademischen Grad des B. Litt. zu erwerben.[34]

Eine Einrichtung im Ausland, die es den deutschen Altertumswissenschaftlern und vor allem den Klassischen Philologen erlaubte, sich in die internationale *academic community* zu reintegrieren, war die Fondation Hardt: eine Stiftung, die der deutsche Aristokrat Kurd von Hardt im Dezember 1949 »pour l'étude de l'Antiquité classique« in Vandoeuvres am Genfer See gegründet hatte. Bruno Snell und

Kurt Latte spielten in den Anfangsjahren der Institution eine herausragende Rolle. Auch hier war es unabdingbar, Wissenschaftlern, die sich wie Wolfgang Schadewaldt im »Dritten Reich« aus der Sicht von deutschen Emigranten und der internationalen Gemeinschaft kompromittiert hatten, keine Möglichkeit zu geben, vor großem Publikum aufzutreten.[35] Durch regelmäßige Einladungen und Konferenzen in der Fondation Hardt konnten die deutschen Forscher sich nach dem Ende des Zweiten Weltkrieges wieder mit europäischen und nordamerikanischen Kollegen austauschen. Rasch gelang es den deutschen Altertumswissenschaftlern, ihre Interessen auf der internationalen Bühne zu vertreten und an supranationalen Vorhaben beteiligt zu werden. Wie die Bundesrepublik in den frühen 1950er Jahren politisch, so waren die Altertumswissenschaftler wissenschaftlich im Westen angekommen.

Auch die verantwortlichen Akteure des Deutschen Archäologischen Instituts (DAI) vermochten geschickt, wissenschaftspolitische und -organisatorische Interessen durchzusetzen.[36] Nach dem Zusammenbruch der nationalsozialistischen Herrschaft war zunächst die Existenz des DAI bedroht. Die Zweigstellen im Ausland mussten geschlossen werden. Die Zentrale in Berlin versuchte einen Neuanfang. Doch an eine auswärtige Kulturpolitik war nicht zu denken. Martin Schede wurde 1945 verhaftet und starb zwei Jahre später in sowjetischer Lagerhaft. An seine Stelle trat, zunächst kommissarisch, Carl Weickert, der Direktor der Antikensammlung der Berliner Museen.[37] Er hatte im Interesse des Museums im »Dritten Reich« durchaus die Nähe zu den Mächtigen gesucht, aber seine ideologische Distanz zum Nationalsozialismus war bekannt. Unter seine Ägide diskutierte man verschiedene Modelle der Reorganisation in Erwägung, die aber wieder verworfen wurden. Erst mit der Gründung der Bundesrepublik Deutschland am 23. Mai 1949 und der rasanten Westintegration des neuen Staates kam es zum Wiederaufbau des DAI und der Wiedereröffnung der Zweigstellen. Eine Auseinandersetzung mit der jüngeren Vergangenheit fand nicht stand: Rasch usurpierten die neuen Repräsentanten die Opferrolle, pochten auf die Verteidigung der reinen Wissenschaften im Nationalsozialismus und pflegten eine nationenverbindende Europarhetorik. Die Debatten um die Mitgliederstreichungen waren mühsam: Zu Beginn der Adenauerrepublik wurde die Mehrzahl der belasteten Mitglieder rehabilitiert, und nur wenige »braune Sünder« wurden stillschweigend aus dem Mitgliederverzeichnis gestrichen. »Eine regelrechte Entschuldigung« gegenüber den jüdischen Mitgliedern, die man im »Dritten Reich« willfährig ausgeschlossen hatte, »erfolgte zu keiner Zeit«.[38] Lieber feierte man die seit den 1950er Jahren wieder aufgenommenen Grabungen in Olympia, Samos und dem Kerameikos von Athen.

Die Altertumswissenschaften an den westdeutschen Universitäten

Der Nationalsozialismus und der Zweite Weltkrieg hatten den deutschen Universitäten wichtige personelle, ideelle und materielle Ressourcen geraubt. Nach 1945 waren zunächst die Wiederaufnahme von Forschung und Lehre und der Wiederaufbau der Universitäten die größten Herausforderungen.[39] Die alliierte Hochschulpolitik war allerdings nicht einheitlich. Generalisierende Aussagen sind daher schwierig. Dennoch lässt sich sagen, dass insbesondere in den Westzonen personelle Kontinuität in den Seminaren und Instituten mit der Vermittlung traditioneller Inhalte einherging. Das Humboldtsche Universitätsideal schien über die braune Diktatur hinübergerettet und wurde in den westdeutschen Neu- sowie Wiedergründungen umgesetzt (Mainz 1946; Freie Universität Berlin 1948; Universität des Saarlandes 1948; Gießen 1957). An der Einheit von Forschung und Lehre und der Praxisferne der universitären Ausbildung wurde festgehalten und auf die Rektoratsverfassung und die Selbstverwaltung durch die Ordinarien vertraut. Zugleich war man bestrebt, nach den Erfahrungen des Nationalsozialismus das Prinzip der Forschungsautonomie institutionell stärker zu verankern.

Wie schon im »Dritten Reich« so stellte auch in der Bundesrepublik Deutschland niemand die Präsenz altertumswissenschaftlicher Disziplinen an den Philosophischen Fakultäten in Frage. Der Wiederaufbauphase folgte seit Mitte der fünfziger Jahre in der Bundesrepublik eine gewaltige Expansion des Hochschulbereichs. Man kann durchaus von einem deutschen »Universitätswunder« sprechen, das sich neben dem »deutschen Wirtschaftswunder« ereignete. Die Studierendenzahlen stiegen kontinuierlich: Die »weißen« Jahrgänge, die nach 1929 geboren und im Zweiten Weltkrieg nicht mehr zum Militärdienst eingezogen worden waren, drängten an die Universitäten, der »neue Mittelstand« strebte nach Bildungspatenten, und zahlreiche Berufe wurden akademisiert. Das quantitative Wachstum blieb nicht ohne Folgen für die Hochschulstrukturen. Richtungweisend wurden die Empfehlungen des Wissenschaftsrates von 1960; das Gremium, dem Wissenschaftler und Politiker angehören, sprach sich für eine soziale Öffnung der Hochschulen aus und plädierte für eine finanzielle Studienförderung nach dem 1955 geschaffenen Bad Honnefer Modell. Die Folge war der zügige Ausbau des Hochschulwesens, um die von Georg Picht befürchtete »Bildungskatastrophe« abzuwenden. Zunächst durch die Hochschulgesetzgebungen der einzelnen Länder, später durch das Hochschulrahmengesetz wurden die traditionellen universitären Strukturen grundlegend verändert. Heftig umstritten waren die Reform der

Selbstverwaltung und die Mitbestimmung der Assistenten und der Studierenden (»Gruppenuniversität« statt »Ordinarienuniversität«), die Neugliederung der bisherigen Fakultäten in Fachbereiche und funktionsfähige kleinere Einheiten sowie die Einführung der Präsidialverwaltung als Alternative zur Rektoratsverfassung. Neugründungen von Universitäten dienten der Reform von Forschung und Lehre und sollten das Humboldtsche Modell ersetzen.

Von dem Ausbau der bundesrepublikanischen Hochschulen profitierten auch die Altertumswissenschaften. Zahlreiche neue Stellen, auch im sogenannten »akademischen Mittelbau« (Wissenschaftler Rat und Assistent) wurden geschaffen. An den neu oder wieder gegründeten Universitäten wurden teils Professuren für Klassische Philologie, Alte Geschichte und Klassische Archäologie (wie etwa in Augsburg, Bochum, Eichstätt, Mannheim, Regensburg, Trier), teils für Klassische Philologie und Alte Geschichte (Bamberg, TU Berlin, Bielefeld, Düsseldorf, Konstanz) und teils nur für Alte Geschichte eingerichtet (Aachen, Bayreuth, Braunschweig, Bremen, Darmstadt, Dortmund, Duisburg, Essen, Hannover, Kassel, Koblenz-Landau, Oldenburg, Osnabrück, Paderborn, Passau, Siegen, Wuppertal). Gleichzeitig wurden an den alten Universitäten neue Lehrstühle bewilligt, die die fortschreitende Verselbständigung einzelner Gebiete (etwa der griechischen und der römischen Geschichte) widerspiegeln. Zudem wurden an den Hochschulen die Didaktik der Geschichte und der alten Sprachen institutionalisiert. Einen starken Zuwachs an neuen Instituten und Stellen verzeichneten gerade die kleineren altertumskundlichen Fächer. Ägyptologische Seminare etwa wurden in den 1950er und 1960er Jahren in Hamburg, Münster, Tübingen und Würzburg gegründet.[40] Auf der Grundlage dieses Befundes kann gefolgert werden, dass die rationale Planung der Hochschulpolitik, die trotz aller Reformrhetorik den traditionellen, d. h. den historistischen Fächerkanon der Altertumswissenschaften akzeptierte und sanktionierte, im letzten Jahrhundert zu einer beachtlichen Expansion der disziplinär institutionalisierten Altertumswissenschaften an den deutschen Universitäten geführt hat.

Die Altertumswissenschaften erhielten eine personelle und materielle Ausstattung, die zuvor nie erreicht worden war. Gleichzeitig verbesserten sich die Chancen des akademischen Nachwuchses auf eine Dauerstelle (als Professor oder im akademischen Mittelbau) in bisher unbekanntem Maße. Für Franz Kiechle, seit 1964 Althistoriker an der neu gegründeten Universität Bochum, war ausgemacht, dass der Groß-Ordinarius bei drei Assistenten beginne. Damit nicht genug: Dem Bochumer Lehrstuhl war ein Studienrat im Hochschuldienst zugewiesen, und der Stellenetat wies sechs studentische Hilfskraft- und eineinhalb Sekretärinnenstellen aus. Die Sachmittel flossen so reichlich, so dass man die 7000 Bände umfassende Bibliothek, die der 1965 verstorbene Erlanger Althistoriker Wilhelm Enßlin hinterlassen hatte,[41] erwerben und über den Aufbau einer numismatischen Sammlung nachdenken konnte.[42]

Obwohl schon in der Endphase des »Dritten Reiches« wissenschaftliche Stellen in Universitäten und Akademien durch Frauen besetzt worden waren, weil durch den Krieg keine Männer eingestellt werden konnten, dauerte es bis weit in die 1960er, teilweise bis in die 1970er Jahre, bis Frauen auf altertumswissenschaftliche Professuren berufen wurden. Eine Ausnahme stellt die Ägyptologie dar: Bereits 1953 wurde Gertrud Thausing, 1930 promoviert und 1942 habilitiert, auf ein Ordinariat an der Universität Wien berufen, und 1957 ernannte die Universität Basel Ursula Schweitzer, die 1942 von Alexander Scharff promoviert worden war, zur außerordentlichen Professorin; sie begründete die Ägyptologie in der deutschsprachigen Schweiz. Doch die altertumswissenschaftlichen Fächer wurden zunächst von Männern dominiert, die in der konservativen Adenauerära Frauen höchstens als Studentinnen und Assistentinnen, nicht jedoch als korporativ und sozial gleichgestellte Kolleginnen akzeptierten. Ihrem Ideal entsprachen Frauen wie die Klassische Archäologin Gerda Bruns, die sich während des Krieges um die Sicherung der Berliner Antikensammlung verdient gemacht hatte, nach 1945 am Aufbau des Deutschen Archäologischen Instituts maßgeblich mitwirkte und schließlich in der römischen Abteilung tätig war. 1966 zur Wissenschaftlichen Oberrätin ernannt, stand sie immer im Schatten ihrer männlichen Kollegen.[43]

Nachdem in der Klassischen Archäologie Margarete Bieber bereits 1923 eine außerplanmäßige und von 1931 bis zu ihrer Entlassung 1933 eine planmäßige außerordentliche Professur an der Universität Gießen innegehabt hatte, dauerte es drei Jahrzehnte, bis mit Erika Simon wieder eine Frau eine Professur für Klassische Archäologie bekleidete; die 1927 geborene Schülerin von Roland Hampe lehrte zunächst am Archäologischen Institut der Universität Heidelberg, bevor sie 1964 auf den Lehrstuhl an der Universität Würzburg berufen wurde. Sie erkannte präzise die Bedeutung von Religion und Mythos für das Verständnis der archäologischen Überlieferung und untersuchte die antike Bilderwelt »als Zeugnis einer umfassenden Geschichte der antiken Kultur«. Aber sie hatte einen schweren Stand »in einer von männlichen Kriegsteilnehmern dominierten Disziplin«, die wie andere altertumswissenschaftliche Fächer lieber an die griechischen Ursprünge des Abendlandes anknüpfen wollte und daher stärker an »einer ästhetischen Stilgeschichte der archaischen und klassischen griechischen Kunst« interessiert war.[44]

In der Klassischen Philologie erhielt Ilona Opelt als erste Frau einen Ruf auf ein

Ordinariat: Die 1928 geborene Wissenschaftlerin, die von Karl Büchner 1951 promoviert worden war und sich an der Universität Freiburg im Breisgau 1962 habilitierte, besetzte 1968 den neu geschaffenen Lehrstuhl für Latinistik an der Universität Düsseldorf. Seit ihrer Assistentenzeit eng mit dem Franz-Josef-Dölger-Institut verbunden, legte sie wichtige Beiträge zur Literatur der römischen Kaiserzeit und der Spätantike vor.[45] Der Erforschung der christlichen Literatur der Spätantike, aber auch der augusteischen Klassik hatte sich Antonie Wlosok verschrieben, die in Heidelberg bei Viktor Pöschl studiert hatte und 1958 mit einer Arbeit über Laktanz promoviert worden war; 1964 habilitierte sie sich mit einer Untersuchung zur Göttin Venus in Vergils Aeneis. Zwei Jahre jünger als Ilona Opelt wurde sie 1968 als Nachfolgerin von Manfred Fuhrmann als ordentliche Professorin an die Universität Kiel berufen; 1974 wechselte die international renommierte Philologin auf den Lehrstuhl für Latinistik an der Universität Mainz.[46] Bereits 1966 war Johanne Autenrieth, die 1952 als erste Doktorandin von Bernhard Bischoff promoviert worden war, auf den neu geschaffenen Lehrstuhl für Lateinische Philologie des Mittelalters an der Universität Freiburg berufen worden, wo die herausragende Kennerin mittelalterlicher Handschriften ihr Fach in Forschung und Lehre mit Energie und Erfolg vertrat.[47]

In der Alten Geschichte dauerte es bis in die siebziger Jahre des letzten Jahrhunderts, bis die ersten Frauen auf Professuren berufen wurden: Helga Gesche 1978 auf den Lehrstuhl an der Universität Gießen und Hildegard Temporini 1979 als außerordentliche Professorin an die Universität Tübingen. Temporini ist nicht nur als Herausgeberin einer monumentalen Festschrift für ihren Lehrer Joseph Vogt in Erscheinung getreten, sondern hat sich der Stellung von Frauen in der römischen Kaiserzeit schon zu einer Zeit gewidmet, als die Frauen- und Gendergeschichtsschreibung in der Althistorie in Deutschland noch unbekannt war.

Die Marginalisierung der Altertumswissenschaftlerinnen charakterisierte die hierarchisch organisierte und von Männern dominierte Ordinarienuniversität. Sie zu überwinden, war das erklärte Ziel der Studentenbewegung am Ende der 1960er Jahre.[48] Die Unbeweglichkeit der überkommenen Hochschulstrukturen und das restaurative Klima, die Verdrängung des »Dritten Reiches« und die Tendenzen zu einer verstärkten Studienreglementierung riefen studentische Proteste hervor. Die programmatische Forderung nach Veränderung blieb nicht auf die Hochschulen beschränkt. Ressentiments gegen autoritäre politische Strukturen verbanden sich mit der Forderung nach einer weitgehenden Demokratisierung der Gesellschaft, antiamerikanische Parolen im Zeichen des Vietnamkrieges weiteten sich aus zur Kritik der »kapitalistischen Leistungsgesellschaft«, und die Suche nach einem neuen Lebensstil nahm intentionale Regelverletzungen in Kauf. Gegen die in den Hochschulgesetzen der späten 1960er Jahre festgeschriebene, weitreichende studentische Mitbestimmung (»Drittelparität«) und weitere Reformen gründeten Professoren unterschiedlicher Fachrichtungen, darunter auch der Althistoriker Hatto H. Schmitt, 1970 den »Bund Freiheit der Wissenschaft«.[49] Der Romantisierung des Protestes auf Seiten der Studierenden stand die Dämonisierung der ›Revolution‹ durch konservative Hochschullehrer entgegen, die »68« in ein allgemeines Verfallsparadigma der Moderne einordneten. Die Bewertung der sogenannten »Studentenrevolution« ist bis heute kontrovers. Im »langen Marsch durch die Institutionen« konnten einzelne Repräsentanten der linken Studentenbewegung, die sehr bald durch ideologische Divergenzen und den Streit um die Legitimität gewalttätiger Aktionen fragmentiert wurde, an manchen Hochschulen akademisch reüssieren. Die »akademische Kulturrevolution« beschleunigte indes die Struktur- und Organisationsreformen, die einhergingen mit der kontroversen Diskussion unterschiedlicher Hochschulkonzepte (etwa der 1967 von Ralf Dahrendorf empfohlenen »Gesamthochschule«) und stärkeren reglementierenden Eingriffen des Staates in die Autonomie der Universitäten.

Die überwiegende Zahl der Altertumswissenschaftler distanzierte sich von hochschulpolitischen Experimenten und warnte vor Verschulung und Bürokratisierung. Eine »nivellierende, die Freiheit des Menschen missachtende Demokratie« wurde jetzt nicht mehr nur im nachperikleischen Athen gesichtet.[50] Chancengleichheit und Pluralismus als progressive politisch-soziale Leitvorstellungen galten als Ausweis einer neuen Krise. Viele nahmen nicht etwa 1933 oder 1945, sondern vielmehr die Zeit um 1965/68 als Zäsur wahr.[51] Die Entwicklung der deutschen Wissenschaften vom Altertum wurde bis zur sogenannten Studentenrevolution als Kontinuum gesehen, und der Nationalsozialismus in ein allgemeines Verfallsparadigma der Moderne integriert. Die tiefgreifende Veränderung der Hochschullandschaft empfand Helmut Berve wie fast alle seiner altertumswissenschaftlichen Kollegen als Bedrohung und Zerstörung. »Sie haben leider völlig recht, der Horizont für die deutsche Universität ist schwarz,« schrieb Alfred Heuß 1966 an seinen Lehrer.[52]

DAS EUROPÄISCHE MENSCHENTUM

Für Helmut Berve war das Kriegsende einhergegangen mit dem Ende seiner glänzenden akademischen Karriere.[53] Am 20. August 1945 nahmen ihn zwei amerikanische Besatzungssoldaten in seiner Münchner Wohnung fest. Am 9. Februar des folgenden Jahres wurde er aus seiner Professur entlassen. Das sich anschließende Entnazifizierungsverfahren, in dem Berve zunächst als »Aktivist« und »Belasteter der Gruppe III« eingestuft worden war, endete vor der Berufungskammer im Juli 1948 mit seiner Entlastung.[54] Berve nahm für sich in Anspruch, die Universität gegen den nationalsozialistischen Missbrauch verteidigt zu haben, und stilisierte sich mit kollegialem Plazet zum Opfer des Faschismus. Der Täter usurpierte den Widerstandsbegriff. Die Überzeugung, selbst unter dem Unrechtssystem gelitten zu haben, ließ ihn vergessen, dass er mit nationalsozialistischen Funktionären und Instanzen kollaboriert und kooperiert hatte.

Verhaftung und Amtsenthebung stellten den Fünfzigjährigen vor gravierende berufliche und finanzielle Probleme. Nach dem Freispruch im Berufungsverfahren bemühte sich Berve, als Hochschullehrer wieder Fuß zu fassen. Zum Wintersemester 1949/50 nahm der vom Ministerium zum Privatdozenten und außerplanmäßigen Professor Ernannte seine Lehrtätigkeit an der Ludwig-Maximilians-Universität wieder auf; der frühere Lehrstuhl blieb ihm allerdings verwehrt, da dieser inzwischen mit Alexander Graf Schenk von Stauffenberg, dem Bruder des Hitlerattentäters, besetzt war.[55] Die beabsichtigte Übertragung einer Diätendozentur scheiterte, und Berve versuchte vergeblich über mehrere Jahre hinweg, zumindest im Vorlesungsverzeichnis seinen früheren Status zu dokumentieren: Hinter seinem Namen sollte der Zusatz »früher ordentlicher Professor der Universitäten Leipzig und München« bzw. »ordentlicher Professor zur Wiederverwendung« stehen. Da die Wiedereinsetzung in den alten Stand ausblieb, bestand Anlass, die Opferrolle fortzuschreiben. Jetzt waren es nicht mehr die Besatzungsbehörden, sondern widerstrebende Kollegen und sozialdemokratische Kultusminister, die seiner Rehabilitierung entgegenwirkten.

Im WS 1950/51 übernahm Berve Lehraufträge an der Philosophisch-Theologischen Hochschule in Regensburg. Im Sommer 1954 wurde er – wohl mit Hilfe von Wilhelm Enßlin – auf den Lehrstuhl für Alte Geschichte an der Universität Erlangen berufen, wo er bis zu seiner Emeritierung 1962 sehr erfolgreich lehrte. Seine Vorlesungen sollen zuweilen mehr als 200 Zuhörer besucht haben.[56] Dauerte es mithin neun Jahre nach seiner Entlassung durch die Militärregierung, bis Berve seine alte Position als Ordinarius an einer deutschen Universität wieder erlangt hatte, so kamen die ›akademischen‹ Ehrungen früher: Die Bayerische Akademie nahm den 1944 zum ordentlichen Mitglied gewählten Althistoriker 1949 wieder in ihre Reihen auf, und 1950 wurde er Korrespondierendes Mitglied der neu gegründeten Mainzer Akademie.

Ein neues Wirkungsfeld eröffnete sich Berve in der Kommission für Alte Geschichte und Epigraphik in München, für deren Einrichtung Anfang 1951 Alexander Graf Schenk von Stauffenberg im Verein mit Siegfried Lauffer und Hermann Bengtson erfolgreich geworben hatte und die seit 1953 in der Rechtsform eines eingetragenen Vereins bestand.[57] Ihr Ziel war die Förderung altertumswissenschaftlicher, insbesondere epigraphischer Arbeitsvorhaben und die Vertretung der Interessen der habilitierten Althistoriker der Bundesrepublik. Berve wurde 1956 zum Mitglied und 1960 – als Nachfolger von Stauffenberg (1951 bis 1956) und Hans Schaefer (1957 bis 1959) – zum Vorsitzenden gewählt. In dieser Funktion beeinflusste er in den folgenden sieben Jahren die weitere Entwicklung der Kommission nachhaltig. Der ehemalige Dekan und Rektor der Universität Leipzig setzte nun seine langjährige Verwaltungserfahrung ein, um innerhalb weniger Jahre den kleinen, auf sich selbst gestellten Verein zu einer Einrichtung des Deutschen Archäologischen Institutes umzuwandeln.

Zur wissenschaftlichen Profilierung der Kommission trug er kaum bei, zumal die stark epigraphische Ausrichtung der Forschungsprojekte seinen eigenen Interessen nicht entsprach. Also konzentrierte sich Berve auf die materielle und personelle Förderung einzelner althistorischer Unternehmungen, die Vergabe von Reisestipendien und die Besetzung der Referentenstellen. Auch unter seinem Vorsitz wurden weder die wissenschaftlichen Ziele und Aufgaben der Kommission klar definiert noch die internationale Entwicklung der Altertumswissenschaften reflektiert. Berve lag vor allem die organisatorische Stabilisierung der Kommission am Herzen, die um so dringlicher war, weil eine institutionelle Anbindung an die Bayerische Akademie der Wissenschaften, die man in den fünfziger Jahren ebenfalls erwog, nicht zu realisieren war. Die Angliederung an das Deutsche Archäologische Institut, die Berve energisch vorantrieb, sollte der Kommission für Alte Geschichte und Epigraphik die für eine kontinuierliche Arbeit nötige finanzielle Sicherheit geben, ihre Aufgaben, vor allem im Ausland, unterstützen und überhaupt die Zusammenarbeit der einzelnen Disziplinen »im Geiste der Einheit der Altertumswissenschaft« fördern. Nicht zuletzt hoffte der Vorsitzende, dass eine beamtete Stelle für den geschäftsführenden Assistenten der Kommission geschaffen werde.

In enger Abstimmung mit Kurt Bittel, der 1960 zum Präsidenten des Deutschen

Archäologischen Institutes gewählt wurde und in dieser Funktion an den Kommissionssitzungen teilnahm, vermochte Berve seine Pläne umzusetzen. Dabei verließ er sich auf die loyale Unterstützung des neuen Kommissionsassistenten, seines Schülers Edmund Buchner,[58] und bereitete die entscheidenden Sitzungen minuziös vor. Dennoch wurden aus dem Kreis der Kommissionsmitglieder Bedenken gegen die Angliederung laut. »Auf weite Sicht«, so hieß es, bestehe »doch die Gefahr«, dass »die Alte Geschichte als wissenschaftliche Disziplin im Bewusstsein der Öffentlichkeit ausscheide und nur noch unter dem Begriff der Archäologie subsumiert werde«.[59] Deshalb sei es notwendig, dass das Fach Alte Geschichte eine autonome Vertretung außerhalb des Deutschen Archäologischen Institutes habe.

Die heftigen Auseinandersetzungen um die Zukunft der Kommission wurden offen in der Sitzung vom 4. und 5. Februar 1966 ausgetragen, in welcher der früher bereits gefasste Beschluss der Angliederung der Kommission an das Deutsche Archäologische Institut nochmals sanktioniert werden sollte. Die Wiederwahl des Vorsitzenden zum selben Termin wurde damit zur Vertrauensabstimmung über Berves Kommissionspolitik. Die widerratenden Stimmen konnten sich nicht durchsetzen. Die feste Etatisierung einer Bundesinstitution, die ideelle und materielle Unterstützung durch das Deutsche Archäologische Institut und die Aussicht auf mindestens eine, wahrscheinlich mehrere Planstellen waren in diesem Moment ausschlaggebend. Die ebenfalls seit Anfang der fünfziger Jahre diskutierte Alternative, ein unabhängiges althistorisches ›Zentralinstitut‹ zu gründen, das nicht nur epigraphische und numismatische Projekte bearbeitete, sondern das Gesamtfach und seine Anliegen vertrat, wurde nicht weiterverfolgt. Das Bundesministerium genehmigte die neue Satzung der Kommission für Alte Geschichte und Epigraphik des Deutschen Archäologischen Institutes am 15. Dezember 1967. Mit der Geschäftsführung der ›institutionalisierten‹ Kommission wurde Edmund Buchner beauftragt, der Mitte Mai 1969 zu ihrem Ersten Direktor gewählt wurde.

Systematisch nutzte Berve seinen beruflichen Wiederaufstieg, um auf die Entwicklung der Althistorie in der Bundesrepublik erneut Einfluss zu nehmen. Die akademischen Netzwerke, die er vor 1945 aufgebaut hatte, bestanden im Nachkriegsdeutschland fort.[60] Berve nahm Anteil an der Laufbahn seiner Erlanger Schüler, zu denen Peter Robert Franke, Franz Kiechle, Eckart Olshausen und Michael Wörrle zählten, die alle im wissenschaftlichen Feld erfolgreich waren: Franke hatte später den althistorischen Lehrstuhl an der Universität des Saarlandes inne, Kiechle reüssierte in Bochum, Olshausen in Stuttgart, und Wörrle wurde Erster

Direktor der Kommission für Alte Geschichte und Epigraphik in München. Im Verlagswesen war Berves Meinung gefragt, wenn es um die Veröffentlichung oder Übersetzung altertumswissenschaftlicher Arbeiten ging.[61] Darüber hinaus hatte seine Stimme bei Berufungsverfahren der Philosophischen Fakultät an der Universität Erlangen Gewicht. In Verbindung mit Otto Seel setzte er sich dafür ein, dass 1958 der Klassische Philologe Rudolf Till auf ein persönliches Ordinariat berufen wurde.[62] Berve kannte Till noch aus München, wo dieser seit 1938 außerordentlicher Professor gewesen war. Auf Grund seiner Tätigkeit für Himmlers Ahnenerbe war der SS-Untersturmführer nach dem Zusammenbruch des »Dritten Reiches« von den Besatzungsbehörden entlassen worden und hatte ein Auskommen als Lehrer in Hinterzarten gefunden.

Wie seine Lehrveranstaltungen so ignorierten auch seine Publikationen den biographischen Bruch des Jahres 1945. 1949 erschien seine Aufsatzsammlung »Gestaltende Kräfte der Antike« mit Veröffentlichungen aus den dreißiger und vierziger Jahren. 1966 wurde eine zweite, stark erweiterte Auflage anlässlich seines 70. Geburtstages von Edmund Buchner und Peter Robert Franke herausgegeben.[63] Anfang der fünfziger Jahre erlebte die »Griechische Geschichte« eine zweite Auflage, die wenig später auch als dreibändige Taschenbuchausgabe bei Herder verlegt wurde.[64] Die wenigen Korrekturen, die Berve vornahm, sind nichts anderes als Retuschen, die verfängliche Begriffe ersetzten und kompromittierende Zeitbezüge tilgten. Die Chance, die Vergangenheit aufzuarbeiten, wurde nicht ergriffen. In seiner Korrespondenz verteidigte er vielmehr seine obskuren Rassenkategorien und seinen von Carl Schmitt und Hans Freyer geprägten Staatsbegriff.[65] Berve wollte und konnte nicht einsehen, dass durch seine Verstrickung in den Nationalsozialismus auch seine wissenschaftliche Reputation Schaden genommen hatte.

Einen weiteren Arbeitsschwerpunkt erschloss sich Berve in den fünfziger Jahren mit Abhandlungen über einzelne Tyrannen[66] und die »Wesenszüge der griechischen Tyrannis«,[67] die auf sein letztes großes Werk, »Die Tyrannis bei den Griechen« (München 1967) weisen. Das der prosopographischen Methode verpflichtete, grundsolide Werk bedeutete, wie Alfred Heuß schon gesehen hat, die »Rückkehr zu den wissenschaftlichen Anfängen«, dem »Alexanderreich«, konnte aber der Forschung nicht vergleichbar weite Perspektiven eröffnen.[68] Die Studien zur griechischen Tyrannis waren kein althistorischer Beitrag zum damaligen Totalitarismusdiskurs, sondern wandten die bereits in den zwanziger Jahren grundgelegten Prinzipien historischen Verstehens auf dieses Phänomen der Alten Welt an. Die Tyrannis war Berve »die hybride Vergewaltigung eines sich selbst seine staatlichen Lebensformen setzenden, autonomen Gemeinwesens durch einen einzelnen machtgierigen Menschen«.⁶⁹ Auch hier pflegte Berve die wissenschaftliche Kontinuität, indem er – wie viele seiner Kollegen – dem Verhältnis von Tyrann und Polis, d. h. von großer Einzelpersönlichkeit und Gemeinschaft nachspürte.

Seine rastlose Vortragstätigkeit nahm ebenfalls geläufige Themen und Inhalte der Vorkriegs- und Kriegsjahre auf.⁷⁰ Unmittelbar nach 1945 auf private Zirkel beschränkt, konnte Berve allmählich wieder ein größeres Publikum erreichen, das ein klassisch-humanistischer Bildungsgedanke zusammenführte und das sich zur Humanitätsidee der Antike bekannte, Modernismuskritik übte und einem sozialelitären Denken verpflichtet war. In seinen Anfang der siebziger Jahre mehrfach gehaltenen Referaten über »Alexander und Aristoteles« und »Kaiser Marc Aurel« reflektierte Berve einmal mehr über die Dialektik von Geist und Macht, zelebrierte das autonome Handeln der historischen Akteure und reduzierte komplexe historische Erscheinungen auf Hypostasierungen des Geistes.⁷¹ Am 19. Mai 1954 hielt Berve einen Vortrag an der Justus-Liebig-Universität Gießen über »Europa und Asien in der Antike«, in dem er ausführte, dass »der uns heute bewegende Gegensatz zwischen europäischem freien Menschentum und asiatischer Despotie-Knechtschaft am ehesten im klassischen Griechentum deutlich« sei.⁷² Die »europäischen Schicksalszeiten« der Antike und den kulturell-völkischen Antagonismus zwischen Ost und West hatte Berve schon Ende 1944 in seinem Vortrag in dem von Franz Alfred Six gegründeten, regimekonformen Deutschen Auslandswissenschaftlichen Institut unter der Überschrift »Hellas in der Persernot« beschworen, um damals allerdings noch darauf abzuheben, dass die Perser zwar »ein indogermanisches Herrenvolk reinen Gepräges« seien, aber »die Masse der andersartigen Völker des Orients« herangeführt hätten.⁷³

In dem Festvortrag »Das griechische Erbe und die Selbstbehauptung Europas«, den Berve zum 50-jährigen Jubiläum der Akademischen Verbindung Kyburger am 17. Februar 1962 in Zürich hielt, vermied er völkisch-rassistische Bezüge, vermittelte den Zuhörern jedoch die vertrauten antibolschewistischen Vorstellungen: »Wir sprechen von den ›freien Völkern‹ im Gegensatz zu jenen, die dem System östlicher Diktatur unterworfen sind. Aber zugleich sind wir im Begriff, in die Knechtschaft von Organisationen, Interessengruppen, wirtschaftlicher Machtgebilde zu geraten und die Freiheit in griechischem Sinne, die der einzelne nur als selbständig tragendes Glied einer lebendigen und allgemein verpflichtenden Einheit besaß, an Mächte zu verlieren, die der sittlichen Würde des wahren Staates entbehren.« Berve polemisierte gegen »Mechanisierung und Kollektivierung« und widersprach energisch der Vorstellung, dass »Europas Zeit in der Epoche des unaufhaltsamen Aufstiegs anderer Weltteile vorüber und seine geistige Selbstbehauptung von vornherein eine verlorene Sache« sei und schloss mit den Worten: »Wer aber überzeugt ist, dass es sich lohnt und auch aussichtsreich ist, Europa nicht bloß am Leben zu erhalten, sondern ihm seine Zukunft zu bahnen, der wird, ob er will oder nicht, immer wieder auf die Griechen geführt werden und versuchen, ihr Erbe als lebenzeugende Kraft, die es durch zwei Jahrtausende war und weiterhin sein kann, zu pflegen und zu verwirklichen.«[74] Helmut Berve steht exemplarisch für die personelle und wissenschaftliche Kontinuität in der Alten Geschichte und in den Altertumswissenschaften in Deutschland nach 1945.

NEUE IMPULSE: DAS SPARTABILD NACH 1945

1950 veröffentlichte Heinrich Böll seine Kurzgeschichte »Wanderer kommst du nach Spa«. Der Beginn des berühmten Epigramms von Simonides heroisierte hier keine große Tat, sondern prangte über dem blutüberströmten, geschundenen Körper eines Mannes mit abgerissenen Gliedmaßen. Die Worte sind mit weißer Kreide auf die schmutzige Tafel des guten alten Humanistischen Gymnasiums geschrieben.[75] Das trostlose Fragment symbolisiert eindrucksvoll den kulturellen Bruch der Nachkriegszeit: Die Erfahrungen von 13 Jahren Nazi-Barbarei und der Shoah ließen deutsche Schriftsteller und Künstler an der moralischen und emanzipatorischen Kraft der traditionellen humanistischen Schulbildung radikal zweifeln.

In der deutschen Wissenschaft war Sparta nach 1945 ein wenig gefragtes Thema. Es blieb vor allem englischen und französischen Wissenschaftlern vorbehalten, neue Perspektiven zu eröffnen und neue Methoden zu erproben. Erst 1983 publizierte ein deutscher Althistoriker eine Synthese zur Geschichte Spartas.[76] Aber in Erlangen, wo Berve Alte Geschichte lehrte, veröffentlichte eine junge Generation von Althistorikern wichtige Arbeiten über Sparta. Die nationalsozialistische Indienstnahme der Geschichte veranlasste jedoch die Nachwuchswissenschaftler, sich wieder ausschließlich der spezialisierten Forschung zuzuwenden. Ideologie und offene politische Agitation waren verpönt; man hielt es lieber mit der Quellenkritik und konzentrierte sich auf den gelehrten Fußnotenapparat.[77]

Die bedeutendste in Erlangen angefertigte Untersuchung zu Sparta ist die Habilitationsschrift von Franz Kiechle über »Sparta und Lakonien. Untersuchungen zur ethnischen Struktur und zur politischen Entwicklung Lakoniens und Spartas bis zum Ende der archaischen Zeit«, die er 1961 abgeschlossen hatte und 1963 veröffentlichte. Kiechle war bereits in München Berves Schüler gewesen, hatte 1955 das Staatsexamen abgelegt und war 1957 mit seiner Dissertation »Messenische Studien. Untersuchungen zur Geschichte der messenischen Kriege und der Auswanderung der Messenier« *magna cum laude* promoviert worden. In seiner Habilitationsschrift widmete sich Kiechle zwei Problemkreisen: einerseits »der staatlichen und ethnischen Kontinuität des Achaiertums in Lakonien nach dem Zusammenbruch der mykenischen Welt« und andererseits »dem Problem der gesellschaftlichen Struktur vor und nach der inneren Neugestaltung des Staates im 6. Jh.«.[78]

Die Arbeit reflektierte das zeitgenössische Interesse an dem archaischen Sparta, das nicht nur auf Deutschland beschränkt war,[79] und ist in der Forschung als bedeutender Beitrag zur Geschichte des frühen Sparta rezipiert worden. Doch worin liegen die Erkenntnisfortschritte? Kiechle untersuchte die Genese des spezifisch politisch-gesellschaftlichen Systems, das gemeinhin als lykurgische Ordnung bezeichnet wird. Erfolgreich widerlegte er die damals geläufige Vorstellung von der Gleichheit der Spartiaten, d. h. der spartanischen Vollbürger, und widersprach damit der Aussage seines Lehrers, die Spartiaten seien »in ihrer Gesamtheit eine adlige Herrenschicht gewesen«; Kiechle wies die Existenz einer »aristokratischen Oberschicht« in Sparta nach.[80] Damit wurde der Weg frei, Sparta künftig nicht nur als griechischen Sonderfall zu betrachten, sondern mit anderen griechischen Poleis zu vergleichen. Richtungweisend war Kiechles Versuch, die Herausbildung der spezifisch spartanischen Ordnung in der zweiten Hälfte des 6. Jahrhunderts, die Sparta, wie Kiechle meinte, in ein »permanentes Heerlager« verwandelt habe,[81] nicht primär durch äußere Ereignisse, sondern aus inneren Entwicklungen zu erklären, nämlich aus dem »Kontrast zwischen der keineswegs besonders günstigen wirtschaftlichen Lage der gewöhnlichen Spartiaten und der üppigen, undorischen Lebensführung der Aristokratie«.[82] Folge dieser »inneren Auseinandersetzungen« seien auch institutionelle Änderungen im Stadtstaat, vor allem der Aufstieg des Ephorats gewesen.[83]

Hier wurde ein Paradigmenwechsel in der althistorischen Historiographie vollzogen und die Sozialgeschichte Spartas entdeckt. Nicht mehr allein die politische und militärische Geschichte Spartas standen im Mittelpunkt des Interesses, sondern ebenfalls Fragen der Sozialstruktur und die Interdependenzen zwischen politischen, verfassungsgeschichtlichen, sozialen und wirtschaftlichen Entwicklungen. Kiechles Neuorientierung dürfte kaum Anregungen der ausländischen Forschung, etwa der Annales und der angelsächsischen Sozialgeschichtsschreibung, gefolgt sein, sondern vielmehr die Volkstumsforschung der 1920er und 1930er Jahre fortgeführt haben, die schon seinen Lehrer Berve angeregt hatte, der sich damit von der traditionellen Staaten- und Politikgeschichtsschreibung abgesetzt hatte, dann allerdings bei einer rassistischen Geschichtsschreibung gelandet war. Von der Volkstumsforschung übernahm Kiechle seinen ersten Untersuchungsgegenstand: die staatliche und ethnische Kontinuität des Achaiertums, d. h. des achaischen Volkes in Lakonien. Dies schloss die Geschichte der Wanderungen ein, aber auch die soziale Schichtung des Volkes, seine Kultur, seine Besitzverhältnisse oder, um Kiechle zu zitieren, seine »gesellschaftlichen Strukturen«. Während Hans Freyer in den 1930er Jahren das Volk als »das soziale Ganze« gesehen hatte, so trat an dessen Stelle in den 1950er Jahren die Gesellschaft. Versucht wurde, Sozial- und Politikgeschichte zu verbinden. Ethnisch-rassische Kategorien sind bei Kiechle durchaus noch deutlich erkennbar, sie werden aber durch die Beschreibung sozialer Gegebenheiten ergänzt. Damit spiegelt Kiechles Arbeit die Transformation der Volkstums- über die Struktur- hin zur Sozialgeschichte, die zur selben Zeit auch Joseph Vogt vollzog, auf dessen Initiative an der Mainzer Akademie der Wissenschaften seit Anfang der fünfziger Jahre systematisch die antike Sklaverei erforscht wurde, und Friedrich Vittinghoff, der die Sozialgeschichtsschreibung in der Alten Geschichte endgültig heimisch machte. Kiechle vermochte im Gegensatz zu Vittinghoff keinen synthetisierenden Begriff wie »Gesellschaft« zu entwickeln, und er war kein theoretischer Kopf, sondern begnügte sich mit quellengesättigter Aufarbeitung komplexer historischer Probleme.

Nicht minder bedeutend für die spartanische Sozialgeschichte, im Ansatz jedoch noch progressiver war die Dissertation von Detlef Lotze: »Μεταξὺ ἐλευθέρων καὶ δούλων [Metaxù eleuthéron kaì doúlon]. Studien zur Rechtsstellung unfreier Landbevölkerungen in Griechenland bis zum 4. Jh. v. Chr.« (Berlin 1959). Das Thema stammte von Helmut Berve, der den Jenenser Studenten auf die unfreien Bauern Griechenlands hingewiesen hatte und später das Erstgutachten übernahm;[84] das Zweitgutachten fertigte der Klassische Philologe Friedrich Zucker aus Jena an. Schwerpunkt der Untersuchung, die auf Bevölkerungsgruppen »zwischen Freien und Sklaven« ausgerichtet war, bildeten die kretischen Klaroten und die lakedämonischen Periöken. Im Hintergrund stand die Frage, ob deren Form der Unfreiheit mit der Hörigkeit des europäischen Mittelalters und der Neuzeit verglichen werden könne oder ob von einer besonderen Form der Sklaverei auszugehen sei. Berves Interesse an dem »Bauernthema« dürfte von der Volksgeschichte und dem Aufschwung der Agrargeschichte in den 1920er Jahren beeinflusst gewesen sein. Lotze war jedoch ein unabhängiger Kopf, der sich weder von seinem Doktorvater noch von den Parteistellen Vorgaben machen ließ. Er scheint eher von Moses I. Finley beeinflusst und der materialistischen Geschichtstheorie verpflichtet gewesen zu sein, die die antike Sklavenhalterordnung von dem mittelalterlichen Feudalsystem schied. Lotze wies eine spezifische griechische Form der Unfreiheit nach, die nicht mit der Terminologie des Feudalismus bezeichnet werden konnte. Wiewohl Lotze nicht zum Kreis der Berve-Schüler zählte, pflegte er den wissenschaftlichen Austausch mit dem westdeutschen Althistoriker auch nach dem Abschluss seiner Dissertation. Berve regte auch das Thema der Habilitationsschrift über »Lysander und der Peloponnesische Krieg« (Berlin 1964) an. Die ursprünglich geplante Mitwirkung des westdeutschen Althistorikers an dem Habilitationsverfahren war jedoch nach dem Bau der Berliner Mauer im August 1961 nicht mehr möglich.

Auferstanden aus Ruinen?
Altertumswissenschaften in der DDR

Man kann aus gutem Grund feststellen, dass seit 1945 die Altertumswissenschaften in Westdeutschland einen beispiellosen Aufschwung erlebten. Anders sah es in der Deutschen Demokratischen Republik aus. Dort wurde seit Mitte der fünfziger Jahre die Autonomie der Hochschulen beseitigt, ein System permanenter ideologischer Kontrolle etabliert, die führende Rolle der Partei und die Bindung an den Marxismus-Leninismus festgeschrieben, das sowjetische Vorbild beschworen und die universitäre Ausbildung auf die wirtschaftlichen Erfordernisse ausgerichtet. Die Altertumswissenschaften an den traditionellen Universitäten Berlin (Humboldt-Universität), Greifswald, Halle, Jena, Leipzig und Rostock wurden im Zuge von drei Hochschulreformen zunehmend marginalisiert.[85] Beispielhaft ist das Schicksal des Althistorikers Ernst Hohl, der als vorzüglicher Kenner der »Historia Augusta« weithin große Anerkennung genoss. Im Nationalsozialismus hatte er wissenschaftliche Standards eingefordert und sich in zahlreichen Rezensionen von plumpen Ideologisierungen distanziert. Nach 1945 stellte er sich in den Dienst des demokratischen Wiederaufbaus der Universität Rostock, und 1950 wurde er sogar an die Humboldt-Universität berufen. Doch der »bürgerliche Wissenschaftler« war auch in der DDR zu politischen Zugeständnissen nicht bereit, verteidigte in Forschung und Lehre die historisch-kritische Methode, beteiligte sich nicht am Aufbau des Sozialismus und geriet so zu Beginn der 1950er Jahre rasch ins Abseits.[86]

Auch andere Wissenschaftler, die sich im totalitären Staat nicht willfährig zeigten, waren Repressionen ausgesetzt. 1968 konnte Detlef Lotze nicht zum Kongress der *Fédération Internationale des Associations d'Études Classiques* in Bonn reisen, obwohl ihn kein geringerer als Moses I. Finley eingeladen hatte, in seiner Sektion über Spartas Ziele in der Machtpolitik des 5. Jahrhunderts v. Chr. zu sprechen. Aber das Ministerium für Hochschul- und Fachschulwesen hatte sich gegen die Teilnahme der DDR an der internationalen Zusammenkunft entschieden.[87] Darüber hinaus galt Lotze als weltanschaulich unzuverlässig. In seinen wissenschaftlichen Qualifikationsschriften komme »die marxistische Weltanschauung nicht klar genug zum Ausdruck«.[88] Also verbot man ihm auch eine Vortragsreise nach Bochum. Lotze kommentierte sarkastisch: »quod licet Iovi Irmscher, non licet bovi Lotze«.[89] Die berufliche Zukunft des Jenenser Dozenten war lange ungewiss. Erst nach der Wende wurde er auf eine althistorische Professur an der Universität Jena berufen.

Mit Blick auf die DDR kann man von einem gezielten Abbau der klassischen Altertumswissenschaften sprechen, die sämtlich unter das Diktat der Bedarfsplanung gestellt wurden. Detlef Lotze klagte in einem Brief an Helmut Berve, dass nur noch Fächer, die das universitäre Profil schärften, ausreichend materiell ausgestattet seien; die Alte Geschichte jedenfalls sei in der sozialistischen Universität nur mehr ein drittklassiges Fach und nicht mehr professurwürdig. Auch wenn in der Bundesrepublik »durch die Neugründung von Universitäten und die Vermehrung der Lehrstühle« an den traditionellen Standorten »das Reservoir an Lehrstuhlkandidaten ziemlich ausgeschöpft sein« mochte, so erschien aus der Sicht des DDR-Wissenschaftlers »der Reichtum der Bundesrepublik an Althistorikern, quantitativ und qualitativ, fast als unvorstellbar«.[90] Die altertumswissenschaftlichen Fächer spielten in der DDR letztlich nur noch an den Akademien, insbesondere der Berliner Akademie, eine, wenn auch bescheidene, Rolle, wie ein Blick auf die Inschriftencorpora zeigt.

Der Neubeginn nach dem Krieg war unter schwierigsten Bedingungen erfolgt.[91] Die Arbeitsräume des *Corpus Inscriptionum Latinarum* waren durch einen Bombentreffer stark beschädigt. »Teile der Schedensammlung wehten als einzelne Blätter durch das Haus und über den Hof, oder lagen unter den Trümmern, vor allem aber war kein Mitarbeiter da, der sich um das Material oder gar die Fortführung der Arbeiten gekümmert hätte.«[92] Mühsam richtete man sich wieder ein, und sukzessive wurden internationale Kontakte wiederhergestellt, ohne welche die Arbeit an den einzelnen Bänden nicht durchgeführt werden konnte. So zeigte man sich schon 1951 bereit, die zahlreichen Zettelkästen, in denen die Exzerpte der Prosopographie der Spätantike den Bombenkrieg überstanden hatten, einer Gruppe von britischen und französischen Wissenschaftlern in London und Paris zur Verfügung zu stellen, die getrennt an einer weltlichen und einer christlichen Prosopographie für diese Epoche arbeiteten, nämlich der »Prosopography of the Later Roman Empire« und der »Prosopographie chrétienne du Bas-Empire«.[93]

Die Vertreter der Berliner Corpora wurden 1952 zum Zweiten Internationalen Kongress für griechische und lateinische Epigraphik eingeladen, der in Paris stattfand. Der Kongress diente der Standortbestimmung der Epigraphik nach dem Zweiten Weltkrieg und stellte die traditionelle Bedeutung der Berliner Sammlungen nicht in Frage. Günther Klaffenbach, der für die *Inscriptiones Graecae* die Verantwortung trug, und Konrad Schubring, der jetzt das *Corpus Inscriptionum Latinarum* leitete, fuhren nach Paris und referierten über den aktuellen Stand und die Arbeitspläne der beiden Inschriftenwerke. Aber auf dem Kongress wurde deutlich, dass die internationale Epigraphik inzwischen völlig fragmentiert war und regionale Corpora vorangetrieben wurden. In dieser Situation versuchte man für das *Corpus Inscriptionum Latinarum*, das weiterhin den Anspruch eines umfassenden Corpus aufrechterhielt, Dessaus ›Defensivplan‹ von 1921 fortzuschreiben. Die eigentliche Gefahr für das lateinische Inschriftenwerk der Akademie kam indes nicht aus dem westlichen Ausland, sondern von den sozialistischen Brüdern: Es zeichnete sich ab, dass der Donauraum, der bisher im Rahmen des lateinischen Corpus erschlossen wurde, jetzt von Wissenschaftlern aus den »Volksdemokratien« bearbeitet werden würde.

Doch das lateinische Inschriftenwerk hatte noch ein weiteres, schwerwiegendes Problem. Während die *Inscriptiones Graecae* unter der souveränen Leitung des vorzüglichen Epigraphikers Klaffenbach standen, hatte das *Corpus Inscriptionum Latinarum* seine Spezialisten an den Westen verloren: Hans-Ulrich Instinsky, Herbert Nesselhauf und Lothar Wickert saßen auf Lehrstühlen an bundesdeutschen Universitäten. Schubring war ein vorzüglicher Kenner der antiken Medizin, nicht aber der lateinischen Epigraphik. So beantragte er 1954 von der Akademieleitung drei Reisestipendien für die epigraphische Ausbildung der Mitarbeiter, die für je vier Monate in Westdeutschland an Universitäten und in Museen geschult werden sollten. Dies war ein deutlicher Hilferuf, der allerdings nicht gehört wurde. Das Unternehmen, das einst das Prinzip der Autopsie in der modernen Epigraphik durchgesetzt hatte, konnte die epigraphische Ausbildung seiner Mitarbeiter an den Steinen nicht mehr gewährleisten.

Im Zuge der Transformation der Akademie von der Gelehrtengesellschaft zum Forschungskombinat wurde 1955 aus der Kommission für griechisch-römische Altertumskunde, die seit 1921 bestand, das gleichnamige Institut. Die kollektive Leitung lag in den Händen des ersten Direktors Werner Hartke, eines bekennenden Marxisten, und des stellvertretenden Direktors Günther Klaffenbach, der die bürgerliche Mehrheit der Akademiemitglieder repräsentierte; ihnen zur Seite trat als geschäftsführender Direktor der in jeder Hinsicht wendige Johannes Irmscher. Dem Institut wurden die beiden Inschriftencorpora angegliedert. Mit der Einrichtung von außeruniversitären Forschungsinstituten war eine Struktur geschaffen worden, die durch Adolf Harnack zu Beginn des 19. Jahrhunderts in Form der Kaiser-Wilhelm-Gesellschaft für die Naturwissenschaften grundgelegt worden war.[94] Damit drifteten bürgerliche Gelehrtengesellschaft und forschungsintensive Institute auseinander; die traditionelle Gelehrtengesellschaft der Akademie wurde marginalisiert. Allerdings verhinderten die ökonomischen Schwierigkeiten der DDR, die politische Frontstellung zwischen bürgerlicher und marxistischer Wissenschaft, die ideologische Indoktrination gerade der Geistes- und Kulturwissenschaften und die permanente Gängelei der Mitarbeiter eine effiziente Nutzung des Entwicklungspotentials der zukunftweisenden Struktur. Pointiert formuliert: Statt Forschung zu machen wurde Forschung in vielfacher Weise unterbunden.

Der Kalte Krieg hatte weitreichende Konsequenzen für die Inschriftencorpora in Berlin und für die Organisation der internationalen Epigraphik. Der Bau der Berliner Mauer 1961 machte das vom Institut offiziell propagierte Programm der sozialistischen Internationalisierung der Inschriftenarbeit zur Makulatur. In der Bundesrepublik reagierte man sofort. Die Initiative wurde von mehreren konservativen Althistorikern und Epigraphikern ergriffen. Bereits im Dezember 1961 dachte man darüber nach, die *Inscriptiones Graecae* und das *Corpus Inscriptionum Latinarum*, aber auch die *Prosopographia Imperii Romani* in den Westen zu holen, um so den internationalen wissenschaftlichen Austausch garantieren zu können. Intensiv kommunizierte man mit englischen und französischen Wissenschaftlern um Louis Robert, Hans-Georg Pflaum und Ronald Syme, die aber nicht bereit waren, die Planspiele der westdeutschen Kollegen blind zu unterstützen, welche auf die wissenschaftspolitische Isolation der Ostberliner Akademie zielten. Konsensfähig schien jedoch die Idee, alle einschlägigen epigraphischen Unternehmen zunächst des nichtsozialistischen Europa zusammenzuführen, unter Einschluss von Polen, Jugoslawien und Bulgarien. Zentrum dieser neuen Corpusarbeit sollte Paris sein; man dachte daran, zunächst zwei bis drei ständige Mitarbeiter zu beschäftigen und zahlreiche Stipendiaten aus allen Ländern zu finanzieren.

Diese Konzeption, die unter dem Stichwort »Zweigstelle Paris« den Akteuren in Berlin hinterbracht wurde, beunruhigte nicht nur die Corpus- und Institutsmitarbeiter, sondern sorgte auf höchster Ebene für Turbulenzen. Hartke, damals Präsident der Deutschen Akademie, verhandelte konspirativ mit seinem Studienfreund Pflaum und verfasste im März 1962 einen ausführlichen »Bericht über einige Erscheinungen, die eine offensive Aktion aus den kapitalistischen Ländern zum Zwecke der wissenschaftlichen Isolierung der DDR anzeigen«.[95] Seine Ausführungen sollten die politisch Verantwortlichen überzeugen, die Interessen der als bürgerlich wahrgenommenen Altertumswissenschaften in der Akademie zu verteidigen. Hartke empfahl daher den »maßgebenden Stellen der DDR« zur Abwehr der »westlichen Embargobestrebungen« ein offensives Bekenntnis zu den Altertumswissenschaften – und nicht nur zu den Naturwissenschaften. Der Bau der Berliner Mauer legte in aller Schärfe die innerakademischen Auseinandersetzungen um die Bedeutung der epigraphischen Unternehmungen offen, die dem ›progressiven‹ sozialistischen Kader in der Akademie als Relikte einer veralteten bürgerlichen Forschung galten.

Auf dem Epigraphikkongress in Wien 1962 sollte dann die ›bürgerliche‹ Internationalisierung der Inschriftenarbeit abgewehrt werden. Ziel war es, die nationalen Initiativen zu begrüßen, gleichzeitig die Ostberliner Akademie als exklusive Erbin der beiden großen Corpora bestätigen zu lassen. Es ging um viel. Die DDR-Delegation, die nach Wien fuhr, war hochkarätig besetzt. Während Hartke es sich nicht nehmen ließ, das Staatsoberhaupt der DDR, Walter Ulbricht, zu zitieren, der ihn ausdrücklich gebeten habe, die Akademie »möge solche faire gemeinsame internationale Arbeit unterhalten und fördern«,[96] fiel Irmscher der Part zu, aus historischer Perspektive »Die Idee des umfassenden Inschriftencorpus« zu betrachten.[97] Doch was hatte Irmscher anzubieten? Die Berliner Akademie edierte nicht mehr selbst Inschriften, sondern war nur noch Publikationsort für an anderer Stelle hergestellte Inschriftenfaszikel und garantierte die editorische Rundum-Betreuung. Nachgerade grotesk war es, dass Irmscher seinen Ausführungen Olav Kellermanns Denkschrift vom 1. Juni 1836 beilegte, um die Berechtigung des Anspruches der Ostberliner Akademie historisch zu legitimieren. Kellermann hatte optimistisch in die Zukunft geblickt, Irmscher hingegen stimmte den Schwanengesang auf ein sterbendes Unternehmen an. Ein wissenschaftspolitisches Ziel konnte in Wien aber erreicht werden, was der in der Akademie intern umstrittenen Corpusarbeit durchaus nutzte: Die Gründung einer konkurrierenden Neben- oder Zweigstelle der traditionellen Inschriftencorpora im westlichen Ausland war verhindert worden. Den Vorstoß bürgerlicher westdeutscher Altertumswissenschaftler fingen die realsozialistischen Akademiestrategen auch dadurch ab, dass man die Gründung einer internationalen epigraphischen Assoziation unterstützte, die Pflaum und Syme ins Gespräch gebracht hatten. Die Anfänge der 1977 auf dem Kongress in Constantza gegründeten *Association Internationale d' Épigraphie Grecque et Latine*

(AIEGL) liegen im Sommer 1962 in Wien. Die AIEGL ist ein Kind des Kalten Krieges und ein Ergebnis des Berliner Mauerbaus.

Die bescheidenen Hoffnungen, die man auf die Fortsetzung der Corpusarbeit an der Deutschen Akademie der Wissenschaften gesetzt hatte, zerschlugen sich. Der Strom der Manuskripte, der Berlin erreichte, war nicht breit und mächtig, sondern schmal und träge. Nach der Strategie von 1962 wartete man auf den Eingang von Texten, statt selbst durch eigene Editionen initiativ zu werden. Hilflos musste man zusehen, wie sich gerade die sozialistischen Staaten von der Idee eines umfassenden Corpus lateinischer Inschriften verabschiedeten und es immer mehr Separatpublikationen gab. Die ideologisch motivierten Reformen der Akademie nach 1968, vor allem die Implementierung der so genannten Zentralinstitute (und damit des »Zentralinstituts für Alte Geschichte und Archäologie [ZIAGA]«) nach dem Vorbild der Sowjetunion, die damit einhergehende Zentralisierung der Entscheidungsprozesse, die staatliche Wissenschaftskontrolle, die politische Supervision der durchaus zahlreichen Mitarbeiter, die ausufernde Ideologisierung und Bürokratisierung der alltäglichen Arbeit wirkten kontraproduktiv und verhinderten Selbständigkeit und Eigeninitiative. Vor allem traten jetzt wirtschafts- und kulturgeschichtliche Kollektivprojekte in den Mittelpunkt des Forschungsinteresses; die alten Corpora wurden in der fortschrittsorientierten Rhetorik des ZIAGA an den Rand gedrängt. Wer unter den Mitarbeitern den als »bürgerlich« diffamierten Traditionsunternehmen den Vorzug vor den marxistisch-leninistischen Prestigeprojekten gab, wurde – wie Reinhard Kroener – als »faktologischer Querulant« ausgegrenzt.[98] Die Inschriftenunternehmen waren mit dem Segen der Institutsdirektoren Korrekturleseeinrichtungen. Statt wissenschaftlicher Arbeit wurden typographische Hilfsdienste verrichtet. Einst war aus dem Meister der Geselle geworden, jetzt wurde aus dem Gesellen erzwungenermaßen der Hilfsarbeiter.

Die Situation in der DDR änderte sich erst nach der »Wende«. Wieder war es die Politik, die Ende des 20. Jahrhunderts weitreichende Folgen für die Altertumswissenschaften hatte. Nach dem Fall der Berliner Mauer und der Auflösung der DDR übertrugen die neuen Verantwortlichen die westdeutschen Hochschulstrukturen (mit gewissen Modifikationen) auf das Hochschulwesen in den neuen Bundesländern.[99] An den alten Universitäten Berlin (Humboldt-Universität), Greifswald, Halle, Jena, Leipzig und Rostock wurden nach 1989 altertumswissenschaftliche Fächer ausgebaut bzw. wieder eingerichtet; hinzu kamen altertumswissenschaftliche Professuren in Dresden und Potsdam (Klassische Philologie und Alte Geschichte) sowie in Chemnitz, Erfurt und Magdeburg (Alte Geschichte). 1993 wurde darüber hinaus die Berlin-Brandenburgische Akademie der Wissenschaften gegründet; die neuen Strukturen veränderten die altertumswissenschaftlichen Unternehmungen und so auch die Inschriftencorpora grundlegend, die durch die Arbeitsgruppe »Geisteswissenschaften« des Wissenschaftsrates positiv evaluiert worden waren. Die Idee, dass die Akademie durch ihre Institute Trägerin einer organisierten Forschung größeren Umfanges sein könne, wurde nicht weiterverfolgt. Implementiert wurden die Organisationsstrukturen und Institutionen einer Gelehrtensozietät, so wie sie sich auch in den Akademien der alten Bundesrepublik fanden. Alternative Konzepte wurden auch in der Akademie diskutiert, konnten sich aber nicht durchsetzen. Das ZIAGA wurde abgewickelt. Stattdessen richtete man Arbeitsstellen, Kommissionen und Unterkommissionen ein; die Unternehmen, die fortgeführt wurden, liegen seither in den Händen von Projekt- und Arbeitsstellenleitern.[100]

Die neuen Leiter der Inschriftencorpora, die international ausgewiesene Epigraphiker aus Westdeutschland waren: Peter Hermann und Géza Alföldy, erklärten es als notwendige Voraussetzung für den Fortbestand der Projekte, dass künftig die Mitarbeiter an der Berliner Akademie wieder griechische und lateinische Inschriften selbst edieren mussten. Mit dem Segen des Wissenschaftsrates und dem Geld des Akademienprogramms konnten die *Inscriptiones Graecae* und das *Corpus Inscriptionum Latinarum* grundlegend reorganisiert, Forschungsperspektiven formuliert und die internationale Kooperation intensiviert werden. Seit 1994 erscheinen in regelmäßiger Folge neue Corpusbände. Die »Produktivitätssteigerung« in den folgenden Jahren, die auch andere altertumswissenschaftliche Unternehmungen wie die Prosopographie der römischen Kaiserzeit und die »Griechischen Christlichen Schriftsteller« verzeichnen konnten, war in der Tat beeindruckend; sie war nicht zuletzt dem Einsatz der Projektleiter zu verdanken, fußte aber auch auf einer verbesserten materiellen Ausstattung der Arbeitsstellen, der gesteigerten Motivation der Mitarbeiter, der Reform der wissenschaftlichen Kommunikation und der individuellen Garantie freier Forschung.

Ein flüchtiger Blick Richtung Gegenwart

Auch nach der Wende dauerten die intensiven Debatten um die Modernisierung der Hochschulen an, die mehr und mehr Studierende besuchten: 1995 waren es 1858400, im Jahr 1960 zum Vergleich nur 291100. Die Jahrgangsquote der Studienberechtigten lag Anfang der 1950er Jahre bei 5%, Ende der 1990er Jahre bei 30%. Die soziale und ökonomische Effizienz, weniger die politische und kulturelle

Funktion der Hochschulen und der jeweiligen Disziplinen waren Gegenstand des öffentlichen Diskurses. In diesem Zusammenhang wurden marktwirtschaftliche Bewertungskriterien – zum Teil ohne ausreichende methodische Reflexion – auf Forschung und Lehre übertragen. Durch Haushaltsrestriktionen zwang die Politik den Universitäten Sparmodelle und Prioritäten auf, unter denen nicht zuletzt auch die Altertumswissenschaften litten. Der staatliche Einfluss wuchs – trotz gegenteiliger politischer Rhetorik. Studieninhalte, Studienabschlüsse, Studiengebühren, Studiendauer, wissenschaftliche Qualifikation (vor allem die Habilitation), Aufbau und Zusammensetzung des Lehrkörpers sowie Evaluation von Forschung und Lehre waren häufig traktierte Themen einer Hochschulpolitik, die mehr und mehr auf europäische Harmonisierung setzte. Die Altertumswissenschaften standen – und stehen – innerhalb der deutschen Universitäten unter erheblichem Legitimations- und Modernisierungsdruck. Ihr Platz innerhalb der kultur- und geisteswissenschaftlichen Fakultäten und Fachbereiche ist angesichts einer restriktiven staatlichen Haushaltspolitik und der zunehmenden Kritik an ihrer Bedeutung für die Selbstreflexion der Gesellschaft keineswegs mehr eine Selbstverständlichkeit. Die ersten Institute wurden geschlossen und Professoren versetzt, wie etwa an der Universität Mannheim.

Seit den späten 1960er Jahren haben die veränderten intellektuellen und institutionellen Rahmenbedingungen die Übernahme international einflussreicher Konzepte und Methoden in den einzelnen Altertumswissenschaften erleichtert.[101] So entdeckte die Klassische Archäologie etwa die politische Ikonologie, die Alte Geschichte die Historische Anthropologie und die Klassische Philologie die Literaturtheorie. Mit Hellenismus und Spätantike wurden Epochen fächerübergreifend untersucht, die in den klassischen Altertumswissenschaften bisher weniger Aufmerksamkeit gefunden hatten. Karl Christ begann als erster deutscher Altertumswissenschaftler, sich konsequent der Wissenschaftsgeschichte zuzuwenden.[102] Zunächst zögerlich wurden neuere Ansätze vor allem der angelsächsischen und französischen Forschung rezipiert. Das Interesse an theoretischen Angeboten aus anderen Disziplinen war groß; ›interdisziplinäre‹ Diskussionen, die gerade von Nachwuchswissenschaftlern – bisweilen ungeduldig – eingefordert wurden, eröffneten neue Perspektiven.

Von überragender Bedeutung nicht nur für die Alte Geschichte waren die Arbeiten des 1929 geborenen Historikers Christian Meier, der schon 1966 – auf Einladung von Studenten – seinen inzwischen berühmten gewordenen Vortrag über Sinn und Ziel der Alten Geschichte hielt.[103] Aufgewachsen im »Dritten Reich«, studierte Meier Geschichte und Klassische Philologie zunächst in Rostock; dann flüchtete er aus der Sowjetzone und schrieb sich an der Universität Heidelberg ein. Dort wurde er 1956 von Hans Schaefer promoviert; 1963 folgte die Habilitation bei Hermann Strasburger und Matthias Gelzer in Frankfurt. Rufe führten ihn auf Lehrstühle in Basel (1966 und 1973), Köln (1968), Bochum (1976) und schließlich München, wo er von 1981 bis 1997 wirkte. Die traditionelle Althistorie ließ schon der junge Professor hinter sich. 1968 erhob er, gerade auf den Lehrstuhl Jacob Burckhardts berufen, die Forderung, die Universität müsse eine kritische Funktion erfüllen, gegen links wie gegen rechts.[104] Solche Aussagen quittierte eine konservative Zunft mit dem absurden Vorwurf, er sei ein Totengräber der Alten Geschichte. Meier ließ sich von solcher Polemik nicht beirren. Den ruhelosen Historiker interessieren die Bedingungen und Voraussetzungen, unter denen es sich lohnt, Alte Geschichte zu treiben. Die Antworten sucht er bei Max Weber, Norbert Elias und Hannah Arendt, aber auch bei Arnold Gehlen und Carl Schmitt, zu dem er – wie viele Intellektuelle seiner Generation – nach Plettenberg pilgerte. Schmitt schärfte seine Auffassung vom Staat und lenkte seine Aufmerksamkeit auf den Begriff des Politischen. Zunehmend interessierten Meier die allgemeinen Bedingungen politischen und gesellschaftlichen Wandels, und er reflektierte über eine Theorie historischer Prozesse. Als Pflicht des Historikers definierte er die Suche nach prozessualen Zusammenhängen, nach individuellen Handlungsoptionen und gesellschaftlichen Entscheidungsspielräumen. Geprägt hat Meier schließlich die intellektuelle Auseinandersetzung mit Alfred Heuß, durch dessen Werk er auch die Notwendigkeit der historiographischen Synthese erfuhr. Als glänzender Stilist erreicht Meier nicht nur seine altertumswissenschaftlichen Kollegen, sondern auch eine breite Öffentlichkeit.[105]

18. Akteure: Hermann Bengtson und Alfred Heuss[*]

Am 22. Juni 1941 überfiel das Deutsche Reich die Sowjetunion mit 149 Divisionen. An vorderster Front kämpfte als Leutnant der Reserve der habilitierte Althistoriker Hermann Bengtson. Aus dem Feld schickte er dem Rektor der Universität München am 16. September desselben Jahres einen Brief, der von dem militärischen Geschehen berichtete. »Zur Zeit liegen wir wieder in Stellungen an einem Dorfrand, vor uns ein kleiner Fluss und dahinter ein von den Russen angelegter

Panzersperrgraben. Schon mehrfach hat der Russe versucht, unser Dorf anzugreifen, er ist aber bisher stets im Feuer unserer schweren Waffen liegen geblieben. Man könnte jetzt noch viel Interessantes schreiben: von dem Lärm, den die Kommissare in der Morgenfrühe vor jedem Angriff in den russischen Gräben machen, weil niemand mehr vorgehen will [...] oder von der Ruhe und Kaltblütigkeit, mit der hier unsere Leute, einige Tausend Kilometer von der Heimat entfernt, die Russen aufs Korn nehmen, als ob es auf dem Schießplatz der Garnison wäre.« Bengtson setzte hinzu: »Der deutsche Soldat hat ein unbedingtes Überlegenheitsgefühl über den Russen, und das ist ausschlaggebend für den Sieg, der früher oder später unser sein wird.«[1]

Zehn Tage später fiel Kiew. Im Oktober kam der große Regen. Die deutsche Offensive blieb im Schlamm stecken. Ein gutes Jahr später war die sechste Armee in Stalingrad eingekesselt. Ende 1943 war Kiew wieder in sowjetischer Hand. Am 22. Dezember dieses Jahres schrieb der Breslauer Professor für Alte Geschichte Alfred Heuß einen Brief an seinen Königsberger Kollegen, den Klassischen Philologen Willy Theiler, der gerade einen Ruf an die Universität Bern angenommen hatte: »Ich bemühe mich vergeblich einen Vorwand zu finden, hinter dem man eine halbwegs vernünftige Hoffnung auf nicht allzu trostlose Gestaltung der Zukunft verschanzen kann.« Es sei »ein Jammer, dass politische Dummheit so die Zukunft Europas verspielt hat, eventuell dazu noch die eigene Existenz. Dabei hat dieser Krieg eigentlich in unerwarteter Weise die besten Chancen an die Hand gegeben.« Doch »mit der unmöglichen Behandlung der fremden Nationen« habe man »das Fundament, auf dem man stand, gründlichst unterhöhlt. Dabei wären bei einigermaßen vernünftiger Behandlung die Staaten und Völker des Ostens und des Balkans zu gewinnen gewesen, weil ihnen anders ja die russische Knute gedroht hätte. Selbst bei den Polen wäre eine gewisse Bereitwilligkeit gewesen. Aber wen der Herr vernichten will, den schlägt er mit Blindheit.« Heuß wurde noch deutlicher und fürchtete offenbar keine Briefzensur: »Nur bei einem dürftig erhellten Verstand hätte man sich schon vorher sagen müssen, dass man nicht zu gleicher Zeit gegen Westen und gegen Osten Politik treiben darf, und dann wäre es zu dem Krieg überhaupt nicht gekommen.« Wenn es noch gelinge, »den Feind außerhalb der Grenzen zu halten (was freilich von dem Schutz des Industriepotentials vor den Luftangriffen abhängt)«, dann glaube er, »dass die Leute trotz allen Elendes durchhalten werden. Aber das Leben sieht nachher noch trostlos genug aus, und der Krieg ist danach natürlich nicht ›gewonnen‹.« Er gestand: »In trüben Stunden sehe ich mich bereits auf dem Wege nach Sibirien oder gar als bourgeoiser Contrerevolutionär vor einem roten Tribunal. Es gehört leider zu solchen Vorstellungen nicht viel Phantasie, und man hätte nicht einmal wie weiland das russische Bürgertum den selbigen Trost, dass einen die Mitleidszähren der übrigen zivilisierten Welt begleiten.«[2]

Hermann Bengtson und Alfred Heuß überlebten den Zweiten Weltkrieg und kamen in der neu gegründeten Bundesrepublik zu akademischen Ehren. Die beiden Wissenschaftler stehen für zwei grundverschiedene Formen der Alten Geschichte in Westdeutschland. Hier das quellengesättigte Handbuch, dort die theorieorientierte Synthese, hier das konventionelle Urteil, dort die gesuchte Provokation, hier der Anschluss an die altertumswissenschaftlichen Nachbarfächer, dort die Orientierung an der Philosophie, der Soziologie und der Anthropologie. An den beiden Biographien kann exemplarisch die Entwicklung des Faches Alte Geschichte in der Zwischen- und Nachkriegszeit in Deutschland nachgezeichnet werden.

ZWISCHEN DEN KRIEGEN: DIE WISSENSCHAFTLICHE SOZIALISATION

Hermann Bengtson und Alfred Heuß wurden beide 1909 geboren und waren Angehörige der Kriegsjugendgeneration, die durch Krieg, Niederlage und Nachkriegsnot geprägt wurde.[3] Zu den Charakteristika dieser Generation zählten die deutschnationale Gesinnung, Distanz zu Sozialismus und Kommunismus und Sympathien für die völkische Bewegung. Damit erschöpfen sich indes bereits die gemeinsamen Merkmale der beiden jungen Historiker. Heuß, der Sohn eines Musikwissenschaftlers aus bildungsbürgerlichem Milieu, studierte seit dem Wintersemester 1928/29 in Leipzig bei dem jungen charismatischen Ordinarius Helmut Berve, der damals die ›moderne‹ Althistorie repräsentierte und gegen den »Positivismus« einer krisenhaft erschütterten Altertumskunde in der Tradition des 19. Jahrhunderts zu Felde zog. Von der Krise der Altertumswissenschaften wollte Bengtson, der Aufsteiger, der aus einer kleinbürgerlichen Familie stammte und von der sozial diversifizierten Rekrutierung des akademischen Nachwuchses an den deutschen Hochschulen profitierte, nichts wahrgenommen haben. Im Gegenteil: Mit seinem Münchner Lehrer Walter Otto teilte er die Begeisterung für quellenkritische Spezialforschung, die Faszination für die Epoche des Hellenismus und das offensive Bekenntnis zur Universalgeschichte; Otto war auch in den dreißiger Jahren nicht gewillt, den Alten Orient als integralen Bestandteil der Althistorie aufzugeben, und geriet damit in Gegensatz zu seinem Schüler Berve, der die Alte Geschichte auf die griechisch-römische Antike beschränken wollte und mit dieser

Konzeption seinen Schüler Heuß beeinflusste. Bengtson studierte auf Ottos Rat hin neben den klassischen Altertumswissenschaften Ägyptologie, Assyriologie und Hethitologie. Heuß hingegen schaute sich in der Philosophie, der Soziologie und der Rechtswissenschaft um, hörte bei Theodor Litt, Hans Freyer, Paul Koschaker und Heinrich Siber und begann, Edmund Husserl und Max Weber zu lesen.[4]

Im »Dritten Reich« erbrachten die beiden jungen Historiker, die 1935 (Bengtson) bzw. 1936 (Heuß) promoviert wurden, Bekenntnisgesten und Loyalitätsleistungen, um die Karriere nicht zu gefährden bzw. voranzutreiben. Ihre politische Biographie entspricht derer zahlreicher Nachwuchswissenschaftler ihrer Generation. In ihrem Verhalten gab es graduelle, aber keine prinzipiellen Unterschiede. Als »Märzgefallener« war Bengtson Mitglied der NSDAP, betätigte sich seit 1937 als Sturmmann und dann als Rottenführer der SA, gehörte seit 1938 dem NS-Dozentenbund an und zahlte Beiträge für die Nationalsozialistische Volkswohlfahrt.[5] Ein überzeugter Nationalsozialist war er nicht, genauer: Er war es nicht lange. Die anfängliche, aus antiparlamentarischen und antiliberalen Ressentiments gespeiste Begeisterung für die »nationale Erhebung« kühlte rasch ab; der junge Wissenschaftler stieß sich an der dümmlichen Rhetorik der Volksschullehrer mit Braunhemd und Ledergürtel, wie er später schrieb. Aber an Opposition dachte Bengtson nicht. An der Universität leitete er eine Arbeitsgruppe über das »Eindringen des Judentums in die antike Welt«, und von verschiedenen Untergliederungen der NSDAP wurde ihm bescheinigt, weder ein »Stubengelehrter« noch ein »weltfremder Bücherwurm« zu sein. Für den NS-Dozentenbund zählte er zu den vielversprechenden Althistorikern der neuen Ära.

Bengtsons Qualifikation verlief bis 1939 reibungslos. Dann drohte die Habilitation zu scheitern. Man hat später politische Machinationen vermutet,[6] doch zum Verhängnis wurde dem Habilitanden der berechtigte Vorwurf, dass er größere Teile seiner Probevorlesung über »Einzelpersönlichkeit und athenischer Staat in der Zeit des Peisistratos und der Perserkriege«[7] bereits vorab als Akademieabhandlung publiziert hatte.[8] Erst nach längerem Hin und Her verlieh ihm die Universität München 1939 den Titel eines Doktor phil. habil.; die *venia legendi* erwarb Bengtson erst im September 1940 in Heidelberg bei Fritz Schachermeyr, nachdem er bereits am 30. September 1939 zur Wehrmacht eingezogen worden war. Von der Ostfront schrieb Bengtson im September 1941 an den Rektor der Universität München den eingangs zitierten Brief. Das Schreiben an den Indogermanisten und nationalsozialistischen Multifunktionär Walther Wüst[9] sollte aber nicht nur die Kunde von der Überlegenheit der deutschen Truppe in die Heimat bringen, sondern zugleich Bengtsons geplante Umhabilitation an seine Heimatuniversität vorbereiten.

Der Brief zeigte Wirkung. Schon zum 1. November 1941 wurde der verwundete Offizier Dozent an der Universität München, vertrat im folgenden Jahr den Lehrstuhl seines 1941 verstorbenen Lehrers Walter Otto, und 1942 wurde ihm die althistorische Professur an der Universität Jena übertragen.

Heuß dagegen galt den offiziellen Stellen weltanschaulich als unzuverlässiger Kantonist. Der nationalsozialistischen ›Bewegung‹ mit ihren irrational-tumultuarischen Ritualen stand er fern. In der »Neuen Bündner Zeitung« veröffentlichte er bereits im August 1934 anonym eine brillante Analyse des »Dritten Reichs«.[10] In dem Artikel entlarvte er den Patchworkcharakter der NS-Ideologie als ein probates Integrationsmittel heterogener Bevölkerungsgruppen und betonte die charismatische Legitimation des Diktators durch einen die sozialen Differenzen transzendierenden Führerkult, den Antiintellektualismus einer auf Massenmobilisierung setzenden politischen Organisation und den gezielten Einsatz von Gewalt zur rücksichtslosen Durchsetzung der Ziele. Das Ergebnis war offenkundig: »Der Nationalsozialismus hat als Ganzes keinen ebenbürtigen Gegner mehr.« Scharfsichtig erkannte Heuß aber auch die Ambivalenzen und Paradoxien des Herrschaftssystems, d. h. den Dualismus von Staat und Partei, von Recht und Willkür, von Traditionalität und Modernität, von Polykratie und Autokratie.

Folglich überrascht es nicht, dass seine akademische Karriere beinahe aus politischen Gründen scheiterte. Wilhelm Weber, der Berliner Ordinarius für Alte Geschichte und überzeugte Nationalsozialist, urteilte über ihn in einem Gutachten: »Wissenschaftlich ohne Zweifel dozenturreif, menschlich trotz offenkundiger Fehler überwiegend positiv, politisch bestimmt noch kein Nationalsozialist.«[11] Heuß konnte eine katastrophale Beurteilung, die er im Frühjahr 1937 in einem berüchtigten Dozentenlager erhalten hatte, nur mit Mühe abwenden und musste in die NSDAP eintreten.[12] Erst Ende Dezember 1937 wurde er zum Dozenten für Alte Geschichte ernannt.

Der in der neutralen Schweiz veröffentlichte Zeitungsartikel lässt erahnen, wie schwer es dem jungen Historiker, der die Struktur des nationalsozialistischen Unrechtsstaates durchschaut hatte, gefallen sein muss, 1937 den neuen Machthabern durch den Parteieintritt zu Kreuze zu kriechen, um in Deutschland eine berufliche Zukunft zu haben. Alfred Heuß' scharfsinnige Analyse der Zeitläufte ist eine Ausnahme, sein Verhalten nicht – wie Hermann Bengtsons Vita bestätigt. Heuß' Biographie steht für die zahlreicher Wissenschaftler, die unter den Bedingungen der nationalsozialistischen Herrschaft zwar ihre intellektuelle Autonomie verteidigten, aber ihre politische Souveränität preisgaben.

Zum Wintersemester 1938/39 beauftragte das Wissenschaftsministerium Heuß mit der vertretungsweisen Wahrnehmung des vakanten Lehrstuhls für Alte Geschichte an der Universität Königsberg. Lothar Wickert, der einen Ruf nach Köln erhalten hatte, brachte ihn damals ins Gespräch. Zum 1. Dezember 1941 wurde Heuß sodann zum außerordentlichen Professor der Alten Geschichte an der Universität Breslau ernannt. Seit 1. Februar 1944 wirkte er daselbst als ordentlicher Professor. Den Glauben an den deutschen Endsieg hatte er, wie seine unveröffentlichte Korrespondenz mit Willy Theiler zeigt, bereits Ende 1941 aufgegeben. Politische Bedenken gegen die Ernennungen erhob die Parteikanzlei der NSDAP indes nicht.[13]

Die wissenschaftlichen Qualifikationsschriften von Bengtson und Heuß reagierten unterschiedlich auf die zeitgenössischen Diskussionen um die künftigen Inhalte der Altertumswissenschaften. Beide hielten sich jedoch von rassengeschichtlichen Experimenten fern. In Dissertation und Habilitation untersuchte Bengtson »Die Strategie in hellenistischer Zeit«.[14] Der Druck der insgesamt drei Bände zog sich kriegsbedingt von 1937 bis 1952 hin. Damit hatte Bengtson ein quellen- und literaturgesättigtes Standardwerk über die Strategen vorgelegt, die als Beamte der griechischen Poleis, als Beauftragte der Bünde, als militärische Befehlshaber und als Vertreter der hellenistischen Könige agierten. Die Arbeit orientierte sich an den traditionellen disziplinären Standards. Wilhelm Weber meinte denn auch, Bengtsons Arbeiten ließen vermuten, seit 1933 sei nichts passiert. Sie könnten auch 1923 oder 1903 geschrieben sein: »Zukunftsträchtiges im Sinn einer erneuerten Geschichtswissenschaft« könne man »nirgends finden. Von der neuen großen Problematik gar nicht zu reden.«[15] Bengtson hatte das umfangreiche Material zu den Strategen der hellenistischen Zeit gesammelt, gesichtet und geordnet, um, wie es im Untertitel heißt, einen »Beitrag zum antiken Staatsrecht« zu leisten, der auf »formal-juristische staatsrechtliche Konstruktionen« verzichtete. Bengtson wandte sich von Mommsens Rechtssystematik ab, um stattdessen prosopographische und lexikographische Detailforschung zu betreiben. Er folgte dem Wissenschaftsverständnis seines Lehrers Otto, der in »einer enzyklopädischen Stoffbewältigung das Ziel historischer Erkenntnis«[16] erblickte und nach einem Wort seines Schülers Berve »einer der letzten großen Positivisten der deutschen Altertumswissenschaft« war.[17] Also bemühte sich Bengtson, die Quellen vollständig zu erfassen und erschöpfend zu diskutieren. Sein Blick richtete sich auf Einzelheiten. Von der gelehrten Literatur ließ er sich, wie Alfred Heuß in einer Rezension bemerkte, die Fragen diktieren, »anstatt seine eigenen zu stellen. Fast alle seine Urteile sind Kontroversentscheidungen, Abwägen vorhandener Argumente, aber fast nie ein originaler Gedanke«.[18] Aus der Krise des Historismus und der Bedrohung durch den Nationalsozialismus suchte Bengtson, so scheint es, die Flucht zurück in die vermeintliche Sicherheit der traditionellen Quellenforschung des 19. Jahrhunderts.

Ganz anders verhält es sich bei Heuß. Dissertation und Habilitation, die die Struktur römischer Außenpolitik und die Organisation hellenistischer Herrschaft analysierten, überzeugten durch quellenkritische Präzision und juristische Systematik. Während die in seiner Dissertation gegen Eugen Täubler vorgenommene Rekonstruktion der völkerrechtlichen Beziehungen Roms zu anderen Staaten allgemeine Anerkennung fand,[19] stieß die auf dieser Grundlage konsequent entwickelte und in der Habilitationsschrift über »Stadt und Herrscher des Hellenismus«[20] verfochtene These von der formalen (nicht politischen) Unabhängigkeit und rechtlichen Souveränität griechischer Städte im Hellenismus auf breite Ablehnung. Einer seiner schärfsten Kritiker war, man ist fast geneigt zu sagen: natürlich Hermann Bengtson, der noch Jahrzehnte später seinen Schüler Wolfgang Orth den königlichen Machtanspruch und die städtische Freiheit im Hellenismus in einer Habilitationsschrift untersuchen ließ, um Heuß' Ansatz zu widerlegen.[21] Die beiden Wissenschaftler waren seit den 40er Jahren alles andere als freundschaftlich verbunden und wurden nachgerade zu »Antipoden«[22]. Symptomatisch ist eine Aussage von Heuß in einem Brief an Theiler aus dem Jahr 1944: Den zweiten Band der »Strategie in hellenistischer Zeit« werde er besprechen. Doch das Buch »lohne besondere Mühe auf Grund des geistigen Kalibers resp. dessen Fehlens eigentlich nicht, aber der gute Mann ist so selbstgerecht und naiv unverfroren, dass er einmal die Wahrheit hören darf«.[23]

Heuß verfolgte in beiden Qualifikationsschriften »durch Abstraktion gewonnene Fragestellungen«[24] und wollte sich gleichzeitig von den Forschungen Theodor Mommsens absetzen. Aber Mommsen sollte durch Mommsen überwunden werden: Mit dessen Methoden und Prinzipien gelangte Heuß zu neuen Ergebnissen. Die Studien zu den Formen römischer Außenpolitik und zum Verhältnis von griechischer Stadt und hellenistischem Herrscher, mithin zu den völkerrechtlichen Verhältnissen in der Mittelmeerwelt vor der Errichtung des *Imperium Romanum*, waren folglich ein Mittel der intellektuellen Emanzipation von dem Archegeten der althistorischen Forschung[25] und suchten eine neue, wenn man will ›strukturgeschichtliche‹ Antwort auf die Frage nach den »Ursachen der Größe Roms«, die der Leipziger Philologe Richard Heinze in seiner Rektoratsrede von 1921 aufgeworfen hatte und dessen Überlegungen Heuß nicht überzeugten.[26]

Heuß wies dem Fach mit seinen kontroversen Beiträgen in den dreißiger und zu Beginn der vierziger Jahre neue Wege. Hierzu fügte sich, dass er bereits zu Beginn seiner akademischen Karriere über die Bedingungen, Möglichkeiten und Grenzen historischer Erkenntnis nachdachte, wie seine Studie über Droysens Begriffspaar »Tradition« und »Überrest« zeigt, die 1934 erschien, allerdings kaum zur Kenntnis genommen wurde.[27] Hierin setzte sich Heuß mit Blick auf die schwierige Quellenlage der Alten Geschichte mit der Wissenschaftslehre von Johann Gustav Droysen auseinander. Droysen hatte nicht nur das Programm einer umfassenden Kulturgeschichte des Hellenismus entworfen, sondern auch schlüssig gezeigt, dass am Anfang des historischen Forschens die historische Frage stehen muss.[28] Damit wurde das Erkenntnisinteresse des Historikers zum konstituierenden Moment der Geschichtswissenschaft. In Anschluss an Droysen und in Anlehnung an Edmund Husserl suchte Heuß eine philosophisch reflektierte Theorie historischer Erkenntnis zu entfalten. Den Historiker reizte an Husserls Phänomenologie, dass sie eine methodisch strenge Wissenschaft war, die sich von den Weltanschauungsphilosophien und Ideologien seiner Zeit unterschied. Heuß sah in der historischen Forschung eine »eidetische Vergegenwärtigung« des Vergangenen, die die Intentionalität des Betrachters berücksichtigen muss, die aber auf Grund der Beachtung von logisch überprüfbaren Regeln zwischen wahren und falschen Aussagen unterscheiden kann.[29] Die phänomenologische Untersuchung, wie Heuß seine Überlegungen über »Tradition« und »Überrest« nannte,[30] war ein erster, tastender Versuch, eine Antwort auf die historistische Relativierung geschichtlicher Erkenntnis zu finden, indem die neuzeitliche Geschichtswissenschaft als eine bestimmte Praxis des Lebens begriffen wurde. Heuß hat diesen Versuch ohne direkte Unterstützung durch sein akademisches Umfeld unternommen: Berve, der nach den Eigenarten der griechischen Stämme fahndete, nahm daran keinen Anteil; wissenschaftliche Anregungen erfuhr sein Schüler von anderer Seite.[31]

Von Droysens Wissenschaftslehre und Husserls Phänomenologie war es nur noch ein kleiner Schritt zur »Kolossalfigur« Max Weber, auf die Heuß durch Hans Freyer hingewiesen worden sein will, der die Soziologie als Wirklichkeitswissenschaft verstand.[32] Max Weber hatte 1906, in seiner Auseinandersetzung mit dem Althistoriker Eduard Meyer, davon gesprochen, dass »die populäre naive Vorstellung, die Geschichte sei ›bloße‹ Beschreibung vorgefundener Wirklichkeiten oder einfache Wiedergabe von Tatsachen«, nicht zutreffe; historische Erkenntnis sei, wie alle Erkenntnis, ein Gedankengebilde, eine Konstruktion.[33] Die Auseinandersetzung mit Weber war folglich für die Entwicklung einer eigenen Historik wichtig, und zugleich imponierte Heuß Webers souveräner Umgang »mit der fundamentalen Geschichte, d.h. derjenigen, die sich unter der pragmatischen ausbreitete«.[34] So arbeitete Heuß bereits in den dreißiger Jahren über Max Webers

Religionssoziologie; die Untersuchung ist allerdings in den Wirren des Krieges verloren gegangen.[35] Webers hoher Rationalitätsanspruch immunisierte den jungen Historiker zugleich gegen »alle Substantialisierungen à la Volksgeist oder Kulturseele«.[36] Heuß' Antwort auf die historistische Krise der Altertumswissenschaften war das ambitionierte Unterfangen, sich mit den methodischen und theoretischen Grundlagen des Faches zu beschäftigen und eine eigene Historik zu entwickeln.

Nach dem Krieg: Kontinuität oder Diskontinuität?

Der Dienst für »Führer« und Vaterland unterbrach die akademische Laufbahn. Heuß wurde im Spätsommer 1944 zur Wehrmacht eingezogen, kam aber nicht an der Ostfront zum Einsatz.[37] Zuvor, im Mai 1944, musste Bengtson erneut den grauen Rock tragen. Als Kriegstagebuchführer der nach Stalingrad neu aufgestellten 6. Armee überlebte er wenige Monate später den Untergang von 170 000 Mann in Bessarabien durch Flucht – zusammen mit dem Oberkommando.[38] Das Tagebuch gilt als verschollen.

Nach dem Krieg war Heuß ein aussichtsreicher Kandidat, als an der Universität Bern eine althistorische Professur eingerichtet wurde; er galt in der Schweiz politisch als unbescholten, oder wie es in einem Gutachten hieß: »Er war nicht von dem Nazi-Virus befallen und verhielt sich immer wie ein guter Demokrat.«[39] Aber Heuß ging nicht nach Bern, sondern übernahm zunächst Lehrstuhlvertretungen in Kiel (1945/46) und Köln (1946–48). Die Freiburger Philosophische Fakultät wollte ihn 1946 als Nachfolger von Joseph Vogt berufen, scheiterte aber an den konfessionspolitischen Interessen des Ministeriums, das statt des Protestanten Heuß einen katholischen Althistoriker favorisierte.[40] 1948 erhielt Heuß einen Ruf nach Kiel. »Politische Begutachtungen« von Hochschullehrern, die dem Kuratorium der Kieler Universität vorgelegt wurden, bezeichneten Heuß als einen Gegner des Nationalsozialismus. Der schleswig-holsteinische Landesminister für Entnazifizierung stellte ihm am 9. Februar 1948 ein positives Zeugnis aus. Fortan galt Heuß politisch als entlastet.[41]

Bengtson wurde im Entnazifizierungsverfahren als »Mitläufer« eingestuft und durfte seinen Beruf als Hochschullehrer zunächst nicht ausüben.[42] Auf seine Professur in Jena, das in der russischen Zone lag, kehrte er nicht mehr zurück. In München, wohin er übersiedelte, musste er neu beginnen. Ab Wintersemester 1949/50 las er wieder an der Universität München. Bengtson stellte sich seiner Verstrickung in das NS-System nie öffentlich, sondern reflektierte darüber in einem Nachtrag zu seiner unveröffentlichten Autobiographie, wo er – wie viele seiner Generationsgenossen – für sich in Anspruch nahm, die Wissenschaft gegen den nationalsozialistischen Missbrauch verteidigt zu haben.[43]

Auch Heuß hat über seine Mitgliedschaft in der NSDAP und ihre Hintergründe zumindest öffentlich nicht gesprochen, obwohl er zu den »sehr wenigen deutschen Althistorikern« zählte, »die ihren Werdegang selbst dargestellt und die Verflechtung ihrer Vita in die Zeitgeschichte öffentlich reflektiert haben«.[44] In seinen Erinnerungen, in denen er »persönliche Lebensumstände« durchaus »authentisch« darlegen wollte[45] und das politische Klima der Königsberger und Breslauer Universität im Nationalsozialismus beschrieb,[46] hat Heuß über seinen Eintritt in die Partei geschwiegen. Diese Sprachlosigkeit teilte er mit vielen Zeitgenossen. Seine Schüler haben darunter gelitten, wie Jochen Bleicken eingestand.[47] Allerdings hat sich Heuß auf einigen Seiten seines Buches »Versagen und Verhängnis« mit dem Verhalten der Professoren nach 1933 befasst. Diese Zeilen spiegeln sicherlich die eigenen Erfahrungen wider. Mangel an demokratischer Gesinnung unterstellte er den Universitätslehrern, zugleich räumte er aber auch die Notwendigkeit zu »Kompromissen« ein, verwahrte sich vor »pauschalen Urteilen« und strafte diejenigen ab, die sich in ihrer wissenschaftlichen Tätigkeit den braunen Machthabern angedient hatten. »Sich politisch zu exponieren« könne man unter den Bedingungen eines Terrorregimes niemandem zumuten. »Aber die interne Autonomie zu wahren, das ist etwas anderes und wäre bei einer festeren Einstellung im weiteren Umfang möglich gewesen, als es geschah.«[48]

Wenden wir uns der wissenschaftlichen Entwicklung der beiden Historiker zu. In den Jahren nach 1945, die mit materiellen Entbehrungen einhergingen, legte Hermann Bengtson die Grundlage für eine rasante akademische Karriere. Er schuf mehrere Arbeitsinstrumente, die in der Zunft dankbar aufgenommen wurden und einer nach zwölf Jahren nationalsozialistischer Herrschaft verunsicherten Disziplin Orientierung versprachen. Große Historiographie wurde nicht geboten, dafür gediegene Sammlung und Dokumentation. Bengtson wurde »zum Synonym der althistorischen Lehrbücher«.[49]

Seine ungemein erfolgreiche »Einführung in die Alte Geschichte«, die 1949 in erster und 1979 in achter Auflage erschien und ins Englische übersetzt wurde,[50] machte Generationen von Studierenden mit den »Hilfs-« oder wie Bengtson sagte: »Grundwissenschaften« vertraut, d.h. mit der Epigraphik, Numismatik und Papyrologie, des Weiteren mit der Chronologie, Geographie und Anthropologie. Er bot viele bibliographische Hilfen und illustrierende Beispiele, vor allem aber kanonisierte er durch den Rekurs auf die Hilfswissenschaften das traditionelle Bild einer primär durch die historisch-kritische Methode definierten Alten Geschichte.

Berühmt wurde Bengtson durch sein Handbuch »Griechische Geschichte von den Anfängen bis in die römische Kaiserzeit«, das zuerst 1950 veröffentlicht wurde und 1977 seine fünfte Auflage erlebte.[51] Der Verlag C.H.Beck hat dieses Handbuch, das ins Neugriechische, Spanische, Italienische und Englische übertragen wurde, auch als Sonderausgabe ohne wissenschaftlichen Apparat herausgebracht und auf diese Weise dafür Sorge getragen, dass Bengtsons Bild der griechischen Geschichte einem weiten Leserkreis vermittelt wurde. Das Werk fasste die Ergebnisse der internationalen Forschung der letzten Dekaden zusammen und wollte den ›Stand‹ der Wissenschaft abbilden. Statt problem- und wissenschaftsgeschichtlicher Reflexion bevorzugte Bengtson Literaturreferate und persönliche Wertungen. Chronologische Fragen interessierten den Verfasser besonders, breit wurde die Ereignisgeschichte behandelt, und im Mittelpunkt der Darstellung standen die großen Männer, die »Herrschergestalten«.[52] Klassische Politikgeschichte stand schematisch neben »Kulturgeschichte«, mögliche Interdependenzen wurden nicht erörtert. Dass die politische Verfasstheit der antiken Polis Grundlage der kulturellen und geistigen Leistungen der Griechen war, bedachte Bengtson nicht, und die antike Theorie der Polis ignorierte er. Dem konventionellen Urteil entsprach der traditionelle Stil der Darstellung.[53] Ein englischer Rezensent charakterisierte das Handbuch treffend: »This is perhaps a sad commentary on modern scholarship: the foundation of detailed study is so admirable and the edifice erected upon it so unimpressive.«[54]

Bengtson wollte an die Zeit vor 1933 anknüpfen, und seine Botschaft lautete: Keine weltanschaulichen Experimente. Doch er selbst war der Volkstumsforschung der 1920er und 1930er Jahre verpflichtet. Neben »Staat« und »Reich« waren »Nation« und »Volk« bzw. »völkische Individualität«[55] erkenntnisleitende Begriffe, die allerdings weder theoretisch noch historisch reflektiert wurden. Völker bezeichnete Bengtson als soziale Gruppen, die sich bilden und wieder vergehen, und ebendieser Vorgang wurde zum vornehmsten Gegenstand der historischen Forschung erklärt.[56] Bengtson teilte organizistische Vorstellungen über den Aufstieg und Niedergang von Völkern und Kulturen, die wuchsen, blühten, alterten und vergingen.[57] Zudem finden sich biologistische Denkmuster und rassengeschichtliche Kategorien der 1930er und 1940er Jahre. Die Anthropologie war – auch 1979 noch – »eine exakte Wissenschaft«, die »mit Zirkel und Messband« arbeitet. »Mit voller Sicherheit« konnte Bengtson feststellen, dass in Attika »keineswegs mit einer rein ›nordischen‹ Bevölkerung zu rechnen« sei.[58]

Bengtson griff nach der Katastrophe des Zweiten Weltkrieges nach Europa. Die vom ihm präsentierte »Alte Geschichte« schrieb traditionelle Stereotypen und Klischees fort, die die Westintegration der neu gegründeten Bundesrepublik historisch unterstützen sollten. Der Feind stand weiterhin im Osten. So ließ Bengtson nie einen Zweifel daran, dass der »Gesamtablauf der Alten Geschichte« als »das Abbild einer riesigen Auseinandersetzung zwischen Abendland und Morgenland betrachtet« werden könne.[59] In den Perserkriegen ließ er »Europa als Idee und Wirklichkeit« entstehen.[60] Der Gegensatz zwischen »Europa« und »Asien«, den schon Herodot beschworen hatte, wurde fortgeschrieben. Die Griechen hätten bei Marathon, Salamis und Plataiai »die politische Freiheit« und »die geistige Unabhängigkeit des abendländischen Menschen« gegen den mächtigen Feind aus dem Osten verteidigt, der »gar bald der Umarmung des Orients erlegen« sei. »Das Ende der persischen Kultur ist die Nivellierung, nicht die Individualisierung wie in Griechenland.«[61] Über die blutige »Vesper von Ephesos« aus dem Jahr 88 v. Chr. heißt es dreihundert Seiten später: »80 000 Italiker, Männer, Frauen und Kinder, fielen als Opfer eines durch Mithradates befohlenen Pogroms, wie es nur im Hirne eines asiatischen Barbaren erdacht werden konnte.«[62]

Bengtson repräsentiert die restaurativen Tendenzen der Alten Geschichte in der Bundesrepublik. Politisch willkommen waren in der konservativen Adenauer-Ära seine flammenden Plädoyers für die Freiheit Europas, seine stereotype Scheidung zwischen Ost und West, zwischen Barbaren und Hellenen, und seine Ausfälle gegen den »narkotisierenden Einfluss der altorientalischen Kulturen«.[63] Gelesen wurde er deshalb nicht nur von professionellen Altertumswissenschaftlern, sondern auch von zahllosen Absolventen der Humanistischen Gymnasien. Mit Nachdruck bekannte sich Bengtson zur Universalgeschichte des Altertums, sah sich als Nachfolger von Eduard Meyer und Walter Otto,[64] überwand aber letztlich nie den Widerspruch zwischen dem klassizistischen Gräkozentrismus und einer komparatistischen Universalhistorie, in der die Geschichte des griechisch-römischen Altertums aufging.[65] Was blieb, war die wohlfeile Forderung, sich mit möglichst vielen Sprachen und Kulturen der Alten Welt zu beschäftigen.[66]

Bengtsons Rekurs auf die vermeintliche Unparteilichkeit und Objektivität wertfreier Quelleninterpretation, die in der Tradition des 19. Jahrhunderts stand und der er sein Leben lang das Wort redete, war ein Merkmal der deutschen Geschichtswissenschaft der 50er Jahren. Winfried Schulze hat zu Recht darauf hingewiesen, dass die deutschen Historiker nach 1945 an Rankes Kategorie der Objektivität anknüpften und so einen »willkommenen Fluchtraum« schufen, in dem die Entwicklung der jüngsten deutschen Geschichte und die Rolle der Geschichtswissenschaft

»als Abweichung vom Gebot der Objektivität« interpretiert werden konnte. Auf dieser Grundlage wurde die Rückkehr zu Ranke als unverzichtbare Grundlage der historischen Wissenschaft propagiert.[67] Auch Bengtson vertraute auf eine allmähliche Annäherung an die geschichtliche Wirklichkeit und glaubte, durch minutiöse Textkritik zur historischen Wahrheit vordringen zu können.[68]

Auf die Katastrophe des Zweiten Weltkrieges reagierte Bengtson mit der Kodifizierung der herrschenden Meinung und der Implementierung einer traditionellen Hermeneutik. Eine verunsicherte Zunft war ihm dafür mehrheitlich dankbar. Die »Einführung in die Alte Geschichte« und das »Handbuch« zur »Griechischen Geschichte« waren willkommene Hilfsmittel zur wissenschaftlichen Standortbestimmung. Zudem half gerade das »Handbuch«, die deutsche Altertumswissenschaft in die internationale Gemeinschaft der Forschenden zu reintegrieren. Es war deshalb besonders willkommen, weil sein Vorgängerband, den Robert von Pöhlmann verfasst hatte, noch aus der Zeit vor dem Ersten Weltkrieg stammte.[69] Auch die forschungsnahe und autoritative Einführung, die sich auf die »Grundwissenschaften« konzentrierte, wurde nach den weltanschaulichen Kapriolen der Geschichts- und Altertumswissenschaften im »Dritten Reich« begierig aufgenommen. Bengtsons Identifikation des christlichen Abendlandes mit der freien Welt entsprach dem bundesrepublikanischen Zeitgeist der 1950er Jahre. Diese Faktoren erklären den Erfolg seiner Bücher[70] – und den ihres Autors. 1952 wurde Bengtson auf das althistorische Ordinariat an der Universität Würzburg berufen. In den folgenden Jahren wurde er Herausgeber (bzw. Mitherausgeber) der internationalen Zeitschrift »Historia« (seit 1952), des »Handbuchs der Altertumswissenschaft« (seit 1953) und der »Münchner Beiträge zur Papyrusforschung und antiken Rechtsgeschichte« (seit 1955). 1953 legte er den ersten Teil des »Großen Historischen Weltatlasses« des Bayerischen Schulbuchverlages vor, der die Kartographie der Vorgeschichte und des Altertums normierte;[71] es folgten die grundlegende Edition des zweiten Bandes der Staatsverträge des Altertums, der die Zeit von 700 bis 338 v. Chr. behandelte,[72] sowie der fünfte Band der Fischer Weltgeschichte über »Griechen und Perser«.[73] Schon 1963 war er als Nachfolger Joseph Vogts nach Tübingen gegangen.

Heuß hingegen vertraute nicht auf das Ausbreiten von Handbuchwissen, sondern auf die systematisierende Abstraktion. Hier sind deutlich Kontinuitäten zu seiner intellektuellen Biographie vor 1945 greifbar. Nach wie vor bemühte er sich um die Theorie und Methodologie seiner Wissenschaft. Über »Begriff und Gegenstand der Alten Geschichte« dachte er schon in seiner Kieler Antrittsvorlesung von 1949 nach.[74] 1965 schrieb er über die Bedeutung Max Webers für die Alte

Geschichte,[75] drei Jahre später reflektierte er über eine Theorie der Weltgeschichte, diskutierte Arnold Gehlens Anthropologie und untersuchte Max Weber und das Problem der Universalgeschichte.[76] Darüber hinaus führte er seine Auseinandersetzung mit Mommsen fort, indem er dessen Person und Werk konsequent historisierte. So veröffentlichte er 1956 eine Mommsen-Biographie, mit der er gleichzeitig darlegte, wie altertumswissenschaftliche Wissenschaftsgeschichte zu schreiben war.[77]

Doch die politischen und persönlichen Erlebnisse zwischen 1933 und 1945 veranlassten ihn, sich bereits Ende der vierziger und Anfang der fünfziger Jahre einer neuen Aufgabe zuzuwenden, der Verbindung von Geschichtsforschung und Geschichtsschreibung.[78] Von seinen Kollegen, die den althistorischen Mainstream repräsentierten, hielt er wenig. Am 12. März 1948 schrieb er an Willy Theiler: »Übrigens der von Ihnen approbierte Vorzug der Kürze ist in unserer geschwätzigen Zunft leider keine Empfehlung. Die althistorischen Banausen sind ja überzeugt, dass jeder Sinn und Unsinn in Form eines breiten Fladens niederkommen muss, wenn anders er Anspruch auf Verbindlichkeit erheben darf.« Am 30. Dezember 1951 berichtete er Theiler über seine Eindrücke von einem Historikerkongress: »Es war wenig erhebend, zumal die althistorischen Darbietungen. Man muss sich allmählich genieren, dass man zu dieser Sozietät gehört. Der geistige Tiefstand ist kaum noch zu unterbieten.«[79] Über fünfzehn Jahre später, in einem Brief an Christian Meier vom 16. Mai 1967, bemerkte Heuß, »das geistige Niveau in dieser Disziplin« sei »auf den Durchschnitt besehen, nicht allzu hoch« und man überfordere »infolgedessen seine Kollegen mit nachdenklichen Darlegungen leicht«.[80]

Heuß wollte mit seinen Beiträgen zur gesamten griechisch-römischen Antike (unter Ausschluss des Alten Orients) nicht allein die Fachkollegen, sondern auch ein breites Publikum erreichen. Er äußerte sich selbst zu diesem Paradigmenwechsel: »Es ging mir einfach gegen den Strich, dort wieder anzufangen, wo ich vor zehn Jahren aufgehört hatte, und damit so zu tun, als ob in der Zwischenzeit sich weiter nichts Erhebliches ereignet hätte.«[81] Also stellte er »die zentrale Frage nach der Funktion der Geschichte in der modernen Gesellschaft«[82] und wollte von Max Weber »die Einstellung auf das Wesentliche in der Geschichte« lernen.[83] Vor allem aber betätigte er sich als Historiograph. Seine 1960 zum ersten Male erschienene »Römische Geschichte«[84] sowie seine Darstellungen der griechischen und der römischen Geschichte in der Propyläen-Weltgeschichte von 1962/63[85] begnügten sich nicht damit, anderswo erzielte Ergebnisse zu reproduzieren, sondern stifteten historische Zusammenhänge. Eine affirmative Europa-Rhetorik vermied Heuß. So relativierte er die weltgeschichtliche Bedeutung der Perserkriege und akzentuierte vielmehr die Zusammenhänge zwischen den Erfolgen von Marathon, Salamis und Plataiai und der weiteren Entwicklung Athens.[86] Heuß arbeitete auf der Grundlage der literarischen Überlieferung die für ihn maßgeblichen Konturen, die »Tektonik«[87] der antiken Geschichte heraus und vermittelte sie seinen Lesern in einer zupackenden und eindringlichen Sprache. Allerdings vernachlässigte er souverän archäologische Forschungsergebnisse, zeigte sich an historischer Geographie wenig interessiert und würdigte nur äußerst zurückhaltend orientalische Einflüsse auf die archaische Geschichte Griechenlands.[88] Die Ausblendung der altorientalischen Traditionen in der griechischen Geschichte dürfte indes ältere Wurzeln haben und nicht zuletzt auf den Einfluss seines Lehrers Helmut Berve zurückzuführen sein.

Heuß konzentrierte sich auf Politik- und Verfassungsgeschichte, sozialhistorische Zusammenhänge wurden nur im beschränkten Umfange thematisiert, und in der »Römischen Geschichte« waren Kunst, Literatur und Religion kein Gegenstand der Darstellung.[89] Doch Heuß bot im Gegensatz zu Bengtson keine überkommene Politikgeschichte, sondern löste sich von der Fixierung auf Nation, Gemeinschaft und Volk.[90] Gleichzeitig richtete sich seine Aufmerksamkeit auf das politische Handeln der Akteure und die Soziologie der Herrschaft. Die Spezifika einzelner Epochen und ihre jeweilige zeitliche Erstreckung interessierten ihn besonders. Selbstverständlich war Heuß nicht immun gegen den konservativen Zeitgeist der 1950er (und 1960er) Jahre. Wie die Sozialphilosophen Hans Freyer, Arnold Gehlen und Helmut Schelsky idealisierte er eine stabile Politik und eine transformationsresistente Gesellschaft in Vergangenheit und Gegenwart.[91] So charakterisierte er die römischen Ständekämpfe als eine ›Reform‹, die keine sozialen Verwerfungen mit sich gebracht, sondern das gesellschaftliche Gefüge mit einer breiten bürgerlichen Schicht erhalten habe. Die augusteische Außenpolitik wiederum lehnte er ab, weil sie eine »weltimperialistische« Ausrichtung gehabt habe.[92]

Seine großen Darstellungen waren ungemein erfolgreich, weil sie ein konträres Modell zu Bengtsons antiquarischer Forschung begründeten und selbstgenügsames Spezialistentum überwanden, ohne die Forderung nach empirischer Absicherung der generalisierenden Synthese je aufzugeben. Seine Hinwendung zur Geschichtsschreibung reflektierte Heuß ausführlich in seinem Bändchen über den »Verlust der Geschichte« von 1959[93] und in seinem Aufsatz über »Geschichtsschreibung und Geschichtsforschung. Zur ›Logik‹ ihrer gegenseitigen Beziehung«, der in der Festschrift für Golo Mann erschien.[94] Historische Forschung in ihrem korrekten methodischen Vollzug ist hier die *conditio sine qua non* jeder historiographischen Betätigung, deren Ziel es sein muss, das durch Relativierung, Spezialisierung und Fragmentierung bedrohte historische Wissen der Gesellschaft zu sichern. Seine Veröffentlichungen waren leidenschaftliche Appelle, dass dem Historiker eine zentrale Rolle bei der Bewahrung des kulturellen Gedächtnisses in der Gegenwart zukomme.

Heuß' wissenschaftliche Tätigkeit nach 1945 folgte der bereits früher gewonnenen Einsicht, dass die Aufgabe des Historikers sich nicht im Sammeln von Quellen erschöpfen dürfe; doch jetzt verlangte er ausdrücklich, dass dieser seine mit wissenschaftlicher Methode gewonnenen Erkenntnisse einer gebildeten Öffentlichkeit vermitteln müsse. In politisch-pädagogischer Absicht bekannte sich Heuß nach 1945 zur Historiographie, in der er das letzte und vornehmste Ziel der Tätigkeit des Historikers erkannte.[95]

Heuß folgte der Mehrzahl seiner Kollegen nicht in der Annahme, man müsse der deutschen Althistorie durch »gediegene Sachbezogenheit und Zurückhaltung in weltanschaulichem Deklarationsdrang« nach 1945 wieder internationale Geltung verschaffen.[96] Ihm war der Preis, der dafür zu bezahlen war, zu hoch. Denn er erkannte, dass die »neue Sachlichkeit«[97] das Fach notwendigerweise ins Abseits führen musste. Heuß widerstand der historistischen Versuchung, die Legitimität seines Faches aus positivistischer Produktivität abzuleiten, und vertraute bei der Geschichtsschreibung nicht auf den Subjektivismus der inneren Schau, sondern bemühte sich um deren methodologische und epistemologische Fundierung. Eben dadurch gab er dem Fach schon in den langen fünfziger Jahren des letzten Jahrhunderts neue Impulse.[98]

Das Münchner Ordinariat

1966 wurde Hermann Bengtson auf das althistorische Ordinariat in München berufen. Damit war er am Ziel seiner Wünsche: Er hatte als Nachfolger des 1964 verstorbenen Alexander Graf Schenk von Stauffenbergs den Lehrstuhl seines verstorbenen Lehrers Walter Otto inne.[99] Erst drei Jahre zuvor hatte Bengtson die Nachfolge Joseph Vogts in Tübingen angetreten, und jetzt wechselte er auf einen der renommiertesten althistorischen Lehrstühle in der Bundesrepublik. Bengtson hatte, so könnte man meinen, den Höhepunkt seiner Laufbahn erreicht, der soziale Aufsteiger die höchste Anerkennung in seinem Feld gefunden. Doch dies ist mitnichten richtig. Mitte der sechziger Jahre, zum Zeitpunkt, als Bengtson nach München berufen wurde, hatte er bereits den Zenit seiner wissenschaftlichen

Karriere überschritten. Der Tübinger Ordinarius stand für eine konventionelle Politikgeschichte, die keine historischen Zusammenhänge herstellte, sondern sich in Einzelfragen verlor. Die Geschichtswissenschaft, und selbst die eher behäbige Althistorie, hatte sich damals nicht nur in der Person des Einzelgängers Heuß neuen Fragestellungen und Methoden geöffnet oder war gerade dabei, sich diesen zu öffnen.

In diesem Feld war Hermann Bengtson zweite Wahl, und die Philosophische Fakultät der Universität München setzte ihn denn auch 1964 bei der Besetzung des vakanten Ordinariates folgerichtig *secundo loco*.[100] An erster Stelle stand Alfred Heuß, der seit 1955 an der Universität Göttingen lehrte. Die Kommission in München befand, Heuß zeichne sich vor allen anderen Forschern auf dem Gebiet der Alten Geschichte durch die »Verbindung von genauester Einzelforschung mit allgemeinen historischen Problemen und Einsichten« aus, und man rühmte »die Weite des Blickes und die Fülle neuer Gesichtspunkte« des Kandidaten.

Doch Heuß kam nicht nach München. Zwar war er anfänglich durchaus gewillt, Göttingen zu verlassen, dann aber zwang ihn eine schwere Erkrankung, Mitte 1965 den Ruf abzulehnen. Er blieb in Göttingen, wo er wenige Jahre später in der so genannten Studentenrevolte eine prominente Rolle spielen sollte. Am Ende seiner Lehrtätigkeit war er »boykottiert und isoliert« und wurde »verbittert zum Rückzug aus der Öffentlichkeit gezwungen«.[101]

Zum 1. März 1966 trat Hermann Bengtson die Stelle an. In München verliefen seine Forschung und seine Lehre in gewohnten Bahnen. Die Bücher, die er publizierte, darunter auch das Handbuch zur römischen Geschichte, das erstmals 1967 erschien und Moses I. Finley am Fortschritt in der Historiographie der Alten Welt zweifeln ließ,[102] markierten keinen wissenschaftlichen Erkenntnisgewinn und stießen auf immer schärfere Kritik.[103] Das altehrwürdige Handbuch, das er in der Nachfolge seines Lehrers Walter Otto seit 1953 herausgab, stagnierte; während Otto inhaltlich neue Akzente gesetzt und das Unternehmen in den 1920er Jahren zukunftsfähig gemacht hatte, begnügte sich Bengtson als Herausgeber, das Erbe zu verwalten.[104] Es herrschte Stillstand. Als man längst über komplexe Akkulturationsprozesse und die wechselseitigen Beeinflussungen religiöser Vorstellungen und politischer Praktiken nachdachte, verbreitete Bengtson hartnäckig sein überkommenes Bild der »hellenistischen Weltkultur«. Die Griechen seien »die Gebenden«, die fremden Völker »die Nehmenden«. Die griechische Kultur sei der antiken Menschheit zum Segen geworden, »sie hat Menschen aller Völker und Stämme an ihren Fortschritten teilnehmen lassen«.[105] Die britische Historikerin Amélie Kuhrt stellte kurz und bündig fest: »Such a view not only has a curiously outdated ring, it also obscures the historical realities of the hellenistic world.«[106] An theoretischen Fragen hatte Bengtson keine Freude. Der Begriff »Intellektueller« war ihm ein Schimpfwort.[107] Der sozialwissenschaftlichen Methode stand er distanziert gegenüber.[108] Und Max Weber war ihm ein Graus. 1985 klagte er einem seiner Schüler, er sei gar nicht glücklich über die Max-Weber-Renaissance, denn die »Konstruktionen Webers« verbauten »nur den Sinn für das Historische«.[109] Die Althistoriker, die mit Hilfe Webers das Fach zu neuen Ufern führten, standen zugleich unter politischem Generalverdacht: »Wir haben heute ja sogar einen Kollegen, einen ›Linksaußen‹, der Weber + Marxismus zusammenmixt.«[110] Der Kollege war sicher nicht Alfred Heuß, sondern wohl Christian Meier.

VITAE PARALLELAE

Die Gemeinsamkeiten zwischen den beiden hier vorgestellten Althistorikern sind rasch aufgezählt: Sie gehörten zur Kriegsjugendgeneration, leisteten im »Dritten Reich« Loyalitätsgesten – allerdings in unterschiedlicher Intensität –, waren in der Bundesrepublik dem politisch konservativen Lager zuzurechnen, unternahmen auflagenstarke Versuche der wissenschaftlichen Synthese und schätzten die Politikgeschichte. Die Unterschiede hingegen überwiegen. Um es zuzuspitzen: Bengtson stand für wissenschaftliche Saturiertheit, Heuß für wissenschaftlichen Aufbruch. Bengtson war mit sich und seinem Fach zufrieden, Heuß zweifelte an sich und verzweifelte an seinen Kollegen.

So bekannte Bengtson 1963 in deutlicher Abgrenzung von seinem Kollegen Heuß: »In unseren Tagen spricht man immer noch so viel von Verlusten, auch vom ›Verlust der Geschichte‹ und von anderen Verlusten – gewiss, wir haben so manches verloren, was uns lieb und teuer war, und nicht nur materielle Güter. Aber je weiter wir uns von dem absoluten Nullpunkt entfernen, den der Zusammenbruch im Jahre 1945 bedeutet, so müssen wir doch dankbar anerkennen, dass sich überall neues Leben entfaltet, das zu den schönsten Hoffnungen berechtigt. Zu pessimistischen Prognosen besteht auf dem Feld der Geschichtswissenschaft kein Anlass.«[111] Heuß hatte hingegen schon 1942 ein negatives Urteil über sein Fach gefällt, das er auch nach dem Zweiten Weltkrieg nicht milderte: »Ich komme immer mehr zur Überzeugung, dass sich die alte Geschichte von allen altertumswissenschaftlichen Disziplinen in der erbärmlichsten Verfassung befindet. Ihr eigenes Material ist weitgehend im Sinne der subtileren Fragestellungen steril geworden, und mit ihren genuinen Methoden ist nicht mehr viel anzufangen. Deshalb geht sie auch meistens bei den Nachbardisziplinen ›betteln‹.« Dort suche sie »schlecht und recht zu ›schmarotzen‹«. Der Erfolg sei gewöhnlich nichts anderes als ein dilettantisches Debakel. Er gestand offen: Die einzigen Historiker, von denen noch Impulse zu erwarten seien, verstünden sich auch auf die Archäologie wie Michael Rostovtzeff und Andreas Alföldi. Doch »leider« habe er »für diese Wissenschaft gar kein Talent«.[112]

In der Tat verstand Heuß nichts von Archäologie, und historische Landeskunde war ihm ebenfalls fremd. Aber sein ›Schmarotzen‹ bei den Nachbardisziplinen, seine breiten, nicht allein altertumskundlichen Interessen vermochten dem Fach in der Bundesrepublik neue Impulse zu geben. Seine einschlägigen Versuche reichen bis in die Zeit vor dem Zweiten Weltkrieg zurück. Er wollte innerhalb der verunsicherten Altertumswissenschaften ein sicheres Fundament für seine eigenen Forschungen legen. Aus der wissenschaftlichen Krisenerfahrung vor 1945 resultierte ein hohes Maß an Reflexivität, die durch die existentielle Erfahrung des Zweiten Weltkrieges verstärkt wurde. Heuß intensivierte seine Bemühungen um eine überzeugende Historik, mit der er das Mommsen'sche Modell einer theoriefreien Großforschung überwinden wollte, in der es keinen Meister, sondern nur noch Gesellen gab, und verschrieb sich der Geschichtsschreibung, die er durchaus in Übereinstimmung mit Mommsen als politische und pädagogische Verpflichtung verstand und die den »Historismus in seinen lebensfeindlichen Konsequenzen« überwinden sollte.[113] Heuß trat nach 1945 in der Zunft als konservativer Modernisierer in Erscheinung, der eine jüngere Forschergeneration weit über das eigene Fach hinaus beeinflusste.[114]

Während Heuß nach dem Ende des Zweiten Weltkrieges konsequent seine Bemühungen fortsetzte, den Altertumswissenschaften neue Perspektiven zu eröffnen, knüpfte Bengtson nach 1945 inhaltlich und methodisch an seine Arbeiten aus den 1930er und 1940er Jahren an. Er war ein Repräsentant der Restauration. Er bewegte sich nach 1945 in einer Welt der politischen und wissenschaftlichen Enge. Sammeln, Sichten, Ordnen hieß nach wie vor die Devise. Nach den schlechten Erfahrungen mit ideologischen Konjunkturen im »Dritten Reich« schwor er auf die verlässliche Dokumentation von Quellen und Literatur und die autoritative Kodifizierung der herrschenden Meinung. Ebendies verlangte er auch kategorisch von seinen zahlreichen Schülern. An großen Fragen war er nicht interessiert, traditionelle Politikgeschichte (mit völkischen Einlagen) wurde bevorzugt, und Detailprobleme rückten in den Vordergrund. Die »konstruierte Kontinuität«[115] verhinderte die Rezeption neuer Ansätze der internationalen Altertumswissenschaften – auch in der von ihm begründeten Schule. Bengtson war ein Epigone des Historismus.

19. Von Worten und Werten: Begriffsgeschichte in den Altertumswissenschaften*

Es war Martin Heidegger, der 1943 die Ursprünge der Wertphilosophie präzise benannte: »Im 19. Jahrhundert wird die Rede nach den Werten geläufig und das Denken in Werten üblich. Aber erst zufolge einer Verbreitung der Schriften Nietzsches ist die Rede von Werten populär geworden. Man spricht von Lebenswerten, von den Kulturwerten, von Ewigkeitswerten, von der Rangordnung der Werte, von geistigen Werten, die man z. B. in der Antike zu finden glaubte. Bei der gelehrten Beschäftigung mit der Philosophie und bei der Umbildung des Neukantianismus kommt man zur Wert-Philosophie. Man baut Systeme von Werten und verfolgt in der Ethik die Schichtungen von Werten. Sogar in der christlichen Theologie bestimmt man Gott, das *summum ens* qua *summum bonum*, als den höchsten Wert. Man hält die Wissenschaft für wertfrei und wirft die Wertungen auf die Seite der Weltanschauungen. Der Wert und das Werthafte wird zum positivistischen Ersatz für das Metaphysische.«[1]

Heidegger erkannte genau, dass eine historistisch arbeitende Begriffsgeschichte die Relativierung der Werte und Normen zu überwinden und Konzepte zu ermitteln suchte, die Maßstäbe zur Beurteilung historischer Auffassungen geben und den »bleibenden und lebensvollen Gedankenformen«[2] zur Anerkennung verhelfen sollten. So hatte sich der Neukantianer Wilhelm Windelband um die Begründung einer philosophischen Begriffsgeschichte bemüht, die sich »allgemeingültigen Begriffen der Weltauffassung und Lebensbeurteilung« widmete und die Philosophie in die Lage versetzen sollte, »in der Formung ihrer Probleme und Begriffe [...] das nur historisch Geltende der Veranlassungen und Vermittlungen von dem an sich Geltenden der Vernunftwahrheit« abzulösen »und von dem Zeitlichen zu dem Ewigen« vorzudringen.[3]

Am Anfang war das Wort: Der »Thesaurus linguae Latinae« und die Begriffsgeschichte

Zu den gigantischen Gemeinschaftsunternehmen des 19. Jahrhunderts zählte der *Thesaurus linguae Latinae*, den zu erstellen sich 1893 die fünf deutschsprachigen Akademien Berlin, Göttingen, Leipzig, München und Wien entschlossen hatten.[4] Der erste Faszikel erschien mitten in der Krise der Fakultäten, nämlich im Jahr 1900, und reichte bis *absurdus*. Spezielle grammatische, sprachgeschichtliche und lexikographische Probleme, die für die Lemmata des Thesaurus einschlägig waren, wurden in dem von Eduard Wölfflin herausgegebenen »Archiv für Lateinische Lexikographie« veröffentlicht. Hier demonstrierte eine lange Reihe von Philologen an einzelnen Wörtern und Wortgruppen, »welche Erkenntnisfortschritte gezieltes Suchen und Auswerten des Sprachmaterials« erbringen konnte.[5]

Der *Thesaurus linguae Latinae* bot die notwendige organisatorische Voraussetzung für den Aufschwung begriffsgeschichtlicher Studien seit 1900, die die Entwicklung der Begriffsbedeutungen und die Konstanz oder den Wandel des ursprünglichen Begriffsgehaltes untersuchten. Die Lexikographie, die seit dem Humanismus systematisch betrieben worden war, konnte dadurch zumindest für die lateinische Sprache auf eine völlig neue Grundlage gestellt werden. Der aus dem Geist des Positivismus geborene Thesaurus ermöglichte die systematische Sammlung und Bearbeitung des Materials, bot mit dem »Archiv für Lateinische Lexikographie« ein wichtiges Publikationsorgan und stellte eine effiziente Wissenschaftsinfrastruktur zur Verfügung. Im Rahmen der begriffsgeschichtlichen Arbeit wurden selbstverständlich auch Wörter und Wortgruppen untersucht, die später unter der Rubrik »Wertbegriffe« subsumiert wurden.

Doch mit dem Hinweis auf den Thesaurus allein ist der Aufschwung begriffsgeschichtlicher Forschung nicht hinlänglich zu erklären. Der Thesaurus bildete die Grundlage für Studien in den Altertumswissenschaften, deren Verfasser die Sammlung benutzt hatten, um den analytisch-historischen Empirismus der sterilen Thesaurus-Arbeit zu überwinden.[6] Aber »Werte« war das gefragte Thema in den Geistes- und Kulturwissenschaften vor und nach dem Ersten Weltkrieg. Dabei sollten wir nicht der Versuchung erliegen, unter Verweis auf die späte Erinnerung von Hans Drexler den epistemologischen Hintergrund nur in der neukantianischen Wertphilosophie zu suchen.[7] Gewiss, einer der Ahnherren des Neukantianismus, Rudolf Hermann Lotze, scheint den Begriff des Wertes in den philosophischen Diskurs eingeführt zu haben, und seine Schüler Wilhelm Windelband und Heinrich Rickert stellten ihn in den Mittelpunkt ihrer Philosophie. Aber auch Friedrich Nietzsche hatte die Diskussion mit dem Schreckgespenst des Nihilismus belebt, und Max Scheler und Nicolai Hartmann entwickelten im Anschluss an Edmund Husserl eine Ethik, die dem Subjektivismus der Wertungen entgehen und eine objektive Wertphilosophie begründen wollte.[8]

Zunächst wandte sich die Philosophie gegen eine Wissenschaft, die die ursprüngliche Einheit des Wissens fragmentiert hatte und die das Sollen nicht mehr aus dem Sein begründen konnte. Die großen Auseinandersetzungen um Relativität und Perspektivität der Wissenschaft kulminierten 1914 in dem »Werturteilsstreit«, den Eduard Spranger mit Max Weber ausfocht.[9] An die Harmonisierung historisch-wissenschaftlicher und lebensweltlich-normativer Erkenntnis glaubte Weber nicht. Da seiner Meinung nach die Wissenschaft durch die individuellen Wertsetzungen des Wissenschaftlers überhaupt erst konstituiert wird, vermag sie objektiv-gültige Werte nicht zu begründen. Sie kann einzig Forum eines rationalen Diskurses über divergierende Urteile sein.[10] Webers Position wurde von Spranger abgelehnt. Vor allem konnte er sich nicht mit dessen Auffassung anfreunden, dass wertsetzende Urteile unter keinen Umständen Sache der Wissenschaft seien, sondern nur des Lebens und der Prophetie. Spranger, der Vertreter einer geisteswissenschaftlichen Pädagogik, polemisierte gegen eine Wissenschaft, die sich auf das Sammeln und Ordnen beschränkte und einzig gesetzmäßige Zusammenhänge und funktionelle Abhängigkeiten beschrieb. Eine solche Wissenschaft könne, so Spranger, weder ihre Ziele noch ihre Forderungen begründen. Gegen Weber setzte Spranger seine Überzeugung, dass den Geisteswissenschaften die Aufgabe zukomme, ethische und politische Wertungen zu setzen.[11] Die Geisteswissenschaften sollten normativen Charakter haben und der Erziehung des Menschen dienen.

Doch nicht nur die Philosophie suchte nach rational begründeten und überzeitlich gültigen Wertmaßstäben für das praktische Handeln. Auch die Altertumswissenschaftler wollten durch ihre Forschungen normatives Wissen bereitstellen, das in der jeweiligen Gegenwart moralisch und politisch handlungsleitend sein sollte. Dabei rückten die lateinische Kultur und Literatur in das Zentrum der Aufmerksamkeit. Schon in seinem *opus magnum*, »Virgils epische Technik« (1903), hatte Richard Heinze die Rekonstruktion einer idealen Ethik der augusteischen Zeit als »wichtige und reizvolle Aufgabe« bezeichnet,[12] und in seinen Reflexionen über »Die gegenwärtigen Aufgaben der römischen Literaturgeschichte« von 1907 verwies er auf die Notwendigkeit, die Geschichte der römischen Moral zu erforschen.[13] Die von Nietzsche aufgeworfene Frage nach dem Verhältnis von Historie und Leben war jetzt auch in der Klassischen Philologie angekommen.

In seiner Leipziger Rektoratsrede von 1921 »Von den Ursachen der Größe Roms« entwickelte Heinze dann seine Sicht der römischen Geschichte, die sich grundlegend von dem abstrahierenden System des »Römischen Staatsrechts« seines althistorischen Lehrers unterschied. »Wenn Theodor Mommsen erklärte, Rom danke seine Größe lediglich dem energisch durchgeführten System der politischen Zentralisierung – so werden wir von dem sachkundigen antiken Beobachter [sc.

Polybios] einerseits, von dem größten römischen Historiker der Neuzeit andrerseits wie immer auch hier Wichtiges zu lernen haben. Aber: Institutionen, mögen sie noch so wichtig und folgenreich sein, können doch niemals als primäre Ursachen politischer Entwickelung gelten; hinter ihnen stehen die Menschen, die sie geschaffen, erhalten und getragen haben.«[14] Heinze wollte den Menschen wieder in den Mittelpunkt der Forschung stellen und mit seinen begriffsgeschichtlichen Arbeiten die »das ganze Wesen des Römertums bestimmenden Züge«[15] erfassen.[16] Die Begriffe wurden nicht mehr als Reflex politisch-sozialer Wirklichkeit verstanden, sondern waren die in der römischen Geschichte fassbaren Emanationen von überzeitlich geltenden und geschichtlich wirksamen Ideen.[17]

Heinze bekannte sich in Rektoratsrede zwar nicht explizit, aber sehr wohl implizit zur normativen Interpretation des historischen Beispiels.[18] Diese Konzeption spiegelte den wissenschaftlichen *mainstream*. Matthias Gelzer verkündete im selben Jahr im Vorwort seiner Caesarbiographie, dass »die Geschichtsschreibung dazu diene, aus der Vergangenheit zu lernen«.[19] Und Joseph Vogt ließ keinen Zweifel an der »vorbildlichen Bedeutung« der römischen Geschichte »für die abendländische Menschheit«.[20] Von Rom konnte man die »instinktsichere Selbsterhaltung« lernen, »die das Wesensfremde ablehnte und das Übernommene dem obersten Wert des Staates und der Herrschaft unterordnete«.[21]

Nach den Erfahrungen des Ersten Weltkrieges machten sich Altertumswissenschaftler auf die Suche nach zeitlosen Werten, ewigen Wahrheiten und charakteristischen Typen. Mit Hilfe der Exzerpte für den *Thesaurus linguae Latinae* analysierte der Althistoriker Joseph Vogt 1929 die Grundbegriffe römischer Politik und die Terminologie des römischen Imperialismus.[22] Er idealisierte den *homo novus*, der als »Politiker des persönlichen Wertes« durch seine *virtus* »die Vorrechte der Geburt« überwinde und der Idealtypus des Machtmenschen darstelle.[23] Denn dem unbedingten römischen Willen zur Macht eigne »eine ungebrochene Selbstbejahung und der naturhafte Zwang, andere nach eigenem Willen zu lenken«.[24]

Klassische Philologen und Althistoriker versuchten durch das Studium einzelner Begriffe dem Phänomen des Römertums näherzukommen und betrieben die idealisierende Rückschau und klassizistische Überhöhung des römischen Wertesystems, das vielen Wissenschaftlern in der Zeit der Krise der Weimarer Republik wesentlich attraktiver erschien als der Tugendkanon des alten Hellas. Dies hatte Folgen für die Begriffsgeschichte: Nach dem Ersten Weltkrieg befriedigte sie nicht mehr allein kulturhistorische und sprachwissenschaftliche, sondern verstärkt auch politische Interessen. Es galt, zur »Erneuerung Deutschlands« beizutragen. »Von der Präzisierung römischer *res publica* führte eine Linie zum ›Gemeinnutz‹, von der Betonung römischer *virtus* und *disciplina* eine andere zur Konservierung soldatischer Tugenden, vom ›kategorischen Imperativ der Staatspflicht‹ und der Einschärfung patriarchalischer Strukturen eine weitere zur bedingungslosen Unterordnung des Einzelnen unter militärische und politische Autorität.«[25]

Die Begriffsgeschichte, die den Relativismus der historistischen Altertumskunde des 19. Jahrhunderts bezwingen wollte, beschwor jetzt immer lauter das überzeitliche Proprium römischer *virtutes*. Gewiss, Richard Heinze war ein viel zu differenziert denkender Gelehrter, um sich zu platten Gleichsetzungen hinreißen zu lassen. Den römischen Machtmenschen wollte er nicht als Vorbild des neuen Deutschlands verstanden wissen.[26] Andere legten sich indes weniger Zurückhaltung auf. Der Klassische Philologe Karl Meister feierte 1930 die »sittlichen Werte« der Römer, »die uns in unserer heutigen Not innerlich stärken können«.[27] In eben diesem Sinne wurde auch Heinze bald gelesen, der selbst nie von Werten oder Wertbegriffen sprach. Diese Terminologie legte ihm schon wenige Jahre nach seinem Tod sein Schüler Erich Burck in den Mund, der nun darauf abhob, Heinze habe »von den politischen und religiösen Institutionen, der gesellschaftlichen Gliederung und vom Ganzen der römischen Staatsgesinnung die einzelnen Grundwerte und *virtutes* des frühen Römertums deuten« wollen.[28] Burck war nicht zweifelhaft, dass das Studium »der römischen politischen Leitbegriffe und ihre Konfrontierung mit den Grundanschauungen der modernen Politik und Staatsformen ungemein instruktive Aufschlüsse für eine tiefer gegründete staatsbürgerliche Erziehung und Bildung« gebe.[29] Der propädeutische Charakter der Begriffsgeschichte für eine weltanschauliche Bildung war damit deutlich ausgesprochen.

Die altertumswissenschaftliche Wertforschung, genauer: Wertepanegyrik der zwanziger Jahre krankte an einer fehlenden theoretischen Fundierung und versuchte die römische Antike als sinnstiftende historische Größe zu rehabilitieren. Zu diesem Zweck wurden politische Tugenden gepriesen, die im konservativ-antidemokratischen Diskurs der Weimarer Republik beheimatet waren: Autorität, Gefolgschaft und Treue. Hier finden sich Berührungspunkte der philologischen Wertforschung mit einer Althistorie, die autoritären und antidemokratischen Tendenzen das Wort redete, Erwartungen auf einen die Parteiengegensätze überwindenden Führer schürte und das Volkstum als »unerschöpflichen Nährboden« des Römertums wie des Deutschtums feierte.[30]

Der neue Geist und alte Begriffe:
Begriffs- und Wertforschung im »Dritten Reich«

Am 3. März 1939 feierte Otto Seel den »Generalstabschef und Stoßtruppführer« Gaius Julius Caesar. Der Erlanger Latinist widmete einen öffentlichen Vortrag dem Thema »Caesar und seine Gegner«, lobte die »besten Eigenschaften des Römertums«, die sich »unter der jahrhundertelangen reinlichen Zucht und Formung einer von Art und Anlage tüchtigen Rasse« in der Person des Eroberers von Gallien zusammengefunden hätten, bemühte Hitlers Begeisterung für die römische Geschichte im Allgemeinen und für die Gestalt Caesars im Besonderen und kam schließlich auf die *clementia Caesaris* zu sprechen. Dabei habe es sich nicht um »eine Milde« gehandelt, »die aus einem als verbindlich anerkannten, von beiden Seiten her einsichtigen formalen und moralischen Rechtsgrund erwachsen wäre, sondern es ist eine Auffassung herrscherlichen Wesens, um seiner selbst willen aus freiem Verfügen und Ermessen als Geschenk gegeben und genommen«.[31] Diese nationalsozialistische Interpretation der sprichwörtlichen Milde des römischen Diktators könnte man als Antwort auf Hellfried Dahlmanns Erörterung der *clementia Caesaris* verstehen, die 1934 in den »Neuen Jahrbüchern für Wissenschaft und Jugendbildung« erschienen war und in der betont wurde, dass der »größte Römer« dem Begriff »seinen bedeutsamen Gehalt gegeben und als milder, schonender Herrscher das Vorbild geschaffen« habe, »das seither für das Herrscherideal aller Zeiten maßgebend geworden« sei.[32]

Die beiden Zitate zeigen exemplarisch, dass die altertumswissenschaftliche Wertbegriffsforschung im »Dritten Reich« mitnichten nur unter den Stichworten Anpassung und Mittäterschaft subsumiert werden kann. Das Bild, das die Untersuchung der einschlägigen, zwischen 1933 und 1945 veröffentlichten Arbeiten ergibt, ist diffus. Es finden sich Aussagen, die als Zustimmung zum nationalsozialistischen Staat gelesen werden können; andere scheinen die Distanz des Autors zu dem Unrechtssystem in historischer Entfremdung anzudeuten. Offenkundig ist jedoch, dass der Lobpreis der römischen Werte und des »Römertums« häufig auf eine Begrifflichkeit zurückgriff, die dem Arsenal der »Konservativen Revolution« der Weimarer Republik entnommen war. Die am historischen Gegenstand exemplifizierten überzeitlichen Wertvorstellungen korrespondierten mit den Erwartungen eines konservativ-völkisch orientierten Publikums, das den Weimarer Staat und die parlamentarische Demokratie ablehnte. Während Heinzes Rektoratsrede wie das leidenschaftliche Plädoyer eines Vernunftrepublikaners für die *res publica* von Weimar gelesen werden kann, nutzte Karl Meister 1930 seine Ausführungen über »Die Tugenden der Römer«, um Klage über die politische Zerrissenheit des von dem Versailler Vertrag und der wirtschaftlichen Not niedergedrückten deutschen Volkes zu führen.[33] Als den Nationalsozialisten am 30. Januar 1933 die Macht übergeben wurde, hatten viele konservative Latinisten wie Viktor Pöschl, Erich Burck und Hans Drexler längst einen antibürgerlichen, antirationalen und elitären »Wertekanon der römischen Politik und Moral der Frühzeit« rekonstruiert,[34] der unverkennbare Affinitäten zur nationalsozialistischen Weltanschauung aufwies.[35]

Althistoriker standen ihren altphilologischen Kollegen nicht nach. Joseph Vogt spürte den Grundlagen des Imperium-Konzepts in einer Zeit nach, »da der Reichsgedanke seine Kraft und Hoheit wiedergewinnt«,[36] und klagte über die »ungeheuere Vernachlässigung der blutmäßig bedingten Grundlagen des staatlichen und kulturellen Lebens«, der sich Cicero schuldig gemacht habe, weil er von einem »fast ausschließlich vom Geist her bestimmtem Bild des Menschen« geprägt gewesen sei. Also hätten ihn »die fortgesetzte minderwertige Mischung der Bürgerschaft vor allem in Rom, die zahlenmäßige Schwächung der regierenden Schicht, der Ruin des italischen Bauerntums, alle diese notorischen Schäden« nicht erschüttert.[37] Johannes Stroux untersuchte 1937 den Imperator-Begriff und feierte den Prinzipat als »die Erfüllung des Römertums« und eine »Zeit völkischer Erneuerung«, »als Adel und Tugend der römischen Rasse dem Volk bewusst« geworden sei. Der augusteische Prinzipat wurde kurzerhand zum Vorläufer des wiedererstarkten »Dritten Reichs« gemacht.[38]

Hans Volkmann forderte, »aus dem Wesen des Römertums, also aus blutgebundenen Kräften die Eigenart des Augustus in seinem politischen Handeln und seinem Erfolge zu erklären«, und machte den *mos maiorum* zum »Grundzug des augusteischen Prinzipats«. »Damals wie heute«, so Volkmann, vollziehe sich »der Aufbau eines neuen Reiches«; es habe des »Wiedererwachens starker völkischer Kräfte« bedurft, um zu erkennen, dass Augustus »in echt römischem Empfinden den einzigen dem Römertum entsprechenden Weg« gegangen sei und ein neues Reich »auf dem Fundament alter, zeitweise verschütteter sittlicher und geistiger Kräfte« gebaut habe.[39] Franz Altheim glaubte schließlich, die römische *fides* mit der germanischen Treuverpflichtung vergleichen zu können und warf die Frage auf, ob ein gemeinsames »Erbe aus indogermanischer Zeit« vorliege.[40]

Den wissenschaftlichen Tiefpunkt erreichte die Wertforschung, als sich Fachvertreter anschickten, einzelne Begriffe mit der Rassenlehre in Beziehung zu setzen. Friedrich Klose, der 1933 an der Universität Breslau mit einer Arbeit über die Bedeutung von *honos* und *honestus* promoviert worden war,[41] wollte 1938 an prominenter Stelle vermeintliche Gegensätze zwischen deutschen und römischen Wertbegriffen mit Hilfe der Rassenseelenkunde erklären.[42] Wie sehr sich die deutsche Altertumskunde mit solchen Beiträgen international isolierte, zeigt ein Vergleich mit zeitgenössischen angelsächsischen Untersuchungen zu den *virtutes* des römischen Kaisers, deren öffentlichkeitswirksame Darstellung als »means and modes« imperialer Propaganda verstanden wurden, die die herausragende Position des *princeps* legitimieren und stabilisieren sollte.[43]

Doch jenseits einer nazifizierten Wertforschung gab es in Deutschland eine Fülle von Spezialstudien, die in der positivistischen Tradition der frühen begriffsgeschichtlichen Untersuchungen das Material zusammenstellten und mehr oder weniger ausführlich grammatikalische, sprachliche und semantische Probleme diskutierten. Die meist nüchternen, oft ein wenig langweiligen Untersuchungen sichteten das für einen Begriff einschlägige Material, fragten nach Bedeutungswandel und -konstanz und analysierten – so würden wir heute sagen – verschiedene Normen der politischen und sozialen Kommunikation in der römischen Republik und im Prinzipat. Begriffsgeschichtliche Untersuchungen waren ein beliebtes Promotionsthema.[44] Die Qualifikationsarbeiten orientierten sich fast durchweg an den traditionellen Maßstäben der Disziplin, die im 19. Jahrhundert entwickelt worden waren.

Dennoch sollte man sich davor hüten, schon hinter dem Titel einer Schrift eine mögliche regimekritische Haltung zu vermuten.[45] Hier heißt es genau hinzusehen. So enthält die von Max Pohlenz in Göttingen betreute Dissertation von Rudolf Stark über *res publica* nicht nur Untersuchungen zur Bedeutungsgeschichte des Wortes, sondern auch ein Plädoyer für einen Rechtsstaat, in dem bürgerliche Freiheit gegen »die Tyrannei der vielköpfigen Masse« geschützt wird.[46] In einer bei Wilhelm Weber in Berlin angefertigten Dissertation hingegen, die sich den Beziehungen zwischen römischer Herrscheridee und päpstlicher Autorität widmete, findet sich die Behauptung, dass die römischen Bischöfe das »letztlich nordische Ideal« der *auctoritas* »in die christliche Gedankenwelt« übersetzt hätten.[47]

Aber nicht nur Doktoranden, auch ambitionierte junge Altertumsforscher wandten sich bereits seit Mitte der zwanziger Jahre der Begriffsgeschichte zu: Friedrich Zucker schrieb 1928 über *conscientia*,[48] Hellfried Dahlmann 1934 über *clementia Caesaris*,[49] Ulrich Knoche im selben Jahr über *gloria* und *magnitudo animi*,[50] und Hans Ulrich Instinsky untersuchte *aeternitas* und *consensus universorum*.[51] Eine deutliche Vorliebe für die Republik und den frühen Prinzipat fällt auf. In diesen beiden Epochen glaubte man die originären altrömischen Werte aufspüren zu können. Folglich blieb die Spätantike häufig ausgeklammert – sieht man von den begriffsgeschichtliche Untersuchungen ab, die Teil des von Franz Joseph Dölger angeregten »Reallexikons für Antike und Christentum« waren, das zwischen 1935 und 1941 vorbereitet wurde, aber – von wenigen Lieferungen abgesehen – erst nach dem Zweiten Weltkrieg realisiert werden konnte.[52] Auch wenn in den handwerklich gediegenen Abhandlungen nicht das politische Lied auf Volk, Führer und Vaterland gesungen wurde, so folgten die Verfasser meist der zeittypischen Relativierung juristischer und sozialer Fragen und der Akzentuierung irrationaler Phänomene. Der politisch gänzlich unverdächtige Hans Ulrich Instinsky bekundete etwa, entscheidend für das Verständnis des *consensus* sei nicht seine rechtliche und soziale, sondern vielmehr seine emotionale und religiöse Bedeutung.[53] Der Rechtshistoriker Leopold Wenger glaubte, *auctoritas* habe »immer einen geheimnisvollen Inhalt, ein Etwas, das juristischer Formulierung heute widerstrebt«.[54]

Ein Vergleich dieser Ausführungen mit den »Prinzipien des römischen Rechts« des Rechtshistorikers Fritz Schulz lässt die Charakteristika der deutschen Wertbegriffsforschung in dieser Epoche deutlich hervortreten. Schulz hatte schon 1934 das römische Recht als Produkt der römischen Gesellschaft dargestellt, unter *auctoritas* »das soziale Ansehen einer Person oder Institution« verstanden und versucht, die »besonders geartete Autorität« des römischen Prinzeps mit Hilfe der von Max Weber beschriebenen Kategorie »der charismatischen Autorität« zu fassen.[55] Das innovative Potential seines kulturgeschichtlichen Ansatzes konnte in Deutschland nicht wirken: Fritz Schulz wurde als »Jude« von den Nationalsozialisten aus der akademischen Gemeinschaft vertrieben und emigrierte bald nach dem Novemberpogrom von 1938 über die Niederlande nach Oxford. Eine englische Übersetzung seines Buches beeinflusste die angelsächsische Forschung nachhaltig.

ALTER WEIN IN ALTEN SCHLÄUCHEN:
DIE THEORIEABSTINENZ NACH 1945

»Die Frage drängt sich auf, ob im Laufe der Zeit nicht überhaupt – mit Gesetzmäßigkeit, mit innerer Notwendigkeit – die Begriffe verbraucht, abgenützt werden, und ob nicht für die Werte und auch für die Institutionen selbst das Gleiche gilt, vielmehr: ob sich dies nicht in den Termini nur spiegelt und für den Philologen dort besonders leicht greifbar wird. Was könnte mehr entmutigen als das Ansehen, das in der Kaiserzeit der Begriff *libertas* erhielt?«[56] Der Klassische Philologe Carl Becker bestätigt mit seiner Universitätsrede von 1967 exemplarisch die Kontinuität einer traditionellen Wertforschung, die auf begriffsgeschichtliche Untersuchungen rekurrierte. Dabei ignorierte er wie die meisten seiner Kollegen geflissentlich, dass die einst historistische Begriffsgeschichte, die sich seit dem Beginn des 20. Jahrhunderts dem Sog des Relativismus zu entziehen versucht hatte, einen Prozess der Ideologisierung durchlaufen hatte, durch den ihr wissenschaftlicher Anspruch in Frage gestellt worden war.[57]

Natürlich war diese Forschungsrichtung schon dadurch diskreditiert, da sie in der Bundesrepublik vor allem von Hans Drexler und Hans Oppermann, die mit und durch den Nationalsozialismus Karriere gemacht hatten, vertreten wurde. Während Oppermann die römischen Werte neu entdeckte und als Direktor des Hamburger Johanneum für die staatsbürgerliche Erziehung der bundesrepublikanischen Jugend fruchtbar machen konnte, setzte Drexler seine Forschungen fort. Im Nachdruck seiner Rektoratsrede von 1943 über *dignitas*[58] inszenierte er sich als Widerstandskämpfer. In seinem Beitrag über das *bellum iustum* aus dem Jahr 1959 bemerkte Drexler, der Sieg im Krieg sei »im letzten Grund ein Sieg des Glaubens, die eigentlich vernichtende Niederlage die des Unglaubens – wir selbst sind geschichtliche Zeugen dieser Tatsache –, und sie ist dann am vernichtendsten, wenn der Sieger versteht, in dem Besiegten auch noch die Möglichkeit des Glaubens zu zerstören«.[59] 1961 sah sich Drexler in seinen Vorbehalten gegenüber den demokratischen Parteien der Bundesrepublik durch die Zeitkritik des römischen Historikers Sallust bestätigt.[60]

Zur wissenschaftlichen Bewertung dieser Arbeiten ist alles Erforderliche gesagt worden.[61] Die Wissenschaftliche Buchgesellschaft in Darmstadt hat Drexler wahrlich keinen Gefallen getan, 1988, vier Jahre nach seinem Tod, seine Aufsätze zu den »Politischen Wertbegriffen« wieder nachzudrucken.[62] Wie viele andere verweigerten Oppermann und Drexler jegliches Nachdenken über ihre Position und ihre Verantwortung in der Universität und darüber hinaus in der akademischen *res publica* während der Zeit des Nationalsozialismus.[63] Einer »glaubwürdigen und reflexiven Lernfähigkeit«[64] stand wohl auch entgegen, dass für beide das Ende des »Dritten Reiches« gleichbedeutend war mit dem Ende ihrer universitären Karrieren.

Für die Bewertung der altertumswissenschaftlichen Wertforschung der Bundesrepublik scheint dieser biographische Aspekt allerdings weniger bedeutsam als das persistierende Theoriedefizit einer konservativen Disziplin, die inhaltlich und methodisch an die antihistoristische Begriffsforschung anknüpfte, ohne sich über deren wissenschaftsgeschichtlichen und theoretischen Voraussetzungen Klarheit zu verschaffen. Auf diese Weise haben Erich Burck, Karl Büchner, Hans Drexler, Ulrich Knoche, Viktor Pöschl, Otto Seel und andere einen ahistorischen Wertbegriff fortgeschrieben und sich trotz der existentiellen Erfahrung zweier Kriege und totalitärer Systeme der Erkenntnis verschlossen, dass Werte und andere Urteile standortgebunden und folglich relativ sind. Weder Max Weber wurde rezipiert, der im Werturteilsstreit verdeutlicht hatte, dass Werte individuelle Setzungen sind, noch Carl Schmitt gelesen, der in der Bundesrepublik die »Tyrannei der Werte« einer scharfen Kritik unterzog und darauf hinwies, dass nicht Werte, sondern das Gesetz die Grundlage des säkularen Rechtsstaates bilden müsse.

Nach wie vor suchte man in lateinischen Wörtern überzeitliche Ideen. Viktor Pöschl ist wie schon im Jahr 1940 auch noch in den achtziger Jahren des 20. Jahrhunderts auf der Suche nach dem idealen römischen Staat, der idealen römischen Politik und der idealen römischen Haltung und will die »Grundlagen altrömischer Staatsgesinnung und Lebensauffassung« ergründen.[65] Den Hymnus auf die römische Größe sang Pöschl noch in seinem begriffsgeschichtlichen Spätwerk von 1989,[66] in dem er eine zeitlose römische Moral hypostasierte und festhielt: »Aber mehr noch prägt römische Willenshaltung, männliche Selbstbeherrschung und Zurückdrängung des Emotionalen den römischen Begriff der Würde.«[67] »Wer auf dignitas Anspruch« erhebe, müsse »Selbstdisziplin üben«. Er müsse »das Animalische und Emotionale in sich selbst bezwingen«.[68] Pöschl und die anderen einschlägig ausgewiesenen Philologen gaben weder sich noch dem Leser Rechenschaft, warum bestimmte Begriffe im Gegensatz zu anderen Wertbegriffe sein sollten,[69] und ignorierten die Tatsache, dass begriffsgeschichtlich erhobene Befunde zum Wandel oder zur Konstanz von Semantik und Pragmatik politisch-kultureller Deutungskategorien keine vorschnellen und weitreichenden historischen Interpretationen erlauben. Diese Begriffsgeschichte pflegte auch noch lange nach 1945 einen traditionell ideengeschichtlichen Zugang und verstand Begriffe als isolierbare Untersuchungsgegenstände, die überzeitliche Ideen repräsentierten. Die Wechselwirkungen zwischen Begriffen und sozialen, politischen und ökonomischen Faktoren wurden bis in die achtziger Jahre des 20. Jahrhunderts, wenn überhaupt, nur am Rande wahrgenommen.

Neue Wege: Alte Geschichte und Begriffsgeschichte

Die Alte Geschichte öffnete sich seit den frühen siebziger Jahren einer Begriffs- und Diskursgeschichte, die neue erkenntnistheoretische Konzepte aufgriff und der Reinhart Koselleck den Weg wies.[70] Der Bielefelder Historiker machte unmissverständlich deutlich, dass sich begriffsgeschichtliche Studien »ganz spezifisch gegen eine abstrakte Ideengeschichte« richten und »den konkreten Sprachgebrauch im sozialen, politischen oder rechtlichen Leben« zu untersuchen haben. »Dabei werden die konkreten Erfahrungen und Erwartungen ausgemessen, wie sie sich in der sprachlichen Erfassung der jeweiligen rechtlichen, sozialen oder politischen Bereiche wiederfinden lassen. Dazu bedarf es immer zentraler Begriffe, die ihrerseits theoretische Ansprüche mehr oder minder hohen Abstraktionsgrades enthalten. Die Begriffsgeschichte liefert gleichsam die Gelenke, die zwischen der text- und sprachgebundenen Quellenebene und der politischen und sozialen Wirklichkeit eine Verbindung herstellen.«[71]

Diese Ziele verfolgten die »Geschichtlichen Grundbegriffe«. Das epochale Wörterbuch zur politisch-sozialen Sprache gab Koselleck zusammen mit dem Mediävisten Otto Brunner und dem Sozialhistoriker Werner Conze heraus.[72] Das »Historische Lexikon« formulierte erkenntnisleitende Fragen, die in unterschiedlichen sozial- und kulturwissenschaftlichen Disziplinen (und teilweise in eigenen begriffsgeschichtlichen Werken) aufgegriffen wurden. Jetzt wurden die Beziehungen zwischen Begriffs- und Sozialgeschichte untersucht, das Verhältnis von Sprachwandel und sozialem Wandel, die Sprache als Indikator und Faktor, die Gleichzeitigkeit des Ungleichzeitigen, asymmetrische Gegenbegriffe, politische Ikonologie und Erinnerungskultur, Beschleunigungserfahrung und Zeitverkürzung.[73]

Kosellecks Ausgangspunkt war die Vermutung, oder wie er formulierte: der »heuristische Vorgriff«, »dass sich seit der Mitte des achtzehnten Jahrhunderts ein tiefgreifender Bedeutungswandel der klassischen topoi vollzogen, dass alte Worte neue Sinngehalte gewonnen haben, die mit Annäherung an unsere Gegenwart keiner Übersetzung mehr bedürfen. Der heuristische Vorgriff führt sozusagen eine ›Sattelzeit‹ ein, in der sich die Herkunft zu unserer Präsenz wandelt«.[74] Die Grundbegriffe sah Koselleck durch die vier Merkmale Demokratisierung, Verzeitlichung, Ideologisierbarkeit und Politisierung charakterisiert;[75] mit ihrem Bedeutungswandel änderten sich, so die Grundannahme, in der Zeit zwischen 1750 und 1850 die sozialen und politischen Strukturen.

Es war Christian Meier, der seit Mitte der 1960er Jahre sein Fach und die altertumswissenschaftlichen Nachbardisziplinen einer neuen Begriffsgeschichte öffnete, indem er eine nach Kosellecks Axiomatik arbeitende Begriffsgeschichte für die Alte Geschichte adaptierte. Meier war bereits in der Planungsphase des Unternehmens mit Koselleck in engem Austausch. Auch wenn die Alte Welt in dem programmatisch auf den »Umwandlungsprozess zur Moderne« abzielenden »Historischen Lexikon zur politisch-sozialen Sprache Deutschlands« insgesamt nur die Rolle eines historischen Vorraums spielte,[76] so gaben Meiers (nicht überaus

19. VON WORTEN UND WERTEN 369

zahlreiche) Beiträge der Althistorie wichtige Anregungen. Sie spiegeln unmittelbar seine Einsicht in das Erkenntnispotential der begriffsgeschichtlichen Methode Koselleck'scher Provenienz.

So konnte Meier, um ein wichtiges Beispiel aufzugreifen, für das antike Griechenland zeigen, dass der Begriffswandel der klassischen Zeit sich am überzeugendsten in der Verfassungsbegrifflichkeit nachvollziehen lässt. In einem Brief an Koselleck gab der Althistoriker sich im Juli 1966 zuversichtlich, dass der begriffsgeschichtliche Befund »ganz ergiebig« werde, vor allem für »das Aufkommen von -kratie in den Bezeichnungen von Verfassungsformen«, nachdem man zuvor »mit vom Zustand des Ganzen abgeleiteten Begriffen« wie Eunomie, Isonomie »oder partiellen und primär programmatischen Begriffen wie Isegorie gearbeitet« habe.[77] Meiers spätere Rekonstruktion des prozessualen Wandels des politischen Denkens von einer ›nomistischen‹ zu einer ›kratistischen‹ Vorstellung von Verfassung war folglich Ergebnis seiner Mitarbeit an Kosellecks Lexikon.

Der von Kollegen geäußerte Vorwurf, Meier habe auf fragiler Quellengrundlage zu weitreichende Schlussfolgerungen gezogen, die durch seinen Befund nicht gedeckt seien,[78] verkennt, dass er durch die pointierte Zuspitzung und thesenartige Abstraktion des Befundes die wissenschaftliche Diskussion um die Zusammenhänge, die er als Erster glänzend beschrieb, nachhaltig anregte und die althistorische Begriffsgeschichte auch für die Neuzeithistoriker anschlussfähig machte. Die erkenntnisleitende Unterscheidung zwischen Moderne und Vormoderne, die das Unternehmen der »Geschichtlichen Grundbegriffe« charakterisierte, fügte sich nahtlos zu Meiers vorgängiger Vorstellung von der Alterität gerade der Griechen. Dem Altertum wies er in seinen Beiträgen daher *a priori* eine besondere und fremdartige Rolle zu: »Indem Koselleck die Eigenart der sogenannten Sattelzeit und des Fortschritts- sowie des Geschichtsbegriffs so genau formulierte«, bekam Meier »eine Folie«, gegen die er seinen »antiken Befund halten konnte«.[79] Also grenzte er in seinen Beiträgen zu »Fortschritt«[80] die Antike scharf gegen die Moderne ab. Die griechische (oder genauer: athenische) Vorstellung von Fortschritt sah er als kategorial so verschieden von späteren Konzeptionen an, dass er von einem »Könnens-Bewusstsein« sprach; antikes »Könnens-Bewusstsein« und modernes Fortschrittsverständnis fasste er wiederum unter dem integrativen Begriff »Auxesis-Bewusstsein« zusammen im Sinne eines »allgemein relevanten Wandels«.

Christian Meiers Begriffsgeschichte war erfolgreich, weil er das von Koselleck für die europäische »Sattelzeit« postulierte Prinzip, den Wandel politisch-sozialer Strukturen durch die Analyse zentraler Begriffe darzustellen, auf das griechisch-römische Altertum übertrug. Er schickte sich an, für diese Epoche zu untersuchen, wie Begriffe nicht nur die Wirklichkeit beschrieben, sondern die Wirklichkeit selbst konstituierten. Dabei war der Vergleich mit dem neuzeitlichen Befund richtungweisend, da er auf die Spezifika des antiken Befundes verwies. An die Stelle der »Verzeitlichung« der mit zukunftsbezogenen Erwartungen aufgeladenen Begriffe, die Koselleck für die »Sattelzeit« beschrieben hatte, trat bei Meier der Befund der Politisierung der Begriffswelt im 5. Jahrhundert v. Chr., welche die nachgerade existentielle Bedeutung des Politischen für das Dasein des Bürgers in den griechischen Poleis spiegelte. Damit wurde das Carl Schmitt entlehnte Konzept des »Politischen«, das dieser Ende der 1920er und Anfang der 1930er Jahre in bestechenden Analysen herausgearbeitet und gegen den liberalen Staat in Position gebracht hatte, im Medium althistorischer Rekonstruktion demokratisiert.[81]

Meier demonstrierte in seinen Arbeiten das innovative Potential einer Begriffsgeschichte, die bestimmte Termini als Spiegelungen komplexer politischer und sozialer Deutungskämpfe und Aushandlungsprozesse versteht und systematisch nach dem Verhältnis von »Wortbedeutungswandel und Sachwandel, Situationswechsel und Zwang zu Neubenennungen« fragt.[82] Daher akzeptierte Meier Kosellecks heuristischen Vorgriff, um die konsequente Historisierung der antiken Begriffe einzuleiten, die als zeitlich gebunden und ›vormodern‹ verstanden wurden. Anders formuliert: Nur indem Meier die für Kosellecks Ansatz konstitutive Dichotomie zwischen Moderne und Vormoderne rezipierte und in der Beschreibung zentraler Begriffe wie »Fortschritt« und »Geschichte« kanonisierte, konnte er eine überzeugende Alternative sowohl zur damals noch vorherrschenden, essentialistischen Wertbegriffsforschung in der Bundesrepublik als auch zu den »Sozialen Typenbegriffen« der griechischen Welt vorlegen, die Anfang der 1980er Jahre – auf Initiative der kurz zuvor verstorbenen Elisabeth Charlotte Welskopf – in der Deutschen Demokratischen Republik mit eher bescheidenem »theoretischen Rüstzeug« und ohne klare Konzeption, aber mit einer dezidiert rezeptionsgeschichtlichen Perspektive untersucht wurden.[83]

Die Bedeutung einer theoretisch fundierten und methodisch reflektierten Begriffsgeschichte für die Alte Geschichte ist seither unbestritten.[84] Doch die inzwischen internationale Debatte[85] um Methoden und Kategorien, Möglichkeiten und Grenzen der Begriffsgeschichte, der »conceptual history« oder »history of concepts«, der »Historischen Semantik« und einer (wie auch immer) sozialhistorisch vermittelten »Diskursanalyse« hat sich als äußerst fruchtbar erwiesen und auch der Alten Geschichte neue Erkenntnismöglichkeiten eröffnet. Dabei ist es notwendig, den ursprünglichen Ansatz der »Geschichtlichen Grundbegriffe« weiterzuentwickeln und »differenziertere Begrifflichkeiten zu erarbeiten, die es erlauben, verschiedene Formen verzeitlichten Bewusstseins bestimmter voneinander zu unterscheiden«.[86] Ob die strikte Abgrenzung von Vormoderne und Moderne in diesem Zusammenhang hilfreich ist, kann jedoch aus gutem Grund bezweifelt werden. Zwar wird ein einschneidender Wandel der politisch-sozialen Begriffe in der Zeit zwischen 1750 und 1850 nicht in Abrede gestellt, aber sowohl vor dieser Zäsur als auch danach gab es bemerkenswerte Veränderungen. Damit ist das gesamte Konzept einer Sattelzeit als der eindeutig zu definierenden Epoche eines strukturellen Bruchs ins Wanken gekommen.[87] Allerdings halten manche Islamwissenschaftler, die sich auf Reinhart Koselleck berufen, um Begriffsgeschichte und historische Semantik in ihrem Fach zu verankern, an dem Konzept einer »Sattelzeit« fest, um vielschichtige Prozesse der Modernisierung im Nahen Osten in einer spezifischen historischen Situation zu beschreiben.[88] Unstrittig dürfte indes sein, dass die starre Dichotomie Antike – Moderne nicht nur begriffsgeschichtliche Rezeptionen und Transformationen verkennt, sondern auch produktive transepochale und transkulturelle Vergleiche verhindert.

Darüber hinaus hat die aktuelle altertumswissenschaftliche Begriffsgeschichtsschreibung die in den »Geschichtlichen Grundbegriffen« präsentierte Antike als defizitär erkannt. Die Artikel fokussieren auf die klassisch griechisch-römische Epoche, ignorieren hingegen meist Christentum und Spätantike und sind radikal eurozentrisch. Der Orient liegt im Dunkeln, und auch das Judentum wird nur über das Christentum rezipiert. Im Artikel »Fortschritt« etwa wird der griechische Fortschrittsbegriff gegen das Fortschrittsverständnis der Christen abgegrenzt und folglich die Zäsur zwischen Vormoderne und Moderne durch den Gegensatz zwischen Klassischem Altertum und Christentum verstärkt. Die letztlich neuhumanistisch konditionierte Exklusion der christlichen Antike kann heute nicht mehr fortgeschrieben werden.

Die eurozentrische Begriffsgeschichte Koselleck'scher Prägung, die auch für die Alte Geschichte von überragender Bedeutung war, muss durch eine Begriffsgeschichte mit globalem Fokus ergänzt werden, wofür übrigens schon Christian Meier selbst argumentiert hat.[89] Damit wird das begriffsgeschichtlich definierte Konzept der Moderne zeitlich wie räumlich diversifiziert, bei klugem Gebrauch jedoch nicht notwendigerweise unscharf und unbestimmt. Im Gegenteil: Möglicherweise ist gerade die Vorstellung von *multiple modernities* – und damit notwendigerweise von *multiple antiquities* – die einzig praktikable und disziplinär wie interdisziplinär notwendige Antwort, wenn man auf die innovativen Potentiale eines erkenntnisleitenden Moderne-Begriffes nicht ganz verzichten will.[90]

Unsere Aufmerksamkeit muss sich indes auch weiterhin auf die Zeiträume dynamischen Wandels, auf Übergangs- und Transformationsepochen richten, »die Verdichtungszonen und Beschleunigungsprozesse«[91] umfassen, die in den begrifflichen Einheiten der jeweiligen politisch-sozialen Sprachen zu fassen sind. Dies gilt für die Alte Geschichte – aber sicher nicht nur für sie.

AUSBLICK

20. Zu guter Letzt: Wo stehn wir?

»Wo stehn wir?«, fragte Wilhelm von Humboldt in seiner Rückschau auf das 18. Jahrhundert. »Welchen Teil ihres langen und mühevollen Weges hat die Menschheit zurückgelegt? Befindet sie sich in der Richtung, welche zum letzten Ziel hinführt?«[1] Dieser Text ist mehr als eine Momentaufnahme: Er artikuliert eine Schwellenerfahrung um 1800, die die Wahrnehmung von Vergangenheit und Gegenwart in Deutschland nachhaltig beeinflusste. Mitte des 18. Jahrhunderts war das griechische Altertum wiederentdeckt worden. Das antike Hellas wurde zum vornehmsten Objekt produktiver künstlerischer, literarischer und wissenschaftlicher Rezeption. Johann Joachim Winckelmann war auf der Suche nach der »edlen Einfalt« und »stillen Größe« eines zeitlos schönen und autonomen Menschentums gewesen, das er in der griechischen Kunst gefunden zu haben glaubte. Schließlich konzentrierten sich der Unterricht an den Gymnasien und die wissenschaftliche Forschung an den Universitäten gleichermaßen auf das Studium der griechischen und römischen Antike. Die Historisierung des klassischen Altertums setzte ein. Die Werke der Griechen und Römer galten zwar noch immer als vollendet, aber auch als geschichtlich gebunden und damit einzigartig.

Die Veränderungen des deutschen Antikebildes in den zurückliegenden zwei Jahrhunderten und die Antikekonstruktionen im deutschsprachigen Raum waren Gegenstand dieser Darstellung. Da es sich um eine wechselvolle Beziehung handelte, konnte keine lineare Geschichte des Fortschritts oder des Niedergangs erzählt werden. Phasen produktiver Auseinandersetzung mit der griechisch-römischen Vergangenheit wechselten sich ab mit Perioden weitgehender Stagnation. Als äußert wichtig erwiesen sich die Debatten, die um das Verhältnis von Wissenschaft und Bildung geführt wurden. Gerade hier war der Einfluss der politischen Zeitläufte deutlich spürbar. Doch wie sieht es heute aus? Welche Bedeutung hat das griechische und römische Altertum im 21. Jahrhundert? Wie steht es überhaupt um die klassische, europäische Antike in der Zeit der postkolonialen Dekonstruktion und der politischen Globalisierung? Wo also stehen wir?

Wenden wir uns, um diese Fragen zu beantworten, den einleitend formulierten, übergreifenden Themen nochmals zu. Es ist aufgezeigt worden, wie sich die *Forschungspraktiken* kontinuierlich diversifiziert haben. Die Diskussionen um Sinn und Ziel der Altertumswissenschaften spiegelten diese Entwicklung. Inzwischen versuchen die einzelnen Disziplinen ihren jeweiligen Standort zwischen ›positivistischer‹ Quellenforschung und (post-)strukturalistischen Modellen zu bestimmen. Von zentraler Bedeutung bleibt jedoch die Erfassung, Erschließung und Interpretation der schriftlichen wie nicht-schriftlichen Überlieferung, oder mit Theodor Mommsen: die Ordnung der Archive der Vergangenheit. Die traditionelle Epistemologie hat sich durchaus bewährt, auch wenn die legitimen Versuche, durch weitreichende Theoriebildungen zu neuen Erkenntnissen zu gelangen, deutlich zugenommen und neue Erkenntnisperspektiven eröffnet haben. Die Universitäten haben sich jedoch von einer vermeintlich wenig innovativen editorischen Grundlagenforschung abgewandt und favorisieren finanzintensive Förderinstrumente wie Sonderforschungsbereiche, Graduiertenkollegs und Exzellenzcluster, die zeitlich befristet und interdisziplinär ausgerichtet sind, auf rasche Ergebnisse setzen und vor allem umfangreiche Drittmittel versprechen.

Den altertumswissenschaftlichen Großunternehmungen, die meist in das 19. Jahrhundert zurückreichen und die Phasen politischer Konvulsion und militärischer Eskalation überstanden haben, kommt indes eine besondere Bedeutung zu. Die Reformrhetorik und Evaluationseuphorie haben zwar am Ausgang des 20. und zu Beginn des 21. Jahrhunderts die Corpora und Thesauri als fragwürdigen Teil des historistischen Erbes eines vergangenen Zeitalters relativiert. Bisweilen wurde gegen die »Riesenschildkröten« polemisiert, und die altertumswissenschaftlichen Vorhaben zur Materialerschließung scheinen in der heutigen Wissenschaftspolitik keine Konjunktur zu haben.[2] Die apotropäische Beschwörung der Archegeten der modernen Altertumskunde hilft in dieser Situation nicht, will man das Überleben dieser Projekte sichern, die ihrerseits weit über den Gegenstand ihrer Sammlung hinaus die Forschungspraxis in den Altertumswissenschaften garantieren. Zum einen sichern die traditionellen Vorhaben den Zuwachs an Erkenntnischancen. Zum anderen bieten sie die organisatorischen und personellen Voraussetzungen für disziplinäre und interdisziplinäre Quellenerschließung.

Schließlich sind sie für die Ausbildung und Rekrutierung des Nachwuchses wichtig. Welcher Graduierte der Alten Geschichte kann heute noch griechische oder lateinische Inschriften edieren, welcher Absolvent der Klassischen Philologe griechische Papyri oder welcher frisch examinierte Theologe griechische christliche Schriftsteller? Der Rückgang altsprachlicher Kenntnisse und die Marginalisierung der Sprachenausbildung in zahlreichen modularisierten Studiengängen wird die Bedeutung dieser Unternehmungen für die Schulung von Altertumswissenschaftlern noch stärker hervortreten lassen, zumal die Universitäten, die immer kurzfristiger planen müssen, diese Aufgabe nicht mehr ausreichend übernehmen können.

Diese systematische Erschließung der Zeugnisse, die aus dem Altertum auf uns gekommen sind, hat aber auch die Erkenntnis in die geschichtliche Gebundenheit der griechischen und römischen Vergangenheit gefördert. Seit dem 19. Jahrhundert stehen Normativität und Historizität nebeneinander. Die normative Kraft der antiken Erkenntnisgegenstände, die man immer wieder zu retten suchte, ist unwiederbringlich verloren. Wir können nicht hinter Droysen und seine Zeitgenossen zurückfallen. Was bleibt, ist die konsequente Historisierung der griechisch-römischen Antike. Die damit einhergehende Überwindung einer exklusiv auf Hellas und Rom fokussierten Altertumskunde im Zeitalter des Historismus ermöglichte den Aufstieg der Fächer, die sich mit dem »Altertum« anderer Regionen und Ländern beschäftigten und sich auf die Suche nach einer globalen Antike machten, die bereits Alexander von Humboldt umgetrieben hatte.

Die Entmythologisierung des Dogmas von der klassischen Antike war aber auch für diese weltgeschichtliche Epoche selbst heilsam: Man überwand die kritiklose Verehrung des klassischen Athen und der goldenen Latinität, trat in einen fruchtbaren Dialog mit der spätantiken, mittelalterlichen, byzantinischen und humanistischen Überlieferung und gab eurozentrische und kolonialistische Positionen auf. Die vergleichende Untersuchung von *multiple antiquities* ist eine Chance, um Verbindendes und Trennendes in globaler Perspektive herauszuarbeiten. Der Blick nach außen hilft, die eigene Vergangenheit – und Gegenwart – und damit vermeintliche Gewissheiten infrage zu stellen und enge Grenzen der Wahrnehmung und Beurteilung zu überwinden, wie im übrigen schon der antike Befund eindrücklich zeigt. So hat Alfred Heuß in seiner Kieler Antrittsvorlesung von 1949 darauf abgehoben, dass das griechisch-römische Altertum selbst immer eine »Nachbarschaft zu ›dem anderen‹, eine beständige Kontaktzone«, kannte, »die zugleich das Bewusstsein der steten Gefährdung aufrechterhielt«.[3]

Die über 2500-jährige Wirkungsgeschichte der Antike ist zum selbständigen

Gegenstand der Forschung geworden, die die ›klassische‹ Bildung historisch differenzierend als Rezeptionsphänomen beschreibt und die Dialektik von Historizität und Ahistorizität in unserem Umgang mit der Antike untersucht. Neue Leitkategorien wie Identität und Alterität, Repräsentation und Transformation, Differenz und Hybridität lassen ein differenziertes Bild der Auseinandersetzung mit der antiken Kultur entstehen. Kultur selbst, so wurde deutlich, ist keine statische Größe, sondern eine hybride Konstruktion, auf die vielfältige Übertragungs- und Aneignungsvorgänge einwirken und die ständiger Veränderung ausgesetzt ist. An die Stelle eines holistischen trat ein dynamisches Verständnis von Kultur: Sie wird in einem permanenten Prozess des produktiven Übersetzens immer wieder neu ausgehandelt. Eine kulturwissenschaftlich differenzierte Rezeptionsgeschichte hilft, Modelle neuzeitlicher Kanonbildung zu dekonstruieren, das europäische Monopol auf ein klassisches Altertum in Frage zu stellen und das Verhältnis von Zentrum und Peripherie neu zu überdenken. Auch die Wissenschaftsgeschichte der Altertumswissenschaften hat maßgeblich dazu beitragen, transepochale und transnationale Rezeptions- und Transformationsprozesse zu rekonstruieren und auf dieser Grundlage umfassende Vergleiche verschiedener Wissen(schaft)ssysteme anzustellen. Wissen(schaft)stransfer muss folglich als Teil eines vielschichtigen Systems der *transferts culturels* verstanden und erforscht werden.[4] Die Rezeptions- und Wissenschaftsgeschichte ist daher eine der großen Herausforderungen und zugleich Chancen einer inter- und transdisziplinär ausgerichteten Altertumswissenschaft im 21. Jahrhundert.

Der Rückgriff auf die Antike signalisiert ein Bewusstsein der Kontinuität. Aber »Epochenimaginationen« können heute – im Gegensatz etwa zum Beginn des 20. Jahrhunderts – nicht »die Frage nach Reichweite und Grenzen der Wissenschaft in der Gesellschaft« ersetzen.[5] Wir können das ›Klassische‹ Altertum nicht mehr als ein verlorenes Paradies bewundern. Nur indem wir die Antike geschichtlich begreifen, vermögen wir Rezeption und Transformation des nur scheinbar Gleichen über die Jahrhunderte hindurch zu rekonstruieren und die paradigmatische Bedeutung des ›Klassischen‹ Altertums für die gegenwärtige Bildung und Wissenschaft genauer zu bestimmen. Die hierbei zu leistende »Aufklärungsarbeit« ermöglicht es, «überkommene Vorannahmen und Vorurteile» kritisch zu reflektieren und uns »von den Ansprüchen einer aktualitätsversessenen Gegenwart« zu emanzipieren.[6]

Wenden wir uns dem Thema *Wissenschaft und Bildung* zu. »Ob die Altertumswissenschaften in Deutschland noch einmal eine wirkliche Rolle spielen werden, wie das vor Jahrzehnten der Fall war, kann man freilich nicht wissen.«[7] So schrieb der Philosoph Hans-Georg Gadamer im Mai 1959 an seinen früheren Marburger Lehrer Paul Friedländer, der inzwischen in Los Angeles lebte. In der frühen Bundesrepublik spielten die altertumswissenschaftlichen Fächer an Gymnasien und Universitäten sehr wohl noch eine bedeutende Rolle. Und heute? Zumindest in Deutschland ist Latein an den Schulen nach wie vor ein beliebtes Schulfach; Griechisch hingegen hat an den Gymnasien einen schweren Stand. Weitgehend in Vergessenheit geraten ist die erzieherische Funktion der Alten Sprachen, die ein formales Training mit inhaltlicher Belehrung verbinden. Die Zahl der Studierenden altertumswissenschaftlicher Fächer ist insgesamt rückläufig. Die fehlenden Sprachkenntnisse bei vielen Studienanfängern erfordern zudem neue Formen der akademischen Lehre. Doch populäre Formen der Wahrnehmung antiker Inhalte haben sich durch Film und Fernsehen, Internet und die sozialen Medien vervielfacht. Hier wird das griechische und römische Altertum durchaus auch als Teil eines identitätsstiftenden Projektes für Europa begriffen. Aus gutem Grund verweisen Altertumswissenschaftler immer wieder auf die antiken Wurzeln unserer gegenwärtigen Kultur.[8]

In diesem Buch ist darüber hinaus argumentiert worden, dass durch Wilhelm von Humboldt das Altertum als historische Formation und ideale Projektion nachhaltig Wertvorstellungen und Bildungsinhalte des Bürgertums prägt. Humboldt war sich sicher, dass man das Eigene am Fremden verstehen müsse. In der Auseinandersetzung mit dem Gegenüber und in der Aneignung fremden Geistes sollten der eigene Geist entdeckt und erzogen werden. Humboldt warf mit der Rezeption des antiken Hellas die für das deutsche Bürgertum wichtige Frage auf, unter welchen Voraussetzungen und Bedingungen und mit welchem Ziel sich ein Individuum und eine Nation Fremdes erschließen und anverwandeln könne.

Doch wir messen die Gegenwart nicht mehr an dem klassischen Griechenland; statt Wilhelm von Humboldt folgen wir eher Claude Lévi-Strauss, der darauf hingewiesen hat, dass die Renaissance in ihrer fruchtbaren Auseinandersetzung mit der Antike zum ersten Mal erkannt hat, dass keine Kultur sich selbst denken kann, wenn sie nicht über andere Gesellschaften verfügt, die ihr als Vergleichsmaßstab dienen.[9] Das Studium der alten Welt, ihrer Sprachen und Kulturen ist demnach eine wirkungsvolle Technik der Entfremdung, eine intellektuelle Übung, um die eigene Position in Frage zu stellen. Viele suchten in den zwei zurückliegenden Jahrhunderten im Altertum einen idealen Ort, dessen Betrachtung der Überwindung des politischen, sozialen und kulturellen *status quo* dienen sollte. Wir sollten uns hingegen auf die Suche nach unseren Vorfahren machen, die uns fremd geworden sind, um uns selbst zu finden.

Aber braucht es für die gegenwärtige Bildung dann noch die europäische Antike? Könnten wir uns nicht auch China oder Afrika zuwenden? Uvo Hölscher hat in seinem »Selbstgespräch über den Humanismus« Anfang der 1960er Jahre die griechische und römische Antike als »das nächste Fremde«[10] bezeichnet; die Beschäftigung mit dieser Vergangenheit verleihe eine »Art kritischer Phantasie«, mithin eine »Fähigkeit, nicht nur mit dem Gelernten richtig umzugehen, sondern schöpferisch seine Möglichkeit zu denken, vom Zwang des Gegebenen, der Majorität, des Zeitgemäßen Abstand zu nehmen«.[11] Die Ausführungen reflektieren die Krisenerfahrungen des altsprachlichen Unterrichts in den 1960er Jahren, die durch die politisch gewollte Bildungsexpansion und die kontroversen Diskussionen um Chancengleichheit verstärkt wurden.[12]

Dennoch ist immer wieder auf dieses Konzept zurückgegriffen worden, um die Bedeutung der griechischen und römischen Antike für die Gegenwart zu betonen.[13] Aber im 21. Jahrhundert dürfte, wie zu Recht bemerkt worden ist,[14] das »nächste Fremde« nicht mehr in der europäischen Geschichte liegen, sondern dank digitaler Vernetzung und sozialer Medien eher auf dem amerikanischen oder asiatischen Kontinent zu suchen sein. Die rasante Globalisierung stellt völlig neue Fragen an alle, die sich mit dem europäischen Altertum auseinandersetzen.

Es ist zu Beginn dieses Buches argumentiert worden, dass die Beschäftigung mit der griechischen Antike eine Verständigung über die Bedingungen der Möglichkeit von Freiheit für den Menschen erlaubt. Die Botschaft Wilhelm von Humboldts ist noch immer aktuell: Bildung befreit den Einzelnen zu einem selbsttätigen, selbständigen und selbstverantwortlichen Bürger. Nur so ist sie kein Instrument der Ausgrenzung, sondern ein Mittel der Emanzipation. Der Staat darf die intellektuelle Entfaltung des Individuums nicht behindern, sondern muss auch und gerade in einer globalisierten Welt die Freiheit als die erste und unerlässliche Bedingung von Bildung und Wissenschaft, von Literatur und Kunst, von Dichtung und Philosophie verteidigen. In diesem Zusammenhang ist Humboldts Einsicht nach wie vor von herausragender Bedeutung, dass am Horizont der griechischen Antike der freie Bürger in die Geschichte Europas eintrat. Die Art und Intensität dieser Erfahrungen vermögen wir zwar kaum noch nachzuvollziehen, aber wir können sehr wohl erkennen, wie ein zunächst sehr kleiner, dann allmählich größer werdender Kreis von Freien (und das heißt: freien Männern) in den vielen Stadtstaaten, den Poleis, bestimmte politische Organisationsformen, religiöse Praktiken, technische Fertigkeiten, dann Wissenschaft, Philosophie, Dichtung und Kunst hervorbrachte und einübte, um eine Vielzahl von Herausforderungen zu meistern und die freien Lebensformen zu verteidigen. Diese nicht nur für Europa, sondern für die Weltgemeinschaft wichtige Erkenntnis gilt es gerade heute zu bewahren: Die Geburt der Kultur aus dem Geist der Freiheit.[15]

Rationalismus und Aufklärung haben die Bedeutung einer an der griechischen und römischen Antike orientierten Bildung zwar relativiert, aber nicht negiert. Mehr als Sprache und Stil interessierten kritische Vernunft und bürgerliche Gemeinschaft. Die aufgeklärte Forderung nach dem Ausgang des Menschen aus seiner selbstverschuldeten Unmündigkeit und die idealistische Vision, die ständig komplexer werdende Welt aus einer fremden und unbekannten Perspektive zu betrachten, führt aber immer wieder neu in das Altertum zurück, da Literatur und Kunst uns etwas zu sagen haben. Allein schon »die unheimliche Klassik der Griechen« fasziniert jede Generation aufs Neue, weil sie uns die »Kunst des Perspektivenwechsels« lehrt.[16] Die Deutungsoffenheit des reichen Erbes hat alle Generationen bisher angesprochen und in jeder Epoche ungemein kreative Potenziale freigesetzt, selbst wenn diese zu Kritik und Negation des Erbes oder bestimmter Rezeptionsformen führten.[17] Die unterschiedlichen, bisweilen widersprüchlichen Aneignungen und Interpretationen der griechischen und römischen Vergangenheit verdeutlichen, dass die breite antike Überlieferung nicht auf einfache Deutungsschemata reduziert werden kann. Die an der »klassischen« Antike orientierte Bildung mag keinen Maßstab mehr geben für das »Erkennen und Ordnen der Erscheinungen«, die uns umgeben, aber sie vermittelt einen Maßstab, den die Vergangenheit uns gestellt hat und an dem wir unsere eigene Gegenwart messen können.[18]

Bildung als bürgerliche »Erlösungshoffnung« und »Erziehungsanspruch« (Reinhart Koselleck) ist die notwendige Grundlage eines freiheitlichen Staates und einer demokratischen Gesellschaft, in welcher der Anspruch, »das eigene Leben als eine Aufgabe der Selbstzivilisierung und des Kulturfortschrittes zu führen«,[19] aufrecht erhalten wird, weil er auch heute noch individuell attraktiv, politisch sinnvoll und gesellschaftlich notwendig ist. Das Studium antiker Gegenstände, das auf Tiefe, nicht auf Breite zielt, macht Mut, inmitten einer ökonomisierten Welt auf Bildung als Selbstzweck zu vertrauen, und selbstbewusst zu erkennen, dass das Streben nach Bildung nie abgeschlossen werden kann, sondern ein lebenslanger Prozess der Selbsterziehung darstellt. Warum sollte dieses kulturelle System, das als »Bürgerlichkeit« umschrieben wurde und sich auf die europäische Antike bezog, nicht weiterhin »dem einzelnen eine Zielutopie« vermitteln, »an der er sein Leben orientieren« kann und die ihm hilft, die Herausforderungen der Moderne zu meistern?[20]

Bleibt das Verhältnis von *Wissenschaft und Politik*. Gelassener als Alfred Andersch und Egidius Schmalzriedt ziehen wir heute Bilanz, abgeklärter ist unser Urteil über Erfolge und Misserfolge der Rezeption, Adaptation und Transformation der klassischen Antike seit dem Humanismus. Wir haben gelernt, den Abstand zur Vergangenheit nicht aufzuheben, sondern auszufüllen. Und wir haben erkannt, dass die Beschäftigung mit dem Altertum nicht notwendigerweise ein Instrument der Ausgrenzung, sondern auch ein Mittel der Emanzipation sein konnte und immer noch sein kann. Altertumswissenschaften sind folglich nicht als statuskonstituierendes Privileg einer kleinen Elite, sondern als notwendige Grundlage einer demokratischen Gesellschaft zu verstehen.

Die Auseinandersetzung mit der Geschichte der Altertumswissenschaften in den letzten beiden Jahrhunderten zeigt, dass Modelle und Theorien, Leitvorstellungen und Leitideen umstritten und umkämpft waren und dass Orientierungs- und Deutungsansprüche nicht widerspruchslos akzeptiert wurden. Vor allem in Umbruchsituationen waren – und sind – lebhafte und nachwirkende Konflikte zu beobachten, die aber nicht notwendigerweise in die Delegitimierung derjenigen Rationalitätskriterien mündeten, die Wissenschaftlerinnen und Wissenschaftlern eindeutige Handlungsorientierung gaben. Die mit der Institutionalisierung der altertumswissenschaftlichen Fächer einhergehende und durch Paradigmenwechsel und Methodenpluralismus verstärkte Konkurrenz divergierender Deutungsangebote ist aus wissenschaftshistorischer Perspektive kein Indiz für die Beliebigkeit, sondern vielmehr ein Zeichen für die theoretische Freiheit, die methodische Offenheit und das wissenschaftliche Differenzierungsvermögen der Altertumswissenschaften.

Es ist oft darüber Klage geführt worden, dass die historistische Altertumswissenschaft, die strenge Objektivität und Rationalität einforderte, den normativen Anspruch der Antike zerstört habe. Doch ihr inhärenter wissenschaftlicher Wahrheitsanspruch immunisierte manche ihrer Vertreter weitgehend gegen irrationale und totalitäre Appropriationen der Vergangenheit. Nicht nur der Rekurs auf die Geschichte der altertumswissenschaftlichen Großwissenschaft lehrt, dass man sich vor modischen Aktualisierungen und politischen Instrumentalisierungen hüten sollte. Die antike Tradition kann nur geschichtlich verstanden werden. Die Wissenschaftsgeschichte der Altertumswissenschaften zeigt beispielhaft, dass jede Forscherin und jeder Forscher die zeitgenössischen Voraussetzungen bei der Auswahl seiner Themen und Methoden genau reflektieren muss, um die Gefahr einer ahistorischen Aktualisierung der Vergangenheit zu vermeiden – sei sie affirmativ oder aversiv. Eine ›präsentistische‹ Interpretation, die die Überlieferung allein nach den moralischen und politischen Maßstäben der eigenen Zeit beurteilt und »sperrige« Quellen marginalisiert oder gleich athetiert, beraubt uns der Möglichkeit, die Zeugnisse aus der Vergangenheit zu benutzen, um »Selbstverständlichkeiten der Gegenwart in Frage zu stellen«.[21]

In der heutigen Situation griffe es zu kurz, über eine Politik zu lamentieren, die die einzelnen Wissenschaften nur noch nach sozialen und ökonomischen Parametern bewertet, und eine Öffentlichkeit zu verurteilen, die das Erbe der Alten Welt nicht mehr als selbstverständlichen Bestandteil ihrer Kultur versteht. Die altertumswissenschaftlichen Disziplinen haben dem stetig wachsenden Legitimationsdruck standzuhalten und müssen ihre Bedeutung für die geistes- und kulturwissenschaftliche Grundlagenforschung selbstbewusst artikulieren. Hierfür ist vor allem wichtig, dass Altertumswissenschaftlerinnen und -wissenschaftler sich nicht in die selbst gewählte Isolation zurückziehen, sondern öffentlich verantworten, welche Inhalte und Fragen sie auf der Grundlage ihrer je spezifischen Forschungen und Erkenntnisinteressen mitzuteilen haben. Jeder muss Verantwortung als Zeitgenosse übernehmen, um »die kritische Funktion« seiner Wissenschaft zu verteidigen, »gegen links wie gegen rechts, gegen die Gesellschaft wie gegen sich selbst, gegen die Zeit und dadurch auf die Zeit und hoffentlich zu Gunsten einer kommenden Zeit zu wirken«.[22]

Die wissenschafts- und wissensgeschichtlichen Kapitel dieses Buches zeigen, dass sich trotz aller Paradoxien und Ambivalenzen der Rezeption und Konstruktion der klassischen Antike sehr wohl die Anstrengung lohnt, die Verbindung zum europäischen Altertum nicht abreißen zu lassen. Die Resilienz dieser historischen Formation ist ohnehin überwältigend. Produktive Begegnungen mit dem griechisch-römischen Altertum wird es auch in Zukunft geben, und sie werden verstärkt über neue Medien und soziale Netzwerke erfolgen. Viele Rezeptionsformen im digitalen Zeitalter sind fragmentiert, verkürzt und undifferenziert. Aber simplifizierende Aneignungen und wüste Anathematisierungen des griechischen und römischen Altertums hatten nie eine anhaltende Konjunktur. Das Spezifische dieser Epoche wird durch den globalen Vergleich deutlicher erkennbar werden. Vor allem wird das antike Erbe weiter den Menschen aus intellektueller, politischer und moralischer Unmündigkeit befreien, weil es jedem Einzelnen – unabhängig von seiner Herkunft, Religion, Nation und Hautfarbe – individuell etwas sagt, das über den Tag hinaus Bestand hat. So behält die von Friedrich Schlegel in seinem 151. Athenäumsfragment aus dem Jahre 1798 formulierte Erkenntnis Gültigkeit: »Jeder hat noch in den Alten gefunden, was er brauchte, oder wünschte; vorzüglich sich selbst.«[23]

NACHWORT

Jeder Historiker und jede Historikerin, die sich mit der Rezeptions- und Transformationsgeschichte des Altertums im Allgemeinen und der Wissenschaftsgeschichte im Besonderen befasst, ist den bahnbrechenden Arbeiten des italienischen, 1939 nach England emigrierten Gelehrten Arnaldo Momigliano und des amerikanischen, derzeit in Princeton lehrenden Wissenschaftlers Anthony Grafton verpflichtet. Für die Wissenschaftsgeschichte der Althistorie wiederum hat der ehemalige Marburger Ordinarius Karl Christ Grundlegendes geleistet. Die vorliegende Darstellung wäre ohne seine Untersuchungen nicht denkbar. Wichtige Korrespondenzen und weitere Dokumente, die hier Erwähnung finden, hat William M. Calder III. erschlossen, der zugleich auch eine Generation jüngerer Forscher mit Erfolg ermutigt hat, sich mit der Geschichte ihrer jeweiligen Disziplin auseinanderzusetzen.

Der Verfasser ist im besonderen Maße Constanze Güthenke, Volker Losemann, Suzanne L. Marchand, Arnaldo Marcone, Beat Näf, Wilfried Nippel und Jürgen von Ungern-Sternberg zu Dank verpflichtet, da sie nicht nur maßgebliche Studien zu unterschiedlichen Aspekten des hier behandelten Gegenstandes vorgelegt, sondern in persönlichem Austausch wichtige Erkenntnisse vermittelt haben, die in das vorliegende Buch eingeflossen sind. Schließlich hat der Verfasser zahlreiche Anregungen von dem interdisziplinären Arbeitskreis erhalten, den Glenn W. Most aus den Mitteln des Gottfried Wilhelm Leibniz-Preises, der ihm 1994 zuerkannt worden war, begründet hat und der sich seit vielen Jahren auf seinen Treffen mit wissenschafts- und rezeptionsgeschichtlichen Themen beschäftigt.

Die Darstellung basiert auf früheren Aufsätzen, die überarbeitet, aktualisiert und auf das übergreifende Thema ausgerichtet wurden. Bisher nicht veröffentlicht ist der Beitrag »›Erste Briefe‹. Die Wiederaufnahme wissenschaftlicher Kontakte nach 1945«. Die Kapitel sind in sich geschlossen und nennen in den Anmerkungen jeweils weiterführende Literatur. Allerdings ist der Verfasser hier Friedrich Nietzsche gefolgt, der gemahnt hat, Historiker sollten im Gegensatz zu Antiquaren nicht den »Staub bibliographischer Quisquilien« fressen.[24] Grundsätzlich verwiesen sei auf das von Peter Kuhlmann und Helmuth Schneider 2012 herausgegebene, sechste Supplement des »Neuen Pauly«, das ein zuverlässiges »Biographisches Lexikon« zur »Geschichte der Altertumswissenschaften« ist und über die Mehrzahl der in diesem Buch genannten Altertumswissenschaftler informiert.

Es bleibt die angenehme Pflicht des persönlichen Dankes. Für die Realisierung des Buches im Verlag Klett-Cotta danke ich Dr. Christoph Selzer aufrichtig. Er hat das Manuskript gelesen, wichtige Anregungen gegeben und geduldig auf den Abschluss gewartet. Die Begeisterung für den hier behandelten Gegenstand verbindet uns seit unseren gemeinsamen Studientagen an der Universität Oxford.

Prof. Dr. Christian Meier hat mir großzügiger Weise Einblick in seine Korrespondenz mit Reinhart Koselleck gewährt. Vor allem aber danke ich ihm für intensive Gespräche, die ich mit ihm über Personen und Gegenstände, die hier behandelt sind, in den letzten beiden Jahrzehnten führen durfte.

Bisher unveröffentlichte Briefwechsel haben mir Prof. Dr. Klaus Hallof (Berlin-Brandenburgische Akademie der Wissenschaften) und Dr. Maximilian Schreiber (Bayerische Staatsbibliothek München) zur Kenntnis gebracht. Auf ihre Hilfe und ihr Wissen konnte ich immer zählen. Für kritische Hinweise zu dem Kapitel über Wilhelm von Humboldt bin ich Prof. Dr. Michael Stahl (Berlin) dankbar, für weiterführende Anregungen Prof. Dr. Manfred Hettling (Halle).

Dr. des. Jasmin Welte (Bern) und Dr. Seraina Ruprecht (Cambridge) danke ich für ihre zuverlässige Hilfe bei der Korrektur des Manuskripts, Daniel Kah (Stuttgart) für seine sorgfältige Durchsicht der Fahnen und seine Unterstützung bei der Erstellung des Registers.

Gewidmet ist das Buch zwei klugen Kollegen und verlässlichen Freunden, die mich über viele Jahre hinweg – nicht nur bei wissenschaftsgeschichtlichen Unternehmungen – begleitet, unterstützt und inspiriert haben.

Stefan Rebenich   Bern, Ostern 2021

ANMERKUNGEN

Zur Einleitung

1. Gegenstand und Erkenntnisinteresse

1 Brief an Robert Grüninger vom 29. August 1877, zitiert nach Max Burckhardt (Hg.), *Briefe*, Bd. 6, Basel 1966, 202 f.
2 Die Zitate aus »Lobgesänge auf König Ludwig« und »Verkehrte Welt« nach Heinrich Heine, *Gedichte*, ausgewählt und hg. v. Christoph Siegrist, Frankfurt a. M. 1982, 121 und 270.
3 Vgl. hierzu noch immer Thomas Nipperdey, Nationalidee und Nationaldenkmal in Deutschland im 19. Jahrhundert, in: *Historische Zeitschrift* 206, 1968, 529–585, bes. 551–555 (= ders., *Gesellschaft, Kultur, Theorie. Gesammelte Aufsätze zur neueren Geschichte*, Göttingen 1976, 133–173, bes. 148–150) sowie Jörg Traeger (Hg.), *Die Walhalla. Idee – Architektur – Landschaft*, Regensburg 1979 und ders., *Der Weg nach Walhalla. Denkmallandschaft und Bildungsreise im 19. Jahrhundert*, Regensburg ²1991.
4 So Johannes von Müller in einem Brief an seinen Bruder vom 11. August 1807, zitiert nach Nipperdey, Nationalidee (wie Anm. 3), 552 (148).
5 Nipperdey, Nationalidee (wie Anm. 3), 553 (149).
6 Reinhart Koselleck, »Neuzeit«. Zur Semantik moderner Bewegungsbegriffe [1977], zitiert nach ders., *Vergangene Zukunft. Zur Semantik geschichtlicher Zeiten*, Frankfurt a. M. 1989, 300–348, hier 336.
7 Die Literatur ist kaum mehr zu überschauen. Ich nenne außer den rezeptions- und wissenschaftsgeschichtlichen Bänden des »Neuen Pauly« (Bd. 13–15/3, Stuttgart 1999–2003) und Anthony Grafton; Glenn W. Most; Salvatore Settis (Hg.), *The Classical Tradition*, Cambridge, Mass. 2010 sowie der Reihe »Transformationen der Antike« (Berlin/Boston 2007 ff.) nur *exempli gratia*: Kai Brodersen (Hg.), *Die Antike außerhalb des Hörsaals*, Münster u. a. 2003; ders. (Hg.), *Crimina. Die Antike im modernen Kriminalroman*, Heidelberg 2004; Angelos Chaniotis; Annika Kuhn; Christina Kuhn (Hg.), *Applied Classics. Comparisons, Constructs, Controversies*, Stuttgart 2009; Lora Hardwick; Christopher Stray (Hg.), *A Companion to Classical Receptions*, Malden, Mass. u. a. 2008; Karl-Joachim Hölkeskamp; Stefan Rebenich (Hg.), *Phaeton. Ein Mythos in Antike und Moderne*, Stuttgart 2009; Joachim Jacob; Johannes Süßmann (Hg.), *Das 18. Jahrhundert. Lexikon zur Antikerezeption in Aufklärung und Klassizismus* (Der Neue Pauly; Supplemente, Bd. 13), Stuttgart 2018; Walter Jens; Bernd Seidensticker (Hg.), *Ferne und Nähe der Antike. Beiträge zu den Künsten und Wissenschaften der Moderne*, Berlin/New York 2003; Martin Lindner, *Rom und seine Kaiser im Historienfilm*, Heidelberg 2007;

Thomas Lochmann; Thomas Späth; Adrian Stähli (Hg.), *Antike im Kino. Auf dem Weg zu einer Kulturgeschichte des Antikenfilms*, Basel 2008; Craig W. Kallendorf (Hg.), *A Companion to the Classical Tradition*, Malden Mass. u. a. 2007; Mischa Meier, *Das »Kunstwerk der Zukunft« und die Antike. Konzeption – Kontexte – Wirkungen*, Würzburg 2019; Peter von Möllendorff; Annette Simonis; Linda Simonis (Hg.), *Historische Gestalten der Antike. Rezeption in Literatur, Kunst und Musik* (Der Neue Pauly; Supplemente, Bd. 8), Stuttgart 2013; Maria Moog-Grünewald (Hg.), *Mythenrezeption. Die antike Mythologie in Literatur, Musik und Kunst von den Anfängen bis zur Gegenwart* (Der Neue Pauly; Supplemente, Bd. 5), Stuttgart 2008; Wilfried Nippel, *Antike oder moderne Freiheit? Die Begründung der Demokratie in Athen und in der Neuzeit*, Frankfurt a. M. 2008; Volker Riedel, *Antikerezeption in der deutschen Literatur vom Renaissance-Humanismus bis zur Gegenwart. Eine Einführung*, Stuttgart/Weimar 2000; Bernd Seidensticker; Martin Vöhler (Hg.), *Urgeschichten der Moderne. Die Antike im 20. Jahrhundert*, Stuttgart/Weimar 2001; Christine Walde (Hg.), *Die Rezeption der antiken Literatur. Kulturhistorisches Werklexikon* (Der Neue Pauly; Supplemente, Bd. 7), Stuttgart 2010; Uwe Walter, *Antike über den Tag hinaus. Bücher – Köpfe – Themen*, Heidelberg 2017.
8 Grundlegend für Zielsetzung, Begrifflichkeit, Methoden und Vorannahmen des Sonderforschungsbereiches (SFB) ist Hartmut Böhme, Einladung zur Transformation, in: ders. et al. (Hg.), *Transformation. Ein Konzept zur Erforschung kulturellen Wandels*, München 2011, 7–37.
9 Ebd. 9. Für diese »Wechselwirkung von Referenzbereich und Aufnahmebereich« hat der SFB das Kunstwort Allelopoiese geschaffen, welches das »gegenseitige Erschaffen von Aufnahmekultur und Referenzkultur« bezeichnet (ebd.).
10 Vgl. etwa Ute Schüren; Daniel Segesser; Thomas Späth (Hg.), *Globalized Antiquity. Uses and Perceptions of the Past in South Asia, Mesoamerica, and Europe*, Berlin 2015.
11 Marcel Lepper, Wie kann man eine Geschichte der Germanistik nach 1945 schreiben?, in: *Internationales Archiv für Sozialgeschichte der deutschen Literatur* 37, 2012, 476–499, hier 499.
12 Vgl. Alfred Heuß, *Verlust der Geschichte*, Göttingen 1959 = ders., *Gesammelte Schriften*, Bd. 3, Stuttgart 1995, 2158–2236.
13 Vgl. dazu William M. Calder III., Wissenschaftsgeschichte als Wissenschaftlergeschichte, in: *Das Altertum* 42, 1997, 245–56 (= ders., *Men in Their Books. Studies in the Modern History of Classical Scholarship*, Hildesheim 2010, 71–86).

DAS 19. JAHRHUNDERT

2. WILHELM VON HUMBOLDT: DIE ENTSTEHUNG DES BÜRGERTUMS AUS DEM GEISTE DER ANTIKE

* Die ursprüngliche Fassung des hier überarbeiteten Textes wurde unter dem Titel: »Einsamkeit um der Freiheit willen. Wilhelm von Humboldt, die Griechen und das Bürgertum« in *Zeitschrift für Ideengeschichte* 4/1, 2010, 24–38 veröffentlicht. Vgl. auch »Wilhelm von Humboldt – oder: Die Entstehung des Bürgertums aus dem Geiste der Antike«, in: Angelos Chaniotis; Annika Kuhn; Christina Kuhn (Hg.), *Applied Classics. Comparisons, Constructs, Controversies*, Stuttgart 2009, 97–118. Eine englische Fassung des Beitrags unter dem Titel: »The Making of a Bourgois Antiquity – Wilhelm von Humboldt and Greek History« findet sich in: Alexandra Lanieri (Hg.), *The Western Time of Ancient History: Historiographical Encounters with the Greek and Roman Past*, Cambridge 2011, 119–137 (wieder abgedruckt in: Ute Schüren; Daniel Segesser; Thomas Späth [Hg.], *Globalized*

Antiquity. Uses and Perceptions of the Past in South Asia, Mesoamerica, and Europe, Berlin 2015, 297–316). Darüber hinaus sei verwiesen auf die Artikel »Klassische Bildung«, in: Gerrit Walther; Michael Maaser (Hg.), Bildung. Ziele und Formen, Traditionen und Systeme, Medien und Akteure, Stuttgart/Weimar 2011, 51–55 und »Neuhumanismus«, in: Joachim Jacob; Johannes Süßmann (Hg.), Das 18. Jahrhundert (Der Neue Pauly. Supplemente, Bd. 13), Stuttgart 2018, 629–638.

1 Johann Joachim Winckelmann, Gedanken über die Nachahmung der griechischen Werke in Malerei und Bildhauerkunst, zitiert nach: ders.: Werke, 2 Bde., Stuttgart 1847, Bd. 2, 6. – Zu Winckelmann vgl. Martin Disselkamp; Fausto Testo (Hg.), Winckelmann-Handbuch: Leben – Werk – Wirkung, Stuttgart 2017 und Elisabeth Décultot et al. (Hg.), Winckelmann. Moderne Antike, München 2017. Zur Winckelmannrezeption vgl. Volker Riedel, Kunst und Freiheit in der deutschen Winckelmann-Rezeption um 1800, in: Adolf H. Borbein; Ernst Osterkamp (Hg.), Kunst und Freiheit. Eine Leitthese Winckelmanns und ihre Folgen, Mainz/Stuttgart 2020, 265–289 sowie allg. Esther S. Sünderhauf, Griechensehnsucht und Kulturkritik. Die deutsche Rezeption von Winckelmanns Antikenideal 1840–1945, Berlin 2004 und Mark-Georg Dehrmann; Martin Vöhler (Hg.), Der Humanismus und seine Künste, Heidelberg 2020.

2 Die Werke Wilhelm von Humboldts werden nach seinen von der Königlich Preußischen Akademie der Wissenschaften herausgegebenen Gesammelten Schriften, Bd. 1–17, Berlin 1903–1936 (Nachdruck 1967/68) zitiert. Nach der Sigle »GS« werden Band- und Seitenzahl genannt. In Klammern sind Band und Seitenzahl der ausgezeichneten Auswahlsammlung: Wilhelm von Humboldt, Werke in fünf Bänden, hg. v. Andreas Flitner und Klaus Giel, Darmstadt 1960–1981 (verschiedene Nachdrucke) angeführt.

3 Vgl. M. Rainer Lepsius, Zur Soziologie des Bürgertums und der Bürgerlichkeit, in: Jürgen Kocka (Hg.), Bürger und Bürgerlichkeit im 19. Jh., Göttingen 1987, 96.

4 Vgl. Reinhart Koselleck, Begriffsgeschichten. Studien zur Semantik und Pragmatik der politischen und sozialen Sprache, Frankfurt a. M. ²2010, 115.

5 Neben den älteren Darstellungen von Werner Conze; Jürgen Kocka; Reinhart Koselleck et al. (Hg.), Bildungsbürgertum im 19. Jahrhundert, 4 Bde., Stuttgart 1985–1992 und Andreas Schulz, Lebenswelt und Kultur des Bürgertums im 19. und 20. Jh., München 2005 vgl. jetzt Wolfgang Pyta; Carsten Kretschmann (Hg.), Bürgerlichkeit. Spurensuche in Vergangenheit und Gegenwart, Stuttgart 2016 und Manfred Hettling; Richard Pohle (Hg.), Bürgertum. Bilanzen, Perspektiven, Begriffe, Göttingen 2019.

6 Friedrich H. Tenbruck, Bürgerliche Kultur, in: Kölner Zeitschrift für Soziologie und Sozialpsychologie, Sonderheft 27, 1986, 263–285, hier 263 (= ders., Die kulturellen Grundlagen der Gesellschaft, Opladen 1989, 251–272, hier 251).

7 Reinhart Koselleck, Einleitung. Zur anthropologischen und semantischen Struktur der Bildung, in: ders. (Hg.), Bildungsbürgertum im 19. Jahrhundert, Bd. 2, Stuttgart 1990, 11–46, hier 16.

8 Vgl. Wilhelm von Humboldt, Das achtzehnte Jahrhundert, in: GS II 25 (I 402 f.).

9 Wilhelm von Humboldt, Über das Studium des Altertums, und des griechischen insbesondere, in: GS I 265; 275 (II 9; 19).

10 Vgl. Wilhelm von Humboldt, Über die Verschiedenheit des menschlichen Sprachbaues und ihren Einfluss auf die geistige Entwicklung des Menschengeschlechtes, in: GS VI 112 (III 145).

11 Vgl. Rudolf Vierhaus, Bildung, in: Geschichtliche Grundbegriffe 1, 1972, 508–551; Manfred Landfester, Die neuhumanistische Begründung der Allgemeinbildung in Deutschland, in: Erhard Wiersing (Hg.), Humanismus und Menschenbildung. Zu Geschichte, Gegenwart und Zukunft der bildenden Begegnung der Europäer mit der Kultur der Griechen und Römer, Essen 2001, 205–223 und Gerrit Walther, Bildung, in: Enzyklopädie der Neuzeit 2, 2005, 223–242.

2. WILHELM VON HUMBOLDT 387

12 Wilhelm von Humboldt, Ideen zu einem Versuch die Grenzen der Wirksamkeit des Staates zu bestimmen, in: *GS* I 106 (I 64).
13 Vgl. Wilhelm von Humboldt, Über die innere und äußere Organisation der höheren wissenschaftlichen Anstalten in Berlin, in: *GS* X 253; 255 (IV 257; 259).
14 Wilhelm von Humboldt, Theorie der Bildung des Menschen, in: *GS* I 282 (I 234).
15 Wilhelm von Humboldt, Geschichte des Verfalls und Untergangs der griechischen Freistaaten, in: *GS* III 197 f. (II 102).
16 Ebd., *GS* III 188 (II 92).
17 Wilhelm von Humboldt, Der Königsberger und der Litauische Schulplan, in: *GS* XIII 278 (II 189).
18 Vgl. Gerrit Walther, Adel und Antike. Zur politischen Bedeutung gelehrter Kultur für die Führungselite der Frühen Neuzeit, in: *Historische Zeitschrift* 266, 1998, 359–385.
19 Vgl. Wilhelm von Humboldt, Über den Charakter der Griechen, die idealische und historische Ansicht desselben, in: *GS* VII 609–616 (II 65–72).
20 Vgl. Wilhelm von Humboldt, Geschichte des Verfalls und Untergangs der griechischen Freistaaten, in: *GS* III 196 (II 101) sowie ders., Über den Charakter der Griechen, die idealische und historische Ansicht desselben, in: *GS* VII 610 (II 66).
21 Vgl. Günter Oesterle, Kulturelle Identität und Klassizismus. Wilhelm von Humboldts Entwurf einer allgemeinen und vergleichenden Literaturerkenntnis als Teil einer vergleichenden Anthropologie, in: Bernhard Giesen (Hg.), *Nationale und kulturelle Identität. Studien zur Entwicklung des kollektiven Bewußtseins in der Neuzeit*, Frankfurt a. M. 1996, 307.
22 Rudolf Haym (Hg.), *Wilhelm von Humboldts Briefe an Friedrich Gottlieb Welcker*, Berlin 1859, 134 f.
23 Vgl. Wilhelm von Humboldt, Über den Charakter der Griechen, die idealische und historische Ansicht desselben, in: *GS* VII 613 (II 69) sowie ders., Über das Studium des Altertums, und des griechischen insbesondere, in: *GS* I 262 f. (II 7 ff.).
24 Wilhelm von Humboldt, Über das Studium des Altertums, und des griechischen insbesondere, in: *GS* I 275 (II 19).
25 Wilhelm von Humboldt, Über den Charakter der Griechen, die idealische und historische Ansicht desselben, in: *GS* VII 609 (II 65).
26 Vgl. Wilhelm von Humboldt an Goethe, 23. August 1804, zitiert nach Flitner/Giel (Hg.), *Wilhelm von Humboldt. Werke* (wie Anm. 2), V 215–217.
27 Vgl. Ulrich Muhlack, Von der philologischen zur historischen Methode, in: Christian Meier; Jörn Rüsen (Hg.), *Historische Methode* (Theorie der Geschichte, Bd. 5), München 1988, 179 f.
28 Vgl. Clemens Menze, *Wilhelm von Humboldt und Christian Gottlob Heyne*, Ratingen 1966 sowie Sotera Fornaro, *I greci senza lumi. L'antropologia della Grecia antica in Christian Gottlob Heyne (1729–1812) e nel suo tempo*, Göttingen 2004; Daniel Graepler; Joachim Migl (Hg.), *Das Studium des schönen Altertums. Christian Gottlob Heyne und die Entstehung der Klassischen Archäologie*, Göttingen 2007; Balbina Bäbler; Heinz-Günther Nesselrath (Hg.), *Christian Gottlob Heyne. Werk und Leistung nach 200 Jahren*, Berlin 2014.
29 Vgl. Philip Mattson (Hg.), *Wilhelm von Humboldt. Briefe an Friedrich August Wolf*, Berlin 1990 sowie Peter Bruno Stadler, *Wilhelm von Humboldts Bild der Antike*, Zürich/Stuttgart 1959, 53–62.
30 Vgl. hierzu Ulrich Muhlack, Zum Verhältnis von Klassischer Philologie und Geschichtswissenschaft im 19. Jahrhundert, in: Hellmut Flashar et al. (Hg.), *Philologie und Hermeneutik im 19. Jahrhundert. Zur Geschichte und Methodologie der Geisteswissenschaften*, Bd. 1, Göttingen 1979, 232–236 sowie

allg. Anthony Grafton, Polyhistor into Philolog. Notes on the Transformation of German Classical Scholarship, 1780–1850, in: History of Universities 3, 1983, 159–192.

31 Vgl. Markus Messling, *Pariser Orientlektüren. Zu Wilhelm von Humboldts Theorie der Schriften*, Paderborn 2008, bes. 227–276 und Jürgen Trabant, Humboldt, eine Fußnote? Wilhelm von Humboldt als Gründergestalt der modernen Altertumswissenschaft, in: Annette M. Baertschi; Colin G. King (Hg.), *Die modernen Väter der Antike. Die Entwicklung der Altertumswissenschaften an Akademie und Universität im Berlin des 19. Jahrhunderts*, Berlin 2009, 25–43.

32 Vgl. Oliver Lubrich, »Wie antike Bronzestatuen«. Zur Auflösung des Klassizismus in Alexander von Humboldts amerikanischem Reisebericht, in: *arcadia* 35, 2000, 177–191 und Ottmar Ette, Die Ordnung der Weltkulturen. Alexander von Humboldts Ansichten der Kultur, in: Hansjörg Bay; Kai Merten (Hg.), *Die Ordnung der Kulturen. Zur Konstruktion ethnischer, nationaler und zivilisatorischer Differenzen 1750–1850*, Würzburg 2006, 357–380.

33 Wilhelm von Humboldt, Über die Aufgabe des Geschichtsschreibers, in: GS IV 51 f. (I 600 f.).

34 Ebd., GS IV 37 (I 587).

35 Ebd., GS 605 (I 605). Vgl. hierzu auch Johannes Süßmann, *Geschichtsschreibung oder Roman? Zur Konstitutionslogik von Geschichtserzählungen zwischen Schiller und Ranke (1780–1824)*, Stuttgart 2000, bes. 75–112.

36 Vgl. Ulrich Muhlack, Johann Gustav Droysen: Das Recht der Geschichte, in: Sabine Freitag (Hg.), *Die 48er*, München 1998, 276.

37 Vgl. Friedrich Jaeger, *Bürgerliche Modernisierungskrise und historische Sinnbildung. Kulturgeschichte bei Droysen, Burckhardt und Max Weber*, Göttingen 1994, 65–85.

38 Wilhelm von Humboldt, Das achtzehnte Jahrhundert, in: GS II 24 (I 401).

39 Ebd. Vgl. Wilhelm von Humboldt an Goethe, 23. August 1804, zitiert nach Flitner/Giel (Hg.), *Wilhelm von Humboldt. Werke* (wie Anm. 2), V 215.

40 Wilhelm von Humboldt, Das achtzehnte Jahrhundert, in: GS II 24 (I 401).

41 Friedrich Paulsen, *Geschichte des gelehrten Unterrichts auf den deutschen Schulen und Universitäten vom Ausgang des Mittelalters bis zur Gegenwart – mit besonderer Rücksicht auf den klassischen Unterricht*, Bd. 3, Leipzig ³1921, 311.

42 Wilhelm von Humboldt, Ideen zu einem Versuch die Grenzen der Wirksamkeit des Staates zu bestimmen, in: GS I 144 (I 106).

43 Ebd., GS I 236 (I 212).

44 Franz Schnabel, *Deutsche Geschichte im 19. Jahrhundert*, Bd. 1, Freiburg i. Br. ⁴1948, 410.

45 Wilhelm von Humboldt, Ideen zu einem Versuch die Grenzen der Wirksamkeit des Staates zu bestimmen, in: GS I 236 (I 212).

46 Vgl. Christina Sauter-Bergerhausen, Vom ›blutigen Krieger‹ zum ›friedlichen Pflüger‹. Staat, Nation und Krieg in Wilhelm von Humboldts ›Ideen zu einem Versuch, die Gränzen der Wirksamkeit des Staats zu bestimmen‹, in: *Forschungen zur Brandenburgischen und Preußischen Geschichte* 12, 2002, 211–262 sowie Dietrich Spitta, *Die Staatsidee Wilhelm von Humboldts*, Berlin 2004.

47 Vgl. Wilhelm von Humboldt, Ideen zu einem Versuch die Grenzen der Wirksamkeit des Staates zu bestimmen, in: GS I 142 f. (I 105).

48 Ebd., GS I 142 (I 104 f.).

49 Ebd., GS I 118 (I 77).

50 Vgl. Wilhelm von Humboldt, Über das Studium des Altertums, und des griechischen insbesondere, in: GS I 257 (II 2).

51 Wilhelm von Humboldt, Geschichte des Verfalls und Untergangs der griechischen Freistaaten, in: *GS* III 173 f. (II 74 f.)
52 Ebd., *GS* III 183 (II 86).
53 Ebd., *GS* III 184 und 185 f. (*GS* II 87 und 88 f.).
54 Vgl. Manfred Landfester, Griechen und Deutsche: Der Mythos einer ›Wahlverwandtschaft‹, in: Helmut Berding (Hg.), *Mythos und Nation. Studien zur Entwicklung des kollektiven Bewußtseins in der Neuzeit*, Bd. 3, Frankfurt a. M. 1996, 208 f. sowie Jan B. Meister, »*Adel« und gesellschaftliche Differenzierung im archaischen und frühklassischen Griechenland*, Stuttgart 2020, 169–173.
55 Vgl. Manfred Fuhrmann, *Brechungen. Wirkungsgeschichtliche Studien zur antik-europäischen Bildungstradition*, Stuttgart 1982, 129–149 und Walter Rüegg, Die Antike als Begründung des deutschen Nationalbewußtseins, in: Wolfgang Schuller (Hg.), *Antike in der Moderne*, Konstanz 1985, 267–287.
56 Vgl. Manfred Landfester, *Humanismus und Gesellschaft im 19. Jahrhundert. Untersuchungen zur politischen und gesellschaftlichen Bedeutung der humanistischen Bildung in Deutschland*, Darmstadt 1988, 30–72.
57 Vgl. hierzu auch Wolfgang von Hippel, Das Land der Griechen mit der Seele suchend? Das klassische Griechenland im Spiegel frühliberaler Weltanschauung, in: *Zeitschrift für die Geschichte des Oberrheins* 141, 1993, 213–240.
58 Zur Rezeptionsgeschichte von Humboldt vgl. den konzisen Überblick bei Michael Maurer, *Wilhelm von Humboldt. Ein Leben als Werk*, Köln/Weimar/Wien 2016, 289–296.
59 Vgl. Albert Leitzmann (Hg.), *Sechs ungedruckte Aufsätze über das klassische Altertum von Wilhelm von Humboldt*, Leipzig 1896.
60 *GS* XIII 259–283 (IV 168–195).
61 Vgl. Wilhelm von Humboldt, Über die innere und äußere Organisation der höheren wissenschaftlichen Anstalten in Berlin, in: *GS* X 250–260 (IV 255–266) sowie Heinz-Elmar Tenorth, Eine Universität zu Berlin – Vorgeschichte und Einrichtung, in: ders.; Charles E. McClelland (Hg.), *Geschichte der Universität Unter den Linden 1810–2010*, Bd. 1: *Gründung und Blütezeit der Universität zu Berlin 1810–1918*, Berlin 2012, 3–75.
62 Vgl. etwa Mitchell G. Ash (Hg.), *Mythos Humboldt. Vergangenheit und Zukunft der deutschen Universitäten*, Wien 1999; Sylvia Paletschek, Die Erfindung der Humboldtschen Idee. Die Konstruktion der deutschen Universitätsidee in der ersten Hälfte des 20. Jahrhunderts, in: *Historische Anthropologie. Kultur – Gesellschaft – Alltag* 10, 2002, 183–205; Dieter Langewiesche, Die ›Humboldtsche Universität‹ als nationaler Mythos. Zum Selbstbild der deutschen Universitäten in ihren Rektoratsreden im Kaiserreich und in der Weimarer Republik, in: *Historische Zeitschrift* 290, 2010, 53–91; ders., Humboldt als Leitbild. Die deutsche Universität in den Berliner Rektoratsreden seit dem 19. Jahrhundert, in: *Jahrbuch für Universitätsgeschichte* 14, 2011, 15–37.
63 Friedrich August Wolf, *Darstellung der Altertumswissenschaft nach Begriff, Umfang, Zweck und Wert*, Berlin 1807. Vgl. dazu Trabant, Humboldt (wie Anm. 31), 27–32.
64 Vgl. Wolfgang Neugebauer, Wissenschaftsautonomie und universitäre Geschichtswissenschaft im Preußen des 19. Jahrhunderts, in: Rüdiger vom Bruch (Hg.), *Die Berliner Universität im Kontext der deutschen Universitätslandschaft nach 1800, um 1860 und um 1910*, München 2010, 129–148.
65 Rudolf Pfeiffer, *Die Klassische Philologie von Petrarca bis Mommsen*, München 1982, 210.
66 Friedrich Immanuel Niethammer, *Der Streit des Philanthropinismus und Humanismus in der Theorie des Erziehungsunterrichts unsrer Zeit*, Jena 1808, 14; 153. Umgesetzt wurde das Programm durch Niet-

hammers »Allgemeines Normativ der Einrichtung der öffentlichen Unterrichts-Einrichtungen im Königreich« aus dem Jahr 1808.

67 Georg Bollenbeck, *Bildung und Kultur. Glanz und Elend eines deutschen Deutungsmusters*, Frankfurt a. M. 1996, 147 f.

68 Vgl. Suzanne L. Marchand, *Down from Olympus. Archaeology and Philhellenism in Germany, 1750–1970*, Princeton 1996 und Sandrine Maufroy, *Le philhellénisme franco-allemand (1815–1848)*, Paris 2011.

69 Vgl. Reinhart Koselleck, *Vergangene Zukunft. Zur Semantik geschichtlicher Zeiten*, Frankfurt a. M. 1989, 349–375.

70 Manfred Hettling, Bürgerliche Kultur – Bürgerlichkeit als kulturelles System, in: Peter Lundgreen (Hg.), *Sozial- und Kulturgeschichte des Bürgertums*, Göttingen 2000, 319–339, hier 325.

71 Vgl. hierzu und zum Folgenden Manfred Hettling, Bürgerliche Lebensführung in der Moderne, in: Pyta/Kretschmann, *Bürgerlichkeit* (wie Anm. 5), 11–36.

72 Manfred Hettling, Bürger, Bürgertum, Bürgerlichkeit, in: *Docupedia-Zeitgeschichte*. https://docupedia.de/zg/Hettling_buerger_v1_de_2015 [12.8.2020].

73 Arnaldo Momigliano, *Wege in die Alte Welt*, Berlin 1991, 79–107 und Ulrich Muhlack, Von der philologischen zu historischen Methode, in: Christian Meier; Jörn Rüsen (Hg.), *Historische Methode* (= Theorie der Geschichte, Bd. 5), München 1988, 154–180.

74 So in einer Rede, die Hegel als Nürnberger Gymnasialrektor 1809 hielt; zitiert nach Georg Wilhelm Friedrich Hegel, *Werke in 20 Bänden*, Bd. 4: *Nürnberger und Heidelberger Schriften 1808–1817*, Frankfurt a. M. 1986, 317. Zum Folgenden vgl. Walter Rüegg, *Geschichte der Universität in Europa*, Bd. 3: *Vom 19. Jahrhundert zum Zweiten Weltkrieg (1800–1945)*, München 2004, 347 f.

75 Dieter Langewiesche, Bildungsbürgertum. Zum Forschungsprojekt des Arbeitskreises für moderne Sozialgeschichte, in: Hettling/Pohle, *Bürgertum* (wie Anm. 5), 37–57, hier 53.

3. TRIUMPH UND KRISE:
DIE ALTERTUMSWISSENSCHAFTEN IM 19. JAHRHUNDERT

* Dieses Kapitel fußt auf: »Historismus I. Allgemein«, in: *Der Neue Pauly* 14, 2000, 469–485 und »Universität III. Neuzeit ab 1800«, in: ebd. 15/3, 2003, 902–922 sowie »Vom Nutzen und Nachteil der Großwissenschaft. Altertumswissenschaftliche Unternehmungen an der Berliner Akademie und Universität im 19. Jahrhundert«, in: Annette M. Baertschi; Colin G. King (Hg.), *Die modernen Väter der Antike. Die Entwicklung der Altertumswissenschaften an Akademie und Universität im Berlin des 19. Jahrhunderts*, Berlin 2009, 397–422.

1 Hierzu immer noch lesenswert: Friedrich Paulsen, *Geschichte des gelehrten Unterrichts auf den deutschen Schulen vom Ausgang des Mittelalters bis zur Gegenwart*, Bd. 2, Berlin/Leipzig ³1921, 382–444. Vgl. darüber hinaus die grundlegende Darstellung von Karl-Ernst Jeismann, *Das preußische Gymnasium in Staat und Gesellschaft*, 2 Bde., Stuttgart ²1996 und die einschlägigen Abschnitte in Karl-Ernst Jeismann; Peter Lundgreen (Hg.), *Handbuch der deutschen Bildungsgeschichte*, Bd. 3: *1800–1870. Von der Neuordnung Deutschlands bis zur Gründung des Deutschen Reiches*, München 1987. Zu Preußen vgl. bes. Wolfgang Neugebauer, Das Bildungswesen in Preußen seit der Mitte des 17. Jahrhunderts, in: Otto Büsch (Hg.), *Handbuch der Preußischen Geschichte*, Bd. 2, Berlin/New York 1992, 605–798.

2 Jürgen Trabant, Übersetzen – Das Griechische, in: Paul Spies; Ute Tintemann; Jan Mende (Hg.), *Wilhelm und Alexander von Humboldt. Berliner Kosmos*, Berlin 2020, 161–163, hier 162.

3. TRIUMPH UND KRISE   391

3   Eliza Butler, *The Tyranny of Greece over Germany*, Cambridge 1935 (ND Boston 1958; verkürzte deutsche Übersetzung »Deutsche im Banne Griechenlands«, Berlin 1948).
4   Vgl. Walter Horace Bruford, *The German Tradition of Self-Cultivation. »Bildung« from Humboldt to Thomas Mann*, Cambridge 1975.
5   Vgl. zur Entwicklung allg. Suzanne L. Marchand, *Down from Olympus. Archaeology and Philhellenism in Germany, 1750–1970*, Princeton 1996 und Esther S. Sünderhauf, *Griechensehnsucht und Kulturkritik. Die deutsche Rezeption von Winckelmanns Antikenideal 1840–1945*, Berlin 2004.
6   Manfred Landfester, *Humanismus und Gesellschaft im 19. Jahrhundert. Untersuchungen zur politischen und gesellschaftlichen Bedeutung der humanistischen Bildung in Deutschland*, Darmstadt 1988, bes. 173–202.
7   Vgl. hierzu Walter Rüegg (Hg.), *Geschichte der Universität in Europa*, Bd. 3: *Vom 19. Jahrhundert zum Zweiten Weltkrieg (1800–1945)*, München 2004.
8   Vgl. Anthony Grafton, Polyhistor into Philolog: Notes on the Transformation of German Classical Scholarship 1780–1850, in: *Histories of Universities* 3, 1983, 159–192 sowie Constanze Güthenke, *Feeling and Classical Philology. Knowing Antiquity in German Scholarship, 1770–1920*, Cambridge 2020, 48–71 und Martin Holtermann, Philologisches Seminar, in: *Der Neue Pauly* 15/3, 2002, 328–331.
9   Carlos Spoerhase; Mark-Georg Dehrmann, Die Idee der Universität. Friedrich August Wolf und die Praxis des Seminars, in: *Zeitschrift für Ideengeschichte* 5/1, 2011, 105–117.
10 Vgl. Wolfgang Hardtwig, Studentische Mentalität – politische Jugendbewegung – Nationalismus. Die Anfänge der deutschen Burschenschaften, in: *Historische Zeitschrift* 242, 1986, 581–628 (= ders., *Nationalismus und Bürgerkultur in Deutschland 1500–1914. Ausgewählte Aufsätze*, Göttingen 1994, 108–148).
11 Vgl. Carl Joachim Classen (Hg.), *Die Klassische Altertumswissenschaft an der Georg-August-Universität Göttingen. Eine Ringvorlesung zu ihrer Geschichte*, Göttingen 1989.
12 Vgl. Marita Baumgarten, *Professoren und Universitäten im 19. Jahrhundert. Zur Sozialgeschichte deutscher Geistes- und Naturwissenschaftler*, Göttingen 1997, 30–92.
13 Vgl. ebd. 160–226.
14 Ebd. 93–159.
15 Vgl. dazu Daniel Hardegger, *The Rise of the Modern PhD. PhD Candidates at the University of Berlin and at Columbia University, New York, from 1871 to 1913*, Hannover 2020. – Zur Konkurrenz der Universitäten vgl. Fabian Kaßer, *Von der »Universitätsfabrick« zur »Entrepreneurial University«. Konkurrenz unter deutschen Universitäten von der Spätaufklärung bis in die 1980er Jahre*, Stuttgart 2020, 61–132.
16 Vgl. allg. Konrad H. Jarausch, *Deutsche Studenten 1800–1970*, Frankfurt a. M. 1984, 13–58 sowie zu den quantitativen Angaben Thomas Nipperdey, *Deutsche Geschichte 1800–1866. Bürgerwelt und starker Staat*, München 1983, 476 f.; Hans-Ulrich Wehler, *Deutsche Gesellschaftsgeschichte*, Bd. 2: *Von der Reformära bis zur industriellen und politischen »Deutschen Doppelrevolution« 1815–1848/49*, München 1987, 513–516 und ders., *Deutsche Gesellschaftsgeschichte*, Bd. 3: *Von der »Deutschen Doppelrevolution« bis zum Beginn des Ersten Weltkrieges. 1849–1914*, München 1995, 426–429.
17 Die klassische Darstellung stammt von Alexander Busch, *Geschichte des Privatdozenten. Eine soziologische Studie zur großbetrieblichen Entwicklung der deutschen Universitäten*, Stuttgart 1959. Eine anschauliche Fallstudie für Heidelberg bietet Petra Emundts-Trill, *Die Privatdozenten und Extraordinarien der Universität Heidelberg 1803–1860*, Frankfurt a. M. 1997.
18 Vgl. Nipperdey, *Deutsche Geschichte* (wie Anm. 16), 472 und Wehler, *Deutsche Gesellschaftsgeschichte*, Bd. 2 (wie Anm. 16), 516 f.

19 Vgl. Bernhard vom Brocke, Verschenkte Optionen. Die Herausforderung der Preußischen Akademie durch neue Organisationsformen der Forschung um 1900, in: Jürgen Kocka (Hg.), *Die Königlich Preußische Akademie der Wissenschaften zu Berlin im Kaiserreich*, Berlin 1999, 119–147, hier 128 f.

20 Arnaldo Momigliano, Jacob Bernays [1969], in: ders., *Quinto contributo alla storia degli studi classici e del mondo antico*, Bd. 1, Rom 1975, 127–158, hier 138 (= ders., *Ausgewählte Schriften*, Bd. 3, Stuttgart/Weimar 2000, 203–231, hier 204.

21 Marchand, *Down from Olympus* (wie Anm. 5), 36–115 und Wolfgang Schiering, Zur Geschichte der Archäologie, in: Ulrich Hausmann (Hg.), *Allgemeine Grundlagen der Archäologie. Begriff und Methode, Geschichte, Problem der Form, Schriftzeugnisse*, München 1969, 11–161, hier 67–94 und 160 f.

22 Alfred Heuß, Institutionalisierung der Alten Geschichte, in: Manfred Fuhrmann (Hg.), *Die Kaulbach-Villa als Haus des Historischen Kollegs*, München 1989, 39–71 (= ders., *Gesammelte Schriften*, Bd. 3, Stuttgart 1995, 1938–1970); Wilfried Nippel, Institutionalisierung der Alten Geschichte im 19. Jahrhundert, in: Georg Toepfer; Hartmut Böhme (Hg.), *Transformationen antiker Wissenschaften*, Berlin 2010, 157–169.

23 Vgl. Wilfried Nippel, Genese und Ausdifferenzierung der Altertumswissenschaften, in: Heinz-Elmar Tenorth (Hg.), *Geschichte der Universität Unter den Linden 1810–2010*, Bd. 4: *Genese der Disziplinen. Die Konstitution der Universität*, Berlin 2010, 199–215, hier 208–212.

24 Vgl. zum Folgenden (auch zu den quantitativen Angaben) Charles E. McClelland, *State, Society, and University in Germany 1700–1914*, Cambridge 1980, 239–322; Konrad H. Jarausch, Universität und Hochschule, in: Christa Berg (Hg.), *Handbuch der deutschen Bildungsgeschichte*, Bd. 4: *1870–1918*, München 1991, 313–345; Thomas Nipperdey, *Deutsche Geschichte 1866–1918*, Bd. 1: *Arbeitswelt und Bürgergeist*, München 1990, 568–691; Hartmut Titze, *Wachstum und Differenzierung der deutschen Universitäten, 1830–1945*, Göttingen 1995; Wehler, *Deutsche Gesellschaftsgeschichte*, Bd. 3 (wie Anm. 16), 1209–1224.

25 Vgl. Rüdiger vom Bruch, Universitätsreform als soziale Bewegung. Zur Nicht-Ordinarienfrage im späten deutschen Kaiserreich, in: *Geschichte und Gesellschaft* 10, 1984, 72–91 und Martin Schmeiser, *Akademischer Hasard. Das Berufsschicksal des Professors und das Schicksal der deutschen Universität 1870–1920*, Stuttgart 1994.

26 Vgl. Hartmut Titze, *Das Hochschulstudium in Preußen und Deutschland 1820–1944*, Göttingen 1987, 122.

27 Vgl. James C. Albisetti, *Schooling German Girls and Women. Secondary and Higher Education in the Nineteenth Century*, Princeton 1988 (dt.: *Mädchen und Frauenbildung im 19. Jahrhundert*, Bad Heilbrunn 2007) und Marco Birn, *Bildung und Gleichberechtigung. Die Anfänge des Frauenstudiums an der Universität Heidelberg (1869 bis 1918)*, Heidelberg 2012 sowie https://www.uni-heidelberg.de/de/universitaet/heidelberger-profile/historische-portraets/allem-war-es-die-lust-am-lernen-am-wissen [22.8.2020]. Zum Anteil der Frauen unter den Studierenden der Berliner Universität vgl. Hardegger, *The Rise of the Modern PhD* (wie Anm. 15), 212–240.

28 Vgl. Peter Drewek, »Die ungastliche deutsche Universität«: Ausländische Studenten an deutschen Hochschulen 1890–1930, in: *Jahrbuch für Historische Bildungsforschung* 5, 1999, 197–224.

29 Vgl. Peter Lebrecht Schmidt, Zwischen Anpassungsdruck und Autonomiestreben. Die deutsche Latinistik vom Beginn bis in die 20er Jahre des 20. Jahrhunderts, in: Hellmut Flashar (Hg.), *Altertumswissenschaft in den 20er Jahren. Neue Fragen und Impulse*, Stuttgart 1995, 115–182 sowie ders.; Joachim Latacz, (Moderne) Philologie, in: *Der Neue Pauly* 15/2, 2002, 255–327.

30 Vgl. Peter Schreiner; Ernst Vogt (Hg.), *Karl Krumbacher. Leben und Werk*, München 2011.

31 Vgl. Peter L. Schmidt, Ludwig Traube als Latinist, in: William M. Calder III. et al. (Hg.), *Wilamowitz in Greifswald*, Hildesheim 2000, 491–503.
32 Vgl. Karl Christ, *Römische Geschichte und deutsche Geschichtswissenschaft*, München 1982, 74.
33 Diemuth Königs, Die Entwicklung des Fachs »Alte Geschichte« an der Universität Basel im 20. Jahrhundert, in: *Basler Zeitschrift für Geschichte und Altertumskunde* 90, 1990, 193–228 (= Leonhard Burckhardt [Hg.], *Das Seminar für Alte Geschichte in Basel 1934–2007*, Basel o. J. [2011], 21–51); Seraina Ruprecht, Andreas Alföldi und die Alte Geschichte in der Schweiz, in: James H. Richardson; Federico Santangelo (Hg.), *Andreas Alföldi in the Twenty-First Century*, Stuttgart 2015, 37–64 und Severin Thomi, *Felix Staehelin und die römische Schweiz. Ein Beitrag zur Wissenschaftsgeschichte*, Diss. phil. Bern 2019.
34 Vgl. Wolfhart Unte, Wilamowitz als wissenschaftlicher Organisator, in: William M. Calder III. et al. (Hg.), *Wilamowitz nach 50 Jahren*, Darmstadt 1985, 720–770, hier 730–734 (= ders., *Heroen und Epigonen. Gelehrtenbiographien der klassischen Altertumswissenschaft im 19. und 20. Jahrhundert*, St. Katharinen 2003, 271–329, hier 283–287) und Wilfried Nippel, Alte Geschichte 1885–1945, in: Heinz-Elmar Tenorth (Hg.), *Geschichte der Universität Unter den Linden 1810–2010*, Bd. 5: *Transformation der Wissensordnung*, Berlin 2010, 323–343, hier 324 f.
35 Ulrich von Wilamowitz-Moellendorff, *Reden und Vorträge*, Berlin 1901, 97–119, hier 105.
36 Ulrich von Wilamowitz-Moellendorff, Klassische Philologie mit Einschluss der Alten Geschichte und Archäologie, in: Wilhelm Lexis (Hg.), *Die deutschen Universitäten. Für die Universitätsausstellung in Chicago 1893*, Berlin 1893, 457–475, hier 459.
37 Friedrich August Wolf, *Darstellung der Altertumswissenschaft nach Begriff, Umfang, Zweck und Wert*, Berlin 1807, 143–145 (= ders., *Kleine Schriften in lateinischer und deutscher Sprache*, Bd. 2, Halle 1869 (ND Hildesheim 2004), 808–895).
38 Ebd. 49 (837) und 78 (855).
39 Friedrich August Wolf, *Prolegomena ad Homerum sive de operum Homericorum prisca et genuina forma variisque mutationibus et probabili ratione emendandi*, Halle 1795.
40 Gerrit Walther, Friedrich August Wolf und die Hallenser Philologie – ein aufklärerisches Phänomen?, in: Notker Hammerstein (Hg.), *Universitäten und Aufklärung*, Göttingen 1995, 125–136, hier 132.
41 Vgl. Kurt Nowak, *Schleiermacher. Leben, Werk und Wirkung*, Göttingen 2001, 124–147 und Jörg Jantzen, »… daß ich nämlich sterben will, wenn der Platon vollendet ist«. Schleiermachers Übersetzung des Platon, in: Martin S. Harbsmeier et al. (Hg.), *Übersetzung antiker Literatur. Funktionen und Konzeptionen im 19. und 20. Jahrhundert*, Berlin 2008, 29–48.
42 Vgl. Sabine Seifert, *Die Ursprünge der Berliner Forschungsuniversität. August Boeckhs philologisches Seminar in Konzeption und Praxis (1812–1826)*, Berlin 2020.
43 August Böckh, *Encyklopädie und Methodologie der philologischen Wissenschaften*, Leipzig 1877; 2. Aufl. Leipzig 1886 = Darmstadt 1966. Die zweite, von Ernst Klussmann besorgte Auflage, die 1966 von der Wissenschaftlichen Buchgesellschaft nachgedruckt wurde, gibt allerdings nur den ersten Teil der Vorlesung wieder. Eine kritische Ausgabe der Vorlesung fehlt nach wie vor; sie wird zurzeit von Christiane Hackel an der HU Berlin vorbereitet. – Zum Werk grundlegend Axel Horstmann, *Antike Theoria und moderne Wissenschaft. August Boeckhs Konzeption der Philologie*, Frankfurt a. M. 1992. Vgl. zudem Christiane Hackel; Sabine Seifert (Hg.), *August Boeckh. Philologie, Hermeneutik und Wissenschaftspolitik*, Berlin 2013 sowie Güthenke, *Feeling and Classical Philology* (wie Anm. 8), 113–128.

44 Böckh, Encyklopädie, 1886/1966 (wie Anm. 43), 10.
45 Zum *Corpus Inscriptionum Graecarum* vgl. das fünfte Kapitel über die Altertumswissenschaften an der Berliner Akademie der Wissenschaften.
46 August Böckh, *Staatshaushaltung der Athener*, 2 Bde., Berlin 1817; 2. Aufl. in drei Bänden: Berlin 1851; 3. Aufl., hg. v. Max Fränkel, Berlin 1886.
47 Ebd. 1886, 710 f.
48 Vgl. dazu Ernst Vogt, Der Methodenstreit zwischen Hermann und Böckh und seine Bedeutung für die Geschichte der Philologie, in: Hellmut Flashar; Karlfried Gründer; Axel Horstmann (Hg.), *Philologie und Hermeneutik im 19. Jahrhundert. Zur Geschichte und Methodologie der Geisteswissenschaften*, Göttingen 1979, 103–121 (= ders., *Literatur der Antike und Philologie der Neuzeit. Ausgewählte Aufsätze*, Berlin/Boston 2013, 299–316) und Wilfried Nippel, Philologenstreit und Schulpolitik. Zur Kontroverse zwischen Gottfried Hermann und August Böckh, in: *Geschichtsdiskurs*, Bd. 3, Frankfurt a. M. 1997, 244–253. Zum Einfluss Kants auf Hermanns Verständnis der Philologie vgl. Michael Schramm, Hermann und Kant. Philologie als (Kantische) Wissenschaft, in: Kurt Sier; Eva Wöckener-Gade (Hg.), *Gottfried Hermann (1772–1848)*, Tübingen 2010, 83–121.
49 Vgl. Sebastiano Timpanaro, *La genesi del metodo del Lachmann*, Padua ²1981.
50 Zu Niebuhr vgl. Alfred Heuß, *Barthold Georg Niebuhrs wissenschaftliche Anfänge*, Göttingen 1981; Wilfried Nippel, Barthold Georg Niebuhr und die Begründung der modernen Althistorie, in: Baertschi/King, *Die modernen Väter der Antike* (wie Anm. *), 87–113 (vgl. ders., *Klio dichtet nicht. Studien zur Wissenschaftsgeschichte der Althistorie*, Frankfurt a. M. 2013, 93–133); Gerrit Walther, *Niebuhrs Forschung*, Stuttgart 1993.
51 Theodor Mommsen, *Reden und Aufsätze*, Berlin 1905, 199.
52 Zu den Spuren, die Karl Marx und die ›marxistische‹ Wissenschaft in den Altertumswissenschaften hinterließ, vgl. Claudia Deglau; Patrick Reinhard (Hg.), *Aus dem Tempel und dem ewigen Genuß des Geistes verstoßen? Karl Marx und sein Einfluss auf die Altertums- und Geschichtswissenschaften*, Wiesbaden 2020.
53 Ulrich von Wilamowitz-Moellendorff, Geschichte der Philologie, in: Alfred Gercke; Eduard Norden (Hg.), *Einleitung in die Altertumswissenschaft*, Bd. 1, Leipzig/Berlin ³1927, 1. – Zu Mommsen vgl. unten Kapitel 6.
54 Vgl. Mommsen, *Reden und Aufsätze* (wie Anm. 51), 459.
55 Vgl. Mommsens Brief an Wilamowitz vom 16. Juli 1893, zitiert nach William M. Calder III.; Robert Kirstein (Hg.), *»Aus dem Freund ein Sohn«. Theodor Mommsen und Ulrich von Wilamowitz-Moellendorff. Briefwechsel 1872–1903*, 2 Bde., Hildesheim 2003, Nr. 379/380, 617.
56 Vgl. Mommsens Antrittsrede als Mitglied der Berliner Akademie von 1858, zitiert nach Mommsen, *Reden und Aufsätze* (wie Anm. 51), 35–38.
57 Vgl. z. B. Marchand, *Down from Olympus* (wie Anm. 5), 75–91 sowie Hermann Wrede, Olympia, Ernst Curtius und die kulturgeschichtliche Leistung des Philhellenismus, in: Baertschi/King, *Die modernen Väter der Antike* (wie Anm. *), 165–208.
58 Vgl. Stefan Rebenich, Adolf Erman und die Berliner Akademie der Wissenschaften, in: Bernd U. Schipper (Hg.), *Ägyptologie als Wissenschaft. Adolf Erman (1854–1937) in seiner Zeit*, Berlin/New York 2006, 340–370 und Stephan J. Seidlmayer, Vom Raten zum Wissen. Adolf Erman und das Wörterbuch der ägyptischen Sprache an der Berliner Akademie, in: Baertschi/King, *Die modernen Väter der Antike* (wie Anm. *), 481–501.

59 Mommsen, *Reden und Aufsätze* (wie Anm. 51), 11.
60 Hermann Diels, Die Organisation der Wissenschaft, in: Paul Hinneberg (Hg.), *Kultur der Gegenwart*, Bd. 1.1, Berlin/Leipzig, 591–650.
61 Zitiert nach: *Adolf von Harnack als Zeitgenosse. Reden und Schriften aus den Jahren des Kaiserreichs und der Weimarer Republik*, hg. von Kurt Nowak, 2 Bde., Berlin/New York 1996, 1009–1019.
62 Vgl. Hermann Diels, Die Einheitsbestrebungen der Wissenschaft, in: *Internationale Monatsschrift für Wissenschaft, Kunst und Technik* 1, 1907, 3–10, hier 5.
63 Ulrich von Wilamowitz-Moellendorff, *Erinnerungen 1848–1914*, Leipzig ²1929, 293. Man beachte, dass Wilamowitz nicht einmal den Namen des weltberühmten Naturwissenschaftlers richtig schrieb: Statt Helmholtz ist Helmholz zu lesen.
64 Vgl. Stefan Rebenich, »Mommsen ist er niemals näher getreten«. Theodor Mommsen und Hermann Diels, in: William M. Calder III.; Jaap Mansfeld (Hg.), *Hermann Diels (1848–1922) et la science de l'Antiquité*, Genf/Vandoeuvres 1998, 85–142, hier 91.
65 Holger Dainat, Klassische und Germanische Philologien, in: Tenorth, *Geschichte der Universität Unter den Linden*, Bd. 5 (wie Anm. 34) 461–494, hier 463.
66 Vgl. Adrian Stähli, Vom Ende der Klassischen Archäologie, in: Stefan Altekamp et al. (Hg.), *Posthumanistische Klassische Archäologie. Historizität und Wissenschaftlichkeit von Interessen und Methoden*, München 2001, 145–170 und 475–507.
67 Vgl. etwa Nippel, *Niebuhr* (wie Anm. 50), 94 f. (110 f.).
68 Ulrich von Wilamowitz-Moellendorff, Der Unterricht im Griechischen [1902], zitiert nach: ders., *Kleine Schriften*, Bd. 6, Berlin 1972, 90–114, hier 113 f.
69 Dietrich Gerhard; William Norvin (Hg.), *Die Briefe Barthold Georg Niebuhrs*, 2 Bde., Berlin 1926/29, hier Bd. 2, 302 f.
70 Walter Burkert (Hg.), *Hermann Diels, Kleine Schriften zur Geschichte der antiken Philosophie*, Darmstadt 1969, XIII.
71 Zu dieser Differenzierung vgl. Unte, *Heroen und Epigonen* (wie Anm. 34), IV.
72 Vgl. v. a. Karl Christ, *Von Gibbon zu Rostovtzeff. Leben und Werk führender Althistoriker der Neuzeit*, Darmstadt ³1989, 248–285.
73 Vgl. ebd. 286–333 sowie William M. Calder III.; Alexander Demandt (Hr.), *Eduard Meyer. Leben und Leistung eines Universalhistorikers*, Leiden 1990.
74 Wilamowitz-Moellendorff, Geschichte der Philologie (wie Anm. 53), 1.
75 Diels, Einheitsbestrebungen (wie Anm. 62), 9.
76 Vgl. Wilamowitz-Moellendorff, *Erinnerungen* (wie Anm. 63), 284 f.
77 Rudolf Hübner (Hg.), *Johann Gustav Droysen, Briefwechsel*, 2 Bde., Stuttgart 1929, hier Bd. 2, 941 f.
78 Max Cornelius (Hg.), *Heinrich von Treitschke, Briefe*, 3 Bde., Leipzig 1913–1920, hier Bd. 3.2, 585 f.
79 Zitiert nach Hartwin Brandt, Mommsens Sicht von Münze und Geld in der römischen Kaiserzeit und Spätantike, in: Hans-Markus von Kaenel, *Geldgeschichte versus Numismatik. Theodor Mommsen und die antike Münze*, Berlin 2004, 149–155, hier 149.
80 Vgl. Stefan Rebenich, Philologie und Geschichtswissenschaft. Hermann Usener und Theodor Mommsen, in: Michel Espagne; Pascale Rabault-Feuerhahn (Hg.), *Hermann Usener und die Metamorphosen der Philologie*, Wiesbaden 2011, 89–105.
81 Brief vom 11. Januar 1889; zitiert nach Pascale Rabault-Feuerhahn, Hermann Usener und Wilhelm Dilthey – Dialog eines Lebens, in: Espagne/dies., *Hermann Usener und die Metamorphosen* (wie Anm. 80), 108–122, hier 120.

82 Hermann Usener, *Vorträge und Aufsätze*, Leipzig/Berlin 1907 (^{2}1914), 19.
83 Ebd. 70.
84 Ebd. 71.
85 Vgl. Eckhardt Fuchs, Positivistischer Szientismus in vergleichender Perspektive: Zum nomothetischen Wissenschaftsverständnis in der englischen, amerikanischen und deutschen Geschichtsschreibung, in: *Geschichtsdiskurs*, Bd. 3: *Die Epoche der Historisierung*, Frankfurt a. M. 1997, 396–423, hier 400 f.
86 Usener, *Vorträge* (wie Anm. 82), 13.
87 Mommsen, *Reden und Aufsätze* (wie Anm. 51), 196–198.

4. Vom Umgang mit toten Freunden: Johann Gustav Droysen und das Altertum

* Vgl. zu diesem Kapitel meine beiden Beiträge: »Umgang mit toten Freunden. Droysen und das Altertum«, in: Veit Rosenberger (Hg.), »*Die Ideale der Alten.*« Antikerezeption um 1800, Stuttgart 2008, 131–152 und »Zur Droysen-Rezeption in der Alten Geschichte«, in: Stefan Rebenich; Hans-Ulrich Wiemer (Hg.), *Johann Gustav Droysen. Philosophie und Politik – Historie und Philologie*, Frankfurt a. M. 2012, 453–484. – Zu Droysen ist grundlegend Wilfried Nippel, *Johann Gustav Droysen. Ein Leben zwischen Wissenschaft und Politik*, München 2008; darüber hinaus sei verwiesen auf Christiane Hackel (Hg.), *Johann Gustav Droysen, 1808–1884. Philologe, Historiker, Politiker*, Berlin 2008; Horst Walter Blanke (Hg.), *Historie und Historik. 200 Jahre Johann Gustav Droysen. Festschrift für Jörn Rüsen zum 70. Geburtstag*, Köln u. a. 2009; Klaus Ries (Hg.), *Johann Gustav Droysen. Facetten eines Historikers*, Stuttgart 2010 und Rebenich/Wiemer, *Droysen*. – Zu Droysens altertumswissenschaftlichen Arbeiten vgl. die einschlägigen Beiträge in Rebenich/Wiemer, *Droysen*, 29–257 und 453–484 sowie Benedetto Bravo, *Philologie, histoire, philosophie d'histoire. Etude sur J. G. Droysen, historien de l'antiquité*, Breslau/Warschau/Krakau 1968; Karl Christ, *Von Gibbon zu Rostovtzeff. Leben und Werk führender Althistoriker der Neuzeit*, Darmstadt 1979, 50–67; Hans Joachim Gehrke, Johann Gustav Droysen, in: Michael Erbe (Hg.), *Berlinische Lebensbilder*, Bd. 4: *Geisteswissenschaftler*, Berlin 1989, 127–142 und Christine Wagner, *Die Entwicklung Johann Gustav Droysens als Althistoriker*, Bonn 1991 (mit Reinhold Bichler, in: Gnomon 65, 1993, 235–239).

1 Johann Gustav Droysen, *Briefwechsel*, hg. v. Rudolf Hübner, 2 Bde., Stuttgart/Berlin/Leipzig 1929, hier Bd. 1, 195.
2 Droysen, *Briefwechsel* (wie Anm. 1), Bd. 1, 252.
3 Vgl. Gustav Droysen, *Johann Gustav Droysen*, Bd. 1, Leipzig/Berlin 1910, 51.
4 Johann Gustav Droysen, *Kleine Schriften zur Alten Geschichte*, 2 Bde., hg. v. Emil Hübner, Leipzig 1893/94; hier Bd. 2, 354–432.
5 Droysen, *Kleine Schriften* (wie Anm. 4), Bd. 1, 1–39.
6 Johann Gustav Droysen, *Des Aischylos Werke*, 2 Teile, Berlin 1832; ders., *Des Aristophanes Werke*, 3 Teile, Berlin 1835–38. Vgl. Manfred Landfester, Droysen als Übersetzer und Interpret des Aischylos, in: Rebenich/Wiemer, *Droysen* (wie Anm. *), 29–61 und Josefine Kitzbichler, »Minder philologisch als künstlerisch«: Johann Gustav Droysens Aristophanes-Übersetzung, in: Rebenich/Wiemer, *Droysen* (wie Anm. *), 63–92; dies., *Poetische Vergegenwärtigung, historische Distanz. Johann Gustav Droysens Aristophanes-Übersetzung (1835/38)*, Berlin/Boston 2014 sowie dies., Übersetzen für eine imaginäre Bühne: Johann Gustav Droysens deutscher Aischylos, in: Friederike Krippner;

4. VOM UMGANG MIT TOTEN FREUNDEN 397

Andrea Polaschegg; Julia Stenzel (Hg.), *Die andere Antike. Altertumsfigurationen auf der Bühne des 19. Jahrhunderts*, Paderborn 2018, 189–210.

7 Vgl. hierzu Bravo, *Philologie* (wie Anm. *), 317–393; Stefan Jordan, G. W. F. Hegels Einfluß auf das philosophische und altertumswissenschaftliche Schaffen Johann Gustav Droysens, in: *Jahrbuch für Hegel-Forschung* 1, 1995, 141–155; Jorge Navarro-Pérez, Fichte, Humboldt und Ranke über die Idee und die historischen Ideen. Mit einem Anhang über Hegel und Droysen, in: *Philosophisches Jahrbuch* 105, 1997, 361–373; Johannes Christoph Bauer, *»Das Geheimnis aller Bewegung ist ihr Zweck.« Geschichtsphilosophie bei Hegel und Droysen*, Hamburg 2001.

8 Johann Gustav Droysen, *Geschichte Alexanders des Großen*, Berlin 1833 (zitiert nach dem Nachdruck Düsseldorf 1966), 1. Zum Werk vgl. Hans-Ulrich Wiemer, Quellenkritik, historische Geographie und immanente Teleologie in Johann Gustav Droysens »Geschichte Alexanders des Großen«, in: Rebenich/Wiemer, *Droysen* (wie Anm. *), 95–157 mit weiterer Literatur.

9 Droysen, *Geschichte Alexanders* (wie Anm. 8), 2.

10 Droysen, *Geschichte Alexanders* (wie Anm. 8), 1.

11 Vgl. Hans-Ulrich Wiemer, *Alexander der Große*, München 2005, 202.

12 Peter Leyh (Hg.), *Johann Gustav Droysen, Historik. Bd. 1. Rekonstruktion der ersten vollständigen Fassung der Vorlesungen (1857). Grundriß der Historik in der ersten handschriftlichen (1857/1858) und in der letzten gedruckten Fassung (1882)*, Stuttgart/Bad Cannstadt 1977, 255; vgl. Horst Walter Blanke (Hg.), *Johann Gustav Droysen, Historik. Bd. 3.1. Die Historik-Vorlesungen »letzter Hand«. Aus den spätesten auto- und apographischen Überlieferungen (1879, 1881 und 1882/83)*, Stuttgart/Bad Cannstadt 2020, 27 und 408. – ἐπίδοσις εἰς αὑτό: »der stete Zuwachs zu sich selbst«, ist Aristoteles, De anima 2,5 (417b 6 f.) entnommen. – Zur Charakterisierung der Geschichte als ἐπίδοσις εἰς αὑτό vgl. Christiane Hackel, *Aristoteles-Rezeption in der Geschichtstheorie Johann Gustav Droysens*, Berlin/Boston 2019, bes. 125–144

13 Droysen, *Briefwechsel* (wie Anm. 1), Bd. 1, 103.

14 Johann Gustav Droysen, Vorwort zur Geschichte des Hellenismus, Bd. 2 [1843], zitiert nach ders., *Kleine Schriften* (wie Anm. 4), Bd. 1, 298–314, hier 300 und 302.

15 Droysen an Friedrich Gottlieb Welcker 27.2.1834, in: Droysen, *Briefwechsel* (wie Anm. 1), Bd. 1, 59.

16 Vgl. Droysen, *Historik*, hg. v. Blanke, 3.1 (wie Anm. 12), 27.

17 Vgl. Wagner, *Entwicklung* (wie Anm. *), 124–132.

18 Johann Gustav Droysen, *Geschichte des Hellenismus. Erster Teil: Geschichte der Nachfolger Alexanders*, Hamburg 1836. – Vgl. dazu Reinhold Bichler, *›Hellenismus‹. Geschichte und Problematik eines Epochenbegriffs*, Darmstadt 1983, bes. 55–109; ders., Droysens Hellenismus-Konzept. Seine Problematik und seine faszinierende Wirkung, in: Rebenich/Wiemer, *Droysen* (wie Anm. *), 189–238; Kostas Buraselis, Diadochen und Epigonen. Konzept und Problematik der Hellenismusperiodisierung bei Droysen, in: Rebenich/Wiemer, *Droysen* (wie Anm. *), 239–257; Arnaldo Momigliano, Genesi storica e funzione attuale del concetto di ellenismo, in: *Giornale critico della filosofia italiana* 16, 1935, 10–37 (= ders., *Contributo alla storia degli studi classici e del mondo antico*, Rom 1955, 165–193; dt. in: Arnaldo Momigliano, *Ausgewählte Schriften*, Bd. 3: *Die moderne Geschichtsschreibung der Alten Welt*, hg. v. Glenn W. Most, Stuttgart/Weimar 2000, 113–142); Wilfried Nippel, »Hellenismus« von Droysen bis Harnack – Eine uneingelöste Ankündigung und interdisziplinäre Missverständnisse, zitiert nach ders., *Klio dichtet nicht. Studien zur Wissenschaftsgeschichte der Althistorie*, Frankfurt a. M. 2013, 149–176; Uwe Walter, Diadochische Zeiten oder antike Moderne? J. Burckhardt und das Hellenismuskonzept J. G. Droysens, in: Blanke, *Historie und Historik* (wie Anm. *), 90–105.

19 Johann Gustav Droysen, *Geschichte des Hellenismus. Zweiter Teil: Geschichte der Bildung des hellenisti-*

schen Staatensystems, mit einem Anhang über die hellenistischen Städtegründungen, Hamburg 1843; vgl. Wagner, Entwicklung (wie Anm. *), 104–117.
20 Droysen, Kleine Schriften (wie Anm. 4), Bd. 1, 300.
21 Vgl. hierzu Bichler, Hellenismus (wie Anm. 18), 5–32 sowie Wolfgang Will; Richard Klein, Art. »Hellenen«, in: Reallexikon für Antike und Christentum 14, 1988, 375–445.
22 Zur Forschungsdiskussion vgl. etwa Hans-Joachim Gehrke, Geschichte des Hellenismus, München ^{4}2008.
23 Vgl. Droysen, Briefwechsel (wie Anm. 1), Bd. 2, 889.
24 Hier wird die zweite Auflage von Johann Gustav Droysen, Geschichte des Hellenismus, 3 Teile (Teil 1: Geschichte Alexanders des Großen; Teil 2: Geschichte der Diadochen; Teil 3: Geschichte der Epigonen), Gotha 1877/78 nach der dtv-Ausgabe in drei Bänden, München 1980, zitiert, die wiederum ein Nachdruck der von Erich Bayer herausgegeben Ausgabe (Tübingen 1952/53) ist. Das Zitat findet sich in Bd. 3, 163.
25 Droysen, Geschichte des Hellenismus (wie Anm. 24), Bd. 1, 3.
26 Vgl. hierzu nur Bravo, Philologie (wie Anm. *), 394–400; Bichler, Hellenismus (wie Anm. 18), 75–96 und Wagner, Entwicklung (wie Anm. *), 176–219.
27 Vgl. Gehrke, Droysen (wie Anm. *), 139.
28 Arnaldo Momigliano, J. G. Droysen between Greeks and Jews, in: History and Theory 9, 1970, 139–153 (= ders., Quinto contributo alla storia degli studi classici e del mondo antico, Bd. 1, Rom 1975, 109–126; dt. in Momigliano, Ausgewählte Schriften, Bd. 3 [wie Anm. 18] 143–160). – Zum Judentum in Droysens Werk vgl. Christhard Hoffmann, Juden und Judentum im Werk deutscher Althistoriker des 19. und 20. Jahrhunderts, Leiden 1988, 74–86. – Zu Momiglianos Auseinandersetzung mit Droysen vgl. Francesco Guerra, Arnaldo Momigliano lettore di Droysen, in: Incidenza dell'Antico 8, 2010, 39–79.
29 Vgl. Bichler, Hellenismus (wie Anm. 18), 106–109.
30 Vgl. Momigliano, Ausgewählte Schriften (wie Anm. 28), 144. Vorsichtiger Nippel, Droysen (wie Anm. *), 36 f.
31 Droysen, Historik, hg. v. Leyh (wie Anm. 12), 63.
32 Vgl. hierzu Ulrich Muhlack, Zum Verhältnis von Klassischer Philologie und Geschichtswissenschaft im 19. Jahrhundert, in: Hellmut Flashar et al. (Hg.), Philologie und Hermeneutik im 19. Jahrhundert. Zur Geschichte und Methodologie der Geisteswissenschaften, Bd. 1, Göttingen 1979, 225–239; ders., Historie und Philologie, in: Hans Erich Bödecker et al. (Hg.), Aufklärung und Geschichte. Studien zur deutschen Geschichtswissenschaft im 18. Jahrhundert, Göttingen 1986, 49–81; ders., Von der philologischen zur historischen Methode, in: Christian Meier; Jörn Rüsen (Hg.), Historische Methode (Theorie der Geschichte, Bd. 5), München 1988, 154–180 sowie Christiane Hackel, Die Bedeutung August Boeckhs für den Geschichtstheoretiker Johann Gustav Droysen. Die Enzyklopädie-Vorlesungen im Vergleich, Würzburg 2006, bes. 105–110 und dies., Die Entstehung des hermeneutischen Paradigmas bei August Boeckh und Johann Gustav Droysen, in: Ries, Droysen (wie Anm. *), 115–131; Hackel betont das Trennende, leugnet aber wichtige Kontinuitätslinien nicht.
33 Die Staatshaushaltung der Athener, 2 Bde., Berlin 1817; 2. Aufl. in drei Bänden, Berlin 1851; 3. Aufl., hg. v. Max Fränkel, Berlin 1886, hier Bd. 1, 2.
34 August Böckh, Encyklopädie und Methodologie der philologischen Wissenschaften, Leipzig 1877 (2. Aufl. Leipzig 1886 = Darmstadt 1966), 25.
35 Vgl. Böckh, Encyklopädie (wie Anm. 34), 31 f.
36 Droysen, Historik, hg. v. Leyh (wie Anm. 12), 63 f.

37 Zur Überlieferungsgeschichte vgl. das Vorwort von Peter Leyh in: Droysen, *Historik* (wie Anm. 12), IX–XIV sowie Horst Walter Blanke (Hg.), *Johann Gustav Droysen, Historik. Bd. 3.2. Die Historik-Vorlesungen »letzter Hand«. Textvarianten, editorischer Bericht und werkbiographisches Nachwort*, Stuttgart/Bad Cannstadt 2020, 752–765.
38 Zur umfangreichen Literatur zur Historik vgl. Horst Walter Blanke, *Historik. Supplement: Droysen-Bibliographie*, Stuttgart/Bad Cannstadt 2008, bes. 204–235; nachzutragen sind die einschlägigen Beiträge in Blanke, *Historie und Historik* (wie Anm. *); Rebenich/Wiemer, *Droysen* (wie Anm. *) und Ries, *Droysen* (wie Anm. *).
39 Vgl. Böckh, *Encyklopädie* (wie Anm. 34), 16 und Droysen, *Historik*, hg. v. Leyh (wie Anm. 12), 28.
40 Vgl. Böckh, *Encyklopädie* (wie Anm. 34), 257.
41 Droysen, *Historik*, hg. v. Leyh (wie Anm. 12), 164.
42 Vgl. Böckh, *Encyklopädie* (wie Anm. 34), 25.
43 Vgl. Böckh, *Encyklopädie* (wie Anm. 34), 587.
44 Vgl. Böckh, *Encyklopädie* (wie Anm. 34), 25.
45 Droysen, *Historik*, hg. v. Leyh (wie Anm. 12), 422; Droysen, *Historik*, hg. v. Blanke, 3.1 (wie Anm. 12), 409 f. (zitiert nach der letzten Druckfassung von 1882); vgl. Droysen, *Historik*, hg. v. Blanke, 3.2 (wie Anm. 37), 719 f.
46 Droysen, *Historik*, hg. v. Blanke, 3.2 (wie Anm. 37), 737 (in der Fassung des Privatdrucks des »Grundrisses der Historik« von 1858).
47 Immanuel Kant, *Kritik der reinen Vernunft*, Vorrede zur zweiten Auflage von 1787, B XIII und B XVI; vgl. Otto Gerhard Oexle, Von Fakten und Fiktionen. Zu einigen Grundsatzfragen der historischen Erkenntnis, in: Johannes Laudage (Hg.), *Von Fakten und Fiktionen. Mittelalterliche Geschichtsdarstellungen und ihre kritische Aufarbeitung*, Köln/Weimar/Wien 2003, 1–42, hier 18.
48 Droysen, *Historik*, hg. v. Leyh (wie Anm. 12), 426 f.; Droysen, *Historik*, hg. v. Blanke, Bd. 3.1 (wie Anm. 12), 418 (zitiert nach der letzten Druckfassung von 1882).
49 Droysen, *Historik*, hg. v. Leyh (wie Anm. 12), 397 f.; Droysen, *Historik*, hg. v. Blanke, Bd. 3.2 (wie Anm. 37), 719 (in der Fassung des Privatdrucks des »Grundrisses der Historik« von 1858).
50 Droysen, *Historik*, hg. v. Leyh (wie Anm. 12), 425; Droysen, *Historik*, hg. v. Blanke, Bd. 3.1 (wie Anm. 12), 416 (zitiert nach der letzten Druckfassung von 1882).
51 Otto Gerhard Oexle, Was ist eine historische Quelle, in: *Die Musikforschung* 57, 2004, 332–350, hier 340.
52 Droysen, *Historik*, hg. v. Leyh (wie Anm. 12), 421; Droysen, *Historik*, hg. v. Blanke, Bd. 3.1 (wie Anm. 12), 409 (zitiert nach der letzten Druckfassung von 1882).
53 Vgl. Hdt. 1 praef., 2,118,1 und 7,96,1.
54 Droysen, *Historik*, hg. v. Leyh (wie Anm. 12), 236; Droysen, *Historik*, hg. v. Blanke, Bd. 3.1 (wie Anm. 12), 360.
55 Droysen an Wilhelm Arndt 20.3.1857, in: Droysen, *Briefwechsel* (wie Anm. 1), Bd. 2, 442.
56 Vgl. Droysen, *Historik*, hg. v. Leyh (wie Anm. 12), IX; Droysen, *Historik*, hg. v. Blanke, Bd. 3.2 (wie Anm. 37), 783 f.
57 Droysen, *Kleine Schriften* (wie Anm. 4), Bd. 1, 306.
58 Droysen, *Kleine Schriften* (wie Anm. 4), Bd. 1, 303.
59 Droysen, *Kleine Schriften* (wie Anm. 4), Bd. 1, 313.
60 Droysen, *Kleine Schriften* (wie Anm. 4), Bd. 1, 306 f.
61 Droysen, *Kleine Schriften* (wie Anm. 4), Bd. 1, 311.

62 Droysen, *Kleine Schriften* (wie Anm. 4), Bd. 1, 313.
63 Vgl. Muhlack, Verhältnis (wie Anm. 32), 239.
64 Zu Humboldts Einfluss auf Droysen vgl. Ulrich Muhlack, Johann Gustav Droysen: »Historik« et herméneutique, in: André Laks; Ada Neschke-Hentschke (Hg.), *La naissance du paradigme herméneutique. Schleiermacher, Humboldt, Boeckh, Droysen,* Lille 1990, 359–380; Jorge Navarro-Pérez, Fichte, Humboldt und Ranke über die Idee und die historischen Ideen. Mit einem Anhang über Hegel und Droysen, in: *Philosophisches Jahrbuch* 105, 1997, 361–373, bes. 370–373; Uwe Barrelmeyer, *Geschichtliche Wirklichkeit als Problem. Untersuchungen zu geschichtstheoretischen Begründungen historischen Wissens bei Johann Gustav Droysen, Georg Simmel und Max Weber,* Münster 1997, bes. 47–52; Stephan Paetrow, Die Produktivität der Provinz. Zur Entstehung von Droysens »Historik« und »Preußischer Politik«, in: Lutz Niethammer (Hg.), *Droysen-Vorlesungen,* Jena 2005, 201–227, hier 213 f.; Hackel, *Bedeutung* (wie Anm. 32), 85, 89, 102 f., 109.
65 Droysen, *Historik,* hg. v. Leyh (wie Anm. 12), 419; Droysen, *Historik,* hg. v. Blanke, Bd. 3.1 (wie Anm. 12), 406 (zitiert nach der letzten Druckfassung von 1882). Wörtlich heißt es: »Von einem philosophischen System Humboldt's mag nicht zu sprechen sein; aber was der antike Ausdruck dem grössten Historiker zuschreibt, ἡ σύνεσις πολιτική καὶ ἡ δύναμις ἑρμηνευτική, besass er in merkwürdiger Harmonie.« Das griechische Zitat ist Lukian von Samosata entlehnt, der mit diesen Worten im 2. Jh. n. Chr. den athenischen Historiker Thukydides charakterisiert hatte (hist. conscr. 34).
66 Droysen, *Historik,* hg. v. Leyh (wie Anm. 12), 52 f.; Droysen, *Historik,* hg. v. Blanke, Bd. 3.1 (wie Anm. 12), 74.
67 Vgl. Droysen, *Historik,* hg. v. Leyh (wie Anm. 12), 424 f.; Droysen, *Historik,* hg. v. Blanke, Bd. 3.1 (wie Anm. 12), 413, 416 (zitiert nach der letzten Druckfassung von 1882). Vgl. Droysen, *Historik,* hg. v. Leyh (wie Anm. 12), 399 mit Droysen, *Historik,* hg. v. Blanke, Bd. 3.2 (wie Anm. 37), 801 sowie Droysen, *Briefwechsel* (wie Anm. 1), Bd. 2, 849.
68 Wilhelm von Humboldt, *Über den Charakter der Griechen, die idealische und historische Ansicht desselben,* zitiert nach *Gesammelte Schriften* 7, hg. v. Albert Leitzmann, Berlin 1908, 609–616, hier 613 = *Werke in fünf Bänden,* hg. v. Andreas Flitner und Klaus Giel, Bd. 2, Darmstadt ⁵2002, 65–72, hier 69.
69 Wilhelm von Humboldt, *Geschichte des Verfalls und Untergangs der griechischen Freistaaten,* zitiert nach *Gesammelte Schriften* 3, hg. v. Albert Leitzmann, Berlin 1904, 171–218 = *Werke in fünf Bänden,* hg. v. Andreas Flitner und Klaus Giel, Bd. 2, Darmstadt ⁵2002, 73–124.
70 Ebd. 171 = 73.
71 Albert Leitzmann, *Sechs ungedruckte Aufsätze über das klassische Altertum von Wilhelm Humboldt,* Leipzig 1896, 154–208.
72 Droysen, *Historik,* hg. v. Leyh (wie Anm. 12), 41.
73 Ulrich Muhlack, Johann Gustav Droysen: Das Recht der Geschichte, in: Sabine Freitag (Hg.), *Die 48er,* München 1998, 263–276, hier 276.
74 Droysen an Rudolf Haym 30.1.1858, in: Droysen, *Briefwechsel* (wie Anm. 1), Bd. 2, 521.
75 Droysen, *Historik,* hg. v. Leyh (wie Anm. 12), 449; Droysen, *Historik,* hg. v. Blanke, Bd. 3.1 (wie Anm. 12), 456 (zitiert nach der letzten Druckfassung von 1882); Droysen, *Historik,* hg. v. Blanke, 3.2 (wie Anm. 37), 725. Vgl. Plut. Mor. 874 e.
76 Vgl. Wilhelm von Humboldt, Über die Aufgabe des Geschichtsschreibers, zitiert nach *Gesammelte Schriften* 4, hg. v. Albert Leitzmann, Berlin 1905, 35–56 = *Werke in fünf Bänden,* Bd. 1, Darmstadt ⁴2002, 585–606.

77 Ebd. 51 = 600.
78 Ebd. 37 = 587.
79 Ebd. 56 = 605.
80 Droysen, *Historik* (wie Anm. 15), 217.
81 Vgl. Humboldt, Aufgabe (wie Anm. 76), 55 = 605.
82 Droysen, *Historik*, hg. v. Leyh (wie Anm. 12), 201–216; vgl. Droysen, *Historik*, hg. v. Blanke, Bd. 3.1 (wie Anm. 12), 296–303.
83 Droysen, *Historik*, hg. v. Leyh (wie Anm. 12), 290–362; vgl. Droysen, *Historik*, hg. v. Blanke, Bd. 3.1 (wie Anm. 12), 313–341.
84 Droysen an Wilhelm Arendt 4.8.1843, in: Droysen, *Briefwechsel* (wie Anm. 1), Bd. 1, 246.
85 Vgl. Wolfgang Neugebauer, »Großforschung« und Teleologie. Johann Gustav Droysen und die editorischen Projekte seit den 1860er Jahren, in: Rebenich/Wiemer, *Droysen* (wie Anm. *), 261–292 und Philipp Müller, Quellen sammeln, Geschichte schreiben. Zur Materialität historischen Wissens im 19. Jahrhundert, in: *Historische Zeitschrift* 311, 2020, 603–632.
86 Droysen, *Historik*, hg. v. Leyh (wie Anm. 12), 63.
87 George Grote, *History of Greece*, 12 Bde., London 1846–1856 (zitiert nach der Auflage von 1869), hier Bd. 11, 279 Anm. 2; 292 Anm. 1; 297 Anm. 2. Zu Grote und Droysen vgl. Wilfried Nippel, Droysen in internationaler Perspektive, in: Ries, *Droysen* (wie Anm. *), 197–224, bes. 200–211.
88 Grote, *History of Greece* (wie Anm. 87), Bd. 12, 89 Anm. 1.
89 Grote, *History of Greece* (wie Anm. 87), Bd. 12, 87.
90 Grote, *History of Greece* (wie Anm. 87), Bd. 12, 88 f.
91 Vgl. z. B. *The Quarterly Review* vom April 1903, 504.
92 William M. Calder III.; Robert Kirstein (Hg.), »*Aus dem Freund ein Sohn*«. *Theodor Mommsen und Ulrich von Wilamowitz-Moellendorff. Briefwechsel 1872–1903*, 2 Bde., Hildesheim 2003, Nr. 96, 163 f.
93 Vgl. Arnaldo Momigliano, *George Grote and the Study of Greek History*, London 1952 (= ders., *Contributo alla storia degli studi classici*, Rom 1955 [²1979], 213–231; zitiert nach Momigliano, *Ausgewählte Schriften*, Bd. 3 [wie Anm. 28], 75–94) und Karl Christ, *Griechische Geschichte und Wissenschaftsgeschichte*, Stuttgart 1996, 141.
94 Vgl. Arnaldo Momigliano, Introduzione alla »Griechische Kulturgeschichte« di Jacob Burckhardt [1955], in: *Secondo contributo alla storia degli studi classici e del mondo antico*, Rom 1960, 283–298, dt. in Momigliano, *Ausgewählte Schriften*, Bd. 3 [wie Anm. 18], 181–202 sowie Walter, Diadochische Zeiten (wie Anm. 18).
95 Vgl. Momigliano, *George Grote* (wie Anm. 93), 89.
96 Vgl. Louis Robert, *Choix d'écrits*. Édité par Denis Rousset avec la collaboration de Philippe Gauthier et Ivana Savalli-Lestrade, Paris 2007 sowie Jean Pouilloux, Notice sur la vie et les travaux de Louis Robert (1904–1985), *Comptes rendus de l'Académie des inscriptions et belles-lettres* 130.2, 1986, 357–366.
97 Droysen, *Historik*, hg. v. Leyh (wie Anm. 12), 103.
98 Vgl. Wolfgang Hardtwig, Geschichtsreligion – Wissenschaft als Arbeit – Objektivität. Der Historismus in neuer Sicht, in: *Historische Zeitschrift* 252, 1991, 1–32 (= ders., *Hochkultur des bürgerlichen Zeitalters*, Göttingen 2005, 51–76).
99 Vgl. etwa Droysen, *Historik*, hg. v. Leyh (wie Anm. 12), 104 und 107; Droysen, *Historik*, hg. v. Blanke, Bd. 3.1 (wie Anm. 12), 174.
100 Droysen, *Historik*, hg. v. Leyh (wie Anm. 12), 116; Droysen, *Historik*, hg. v. Blanke, Bd. 3.1 (wie Anm. 12), 185.

101 Droysen, *Historik*, hg. v. Leyh (wie Anm. 12), 117: »Der Zweck des kritischen Verfahrens ist die Herstellung nicht der eigentlichen Tatsachen, der Willensakte – denn diese als solche sind vergangen –, wohl aber die Verifizierung des in den Materialien noch vorliegenden und erreichbaren Abdruckes und Ausdruckes derselben«; vgl. Droysen, *Historik*, hg. v. Blanke, Bd. 3.1 (wie Anm. 12), 185 f.

102 Oexle, Historische Quelle (wie Anm. 51), 339 f.

103 Max Weber, Kritische Studien auf dem Gebiet der kulturwissenschaftlichen Logik [1906], zitiert nach *Max Weber Gesamtausgabe*, Bd. I/7, hg. v. Gerhard Wagner, Tübingen 2018, 384–480, hier 413.

5. Das Zentrum:
Die Altertumswissenschaften an der Berliner Akademie

* Dieses Kapitel beruht auf folgenden meiner Untersuchungen: »Die Altertumswissenschaften und die Kirchenväterkommission an der Akademie: Theodor Mommsen und Adolf Harnack«, in: Jürgen Kocka (Hg.), *Die Königlich Preußische Akademie der Wissenschaften zu Berlin im Kaiserreich*, Berlin 1999, 199–233; »Akademie«, in: *Der Neue Pauly* 13, 1999, 40–56; »Die Erfindung der ›Großforschung‹. Theodor Mommsen als Wissenschaftsorganisator, in: Hans-Markus von Kaenel et al. (Hg.), *Geldgeschichte versus Numismatik. Theodor Mommsen und die antike Münze*, Berlin 2004, 5–20 (italienische Fassung: Theodor Mommsen organizzatore scientifico nel contesto ottocentesco, in: Alfredo Buonopane; Maurizio Buora; Arnaldo Marcone [Hg.], *La ricerca epigrafica e antiquaria nelle Venezie dall'età napoleonica all'Unità*, Florenz 2007, 1–17) sowie »Berlin und die antike Epigraphik«, in: Werner Eck et al. (Hgg.), *Öffentlichkeit – Monument – Text. XIV Congressus Internationalis Epigraphiae Graecae et Latinae*, Berlin/Boston 2014, 7–75, hier 9–12.

1 Adolf Harnack, *Geschichte der Königlich Preußischen Akademie der Wissenschaften*, 3 Bde. in 4, Berlin 1900, hier Bd. 1.2, 668–675. Der Antrag, der von Philip Buttmann redigiert worden war, findet sich in Bd. 2, Nr. 195, 373–378.

2 Harnack, *Geschichte* (wie Anm. 1), Bd. 2, 375.

3 Vgl. Harnack, *Geschichte* (wie Anm. 1), Bd. 2, Nr. 196, 379–381. Die »Punkte zum Entwurf eines Planes zur Ausarbeitung eines Corpus Inscriptionum, von der philologischen Klasse zu beraten« sind zwar im Gegensatz zu den folgenden »Vorschlägen ad Protocollum« nicht datiert, doch geht eindeutig hervor, dass sie vor dem Antrag von Böckh bzw. Buttmann (ebd. Nr. 195) verfasst sein müssen, der explizit auf Formulierungen von Niebuhr zurückgreift, gleichzeitig aber bereits die konkrete Umsetzung anspricht. Vgl. auch Ulrich von Wilamowitz-Moellendorff, Bericht über die Sammlung der griechischen Inschriften, in: *Sitzungsberichte der Preußischen Akademie der Wissenschaften* 1914, 106–127, Zitat 107 = ders., *Kleine Schriften*, Bd. 5.1, Berlin/Amsterdam 1971, 402–411, Zitat 402 (in dem Abdruck in den »Kleinen Schriften« ist auch das Datum des Antrages von Böckh/Buttmann korrigiert, das in den Sitzungsberichten fälschlich »14. März 1815« statt 24. März 1815 lautet).

4 Vgl. Harnack, *Geschichte* (wie Anm. 1), Bd. 2, Nr. 196, 379.

5 Vgl. Harnack, *Geschichte* (wie Anm. 1), Bd. 2, Nr. 196, 379 f. und 382.

6 Vgl. Theodor Mommsen, *Reden und Aufsätze*, Berlin 1905, 199.

7 Vgl. hierzu und zum folgenden Harnack, *Geschichte* (wie Anm. 1), Bd. 1.2, 670 f.

8 Max Hoffmann, *August Böckh. Lebensbeschreibung und Auswahl aus seinem wissenschaftlichen Briefwechsel*, Leipzig 1901, 211.

9 Ebd. 35.
10 Vgl. die Sammlung der einschlägigen Dokumente in Gottfried Hermann, *Ueber Herrn Professor Boeckh's Behandlung der Griechischen Inschriften*, Leipzig 1826.
11 Vgl. seinen Brief an Eduard Hermann vom 12. Februar 1822 in: Hoffmann, *Böckh* (wie Anm. 8), 301.
12 Zu Ross vgl. Klaus Hallof, Ludwig Ross und die Preußische Akademie der Wissenschaften zu Berlin, in: Hans Rupprecht Goette, Olga Palagia (Hg.), *Ludwig Ross und Griechenland*, Rahden 2005, 113–128.
13 Zum lateinischen Inschriftencorpus vgl. Stefan Rebenich, *Theodor Mommsen. Eine Biographie*, München ^{2}2007, 43–52 und 80–85; vgl. zudem Lothar Wickert, *Theodor Mommsen. Eine Biographie*, 4 Bde., Frankfurt 1959–80, hier Bd. 2, 105–199 und Bd. 3, pass.; Geza Alföldy, Theodor Mommsen und die römische Epigraphik aus der Sicht hundert Jahre nach seinem Tod, in: *Epigraphica* 66, 2004, 217–245; Bärbel Holtz, 150 Jahre Corpus Inscriptionum Latinarum. »Für die gesammten Alterthums-Wissenschaften ein Ehrendenkmal« in Preußen, in: *Jahrbuch des Deutschen Archäologischen Instituts* 119, 2004, 307–315 und Torsten Kahlert, *»Unternehmungen großen Stils«. Wissenschaftsorganisation, Objektivität und Historismus im 19. Jahrhundert*, Berlin 2017, 52–184 mit weiterer Literatur.
14 Zu Mommsens Aufenthalt in Rom vgl. auch Stefan Rebenich, Ecco Montsene. Theodor Mommsen und Rom, in: Martin Wallraff; Michael Matheus; Jürg Lauster (Hg.), *Rombilder im deutschsprachigen Protestantismus*, Tübingen 2011, 38–58.
15 Der Plan aus dem Jahr 1836 ist abgedruckt in: *Akte des IV. Internationalen Kongresses für Griechische und Lateinische Epigraphik*, Wien 1964, 167–173.
16 Vgl. John Scheid, Le projet français d'un recueil général des inscriptions latines, in: Maria Silvia Bassignano (Hg.), *Bartolomeo Borghesi: scienza e libertà*, Bologna 1982, 337–353; Ève Gran-Aymerich; Jürgen von Ungern-Sternberg, *L'Antiquité partagée. Correspondances franco-allemandes 1823–1861*, Paris 2012, 27–31; Kahlert, *»Unternehmungen großen Stils«* (wie Anm. 13), 65–83.
17 Vgl. Wickert, *Mommsen* (wie Anm. 13) Bd. 2, 137–149.
18 Vgl. Wickert, *Mommsen* (wie Anm. 13), Bd. 2, 198.
19 Vgl. Stefan Rebenich, Giovanni Battista de Rossi und Theodor Mommsen, in: Reinhard Stupperich (Hg.), *Lebendige Antike. Rezeptionen der Antike in Politik, Kunst und Wissenschaft der Neuzeit*, Mannheim 1995, 173–186 und vor allem Marco Buonocore, *Theodor Mommsen e gli studi sul mondo antico dalle sue lettere conservate nella Biblioteca Apostolica Vaticana*, Neapel 2003, 3–10 sowie 65–270 (Nr. 11–148).
20 Zur Bedeutung der Netzwerke vgl. auch Torsten Kahlert, Große Projekte und informelle Netzwerke. Theodor Mommsen und das Corpus Inscriptionum Latinarum, in: Karl R. Krierer; Ina Friedmann (Hg.), *Netzwerke der Altertumswissenschaften im 19. Jahrhundert*, Wien 2016, 87–94.
21 Vgl. Harnack, *Geschichte* (wie Anm. 1), Bd. 2, Nr. 216, 522–540; vgl. ebd. Bd. 1.2, 772–774; 900–913; 1027 f.; Otto Hirschfeld, Gedächtnisrede auf Theodor Mommsen, in: *Abhandlungen der Königlich Preußischen Akademie der Wissenschaften*, Berlin 1904, 1025–1060, zitiert nach ders., *Kleine Schriften*, Berlin 1913, 931–965, hier 933–945.
22 Vgl. Wickert, *Mommsen* (wie Anm. 13), Bd. 3, 267–269; Harnack, *Geschichte* (wie Anm. 1), Bd. 1.2, 972.
23 Lothar Wickert (Hg.), *Theodor Mommsen – Otto Jahn. Briefwechsel 1842–1868*, Frankfurt a. M. 1962, Nr. 140, 171.

24 Vgl. Harnack, *Geschichte* (wie Anm. 1), Bd. 1.2, 912; Wickert, *Mommsen* (wie Anm. 13), Bd. 3, 269 f.

25 Dieses und die nachfolgenden Zitate aus der Denkschrift »Über Plan und Ausführung eines Corpus inscriptionum Latinarum«; zitiert nach Harnack, *Geschichte* (wie Anm. 1), Bd. 2, Nr. 216, 522–540, hier 526 f.; 529; 534. Vgl. hierzu auch Werner Eck, Mommsen und die Entwicklung des topographischen Ordnungsprinzips beim CIL, in: Antonio Sartori et al. (Hg.), *Studi per Ida Calabi Limentani. Dieci anni dopo »Scienza epigrafica«*, Faenza 2020, 113–126.

26 Vgl. *Theodor Mommsen als Schriftsteller. Ein Verzeichnis seiner Schriften von Karl Zangemeister. Im Auftrage der Königlichen Bibliothek bearbeitet und fortgesetzt von Emil Jacobs. Neu bearbeitet von Stefan Rebenich*, Hildesheim 2000, Nr. 239; 243; 415; 913; 923.

27 Seit 16. Juni 1853 war er bereits korrespondierendes Mitglied gewesen; vgl. Christa Kirsten (Hg.), *Die Altertumswissenschaften an der Berliner Akademie. Wahlvorschläge zur Aufnahme von Mitgliedern von F. A. Wolf bis zu G. Rodenwaldt 1799–1932*, Berlin 1985, Nr. 14, 81 f.

28 Theodor Mommsen, Antrittsrede als Mitglied der Akademie, in: *Monatsberichte der Berliner Akademie* 1858, 393–395, zitiert nach Mommsen, *Reden und Aufsätze* (wie Anm. 6), 35–38 (=Wilfried Nippel [Hg.], *Wenn Tore aus der Geschichte falsche Schlüsse ziehen. Ein Theodor-Mommsen-Lesebuch*, München 2017, 185–189.

29 Vgl. Stefan Rebenich, Theodor Mommsens »Römische Geschichte«, in: Elke Stein-Hölkeskamp, Karl-Joachim Hölkeskamp (Hg.), *Erinnerungsorte der römischen Antike. Rom und sein Imperium*, München ²2020, 660–676, hier 671.

30 Vgl. ebd.

31 Zum Begriff vgl. schon Adolf Harnack, Vom Großbetrieb der Wissenschaft, in: *Preußische Jahrbücher* 119, 1905, 193–201, zitiert nach ders., *Aus Wissenschaft und Leben*, Bd. 1, Gießen 1911, 10–20; Kurt Nowak (Hg.), *Adolf von Harnack als Zeitgenosse. Reden und Schriften aus den Jahren des Kaiserreichs und der Weimarer Republik*, 2 Bde., Berlin/New York 1996, Bd. 2, 1009–1019. Zum Hintergrund vgl. Pierangelo Schiera, *Laboratorium der bürgerlichen Welt. Deutsche Wissenschaft im 19. Jahrhundert*, Frankfurt a. M. 1992; Rüdiger vom Bruch, Mommsen und Harnack. Die Geburt von Big Science aus den Geisteswissenschaften, in: Alexander Demandt; Andreas Goltz; Heinrich Schlange-Schöningen (Hg.), *Theodor Mommsen. Wissenschaft und Politik im 19. Jahrhundert*, Berlin 2005, 121–141; Carlos Spoerhase, Big Humanities: ›Größe‹ und ›Großforschung‹ als Kategorien geisteswissenschaftlicher Selbstbeobachtung, in: *Geschichte der Germanistik* 37/38, 2010, 9–27 sowie Thorsten Kahlert, ›Große Projekte‹: Mommsens Traum und der Diskurs um Big Science und Großforschung, in: Harald Müller; Florian Eßer (Hg.), *Wissenskulturen. Bedingungen wissenschaftlicher Innovation*, Kassel 2012, 67–86.

32 Theodor Mommsen, Rede gehalten am 2. Juli in der öffentlichen Sitzung der Akademie zur Feier des Leibniz'schen Jahrestages, in: *Monatsberichte der Berliner Akademie* 1874, 449–458, zitiert nach Mommsen, *Reden* (wie Anm. 6), 39–49.

33 Vgl. Peter Th. Walther, Honoratiorenklub oder Forschungsstätte. Die Statutendebatte der Akademie 1874 bis 1881, in: Kocka, *Akademie* (wie Anm. *), 103–118.

34 Arnaldo Momigliano, Epilogo senza conclusione, in: *Les études classiques aux XIXe et XXe siècles. Leur place dans l'histoire des idées, Entretiens sur l'Antiquité Classique* 26, Vandoeuvre 1979, 305–317, hier 316.

35 Zu dem Kreis der Mommsenschüler vgl. Karl Christ, *Römische Geschichte und deutsche Geschichtswissenschaft*, München 1982, 66–73 und Katja Wannack, *Hermann Dessau. Der fast vergessene Schüler Mommsens und die Großunternehmen der Berliner Akademie der Wissenschaften*, Hamburg 2007, 113–140.

36 So Wilamowitz in einem Brief an Edward Fitch vom 12. Juni 1907, zitiert nach William M. Calder III., *Ulrich von Wilamowitz-Moellendorff: Selected Correspondence 1869–1931*, Neapel 1983, hier 76; vgl. ebd. 149 f. Gemeint ist Emil Hübner, Mitarbeiter am lateinischen Inschriftencorpus und später Ordinarius für Klassische Philologie an der Berliner Universität, mit dem sich Mommsen über die Herausgabe des Hermes zerstritt; vgl. Manfred G. Schmitt, Mommsen vs. Hübner. Die »Hermes-Angelegenheit« vom Jahreswechsel 1881/82, in: Michael Blech et al. (Hg.), *Emil Hübner und die Altertumswissenschaften in Hispanien. Emil Hübner y las ciencias de la antigüedad clásica en Hispania*, Darmstadt 2014, 289–313.

37 Fritz Jonas, *Erinnerungen an Theodor Mommsen zu seinem hundertjährigen Geburtstage*, Berlin o. J. [1917], 28.

38 Vgl. Werner Eck, Die PIR im Spiegel der beteiligten Personen. Geschichte eines Langzeitunternehmens an der Berliner Akademie 141 Jahre nach dessen Beginn, in: ders.; Matthäus Heil (Hg.), *Prosopographie des Römischen Kaiserreichs. Ertrag und Perspektiven*, Berlin/Boston 2017, 1–94 mit weiterer Literatur.

39 Vgl. Hans-Markus von Kaenel et al. (Hg.), *Geldgeschichte vs. Numismatik. Theodor Mommsen und die antike Münze*, Berlin 2004.

40 Ulrich von Wilamowitz-Moellendorff, Geschichte der Philologie, in: Alfred Gercke; Eduard Norden (Hg.), *Einleitung in die Altertumswissenschaft*, Bd. 1, Leipzig/Berlin, ³1927, 71.

41 Vgl. Kirsten, Altertumswissenschaften (wie Anm. 27), pass.

42 Vgl. Stefan Rebenich; Gisa Franke (Hg.), *Theodor Mommsen und Friedrich Althoff. Briefwechsel 1882–1903*, München 2012, Nr. 24, 128–134.

43 Ebd. Nr. 104, 215 f., Nr. 241 f., 368 f.; Nr. 427, 572–575.

44 Vgl. Klaus Hallof, »… aber gerade darum ist es eine akademische Aufgabe«. Das griechische Inschriftenwerk der Berliner Akademie in der zweiten Hälfte des 19. Jahrhunderts, in: Annette M. Baertschi; Colin G. King (Hg.), *Die modernen Väter der Antike. Die Entwicklung der Altertumswissenschaften an Akademie und Universität im Berlin des 19. Jahrhunderts*, Berlin 2009, 423–443.

45 Zitiert nach Klaus Hallof, Das Berliner Corpus und die Gründung der Kleinasiatischen Kommission in Wien vor hundert Jahren, in: Gerhard Dobesch; Georg Rehrenböck (Hg.), *Hundert Jahre Kleinasiatische Kommission der Österreichischen Akademie*, Wien 1993, 31–47, hier 33.

46 William M. Calder III; Alexander Košenina (Hg.), *Berufungspolitik innerhalb der Altertumswissenschaft im wilhelminischen Preußen. Die Briefe Ulrich von Wilamowitz-Moellendorffs an Friedrich Althoff (1883–1908)*, Frankfurt a. M. 1989, Nr. 77, 150 (Brief vom 8. März 1903).

47 Vgl. Klaus Hallof, Lolling und das Inschriftenwerk der Berliner Akademie, in: Klaus Fittschen (Hg.), *Historische Landeskunde und Epigraphik in Griechenland*, Münster 2007, 25–45.

48 Zur Editionsgeschichte der Inschriften Zyperns vgl. Daniela Summa, Il progetto »Inscriptiones Graecae« tra passato e presente. L'esempio Cipro (IG XV), in: dies., Sotera Fornaro (Hg.), *Eidolon. Saggi sulla tradizione classica*, Bari 2013, 83–106. Die Inschriften Zyperns (IG XV) sind inzwischen im Erscheinen begriffen.

49 Vgl. Maximilian Braun; William M. Calder III; Dietrich Ehlers (Hg.), *»Lieber Prinz«. Der Briefwechsel zwischen Hermann Diels und Ulrich von Wilamowitz-Moellendorff (1869–1921)*, Hildesheim 1995, Nr. 100, 167.

50 Ulrich von Wilamowitz-Moellendorff, *Erinnerungen 1848–1914*, Leipzig ²1929, 306.

51 Vgl. Klaus Hallof, *Inscriptiones Graecae*, Berlin 2002 (²2009), 17–19 (32–34) sowie Wolfhart Unte, Wilamowitz als wissenschaftlicher Organisator, in: William M. Calder III. et al. (Hg.), *Wilamowitz*

nach 50 Jahren, Darmstadt 1985, 720–770, hier 744–755 (= ders., *Heroen und Epigonen. Gelehrtenbiographien der klassischen Altertumswissenschaft im 19. und 20. Jahrhundert*, St. Katharinen 2003, 271–329, hier 298–310).

52 Wilamowitz, Bericht 1914 (wie Anm. 3), 113 (409).

53 Ulrich von Wilamowitz-Moellendorff, Sammlung der griechischen Inschriften, in: *Sitzungsberichte der Preußischen Akademie der Wissenschaften* 1904, 226–228, hier 226.

54 Vgl. Jürgen von Ungern-Sternberg, Die deutsch-französische Zusammenarbeit bei der Edition der Inschriften von Delos, in: Corinne Bonnet; Véronique Krings (Hg.), *S'écrire et écrire sur l'Antiquité. L'apport des correspondances à l'histoire des travaux scientifiques*, Grenoble 2008, 229–246, hier 232–240 (= ders. *Les chers ennemis. Deutsche und französische Altertumswissenschaftler in Rivalität und Zusammenarbeit*, Stuttgart 2017, 185–201, hier 188–196) sowie ders., *Inscriptiones Delphorum (IG VIII). Vom Scheitern eines deutsch-französischen Projekts* (im Druck).

55 Rebenich/Franke, *Briefwechsel Mommsen und Althoff* (wie Anm. 42), Nr. 24, 128.

56 CIL III, p. VIII. Vgl. Jürgen von Ungern-Sternberg, Theodor Mommsen und Frankreich, in: *Francia* 31, 2004, 1–28, hier 19 f.

57 Vgl. Rebenich/Franke, *Briefwechsel Mommsen und Althoff* (wie Anm. 42), Nr. 2–13, 94–115 sowie allgemein zu den deutsch-französischen Wissenschaftsbeziehungen Gran-Aymerich/Ungern-Sternberg, *L'Antiquité partagée* (wie Anm. 16), mit weiterer Literatur.

58 Calder/Košenina, *Berufungspolitik* (wie Anm. 46), Nr. 64, 127–133 (Brief vom 12. Februar 1897).

59 Vgl. von Ungern-Sternberg, *Inscriptiones Delphorum* (wie Anm. 54).

60 William M. Calder III.; Robert Kirstein (Hg.), *»Aus dem Freund ein Sohn«. Theodor Mommsen und Ulrich von Wilamowitz-Moellendorff. Briefwechsel 1872–1903*, 2 Bde., Hildesheim 2003, Nr. 343, 554.

61 2 Bde., Berlin 1864/79; vgl. *Theodor Mommsen als Schriftsteller* (wie Anm. 26), Nr. 358; 391; 806.

62 Vgl. Stefan Rebenich, *Theodor Mommsen und Adolf Harnack. Wissenschaft und Politik im Berlin des ausgehenden 19. Jahrhunderts*, Berlin/New York 1997, 129–326.

63 So die ursprüngliche zeitliche Begrenzung im Titel, die nach 1945 aufgegeben wurde.

64 Zitiert nach Nowak, *Harnack als Zeitgenosse* (wie Anm. 31), Bd. 2, 976–980, hier 979 (= Adolf Harnack, *Kleine Schriften zur Alten Kirche. Berliner Akademieschriften 1890–1907*, 2 Bde., Leipzig 1980, Bd. 1, 1–4, hier 3).

65 Zitiert nach Rebenich, Theodor Mommsen und Adolf Harnack (wie Anm. 62), 147.

66 Vgl. ebd. 164.

67 Vgl. Agnes von Zahn-Harnack, *Adolf von Harnack*, Berlin 1936, 370.

68 Vgl. Harnacks Brief an Mommsen vom 22. Oktober 1890, zitiert nach Rebenich, *Mommsen und Harnack* (wie Anm. 62), Nr. 12, 607.

69 Zitiert nach Rebenich, *Mommsen und Harnack* (wie Anm. 62), 253.

70 Wilamowitz, *Erinnerungen* (wie Anm. 50), 306.

71 Zum weiteren Schicksal der Materialsammlung vgl. Stefan Rebenich, Mommsen, Harnack und die Prosopographie der Spätantike, in: *Studia Patristica* 29, Leuven 1997, 109–118.

72 *Sitzungsberichte der Preußischen Akademie der Wissenschaften* 1882, 723. Zum Folgenden vgl. Stefan Rebenich, »Mommsen ist er niemals näher getreten«. Theodor Mommsen und Hermann Diels, in: William M. Calder III.; Jaap Mansfeld (Hg.), *Hermann Diels (1848–1922) et la science de l'Antiquité*, Genf/Vandoeuvres 1999, 85–142, hier 112–130. Die in diesem Band versammelten Beiträge sind grundlegend für die Rekonstruktion von Diels' Biographie und Werk.

73 Vgl. Kirsten, *Altertumswissenschaften* (wie Anm. 27), 96.

74 So Diel in einem Brief an Mommsen vom 4. August 1881, zitiert nach Rebenich, Mommsen und Diels (wie Anm. 72), 113.
75 Vgl. Stefan Rebenich, Theodor Mommsen und Heinrich von Treitschke, in: Stephan Leibfried et al. (Hg.), *Berlins wilde Energien. Porträts aus der Geschichte der Leibnizschen Wissenschaftsakademie*, Berlin 2015, 262–285 sowie Rebenich, *Mommsen und Harnack* (wie Anm. 62), 671–673. Offenbar wollte er sich auch den neuen Aufgaben nicht mehr stellen, die durch die Hermann und Elise geborene Heckmann Wentzel-Stiftung auf ihn als Sekretar zukamen (die 1894 zugunsten der Akademie der Wissenschaften eingerichtet worden war), wie er in einem Brief an Wolfgang Helbig vom 27. September 1895 betonte (freundliche Mitteilung von Peter Mommsen, 30. Oktober 2020).
76 Vgl. Dietrich Ehlers (Hg.), *Hermann Diels, Hermann Usener, Eduard Zeller. Briefwechsel*, 2 Bde., Berlin 1992, Bd. 1, Nr. 311, 500; Bd. 2, Nr. 102, 115; Maximilian Braun; William M. Calder III.; Dietrich Ehlers (Hg.), *Philology and Philosophy. The Letters of Hermann Diels to Theodor and Heinrich Gomperz (1871–1922)*, Hildesheim 1995, Nr. 88, 127; dies. (Hg.), *»Lieber Prinz«* (wie Anm. 49), Nr. 65, 111 f.
77 So Mommsen in einem Brief an Diels von Ende Mai 1900; zitiert nach Rebenich, *Mommsen und Diels* (wie Anm. 72), 119.
78 Vgl. Hermann Diels, Die Organisation der Wissenschaft, in: Paul Hinneberg (Hg.), *Kultur der Gegenwart*, Bd. 1.1, Berlin/Leipzig 1906, 591–650, hier 626.
79 Calder/Kirstein, *Briefwechsel Mommsen und Wilamowitz* (wie Anm. 60), Nr. 65, 114.
80 Ebd. Nr. 417, 667.
81 Theodor Mommsen, Antwort auf die Antwortrede von Adolf Harnack (1890), zitiert nach Mommsen, *Reden und Aufsätze* (wie Anm. 6), 209.
82 Harnack, *Geschichte der Königlich Preußischen Akademie der Wissenschaften* (wie Anm. 1). Zu Harnacks Akademiegeschichte vgl. Kurt Nowak in *Harnack als Zeitgenosse* (wie Anm. 31), Bd. 1, 50–52.
83 Zu Carl Schmidt vgl. Rebenich, *Mommsen und Harnack* (wie Anm. 62), 210–223; zu Dessau vgl. Manfred G. Schmidt (Hg.), *Hermann Dessau (1856–1931). Zum 150. Geburtstag des Berliner Althistorikers und Epigraphikers*, Berlin/New York 2009 und Wannack, *Hermann Dessau* (wie Anm. 35).
84 Vgl. Ulrich Schindel, Friedrich Freiherr von Hiller von Gaertringen, in: *NDB* 9, 1972, 155 f. sowie Klaus Hallof, Bibliographie Friedrich Freiherr Hiller von Gaertringen, in: *Klio* 69, 1987, 573–598.
85 Vgl. Wilamowitz, *Erinnerungen* (wie Anm. 50), 309.
86 Vgl. Rebenich, *Mommsen und Harnack* (wie Anm. 62), 537–555; Rüdiger vom Bruch, Adolf Harnack und Wilhelm II., in: Kurt Nowak; Otto Gerhard Oexle (Hg.), *Adolf von Harnack. Theologe, Historiker, Wissenschaftspolitiker*, Göttingen 2001, 23–37 und Christian Nottmeier, *Adolf von Harnack und die deutsche Politik 1890–1930*, Tübingen ²2017, 233–377.

6. AKTEURE: THEODOR MOMMSEN, ULRICH VON WILAMOWITZ-MOELLENDORFF UND ADOLF HARNACK

* Vgl. hierzu v. a. »Der alte Meergreis, die Rose von Jericho und ein höchst vortrefflicher Schwiegersohn: Mommsen, Harnack und Wilamowitz«, in: Kurt Nowak; Otto Gerhard Oexle (Hg.), *Adolf von Harnack. Theologe, Historiker, Wissenschaftspolitiker*, Göttingen 2001, 39–69 und »Orbis Romanus. Deutungen der römischen Geschichte im Zeitalter des Historismus«, in: Kurt Nowak et al. (Hg.), *Adolf von Harnack. Christentum, Wissenschaft und Gesellschaft*, Göttingen 2003, 29–49 sowie »Theodor Mommsen und das Verhältnis von Alter Geschichte und Patristik«, in: Reinhart Herzog; Jacques Fontaine; Karla Pollmann (Hg.), *Patristique et Antiquité tardive en France et en Allemagne*

de 1870 à 1930. Influence et échanges, Paris 1993, 131–154; »Theodor Mommsen, die deutschen Professoren und die Revolution von 1848«, in: Alexander Demandt; Andreas Goltz; Heinrich Schlange-Schöningen (Hg.), *Theodor Mommsen. Wissenschaft und Politik im 19. Jahrhundert*, Berlin/New York 2005, 13–35 und »›Unser Werk lobt keinen Meister‹. Theodor Mommsen und die Wissenschaft vom Altertum«, in: Josef Wiesehöfer (Hg.), *Theodor Mommsen: Gelehrter, Politiker und Literat*, Stuttgart 2005, 185–205.

1 Suet. Div. Jul. 19,2: *ac societatem cum utroque iniit, ne quid ageretur in re publica, quod displicuisset ulli e tribus.*
2 Werner Jaeger, Die klassische Philologie an der Universität Berlin von 1870–1945, in: *Studium Berolinense. Aufsätze und Beiträge zu Problemen der Wissenschaft und zur Geschichte der Friedrich-Wilhelms-Universität zu Berlin*, Berlin 1960, Bd. 2, 459–485, hier 470.
3 Zu Theodor Mommsen vgl. neben Alfred Heuß, *Theodor Mommsen und das 19. Jahrhundert*, Kiel 1956 (Stuttgart ²1996) und Lothar Wickert, *Theodor Mommsen. Eine Biographie*, 4 Bde., Frankfurt a. M. 1959–1980 v. a. Alexander Demandt et al. (Hg.), *Theodor Mommsen. Wissenschaft und Politik im 19. Jahrhundert*, Berlin/New York 2005; Hans-Markus von Kaenel, *Theodor Mommsen in den Bildmedien. Zur visuellen Wahrnehmung einer großen Persönlichkeit des 19. Jahrhunderts*, Bonn 2018; ders. et al. (Hg.), *Geldgeschichte versus Numismatik. Theodor Mommsen und die antike Münze*, Berlin 2004; Wilfried Nippel (Hg.), *Wenn Tore aus der Geschichte falsche Schlüsse ziehen. Ein Theodor-Mommsen-Lesebuch*, München 2017; Stefan Rebenich, *Theodor Mommsen und Adolf Harnack. Wissenschaft und Politik im Berlin des ausgehenden 19. Jahrhunderts*, Berlin/New York 1997; ders., *Theodor Mommsen. Eine Biographie*, München ²2007 und Josef Wiesehöfer (Hg.), *Theodor Mommsen: Gelehrter, Politiker und Literat*, Stuttgart 2005.
4 Vgl. hierzu Wilfried Nippel; Bernd Seidensticker (Hg.), *Theodor Mommsens langer Schatten. Das römische Staatsrecht als bleibende Herausforderung für die Forschung*, Hildesheim 2005; Iole Fargnoli; Stefan Rebenich (Hg.), *Theodor Mommsen und die Bedeutung des Römischen Rechts*, Berlin 2013 sowie die Neuausgabe: *Theodor Mommsen. Römisches Staatsrecht. Mit einer Einführung von Stefan Rebenich*, 3 Bde., Darmstadt 2017.
5 Karsten Krieger, *Der »Berliner Antisemitismusstreit« 1879–1881. Eine Kontroverse um die Zugehörigkeit der deutschen Juden zur Nation. Kommentierte Quellenedition*, 2 Bde., München 2003, 704, Nr. 91; Theodor Mommsen, *Reden und Aufsätze*, Berlin 1905, 419 f.
6 Eine moderne Biographie fehlt. Die Vita, die der Klassische Philologe Otto Kern (1863–1942) unter Anführung wichtiger Zeugnisse vorlegen wollte, blieb unvollendet, ist unveröffentlicht und genügt nicht kritischen Ansprüchen. Vgl. Manfred Landfester, Ulrich von Wilamowitz-Moellendorff und die hermeneutische Tradition des 19. Jahrhunderts, in: Hellmut Flashar; Karlfried Gründer; Axel Horstmann (Hg.), *Philologie und Hermeneutik im 19. Jahrhundert. Zur Geschichte und Methodologie der Geisteswissenschaften*, Göttingen 1979, 156–180; William M. Calder III. et al. (Hg.), *Wilamowitz nach 50 Jahren*, Darmstadt 1985; Włodzimierz Appel (Hg.), *»Origine Cujavus«. Beiträge zur Tagung anläßlich des 150. Geburtstags Ulrich von Wilamowitz-Moellendorffs (1848–1931)*, Toruń 1999; William M. Calder III. et al. (Hg.), *Wilamowitz in Greifswald*, Hildesheim 2000; Ingo Gildenhard; Martin Ruehl (Hg.), *Out of Arcadia. Classics and Politics in Germany in the Age of Burckhardt, Nietzsche and Wilamowitz*, London 2003; Robert Norton, Wilamowitz at War, in: *International Journal of the Classical Tradition* 15.1, 2008, 74–97; Martin Hose, »... und Pflicht geht vor Neigung«. Ulrich von Wilamowitz-Moellendorff und das Leiden am Großbetrieb der Wissenschaft. Die Entwicklung der Altertumswissenschaften an Akademie und Universität im Berlin des 19. Jahrhunderts, in: Annette M. Baertschi; Colin G. King (Hg.), *Die modernen Väter der Antike*, Berlin 2009,

445–480; Josefine Kitzbichler; Katja Lubitz; Nina Mindt, *Theorie der Übersetzung antiker Literatur in Deutschland seit 1800*, Berlin 2009, 196–235; Walther Ludwig, Ulrich von Wilamowitz-Moellendorffs unbekannte Vorlesung »Einleitung in die Philologie«, in: *Studien zur Philologie und Musikwissenschaft*, Berlin 2009, S. 53–102; William M. Calder III., Ulrich von Wilamowitz-Moellendorff, in: *DNP Suppl.* 6, 2012, 1312–1317; Jonas Flöter, Ulrich von Wilamowitz-Moellendorff, Schulpforta und der Niedergang des neuhumanistischen Bildungsideals, in: Rudolf Bentzinger; Meinhold Vielberg (Hg.), *Wissenschaftliche Erziehung seit der Reformation: Vorbild Mitteldeutschland*, Stuttgart 2016, 179–192; Constanze Güthenke, *Feeling and Classical Philology. Knowing Antiquity in German Scholarship, 1770–1920*, Cambridge 2020, 162–193; Stefan Rebenich, Ulrich von Wilamowitz-Moellendorff, erscheint in: *Neue Deutsche Biographie* 28, 2023.

7   Vgl. Karlfried Gründer (Hg.), *Der Streit um Nietzsches »Geburt der Tragödie«: Die Schriften von E. Rohde, R. Wagner, U. von Wilamowitz-Moellendorff*, Hildesheim 1969 sowie Claudia Ungefehr-Kortus, Nietzsche-Wilamowitz-Kontroverse, in: *DNP 15/1*, 2001, 1062–1070; Markus Mülke (Hg.), *Wilamowitz und kein Ende*, Hildesheim 2003; Lutz Danneberg, Dissens, ad-personam-Invektiven und wissenschaftliches Ethos in der Philologie des 19. Jahrhunderts: Wilamowitz-Moellendorff contra Nietzsche, in: Ralf Klausnitzer; Carlos Spoerhase (Hg.), *Kontroversen in der Literaturtheorie / Literaturtheorie in der Kontroverse*, Berlin 2004, 241–282 und James I. Porter, »Don't Quote Me on That!«. Wilamowitz Contra Nietzsche in 1872 and 1873, in: *Journal of Nietzsche Studies* 42, 2011, 73–99.

8   Es fehlt auch eine kritischen Ansprüchen genügende Biographie Adolf Harnacks. Vgl. die Lebensbeschreibung seiner Tochter Agnes von Zahn-Harnack, *Adolf von Harnack*, Berlin 1936 (zur zweiten Auflage von 1951 vgl. Björn Biester, Kritische Notizen zu Agnes von Zahn-Harnacks »Adolf Harnack«, in: *Quaderni di storia* 27, 2001, 223–235) sowie Rebenich, *Mommsen und Harnack* (wie Anm. 3); Kurt Nowak (Hg.), *Adolf von Harnack als Zeitgenosse. Reden und Schriften aus den Jahren des Kaiserreichs und der Weimarer Republik*, 2 Bde.Berlin/New York 1996, Bd. 1, 1–99; Nowak/Oexle, *Adolf von Harnack* (wie Anm. *); Kurt Nowak et al. (Hg.), *Adolf von Harnack. Christentum, Wissenschaft und Gesellschaft*, Göttingen 2003; Wolfram Kinzig, *Harnack, Marcion und das Judentum*, Leipzig 2004; Christoph Markschies, Adolf von Harnack. Vom Großbetrieb der Wissenschaft, in: Baertschi/King, *Die modernen Väter der Antike* (wie Anm. 6), 529–553; Christian Nottmeier, *Adolf von Harnack und die deutsche Politik 1890–1930*, Tübingen ²2017; Claudia Kampmann, *Adolf Harnack zur »Frauenfrage«. Eine kirchengeschichtliche Studie*, Leipzig 2018. Zu Harnack als Wissenschaftspolitiker vgl. Bernhard Fabian (Hg.), *Adolf von Harnack. Wissenschaftspolitische Reden und Aufsätze*, Hildesheim 2001. Weitere Literatur bei Björn Biester, *Harnack-Bibliographie 1911–2002*, Erfurt/München 2002 und Wolfram Kinzig, Harnack heute. Neuere Forschungen zu seiner Biographie und dem »Wesen des Christentums«, in: *Theologische Literaturzeitung* 126, 2001, 473–500.

9   Adolf Harnack, *Rede bei der Begräbnisfeier Theodor Mommsens am 5. November 1905*, Leipzig 1903, zitiert nach Adolf Harnack, *Aus Wissenschaft und Leben* 2, Gießen 1911, 323–332 (= Nowak, *Harnack als Zeitgenosse* [wie Anm. 8], Bd. 2, 1530–1539), hier 326 (1533).

10 *Historische Zeitschrift* 64, 1890, 389–429 = Theodor Mommsen, *Gesammelte Schriften*, 8 Bde., Berlin 1905–1913, Bd. 3, 389–422.

11 *Sitzungsberichte der Preußischen Akademie der Wissenschaften* 1894, 497–503 = Mommsen, *Gesammelte Schriften* (wie Anm. 10), Bd. 3, 447–454.

12 *Zeitschrift für Neutestamentliche Wissenschaft und die Kunde der älteren Kirche* 2, 1901, 81–96 = Mommsen, *Gesammelte Schriften* (wie Anm. 10), Bd. 3, 341–446.

13 *Zeitschrift für Neutestamentliche Wissenschaft und die Kunde der älteren Kirche* 3, 1902, 198–205 =

Mommsen, *Gesammelte Schriften* (wie Anm. 10), Bd. 3, 423–430. Vgl. zudem »Papianisches«, in: *Zeitschrift für Neutestamentliche Wissenschaft und die Kunde der älteren Kirche* 3, 1902, 156–159 = Mommsen, *Gesammelte Schriften* (wie Anm. 10), Bd. 6, 566–569.

14 *Eugippii vita Severini*, MGH SSrg, Berlin 1898.
15 *Gestorum pontificum Romanorum I: Liber pontificalis, pars prior*, MGH Gest. pont. 1.1, Berlin 1899.
16 *Eusebius Werke. Zweiter Band. Die Kirchengeschichte*, hg. von Eduard Schwartz. Die lateinische Übersetzung des Rufinus bearb. v. Theodor Mommsen (Griechische Christliche Schriftsteller, Eusebius II 1–3), Leipzig 1903–1909.
17 Vgl. Ulrich von Wilamowitz-Moellendorff, *Erinnerungen 1848–1914*, Leipzig ²1929, 188–191.
18 *Zeitschrift für die Neutestamentliche Wissenschaft und die Kunde der älteren Kirche* 1, 1900, 101–105.
19 Ulrich von Wilamowitz-Moellendorff, *Griechisches Lesebuch*, Berlin 1926, Bd. 1.2, 343–363; 400–419 und Wilamowitz' Briefwechsel mit Adolf Jülicher bei William M. Calder III., *Further Letters of Ulrich von Wilamowitz-Moellendorff*, Hildesheim 1994, 59–73.
20 Niedersächsische Staats- und Landesbibliothek Göttingen, Nachlass Ulrich von Wilamowitz-Moellendorff: Brief vom 26. Dezember 1901. Die Edition der Korrespondenz zwischen Harnack und Wilamowitz wird zurzeit vorbereitet von Christoph Begass, Matthias Becker und Stefan Rebenich.
21 Vgl. Rebenich, *Mommsen und Harnack* (wie Anm. 3), 225 f.
22 William M. Calder III.; Bernhard Huß (Hg.), *»Sed serviendum officio ...« The Correspondence between Ulrich von Wilamowitz-Moellendorff and Eduard Norden (1892–1931)*, Hildesheim 1997, 171, Nr. 181; vgl. 183 f., Nr. 194 sowie William M. Calder III., *Studies in the Modern History of Classical Scholarship*, Neapel 1984, 155 mit Anm. 41.
23 Vgl. dazu Zahn-Harnack, *Adolf von Harnack* (wie Anm. 8), 227.
24 Zitiert nach Mommsen, *Reden und Aufsätze* (wie Anm. 5), 208–210 (= Adolf [von] Harnack, *Kleine Schriften zur Alten Kirche. Berliner Akademieschriften 1890–1907*, hg. von Jürgen Dummer, 2 Bde., Leipzig 1980, Bd. 1, 4 f.; Nowak, *Harnack als Zeitgenosse* [wie Anm. 8], Bd. 2, 980–982), hier 209 (4 f. resp. 981).
25 Vgl. Adolf Harnack; Theodor Mommsen, Zu Apostelgesch. 28,16 (Στρατοπεδάρχης = Princeps peregrinorum), in: *Sitzungsberichte der Preußischen Akademie der Wissenschaften* 1895, 491–503 (= Harnack, *Kleine Schriften* [wie Anm. 24], Bd. 1, 234–246; Mommsen, *Gesammelte Schriften* [wie Anm. 10], Bd. 6, 546–554); Adolf Harnack; Theodor Mommsen, Der gefälschte Brief des Bischofs Theonas an den Oberkammerherrn Lucian, in: *Texte und Untersuchungen*, Neue Folge IX 3, Leipzig 1903, 93–117 (vgl. Mommsen, *Gesammelte Schriften* [wie Anm. 10], Bd. 6, 649–652). Harnack und Wilamowitz kooperierten bei der Edition der Fragmente von Porphyrius »Gegen die Christen«, vgl. Harnack, *Kleine Schriften* (wie Anm. 24), Bd. 2, 463 sowie Jürgen Dummer, Ulrich von Wilamowitz-Moellendorff und die Kirchenväterkommission der Berliner Akademie, in: *Studia Byzantina* 2, 1973, 351–387, hier 353.
26 Patrick Saint-Roch (Hg.), *Correspondance de Giovanni Battista de Rossi et de Louis Duchesne (1873–1894)*, Rom 1995, 688, Nr. 559 (Brief vom 13.11.1892): »Il entre dans l'érudition ecclésiastique comme un rhinocéros dans un champ de vigne, écrasant à droite et à gauche, sans s'émouvoir du dégat.«
27 Zahn-Harnack, *Adolf von Harnack* (wie Anm. 8), 204 Anm. 1.
28 Hierzu grundlegend Albert Henrichs, ›Der Glaube der Hellenen‹: Religionsgeschichte als Glaubensbekenntnis und Kulturkritik, in: Calder, *Wilamowitz nach 50 Jahren* (wie Anm. 6), 263–305.
29 Vgl. Ulrich von Wilamowitz-Moellendorff, *Reden und Vorträge*, 2 Bde., Berlin ⁴1925–26 (ND in

einem Band Dublin/Zürich 1967), Bd. 2, 1–17, bes. 4 sowie Eduard Norden, *Die antike Kunstprosa vom VI. Jahrhundert v. Chr. bis in die Zeit der Renaissance*, Bd. 2, Leipzig/Berlin ²1909, 452 mit Anm. 1.
30 Wilamowitz, *Erinnerungen* (wie Anm. 17), 82.
31 Franz Overbeck, *Christentum und Kultur. Gedanken und Anmerkungen zur modernen Theologie*, Basel 1919 (ND Darmstadt 1973), 192–195, hier 194.
32 Vgl. Adolf Harnack, *Aus Wissenschaft und Leben*, Bd. 2, Gießen 1911, 1–22.
33 Dummer, *Wilamowitz* (wie Anm. 25), 362, Nr. III; vgl. ebd. 377, Nr. XI: »Am Ende wird die Reihe der altchristlichen Texte doch eine Etappe in der Geschichte der Wissenschaft sein, und manche Schriften brauchen 300 Jahre nicht neu gedruckt zu werden.«
34 Den Begriff benutzte Harnack zum ersten Mal für die christliche Literatur bis auf Eusebius in seinem Bericht über die Tätigkeit für die Jahre 1891 bis 1915, vgl. *Sitzungsberichte der Preußischen Akademie der Wissenschaften* 1916, 104–112, hier 105 (= Harnack, *Kleine Schriften* [wie Anm. 24] Bd. 1, 349; Nowak, *Harnack als Zeitgenosse* [wie Anm. 8], Bd. 2, 1079); vgl. hierzu Jürgen Dummer in: Harnack, *Kleine Schriften* (wie Anm. 24) Bd. 1, XI mit Anm. 58.
35 So in einem Brief an Wilamowitz vom 30. März 1916 im Zusammenhang mit der Edition der Fragmente der Schrift »Gegen die Christen« des Porphyrius; Niedersächsische Staats- und Landesbibliothek Göttingen, Nachlass Ulrich von Wilamowitz-Moellendorff.
36 Vgl. bes. Franz Overbeck, Über die Anfänge der patristischen Literatur, in: *Historische Zeitschrift* 48, 1882, 417–472 (Einzelveröffentlichung Darmstadt 1954).
37 Ulrich von Wilamowitz-Moellendorff, Die griechische Literatur des Altertums, in: *Die griechische und lateinische Literatur und Sprache*, Leipzig/Berlin ³1912, 232 f.; 262–279; 292–297 u. ö.
38 Noch 1927, als Harnack in öffentlicher Sitzung über die Kirchenväterausgabe der Akademie Bericht erstattete, definierte er die altchristliche Literaturgeschichte als Dokumentengeschichte, »wie die Literaturgeschichte des römischen Rechts oder die Literaturgeschichte der griechischen Philosophie« (Adolf Harnack, Die Ausgabe der griechischen Kirchenväter der drei ersten Jahrhunderte [1916–1921], in: *Sitzungsberichte der Preußischen Akademie der Wissenschaften* 1927, XXVI–XXX, hier XXVII (= Harnack, *Kleine Schriften* [wie Anm. 24], Bd. 2, 358; Nowak, *Harnack als Zeitgenosse* [wie Anm. 8], Bd. 2, 1128).
39 Vgl. Dummer, *Wilamowitz* (wie Anm. 25), 361 f., Nr. II und das Original des Briefes von Harnack vom 7. Mai 1897 in der Niedersächsischen Staats- und Landesbibliothek Göttingen, Nachlass Ulrich von Wilamowitz-Moellendorff.
40 Vgl. seinen Brief an Hans Lietzmann vom 13. Juli 1906 in: Kurt Aland (Hg.), *Glanz und Niedergang der deutschen Universität. 50 Jahre deutscher Wissenschaftsgeschichte in Briefen an und von Hans Lietzmann (1892–1942)*, Berlin/New York 1979, 239 f., Nr. 137.
41 Vgl. die Wendung in Harnacks Brief an Wilamowitz vom 8. Mai 1897 (Dummer, *Wilamowitz* [wie Anm. 25], 361).
42 Vgl. Friedhelm Winkelmann, Ivar August Heikels Korrespondenz mit Hermann Diels, Adolf Harnack und Ulrich von Wilamowitz-Moellendorff, in: *Klio* 67, 1985, 568–587 sowie Wilamowitz, *Erinnerungen* (wie Anm. 17), 226.
43 Dietrich Ehlers (Hg.), *Hermann Diels; Hermann Usener; Eduard Zeller. Briefwechsel*, 2 Bde., Berlin 1992, Bd. 1, 443, Nr. 266; vgl. ebd. 456, Nr. 277 (Useners Brief vom 21. Februar 1893) sowie Zahn-Harnack, *Adolf von Harnack* (wie Anm. 8), 262: »Für die Philologen war es ein unwillkommener Zustand, dass ein Theologe an der Spitze eines Unternehmens stand, welches hauptsächlich mit den Mitteln der philologischen Wissenschaft zu arbeiten hatte.«

44 Brief an Adolf Jülicher vom 5. April 1889; Universitätsbibliothek Marburg, Nachlass Adolf Jülicher, MS. 695/381.
45 Vgl. Aland, *Glanz und Niedergang* (wie Anm. 40), 268, Nr. 179; Eduard Schwartz, Rede auf Hermann Usener, in: *Nachrichten von der Königlichen Gesellschaft der Wissenschaften zu Göttingen. Geschäftliche Mitteilungen* 1906, 1–14, zitiert nach ders., *Gesammelte Schriften*, Bd. 1, Berlin 1938, 301–315, hier 312 f.; Zahn-Harnack, *Adolf von Harnack* (wie Anm. 8), 263.
46 Brief an Jülicher vom 5. April 1889; Universitätsbibliothek Marburg, Nachlass Adolf Jülicher, MS. 695/382.
47 Ehlers, *Diels-Usener-Zeller* (wie Anm. 43), Bd. 1, 443, Nr. 266. Useners Einwand richtete sich gegen Adolf Harnack, *Bruchstücke des Evangeliums und der Apokalypse des Petrus, Texte und Untersuchungen* IX 2, Leipzig 1893, 9, § 14, wo sich allerdings die richtige Verbform (σκελοκοπηθῇ) findet, denn Usener hatte an Harnack gleich nach dem Empfang des Manuskriptes geschrieben, »um ihm einige Berichtigungen zu geben« (a. a. O.) und auf die fehlerhafte Lesung σκελοκοφθῇ hingewiesen.
48 Brief an Martin Rade vom 5. Dezember 1912; Johanna Jantsch (Hg.), *Der Briefwechsel zwischen Adolf von Harnack und Martin Rade. Theologie auf dem öffentlichen Markt*, Berlin/New York 1996, 444, Nr. 261.
49 Vgl. Zahn-Harnack, *Adolf von Harnack* (wie Anm. 8), 263.
50 William M. Calder III.; Robert Kirstein (Hg.), *»Aus dem Freund ein Sohn«. Theodor Mommsen und Ulrich von Wilamowitz-Moellendorff. Briefwechsel 1872–1903*, 2 Bde., Hildesheim 2003, 374, Nr. 289.
51 Ebd. 374, Nr. 289 (Brief vom 12. Mai 1889).
52 Vgl. *Theologische Literaturzeitung* 14, 1889, 199–212.
53 Jantsch, *Harnack-Rade* (wie Anm. 48), 659, Nr. 471 (Brief vom 30. August 1910); zu Harnacks Einschätzung der Religionswissenschaft vgl. ebd. 96 f. mit weiterer Literatur.
54 Vgl. Rebenich, *Mommsen und Harnack* (wie Anm. 3), 190–198.
55 William M. Calder III., *Ulrich von Wilamowitz-Moellendorff. Selected Correspondence 1869–1931*, Neapel 1983, 211 (Brief vom 15. Dezember 1928). Zum Hintergrund vgl. Rebenich, *Mommsen und Harnack* (wie Anm. 3), 198–210.
56 Vgl. Wilamowitz' Brief an Eduard Schwartz vom 15. November 1901, zitiert nach William M. Calder III.; Robert L. Fowler (Hg.), *The Preserved Letters of Ulrich von Wilamowitz-Moellendorff to Eduard Schwartz*, München 1986, 31.
57 Vgl. Wilamowitz' Brief an Eduard Schwartz vom 10. Mai 1904; ebd. 57.
58 Rebenich, *Mommsen und Harnack* (wie Anm. 3), 900, Nr. 230.
59 Wilamowitz, *Erinnerungen* (wie Anm. 17), 306.
60 Vgl. Rebenich, *Mommsen und Harnack* (wie Anm. 3), 901, Nr. 230.
61 Vgl. Adolf Harnack, *Eine bisher nicht erkannte Schrift des Papstes Sixtus II. vom Jahre 257/8, Texte und Untersuchungen* XIII 1, Leipzig 1895, 1–70. Die Abhandlung ist Mommsen als »Zeichen der herzlichen Verehrung« gewidmet – und aus Dank für alles, was Harnack aus Mommsens Arbeiten und von seiner »Arbeitsweise gelernt und im persönlichen Verkehr empfangen« habe.
62 Vgl. Rebenich, *Mommsen und Harnack* (wie Anm. 3), 657, Nr. 45.
63 Hierzu ist grundlegend Jürgen Malitz, Theodor Mommsen und Wilamowitz, in: Calder, *Wilamowitz nach 50 Jahren* (wie Anm. 6), 31–55.
64 Euripides, *Hippolytos*. Griechisch und deutsch von Ulrich von Wilamowitz-Moellendorff, Berlin 1891; vgl. Calder/Kirstein, *Briefwechsel Mommsen und Wilamowitz* (wie Anm. 50), 426–429, Nr. 343 sowie Calder, *Studies* (wie Anm. 22), 172–175.

65 Vgl. Karl Christ, »... die schwere Ungerechtigkeit gegen Augustus«. Augustus, Mommsen und Wilamowitz, in: *Tria corda. Scritti in onore di Arnaldo Momigliano*, Como 1983, 89–100.
66 Vgl. Calder, *Selected Correspondence* (wie Anm. 55), 184 und Calder/Fowler, *Wilamowitz-Schwartz* (wie Anm. 56), 31.
67 Vgl. Calder, *Studies* (wie Anm. 22), 158 Anm. 74.
68 Calder, *Studies* (wie Anm. 22), 147–164, hier 159: perhorrui in eo impotentia et vini et linguae et ambitionis.
69 So lautet eine Formulierung Werner Jaegers, vgl. Calder, *Selected Correspondence* (wie Anm. 55), 185 Anm. 105.
70 Vgl. William M. Calder III., Die Rolle Friedrich Althoffs bei den Berufungen von Ulrich von Wilamowitz-Moellendorff, in: Bernhard vom Brocke (Hg.), *Wissenschaftsgeschichte und Wissenschaftspolitik im Industriezeitalter. Das »System Althoff« in historischer Perspektive*, Hildesheim 1991, 251–266.
71 Eduard Schwartz, Ulrich von Wilamowitz-Moellendorff, in: *Jahrbuch der Bayerischen Akademie der Wissenschaften* 1932, 29–41; zitiert nach Eduard Schwartz, *Gesammelte Schriften*, Bd. 1, Berlin 1938, 368–382, hier 374.
72 So eine spätere Notiz von Emil Jacobs in der Staatsbibliothek zu Berlin – Preußischer Kulturbesitz, Nachlass Emil Jacobs Nr. 61.
73 Vgl. Calder/Kirstein, *Briefwechsel Mommsen und Wilamowitz* (wie Anm. 50), 488, Nr. 288.
74 Vgl. Wilamowitz, *Erinnerungen* (wie Anm. 17), 246.
75 Vgl. Calder, *Selected Correspondence* (wie Anm. 55), 185 Anm. 105.
76 Universitätsbibliothek Marburg, Nachlass Adolf Jülicher, MS. 695/382: Brief vom 5. April 1889.
77 Niedersächsische Staats- und Landesbibliothek Göttingen, Nachlass Ulrich von Wilamowitz-Moellendorff: Brief vom 8. Dezember 1897.
78 Calder/Kirstein, *Briefwechsel Mommsen und Wilamowitz* (wie Anm. 50), 114, Nr. 65.
79 Ebd. 643, Nr. 396.
80 Ulrich von Wilamowitz-Moellendorff, Theodor Mommsen [1917], zitiert nach: ders., *Kleine Schriften*, Bd. 6, Berlin/Amsterdam 1972, 18–28, hier 27 f.
81 Vgl. Maximilian Braun; William M. Calder III.; Dietrich Ehlers (Hg.), *»Lieber Prinz«. Der Briefwechsel zwischen Hermann Diels und Ulrich von Wilamowitz-Moellendorff (1869–1921)*, Hildesheim 1995, 232 und Calder/Fowler, *Wilamowitz-Schwartz* (wie Anm. 56), 59 mit Anm. 266.
82 Theodor Mommsen, Antwort auf die Antwortrede von Adolf Harnack (1890), zitiert nach Mommsen, *Reden und Aufsätze* (wie Anm. 5), 208–210, hier 209 (= Harnack, *Kleine Schriften* [wie Anm. 24], Bd. 1, 5; Nowak, *Harnack als Zeitgenosse* [wie Anm. 8], Bd. 2, 981).
83 Vgl. Christa Kirsten (Hg.), *Die Altertumswissenschaften an der Berliner Akademie. Wahlvorschläge zur Aufnahme von Mitgliedern von F. A. Wolf bis zu G. Rodenwaldt 1799–1932*, Berlin 1985, 115 ff., Nr. 33
84 Calder/Fowler, *Wilamowitz-Schwartz* (wie Anm. 56), 30.
85 Vgl. Calder, *Selected Correspondence* (wie Anm. 55), 184.
86 Vgl. zu Mommsens politischer Biographie auch Gangolf Hübinger, *Theodor Mommsen und das Kaiserreich*, Friedrichsruh 2003.
87 Vgl. Wilamowitz, *Erinnerungen* (wie Anm. 17), 59 und 84 sowie Calder, *Studies* (wie Anm. 22) 134 und 139 f.
88 Rebenich, *Mommsen und Harnack* (wie Anm. 3), 857, Nr. 198.
89 Vgl. Wickert, *Mommsen* (wie Anm. 3), Bd. 4, 92 sowie Wilamowitz, *Erinnerungen* (wie Anm. 17), 213.
90 Martin Doerry, *Übergangsmenschen. Die Mentalität der Wilhelminer und die Krise des Kaiserreichs*, 2 Bde., Weinheim/München 1986.

ANMERKUNGEN

91 Zur historischen Einordnung ist grundlegend Rüdiger vom Bruch, *Wissenschaft, Politik und öffentliche Meinung. Gelehrtenpolitik im Wilhelminischen Deutschland (1890–1914)*, Husum 1980.

92 Bernhard vom Brocke, ›Wissenschaft und Militarismus‹. Der Aufruf der 93 ›An die Kulturwelt!‹ und der Zusammenbruch der Internationalen Gelehrtenrepublik im Ersten Weltkrieg, in: Calder, *Wilamowitz nach 50 Jahren* (wie Anm. 6), 649–719, hier 659 f.

93 Vgl. hierzu auch Zahn-Harnack, *Adolf von Harnack* (wie Anm. 8), 443, die den Stiftungstag der Universität am 3. August 1914 beschreibt. Als die Studenten gemeinsam das Deutschlandlied sangen, stimmten die Professoren mit ein; unter ihnen waren Harnack und Wilamowitz, über dessen »fein gemeißeltes Gesicht, während er sang, die schweren Tränen rollten …«.

94 Vgl. hierzu und zum Folgenden besonders Nottmeier, *Adolf von Harnack* (wie Anm. 8), 378–461 sowie vom Brocke, *Wissenschaft und Militarismus* (wie Anm. 92); Jantsch, *Harnack-Rade* (wie Anm. 48), 105–121 und Jürgen und Wolfgang von Ungern-Sternberg, *Der Aufruf ›An die Kulturwelt!‹. Das Manifest der 93 und die Anfänge der Kriegspropaganda im Ersten Weltkrieg*, Stuttgart ²2013.

95 So lautete eine Wendung Harnacks, die er – rückblickend – in einem Brief an Wilhelm Stapel aus dem Jahr 1925 benutzte, vgl. Zahn-Harnack, *Adolf von Harnack* (wie Anm. 8), 483. Hierzu allg. Nottmeier, *Adolf von Harnack* (wie Anm. 8), 462–514 mit weiterer Literatur.

96 Wilamowitz, *Erinnerungen* (wie Anm. 17), 11; vgl. Gilbert Murray, Memories of Wilamowitz, in: *Antike und Abendland* 4, 1954, 9–15, hier 14.

97 Vgl. Aland, *Glanz und Niedergang* (wie Anm. 40), 408, Nr. 413.

98 Vgl. Rebenich, *Mommsen und Harnack* (wie Anm. 3), 549–555.

99 Vgl. Calder/Fowler, *Wilamowitz-Schwartz* (wie Anm. 56), 94 und 97 f.; Calder, *Selected Correspondence* (wie Anm. 55), 15).

100 Zahn-Harnack, *Adolf von Harnack* (wie Anm. 8), 265.

101 Vgl. Harnacks Skizze zu Mommsens 100. Geburtstag in: Rebenich, *Mommsen und Harnack* (wie Anm. 3), 997, Nr. 300.

102 Vgl. Harnack, *Mommsen* (wie Anm. 9), 331 (1538); Zahn-Harnack, *Adolf von Harnack* (wie Anm. 8), 562 Anm. 1.

103 Vgl. Theodor Gomperz, *Ein Gelehrtenleben im Bürgertum der Franz-Josefs-Zeit. Auswahl seiner Briefe und Aufzeichnungen, 1869–1912*, erl. u. zu einer Darstellung seines Lebens verknüpft v. Heinrich Gomperz, neubearb. u. hg. v. Robert A. Kann, SB der Österreichischen Akad. d. Wiss., phil.-hist. Kl., 295. Bd., Wien 1974, 366.

104 Theodor Mommsen, *Römische Kaisergeschichte*. Nach den Vorlesungsmitschriften von Sebastian und Paul Hensel hg. von Barbara und Alexander Demandt, München ²2005, 532.

105 Vgl. Hom. Od. 4, 349. 384: γέρων ἅλιος.

106 Zahn-Harnack, *Adolf von Harnack* (wie Anm. 8), 266; vgl. Agnes von Zahn-Harnack, Mommsen und Harnack, in: *Die neue Zeitung*, Jg. 6, Nr. 81, 5. April 1950, 2, zitiert nach Albert Wucher, *Theodor Mommsen. Geschichtsschreibung und Politik*, Göttingen ²1968, 144: »Mommsen erfuhr in der geistigen Gemeinschaft mit Harnack, was die Theologie als Wissenschaft bedeutet. Er gestand in drastischer Form, dass ihm das bisher noch nicht begegnet sei. Er sah Harnack als einen tiefreligiösen Charakter und zugleich als einen Forscher, dem es darum ging, die historischen Grundlagen des Christentums vorurteilslos zu erkennen.«

107 Adolf Harnack, Vom Großbetrieb der Wissenschaft, in: *Preußische Jahrbücher* 119, 1905, 193–201 (= ders., *Aus Wissenschaft und Leben*, Bd. 1, Gießen 1911, 10–20; Nowak, *Harnack als Zeitgenosse* [wie Anm. 8], Bd. 2, 1009–1019).

7. POLITIK FÜR DIE ALTERTUMSWISSENSCHAFTEN: FRIEDRICH ALTHOFF

* Grundlegend für dieses Kapitel ist der von Gisa Franke und mir herausgegebene Briefwechsel zwischen Theodor Mommsen und Friedrich Althoff: *Theodor Mommsen und Friedrich Althoff. Briefwechsel 1882–1903*, München 2012; darüber hinaus sei verwiesen auf »›Unser Universitätsregiment ist freilich ein schlimmes Ding.‹ Wissenschaft und Politik im Deutschen Kaiserreich«, in: *Akademie Aktuell* 4, 2011, 14–17; »Theodor Mommsen – Der Wissenschaftsorganisator«, in: Andreas Fahrmeir (Hg.), *Deutschland – Globalgeschichte einer Nation*, München 2020, 445–449 und v.a. »Wissenschaftspolitik in Briefen: Althoff, Mommsen und Harnack«, in: Matthias Berg; Helmut Neuhaus (Hg.), *Briefkultur(en) in der deutschen Geschichtswissenschaft zwischen dem 19. und 21. Jahrhundert*, München 2020, 59–78.

1 Zum preußischen Kultusministerium vgl. Wolfgang Neugebauer (Hg.), *Acta Borussica*, Neue Folge. 2. Reihe: *Preußen als Kulturstaat*. Abt. I: *Das preußische Kultusministerium als Staatsbehörde und gesellschaftliche Agentur (1817–1934)*. Bd. 1: *Die Behörde und ihr höheres Personal*, 2 Bde., Berlin 2009; Bd. 2: *Das Kultusministerium auf seinen Wirkungsfeldern Schule, Wissenschaft, Kirchen, Künste und Medizinalwesen*, Berlin 2010; vgl. Bärbel Holtz; Wolfgang Neugebauer (Hg.), *Kulturstaat und Bürgergesellschaft. Preußen, Deutschland und Europa im 19. und frühen 20. Jahrhundert*, Berlin 2010 sowie Wolfgang Neugebauer, Preußen als Kulturstaat, in: *Forschungen zur Brandenburgischen und Preußischen Geschichte*, N. F. 17.2, 2007, 161–179.
2 Vgl. Wolfgang Neugebauer, Wissenschaftsautonomie und universitäre Geschichtswissenschaft im Preußen des 19. Jahrhunderts, in: Rüdiger vom Bruch (Hg.), *Die Berliner Universität im Kontext der deutschen Universitätslandschaft nach 1800, um 1860 und um 1900*, München 2010, 129–148; Jürgen Kaube, *Hegels Welt*, Berlin 2020, 472 und 502 f.
3 Eine modernen Ansprüchen genügende Biographie Althoffs ist nach wie vor ein Desiderat der Forschung. Noch immer unentbehrlich ist: Arnold Sachse, *Friedrich Althoff und sein Werk*, Berlin 1928. Mehrere grundlegende Untersuchungen zur Wissenschaftspolitik und Wissenschaftsorganisation in der Ära Althoff hat in neuerer Zeit Bernhard vom Brocke vorgelegt, vgl. bes. Bernhard vom Brocke, Hochschul- und Wissenschaftspolitik in Preußen und im Deutschen Kaiserreich 1882–1907: Das »System Althoff«, in: Peter Baumgart (Hg.), *Bildungspolitik in Preußen zur Zeit des Kaiserreichs*, Stuttgart 1980, 9–118 und ders. (Hg.), *Wissenschaftsgeschichte und Wissenschaftspolitik im Industriezeitalter. Das »System Althoff« in historischer Perspektive*, Hildesheim 1991.
4 Lujo Brentano, *Elsässer Erinnerungen*, Berlin 1918, 58.
5 Ebd. 60 f.
6 Sachse, *Friedrich Althoff* (wie Anm. 3), 79. Vgl. Verg. Aen. 6,853.
7 Max Weber, *Jugendbriefe*, Tübingen 1936, 371; vgl. Marianne Weber, *Max Weber. Ein Lebensbild. Mit einer Einleitung von G. Roth*, München 1989, 212 und Rüdiger vom Bruch, Max Webers Kritik am »System Althoff« in universitätsgeschichtlicher Perspektive, in: *Berliner Journal für Soziologie* 5, 1995, 313–326.
8 Vgl. Mommsens Brief an Wilamowitz. vom 25. Februar 1894, zitiert nach William M. Calder III.; Robert Kirstein (Hg.), *Mommsen und Wilamowitz. Briefwechsel 1872–1903*, 2 Bde., Hildesheim 2003, 637, Nr. 393.
9 Fritz Jonas, *Erinnerungen an Theodor Mommsen zu seinem hundertjährigen Geburtstage*, Berlin o. J. [1917], 36.
10 Vgl. Sachse, *Friedrich Althoff* (wie Anm. 3), 68.

11 Wilamowitz' Briefwechsel mit Althoff liegt in der Ausgabe von William M. Calder III.; Alexander Košenina (Hg.), Berufungspolitik innerhalb der Altertumswissenschaft im wilhelminischen Preußen. Die Briefe Ulrich von Wilamowitz-Moellendorffs an Friedrich Althoff (1883–1908), Frankfurt a. M. 1989, vor; vgl. hierzu das ausführliche Korreferat von Edgar Pack, Ulrich von Wilamowitz-Moellendorff, Friedrich Althoff e gli studi classici in Prussia nell'epoca guglielmina, in: Quaderni di Storia 33, 1991, 191–241 und 34, 1991, 235–284. Allerdings umfasst die Ausgabe nicht alle Gutachten und Briefe, die Wilamowitz an Althoff adressierte.

12 Zur bevorstehenden Edition der Korrespondenz Harnacks mit Althoff vgl. https://www.altekirchengeschichte.uni-bonn.de/forschung/briefwechsel-althoff-harnack [6.12.2020].

13 Vgl. hierzu Stefan Rebenich, »Geben Sie ihm eine gute Ermahnung mit auf den Weg und den Ordinarius.« Berufungspolitik und Schulbildung in der Alten Geschichte, in: Christian Hesse; Rainer Christoph Schwinges (Hg.), Professorinnen und Professoren gewinnen. Zur Geschichte des Berufungswesens an den Universitäten Mitteleuropas, Basel 2012, 353–372 sowie allg. Hartwin Spenkuch (Hg.), Preußische Universitätspolitik im Deutschen Kaiserreich. Dokumente zu Grundproblemen und ausgewählten Professorenberufungen in den Philosophischen Fakultäten zur Zeit Friedrich Althoffs (1897 bis 1907), Berlin/Boston 2018.

14 Vgl. hierzu Claudia Kampmann, Adolf Harnacks Beteiligung an der Schulreform 1900, in: Zeitschrift für Kirchengeschichte 129, 2018, 1–40; dies., Adolf Harnack zur »Frauenfrage«. Eine kirchengeschichtliche Studie, Leipzig 2018, 245–449.

15 Calder/Kirstein, Briefwechsel Mommsen und Wilamowitz (wie Anm. 8), 637, Nr. 393.

16 Vgl. Rebenich/Franke, Briefwechsel Mommsen und Althoff (wie Anm. *), 720, Nr. 565.

17 Calder/Kirstein, Briefwechsel Mommsen und Wilamowitz (wie Anm. 8), 669, Nr. 419.

18 Ebd. 637, Nr. 393.

19 Zitiert nach vom Brocke, Hochschulpolitik (wie Anm. 3), 115.

20 Vgl. Wilamowitz' Brief an Mommsen vom 25. Februar 1894, zitiert nach Calder/Kirstein Briefwechsel Mommsen und Wilamowitz (wie Anm. 8), Nr. 425, 676.

21 Rebenich/Franke, Briefwechsel Mommsen und Althoff (wie Anm. *), 720, Nr. 565.

22 Die Geschichte der Reichslimeskommission aufzuarbeiten ist ein Desiderat der wissenschaftsgeschichtlichen Forschung. Vgl. Reiner Braun, Die Geschichte der Reichs-Limes-Kommission und ihre Forschungen, in: Der römische Limes in Deutschland, Stuttgart 1992, 9–32; Egon Schallmayer u. a., Art. »Limes«, in: Reallexikon der Germanischen Altertumskunde 18, 2001, 403–442, 409 f. und ders.; Wolfgang Schmidt, Art. »Limes, Limesforschung«, in: Der Neue Pauly 15/1, 2001, 156–170 sowie Stefan Rebenich, »Die Urgeschichte unseres Vaterlandes.« Theodor Mommsen, die Reichslimeskommission und die Rolle der Archäologie bei der Konstruktion der deutschen Nationalgeschichte im 19. Jahrhundert, in: Michel Reddé; Siegmar von Schnurbein (Hg.), Alesia et la bataille du Teutoburg. Un parallèle critique des sources, Paris 2007, 105–120. Zum Limes vgl. kurz, aber prägnant Alexander Demandt, Grenzen. Geschichte und Gegenwart, Berlin 2020, 263–274.

23 Vgl. Rebenich/Franke, Briefwechsel Mommsen und Althoff (wie Anm. *), 400 f., Nr. 252 Anm. 1170.

24 Vgl. Theodor Mommsen, Römische Geschichte, Bde. 1–3 und 5, Berlin 1854–1856 und 1885 (^{9}1902–1904 und ^{5}1904), Bd. 5, 134.

25 Theodor Mommsen, Reden und Aufsätze, Berlin 1903, 347.

26 Rebenich/Franke, Briefwechsel Mommsen und Althoff (wie Anm. *), 491, Nr. 336.

27 Vgl. Otto Lyon, Der Kaiser über den deutschen Unterricht, in: Zeitschrift für den deutschen Unterricht 5, 1891, 81–87, hier 82 f.

28 Vgl. hierzu allg. Thomas Nipperdey, Nationalidee und Nationaldenkmal in Deutschland im 19. Jahrhundert, in: *Historische Zeitschrift* 206, 1968, 529–585; zitiert nach: ders., *Gesellschaft, Kultur, Theorie. Gesammelte Aufsätze zur neueren Geschichte*, Göttingen 1976, 133–173.
29 Vgl. Hans-Markus von Kaenel, *Theodor Mommsen in den Bildmedien. Zur visuellen Wahrnehmung einer großen Persönlichkeit des 19. Jahrhunderts*, Bonn 2018, 109–115.
30 Rebenich/Franke, *Briefwechsel Mommsen und Althoff* (wie Anm. *), 388, Nr. 251.
31 Ebd. 393, Nr. 251.
32 Vgl. ebd. 551 f., Nr. 405 Anm. 1808 sowie 404 f., Nr. 255.
33 Ebd. 481 f., Nr. 333.
34 Arnold Esch, Limesforschung und Geschichtsvereine. Romanismus und Germanismus, Dilettantismus und Facharchäologie in der Bodenforschung des 19. Jahrhunderts, in: Hartmut Boockmann (Hg.), *Geschichtswissenschaft und Vereinswesen im 19. Jahrhundert*, Göttingen 1972, 163–191, hier 188.
35 Vgl. ebd. 189.
36 Jürgen Hoika, Archäologie, Vorgeschichte, Urgeschichte, Frühgeschichte, Geschichte. Ein Beitrag zu Begriffsgeschichte und Zeitgeist, in: *Archäologische Informationen* 21/1, 1998, 51–86, hier 62 mit Anm. 29.
37 Rebenich/Franke, *Briefwechsel Mommsen und Althoff* (wie Anm. *), 530, Nr. 384.
38 Ebd. 533, Nr. 388.
39 Ebd. 551 f., Nr. 405 mit Anm. 1808 und Anm. 1810.
40 Vgl. Klaus von See, *Deutsche Germanen-Ideologie vom Humanismus bis zur Gegenwart*, Frankfurt a. M. 1970, 9 f.
41 Mommsen, *Geschichte*, Bd. 5 (wie Anm. 24), 154.
42 So der Titel eines Aufsatzes aus dem Jahr 1890, zitiert nach Mommsen, *Reden und Aufsätze* (wie Anm. 25), 344–350.
43 Vgl. Suzanne L. Marchand, *Down from Olympus. Archaeology and Philhellenism in Germany, 1750–1970*, Princeton 1996, 152–187.
44 Vgl. Julian Köck, *»Die Geschichte hat immer Recht«. Die Völkische Bewegung im Spiegel ihrer Geschichtsbilder*, Frankfurt a. M. 2015 sowie allg. Uwe Puschner, *Die völkische Bewegung im wilhelminischen Kaiserreich. Sprache, Rasse, Religion*, Darmstadt 2001.
45 Vgl. hier und zum Folgenden auch Martin Gierl, *Geschichte und Organisation. Institutionalisierung und Kommunikationsprozess am Beispiel der Wissenschaftsakademien um 1900*, Göttingen 2004.
46 Vgl. Wolfhart Unte, Wilamowitz als wissenschaftlicher Organisator, in: W. M. Calder (Hg.), *Wilamowitz nach 50 Jahren*, Darmstadt 1985, 720–770, hier 723–730 (= ders., *Heroen und Epigonen. Gelehrtenbiographien der klassischen Altertumswissenschaft im 19. und 20. Jahrhundert*, St. Katharinen 2003, 271–329, hier 275–282).
47 Otto Gradenwitz, Theodor Mommsen, in: *Zeitschrift der Savigny-Stiftung für Rechtsgeschichte. Romanistische Abteilung* 25, 1904, 1–31, hier 10.
48 Rebenich/Franke, *Briefwechsel Mommsen und Althoff* (wie Anm. *), 579 f., Nr. 431.
49 Ebd. 580, Nr. 431 sowie 581, Nr. 432.
50 Ebd. 616, Nr. 464.
51 Ebd. 645, Nr. 497.
52 Ebd. 650, Nr. 499.

418 ANMERKUNGEN

53 Vgl. ebd. 496 f., Nr. 344 mit Anm. 1559.
54 Vgl. Stefan Rebenich, »Mommsen ist er niemals näher getreten«. Theodor Mommsen und Hermann Diels, in: William M. Calder III.; Jaap Mansfeld (Hg.), *Hermann Diels (1848–1922) et la science de l'Antiquité*, Genf/Vandoeuvres 1999, 85–142, bes. 122–129.
55 Calder/Kirstein, *Briefwechsel Mommsen und Wilamowitz* (wie Anm. 8), 623, Nr. 384.
56 Vgl. Mommsens Brief an Diels vom 21. September 1893, in dem er über seine Unterredung mit Bücheler in Bonn berichtete (StBB-PK, Slg. Darmstaedter, Bl. 13–14 [Nl. Lothar Wickert: Hermann Diels, Bl. 4–5]).
57 Calder/Kirstein, *Briefwechsel Mommsen und Wilamowitz* (wie Anm. 8), 618, Nr. 379/80.
58 Rebenich/Franke, *Briefwechsel Mommsen und Althoff* (wie Anm. *), 685, Nr. 528.
59 Brief vom 28. (?) Oktober 1893 (StBB-PK, Slg. Darmstaedter, Bl. 17–18 [Nl. Lothar Wickert: Hermann Diels, Bl. 7–8]).
60 Vgl. Dietfried Krömer (Hg.), *Wie die Blätter am Baum, so wechseln die Wörter. 100 Jahre Thesaurus linguae Latinae*, Stuttgart/Leipzig 1995, 139–143.
61 Vgl. Rebenich/Franke, *Briefwechsel Mommsen und Althoff* (wie Anm. *), 690 f., Nr. 534.
62 Vgl. Diels' Brief an Mommsen vom 4. November 1893 (StBB-PK, Nl. Mommsen I: Hermann Diels, Bl. 52–53).
63 Vgl. Hans-Markus von Kaenel, Arbeitsteilung und internationale Kooperation in der antiken Numismatik? Der gescheiterte Versuch, das Corpus Nummorum der Kgl. Preußischen Akademie der Wissenschaften zu Berlin zu einem internationalen Akademieprojekt zu machen (1901), in: Ulrike Peter (Hg.), *stephanos nomismatikos. Festschrift Edith Schönert-Geiß*, Berlin 1998, 321–332 sowie ders., *Mommsen in den Bildmedien* (wie Anm. 29), 36–38.
64 Vgl. hierzu Stefan Rebenich, *Theodor Mommsen und Adolf Harnack. Wissenschaft und Politik im Berlin des ausgehenden 19. Jahrhunderts*, Berlin/New York 1997, 414–462.
65 Vgl. ebd. 857 f.; Nr. 199.
66 Ebd. 852, Nr. 193.
67 Ebd. 857, Nr. 199.
68 Rebenich/Franke, *Briefwechsel Mommsen und Althoff* (wie Anm. *), 367 f., Nr. 240.
69 Rebenich, *Mommsen und Harnack* (wie Anm. 64), 845, Nr. 188.
70 Ebd. 945, Nr. 262.
71 Rebenich/Franke, *Briefwechsel Mommsen und Althoff* (wie Anm. *), 845, Nr. 669; vgl. Rebenich, *Mommsen und Harnack* (wie Anm. 64), 943 f., Nr. 260 f.
72 Lujo Brentano, *Mein Leben im Kampf um die soziale Entwicklung Deutschlands*, Jena 1931, 225.
73 Gustav Schmoller, *Charakterbilder*, München 1913, 112–115.
74 Vgl. Rebenich, *Mommsen-Harnack* (wie Anm. 64), 408 f.

Übergänge in ein neues Zeitalter

8. Ordnung des Wissens: Das »Handbuch der klassischen Altertumswissenschaft«

* Der Beitrag fußt auf meiner Darstellung: *C.H.Beck 1763–2013. Der kulturwissenschaftliche Verlag und seine Geschichte*, München 2013, bes. 209–241. Vgl. auch: »Das ›Handbuch der klassischen Altertumswissenschaft‹: Enzyklopädisches Wissen im Zeitalter des Historismus«, in: *Hyperboreus* 21,

2015, 339–354 und »Personale Netzwerke und wissenschaftliche Normierung: Das ›Handbuch der klassischen Altertumswissenschaft‹«, in: Karl R. Krierer; Ina Friedmann (Hg.), *Netzwerke der Altertumswissenschaften im 19. Jahrhundert*, Wien 2016, 185–198.

1 Zu August Friedrich Pauly (1796–1845), der die nach ihm benannte Enzyklopädie bis zum dritten Band herausgab, vgl. Monika Balzert, Pauly, Gottlieb Wilhelm August von, in: *Neue Deutsche Biographie* 20, 2001, 136 f.

2 Vgl. Wolfhart Unte, Georg Wissowa (1859–1931) als Promotor der Klassischen Altertumswissenschaft [1999/2000], zitiert nach ders., *Heroen und Epigonen. Gelehrtenbiographien der klassischen Altertumswissenschaft im 19. und 20. Jahrhundert*, St. Katherinen 2003, 367–398, hier 383–394 sowie Carl Joachim Classen, »Vita brevis – ars longa«: Pauly's Beginnings and Wissowa-Kroll-Ziegler's Monumental Achievement, in: *Eikasmos* 21, 2010, S. 423–437.

3 Vgl. Karl Bernhard Stark, *Handbuch der Archäologie. Erster Band: Einleitender und grundlegender Teil. Erste Abteilung: Systematik und Geschichte der Archäologie der Kunst*, Leipzig 1880 (ND München 1969) sowie Tonio Hölscher; Reinhard Stupperich (Hg.), *Karl Bernhard Stark. Archäologie und Kunstgeschichte im 19. Jahrhundert*, Petersberg 2020.

4 Zu Iwan Müller (1830–1917) vgl. Joachim Gruber, Iwan von Müller, in: *Neue Deutsche Biographie* 18, 1997, 417.

5 Zu Wilhelm Windelband vgl. Reiner Wiehl, Die Heidelberger Tradition der Philosophie zwischen Kantianismus und Hegelianismus. Kuno Fischer, Wilhelm Windelband, Heinrich Rickert, in: *Semper Apertus. 600 Jahre Ruprecht-Karls-Universität Heidelberg 1386–1986*, Heidelberg 1986, 967–989 sowie Horst Gundlach, *Wilhelm Windelband und die Psychologie: Das Fach Philosophie und die Wissenschaft Psychologie im Deutschen Kaiserreich*, Heidelberg 2017.

6 Zu Robert Pöhlmann (1852–1914) vgl. Karl Christ, *Von Gibbon zu Rostovtzeff. Leben und Werk führender Althistoriker der Neuzeit*, Darmstadt ³1989, 201–247; ders., *Hellas. Griechische Geschichte und deutsche Wissenschaftsgeschichte*, München 1999, 125–148 und ders., *Klios Wandlungen. Die deutsche Althistorie vom Neuhumanismus bis zur Gegenwart*, München 2006, 30–32.

7 Robert Pöhlmann, *Grundriss der griechischen Geschichte nebst Quellenkunde*, München ³1906, V.

8 Vgl. ebd., 3–6.

9 Ebd., 9–11; 201.

10 Ebd., 204 f.

11 Zitiert nach der Neuauflage: Robert von Pöhlmann, *Geschichte der sozialen Frage und des Sozialismus in der antiken Welt*, Bd. 1, Darmstadt 1984, XVIII.

12 Vgl. etwa die Besprechung von Matthias Gelzer in: *Historische Zeitschrift* 113, 1914, 102–106.

13 Verlagsarchiv C.H.Beck, Verträge: Brief Pöhlmanns vom Februar 1895.

14 *Historische Zeitschrift* 78.2, 1897, 272 f., hier 273.

15 Vgl. Robert von Pöhlmann, *Aus Altertum und Gegenwart. Gesammelte Abhandlungen*, Neue Folge, München 1911, III.

16 Karl Christ, Einleitung zur Neuausgabe von: Pöhlmann, *Geschichte der sozialen Frage*, Bd. 1 (wie Anm. 11), VI.

17 Zu Karl Krumbacher (1856–1909) vgl. Peter Schreiner; Ernst Vogt (Hg.), *Karl Krumbacher. Leben und Werk*, München 2011 mit weiterer Literatur.

18 Bayerische Staatsbibliothek, Krumbacheriana I: Brief Oskar Becks vom 17. Juli 1889.

19 Vgl. Bayerische Staatsbibliothek, Krumbacheriana I: Brief Wilhelm von Christs vom 31. August 1888 und Schreiben Oskar Becks vom 22. Juli 1889.

20 Zum wissenschaftshistorischen Hintergrund vgl. Franz Tinnefeld in: Schreiner/Vogt, *Karl Krumbacher* (wie Anm. 17), 27–37, bes. 31 f.
21 Karl Krumbacher, *Geschichte der byzantinischen Litteratur von Justinian bis zum Ende des oströmischen Reiches (527–1453)*, München 1891, VI. Dazu Schreiner/Vogt, *Karl Krumbacher* (wie Anm. 17), 41 f.
22 Paul Hinneberg (Hg.), *Die Kultur der Gegenwart. Ihre Entwicklung und ihre Ziele*, I. Teil, 8. Abteilung, Berlin/Leipzig ²1907, 239–290.
23 Vgl. Schreiner/Vogt, *Karl Krumbacher* (wie Anm. 17), 20; 28; 72 f.
24 Bei B. G. Teubner erschien auch Karl Krumbacher, *Populäre Aufsätze*, Leipzig 1909.
25 Zu Ludwig Traube (1861–1907) vgl. Franz Boll, Biographische Einleitung, in: Ludwig Traube, *Zur Paläographie und Handschriftenkunde*, hg. v. Paul Lehmann, München 1909 (ND 1965), XI–XLVII; Peter Lebrecht Schmidt, Ludwig Traube als Latinist, in: William M. Calder III. et al. (Hg.), *Wilamowitz in Greifswald*, Hildesheim 2000, 491–503 und Arno Mentzel-Reuters, Ludwig Traube und die Monumenta Germaniae historica, in: *Zeitschrift für bayerische Landesgeschichte* 77, 2014, 3–25.
26 Bayerische Staatsbibliothek, Krumbacheriana I: Brief Oskar Becks vom 12. Januar 1895.
27 Bayerische Staatsbibliothek, Krumbacheriana I: Brief Oskar Becks vom 2. März 1897.
28 Oskar Beck, *Verlagskatalog der C.H.Beckschen Verlagsbuchhandlung Oskar Beck in München. Mit einer geschichtlichen Einleitung*. Herausgegeben zur Feier des hundertundfünfzigjährigen Bestehens der Firma, München 1913, 72.
29 Iwan Müller, Vorrede zum ersten Band, in: Ludwig von Urlichs (Hg.), *Einleitende und Hilfsdisziplinen*, HdA I.1, München 1887, V.
30 Verlagsarchiv C.H.Beck, Verlagsvertrag mit Iwan Müller vom 27. Dezember 1883.
31 Helen Müller, *Wissenschaft und Markt um 1900. Das Verlagsunternehmen Walter de Gruyters im literarischen Feld der Jahrhundertwende*, Tübingen 2004, 138 f. Hervorhebung im Original.
32 Iwan Müller, Vorrede (wie Anm. 29), VI.
33 Verlagsarchiv C.H.Beck, Verlagsvertrag mit Iwan Müller vom 27. Dezember 1883.
34 Vgl. Hermann Bengtson, Hundert Jahre Handbuch der Altertumswissenschaft, in: *Der Aquädukt. 1763–1988. Ein Almanach aus dem Verlag C.H.Beck im 225. Jahr seines Bestehens*, München 1988, 256–265, hier 259.
35 Wolfgang Beck, Skizzen zur Verlagsgeschichte, in: *Der Aquädukt* (wie Anm. 34), XIII–LV, hier XXIV.
36 *Berliner Philologische Wochenschrift* 1895, 1396–1400, zitiert nach: Ferdinand Dümmler, *Kleine Schriften*, Bd. 3: *Archäologische Aufsätze*, Leipzig 1901, 337–341, hier 337.
37 Ebd., 338.
38 Staatsbibliothek zu Berlin – Preußischer Kulturbesitz, Dep. 7 (Gerhart Rodenwaldt), Nr. 11 und Nr. 362.
39 Bengtson, Hundert Jahre (wie Anm. 34), 260.
40 Verlagsarchiv C.H.Beck, Verträge: Vertrag vom 22. Dezember 1883; vgl. Wolfgang Beck, Laudatio auf ein Handbuch oder: der Verlag C.H.Beck und die Altertumswissenschaften in Bayern, in: Wolf-Armin von Reitzenstein (Hg.), *Bayern und die Antike. 150 Jahre Maximilians-Gymnasium in München*, München 1999, 48–64, hier 60.
41 Zu Walter Otto (1878–1941) vgl. Christ, *Hellas* (wie Anm. 6), 189–191; Christ, *Klios Wandlungen* (wie Anm. 6), 48–51 und Stefan Rebenich, Eine Stippvisite. Walter Otto in Marburg (1914–1916), in: Volker Losemann; Kai Ruffing (Hg.), *In solo barbarico… Das Seminar für Alte Geschichte der Philipps-Universität Marburg von seinen Anfängen bis in die 1960er Jahre*, Münster/New York 2018, 135–160 mit

weiterer Literatur. Zu Ottos Tätigkeit als Herausgeber des Handbuchs vgl. Bengtson, Hundert Jahre (wie Anm. 34), 260–262.

42 I. Einleitende und Hilfsdisziplinen, II. Griechische und lateinische Grammatik und Rhetorik, III. Alter Orient sowie griechische und römische Geschichte, IV. Griechische Staatskunde sowie Heerwesen und Kriegführung der Griechen und Römer, V. Geschichte der Philosophie, der Mathematik und Naturwissenschaften sowie Religionsgeschichte, VI. Handbuch der Archäologie, VII. Griechische Literaturgeschichte, VIII. Geschichte der römischen Literatur, IX. Geschichte der lateinischen Literatur des Mittelalters, X. Rechtsgeschichte, XI. Abteilung (offen), XII. Byzantinisches Handbuch.

43 Otto Gerhard Oexle, Aufklärung und Historismus: Zur Geschichtswissenschaft in Göttingen um 1800, in: Antje Middeldorf Kosegarten (Hg.), *Johann Dominicus Fiorillo. Kunstgeschichte und die romantische Bewegung um 1800*, Göttingen 1997, 29–56, hier 52.

44 Vgl. Viktor Pöschl, Nietzsche und die klassische Philologie, in: Hellmut Flashar et al. (Hg.), *Philologie und Hermeneutik im 19. Jahrhundert. Zur Geschichte und Methodologie der Geisteswissenschaften*, Göttingen 1979, 141–155, hier 145 und Manfred Landfester, Ulrich von Wilamowitz-Moellendorff und die hermeneutische Tradition des 19. Jahrhunderts, in: ebd. 156–180, hier 166–169.

45 Hans-Peter Ullmann, *Das Deutsche Kaiserreich*, Frankfurt a. M. 1995, 184–187.

46 Vgl. hierzu sowie zum Folgenden Müller, *Wissenschaft und Markt* (wie Anm. 31), 140.

47 Vgl. ebd. 5–13.

48 Ebd.139.

49 Vgl. dazu Rebenich, *C.H.Beck* (wie Anm. *), 485–514.

9. DIE KATASTROPHE: DER ERSTE WELTKRIEG UND SEINE FOLGEN

1 Zum zeithistorischen Hintergrund vgl. Benoît Majerus, Von Falkenhausen zu Falkenhausen. Die deutsche Verwaltung Belgiens in den zwei Weltkriegen, in: Günther Kronenbitter; Markus Pöhlmann; Dierk Walter (Hg.), *Besatzung. Funktion und Gestalt militärischer Fremdherrschaft von der Antike bis zum 20. Jahrhundert*, Paderborn 2006, 131–145 sowie Jörn Leonhard, *Die Büchse der Pandora. Geschichte des Ersten Weltkrieges*, München 2014, 282–285.

2 Hierzu etwa Leonhard, *Die Büchse der Pandora* (wie Anm. 1), 827–855, bes. 837 ff.

3 Brief Otto Seecks an seine Frau, 3. April 1918. Freundliche Mitteilung von Wolfgang Dänzer-Vanotti, 22. Juli 1993.

4 Ebd.

5 Adolf Michaelis, *Ein Jahrhundert kunstarchäologischer Entdeckungen*, Leipzig 1906 (^{2}1908).

6 Zu Furtwängler vgl. Martin Flashar (Hg.), *Adolf Furtwängler, der Archäologe*, München 2003.

7 Vgl. Helmut Kyrieleis, *Olympia 1875–2000. 125 Jahre Deutsche Ausgrabungen*, Mainz 2002.

8 Vgl. Ernst Curtius; Friedrich Adler (Hg.), *Olympia. Die Ergebnisse der von dem Deutschen Reich veranstalteten Ausgrabung*, 5 Text- und 4 Tafelbände, Berlin 1890–1897.

9 Karl Christ, *Von Gibbon zu Rostovtzeff. Leben und Werk führender Althistoriker der Neuzeit*, Darmstadt ^{3}1989, 201–285.

10 Vgl. Moses I. Finley (Hg.), *The Bücher-Meyer-Controversy*, New York 1979 und Helmuth Schneider, Die Bücher-Meyer-Kontroverse, in: William M. Calder III.; Alexander Demandt (Hg.), *Eduard Meyer. Leben und Leistung eines Universalhistorikers*, Leiden 1990, 417–445.

11 Vgl. Alfred Heuß, Max Webers Bedeutung für die Geschichte des griechisch-römischen Alter-

tums, in: *Historische Zeitschrift* 201, 1965, 529–556 (= ders., *Gesammelte Schriften*, Bd. 3, Stuttgart 1995, 1835–1862) und Wilfried Nippel, *Max Weber und die Althistorie seiner Zeit*, Berlin 1993 sowie konzise ders., From Agrarian History to Cross-Cultural Comparisons: Weber on Greco-Roman Antiquity, in: Stephen Turner (Hg.), *The Cambridge Companion to Weber*, Cambridge 2000, 240–255.

12   Vgl. Simon Strauß, *Von Mommsen zu Gelzer? Die Konzeption römisch-republikanischer Gesellschaft in »Staatsrecht« und »Nobilität«*, Stuttgart 2017, 143–214.

13   Eduard Meyer, *Theorie und Methodik der Geschichte*, Halle 1902 (= ders., *Kleine Schriften zur Geschichtstheorie*, Halle 1910, S. 1–78); vgl. hierzu Beat Näf, Eduard Meyers Geschichtstheorie. Entwicklung und zeitgenössische Reaktionen, in: Calder/Demandt, *Eduard Meyer* (wie Anm. 10), 285–310 und Wilfried Nippel, Prolegomena zu Eduard Meyers Anthropologie, in: ebd., 311–328.

14   1. Auflage: 1921–1923; 4./5. Auflage von Bd. 1 und 2: 1924–1925. Vgl. hierzu Johanna Jantsch, *Die Entstehung des Christentums bei Adolf von Harnack und Eduard Meyer*, Bonn 1990.

15   Vgl. Adolf von Harnack, Über wissenschaftliche Erkenntnis (1913), zitiert nach ders., *Aus der Friedens- und Kriegsarbeit* (= *Reden und Aufsätze*, Neue Folge, Bd. 3), Gießen 1916, 173–202, hier 178.

16   Emil du Bois-Reymond, *Reden*, Bd. 1, Leipzig 1912, 567–629, hier 620.

17   Thomas Nipperdey, Nationalidee und Nationaldenkmal in Deutschland im 19. Jahrhundert, in: *Historische Zeitschrift* 206, 1968, 529–585, hier 556 (= ders., *Gesellschaft, Kultur, Theorie. Gesammelte Aufsätze zur neueren Geschichte*, Göttingen 1976, 133–173, hier 151).

18   Vgl. Manfred Landfester, *Humanismus und Gesellschaft im 19. Jahrhundert. Untersuchungen zur politischen und gesellschaftlichen Bedeutung der humanistischen Bildung in Deutschland*, Darmstadt 1988, 119–212.

19   Zu dem Begriff vgl. Wolfgang Hardtwig, Geschichtsreligion – Wissenschaft als Arbeit – Objektivität. Der Historismus in neuer Sicht, in: *Historische Zeitschrift* 252, 1991, 1–32.

20   Adolf von Harnack, Sokrates und die Alte Kirche (1900), zitiert nach ders., *Reden und Aufsätze*, Bd. 1, Gießen ²1906, 27–48, hier 47 f.

21   Vgl. Stefan Rebenich, Universität III. Neuzeit ab 1800, in: *Der Neue Pauly* 15/3, 2003, 902–922, hier 911.

22   Ludwig Hatvany, *Die Wissenschaft des Nicht Wissenswerten. Ein Kollegienheft*, Leipzig 1908 (2. Auflage Berlin 1911; Nachdruck mit einem Vorwort von Hugh Lloyd-Jones, Oxford u. a. 1986).

23   Ebd. 6 und 24.

24   Ebd. 18 f.; 24 f. u. 113.

25   Piet Tommissen, *Schmittiana*, Bd. 1, Brüssel ³1990, 18 f.; vgl. Thomas Wirtz, Der Pendler Carl Schmitt. Zwischen Preußen und dem Sauerland, in: Patrick Bahners; Gerd Roellecke (Hg.), *Preußische Stile. Ein Staat als Kunststück*, Stuttgart 2001, 406–415, hier 415.

26   Vgl. Dieter Timpe, Die Alte Geschichte und das moderne Geschichtsbewußtsein, in: *Geschichte in Wissenschaft und Unterricht* 24, 1973, 645–658; zitiert nach Wilfried Nippel (Hg.), *Über das Studium der Alten Geschichte*, München 1993, 353–372, hier 361.

27   Vgl. zum Folgenden allg. Klaus Schwabe, *Wissenschaft und Kriegsmoral. Die deutschen Hochschullehrer und die politischen Grundfragen des Ersten Weltkrieges*, Göttingen 1969; Klaus Böhme (Hg.), *Aufrufe und Reden deutscher Professoren im Ersten Weltkrieg*, Stuttgart ²2014; Wolfgang J. Mommsen (Hg.), *Kultur und Krieg. Die Rolle der Intellektuellen, Künstler und Schriftsteller im Ersten Weltkrieg*, München 1996; Helmut Fries, *Die große Katharsis. Der Erste Weltkrieg in der Sicht deutscher Dichter und Gelehrter*, 2 Bde., Konstanz 1994–1995; Kurt Flasch, *Die geistige Mobilmachung. Die deutschen Intellektuellen und der Erste Weltkrieg*, Berlin 2000; Steffen Bruendel, *Volksgemeinschaft oder Volksstaat. Die »Ideen von 1914« und die Neuordnung Deutschlands im Ersten Weltkrieg*, Berlin 2003; Peter Hoeres, *Krieg der Philosophen. Die*

deutsche und die britische Philosophie im Ersten Weltkrieg, Paderborn 2004 und Robert E. Norton, *The Crucible of German Democracy. Ernst Troeltsch and the First World War*, Tübingen 2021. Für die Altertumswissenschaften grundlegend Jürgen von Ungern-Sternberg, Wissenschaftler, in: *Enzyklopädie Erster Weltkrieg*, Paderborn 2003, 169–176; ders., Jürgen von Ungern-Sternberg, Deutsche Altertumswissenschaftler im Ersten Weltkrieg, in: Trude Maurer (Hg.), *Kollegen – Kommilitonen – Kämpfer. Europäische Universitäten im Ersten Weltkrieg*, Stuttgart 2006, 239–254 (= ders., *Les chers ennemis. Deutsche und französische Altertumswissenschaftler in Rivalität und Zusammenarbeit*, Stuttgart 2017, 247–265) und ders., Vom Ende einer Freundschaft. Maurice Holleaux und Georg Karo im Herbst 1914, in: Ungern-Sternberg, *Les chers ennemis*, a. a. O., 203–245.

28 Vgl. William M. Calder III.; Anton Bierl, The Tale of Oblomov: Tycho von Wilamowitz-Moellendorff (1885–1914), in: *Eikasmos* 2, 1991, 257–283 sowie Tycho von Wilamowitz-Moellendorff, *Die dramatische Technik des Sophokles*. Aus dem Nachlass herausgegeben von Ernst Kapp. Mit einem Beitrag von Ulrich von Wilamowitz-Moellendorff und einem Anhang zur Neuauflage von William M. Calder III. und Anton Bierl, Hildesheim 1996.

29 Fritz K. Ringer, *The Decline of the German Mandarins: The German Academic Community 1890–1933*, Cambridge, Mass. 1969.

30 Vgl. Jürgen von Ungern-Sternberg, Politik und Geschichte. Der Althistoriker Eduard Meyer im Ersten Weltkrieg, in: Calder/Demandt, *Eduard Meyer* (wie Anm. 10), 484–504. Die Aufsätze Meyers finden sich in: Eduard Meyer, *Weltgeschichte und Weltkrieg*, Stuttgart/Berlin 1916. – Zur Rolle der Berliner Universitätsprofessoren vgl. allg. Gabriele Metzler (Hg.), *Die Berliner Universität im Ersten Weltkrieg*, Berlin 2014.

31 Jürgen und Wolfgang von Ungern-Sternberg, *Der Aufruf ›An die Kulturwelt!‹. Das Manifest der 93 und die Anfänge der Kriegspropaganda im Ersten Weltkrieg*, Stuttgart ²2013. Vgl. auch Bernhard vom Brocke, »Wissenschaft und Militarismus«. Der Aufruf der 93 ›An die Kulturwelt!‹ und der Zusammenbruch der internationalen Gelehrtenrepublik im Ersten Weltkrieg, in: William M. Calder III. et al. (Hg.), *Wilamowitz nach 50 Jahren*, Darmstadt 1985, 649–741 und Jürgen von Ungern-Sternberg, Wie gibt man dem Sinnlosen einen Sinn? Zum Gebrauch der Begriffe »deutsche Kultur« und »Militarismus« im Herbst 1914, in: Wolfgang J. Mommsen (Hg.), *Kultur und Krieg. Die Rolle der Intellektuellen, Künstler und Schriftsteller im Ersten Weltkrieg*, München 1996, 77–96.

32 Der Begriff stammt von Hermann Kellermann, *Der Krieg der Geister. Eine Auslese deutscher und ausländischer Stimmen zum Weltkriege 1914*, Dresden 1915. Zu den Folgen des Ersten Weltkriegs auf die Zusammenarbeit der Akademien vgl. allg. Wolfgang U. Eckart; Rainer Godel (Hg.), *»Krieg der Gelehrten« und die Welt der Akademien 1914–1924*, Acta Historica Leopoldina, Bd. 68, Halle 2016 und Matthias Berg; Jens Thiel (Hg.), *Europäische Wissenschaftsakademien im »Krieg der Geister«. Reden und Dokumente 1914 bis 1920*, Acta Historica Leopoldina, Bd. 72, Halle 2018.

33 Vgl. Ulrich von Wilamowitz-Moellendorff, *Erinnerungen 1848–1949*, Leipzig ²1929, 317 f. sowie Jürgen von Ungern-Sternberg, Deutsche und französische Altertumswissenschaftler vor und während des Ersten Weltkriegs, in: Hinnerk Bruhns et al. (Hg.), *Die späte römische Republik. Un débat franco-allemand d'histoire et d'historiographie*, Rom 1997, 45–78, hier 71 (= ders., *Les chers ennemis* [wie Anm. 27], 19–47, hier 41) und Berg/Thiel, *Europäische Wissenschaftsakademien* (wie Anm. 32), 215.

34 Zitiert nach Berg/Thiel, *Europäische Wissenschaftsakademien* (wie Anm. 32), 32–36.

35 Vgl. allg. Suzanne L. Marchand, *Down from Olympus. Archaeology and Philhellenism in Germany, 1750–1970*, Princeton 1996, 242–258 sowie Charlotte Trümpler, Das Deutsch-Türkische Denkmalschutz-Kommando und die Luftbildarchäologie, in: dies. (Hg.), *Das Große Spiel. Archäologie*

und Politik zur Zeit des Kolonialismus 1860–1940, Köln 2008, 474–483 und Marie Vigener, »Ein wichtiger kulturpolitischer Faktor«. Das Deutsche Archäologische Institut zwischen Wissenschaft, Politik und Öffentlichkeit, 1918–1954, Rahden 2012, 12–14.

36 William M. Calder III.; Bernhard Huss (Hg.), »The Wilamowitz in Me«. 100 Letters between Ulrich von Wilamowitz-Moellendorff and Paul Friedländer (1904–1931), Los Angeles 1999, hier bes. 114–117, Nr. 61a und 62.

37 Gert Audring; Christhard Hoffmann; Jürgen v. Ungern-Sternberg (Hg.), Eduard Meyer – Victor Ehrenberg. Ein Briefwechsel 1914–1930, Berlin/Stuttgart 1990; Zitat 85, Nr. 35 (vom 8. Januar 1917).

38 Grundlegend für die Altertumswissenschaftler Ungern-Sternberg, Deutsche Altertumswissenschaftler (wie Anm. 27). Zu historischen Analogiebildungen, die auf das griechisch-römische Altertum rekurrierten, vgl. auch Herfried Münkler, Die Antike im Krieg, in: Zeitschrift für Ideengeschichte 8/2, 2014, 55–70.

39 Eduard Meyer, Kleine Schriften, Bd. 2, Halle 1924, 507–538.

40 Vgl. zum Folgenden Stefan Rebenich, Eine Stippvisite. Walter Otto in Marburg (1914–1916), in: Volker Losemann; Kai Ruffing (Hg.), In solo barbarico… Das Seminar für Alte Geschichte der Philipps-Universität Marburg von seinen Anfängen bis in die 1960er Jahre, Münster/New York 2018, 135–160.

41 Walter Otto, Alexander der Große. Ein Kriegsvortrag, Marburg 1916, 3. Sein fünfzehn Jahre später veröffentlichte Beitrag über Alexander den Großen in: Peter Richard Rohden; Georg Ostrogorsky (Hg.), Menschen, die Geschichte machten, Berlin 1931, 91–100 greift auf die ältere Darstellung zurück und bietet keine neuen Zugänge.

42 Ebd. 3–6.

43 Ebd. 6.

44 Vgl. Hans-Ulrich Wiemer, Quellenkritik, historische Geographie und philosophische Teleologie in Johann Gustav Droysens »Geschichte Alexanders des Großen«, in: ders.; Stefan Rebenich (Hg.), Johann Gustav Droysen. Philosophie und Politik – Historie und Philologie, Frankfurt a. M./New York 2012, 95–157.

45 Otto, Alexander der Große (wie Anm. 41), 9.

46 Ebd. 14.

47 Ebd. 19.

48 Jakob Seibert, Alexander der Große, Darmstadt 1972, 63; vgl. Alexander Demandt, Politische Aspekte im Alexanderbild der Neuzeit. Ein Beitrag zur historischen Methodenkritik, in: Archiv für Kulturgeschichte 54, 1972, 325–363, bes. 334–340.

49 Vgl. Walter Otto, Aus der Gesellschaftsgeschichte des Altertums, in: Zeitschrift für Sozialwissenschaft 8, 1905, 700–712.

50 Otto, Alexander der Große (wie Anm. 41), 32.

51 Ebd. 20.

52 Ebd. 22.

53 Ebd. 23–27.

54 Ebd. 30 f. Vgl. hierzu auch Seibert, Alexander der Große (wie Anm. 48), 63 Anm. 7.

55 Zu seinem politischen Engagement im Ersten Weltkrieg vgl. Jakob Seibert, Walter Otto. Professor in München 1.4.1918–1.11.1941, in: ders. (Hg.), 100 Jahre Alte Geschichte an der Ludwig-Maximilians-Universität München (1901–2001), München 2002, 51–68, hier 64.

56 Demandt, Alexanderbild (wie Anm. 48), 337. Vgl. Ulrich Wilcken, Über Werden und Vergehen der Universalreiche. Rede zum Geburtstag des Kaisers am 27. Januar 1915 in Bonn, Bonn 1915.

9. DIE KATASTROPHE   425

57 Otto, *Alexander der Große* (wie Anm. 41), 42.
58 Seibert, *Walter Otto* (wie Anm. 55), 65.
59 Vgl. Walter Otto, *Deutschlands Schuld und Recht*, Marburg 1919; ders., *Die deutsche Frage. Bundesstaat oder Einheitsstaat*, Berlin 1921.
60 Vgl. etwa Walter Otto, Eine antike Kriegsschuldfrage. Die Vorgeschichte des 2. Punischen Krieges, in: *Historische Zeitschrift* 145, 1932, 489–516 (= Karl Christ [Hg.], *Hannibal*, Darmstadt 1974, 77–108).
61 Vgl. etwa Seibert, *Walter Otto* (wie Anm. 55), 64 f. Zum Hintergrund vgl. auch Ursula Wolf, *Litteris et Patriae. Das Janusgesicht der Historie*, Stuttgart 1996, 100–116.
62 Vgl. zum Folgenden Stefan Rebenich, Berlin und die antike Epigraphik, in: Werner Eck et al. (Hg.), *Öffentlichkeit – Monument – Text. XIV Congressus Internationalis Epigraphiae Graecae et Latinae*, Berlin/Boston 2014, 7–75, hier 35–43.
63 Wilamowitz, *Erinnerungen* (wie Anm. 33), 314 f.; vgl. Jürgen von Ungern-Sternberg, Die deutschfranzösische Zusammenarbeit bei der Edition der Inschriften von Delos, in: Corinne Bonnet; Véronique Krings (Hg.), *S'écrire et écrire sur l'Antiquité. L'apport des correspondances à l'histoire des travaux scientifiques*, Grenoble 2008, 229–246, hier 241–245 (ders., *Les chers ennemis* [wie Anm. 27], 185–201); sowie ders., *Inscriptiones Delphorum (IG VIII). Vom Scheitern eines deutsch-französischen Projekts* (im Druck).
64 Ulrich von Wilamowitz-Moellendorff, Bericht über die Sammlung der griechischen Inschriften, in: *Sitzungsberichte der Preußischen Akademie der Wissenschaften* 1928, XXIV–XXVI, XXIV = ders., *Kleine Schriften*, Bd. 5.1, Berlin/Amsterdam 1971, 412–416, hier 412.
65 *Deutsche Literaturzeitung* 47, 1926, 1287 f.
66 Vgl. Archiv der Berlin-Brandenburgischen Akademie der Wissenschaften, Bestand PAW, II–VIII-91, Nr. 172.
67 Ebd. Nr. 202.
68 Wilamowitz, *Erinnerungen* (wie Anm. 33), 314.
69 William M. Calder III.; Bernhard Huss (Hg.), »*Sed serviendum officio ...*« *The Correspondence between Ulrich von Wilamowitz-Moellendorff and Eduard Norden (1892–1931)*, Hildesheim 1997, 223, Nr. 228 (Hervorhebung im Original). Gemeint ist die zweite Auflage der voreuklidischen Inschriften Attikas (IG I², Bd. 1).
70 Vgl. allg. Brigitte Schroeder-Gudehus, Die Jahre der Entspannung. Deutsch-französische Wissenschaftsbeziehungen am Ende der Weimarer Republik, in: Yves Cohen; Klaus Manfrass (Hg.), *Frankreich und Deutschland. Forschung, Technologie und industrielle Entwicklung im 19. Jahrhundert*, München 1990, 105–115 sowie zum Inschriftenwerk Ungern-Sternberg, Deutsch-französische Zusammenarbeit (wie Anm. 63), 244 f.
71 Vgl. die *Sitzungsberichte der Preußischen Akademie der Wissenschaften* 1927, XXXVIf.; ebd. 1929, LXf.; ebd. 1931, LXVIf.
72 Zu ihm vgl. Günter Dunst, Günther Klaffenbach, in: *NDB* 11, 1977, 700; Eberhard Erxleben, Günther Klaffenbach, in: *Klio* 54, 1972, 3–6; Klaus Hallof, *Inscriptiones Graecae. Imagines epigraphicorum. Epigraphikerbildnisse*, Berlin 2012, 40 f. sowie die Personalakte in ABBAW, Bestand PAW, II–IV-100.
73 Vgl. *Sitzungsberichte der Preußischen Akademie der Wissenschaften* 1931, LXVIf.
74 Archiv der Berlin-Brandenburgischen Akademie der Wissenschaften, Bestand PAW, II–VIII-119, Nr. 144.
75 Allerdings erschienen von französischer Seite seit 1929 die *Inscriptions grecques et latines de la Syrie*.

76 Zum Hintergrund vgl. Conrad Grau, Die Preußische Akademie und die Wiederanknüpfung internationaler Wissenschaftskontakte nach 1918, in: Wolfram Fischer (Hg.), *Die Preußische Akademie der Wissenschaften zu Berlin 1914–1945*, Berlin 2000, 279–315.
77 *Sitzungsberichte der Preußischen Akademie der Wissenschaften* 1926, LXI.
78 Vgl. Manfred G. Schmidt, *Corpus Inscriptionum Latinarum*, Berlin ²2007, 14; Katja Wannack, *Hermann Dessau. Der fast vergessene Schüler Mommsens und die Großunternehmen der Berliner Akademie der Wissenschaften*, Hamburg 2007, 40–42 sowie die *Sitzungsberichte der Preußischen Akademie der Wissenschaften* 1927, XXXVII; ebd. 1929, LXI.
79 Brief vom 27. Januar 1920, zitiert nach Manfred G. Schmidt (Hg.), *Hermann Dessau (1856–1931). Zum 150. Geburtstag des Berliner Althistorikers und Epigraphikers*, Berlin/New York 2009, 15. Zum Anteil der französischen Wissenschaftler an dem *labor communis* vgl. Dessaus Praefatio zu CIL VIII Suppl. 4.
80 Vgl. Archiv der Berlin-Brandenburgischen Akademie der Wissenschaften, Bestand PAW, II–VIII-119, Nr. 96; 98–100 sowie Manfred G. Schmidt, Inscriptions from Madauros (CIL VIII, 28 086–28 150), in: *L'Africa romana XVII*, Rom 2008, 1909–1920, bes. 1912 f.
81 Vgl. z. B. das Schreiben von Louis Poinssot, Directeur des Antiquités et Beaux Arts de Tunisie, vom 29. August 1928, in dem er sich für die Zusendung des vierten Supplements zu CIL VII bedankte: Archiv der Berlin-Brandenburgischen Akademie der Wissenschaften, Bestand PAW, II–VIII-120, Nr. 154; zum Austausch weiterer Publikationen vgl. ebd. Nr. 104.
82 Die finanziellen Schwierigkeiten sind selbstredend zeittypisch und betrafen alle Vorhaben der Akademie; vgl. etwa zu den Acta Borussica Wolfgang Neugebauer, Zur preußischen Geschichtswissenschaft zwischen den Weltkriegen am Beispiel der Acta Borussica, in: *Jahrbuch für Brandenburgische Landesgeschichte* 50, 1999, 169–196.
83 Archiv der Berlin-Brandenburgischen Akademie der Wissenschaften, Bestand PAW, II–VIII-95 (Abrechnungen IG) und II–VIII-124 (Abrechnungen CIL).
84 Archiv der Berlin-Brandenburgischen Akademie der Wissenschaften, Bestand PAW, II–VIII-95.
85 Vgl. ebd. Bestand PAW, II–VIII-91, Nr. 10.
86 *Sitzungsberichte der Preußischen Akademie der Wissenschaften* 1922, XLVI.
87 Vgl. Wolfgang Schlicker, *Die Berliner Akademie in der Zeit des Imperialismus. Von der Großen Sozialistischen Oktoberrevolution bis 1933*, Bd. 2, Berlin 1975, 302 f.
88 Wolfgang Hardtwig, Die Preußische Akademie in der Weimarer Republik, in: Wolfram Fischer (Hg.), *Die Preußische Akademie der Wissenschaften zu Berlin 1914–1945*, Berlin 2000, 25–51, hier 29.
89 Archiv der Berlin-Brandenburgischen Akademie der Wissenschaften, Bestand Arbeitsstelle Inscriptiones Graecae. Freundliche Mitteilung von Klaus Hallof.
90 Vgl. hierzu allg. Trude Maurer, *Hochschullehrer im Zarenreich. Ein Beitrag zur russischen Sozial- und Bildungsgeschichte*, Köln/Weimar/Wien 1998.
91 Vgl. Grau, Wiederanknüpfung (wie Anm. 76), 287–290.
92 Vgl. Christa Kirsten (Hg.), *Die Altertumswissenschaften an der Berliner Akademie. Wahlvorschläge zur Aufnahme von Mitgliedern von F. A. Wolf bis G. Rodenwaldt*, Berlin 1985, Nr. 28 und Nr. 58.
93 Vgl. Alexander K. Gavrilov, Drei Briefe von Ulrich von Wilamowitz-Moellendorff an Michail I. Rostovtzev, in: *Philologus* 134, 1990, 238–247 (= William M. Calder III. [Hg.], *Further Letters of Ulrich von Wilamowitz-Moellendorff*, Hildesheim 1994, 191–199); ders., Russische Altphilologen und der Erste Weltkrieg, in: Maurer (Hg.), *Kollegen – Kommilitonen – Kämpfer* (wie Anm. 27), 255–265, hier 258–262. Zu den deutsch-russischen Verbindungen im Zarenreich vgl. Trude Maurer, Der Weg

zur Mündigkeit. Auslandsaufenthalte rußländischer Wissenschaftler im 19. und 20. Jahrhundert, in: *Hyperboreus* 10, 2004, 60–77.

94 Vgl. zum Folgenden Jürgen Nötzold, Die deutsch-sowjetischen Wissenschaftsbeziehungen, in: Rudolf Vierhaus; Bernhard vom Brocke (Hg.), *Forschung im Spannungsfeld von Politik und Gesellschaft. Geschichte und Struktur der Kaiser-Wilhelm-/Max-Planck-Gesellschaft*, Stuttgart 1990, 778–800, hier 780–783.

95 Vgl. Johannes Irmscher, Begegnungen zwischen deutscher und sowjetischer Altertumswissenschaft in der Weimarer Zeit, in: *Oktoberrevolution und Wissenschaft*, Berlin 1967, 77–99, hier 90 f.; Bernd Sösemann, »Der kühnste Entschluss führt am sichersten zum Ziel«. Eduard Meyer und die Politik, in: Calder/Demandt, *Eduard Meyer* (wie Anm. 10), 446–483, hier 465.

96 Nötzold, Die deutsch-sowjetischen Wissenschaftsbeziehungen (wie Anm. 94), 785.

97 Vgl. Eduard Meyer, Das neue Russland, in: *Deutsche Rundschau* 52, Nr. 205, November 1925, 101–118, Zitat 106 f. Vgl. Luciano Canfora, *Politische Philologie. Altertumswissenschaften und moderne Staatsideologien*, Stuttgart 1995, 57–60; Sösemann, Eduard Meyer und die Politik (wie Anm. 95) 478–480.

98 Schlicker, *Die Berliner Akademie der Wissenschaften* (wie Anm. 87), 219 f.

99 Vgl. Irmscher, Begegnungen (wie Anm. 95), 80–90.

100 Vgl. ebd. 92.

101 Vgl. ebd. 91 f.

102 Vgl. Friedrich Schmidt-Ott, *Erlebtes und Erstrebtes 1860–1950*, Wiesbaden 1952, 227; Irmscher, Begegnungen (wie Anm. 95), 94 f.; Nötzold, Die deutsch-sowjetischen Wissenschaftsbeziehungen (wie Anm. 94), 785 f.

103 Der Rückgang der Bedeutung der altertumswissenschaftlichen Disziplinen in den beiden Akademien lässt sich auch an den Wahlen der Korrespondierenden Mitglieder ablesen, vgl. Grau, Wiederanknüpfung (wie Anm. 76), 308–310.

104 Vgl. Hellmut Flashar (Hg.), *Altertumswissenschaft in den 20er Jahren. Neue Fragen und Impulse*, Stuttgart 1995 mit Hugh Lloyd-Jones, Interesting Times, in: *International Journal of the Classical Tradition* 4, 1998, 580–613.

105 Glenn W. Most, Zur Archäologie der Archaik, in: *Antike und Abendland* 35, 1989, 1–23, hier 2.

106 Zu Werner Jaeger vgl. William M. Calder III. (Hg.), *Werner Jaeger Reconsidered*, Atlanta 1992; Manfred Meis; Theo Optendrenk (Hg.), *Werner Jaeger*, Nettetal 2009; Marchand, *Down from Olympus* (wie Anm. 35), 319–330; und Colin Guthrie King; Roberto Lo Presti (Hg.), *Werner Jaeger. Wissenschaft, Bildung, Politik*, Berlin 2017; zum »Dritten Humanismus« vgl. zudem Manfred Landfester, Dritter Humanismus, in: *Der Neue Pauly* 13, 1999, 877–883; Barbara Stiewe, *Der »Dritte Humanismus«. Aspekte deutscher Griechenrezeption vom George-Kreis bis zum Nationalsozialismus*, Berlin/Boston 2011 und Christoph Horn, Werner Jaeger's Paideia and his »Third Humanism«, in: *Educational Philosophy and Theory* 50, 2018, 682–691.

107 Vgl. William M. Calder III.; Martin Schrage, Der Briefwechsel Werner Jaegers mit Carl Heinrich Becker (1918–1932), in: *Philologus* 153, 2009, 310–348.

108 Vgl. Werner Jaeger, *Paideia. Die Formung des griechischen Menschen*, Bd. 1, Berlin 1934, 115 f.; 118; 271.

109 Klaus von See, Der Arier-Mythos, in: Nikolaus Buschmann; Dieter Langewiesche (Hg), *Der Krieg in den Gründungsmythen europäischer Nationen und der USA*, Frankfurt a. M. 203, 56–96, hier 84–88.

110 Vgl. zum Folgenden meine rezeptionsgeschichtlichen Beiträge »From Thermopylae to Stalingrad. The Myth of Leonidas in German Historiography«, in: Anton Powell; Stephen Hodkinson

(Hg.), *Sparta. Beyond the Mirage*, London 2002, 323–349; »Leonidas und die Thermopylen. Zum Spartabild in der deutschen Altertumswissenschaft«, in: Andreas Luther; Mischa Meier; Lukas Thommen (Hg.), *Das Frühe Sparta*, Stuttgart 2006, 193–215 und »The Reception of Sparta in Germany and German-Speaking Europe«, in: Anton Powell (Hg.), *A Companion to Sparta*, Bd. 2, Oxford 2018, 685–703.

111 Vgl. Ulrich von Wilamowitz-Moellendorff, *Reden und Vorträge*, Berlin 1901 (²1902), 27–64 sowie Bernhard vom Brocke, »Von des attischen Reiches Herrlichkeit« oder die Modernisierung der »Antike« im Zeitalter des Nationalstaats, in: *Historische Zeitschrift* 243, 1986, 101–136.

112 Wilamowitz, *Reden und Vorträge* (wie Anm. 111), 33 und 57.

113 Vgl. Hubert Cancik, Jugendbewegung und klassische Antike, in: Bernd Seidensticker; Martin Vöhler (Hg.), *Urgeschichte der Moderne. Die Antike im 20. Jahrhundert*, Stuttgart 2001, 114–135, hier 121 sowie Esther Sophia Sünderhauf, *Griechensehnsucht und Kulturkritik. Die deutsche Rezeption von Winckelmanns Antikenideal 1850–1945*, Berlin 2004, 159–164.

114 Vgl. Hdt. 7,228: Ὦ ξεῖν', ἀγγέλλειν Λακεδαιμονίοις ὅτι τῇδε / κείμεθα, τοῖς κείνων ῥήμασι πειθόμενοι.

115 Cic. Tusc. 1,42,101: *Dic, hospes, Spartae nos te hic vidisse iacentes, / dum sanctis patriae legibus obsequimur.*

116 Friedrich Schiller, *Der Spaziergang* [1795], 97/98.

117 Theodor Däubler, *Sparta. Ein Versuch*, in: *Dichtungen und Schriften*, München 1956, 331–346, bes. 338: »Bei den Thermopylen fielen bloß Freundespaare, überhaupt kämpften meistens dorische Lakedämonier nur in Liebesgemeinschaft: sie schien ihnen nämlich alles, der Tod fürs Vaterland, mit dem Geliebten, heilig, ja willkommen.«

118 Erich Bethe, Die dorische Knabenliebe – ihre Ethik und Ideale, in: *Rheinisches Museum für Philologie* 62, 1907, 438–475, zitiert nach Andreas Karsten Siems (Hg.), *Sexualität und Erotik in der Antike*, Darmstadt 1988, 17–57, hier 56.

119 Gottfried Benn, Dorische Welt, in: *Das Hauptwerk*, Bd. 2, Wiesbaden/München 1980, 139–171, hier 151 und 153.

120 Vgl. Anuschka Albertz, *Exemplarisches Heldentum. Die Rezeptionsgeschichte der Schlacht an den Thermopylen von der Antike bis zur Gegenwart*, München 2006.

121 Zu Ehrenberg vgl. Stefan Rebenich, Victor Ehrenberg, in: *The Dictionary of British Classicists 1500–1960*, Bristol 2004, 274–278 und Helmuth Schneider, Victor Ehrenberg, in: ders./Peter Kuhlmann (Hg.), *Geschichte der Altertumswissenschaften. Biographisches Lexikon*, Stuttgart/Weimar 2012, 2012, 350–353.

122 Victor Ehrenberg, Sparta (Geschichte), in: *RE* 3A.1, 1929, 1373–1453, hier 1383.

123 Vgl. Victor Ehrenberg, A Totalitarian State, in: ders., *Aspects of the Ancient World*, Oxford 1946, 94–104.

124 Vgl. Helmut Berves Rezension zu: Victor Ehrenberg, Neugründer des Staates, München 1925, in: *Gnomon* 1, 1925, 305–317, hier 311. Zu Berve jetzt grundlegend Jasmin Welte, *Helmut Berve (1896–1979). Eine Biographie*, Diss. phil. Bern 2020.

125 Vgl. Helmut Berve, Sparta, in: *Historische Vierteljahresschrift* 25, 1931, 1–22 (= Karl Christ [Hg.], *Sparta*, Darmstadt 1986, 195–216) und ders., *Griechische Geschichte*, 2 Bde., Freiburg i. Br. 1931/33 (mehrfache Nachdrucke 1952 ff.).

126 Alfred Heuß, Helmut Berve, in: *Historische Zeitschrift* 230, 1980, 779–787, hier 781 f. (= ders., *Gesammelte Schriften*, Bd. 1, Stuttgart 1995, 758–766, hier 760 f.).

127 Helmut Berve, *Griechische Geschichte*, Bd. 1, Freiburg i. Br. 1931, 275; vgl. ders., Ionien und die

griechische Geschichte, in: *Neue Jahrbücher für Wissenschaft und Jugendbildung* 3, 1927, 513–523, hier 515; ders., Sparta (wie Anm. 125), 20 (215).
128 Berve, *Griechische Geschichte*, Bd. 1 (wie Anm. 125), 248 f.
129 Berve, Sparta (wie Anm. 125), 11 (204).

10. Vom Los eines Aussenseiters: Carl Friedrich Lehmann-Haupt

* Der ursprüngliche, hier in überarbeiteter und gekürzter Version veröffentlichte Beitrag findet sich unter dem Titel »*Exercitationibus interfui historicis*. Carl Friedrich Lehmann-Haupt, Theodor Mommsen und die Alte Geschichte«, in: Sebastian Fink et al. (Hg.), *Carl Friedrich Lehmann-Haupt. Ein Forscherleben zwischen Orient und Okzident*, Wiesbaden 2015, 45–66. Zu Lehmann-Haupt vgl. auch Angelika Kellner, Carl Friedrich Lehmann-Haupt. Ein biographischer Abriss, in: Fink et al. (Hg.), *Lehmann-Haupt*, 31–43 und dies., Carl Friedrich Lehmann-Haupt. Das Leben eines fast vergessenen Althistorikers und Altorientalisten, in: *Klio* 97, 2015, 245–292.

1 Carl-Friedrich Lehmann, *De inscriptionibus cuneatis, quae pertinent ad Šamš-šum-ukîn, regis Babyloniae, regni initia* (Diss. Berlin), München 1886, 54.
2 Vgl. Stefan Rebenich, *Theodor Mommsen. Eine Biographie*, München ²2007, 132–134.
3 Carl-Friedrich Lehman, Mommsens Lebenswerk, in: *Berliner Neueste Nachrichten*, Jg. 23, Nr. 525, Morgenausgabe, 8. November 1903.
4 Vgl. Günther Lorenz, Carl Lehmann-Haupt, in: *Neue Deutsche Biographie* 14, 1985, 98 f.
5 Vgl. Pierre Bourdieu, *Vom Gebrauch der Wissenschaft. Für eine klinische Soziologie des wissenschaftlichen Feldes*, Konstanz 1998, 32.
6 Hierzu und zum Folgenden vgl. die Promotionsakte in dem Archiv der Humboldt-Universität: Humboldt-Universität zu Berlin, Universitätsarchiv, Phil.Fak. Nr. 274.
7 Humboldt-Universität zu Berlin, Universitätsarchiv, Phil.Fak. Nr. 274: Gutachten vom 15. Juli 1886.
8 Vgl. hierzu Lehmanns Personalakte: Humboldt-Universität zu Berlin, Universitätsarchiv, UK-P, L 63.
9 Vgl. hierzu und zum Folgenden Humboldt-Universität zu Berlin, Universitätsarchiv, Phil.Fak. Nr. 1220.
10 Humboldt-Universität zu Berlin, Universitätsarchiv, Phil.Fak. Nr. 1220, Bl. 8.
11 So Ulrich Köhler in seinem Gutachten von 1893; Humboldt-Universität zu Berlin, Universitätsarchiv, Phil.Fak. Nr. 1220, Bl. 4.
12 Carl Friedrich Lehmann, *Šamššumukîn, König von Babylonien. 668–648 v. Chr. Inschriftliches Material über den Beginn seiner Regierung*, Leipzig 1892.
13 Staatsbibliothek zu Berlin – Preußischer Kulturbesitz, Nl. Theodor Mommsen I, Lehmann-Haupt: Brief vom 3. Februar 1892.
14 Carl-Friedrich Lehmann, Die Haftung des conductor operis für custodia, in: *Zeitschrift der Savigny-Stiftung für Rechtsgeschichte. Romanistische Abteilung* 9, 1888, 110–121.
15 Staatsbibliothek zu Berlin – Preußischer Kulturbesitz, Nl. Theodor Mommsen I, Lehmann-Haupt: Brief vom 3. Februar 1892.
16 Vgl. Staatsbibliothek zu Berlin – Preußischer Kulturbesitz, Nl. Theodor Mommsen I, Lehmann-Haupt: Brief vom 18. April 1892.
17 Vgl. Lehmann, Mommsens Lebenswerk (wie Anm. 3).

18 Vgl. Alexander Demandt, Alte Geschichte in Berlin 1810–1960, in: Reimer Hansen; Wolfgang Ribbe (Hg.), *Geschichtswissenschaft in Berlin im 19. und 20. Jahrhundert. Persönlichkeiten und Institutionen*, Berlin/New York 1992, 149–209, hier 173 f. und Wilfried Nippel, Alte Geschichte 1885–1945, in: Heinz-Elmar Tenorth (Hg.), *Geschichte der Universität Unter den Linden 1810–2010*, Bd. 5: *Transformation der Wissensordnung*, Berlin 2010, 323–343, hier 323 f.

19 Staatsbibliothek zu Berlin – Preußischer Kulturbesitz, Nl. Theodor Mommsen I, Lehmann-Haupt: Brief vom 18. April 1892.

20 Staatsbibliothek zu Berlin – Preußischer Kulturbesitz, Nl. Theodor Mommsen I, Lehmann-Haupt: Brief vom 18. April 1892.

21 Vgl. hierzu sowie zum Folgenden die Habilitationsunterlagen in Humboldt-Universität zu Berlin, Universitätsarchiv, Phil.Fak. Nr. 1220.

22 Max Weber, Wissenschaft als Beruf, in: Wolfgang J. Mommsen; Wolfgang Schluchter (Hg.), *Max Weber Gesamtausgabe*, Bd. 17, Tübingen 1992, 79.

23 Ebd. 74–79.

24 Vgl. Stephan Kroll, Erste Archäologische Forschungen in Urartu durch Carl Friedrich Lehmann-Haupt, in: Fink et al., *Lehmann-Haupt* (wie Anm. *), 131–138 und Mirjo Salvini, Carl Friedrich Lehmann-Haupt und die Urartu-Forschung, in: Fink et al., *Lehmann-Haupt* (wie Anm. *), 139–178.

25 Vgl. hierzu und zum Folgenden Stefan Rebenich, *Theodor Mommsen und Adolf Harnack. Wissenschaft und Politik im Berlin des ausgehenden 19. Jahrhunderts*, Berlin/New York 1997, 198–210.

26 Vgl. Carl Friedrich Lehmann-Haupt, *Armenien. Einst und Jetzt*, Bd. 1, Berlin 1910, 10.

27 Vgl. Staatsbibliothek zu Berlin – Preußischer Kulturbesitz, Nl. Theodor Mommsen I, Lehmann-Haupt: Briefe vom 12. Juli 1894; 3. September 1894; 5. und 14. Januar 1895; 22. und 31. März 1895 u. ö.

28 Vgl. Lehmann-Haupt, *Armenien* (wie Anm. 26), 11 f.; 27 f.

29 Staatsbibliothek zu Berlin – Preußischer Kulturbesitz, Nl. Theodor Mommsen I, Lehmann-Haupt: Brief vom 24. Mai 1894.

30 Vgl. Staatsbibliothek zu Berlin – Preußischer Kulturbesitz, Nl. Theodor Mommsen I, Lehmann-Haupt: Brief vom 8. April 1901.

31 Staatsbibliothek zu Berlin – Preußischer Kulturbesitz, Nl. Theodor Mommsen I, Lehmann-Haupt: Brief vom 22. März 1895.

32 *Sitzungsberichte der Preußischen Akademie der Wissenschaften* 1899, 116–120, hier 116 (Hermann Diels); vgl. ebd. 745–749 und SB 1900, 619–633 sowie Lehmann-Haupt, *Armenien* (wie Anm. 26), 11.

33 Günther Lorenz, Carl Friedrich Lehmann-Haupt, in: Reinhold Bichler (Hg.), *100 Jahre Alte Geschichte in Innsbruck. Franz Hampl zum 75. Geburtstag*, Innsbruck, 1985, 33–45, hier 36.

34 Vgl. Carl-Friedrich Lehmann-Haupt, Die chaldische Keilinschrift von Kaissaran, in: *Huschardzan: Festschrift aus Anlass des 100-jährigen Bestandes der Mechitharisten-Kongregation in Wien und des 25. Jahrganges der philologischen Monatsschrift »Handes amsorya«*, Wien 1911, 254–257.

35 Zu seinem Verhältnis zu Fritz Schachermeyr vgl. Martina Pesditschek, Carl Friedrich Lehmann-Haupt und sein Lieblingsschüler Fritz Schachermeyr (1895–1987) – eine spannungsvolle Beziehung, in: Fink et al., *Lehmann-Haupt* (wie Anm. *), 67–79.

36 Staatsbibliothek zu Berlin – Preußischer Kulturbesitz, Nl. Theodor Mommsen I, Lehmann-Haupt: Brief vom 15. Juli 1900.

37 Vgl. Staatsbibliothek zu Berlin – Preußischer Kulturbesitz, Nl. Theodor Mommsen I, Lehmann-Haupt: Brief vom 8. April 1901.

10. VOM LOS EINES AUSSENSEITERS 431

38 Vgl. Staatsbibliothek zu Berlin – Preußischer Kulturbesitz, Nl. Otto Hirschfeld, Lehmann-Haupt: Briefe vom 21. und 25. Februar 1901.
39 Alfred Heuß, Ernst Kornemann, in: *Gnomon* 23, 1951, 290–292, hier 291 (= ders., *Gesammelte Schriften* 1, Stuttgart, 1995, 739–741, hier 740).
40 Staatsbibliothek zu Berlin – Preußischer Kulturbesitz, Nl. Otto Hirschfeld, Lehmann-Haupt: Brief vom 19. August 1901.
41 William M. Calder III.; Alexander Košenina (Hg.), *Berufungspolitik innerhalb der Altertumswissenschaft im wilhelminischen Preußen. Die Briefe Ulrich von Wilamowitz-Moellendorffs an Friedrich Althoff (1883–1908)*, Frankfurt a. M. 1989, 148, Nr. 75 (Brief vom 3. Dezember 1901). Vgl. Michael Rostovtzeff, Der Ursprung des Kolonats, in: *Klio* 1, 1901, 295–299; ders., Römische Besatzungen auf der Krim und das Kastell Charax, in: *Klio* 2, 1902, 80–95.
42 Vgl. dazu Karl Christ, *Römische Geschichte und deutsche Geschichtswissenschaft*, München 1982, 133 f.
43 Staatsbibliothek zu Berlin – Preußischer Kulturbesitz, Nl. Otto Hirschfeld, Lehmann-Haupt: Brief vom 18. Januar 1904 (Hervorhebung im Original). Vgl. Ernst Kornemann, Nochmals zum Monumentum Ancyranum, in: *Klio* 4, 1904, 88–98.
44 Carl-Friedrich Lehmann; Ernst Kornemann, Mommsens Vermächtnis, in: *Klio* 4, 1904, I–VI, hier IV.
45 Vgl. zum Hintergrund v. a. Suzanne L. Marchand, *German Orientalism in the Age of the Empire. Religion, Race, and Scholarship*, Cambridge 2009 sowie Eckhard Meyer-Zwiffelhoffer, Orientalismus? Die Rolle des Alten Orients in der deutschen Altertumswissenschaft und Altertumsgeschichte des 19. Jahrhunderts (ca. 1785–1910), in: Robert Rollinger; Andreas Luther; Josef Wiesehöfer (Hg.), *Getrennte Wege? Kommunikation, Raum und Wahrnehmung in der Alten Welt*, Frankfurt a. M. 2007, 501–594.
46 Vgl. Gernot Wilhelm (Hg.), *Zwischen Tigris und Nil. 100 Jahre Ausgrabungen der Deutschen Orient-Gesellschaft in Vorderasien und Ägypten*, Mainz 1998.
47 Vgl. Klaus Johanning, *Der Babel-Bibel-Streit. Eine forschungsgeschichtliche Studie*, Frankfurt a. M. 1988 sowie Reinhard Lehmann, *Friedrich Delitzsch und der Babel-Bibel-Streit*, Freiburg i. Üe. 1994 und Marchand, *German Orientalism* (wie Anm. 45), bes. 244–251.
48 So lautet eine treffende Kapitelüberschrift in: Marchand, *German Orientalism* (wie Anm. 45), 212–251.
49 Lehmann/Kornemann, Mommsens Vermächtnis (wie Anm. 44), Vf.
50 Carl Friedrich Lehmann-Haupt, Griechische Geschichte bis zur Schlacht von Chaironeia, in: Alfred Gehrke; Eduard Norden (Hg.), *Einleitung in die Altertumswissenschaft*, Bd. 3, Leipzig/Berlin ²1923, 3.
51 Vgl. Eduard Meyer, Die Bedeutung der Erschließung des alten Orients für die geschichtliche Methode und die Anfänge der menschlichen Geschichte überhaupt, in: *Sitzungsberichte der Preußischen Akademie der Wissenschaften* 1908, 648–663.
52 Vgl. Lehmann-Haupt, Griechische Geschichte (wie Anm. 50), 99.
53 Vgl. ebd. 11; 16 f.; 19 f.; 21 f.; 76 f.
54 Carl Friedrich Lehmann-Haupt, Vergleichende Metrologie und keilinschriftliche Gewichtskunde, in: *Zeitschrift der Deutschen Morgenländischen Gesellschaft* 66, 1912, 607–696, hier 612.
55 Lehmann-Haupt, *Armenien* (wie Anm. 26), 4.
56 Vgl. hierzu Stephan Scharinger, »Gründlich aufgeräumt«. Die Forschungen Carl Friedrich Lehmann-Haupts zum »Stiefkind der Altertumskunde«, in: Fink et al., *Lehmann-Haupt* (wie Anm. *), 179–196.

57 Vgl. Staatsbibliothek zu Berlin – Preußischer Kulturbesitz, Nl. Theodor Mommsen I, Lehmann-Haupt: Briefe vom 3. Oktober 1889 und 21. Juli 1893.
58 Vgl. Carl Friedrich Lehmann-Haupt, *Israel. Seine Entwicklung im Rahmen der Weltgeschichte*, Tübingen 1911, 7.
59 Vgl. Eduard Meyer, *Die Entstehung des Judentums*, Halle 1896, 6.
60 Vgl. Lehmann-Haupt, Griechische Geschichte (wie Anm. 50), 98.
61 Calder/Košenina, *Berufungspolitik* (wie Anm. 41), 148, Nr. 75 (Brief vom 3. Dezember 1901).
62 Vgl. Lehmann-Haupt, Vergleichende Metrologie und keilinschriftliche Gewichtskunde (wie Anm. 54), 624.
63 Vgl. Gert Audring (Hg.), *Gelehrtenalltag. Der Briefwechsel zwischen Eduard Meyer und Georg Wissowa (1890–1927)*, Hildesheim 2000, 327 f., Nr. 193.
64 Vgl. Lehmann-Haupt, Griechische Geschichte (wie Anm. 50) sowie seine Beiträge über die jüdische Geschichte in den religionsgeschichtlichen Volksbüchern: *Der jüdische Kirchenstaat in persischer, griechischer und römischer Zeit. Religionsgeschichtliche Volksbücher für die deutsche christliche Gegenwart*, Tübingen 1911 und *Die Geschicke Judas und Israels im Rahmen der Weltgeschichte, Religionsgeschichtliche Volksbücher für die deutsche christliche Gegenwart*, Tübingen, 1911.
65 Calder/Košenina, *Berufungspolitik* (wie Anm. 41), 147 f. mit Anm. 611 f., Nr. 75 (Brief vom 3. Dezember 1901).
66 Weber, Wissenschaft als Beruf (wie Anm. 22), 79.
67 Lehmann, *De inscriptionibus cuneatis* (wie Anm. 1), 54: »fidem confiteor evangelicam«; vgl. die Personalakte in Humboldt-Universität zu Berlin, Universitätsarchiv Nr. 63, Bl. 3. Erst nach der deutschen Annexion Österreichs am 12. März 1938 wurde Lehmann auf Grund der nationalsozialistischen Rassenpolitik diskriminiert und verfolgt, weil er nicht »rein arischer« Herkunft gewesen war; vgl. Nikolaus Hagen, Carl Lehmann-Haupt: Ein Fallbeispiel für verwehrte Assimiliaton?, in: Fink et al., *Lehmann-Haupt* (wie Anm. *), 109–130.
68 Vgl. Staatsbibliothek zu Berlin – Preußischer Kulturbesitz, Nl. Theodor Mommsen I, Lehmann-Haupt: Brief vom 13. November 1899.
69 Staatsbibliothek zu Berlin – Preußischer Kulturbesitz, Nl. Theodor Mommsen I, Lehmann-Haupt: Brief vom 23. Juni 1900. Vgl. Lehmann 1900. Fehlende Literaturangabe
70 Vgl. Staatsbibliothek zu Berlin – Preußischer Kulturbesitz, Nl. Theodor Mommsen I, Lehmann-Haupt: Brief vom 16. Juli 1900.
71 Staatsbibliothek zu Berlin – Preußischer Kulturbesitz, Nl. Theodor Mommsen I, Lehmann-Haupt: Brief vom 16. Juli 1900.
72 Staatsbibliothek zu Berlin – Preußischer Kulturbesitz, Nl. Theodor Mommsen I, Lehmann-Haupt: Brief vom 8. April 1901.
73 Vgl. Stefan Rebenich; Gisa Franke (Hg.), *Theodor Mommsen und Friedrich Althoff. Briefwechsel 1882–1903*, München 2012, 819, Nr. 648 (Brief vom 8. September 1901).
74 Ebd. 821, Nr. 649 (Brief vom 13. September).
75 Vgl. ebd. 243 f., Nr. 136; 312, Nr. 208 mit Anm. 846; 337–339, Nr. 220 f.
76 Vgl. Demandt, Alte Geschichte (wie Anm. 18), 182–188; 191 f. und Nippel, Alte Geschichte (wie Anm. 18), 327–333.
77 Vgl. hierzu seine Personalakte: Humboldt-Universität zu Berlin, Universitätsarchiv, UK-P, L 63.
78 Staatsbibliothek zu Berlin – Preußischer Kulturbesitz, Nl. Theodor Mommsen I, Lehmann-Haupt: Brief vom 24. Dezember 1901.

79 Vgl. Kellner, Lehmann-Haupt, in: *Klio* 2015 (wie Anm. *), 254.
80 Vgl. Audring, *Gelehrtenalltag* (wie Anm. 63), 327 f., Nr. 193: Brief von Georg Wissowa an Eduard Meyer vom 6. März 1910.
81 Vgl. ebd. 85, Nr. 51.
82 Ebd. 95, Nr. 56.
83 Staatsbibliothek zu Berlin – Preußischer Kulturbesitz, Nl. Otto Hirschfeld, Lehmann-Haupt: Brief o. D.
84 Audring, *Gelehrtenalltag* (wie Anm. 63), 193, Nr. 107; 210, Nr. 117.
85 Ebd. 327 f.; Nr. 193: Brief an Eduard Meyer vom 6. März 1910 (Hervorhebung im Original). Konkret nannte Wissowa die Berufungsverfahren in Halle, Rostock und Erlangen.
86 Zu ihm vgl. Jürgen von Ungern-Sternberg, Ernst von Stern über Catilina und die Gracchen, in: *Hyperboreus* 21, 2015, 281–304.
87 Carl Friedrich Lehmann-Haupt, Herodotus and the Battle of Marathon, in: *A Miscellany Presented to John Macdonald Mackay*, Liverpool 1914, 97–111. Vgl. Kellner, Lehmann-Haupt, in: *Klio* 2015 (wie Anm. *), 255–257.
88 Carl Friedrich Lehmann-Haupt, *Von Waterloo bis Antwerpen*, Stuttgart 1915, 5. Zu seinen publizistischen Aktivitäten im Ersten Weltkrieg vgl. Kellner, Lehmann-Haupt, in: *Klio* 2015 (wie Anm. *), 257–259.
89 Manfred G. Schmidt, *Hermann Dessau (1856–1931). Zum 150. Geburtstag des Berliner Althistorikers und Epigraphikers*, Berlin/New York 2009, 344, H 98 (Brief vom 7. Juli 1917). Zu der Zeit in Istanbul vgl. Kellner, Lehmann-Haupt, in: *Klio* 2015 (wie Anm. *), 260–264.
90 Vgl. die Berufungsakten im Universitätsarchiv Innsbruck, die mir Angelika Kellner freundlicherweise zur Verfügung gestellt hat, sowie Kellner, Lehmann-Haupt, in: *Klio* 2015 (wie Anm. *), 265 f.
91 Vgl. Lorenz, Lehmann-Haupt, in: Bichler (Hg.), *100 Jahre Alte Geschichte in Innsbruck* (wie Anm. 33), 39 f.
92 Staatsbibliothek zu Berlin – Preußischer Kulturbesitz, Nl. Otto Hirschfeld, Lehmann-Haupt: Brief vom 18. Mai 1919.
93 Vgl. Kellner, Lehmann-Haupt, in: *Klio* 2015 (wie Anm. *), 278–280.

11. Die Entdeckung einer neuen Epoche: Die Spätantike

* Das nachfolgende Kapitel ist zusammengezogen aus: »Late Antiquity in Modern Eyes«, in: Philip Rousseau (Hg.), *A Companion to Late Antiquity*, Oxford 2009, 77–92; »Late Antiquity, a Gentleman Scholar, and the Decline of Cultures. Oswald Spengler and *Der Untergang des Abendlandes*«, in: Sigrid Schottenius Cullhed; Mats Malm (Hg.), *Reading Late Antiquity*, Heidelberg 2018, 105–120 und »Otto Seeck und die *Geschichte des Untergangs der antiken Welt*«, in: Clifford Ando; Marco Formisano (Hg.), *The New Late Antiquity. A Gallery of Intellectual Portraits*, Heidelberg 2021, 451–470.
1 Ernst Kornemann, Das Problem des Untergangs der antiken Welt, in: *Vergangenheit und Gegenwart* 12, 1922, 193–202; 241–254 (= Karl Christ [Hg.], *Der Untergang des Römischen Reiches*, Darmstadt 1970, 201–227).
2 Vgl. Alexander Demandt, *Der Fall Roms. Die Auflösung des Römischen Reiches im Urteil der Nachwelt*, München 1984 (²2014).
3 Vgl. dazu Heinz Heinen, Das Ende der alten Welt im Rahmen der Gesamtentwicklung der sow-

jetischen Althistorie, in: ders. (Hg.), *Die Geschichte des Altertums im Spiegel der sowjetischen Forschung*, Darmstadt 1980, 256–341.

4   Hierzu grundlegend Reinhart Herzog, Epochenerlebnis ›Revolution‹ und Epochenbewußtsein ›Spätantike‹ – Zur Genese einer historischen Epoche bei Chateaubriand, in: Reinhart Herzog; Reinhart Koselleck (Hg.), *Epochenschwelle und Epochenbewußtsein*, München 1987 195–219 und ders., »Wir leben in der Spätantike«. *Eine Zeiterfahrung und ihre Impulse für die Forschung*, Bamberg 1987 (= ders., *Spätantike. Studien zur römischen und lateinisch-christlichen Literatur*, Göttingen 2002, 321–348).

5   Die Literatur zu Gibbon ist kaum mehr zu überschauen. Empfohlen seien Arnaldo Momigliano, Gibbon's Contribution to Historical Method [1954], in: ders., *Studies in Historiography*, London 1966, 40–55 (deutsch in: ders., *Ausgewählte Schriften*, Bd. 2, Stuttgart 1999, 237–255); Karl Christ, Edward Gibbon, in: ders., *Von Gibbon zu Rostovtzeff. Leben und Werk führender Althistoriker der Neuzeit*, Darmstadt ³1989, 8–25; Wilfried Nippel, Der Historiker des Römischen Reiches, in: Edward Gibbon, *Verfall und Untergang des römischen Reiches. Bis zum Ende des Reiches im Westen*, Bd. 6, München 2003, 7–114. Zu Gibbons Rezeption in Deutschland vgl. Cord-Friedrich Berghahn; Till Kinzel (Hg.), *Edward Gibbon im deutschen Sprachraum. Bausteine einer Rezeptionsgeschichte*, Heidelberg 2015.

6   Vgl. Günter Fellner, *Ludo Moritz Hartmann und die Österreichische Geschichtswissenschaft*, Wien/Salzburg 1985; Volker Herholt, *Ludo Moritz Hartmann. Alte Geschichte zwischen Darwin, Marx und Mommsen*, Berlin 1999 und Christian H. Stifter, Ludo Moritz Hartmann. Wissenschaftlicher Volksbildner, sozialdeterministischer Historiker, realitätsferner Politiker, in: Mitchell G. Ash; Josef Ehmer (Hg.), *Universität – Politik – Gesellschaft*, Göttingen 2015, 247–255.

7   Vgl. Ernst Vogt, Gräzistik und Patristik in Deutschland 1870–1930, in: Reinhart Herzog; Jacques Fontaine; Karla Pollmann (Hg.), *Patristique et Antiquité tardive en France et en Allemagne de 1870 à 1930. Influence et échanges*, Paris 1993, 52–70 (= ders., *Literatur der Antike und Philologie der Neuzeit. Ausgewählte Schriften*, Berlin/Boston 2013, 375–396).

8   Vgl. dazu auch Jan Bremmer, *The Rise of Christianity through the Eyes of Gibbon, Harnack and Rodney Stark*, Groningen 2010.

9   Die maßgebliche Ausgabe »Die Zeit Constantin's des Grossen« findet sich jetzt als erster Band in »Jacob Burckhardt Werke« (München/Basel 2013); Zitat 287. Vgl. hierzu v. a. Karl Christ, Jacob Burckhardt und die Römische Geschichte, in: *Saeculum* 14, 1963, 82–122 (= ders., *Römische Geschichte und Wissenschaftsgeschichte*, Bd. 3, Darmstadt 1983, 74–114); ders., Nachwort, in: Jacob Burckhardt, *Die Zeit Constantins des Großen*, München 1982, 363–375 und Hartmut Leppin, Konstantin der Große und das Christentum bei Jacob Burckhardt, in: Andreas Goltz; Heinrich Schlange-Schöningen (Hg.), *Konstantin der Große. Das Bild des Kaisers im Wandel der Zeiten*, Köln 2008, 263–276.

10 Vgl. Jas Elsner, The Birth of Late Antiquity: Riegl and Strzygowski in 1901, in: *Art History* 25, 2002, 358–379.

11 Eduard Meyer, *Geschichte des Altertums*, Bd. 1.1, Stuttgart/Berlin ³1910, 248 f.

12 Vgl. Matthias Gelzer, *Kleine Schriften*, Bd. 2, Wiesbaden 1963, 387–400.

13 Vgl. Fritz Graf, Religionsgeschichte, in: *Der Neue Pauly* 15/2, 2002, 679–699.

14 Vgl. Ernst Troeltsch, Aufsätze zur Geistesgeschichte und Religionssoziologie, in: ders., *Gesammelte Schriften*, Bd. 6, Tübingen 1925, 65–121. Zu Troeltsch vgl. jetzt Robert E. Norton, *The Crucible of German Demcracy. Ernst Troeltsch and the First World War*, Tübingen 2021.

15 Vgl. Theodor Klauser, *Franz Joseph Dölger, 1879–1940. Sein Leben und sein Forschungsprogramm »Antike*

und Christentum«, Münster 1980 sowie Georg Schöllgen, Franz Joseph Dölger und die Entstehung des Forschungsprogramms »Antike und Christentum«, in: *Jahrbuch für Antike und Christentum* 36, 1993, 7–23; Ernst Dassmann, Entstehung und Entwicklung des »Reallexikons für Antike und Christentum« und das Franz-Joseph-Dölger Instituts in Bonn, in: ebd., 40, 1997, 5–17; ders., Franz-Joseph-Dölger-Institut, in: *Der Neue Pauly* 14, 2000, 61–67.

16 Max Weber, *Zur Sozial- und Wirtschaftsgeschichte des Altertums*, hg. von Jürgen Deininger, Tübingen 2006, 99–127. Dazu etwa Hans Kloft, *Brückenschläge. Antike und moderne Welt*, Bremen 2006, 337–349.

17 Weber, *Zur Sozial- und Wirtschaftsgeschichte* (wie Anm. 16), 146–227 (1. und 2. Fassung) und 300–747 (3. Fassung).

18 Ebd. 724.

19 Eine ausführliche wissenschaftsgeschichtliche Würdigung der Person und des Werkes von Otto Seeck ist nach wie vor ein Desiderat. Zu seiner Biographie vgl. den Nachruf seines Schwiegersohnes Ludwig Radermacher, Otto Seeck, in: *(Bursians) Biographisches Jahrbuch für Altertumskunde* 46, 1926, 50–60 sowie Stefan Rebenich, Otto Seeck, Theodor Mommsen und die »Römische Geschichte«, in: Peter Kneissl; Volker Losemann (Hg.), *Imperium Romanum. Studien zu Geschichte und Rezeption. Festschrift für Karl Christ zum 75. Geburtstag*, Stuttgart 1998, 582–607; ders., Otto Seeck und die Notwendigkeit, Alte Geschichte zu lehren, in: William M. Calder III. et al. (Hg.), *Wilamowitz in Greifswald*, Hildesheim 2000, 262–298; Simone Rendina; Sascha Schäfer, The Artist and the Historian. Thomas Mann's Letters to Otto Seeck, in: *History of Classical Scholarship* 2, 2020, 193–221 und Bruno Bleckmann, Otto Seeck. Spätrömische Geschichte im wilhelminischen Reich, in: Susanne Froehlich (Hg.), *Altertumswissenschaft in Greifswald. Porträts ausgewählter Gelehrter 1856 bis 1946*, Stuttgart 2021, 85–104.

20 Otto Seeck, Zur Charakteristik Mommsens, in: *Deutsche Rundschau* 118, 1904, 75–108, hier 76.

21 Vgl. Otto Seeck, Die Reden des Symmachus und ihre kritische Grundlage, in: *Commentationes philologae in honorem Theodori Mommseni scripserunt amici*, Berlin 1877, 595–615 sowie Otto Seeck (Hg.), Q. Aurelii Symmachi quae supersunt, MGH AA 6.1, Berlin 1883 (ND 1984).

22 Otto Seeck (Hg.), *Notitia dignitatum. Accedunt Notitia Urbis Constantinopolitanae et latercula provinciarum*, Berlin 1876 (ND Frankfurt 1962).

23 Zu Seecks ersten Eindrücken von Greifswald vgl. Paul Dräger, Ein Brief Otto Seecks (1881) über die Universität Greifswald, in: *Eikasmos* 12, 2001, 353–365.

24 Stefan Rebenich; Gisa Franke (Hg.), *Theodor Mommsen und Friedrich Althoff. Briefwechsel 1882–1903*, München 2012, 208 f., Nr. 98.

25 Vgl. Stefan Rebenich, »Geben Sie ihm eine gute Ermahnung mit auf den Weg und den Ordinarius.« Berufungspolitik und Schulbildung in der Alten Geschichte, in: Christian Hesse; Rainer Chr. Schwinges (Hg.), *Professorinnen und Professoren gewinnen. Zur Geschichte des Berufungswesens an den Universitäten Mitteleuropas*, Basel 2012, 353–372.

26 Vgl. Pierre Bourdieu, *Homo academicus*, Frankfurt a. M. 1988, 158 ff.

27 William M. Calder III.; Robert Kirstein (Hg.), *»Aus dem Freund ein Sohn.« Theodor Mommsen und Ulrich von Wilamowitz-Moellendorff. Briefwechsel 1872–1903*, 2 Bde., Hildesheim 2003, 154, Nr. 90.

28 Rebenich/Franke, *Theodor Mommsen und Friedrich Althoff* (wie Anm. 24), 209, Nr. 98.

29 Calder/Kirstein, *»Aus dem Freund ein Sohn.«* (wie Anm. 27), 154, Nr. 90.

30 Alfred Heuss, *Römische Geschichte*, Braunschweig ⁴1976, 602. Auch sonst stieß Seecks vermeintlicher Darwinismus im In- und Ausland auf heftige Kritik; vgl. dazu meinen Beitrag in Ando/Formisano, *New Late Antiquity* (wie Anm. *).

ANMERKUNGEN

31 Otto Seeck, *Geschichte des Untergangs der antiken Welt*, Bd. 1: ¹1895; ²1897/98; ³1910; ⁴1921/22. Bd. 2: ¹1901; ²1921. Bd. 3: ¹1909; ²1921. Bd. 4: ¹1911; ²1922/23. Bd. 5: ¹1913; ²1920/21. Bd. 6: ¹1920/21. Erster Nachdruck Darmstadt 1966 (Wissenschaftliche Buchgesellschaft); zweiter Nachdruck ebd. 2000 (Wissenschaftliche Buchgesellschaft und Primus-Verlag). Die Bände 1 bis 4 hat der Salzwasser-Verlag in Paderborn seit 2011 nachgedruckt. Eine vollständige online-Version steht auch im »Internet Archive« zur Verfügung. Die nachfolgenden Ausführungen folgen meinem Vorwort zum Nachdruck der *Geschichte des Untergangs der antiken Welt*, Darmstadt 2000, V–XVIII. – Die überzeugendste Interpretation der These von der »Ausrottung der Besten« findet sich bei Hartmut Leppin, Ein »Spätling der Aufklärung«: Otto Seeck und der Untergang der antiken Welt, in: Kneissl/Losemann, *Imperium Romanum* (wie Anm. 19), 472–491, hier 472–491; vgl. zudem Santo Mazzarino, *Das Ende der antiken Welt*, München 1959, 125–143; Demandt, *Der Fall Roms* (wie Anm. 2), 375 f.; Traudel Heinze, *Konstantin der Große und das konstantinische Zeitalter in den Urteilen und Wegen der deutsch-italienischen Forschungsdiskussion*, München 2005, 131–154; Stefan Lorenz, Otto Seeck und die Spätantike, in: *Historia* 55, 2006, 228–243; Andreas Mehl, Untergänge: Faszination und Deutungsproblematik an zwei Beispielen aus der Alten Geschichte, in: Hartmut Heller (Hg.), *Über die Entstehung und die Endlichkeit physischer Prozesse, biologischer Arten und menschlicher Kulturen*, Wien/Berlin 2010, 84–110; Bleckmann, Otto Seeck (wie Anm. 19), 95–102.
32 Seeck, *Geschichte des Untergangs* (wie Anm. 31), Bd. 6, 188.
33 Ebd. 60.
34 Ebd. Bd. 1, 269–307.
35 Ebd. 191.
36 Ebd. 385.
37 Ebd. 286.
38 Ebd. Vorrede.
39 Ebd.
40 Ebd.
41 Ebd. 273.
42 Schon früher, in der Deutschen Rundschau von 1891, hatte er geschrieben: »Wer an Darwin glaubt, kann also niemals zugeben, dass eine Nation unter normalen Verhältnissen in Verfall geraten könne, außer wenn sie sich in ihrer Gesamtheit zum siegreichen Durchfechten des Daseinskampfes untauglich erweist und dann allmählich auch ihrer Kopfzahl zusammenschwindet« (zitiert nach Otto Seeck, *Die Entwicklung der antiken Geschichtsschreibung und andere populäre Schriften*, Berlin 1898, 263).
43 Seeck, *Geschichte des Untergangs* (wie Anm. 31), Bd. 1, 293 und 388.
44 Vgl. ebd. 547–564.
45 Ebd. 281–283.
46 Ebd. 279–281.
47 Ebd. 306 f.
48 Vgl. hierzu nur Uwe Puschner, Sozialdarwinismus als wissenschaftliches Konzept und politisches Programm, in: Gangolf Hübinger (Hg.), *Europäische Wissenschaftskulturen und politische Ordnungen in der Moderne (1890–1970)*, München 2014, 99–121 mit weiterer Literatur.
49 Vgl. Seeck, *Geschichte des Untergangs* (wie Anm. 31), Bd. 1, 298–300.
50 Vgl. ebd. 323 und 327 f.
51 Vgl. ebd. 548–551.

52 Vgl. ebd. 273.
53 Ebd. 48.
54 Vgl. ebd. 298–307 und Bd. 4, 10–21.
55 Vgl. auch Seeck, *Entwicklung* (wie Anm. 42), 263.
56 Ebd. Bd. 1, 273; vgl. auch auch Seeck, *Entwicklung* (wie Anm. 42), 263.
57 Vgl. hierzu v. a. seine Polemik gegen den so genannten »Rembrandtdeutschen« Julius Langbehn, die er unter dem Titel »Zeitphrasen« in der *Deutschen Rundschau* 67, April-Juni 1891, 407–421 und 68, Juli-September 1891, 86–104; 230–240 veröffentlichte; die Aufsätze sind wieder abgedruckt in: Seeck, *Entwicklung* (wie Anm. 42), 243–331.
58 Oswald Spengler, *Der Untergang des Abendlandes*, 2 Bde., München 1918/22. Zahlreiche Nachdrucke bei C.H.Beck. Ich zitiere nach der ungekürzten Sonderausgabe in einem Band von 1981.
59 Oswald Spengler, *Jahre der Entscheidung. Deutschland und die weltgeschichtliche Entwicklung*, München 1933, VII.
60 Vgl. Anton M. Koktanek, *Oswald Spengler in seiner Zeit*, München 1968, 458; Markus Henkel, Oswald Spengler, der Nationalsozialismus und die Nachkriegszeit (1918–1970). Vom Schrecken der Moderne, in: *Historische Mitteilungen* 20, 2007, 174–192, hier 185.
61 Spengler, *Untergang* (wie Anm. 58), 3.
62 Koktanek, *Spengler* (wie Anm. 60), 140 und Frits Boterman, *Oswald Spengler en Der Untergang des Abendlandes. Cultuurpessimist en politiek activist*, Assen 1992, 26 Anm. 95; vgl. Detlef Felken, *Oswald Spengler. Konservativer Denker zwischen Kaiserreich und Diktatur*, München 1988, 39 sowie allg. Alexander Demandt; John Farrenkopf (Hg.), *Der Fall Spengler. Eine kritische Bilanz*, Köln u. a. 1994 und Alexander Demandt, *Untergänge des Abendlandes. Studien zu Oswald Spengler*, Köln/Weimar/Wien 2017 (zur Spätantike bes. 75–95).
63 Seeck wiederum scheint sich zumindest mit dem ersten Band von Spenglers Werk noch vor seinem Tod auseinandergesetzt zu haben; darauf verweist ein Text aus dem Jahr 1920, den Antonino González Blanco, Evocando a Otto Seeck, in: *Studia historica. Historia antigua* 6, 1988, 7–15, hier 13, erwähnt, allerdings ohne nähere bibliographische Angaben: »Oswald Spengler und der Geist der Geschichte«. Da eine entsprechende wissenschaftliche Publikation nicht nachgewiesen werden kann, handelt es sich entweder um einen Zeitungsartikel oder um einen Vortrag. Vgl. hierzu auch Rendina/Schäfer, The Artist and the Historian (wie Anm. 19), 200 Anm. 40.
64 Felken, *Oswald Spengler* (wie Anm. 62), 42.
65 Spengler, *Untergang* (wie Anm. 58), 784; vgl. Demandt, *Der Fall Roms* (wie Anm. 2), 447 f.
66 Spengler, *Untergang* (wie Anm. 58), 616 f.
67 Ebd. 8 (Hervorhebung im Original).
68 Ebd. 24.
69 Spengler, *Untergang* (wie Anm. 58), 786 f. (Hervorhebungen im Original).
70 Vgl. z. B. Heinrich von Soden, Oswald Spenglers Morphologie der Weltgeschichte und die Tatsache der Kirchengeschichte, zitiert nach ders., *Urchristentum und Geschichte*, Bd. 2, Tübingen 1956, 1–20; Alexander Demandt, Spengler und die Spätantike, in: Peter Christian Ludz (Hg.), *Spengler heute*, München 1980, 25–48, zitiert nach ders., *Geschichte der Geschichte. Wissenschaftshistorische Essays*, Köln 1997, 60–80.
71 Vgl. hierzu auch Stefan Rebenich, Spengler *redivivus*? Garth Fowden's First Millennium, in: *Millennium* 13, 2016, 53–56.

438 ANMERKUNGEN

12. Akteure: Adolf Erman und Eduard Schwartz

* Das Kapitel beruht auf »Adolf Erman und die Berliner Akademie der Wissenschaften«, in: Bernd U. Schipper (Hg.), *Ägyptologie als Wissenschaft. Adolf Erman (1854–1937) in seiner Zeit*, Berlin/New York 2006, 340–370 und »Eduard Schwartz und die Altertumswissenschaften seiner Zeit«, in: *Hyperboreus* 20, 2014 [2015], 406–435.

1 Zu Erman vgl. Schipper, *Ägyptologie* (wie Anm. *); Thomas L. Gertzen, *Jean Pierre Adolphe Erman und die Begründung der Ägyptologie als Wissenschaft*, Berlin 2015; zur Berliner Schule vgl. ders, *École de Berlin und »Goldenes Zeitalter« (1882–1914) der Ägyptologie als Wissenschaft. Das Lehrer-Schüler-Verhältnis von Ebers, Erman und Sethe*, Berlin 2013.
2 Vgl. Adolf von Harnack, *Geschichte der Königlich Preußischen Akademie der Wissenschaften*, 3 Bde.in 4, Berlin 1900, hier Bd. 2, 952.
3 Ebd. 951. Zum allgemein universitäts- und wissenschaftsgeschichtlichen Hintergrund vgl. Wolfgang Helck, *Ägyptologie an deutschen Universitäten*, Wiesbaden 1969; Thomas L. Gertzen, *Einführung in die Wissenschaftsgeschichte der Ägyptologie*, Berlin 2017 und v. a. Suzanne L. Marchand, *German Orientalism in the Age of Empire. Religion, Race, and Scholarship*, Cambridge 2009.
4 Zu Schwartz vgl. Albert Rehm, *Eduard Schwartz' wissenschaftliches Lebenswerk*, München 1942 sowie Wolfart Unte, Eduard Schwartz, in: *Neue Deutsche Biographie* 23, 2007, 797–799 und Uta Heil; Annette von Stockhausen (Hg.), *Crux interpretum. Ein kritischer Rückblick auf das Werk von Eduard Schwartz*, Berlin/Boston 2015.
5 Georg Steindorff, Adolf Erman. 1854–1937, in: *Zeitschrift für ägyptische Sprache und Altertumskunde* 73, 1937, V–VII, hier VI (= Adelheid Burkhardt; Walter F. Reineke [Hg.], *Adolf Erman. Akademieschriften*, 2 Bde., Leipzig 1986, Bd. 1, 1–3, hier 2).
6 Hermann Grapow, Worte des Gedenkens an Adolf Erman anläßlich seines hundertsten Geburtstages am 31. Oktober 1954, in: *Sitzungsberichte der Deutschen Akademie der Wissenschaften. Klasse für Sprachen, Literatur und Kunst*, 1954, Nr. 3, Berlin 1955, 16 (= Adolf Erman, *Akademieschriften [1880–1928]*, 2 Bde., mit einem Vorwort von Adelheid Burckhardt und Walter F. Reineke, Leipzig 1986, hier Bd. 1, 18).
7 Ebd. 14 (16).
8 Ebd. 10 (12).
9 Vgl. William M. Calder III., *Further Letters of Ulrich von Wilamowitz-Moellendorff*, Hildesheim 1994, 4 (Brief vom 2. Oktober 1929).
10 Vgl. Adolf Erman, *Mein Werden und mein Wirken. Erinnerungen eines alten Berliner Gelehrten*, Leipzig 1929, 288 und ders.; Hermann Grapow, *Das Wörterbuch der ägyptischen Sprache. Zur Geschichte eines großen wissenschaftlichen Unternehmens der Akademie*, Berlin 1953, 16.
11 Steindorff, Adolf Erman (wie Anm. 5), VII (3).
12 Wolfgang Müller, Adolf Erman, in: *Neue Deutsche Biographie* 4, 1971, 598 f., hier 599.
13 Alexander Scharff, Adolf Erman, in: *Sitzungsberichte der Bayerischen Akademie der Wissenschaften. Phil.-hist. Klasse* 1938, 19–26, hier 21.
14 Vgl. Archiv der Berlin-Brandenburgischen Akademie der Wissenschaften, Nl. Eduard Meyer, Nr. 251.
15 Ebd. Brief Ermans an Meyer vom 27. Dezember 1911 (Umschrift Gert Audring).
16 Vgl. Erman/Grapow, *Wörterbuch* (wie Anm. 10), 30.
17 So schrieb Erman an Harnack am 10. Mai 1916 (Staatsbibliothek zu Berlin – Preußischer Kultur-

12. ADOLF ERMAN UND EDUARD SCHWARTZ   439

besitz, Nl. Harnack): »Ihre Warnung gegen die Überschätzung der angewandten Wissenschaft [vgl. Adolf von Harnack, *3. bis 5. Jahresbericht der Kaiser Wilhelm-Gesellschaft*, Berlin 1916] hat mir wohl getan. Überhaupt wird es, wie auch der Krieg ausgehen mag, der Wissenschaft fortan nicht leicht werden; die ›Nützlichkeitsbestrebungen‹, die ›völkische‹ Raserei und das patriotische Knotentum haben selbst unsere Kreise ergriffen und wie die Jugend aus dem Felde zurückkehren wird, kann man sich schwer vorstellen.«

18 Eduard Schwartz, Rede zur Eröffnung der Straßburger Philologenversammlung [1901], zitiert nach ders., *Gesammelte Schriften*, Bd. 1: *Vergangene Gegenwärtigkeiten*, Berlin 1938, 1–8, hier 4.

19 Vgl. Theodor Mommsen, *Reden und Aufsätze*, Berlin 1905, 459.

20 Ebd. 37.

21 Eduard Schwartz (Hg.), ΟΜΗΡΟΥ ΠΟΙΗΣΙΣ ΙΛΙΑΣ, München 1923 (vgl. Bruno Snell [Hg.], *Homers Ilias. Griechisch-Deutsch*. Neuausgabe des von Eduard Schwartz konstituierten Textes, Berlin/Darmstadt 1963); Eduard Schwartz (Hg.), ΟΜΗΡΟΥ ΠΟΙΗΣΙΣ ΟΔΥΣΣΕΙΑ, München 1924 (vgl. Bruno Snell [Hg.], *Homers Odyssee. Griechisch-Deutsch*. Neuausgabe des von Eduard Schwartz konstituierten Textes, Berlin/Darmstadt 1963).

22 Eduard Schwartz (Hg.), *Scholia in Euripidem*, 2 Bde., Berlin 1887/1891.

23 Eduard Schwartz, *Tatiani oratio ad Graecos*, Leipzig 1888; ders. (Hg.), *Athenagorae libellus pro Christianis – Oratio de resurrectione cadaverum*, Leipzig 1891.

24 Eduard Schwartz (Hg.), *Eusebius Werke II: Die Kirchengeschichte*. I. Teil: *Die Bücher I–V*, Leipzig 1903; II. Teil: *Die Bücher VI–X*, Leipzig 1908; III. Teil: *Einleitungen, Übersichten und Register*, Leipzig 1909.

25 *Acta Conciliorum Oecumenicorum*. Iussu atque mandato Societatis scientiarum Argentoratensis ed. Ed. Schwartz, Straßburg/Berlin 1914 ff. Vgl. hierzu Mischa Meier, »Ein dogmatischer Streit« – Eduard Schwartz (1858–1940) und die »Reichskonzilien« in der Spätantike, in: *Zeitschrift für antikes Christentum* 15, 2011, 124–139 und Ekkehard Mühlenberg, Die Edition der Acta Conciliorum Oecumenicorum (ACO). Methoden und Prinzipien, in: Heil/Stockhausen, *Crux interpretum* (wie Anm. 4), 97–109.

26 Die einschlägigen Artikel aus Pauly-Wissowas Realencyclopädie der classischen Altertumswissenschaft sind nachgedruckt in Eduard Schwartz, *Griechische Geschichtsschreiber*, Leipzig 1957; vgl. dazu Bruno Bleckmann, Eduard Schwartz und sein Bild der antiken Historiographie, in: Heil/Stockhausen, *Crux interpretum* (wie Anm. 4), 51–95.

27 Vgl. Eduard Schwartz, *Gesammelte Schriften*, Bd. 2: *Zur Geschichte und Literatur der Hellenen und Römer*, Berlin 1956.

28 Vgl. etwa Eduard Schwartz, *Kaiser Constantin und die christliche Kirche. Fünf Vorträge*, Leipzig/Berlin 1913 (Leipzig [2]1936; Darmstadt [3]1967) sowie Hartwin Brandt, Eduard Schwartz und das Verhältnis von Kirchen- und Reichsgeschichte, in: Heil/Stockhausen, *Crux Interpretum* (wie Anm. 4), 38–50, bes. 40–43.

29 Eduard Schwartz, Philologie und Humanismus [1922], zitiert nach ders., *Gesammelte Schriften* Bd. 1 (wie Anm. 18), 96–109, hier 100.

30 Vgl. Eduard Schwartz, *Gesammelte Schriften*, Bd. 3: *Zur Geschichte des Athanasius*, Berlin 1959 und ders., *Gesammelte Schriften*, Bd. 4: *Zur Geschichte der Alten Kirche und ihres Rechts*, Berlin 1960. Vgl. hierzu auch Christoph Markschies, Eduard Schwartz und die Kirchengeschichte, in: Heil/Stockhausen, *Crux interpretum* (wie Anm. 4), 2–16.

31 Schwartz, Rede zur Eröffnung (wie Anm. 18), 6. Vgl. ders., Wissenschaftlicher Lebenslauf, in:

ders., *Gesammelte Schriften*, Bd. 2 (wie Anm. 27), 1–21, hier 7: »Der alten Kirchengeschichte des Ostens und der griechischen Patristik bekommt es schlecht, daß so wenige klassische Philologen da sind, die mit der orientalischen Überlieferung umgehen können, und die Orientalisten von Beruf dem späten Griechisch meist nicht gewachsen sind.«

32 Vgl. Schwartz, Rede zur Eröffnung (wie Anm. 18), 2 und 7.

33 Vgl. etwa Eduard Schwartz, *Zur Entstehung der Ilias*, Straßburg 1918.

34 Vgl. nur Eduard Schwartz, *Das Geschichtwerk des Thukydides*, Bonn 1919 (^{2}1929, ^{3}1960); vgl. hierzu auch Bruno Bleckmann, Eduard Schwartz und Thukydides, in: Valérie Fromentin et al. (Hg.), *Ombres de Thucydide. La réception de l'historien depuis l'Antiquité jusqu'au début du XXe siècle*, Bordeaux 2010, 539–549 und Mischa Meier, Xyngráphein – Historiographie und das Problem der Zeit. Überlegungen zum Muster der ›Verdichtung‹ in der europäischen Historiographie, in: *Historische Zeitschrift* 300 (2015) 297–340.

35 Vgl. Eduard Schwartz, Aporien im vierten Evangelium I–IV, in: *Nachrichten von der Königlichen Gesellschaft der Wissenschaften zu Göttingen. Philologisch-historische Klasse* 1907, 342–372; 1908, 115–188; 497–560.

36 Rehm, *Eduard Schwartz* (wie Anm. 4), 31.

37 Vgl. Martin Hose, Der Philologe Eduard Schwartz – Die Bedeutung der Philologie für die Patristik, in: Heil/Stockhausen, *Crux interpretum* (wie Anm. 4), 17–35.

38 Schwartz, *Kaiser Constantin* (wie Anm. 28), 34.

39 Meier, Eduard Schwartz (wie Anm. 25), 136 f.

40 Vgl. Stefan Rebenich, *Theodor Mommsen und Adolf Harnack. Wissenschaft und Politik im Berlin des ausgehenden 19. Jahrhunderts*, Berlin/New York 2012, 132; 600–607, Nr. 12 (Brief Harnacks an Mommsen vom 22. Oktober 1890).

41 Schwartz, Wissenschaftlicher Lebenslauf (wie Anm. 31), 6.

42 Vgl. dazu die ironische Bemerkung von Arnaldo Momigliano, Pagan and Christian Historiography in the Fourth Century, in: ders. (Hg.), *The Conflict between Paganism and Christianity in the Fourth Century*, Oxford 1964, 79–99, hier 90: »It was Eduard Schwartz who in one of his most whimsical moments suggested that German professors of *Kirchengeschichte* had been the victims of their poor Greek. They had not understood that Ἐκκλησιαστικὴ ἱστορία did not mean *Kirchengeschichte*, but *Materialien zur Kirchengeschichte*.«

43 Eduard Schwartz, Rede auf Hermann Usener [1906], zitiert nach ders., *Gesammelte Schriften*, Bd. 1 (wie Anm. 18), 301–315, hier 313.

44 Vgl. Schwartz, Wissenschaftlicher Lebenslauf (wie Anm. 31), 7 sowie Uta Heil, Eduard Schwartz im Gespräch mit Adolf Jülicher und Friedrich Loofs. Aus der Korrespondenz vorgestellt, in: dies./Stockhausen, *Crux interpretum* (wie Anm. 4), 146–195, hier 154–158.

45 Vgl. Mommsen, *Reden und Aufsätze* (wie Anm. 19), 459.

46 Eduard Schwatz, Julius Wellhausen [1918], zitiert nach ders., *Gesammelte Schriften*, Bd. 1 (wie Anm. 18), 326–361, hier 341.

47 Die Wahl durch das Plenum erfolgte am 10. Januar 1895 und wurde am 8. März bestätigt. Zum Folgenden vgl. Archiv der Berlin-Brandenburgischen Akademie der Wissenschaften, Akten der Preußischen Akademie der Wissenschaften 1812–1945, II–III,31, Bl. 64, Bl. 70 und Bl. 75–79 sowie Grapow, *Worte des Gedenkens* (wie Anm. 6).

48 Archiv der Berlin-Brandenburgischen Akademie der Wissenschaften, Akten der Preußischen Akademie der Wissenschaften 1812–1945, II–III,31, Bl. 45–48.

49 Vgl. Grapow, *Worte des Gedenkens* (wie Anm. 6), 13 f. (15 f.).
50 Erman/Grapow, *Wörterbuch* (wie Anm. 10) sowie Stephan J. Seidlmayer, Das Ägyptische Wörterbuch an der Berliner Akademie: Entstehung und Konzept, in: Schipper, *Ägyptologie* (wie Anm. *), 169–192 und ders., Vom Raten zum Wissen. Adolf Erman und das Wörterbuch der ägyptischen Sprache an der Berliner Akademie, in: Annette M. Baertschi; Colin G. King (Hg.), *Die modernen Väter der Antike. Die Entwicklung der Altertumswissenschaften an Akademie und Universität im Berlin des 19. Jahrhunderts*, Berlin 2009, 481–501.
51 *Sitzungsberichte der Preußischen Akademie der Wissenschaften* 1895, 743.
52 Vgl. Erman/Grapow, *Wörterbuch* (wie Anm. 10), 17.
53 Ebd. 28.
54 Scharff, Adolf Erman (wie Anm. 13), 24.
55 Zitiert nach Grapow, *Worte des Gedenkens* (wie Anm. 6), 17 (19).
56 Erman/Grapow, *Wörterbuch* (wie Anm. 10), 29.
57 Bremer Staats- und Universitätsbibliothek, Nl. Erman: Brief Sachaus an Erman vom 4. Februar 1917.
58 Vgl. hierzu Heinz J. Thissen, Adolf Erman und die Gründung des Deutschen Archäologischen Instituts in Kairo, in: Schipper, *Ägyptologie* (wie Anm. *), 193–201 und v. a. Susanne Voss, *Die Geschichte der Abteilung Kairo des DAI im Spannungsfeld deutscher politischer Interessen 1881–1929*, Rahden 2013, 35–115.
59 Vgl. Erman, *Mein Werden* (wie Anm. 10), 236; 238. Zu Simon vgl. Olaf Matthes, *James Simon. Mäzen im wilhelminischen Zeitalter*, Berlin 2000; Klaus-Peter Schuster (Hg.), *James Simon. Sammler und Mäzen für die Staatlichen Museen zu Berlin*, Berlin 2001 und Olaf Matthes, *James Simon. Die Kunst des sinnvollen Gebens*, Berlin 2011.
60 Vgl. zum Folgenden Hermann Grapow, *Die Begründung der Orientalischen Kommission von 1912. Aus der Geschichte der Akademie in den letzten fünfzig Jahren* (Deutsche Akademie der Wissenschaften zu Berlin. Vorträge und Schriften, 40), Berlin 1950. Die Schrift, die ausführlich aus den Akten zitiert, diente offenkundig der Legitimation der ägyptologischen und orientalistischen Arbeit an der neu formierten »Deutschen Akademie« in Ostberlin.
61 Vgl. Marchand, *German Orientalism* (wie Anm. 3), 416–426.
62 Vgl. Grapow, *Worte des Gedenkens* (wie Anm. 6), 18 (20) sowie Ermans Korrespondenz mit Eduard Meyer (Umschrift von Gert Audring).
63 Vgl. Mommsen, *Reden und Aufsätze* (wie Anm. 19), 160.
64 Vgl. Erman, *Mein Werden* (wie Anm. 10), 289; Ermann/Grapow, *Wörterbuch* (wie Anm. 10), 34 f. und 70.
65 Vgl. Christa Kirsten (Hg.), *Die Altertumswissenschaften an der Berliner Akademie. Wahlvorschläge zur Aufnahme von Mitgliedern von F. A. Wolf bis zu G. Rodenwaldt 1799–1932*, Berlin 1985, 183 f.; Nr. 72.
66 Ebd. 174 f., Nr. 66.
67 Vgl. Conrad Grau; Wolfgang Schlicker; Liane Zeil, *Die Berliner Akademie der Wissenschaften in der Zeit des Imperialismus, Teil 2: Von der Großen Sozialistischen Oktoberrevolution bis 1933*, Berlin 1975, 165.
68 Vgl. Erman, *Mein Werden* (wie Anm. 10), 92 und 102 (zu seinen Erfahrungen während der Schul- und Studentenzeit).
69 Vgl. Erman/Grapow, *Wörterbuch* (wie Anm. 10), 17 f. und Rebenich, *Mommsen und Harnack* (wie Anm. 40), 163 f.

70 Vgl. Bremer Staats- und Universitätsbibliothek, Nl. Erman: Grapows Briefe an Erman vom 28. Januar und 4. Oktober 1919.
71 Erman/Grapow, Wörterbuch (wie Anm. 10), 22.
72 Rehm, Eduard Schwartz (wie Anm. 4), 65.
73 Eduard Schwartz, Über das Verhältnis der Hellenen zur Geschichte [1920], zitiert nach ders., Gesammelte Schriften, Bd. 1 (wie Anm. 18), 47–66, hier 48 f.
74 Vgl. Rebenich, Mommsen und Harnack (wie Anm. 40), 198–204.
75 Vgl. ebd. 872, Nr. 210 mit Anm. 4.
76 Vgl. ebd. 955, Nr. 268.
77 William M. Calder III.; Robert L. Fowler (Hg.), The Preserved Letters of Ulrich von Wilamowitz-Moellendorff to Eduard Schwartz, München 1986, 30 Anm. 109.
78 Rehm, Eduard Schwartz (wie Anm. 4), 41–47.
79 Ebd. 34.
80 Schwartz, Wissenschaftlicher Lebenslauf (wie Anm. 31), 20.
81 Rehm, Eduard Schwartz (wie Anm. 4), 14 f.
82 Erman, Mein Werden (wie Anm. 10), 290; vgl. Ermann/Grapow, Wörterbuch (wie Anm. 10), 32 f.
83 Vgl. Bremer Staats- und Universitätsbibliothek, Nl. Erman. Zu Ermans Nachlass vgl. Hans Kloft (Hg.), Der Nachlaß Adolf Erman (unter Mitarbeit von Thomas Elsman und Sabine Gorsemann), Bremen 1982.
84 Bremer Staats- und Universitätsbibliothek, Nl. Erman (Brief Eduard Sachaus an Erman vom 4. Februar 1917).
85 Scharff, Adolf Erman (wie Anm. 13), 25.
86 Bremer Staats- und Universitätsbibliothek, Nl. Erman: Briefe Hermann Grapow (Konzept einer Antwort auf Grapows ausführlichen Bericht von seiner Ägyptenreise 1932/33).
87 Zu Schwartz vgl. Arnaldo Momigliano, Premesse per una discussione su Eduard Schwartz [1979], zitiert nach ders., Settimo contributo alla storia degli studi classici e del mondo antico, Rom 1984, 233–244, hier 239 f.
88 Rebenich, Mommsen und Harnack (wie Anm. 40), 877, Nr. 214 Anm. 1 (Brief vom 9. November 1901).
89 Eduard Schwartz, Der Krieg als nationales Erlebnis [1914], zitiert nach ders., Gesammelte Schriften, Bd. 1, (wie Anm. 18), 139–153; ders., Das deutsche Selbstbewußtsein [1915], zitiert nach ebd. 154–171. Vgl. Corinne Bonnet, Le »grand atelier de la Science«. Franz Cumont et l'Altertumswissenschaft. Héritages et émancipations, 2 Bde., Brüssel/Rom 2005, hier Bd. 1, 331 f.
90 Eduard Schwartz, Rede zur Reichsgründungsfeier in München am 17. Januar 1925 [1925], zitiert nach ders., Gesammelte Schriften, Bd. 1 (wie Anm. 18), 239–253.
91 Vgl. Maximilian Schreiber, Altertumswissenschaften im Nationalsozialismus. Die Klassische Philologie an der Ludwig-Maximilians-Universität, in: Elisabeth Kraus (Hg.), Die Universität München im Dritten Reich, Teil 1, München 2006, 181–248, hier 189.
92 Eduard Schwartz, Vom deutschen Studenten [1920], zitiert nach ders., Gesammelte Schriften, Bd. 1 (wie Anm. 18), 254–258, hier 254. Vgl. Luciano Canfora, Politische Philologie. Altertumswissenschaften und moderne Staatsideologien, Stuttgart 1995, 131.
93 Vgl. Kloft, Nachlaß (wie Anm. 83), 15 sowie Hans Kloft, Adolf Erman und die Alte Geschichte. Der Briefwechsel mit Eduard Meyer und Ulrich Wilcken, in: Schipper, Ägyptologie (wie Anm. *), 294–328.

94 Vgl. etwa den Brief Ermans an Harnack vom 16. November 1917, in dem er Gerüchten entgegentrat, der dänische Ägyptologe H. O. Lange sei deutschfeindlich geworden (Staatsbibliothek zu Berlin – Preußischer Kulturbesitz, Nl. Harnack).
95 Vgl. Conrad Grau; Wolfgang Schlicker; Liane Zeil, *Die Berliner Akademie der Wissenschaften in der Zeit des Imperialismus*, Teil 1: *Von den neunziger Jahren des 19. Jahrhunderts bis zur Großen Sozialistischen Oktoberrevolution*, Berlin 1975, 185 f. und Jürgen von Ungern-Sternberg, Wie gibt man dem Sinnlosen einen Sinn? Zum Gebrauch der Begriffe ›deutsche Kultur‹ und ›Militarismus‹ im Herbst 1914, in: Wolfgang J. Mommsen (Hg.), *Kultur und Krieg. Die Rolle der Intellektuellen, Künstler und Schriftsteller im Ersten Weltkrieg*, München 1996, 77–96, hier 81 f.
96 Vgl. Erman, *Mein Werden* (wie Anm. 10), 290.
97 Ebd. 291 f.
98 Ebd. 290.
99 Erman, *Mein Werden* (wie Anm. 10), 42 f.
100 Vgl. Kloft, *Nachlaß* (wie Anm. 83), 14 sowie Calder, *Further Letters* (wie Anm. 9), 5.
101 Zitiert nach Kloft, *Nachlaß* (wie Anm. 83), 43 (Brief vom 30. Mai 1934).
102 Vgl. Peter Th. Walter, ›Arisierung‹, Nazifizierung und Militarisierung. Die Akademie im ›Dritten Reich‹, in: Wolfram Fischer (Hg.), *Die Preußische Akademie der Wissenschaften zu Berlin 1914–1945*, Berlin 2000, 87–118, hier 92 f. und Louise Gestermann; Bernd U. Schipper, Der Nachlass Adolf Ermans in der Staats- und Universitätsbibliothek Bremen, in: *Göttinger Miszellen* 201, 2004, 37–48, hier 39 f.
103 Zitiert nach Kloft, *Nachlaß* (wie Anm. 83), 49.
104 Vgl. Kurt Aland, *Glanz und Niedergang der deutschen Universität. 50 Jahre deutscher Wissenschaftsgeschichte in Briefen an und von Hans Lietzmann (1892–1942)*, Berlin/New York 1979, 759, Nr. 855 (Briefe Ermans an Lietzmann vom 18. Februar 1934); 786, Nr. 883 (15. November 1934); 861, Nr. 969 16. Oktober 1936); Bremer Staats- und Universitätsbibliothek, Nl. Erman: Lietzmanns Brief an Erman am 13. Oktober 1936.
105 Bremer Staats- und Universitätsbibliothek, Nl. Erman: Brief Hintzes an Erman am 30. März 1934.
106 Bremer Staats- und Universitätsbibliothek, Nl. Erman: Briefe Plancks vom 30. April 1933 und 7. Juni 1934.
107 Zitiert nach Conrad Grau; Wolfgang Schlicker; Liane Zeil, *Die Berliner Akademie der Wissenschaften im Zeitalter des Imperialismus*, Teil 3: *Die Jahre der faschistischen Diktatur 1933 bis 1945*, Berlin 1979, 246.
108 Archiv der Berlin-Brandenburgischen Akademie der Wissenschaften, Akten der Preußischen Akademie der Wissenschaften 1812–1945, II–III,44, Bl. 162.
109 Erman/Grapow, *Wörterbuch* (wie Anm. 10), 29.
110 Hermann Grapow, *Meine Begegnung mit einigen Ägyptologen*, Berlin 1973, 42 f.
111 Schwartz, Philologie und Humanismus (wie Anm. 29), 108.
112 Schreiber, Altertumswissenschaften (wie Anm. 91), 205 f.
113 Aland, *Glanz und Niedergang* (wie Anm. 104), 732 f., Nr. 824 (Brief vom 28. April 1933).
114 Schreiber, Altertumswissenschaften (wie Anm. 91).
115 Vgl. ebd. 212. Zu Müller vgl. Matthias Berg, *Karl Alexander von Müller. Historiker für den Nationalsozialismus*, München 2014, bes. 274–290.
116 Aland, *Glanz und Niedergang* (wie Anm. 104), 928, Nr. 1059 (Brief vom 11. November 1938); vgl. 732 f., Nr. 824 (Brief vom 28. April 1933, in dem Schwartz gegen die Politisierung der Hochschulen argumentierte).

117 Personal Papers Eduard Fraenkel; Archiv des Corpus Christi College, Oxford: Ms CCC 551 A I 3.18.
118 Vgl. Schreiber, Altertumswissenschaften (wie Anm. 91), 207f.
119 Rudolf Pfeiffer, *Von der Liebe zur Antike.* Ausgewählt und eingeleitet von Anton Fingerle, Augsburg 1969, 16; zitiert nach Schreiber, Altertumswissenschaften (wie Anm. 91), 208.
120 Schreiber, Altertumswissenschaften (wie Anm. 91), 209; Hans Peter Obermayer, *Deutsche Altertumswissenschaftler im amerikanischen Exil. Eine Rekonstruktion*, Berlin 2013, 267.
121 Personal Papers Eduard Fraenkel; Archiv des Corpus Christi College, Oxford: Ms CCC 551 A I 3.18.
122 Ebd.: Brief an Eduard Fraenkel vom 9. Juli 1935.

13. Die Antike in »Weihen-Stefan«: Platon im Georgekreis

* Das Kapitel beruht auf »Dass ein strahl von Hellas auf euch fiel« – Platon im Georgekreis, in: *George-Jahrbuch* 7, 2008/2009, 115–141 und »May a Ray from Hellas Shine upon Us«: Plato in the George-Circle, in: Helen Roche; Kyriakos Demetriou (Hg.), *Brill's Companion to the Classics, Fascist Italy and Nazi Germany*, Leiden/Boston 2018, 178–204. – Zum Thema vgl. Melissa S. Lane, The Platonic Politics of the George Circle, in: dies.; Martin A. Ruehl (Hg.), *A Poet's Reich: Politics and Culture in the George Circle*, Rochester 2011, 133–163; Christian Oestersandford, Antikezeption, in: Achim Aurnhammer et al. (Hg.), *Stefan George und sein Kreis. Ein Handbuch*, 3 Bde., Berlin/Boston 2012, hier Bd. 1, 647–671; Richard Pohle, *Platon als Erzieher. Platonrenaissance und Antimodernismus in Deutschland (1890–1933)*, Göttingen 2017, bes. 111–147 und 216–249 und Robert E. Norton, Platon im George-Kreis, in: Dirk Steuernagel (Hg.), *Altertumswissenschaften in Deutschland und Italien. Zeit des Umbruchs (1870–1940)*, Regensburg 2018, 191–204.
1 Ernst Eugen Starke, *Das Plato-Bild des George Kreises*, Diss. Köln 1959, 9 mit 215f. Vgl. auch Robert Boehringer, *Mein Bild von Stefan George*, Düsseldorf 1951, 222f.
2 Pohle, *Platon* (wie Anm. *), 114.
3 Vgl. Robert E. Norton, *Secret Germany: Stefan George and his Circle*, Ithaca/London 2002, 157f.
4 Johann B. Schoemann, Stefan George verdeutlicht durch Kurt Singers Platon, in: *Philosophisches Jahrbuch der Görres-Gesellschaft* 42, 1929, 323–341.
5 Hans Leisegang, *Die Platondeutung der Gegenwart*, Karlsruhe 1929, 44.
6 Starke, *Plato-Bild* (wie Anm. 1), 3.
7 Starke, *Plato-Bild* (wie Anm. 1), 212–214.
8 So bereits Franz Josef Brecht, *Platon und der George-Kreis*, Leipzig 1929, 55.
9 Schon Max Weber hatte im Georgekreis ein interessantes Beispiel für ein charismatisches Führertum in der Neuzeit erkannt. In dem Jüngerkreis sah er wirtschaftlich unabhängige Rentiers, die sich ihre künstlerische Schwärmerei für »Weihen-Stefan«, wie er George nannte, leisten konnten. Vgl. Joachim Radkau, *Max Weber. Die Leidenschaft des Denkens*, Hamburg 2005, 468–471; Manfried Riedel, *Geheimes Deutschland. Stefan George und die Brüder Stauffenberg*, Köln 2006, 84–92 und vor allem Thomas Karlauf, *Stefan George. Die Entdeckung des Charisma*, München 2007, 410–418.
10 Carola Groppe, *Die Macht der Bildung. Das deutsche Bürgertum und der George-Kreis 1890–1933*, Köln 2001, 627.
11 Zu Wechselwirkungen vgl. Groppe, *Macht* (wie Anm. 10), bes. 640–650; Rainer Kolk, *Literarische*

13. DIE ANTIKE IN »WEIHEN-STEFAN« 445

Gruppenbildung. Am Beispiel des George-Kreises 1890–1945, Tübingen 1998, bes. 465–482 sowie Giancarlo Lacchin, Stefan George e l'antichità. Lineamenti di una filosofia dell'arte, Lugano 2006.

12 Vgl. z. B. Friedrich Wolters, Stefan George und die Blätter für die Kunst. Deutsche Geistesgeschichte ab 1890, Berlin 1930, 430–432.

13 Vgl. z. B. Starke, Plato-Bild (wie Anm. 1), 21 und 221.

14 Vgl. v. a. Erich von Kahler, Der Beruf der Wissenschaft, Berlin 1920 sowie Richard Pohle, Max Weber und die Krise der Wissenschaft. Eine Debatte in Weimar, Göttingen 2009.

15 Vgl. Starke, Plato-Bild (wie Anm. 1) 10 f.

16 Vgl. dazu etwa Groppe, Macht (wie Anm. 10), 122 mit Anm. 17.

17 In Georges Bibliothek haben sich Ausgaben dieser drei platonischen Schriften erhalten; vgl. Karlauf, Stefan George (wie Anm. 9), 713 Anm. 18.

18 Vgl. Hans Jürgen Apel; Stefan Bittner, Humanistische Schulbildung 1890–1945. Anspruch und Wirklichkeit der altertumskundlichen Unterrichtsfächer, Köln/Weimar/Wien 1994, 67 f. und 114.

19 Vgl. z. B. Elisabeth Susanne Stahl, Correspondances. Ein forschungsgeschichtlicher Überblick über den Bildbegriff Charles Baudelaires, Heidelberg 1999.

20 Blätter für die Kunst 4, 1/2, November 1897, 4.

21 Vgl. Klaus Landfried, Stefan George. Politik des Unpolitischen, Heidelberg 1975, 223.

22 Heinz Raschel, Das Nietzsche-Bild im George-Kreis. Ein Beitrag zur Geschichte der deutschen Mythologeme, Berlin/New York 1984.

23 Vgl. Steven E. Aschheim, Nietzsche und die Deutschen. Karriere eines Kults, Stuttgart 2000, 72–85.

24 Vgl. Kurt Hildebrandt, Erinnerungen an Stefan George und seinen Kreis, Bonn 1965, 79 und Karlauf, Stefan George (wie Anm. 9), 401 f.

25 Vgl. bes. Platons Gastmahl. Übertragen und eingeleitet von Kurt Hildebrandt, Leipzig 1912.

26 Vgl. bereits Brecht, Platon (wie Anm. 8), 31.

27 Vgl. Helmut Holzhey, Platon im Neukantianismus, in: Theo Kobusch; Burkhard Mojsisch (Hg.), Platon in der abendländischen Geistesgeschichte, Darmstadt 1997, 226–240 sowie Karl-Heinz Lembeck, Platon in Marburg. Platon-Rezeption und Philosophiegeschichtsphilosophie bei Cohen und Natorp, Würzburg 1994.

28 Heinrich Friedemann, Platon. Seine Gestalt, Berlin 1914, 31. Die zweite Auflage von 1931 erschien mit einem Nachwort von Kurt Hildebrandt. Zu Friedemann vgl. Franziska Merklin, Heinrich Friedemann, in: Aurnhammer, Stefan George (wie Anm. *), Bd. 3, 1363–1365 sowie Pohle, Platon (wie Anm. *), 133–138.

29 Friedemann, Platon (wie Anm. 28), 89.

30 Friedemann, Platon (wie Anm. 28), 138.

31 Wolters, Stefan George (wie Anm. 12), 431.

32 Kurt Weigand, Von Nietzsche zu Platon, in: Eckard Heftrich et al. (Hg.), Stefan George Kolloquium, Köln 1971, 67–87, hier 71; vgl. Pohle, Platon (wie Anm. *), 137: »All diese Vorstellungen haben mit Friedemanns Bild vom Kreis um George viel, mit Platon jedoch kaum etwas zu tun.«

33 Friedemann, Platon (wie Anm. 28), 139.

34 Friedemann, Platon (wie Anm. 28), 117.

35 Friedemann, Platon (wie Anm. 28), 134 f.; vgl. Gert Mattenklott, ›Die Griechen sind zu gut zum schnuppern, schmecken und beschwatzen‹. Die Antike bei George und in seinem Kreis, in: Bernd Seidensticker; Martin Vöhler (Hg.), Urgeschichten der Moderne. Die Antike im 20. Jahrhundert, Stuttgart/Weimar 2001, 234–248, hier 245.

36 Friedemann, *Platon* (wie Anm. 28), 32.
37 Friedemann, *Platon* (wie Anm. 28), 22.
38 Weigand, *Nietzsche* (wie Anm. 32), 78 (Hervorhebungen im Original).
39 Vgl. Weigand, *Nietzsche* (wie Anm. 32), 78; Groppe, *Macht* (wie Anm. 10), 418.
40 Friedemann, *Platon* (wie Anm. 28), 139.
41 Vgl. Ernst Glöckner, *Begegnung mit Stefan George. Auszüge aus seinen Briefen an Ernst Bertram und Tagebüchern*, hg. v. Friedrich Adam, Heidelberg 1972, 83; Hildebrandt, *Erinnerungen* (wie Anm. 24), 101 sowie Norton, *Secret Germany* (wie Anm. 3), 531.
42 Paul Natorp, *Platos Ideenlehre*, Berlin ²1921 (ND Hamburg 2004), 511. Die erste Auflage erschien Leipzig 1903.
43 Vgl. Esther Sophia Sünderhauf, *Griechensehnsucht und Kulturkritik. Die deutsche Rezeption von Winckelmanns Antikeideal 1840–1945*, Berlin 2004, 212–239, bes. 217–221.
44 Ulrich Raulff, Der Dichter als Führer: Stefan George, in: ders. (Hg.), *Vom Künstlerstaat. Ästhetische und politische Utopien*, München/Wien 2006, 127–143, hier 127.
45 Vgl. Weigand, *Nietzsche* (wie Anm. 32), 72.
46 Kurt Singer, *Platon und das Griechentum. Ein Vortrag*, Heidelberg 1920.
47 Kurt Singer, *Platon der Gründer*, München 1927.
48 Edgar Salin, *Platon und die griechische Utopie*, München/Leipzig 1921.
49 Kurt Hildebrandt, *Nietzsches Wettkampf mit Sokrates und Platon*, Dresden 1922 (Celle ²1926).
50 Kurt Hildebrandt, *Platon. Der Kampf des Geistes um die Macht*, Berlin 1933 (= *Platon. Logos und Mythos*, Berlin ²1959); vgl. *Platon. Der Staat*. Deutsch von August Horneffer, eingeleitet von Kurt Hildebrandt, Leipzig 1933 (Stuttgart ¹⁰1951). Zu Hildebrandt vgl. Ulrich Raulff, *Kreis ohne Meister. Stefan Georges Nachleben*, München 2009, 122–39, 361–73; Stefan Breuer, Kurt Hildebrandt, in: Aurnhammer, *Stefan George* (wie Anm. *), Bd. 3, 1430–1434; Pohle, *Platon* (wie Anm. *), 121–133; 227–232; 234–241 und Norton, *Platon* (wie Anm. *), 196–203.
51 Vgl. Wolters, *Stefan George* (wie Anm. 12), 395.
52 Vgl. Brecht, *Platon* (wie Anm. 8), 57 f.
53 Vgl. Brecht, *Platon* (wie Anm. 8), 58 und 68 f.
54 *Jahrbuch für die geistige Bewegung* 2, 1911, 137–158.
55 Friedemann, *Platon* (wie Anm. 28), 65 und 100.
56 Friedemann, *Platon* (wie Anm. 28), 32.
57 Salin, *Utopie* (wie Anm. 48), 9.
58 Vgl. Friedemann, *Platon* (wie Anm. 28), 121.
59 Singer, *Platon der Gründer* (wie Anm. 47), 48.
60 Friedemann, *Platon* (wie Anm. 28), 62; vgl. Salin, *Utopie* (wie Anm. 48), 112 f.
61 Hildebrandt, *Kampf* (wie Anm. 50), 92.
62 Kurt Hildebrandt, Agape und Eros bei George, in: *Deutsche Vierteljahresschrift für Literaturwissenschaft und Geistesgeschichte* 28, 1954, 84–101, hier 101. Vgl. ebd. 84: »Im Eros kann dem Menschen das Erlebnis des Göttlichen geschenkt werden. Aber wirkliche Epiphanie des Gottes, Vergegenwärtigung, kann nur in der Gemeinschaft geschehen.«
63 Vgl. Mattenklott, Antike bei George (wie Anm. 35), 247.
64 Friedemann, *Platon* (wie Anm. 28), 54.
65 Salin, *Utopie* (wie Anm. 48), 13; 28.
66 Hildebrandt, *Kampf* (wie Anm. 50), 386.

67 Hildebrandt, Kampf (wie Anm. 50), 92.
68 Hildebrandt, Kampf (wie Anm. 50), 293.
69 Hildebrandt, Kampf (wie Anm. 50), 153.
70 Renata von Scheliha, Dion. Die Platonische Staatsgründung in Sizilien, Leipzig 1934, VII.
71 Jürgen Paul Schwindt, (Italo)Manie und Methode. Stefan George und Ulrich von Wilamowitz-Moellendorffs Streit um das ›richtige‹ Antikebild, in: Wolfgang Lange; Norbert Schnitzler (Hg.), Deutsche Italomanie in Kunst, Wissenschaft und Politik, München 2000, 21–39, hier 37.
72 Vgl. Teresa Orozco, Die Platon-Rezeption in Deutschland um 1933, in: Ilse Korotin (Hg.), »Die Besten Geister der Nation.« Philosophie und Nationalsozialismus, Wien 1994, 141–185.
73 Hans-Georg Gadamer, Die neue Platoforschung, in: Logos 22, 1933, 63–79 (= ders., Gesammelte Werke, Bd. 5, Tübingen 1985, 212–229), hier 63 (212).
74 Werner Jaeger, Platons Stellung im Aufbau der griechischen Bildung. Ein Entwurf, Berlin/Leipzig 1928.
75 Julius Stenzel, Platon der Erzieher, Leipzig 1928; vgl. ders., Wissenschaft und Staatsgesinnung bei Platon. Rede zur Reichsgründungsfeier der Christian-Albrechts-Universität am 18. Januar 1927, Kiel 1927 und ders., Sokrates, Leipzig 1926 (vgl. RE III A 1, 1927, 811–890). Zu Stenzel vgl. Pohle, Platon (wie Anm. *), 272–278.
76 Paul Friedländer, Platon, Bd. 1: Eidos, Paideia, Dialogos, Bd. 2: Die platonischen Schriften, Berlin/Leipzig 1928/30 (2. Aufl. in drei Bänden Berlin 1954–1960).
77 Vgl. Ernst Moritz Manasse, Bücher über Platon. 1. Werke in deutscher Sprache, in: Philosophische Rundschau 5, Beiheft 1, Tübingen 1957, 1–61, hier 12 f.
78 Ludwig Hatvany, Die Wissenschaft des Nicht Wissenswerten, Leipzig 1908 (2. Auflage Berlin 1911; Nachdruck mit einem Vorwort von Hugh Lloyd-Jones, Oxford 1986), 17.
79 Vgl. die Belege bei Starke, Plato-Bild (wie Anm. 1), 22 f.
80 Weigand, Nietzsche (wie Anm. 32); Schwindt, (Italo)Manie (wie Anm. 71), 35–37; Mattenklott, Antike bei George (wie Anm. 35), 245–248.
81 Vgl. Kurt Hildebrandt, Hellas und Wilamowitz (Zum Ethos der Tragödie), in: Jahrbuch für die geistige Bewegung 1, 1910, 64–114.
82 Ulrich von Wilamowitz-Moellendorf, Platon, Bd. 1: Leben und Werke, Bd. 2: Beilagen und Textkritik, Berlin 1919 (^{2}1920; Bd. 1: ^{4}1948; Bd. 2: ^{3}1962).
83 Vgl. Margherita Isnardi Parente, Rileggendo il ›Platon‹ di Ulrich von Wilamowitz-Moellendorff, in: Annali della Scuola Normale Superiore di Pisa. Classe di lettere e filosofia. Ser. III, Bd. 3, 1973, 147–163 und Luciano Canfora, Wilamowitz: ›Politik‹ in der Wissenschaft, in: William M. Calder III. et al. (Hg.), Wilamowitz nach 50 Jahren, Darmstadt 1985, 56–79, hier 64–68 (= Luciano Canfora, Politische Philologie. Altertumswissenschaften und moderne Staatsideologien, Stuttgart 1995, 61–89, hier 71–75).
84 Arnaldo Momigliano, Premesse per una discussione su Wilamowitz [1973], zitiert nach: ders., Sesto contributo alla storia degli studi classici e del mondo antico, Bd. 1, Rom 1980, 337–349, hier 348.
85 Richard Harder, Rezension zu: Franz Josef Brecht, Platon und der George-Kreis, Leipzig 1929, in: Deutsche Literaturzeitung 51, 1930, 972–982, hier 976.
86 Vgl. Ulrich K. Goldschmidt, Wilamowitz and the ›Georgekreis‹. New Documents, in: Calder et al. (Hg.), Wilamowitz (wie Anm. 83), 583–612, hier 587 f. (vgl. ders., Studies in Comparison, New York 1989, 125–162) sowie Karlauf, Stefan George (wie Anm. 9), 441–442.
87 Wolters, Stefan George (wie Anm. 12), 487.
88 Wilamowitz, Platon (wie Anm. 82), Bd. 1, 438 f.
89 Leisegang, Platondeutung (wie Anm. 5), 48–52.

90 Leisegang, *Platondeutung* (wie Anm. 5), 153 f.
91 Harder, Rezension (wie Anm. 85), 975.
92 Vgl. Groppe, *Macht* (wie Anm. 10), 550–560; Christian Tilitzki, *Die deutsche Universitätsphilosophie in der Weimarer Republik umd im Dritten Reich*, Bd. 1, Berlin 2002, 336 f. und Pohle, *Platon* (wie Anm. *), 207 f.
93 Vgl. William M. Calder III.; Bernhard Huß (Hg.), »*The Wilamowitz in Me.*« *100 Letters between Ulrich von Wilamowitz-Moellendorff and Paul Friedländer (1904–1931)*, Los Angeles 1999, 141–151, Nr. 75. – Zu Friedländer vgl. Kay Ehling, *Paul Friedländer. Ein klassischer Philologe zwischen Wilamowitz und George*, Berlin/Leipzig 2019 sowie Domenico Accorinti, Paul Friedländer: tra Wilamowitz e George, in: *Eikasmos* 31, 2020, 377–388. Zu seinem Verhältnis zum Georgekreis vgl. Pohle, *Platon* (wie Anm. *), 278–281 und Barbara Stiewe, Das geistige Klima im Marburg der 1920er Jahre – am Beispiel von Paul Friedländer, in: Volker Losemann; Kai Ruffing (Hg.), *In solo barbarico ... Das Seminar für Alte Geschichte der Philipps-Universität Marburg von seinen Anfängen bis in die 1960er Jahre*, Münster/New York 2018, 307–328.
94 Calder/Huß (Hg.), *100 Letters* (wie Anm. 93), 143.
95 Vgl. Winfried Bühler, Paul Friedländer, in: *Gnomon* 41, 1969, 619–623, hier 623.
96 Vgl. Arnaldo Momigliano, Premesse per una discussione su Karl Reinhardt [1975], zitiert nach ders., *Sesto contributo* (wie Anm. 84), 351–359; Ernst Vogt, Wilamowitz und die Auseinandersetzung seiner Schüler mit ihm, in: Calder et al., *Wilamowitz* (wie Anm. 83), 613–631 (= ders., *Literatur der Antike und Philologie der Neuzeit. Ausgewählte Aufsätze*, Berlin/Boston 2013, 335–357) und Uvo Hölscher, Strömungen in der deutschen Gräzistik in den zwanziger Jahren, in: Hellmut Flashar (Hg.), *Altertumswissenschaft in den 20er Jahren. Neue Fragen und Impulse*, Stuttgart 1995, 65–85.
97 Calder/Huß (Hg.), *100 Letters* (wie Anm. 93), 144.
98 Hölscher, Strömungen (wie Anm. 96), 72.
99 Vgl. Gadamer, Platoforschung (wie Anm. 73), 75.
100 Vgl. Hildebrandt, *Erinnerungen* (wie Anm. 24), 189 Anm. 27.
101 Vgl. Barbara Stiewe, *Der »Dritte Humanismus«. Aspekte deutscher Griechenrezeption vom George-Kreis bis zum Nationalsozialismus*, Berlin/Boston 2011 sowie Pohle, *Platon* (wie Anm. *), bes. 249–272.
102 Vgl. William M. Calder III. (Hg.), *Werner Jaeger Reconsidered*, Atlanta 1990 sowie Colin Guthrie King; Roberto Lo Presti (Hg.), *Werner Jaeger. Wissenschaft, Bildung, Politik*, Berlin 2017; zur historischen Kontextualisierung des »Dritten Humanismus« vgl. bes. Manfred Landfester, Werner Jaegers Konzepte von Wissenschaft und Bildung als Ausdruck des Zeitgeistes, ebd. 5–50.
103 Vgl. Werner Jaeger, *Paideia. Die Formung des griechischen Menschen*, Bd. 3, Berlin ³1959, 343 f.
104 Vgl. Andrea Follak, *Der »Aufblick zur Idee«. Eine vergleichende Studie zur Platonischen Pädagogik bei Friedrich Schleiermacher, Paul Natorp und Werner Jaeger*, Göttingen 2005.
105 Werner Jaeger, Antike und Humanismus, Leipzig 1925 (= ders., *Humanistische Reden und Vorträge*, Berlin ²1960, 103–116).
106 Vgl. Gadamer, *Gesammelte Werke*, Bd. 5 (wie Anm. 73), 3–163.
107 Vgl. François Renaud, *Die Resokratisierung Platons. Die platonische Hermeneutik Hans-Georg Gadamers*, Sankt Augustin 1999.
108 Vgl. dazu die im fünften Band seiner Gesammelten Werke (wie Anm. 73) wiederabgedruckten Schriften, bes. über »Die neue Platoforschung« (1933), »Plato und die Dichter« (1934) und »Platos Staat der Erzieher«. Vgl. hierzu Teresa Orozco, *Platonische Gewalt. Gadamers politische Hermeneutik der NS-Zeit*, Hamburg 1995 und Richard Wolin, Unwahrheit und Methode. Gadamer und die

Zweideutigkeiten der ›inneren Emigration‹, in: *Internationale Zeitschrift für Philosophie* 1, 2001, 7–32; Frank-Rutger Hausmann, Unwahrheit als Methode? Zu Hans-Georg Gadamers Publikationen im »Dritten Reich«, in: *Internationale Zeitschrift für Philosophie* 1, 2001, 33–54.
109 Gadamer, *Gesammelte Werke*, Bd. 5 (wie Anm. 73), 197.
110 Gadamer, *Gesammelte Werke*, Bd. 5 (wie Anm. 73), 201.
111 Gadamer, *Gesammelte Werke*, Bd. 5 (wie Anm. 73), 249 f. Vgl. Frank-Rutger Hausmann, *»Deutsche Geisteswissenschaft« im Zweiten Weltkrieg. Die »Aktion Ritterbusch« (1940–1945)*, Heidelberg ³2007, 128 f.
112 Groppe, *Macht* (wie Anm. 10), 625.
113 Gadamer, *Gesammelte Werke*, Bd. 5 (wie Anm. 73), 332.

Mitten im 20. Jahrhundert

14. Zwischen Verweigerung und Anpassung: Die Altertumswissenschaften im »Dritten Reich«

* Das Kapitel fußt auf »Zwischen Verweigerung und Anpassung. Die Altertumswissenschaften im ›Dritten Reich‹«, in: Susanne Bickel et al. (Hg.), *Ägyptologen und Ägyptologien zwischen Kaiserreich und Gründung der beiden deutschen Staaten. Reflexionen zur Geschichte und Episteme eines altertumswissenschaftlichen Fachs im 150. Jahr der »Zeitschrift für Ägyptische Sprache und Altertumskunde«*, Berlin 2013, 13–35 und »Nationalsozialismus und Alte Geschichte. Kontinuität und Diskontinuität in Forschung und Lehre«, in: Isolde Stark (Hg.), *Elisabeth Charlotte Welskopf und die Alte Geschichte in der DDR*, Stuttgart 2005, 42–64. – Zum Thema liegen inzwischen zahlreiche wissenschafts-, universitäts- und disziplinengeschichtliche Untersuchungen vor. Grundlegend für die Altertumswissenschaften bleibt die Pionierstudie von Volker Losemann, *Nationalsozialismus und Antike. Studien zur Entwicklung des Faches Alte Geschichte 1933–1945*, Hamburg 1977; einschlägig sind zudem zahlreiche seiner Aufsätze, die nun gesammelt vorliegen: Volker Losemann, *Klio und der Nationalsozialismus. Gesammelte Schriften zur Wissenschafts- und Rezeptionsgeschichte*, Wiesbaden 2017. Konzise Überblicke stammen von Frank-Rutger Hausmann, *Die Geisteswissenschaften im »Dritten Reich«*, Frankfurt a. M. 2011, 349–414; Volker Losemann; Hans-Ernst Mittig, Nationalsozialismus, in: *Der Neue Pauly* 15/1, 2001, 723–767; Josef Wiesehöfer, Alte Geschichte, in: Jürgen Elvert; Jürgen Nielsen-Sikora (Hg.), *Kulturwissenschaften und Nationalsozialismus*, Stuttgart 2008, 210–222. Darüber hinaus sei verwiesen auf Beat Näf, *Von Perikles zu Hitler? Die athenische Demokratie und die deutsche Althistorie bis 1945*, Bern 1986; ders. (Hg.), *Antike und Altertumswissenschaft in der Zeit von Faschismus und Nationalsozialismus*, Mandelbachtal/Cambridge 2001; Alexander Demandt, Klassik als Klischee. Hitler und die Antike, in: *Historische Zeitschrift* 274, 2002, 281–313; Johann Chapoutot, *Le national-socialisme et l'Antiquité*, Paris 2008 (deutsche Ausgabe: *Der Nationalsozialismus und die Antike*, Darmstadt 2014; englische Ausgabe: *Greeks, Romans, Germans. How the Nazis Usurped Europe's Classical Past*, Oakland 2016); Claudia Deglau, *Der Althistoriker Franz Hampl zwischen Nationalsozialismus und Demokratie. Kontinuität und Wandel im Fach Alte Geschichte*, Wiesbaden 2017; Helen Roche; Kyriakos Demetriou (Hg.), *Brill's Companion to the Classics, Fascist Italy and Nazi Germany*, Leiden/Boston 2018; Julia Hell, *The Conquest of Ruins. The Third Reich and the Fall of Rome*, Chicago 2019 und Michael Sommer; Tassilo Schmitt (Hg.), *Von Hannibal zu Hitler. »Rom und Karthago« 1943 und die deutsche Altertumswissenschaft im Nationalsozialismus*, Darmstadt 2019. – Für die Klassische Archäologie

sind einschlägig: Stefan Altekamp, Klassische Archäologie und Nationalsozialismus, in: Elvert/
Nielsen-Sikora, Kulturwissenschaften, a. a. O., 167–209; ders., Classical Archaeology in Nazi Germany, in: Roche/Demetriou, Companion, a. a. O., 289–324; Marie Vigener, »Ein wichtiger kulturpolitischer Faktor«. Das Deutsche Archäologische Institut zwischen Wissenschaft und Politik, 1918–1954, Rahden 2012 sowie Gunnar Brands; Martin Maischberger (Hg.), Lebensbilder. Klassische Archäologen und der Nationalsozialismus, 2 Bde., Rahden 2012/16. – Für die Klassische Philologie fehlt es noch immer an übergreifenden und synthetisierenden Studien; vgl. jedoch Luciano Canfora, Politische Philologie. Altertumswissenschaft und moderne Staatsideologien, Stuttgart 1995; Cornelia Wegeler, »... wir sagen ab der internationalen Gelehrtenrepublik.« Altertumswissenschaft und Nationalsozialismus. Das Göttinger Institut für Altertumskunde 1921–1962, Wien/Köln/Weimar 1996; Jürgen Malitz, Klassische Philologie, in: Eckhard Wirbelauer (Hg.), Die Freiburger Philosophische Fakultät 1920–1960. Mitglieder – Strukturen – Vernetzungen, Freiburg i. Br./München 2006, 303–364; zitiert nach der um einen Dokumentenanhang erweiterten Fassung http://www.gnomon.ku-eichstaett.de/LAG/articles.html [20.12.2020]. – Auch andere altertumswissenschaftliche Disziplinen haben sich inzwischen ihrer Fachgeschichte im »Dritten Reich« zugewandt; hier seien vor allem die Studien von Susanne Voss und Thomas L. Gertzen zur Ägyptologie genannt (vgl. Thomas L. Gertzen, Einführung in die Wissenschaftsgeschichte der Ägyptologie, Berlin 2017 mit weiterer Literatur); zur Altorientalistik vgl. Johannes Renger in: Elvert/Nielsen-Sikora, Kulturwissenschaften, a. a. O., 469–502. – Wichtig sind zudem (fächerübergreifende) Darstellungen zu einzelnen Universitäten, wie sie etwa Martina Pesditschek, Wien war anders – Das Fach Alte Geschichte und Altertumskunde, in: Mitchell G. Ash; Wolfram Nieß; Ramon Pils (Hg.), Geisteswissenschaften im Nationalsozialismus. Das Beispiel der Universität Wien, Wien 2010, 287–316; Maximilian Schreiber, Altertumswissenschaften im Nationalsozialismus, in: Elisabeth Kraus (Hg.), Die Universität München im Dritten Reich, Bd. 1, München 2006, 181–248 und Roland Färber; Fabian Link (Hg.), Die Altertumswissenschaften an der Universität Frankfurt 1914–1950, Basel 2019 vorgelegt haben.

1 Zur Situation der Geschichtswissenschaft an der Universität Leipzig im »Dritten Reich« vgl. Ulrich von Hehl; Uwe John; Manfred Rudersdorf (Hg.), Geschichte der Universität Leipzig 1409–2009, Bd. 4.1, Leipzig 2009, 176–184.
2 Universitätsarchiv Leipzig, PA 134 (Helmut Berve), Bl. 30 f.: Entwurf des Schreibens von H. Heimpel vom 14.10.1938 (Hervorhebung im Original). Die Kenntnis des Schreiben Dokuments verdanke ich Dr. Ulf Morgenstern.
3 Vgl. Ulrich Raulff, Ein Historiker im 20. Jahrhundert: Marc Bloch, Frankfurt a. M. 1995, 184 f.
4 Vgl. Wolfgang Bernard, Der verweigerte Eid: Der Gräzistikprofessor Kurt von Fritz, in: Gisela Boeck; Hans-Uwe Lammel (Hg.), Die Universität Rostock in den Jahren 1933–1945, Rostock 2012, 71–90 sowie Hans Peter Obermayer, Deutsche Altertumswissenschaftler im amerikanischen Exil. Eine Rekonstruktion, Berlin/Boston 2014, 221–402.
5 Bruno Snell, Das i-ah des Goldenen Esels, in: Hermes 70, 1935, 355 f. mit ders., Gesammelte Schriften, Göttingen 1966, 201 Anm. *. Vgl. William Beck; Dieter Irmer (Hg.), Fünfzig Jahre Thesaurus 1944–1994, Hamburg 1996, 32–34 sowie allg. Gerhard Lohse, Klassische Philologie und Zeitgeschehen. Zur Geschichte eines Seminars an der Hamburger Universität in der Zeit des Nationalsozialismus, in: Eckart Krause; Ludwig Huber; Holger Fischer (Hg.), Hochschulalltag im »Dritten Reich«. Die Hamburger Universität 1933–1945, Teil 2, Berlin/Hamburg 1991, 775–826.
6 Vgl. Stefan Rebenich, Deutsche Eindrücke. Alfred Heuß über das Dritte Reich im August 1934, in: Zeitschrift für Ideengeschichte 6/1, 2012, 85–94.

7 Vgl. hierzu Christhard Hoffmann, *Juden und Judentum im Werk deutscher Althistoriker des 19. und 20. Jahrhunderts*, Leiden 1988.
8 Zitiert nach Otto Gerhard Oexle, »Zusammen mit Baal«. Über die Mentalitäten deutscher Geisteswissenschaftler 1933 – und nach 1945, in: *Historische Anthropologie* 8, 2000, 1–27, hier 16 f.
9 Zitiert nach Christian Jansen, *Professoren und Politik. Politisches Denken und Handeln der Heidelberger Hochschullehrer 1914–1935*, Göttingen 1992, 74.
10 Zum Folgenden vgl. Stefan Rebenich, Alte Geschichte zwischen Demokratie und Diktatur. Der Fall Helmut Berve, in: *Chiron* 31, 2001, 457–496 sowie Jasmin Welte, *Helmut Berve (1896–1979). Eine Biographie*, Diss. phil. Bern 2020, bes. 51–269. – Zu Weber vgl. Wilfried Nippel, Alte Geschichte 1885–1945, in: Heinz-Elmar Tenorth (Hg.), *Geschichte der Universität unter den Linden 1810–2010*, Bd. 5: *Transformation der Wissensordnung*, Berlin 210, 323–343, hier 335–343 und Claudia Deglau, »Hat man den Germanen dafür gedankt?« Wilhelm Webers Verbindungen zum Sicherheitsdienst des Reichsführers SS und sein »wissenschaftlicher Kriegseinsatz« im Zweiten Weltkrieg, in: Kai Ruffing; Kerstin Droß-Krüpe (Hg.), *Emas non quod opus est, sed quod necesse est. Beiträge zur Wirtschafts-, Sozial-, Rezeptions- und Wissenschaftsgeschichte der Antike*, Wiesbaden 2018, 493–545.
11 *Bekenntnis der Professoren an den deutschen Universitäten und Hochschulen zu Adolf Hitler und dem nationalsozialistischen Staat*, Dresden o. J. [1933], 135.
12 Vgl. dazu Bernd Faulenbach, Die »nationale Revolution« und die deutsche Geschichte. Zum zeitgenössischen Urteil der Historiker, in: Wolfgang Michalka (Hg.), *Die nationalsozialistische Machtergreifung*, Paderborn 1984, 357–371; Karen Schönwälder, *Historiker und Politik. Geschichtswissenschaft im Nationalsozialismus*, Frankfurt a. M. 1992, 20–65 und Ursula Wolf, *Litteris et Patriae. Das Janusgesicht der Historie*, Stuttgart 1996, 119–123.
13 Helmut Berve, *Perikles*, Leipzig 1940, 7 und 28.
14 Hierzu grundlegend Frank-Rutger Hausmann, *»Deutsche Geisteswissenschaft« im Zweiten Weltkrieg. Die »Aktion Ritterbusch«*, Heidelberg ³2007; vgl. bes. 99 und 116–129.
15 Helmut Berve (Hg.), *Das neue Bild der Antike*, 2 Bde., Leipzig 1942, Zitat Bd. 1, 6.
16 Vgl. Richard Walther Darré, *Das Bauerntum als Lebensquell der Nordischen Rasse*, München 1929. Zu Darré vgl. Chapoutot, Nationalsozialismus (wie Anm. *), bes. 237 f. und 285–292 sowie Horst Gies, *Richard Walther Darré. Der »Reichsbauernführer«, die nationalsozialistische »Blut und Boden«-Ideologie und die Machteroberung Hitlers*, Wien/Köln/Weimar 2019.
17 Vgl. Martina Pesditschek, *Barbar, Kreter, Arier. Leben und Werk des Althistorikers Fritz Schachermeyr*, 2 Bde., Saarbrücken 2009.
18 Vgl. Jürgen Malitz, Römertum im ›Dritten Reich‹. Hans Oppermann, in: Peter Kneissl; Volker Losemann (Hg.), *Imperium Romanum. Studien zu Geschichte und Rezeption. Festschrift für Karl Christ zum 75. Geburtstag*, Stuttgart 1998, 519–543.
19 Vgl. Diemuth Königs, *Joseph Vogt. Ein Althistoriker in der Weimarer Republik und im Dritten Reich*, Basel 1995 (mit den Rezensionen von Karl Christ, Homo novus, in: *Historia* 44, 1995, 504–507; Jürgen Deininger in: *Gymnasium* 104, 1997, 345–348 und Wilfried Nippel in: *Gnomon* 70, 1998, 373–375) sowie Michael Sommer, »Die Entartung des Römertums«. Joseph Vogt über: Das Puniertum und die Dynastie des Septimius Severus, in: ders./Schmitt, *Von Hannibal zu Hitler* (wie Anm. *), 235–246.
20 Vgl. Hans K. F. Günther, *Rassengeschichte des hellenischen und des römischen Volkes*, München 1929, bes. 37–42 und ders., Der Einschlag nordischer Rasse im hellenischen Volke, in: *Vergangenheit und Gegenwart* 25, 1935, 529–547.

21 Helmut Berve, Antike und nationalsozialistischer Staat, in: *Vergangenheit und Gegenwart* 24, 1934, 257–272.
22 Vgl. z. B. Fritz Schachermeyr, Die Aufgaben der Alten Geschichten im Rahmen der nordischen Weltgeschichte, in: *Vergangenheit und Gegenwart* 23, 1933, 589–600.
23 Vgl. Volker Losemann, Die Dorier im Deutschland der dreißiger und vierziger Jahre, in: William M. Calder III.; Renate Schlesier (Hg.), *Zwischen Rationalismus und Romantik. Karl Otfried Müller und die antike Kultur*, Hildesheim 1998, 313–348.
24 Vgl. Helmut Berve, *Gestaltende Kräfte der Antike. Aufsätze und Vorträge zur griechischen und römischen Geschichte*, München ²1966, 58–207.
25 Helmut Berve, *Sparta*, Leipzig 1937, 78 f.
26 Vgl. Joachim Fest, *Hitler. Eine Biographie*, Frankfurt a. M./Berlin/Wien 1973, 909. Eine abweichende Version findet sich in: Joachim Wieder, *Stalingrad und die Verantwortung des Soldaten*, München 1962, 327 f. (zitiert nach Karl Christ [Hg.], *Sparta*, Darmstadt 1986, 52 Anm. 190): »Kommst Du nach Deutschland, so berichte, du habest uns in Stalingrad kämpfen sehen, wie das Gesetz, das Gesetz für die Sicherheit unseres Volkes es befohlen hat.«
27 Vgl. Martin Bormann, *Hitlers politisches Testament. Die Bormann-Diktate vom Februar und April 1945*, Hamburg 1981, 51.
28 Bayerische Staatsbibliothek München, Ana 468 A.II.2.2. Der Titel ist für die beiden Vorträge vom September 1942 und April 1943 bezeugt.
29 Losemann, *Nationalsozialismus und Antike* (wie Anm. *), 231 Anm. 173.
30 Zu Freyer vgl. Michael Grimminger, *Revolution und Resignation. Sozialphilosophie und die geschichtliche Krise im 20. Jahrhundert bei Max Horkheimer und Hans Freyer*, Berlin 1997; Rolf Peter Sieferle, *Die Konservative Revolution: Fünf biographische Skizzen (Paul Lensch, Werner Sombart, Oswald Spengler, Ernst Jünger, Hans Freyer)*, Frankfurt a. M. 1995 und Elfriede Üner, *Soziologie als »geistige Bewegung«*, Weinheim 1992; zu Carl Schmitt vgl. Stefan Breuer, *Carl Schmitt im Kontext. Intellektuellenpolitik in der Weimarer Republik*, Berlin 2012 und Reinhard Mehring, *Carl Schmitt. Aufstieg und Fall. Eine Biographie*, München 2009; ders., *Carl Schmitt. Denker im Widerstreit. Werk – Wirkung – Aktualität*, Freiburg i. Br./München 2017.
31 Helmut Berve, *Geschichte der Hellenen und Römer*, Leipzig 1936, 1. Vgl. ders., Zur Kulturgeschichte des Alten Orients, in: *Archiv für Kulturgeschichte* 25, 1935, 216–230, bes. 228.
32 Vgl. *Klio* 32, 1939, 221–224.
33 Zur Droysen-Rezeption Berves, der 1931 (1939²) auch die erste Ausgabe von Droysens Alexanderbuch von 1833 herausgab und einleitete, vgl. Canfora, *Politische Philologie* (wie Anm. *), 158–162.
34 Das Folgende nach Vigener, *DAI* (wie Anm. *); vgl. dazu meine Rezension in: *Klio* 98, 2016, 803–806 sowie Christian Jansen, Das Deutsche Archäologische Institut im Zeitalter des Nationalismus. Schlaglichter auf die Beziehungen zwischen Archäologie und Politik in der ersten Hälfte des 20. Jahrhunderts, in: *Jahrbuch des Deutschen Archäologischen Instituts* 130, 2015, 355–374.
35 Zur Abteilung Kairo vgl. Susanne Voss, *Die Geschichte der Abteilung Kairo des DAI im Spannungsfeld deutscher politischer Interessen*, 2 Bde., Rahden 2013/17.
36 Vgl. zum zeitgeschichtlichen Hintergrund Heiko Steuer (Hg.), *Eine hervorragend nationale Wissenschaft. Deutsche Prähistoriker zwischen 1900 und 1995*, Berlin/New York 2001; Uta Halle, *»Die Externsteine sind bis auf weiteres germanisch!«. Prähistorische Archäologie im Dritten Reich*, Bielefeld 2002; Achim Leube; Morten Hegewisch (Hg.), *Prähistorie und Nationalsozialismus. Die mittel- und osteuropäische Ur- und Frühgeschichtsforschung in den Jahren 1933–1945*, Heidelberg 2002; Wolfgang Pape, Ur-

14. ZWISCHEN VERWEIGERUNG UND ANPASSUNG

und Frühgeschichte, in: Frank-Rutger Hausmann, *Die Rolle der Geisteswissenschaften im Dritten Reich 1933–1945*, München 2002, 329–358.

37 Zu Bersu und der Geschichte der RGK vgl. auch den *Bericht der Römisch-Germanischen Kommission* 82, 2001, der anlässlich des 100-jährigen Jubiläums erschienen ist.

38 Zu Wiegand vgl. Johannes Althoff; Frederick Jagust; Stefan Altekamp, Theodor Wiegand (1864–1936), in: Brands/Maischberger, *Lebensbilder* (wie Anm. *), Bd. 2, 1–37.

39 Vgl. Vigener, *DAI* (wie Anm. *), 71. Zu Schede vgl. Martin Maischberger, Martin Schede (1883–1947), in: Brands/Maischberger, *Lebensbilder* (wie Anm. *), Bd. 2, 161–201.

40 Vgl. Vigener, *DAI* (wie Anm. *), 80 sowie Michael Krumme, Walther Wrede (1893–1990), in: Brands/Maischberger, *Lebensbilder* (wie Anm. *), Bd. 1, 159–176.

41 Vgl. Alexandra Kankeleit, Olympia, Griechenland. Der Beginn der neuen Ausgrabungen, in: *e-Forschungsberichte des DAI* 2018, Faszikel 1, 34–41 sowie dies., Archäologische Aktivitäten in Griechenland während der deutschen Besatzungszeit, 1941–1944 [Vortrag 2015/16], abrufbar unter https://www.kankeleit.de/publikationen.php [21.02.2021].

42 Vigener, *DAI* (wie Anm. *), 124.

43 Peter Reichel, *Der schöne Schein des Dritten Reichs. Gewalt und Faszination des deutschen Faschismus*, München/Wien 1991.

44 Esther Maria Sünderhauf, »Am Schaltwerk der deutschen Archäologie« – Gerhart Rodenwaldts Wirken in der Zeit des Nationalsozialismus, in: *Jahrbuch des Deutschen Archäologischen Instituts* 123, 2008, 283–362, hier 353; vgl. dies., Gerhart Rodenwaldt (1886–1945), in: Brands/Maischberger, *Lebensbilder* (wie Anm. *), Bd. 1, 119–127.

45 Zu Capart vgl. Jean-Michel Bruffaerts, Bruxelles, capitale de l'égyptologie. Le rêve de Jean Capart (1877–1947), in: Bickel et al., *Ägyptologen und Ägyptologien* (wie Anm. *), 193–241. Zum Folgenden vgl. Stefan Rebenich, Adolf Erman und die Berliner Akademie der Wissenschaften, in: Bernd U. Schipper (Hg.), *Ägyptologie als Wissenschaft. Adolf Erman (1854–1937) in seiner Zeit*, Berlin/New York 2006, 340–370, hier 363–365.

46 Vgl. Archiv der Berlin-Brandenburgischen Akademie der Wissenschaften, Akten der Preußischen Akademie der Wissenschaften 1812–1945, II–XII, 59/1 sowie Thomas L. Gertzen, *Die Berliner Schule der Ägyptologie im Dritten Reich. Begegnung mit Hermann Grapow (1885–1967)*, Berlin 2015, 103.

47 Staats- und Universitätsbibliothek Bremen, Nl. Adolf Erman (Brief Grapows an Erman vom 10. November 1934).

48 Zum Ministerium grundlegend Anne C. Nagel, *Hitlers Bildungsreformer. Das Reichsministerium für Wissenschaft, Erziehung und Volksbildung 1934–1945*, Frankfurt a. M. 2012.

49 Vgl. allg. Eduard Seidler et al. (Hg.), *Die Elite der Nation im Dritten Reich. Das Verhältnis von Akademien und ihrem wissenschaftlichen Umfeld zum Nationalsozialismus*, Leipzig 1995 und Wolfgang Fischer et al. (Hg.), *Die Preußische Akademie der Wissenschaften zu Berlin 1914–1945*, Berlin 2000.

50 Vgl. z. B. *Die Berliner Akademie der Wissenschaften im Zeitalter des Imperialismus*, Bd. 3: *Die Jahre der faschistischen Diktatur 1933 bis 1945*, Berlin (Ost) 1979, hier 7, 239 und 283 sowie Conrad Grau, *Die Preußische Akademie der Wissenschaften. Eine deutsche Gelehrtengesellschaft in drei Jahrhunderten*, Heidelberg 1993, 230.

51 Archiv der Berlin-Brandenburgischen Akademie der Wissenschaften, Bestand PAW, II–IV-100, Nr. 34 a; 93.

52 Vgl. Stefan Rebenich, Zwischen Anpassung und Widerstand? Die Berliner Akademie der Wissenschaften von 1933 bis 1945, in: Näf, *Antike und Altertumswissenschaft* (wie Anm. *), 203–244, hier 220 f.

53 Vgl. Christian Tilitzki, Königsberger Universitätsgeschichte im Dritten Reich, in: *Jahrbuch für die Geschichte Mittel- und Ostdeutschlands* 46, 2001, 233–269, hier 248 Anm. 65.
54 Archiv der Berlin-Brandenburgischen Akademie der Wissenschaften, Bestand Arbeitsstelle Inscriptiones Graecae, Tagebuch R. Herzog: Eintrag 20. September 1933. Zu Herzog vgl. Hans Georg Gundel, Die Klassische Philologie an der Universität Gießen im 20. Jahrhundert, in: *Ludwigs-Universität, Justus Liebig Hochschule 1607–1957. Festschrift zur 350-Jahrfeier*, Gießen 1957, 192–221, bes. 207 f.
55 Zu Peek vgl. Losemann, *Nationalsozialismus und Antike* (wie Anm. *), 76 und 219.
56 Vgl. Werner Eck, Die PIR im Spiegel der beteiligten Personen. Geschichte eines Langzeitunternehmens an der Berliner Akademie 141 Jahre nach dessen Beginn, in: ders.; Matthäus Heil (Hg.), *Prosopographie des Römischen Kaiserreichs. Ertrag und Perspektiven*, Berlin/Boston 2017, 1–94, hier 21–37 sowie Klaus Wachtel, Arthur Stein (1871–1950) und Edmund Groag (1873–1945). Zwei jüdische Gelehrtenschicksale in Wien und Prag, in: Karel Hruza (Hg.), *Österreichische Historiker. Lebensläufe und Karrieren 1900–1945*, Bd. 2, Wien/Köln/Weimar 2012, 129–164.
57 Vgl. Rebenich, Anpassung und Widerstand (wie Anm. 52), 216 f.
58 Vgl. Archiv der Berlin-Brandenburgischen Akademie der Wissenschaften, Bestand PAW, II–VIII-122 (nicht paginiert).
59 Vgl. Rebenich, Anpassung und Widerstand (wie Anm. 52), 214 f.
60 Vgl. Christa Kirsten, *Die Altertumswissenschaften an der Berliner Akademie: Wahlvorschläge zur Aufnahme von Mitgliedern von F. A. Wolf bis zu G. Rodenwaldt 1799–1932*, Berlin (Ost) 1985, 185 f., Nr. 73.
61 *Sitzungsberichte der Preußischen Akademie der Wissenschaften. Phil.-hist. Klasse* 1938, 6–26.
62 Vgl. Rebenich, Anpassung und Widerstand (wie Anm. 52), 225 f.
63 Zitiert nach Karl Dietrich Erdmann, *Deutschland unter der Herrschaft des Nationalsozialismus 1933–1939* (Gebhardt, Handbuch der deutschen Geschichte, Bd. 20), München 1980 (= Stuttgart 1976), 171.
64 Vgl. Mommsens Nachruf auf Otto Jahn in: Theodor Mommsen, *Reden und Aufsätze*, Berlin 1905, 459.
65 Archiv der Berlin-Brandenburgischen Akademie der Wissenschaften, Bestand Arbeitsstelle Inscriptiones Graecae.
66 Zum nationalsozialistischen Schimpfwort »Intellektueller« vgl. Dietz Bering, *Die Intellektuellen. Geschichte eines Schimpfwortes*, Stuttgart 1978, 94–147.
67 Vgl. hierzu und zum Folgenden Stefan Rebenich, Alfred Heuß: Ansichten seines Lebenswerkes. Mit einem Anhang: »Alfred Heuß im Dritten Reich«, in: *Historische Zeitschrift* 271, 2000, 661–673.
68 Zurückhaltend beurteilt Berves Einfluss Deglau, *Hampl* (wie Anm. *), 297.
69 Vgl. Wegeler, *Das Göttinger Institut* (wie Anm. *), 134–137 und 238 f.
70 Vgl. Johannes Straub, *Vom Herrscherideal in der Spätantike*, Stuttgart 1939, 1 mit Anm. 5.
71 Vgl. Rebenich, Nationalsozialismus und Alte Geschichte (wie Anm. *), 49 f.
72 Zu ihm vgl. Stephan Lehmann, Hans Schleif, in: Brands/Maischberger, *Lebensbilder* (wie Anm. *), Bd. 1, 207–222 und Julian Klein, Hans Schleif. Stationen der Biographie eines Bauforschers, in: *Jahrbuch des Deutschen Archäologischen Instituts* 131, 2016, 273–418.
73 Joachim Lerchenmueller, *Die Geschichtswissenschaft in den Planungen des Sicherheitsdienstes der SS. Der SD-Historiker Hermann Löffler und seine Denkschrift »Entwicklung und Aufgabe der Geschichtswissenschaft in Deutschland«*, Bonn 2001, 240–243.
74 Losemann, *Nationalsozialismus und Antike* (wie Anm. *), 178.
75 Zu Taeger vgl. Josef Wiesehöfer, Fritz Taeger (1935–1960), Victor Ehrenberg und der Alte Orient,

in: Volker Losemann; Kai Ruffing (Hg.), *In solo barbarico... Das Seminar für Alte Geschichte der Philipps-Universität Marburg von seinen Anfängen bis in die 1960er Jahre*, Münster/New York 2018, 226–249; Christoph Auffarth, »Rom besaß die sittlichen und materiellen Kräfte, den Schlußkampf durchzustehen«. Fritz Taeger über Völker- und Rassenkämpfe im westlichen Mittelmeer, in: Sommer/Schmitt, *Von Hannibal zu Hitler* (wie Anm. *), 45–70 und Matthias Willing, Häutungen eines Althistorikers. Das Bild Fritz Taegers (1894–1960) in der Wissenschaftsgeschichte, in: *Zeitschrift für Geschichtswissenschaft* 67, 2019, 1011–1030.

76 Vgl. Losemann, *Nationalsozialismus und Antike* (wie Anm. *), 38 sowie Kay Ehling; Mustafa Adak, »Ich muss aber dazu anmerken, dass ich nicht die Absicht habe, nach Deutschland zurückzukehren ...« Exil und neue Heimat. Clemens Bosch zwischen Halle und Istanbul (1933–1939), in: *Chiron* 39, 2009, 271–296.

77 Zu Strack vgl. Karl Christ, *Römische Geschichte und deutsche Geschichtswissenschaft*, München 1982, 241 f. sowie das Begleitheft zur Ausstellung »Das Historische Seminar im ›Dritten Reich‹« an der Christian-Albrechts-Universität zu Kiel, o. O. [Kiel], o. J. [2002], 9 f.

78 Vgl. Karl Christ, *Der andere Stauffenberg. Der Historiker und Dichter Alexander von Stauffenberg*, München 2008 und Stefan Rebenich, Alexander Schenk Graf von Stauffenberg, in: Achim Aurnhammer et al. (Hg.), *Stefan George und sein Kreis. Ein Handbuch*, Bd. 3, Berlin/Boston 2012, 1661–1665.

79 Vgl. Christ, *Römische Geschichte* (wie Anm. 77), 242–244.

80 Vgl. Rebenich, Anpassung und Widerstand (wie Anm. 52), 221 f.

81 Vgl. Karl Christ, *Hellas. Griechische Geschichte und deutsche Geschichtswissenschaft*, München 1999, 203 mit Alfred Heuß, De se ipse [1993], zitiert nach: ders., *Gesammelte Schriften*, Bd. 1, Stuttgart 1995, 777–827, hier 781–785 sowie Deglau, *Hampl* (wie Anm. *), pass. und Welte, *Berve* (wie Anm. 10), pass.

82 Vgl. Losemann, *Nationalsozialismus und Antike* (wie Anm. *), 209 f. Anm. 30 und 223 Anm. 239. Von den Berveschülern erhielten Hans Schaefer (Jena 1935, Heidelberg 1941), Hans Rudolph (Hamburg 1939), Afred Heuß (Breslau 1941) und Franz Hampl (Gießen 1942) einen Ruf auf eine althistorische Professur. Von den Weberschülern wurden Paul L. Strack (Kiel 1935; Straßburg 1941 [gefallen 1941]), Graf von Stauffenberg (Würzburg 1936; Straßburg 1942) und Johannes Straub (Erlangen 1944) sowie der »Enkelschüler« Friedrich Vittinghoff (1943 Posen) berufen.

83 Vgl. bereits Losemann, *Nationalsozialismus und Antike* (wie Anm. *), 77–86.

84 Zu Altheim vgl. Losemann, *Nationalsozialismus und Antike* (wie Anm. *), 123–132; ders., Die »Krise der Alten Welt« und der Gegenwart. Franz Altheim und Karl Kerényi im Dialog, in: Kneissl/Losemann, *Imperium Romanum* (wie Anm. 18), 492–518 (= ders., *Klio* [wie Anm. *], 137–160) und Christ, *Römische Geschichte* (wie Anm. 77), 246–254; ders., *Klios Wandlungen. Die deutsche Althistorie vom Neuhumanismus bis zur Gegenwart*, München 2006, 87–89 und 122–124.

85 Zu ihm vgl. Martina Pesditschek, Franz Miltner (1901–1959), in: Brands/Maischberger, *Lebensbilder* (wie Anm. *), Bd. 1, 177–191 sowie Raimund Schultz, »Das Geheimnis des Lebens«. Franz Miltner über: Wesen und Gesetz römischer und karthagischer Kriegsführung, in: Sommer/Schmitt, *Von Hannibal zu Hitler* (wie Anm. *), 179–197.

86 Vgl. *Die Gründung der Reichsuniversität Posen am Geburtstag des Führers 1941. Reden bei dem Staatsakt*, Posen o. J., 9–11.

87 Vgl. Jan M. Piskorski, Die Reichsuniversität Posen (1941–1945), in: Hartmut Lehmann/Otto Gerhard Oexle (Hg.), *Nationalsozialismus in den Kulturwissenschaften*, Bd. 1: *Fächer – Milieus – Karrieren*, Göttingen 2004, 241–271.

88 Vgl. Losemann, *Nationalsozialismus und Antike* (wie Anm. *), 222.
89 Universitätsarchiv Poznań, Personalakte Vittinghoff, Friedrich, 78/217. Bundesarchiv Berlin, NSDAP-Gaukartei; Mitglieds-Nr. 5098670.
90 Vgl. zu dem Berufungsverfahren Deglau, *Hampl* (wie Anm. *), 325–337.
91 Bundesarchiv Berlin, WI Vittinghoff, Friedrich.
92 Altekamp, *Klassische Archäologie* (wie Anm. *), 188 f.
93 Vgl. Friedrich Vittinghoff, *Römische Kolonisation und Bürgerrechtspolitik unter Caesar und Augustus*, Akademie der Wissenschaften und der Literatur in Mainz, Abhandlungen der Geistes- und Sozialwissenschaftlichen Klasse 1951, Nr. 14, 7.
94 Zum Hintergrund vgl. Thomas Etzemüller, *Sozialgeschichte als politische Geschichte. Werner Conze und die Neuordnung der westdeutschen Geschichtswissenschaft nach 1945*, München 2001; Ingo Haar, »Volksgeschichte« und Königsberger Milieu: Forschungsprogramme zwischen Weimarer Revisionspolitik und nationalsozialistischer Vernichtungsplanung, in: Lehmann/Oexle, *Nationalsozialismus* (wie Anm. 87), 169–209; Jürgen Kocka, *Sozialgeschichte in Deutschland seit 1945. Aufstieg – Krisen – Perspektiven*, Bonn 2002 und Lutz Raphael (Hg.), *Von der Volksgeschichte zur Strukturgeschichte. Die Anfänge der westdeutschen Sozialgeschichte 1945–68*, Leipzig 2002.
95 Hans Schaefer, *Staatsform und Politik. Untersuchungen zur griechischen Geschichte des 6. und 5. Jahrhunderts*, Leipzig 1932; vgl. ders., *Probleme der Alten Geschichte*, Göttingen 1963, 442. – Zu Schaefer vgl. Christian Meier, Hans Schaefer und sein Seminar, in: *Klio* 95, 2013, 211–231.
96 Heuß, De se ipse [wie Anm. 81], 790.
97 Vgl. Schaefer, *Staatsform* (wie Anm. 95), 12, 144 u. ö.
98 Vgl. dazu bereits Schaefer, *Staatsform* (wie Anm. 95), 63–93. zur griechischen Symmachie.
99 Thüringisches Hauptstaatsarchiv Weimar, Personalakten Volksbildungsministerium, 27 262 (Hans Schäfer).
100 Hans Schaefer, Die Grundlagen des attischen Staates im 5. Jahrhundert, in: *Neue Jahrbücher für Antike und deutsche Bildung* 4, 1941, 284–297.
101 Vgl. Rebenich, Nationalsozialismus und Alte Geschichte (wie Anm. *), 50.
102 Vgl. Meier, Schaefer (wie Anm. 95), 213 f.
103 Vgl. Hans Schaefer, Besonderheit und Begriff der attischen Demokratie im 5. Jahrhundert, in: *Synopsis. Festgabe für Alfred Weber*, Heidelberg 1948, 477–503.
104 Lion Feuchtwanger, *Die Geschwister Oppermann*, Frankfurt a. M. 1981, 91.
105 Ebd. 60.
106 Ebd. – Als Gewährsmann für diese Interpretation wird neben Mommsen und Dessau ebd. 186 auch Otto Seeck genannt; vgl. das Kapitel über die Germanen in *Geschichte des Untergangs der antiken Welt*, Bd. 1, Stuttgart ⁴1921 (ND Darmstadt 1966), 191–233.
107 Vgl. zum Folgenden Stefan Rebenich, Leonidas und die Thermopylen. Zum Spartabild in der deutschen Altertumswissenschaft, in: Andreas Luther; Mischa Meier; Lukas Thommen (Hg.), *Das Frühe Sparta*, Stuttgart 2006, 193–215, bes. 205–209. Zum Hintergrund vgl. Hans Jürgen Apel; Stefan Bittner, *Humanistische Schulbildung 1890–1945. Anspruch und Wirklichkeit der altertumskundlichen Unterrichtsfächer*, Köln/Weimar/Wien 1994 und Wolfgang Keim, *Erziehung unter der Nazi-Diktatur*, 2 Bde., Darmstadt 1995/97.
108 Max Schlossarek, Humanismus und alte Sprachen auf nationalsozialistischer Grundlage und der Mader-Breywischianismus, in: *Deutsches Philologenblatt* 42, 1934, 148 f.
109 Vgl. Helen Roche, *Sparta's German Children. The Ideal of Ancient Sparta in the Royal Prussian Cadet*

Corps, 1818–1920, and in the National Socialist Elite Schools (the Napolas), 1933–1945, Swansea 2013 sowie (zurückhaltender mit Blick auf die Reichweite des spartanischen Modells) Maria Osmers, Erziehung nach spartanischem Vorbild? Zur Rezeption und Bedeutung der Agoge im Nationalsozialismus, in: *Gymnasium* 123, 2016, 145–166.
110 Vgl. z. B. H. Lüdemann, *Sparta. Lebensordnung und Schicksal*, Leipzig/Berlin 1939 und Berve, *Sparta* (wie Anm. 25).
111 Berve, Antike und nationalsozialistischer Staat (wie Anm. 21), 270.
112 Herbert Holtorf, Platon im Kampf gegen die Entartung der nordischen Rasse, in: *Deutsches Philologenblatt* 42, 1934, 269–272, hier 270.
113 Vgl. *Deutsche Wissenschaft, Erziehung und Volksbildung. Amtsblatt des Reichsministeriums für Wissenschaft, Erziehung und Volksbildung und der Unterrichtsverwaltung der Länder* 1, 1935, 28*.
114 Berve, *Sparta* (wie Anm. 25), 7.
115 Wilhelm Schröter, *Leonidas*, Bielefeld/Leipzig 1937.
116 Otto Wilhelm von Vacano, *Sparta. Der Lebenskampf einer nordischen Herrenschicht*, Kempten 1940. Zu Vacano vgl. Martin Miller, Otto Wilhelm von Vacano (1910–1997), in: Brands/Maischberger, *Lebensbilder* (wie Anm. *), 237–252.
117 Vgl. zum Folgenden Rebenich, Verweigerung und Anpassung (wie Anm. *), 208–213 sowie Wilt Aden Schröder, *Der Altertumswissenschaftler Eduard Norden (1868–1941). Das Schicksal eines deutschen Gelehrten jüdischer Abkunft*, Hildesheim 1999 und den biographischen Abriss von Olaf Schlunke, *Eduard Norden. Altertumswissenschaftler von Weltruf und »halbsemitischer Friese«*, Berlin 2016.
118 Vgl. Schröder, *Norden* (wie Anm. 117), 174–176, Nr. 30.
119 Alfred Kneppe; Josef Wiesehöfer, *Friedrich Münzer. Ein Althistoriker zwischen Kaiserreich und Nationalsozialismus*, Bonn 1983 und Karl-Joachim Hölkeskamp, Friedrich Münzer – Werk und Wirkung, in: Friedrich Münzer, *Kleine Schriften*, hg. von Matthias Haake und Ann-Cathrin Harders, Stuttgart 2012, XIII–XLVI.
120 Deutsches Literaturarchiv Marbach, A: Gadamer: Brief vom 24. Oktober 1994.
121 Vgl. Obermayer, *Altertumswissenschaftler* (wie Anm. 4), 595–672.
122 Vgl. Ulrich Sieg, Deutsche Wissenschaft und Neukantianismus, in: Hartmut Lehmann; Otto Gerhard Oexle (Hg.), *Nationalsozialismus in den Kulturwissenschaften*, Bd. 2: *Leitbegriffe – Deutungsmuster – Paradigmenkämpfe*, Göttingen 2004, 199–222, hier 210.
123 Vgl. Ronald Lambrecht, *Politische Entlassungen in der NS-Zeit. Vierundvierzig biographische Skizzen von Hochschullehrern der Universität Leipzig*, Leipzig 2006, 51 f.; 93 f.; 125–127; 169 f.; 173–176; 185 f.
124 Vgl. hierzu Obermayer, *Altertumswissenschaftler* (wie Anm. 4) sowie Birte Meinschien, *Geschichtsschreibung in der Emigration. Deutschsprachige Historikerinnen und Historiker in Großbritannien*, Berlin/Boston 2020 und dies., Briefe als Rettungsanker. Zur Korrespondenz deutschsprachiger Historikerinnen und Historiker in der britischen Emigration ab 1933, in: Matthias Berg; Helmut Neuhaus (Hg.), *Briefkultur(en) in der deutschen Geschichtswissenschaft zwischen dem 19. und 21. Jahrhundert*, München 2021, 245–267. Zu den Biographien der nach Großbritannien geflüchteten Altertumswissenschaftler vgl. auch Robert B. Todd (Hg.), *Dictionary of British Classicists*, 3 Bde., Bristol 2004.
125 President and Fellows of Corpus Christi College Oxford, Archive, Ms CCC 551 A I 3.18.
126 Vgl. https://zflprojekte.de/sprachforscher-im-exil/index.php/catalog/d/178-debrunner-albert/ [21.02.2021].
127 Vgl. Johannes Feichtinger, *Wissenschaft zwischen den Kulturen. Österreichische Hochschullehrer in der Emigration 1933–1945*, Frankfurt a. M./New York 2001, 68–71.

128 Die Angaben nach Feichtinger, *Wissenschaft* (wie Anm. 127), 104 f.
129 Vgl. Gerhard Hirschfeld, German Refugee Scholars in Great Britain 1933–1945, in: Anna C. Bramwell (Hg.), *Refugees in the Age of Total War*, London 1988, 152–163; ders., »The Defence of Learning and Science ...«. Der Academic Assistance Council in Großbritannien und die wissenschaftliche Emigration aus Nazi Deutschland, in: *Exilforschung* 6, 1988, 28–43; Feichtinger, *Wissenschaft* (wie Anm. 127), 55–60; David Zimmermann, The Society for the Protection of Science and Learning and the Politicization of British Science in the 1930s, in: *Minerva* 44, 2006, 25–45; Isabella Löhr, Solidarity and the Academic Community. The Support Networks for Refugee Scholars in the 1930s, in: *Journal of Modern European History* 12, 2014, 231–246.
130 Vgl. Sally Crawford; Katharina Ulmschneider; Jas Elsner (Hg.), *Ark of Civilization. Refugee Scholars and Oxford University, 1930–1945*, Oxford 2017 mit wichtigen, auch aus den Archiven ermittelten Angaben zu den nach Oxford emigrierten Altertumswissenschaftlerinnen und -wissenschaftlern.
131 President and Fellows of Corpus Christi College Oxford, Archive, Ms CCC 551 A III 2.3: Brief Werner Jaegers an Eduard Fraenkel vom 7. Januar 1935.
132 Hugh Loyd-Jones, *Blood for the Ghosts. Classical Influences in the Nineteenth and Twentieth Centuries*, London 1982, 259.
133 Für die Vereinigten Staaten vgl. William M. Calder III., Refugee Classical Scholars in the USA: An Evaluation of Their Contribution, in: *Illinois Classical Studies* 17, 1992, 153–173.
134 Vgl. Christ, *Römische Geschichte* (wie Anm. 77), 164–195; ders., *Geschichte und Existenz*, Berlin 1991, 65–89 und ders., *Hellas* (wie Anm. 81), 271–273.
135 Vgl. Walter Ludwig, Amtsenthebung und Emigration Klassischer Philologen, in: *Würzburger Jahrbücher für Altertumskunde* 12, 1986, 217–239; Obermayer, *Altertumswissenschaftler* (wie Anm. 4), 228–402 und 521–672 sowie die von Utz Maas begründete biographische Datenbank zu Verfolgung und Auswanderung deutschsprachiger Sprachforscher 1933–1945: https://zflprojekte.de/sprachforscher-im-exil/ [20.01.2021].
136 Vgl. Altekamp, Klassische Archäologie (wie Anm. *), 202–207 und Gunnar Brands, Archäologen und die deutsche Vergangenheit, in: Brands/Maischberger, *Lebensbilder* (wie Anm. *), Bd. 1, 1–34, hier 24 sowie Obermayer, *Altertumswissenschaftler* (wie Anm. 4), 35–219.
137 Vgl. hierzu auch Claus-Dieter Krohn et al. (Hg.), *Handbuch der deutschsprachigen Emigration 1933–1945*, Darmstadt 1998. Vorbildlich für die Rechtsgeschichte: Jack Beatson; Reinhard Zimmermann (Hg.), *Jurist Uprooted. German-speaking Emigré Lawyers in Twentieth-Century Britain*, Oxford 2004.
138 Vgl. Stefan Rebenich, Ein Augustinforscher in Not: Berthold Altaner, in: Guntram Förster; Andreas E. J. Grote; Christof Müller (Hg.), *Spiritus et Littera. Beiträge zur Augustinus-Forschung. Festschrift zum 80. Geburtstag von Cornelius P. Mayer*, Würzburg 2009 [2010], 697–707.
139 Vgl. Karl Christ, *Von Gibbon zu Rostovtzeff. Leben und Werk führender Althistoriker der Neuzeit*, Darmstadt ³1989, 334–359; Marinus A. Wes, *Michael Rostovtzeff, Historian in Exile. Russian Roots in an American Context*, Stuttgart 1990 und Nadezda Fichtner, *Der Althistoriker Michail Rostovtzeff. Wissenschaft und Politik im vorrevolutionären und bolschewistischen Russland (1890–1918)*, Wiesbaden 2020.
140 Vgl. Karl Christ, *Neue Profile der Alten Geschichte*, Darmstadt 1990, 248–294 sowie Wilfried Nippel, Arnaldo Dante Momigliano, in: Peter Kuhlmann; Helmuth Schneider (Hg.), *Geschichte der Altertumswissenschaften. Biographisches Lexikon*, Stuttgart/Weimar 2012, 832–836 mit weiterer Literatur.
141 Vgl. Christ, *Neue Profile* (wie Anm. 140), 8–62 und James H. Richardson; Federico Santangelo (Hg.), *Andreas Alföldi in the Twenty-First Century*, Stuttgart 2015.

142 Vgl. Christ, *Neue Profile* (wie Anm. 140), 295–337 und Wilfried Nippel, Moses I. Finley, in: Lutz Raphael (Hg.), *Klassiker der Geschichtswissenschaft*, Bd. 2, München 2006, 63–76. sowie Daniel Jew; Robin Osborne; Michael Scott (Hg.), *M. I. Finley. An Ancient Historian and his Impact*, Cambridge 2016.

15. »Erste Briefe«: Die Wiederaufnahme wissenschaftlicher Kontakte nach 1945

* Das Kapitel fußt auf Vorträgen, die ich an den Universitäten Augsburg und Wien sowie an der Berlin-Brandenburgischen Akademie der Wissenschaften gehalten habe.

1 Archiv der Berlin-Brandenburgischen Akademie der Wissenschaften, Bestand Arbeitsstelle Inscriptiones Graecae. Louis Robert an Günther Klaffenbach: Brief vom 27. März 1946: »Ma mère et ma femme, comme moi-même, nous sommes sains et saufs. [...] – Vous avez dû déjà apprendre la mort de Pierre Roussel, de la tuberculose; – de Feyel, mort dans un camp de concentration; – de Segre, tué à Auschwitz le 24 mai 1944 avec sa femme et son bébé.«

2 Zu Pierre Roussel vgl. Heinrich Schlange-Schöningen, Pierre Roussel, in: Peter Kuhlmann; Helmuth Schneider (Hg.), *Geschichte der Altertumswissenschaften. Biographisches Lexikon*, Stuttgart/Weimar 2012, 1089–1091; zu Michel Feyel vgl. den Nachruf von Robert Demangel in: *Bulletin de correspondance hellénique* 68–69, 1944, IX–XI; zu Mario Segre vgl. Davide Bonetti; Riccardo Bottoni (Hg.), *Ricordo di Mario Segre, epigrafista e insegnante*, Mailand 1995.

3 Pierre Roussel, *Sparte*, Paris 1939 (²1960); vgl. dazu die Rezension von Helmut Berve in: *Gnomon* 17, 1941, 1–11.

4 Archiv der Berlin-Brandenburgischen Akademie der Wissenschaften, Bestand Arbeitsstelle Inscriptiones Graecae. Mario Segre an Friedrich Hiller von Gaertringen: Brief vom 17. Juli 1941: »Spero di potere un giorno o l'altro pubblicare questi e molti altri lavori che ho pronti.«

5 Archiv der Berlin-Brandenburgischen Akademie der Wissenschaften, Bestand PAW, II–VIII, 141: Schreiben vom 28. April 1943.

6 Freundliche Mitteilung von Klaus Hallof.

7 Freundliche Mitteilung von Klaus Hallof.

8 Archiv der Berlin-Brandenburgischen Akademie der Wissenschaften, Bestand Arbeitsstelle Inscriptiones Graecae. Günther Klaffenbach an Louis Robert: Brief vom 27. Mai 1946.

9 Vgl. Fritz Stern, *Das feine Schweigen. Historische Essays*, München 1999, 158–173.

10 David Kettler, *The Liquidation of Exile. Studies in the Intellectual Emigration in the 1930s*, London/New York 2011, bes. 109 f.; vgl. ders., »Erste Briefe« nach Deutschland: Zwischen Exil und Rückkehr, in: *Zeitschrift für Ideengeschichte*, 2/1, 2008, 80–108 sowie Detlef Garz, David Kettler (Hg.), *Nach dem Krieg – nach dem Exil? Erste Briefe. First Letters. Fallbeispiele aus dem sozialwissenschaftlichen und philosophischen Exil*, München 2012 und Primus-Heinz Kucher; Johannes F. Evelein; Helga Schreckenberger (Hg.), *Erste Briefe / First Letters aus dem Exil 1945–1950. (Un)mögliche Gespräche. Fallbeispiele des literarischen und künstlerischen Exils*, München 2011.

11 Nicolas Berg, Deutsch-jüdische Historikerbriefwechsel nach 1945. Zum Erkenntnispotential einer antagonistischen Konstellation, in: Matthias Berg; Helmut Neuhaus (Hg.), *Briefkultur(en) in der deutschen Geschichtswissenschaft zwischen dem 19. und 21. Jahrhundert*, München 2021, 269–297.

12 Vgl. Kettler, *Erste Briefe* (wie Anm. 10), 93.

13 Bayerische Staatsbibliothek München, Ana 490 B.IV. Ehrenberg, Victor: Brief vom 21. Juni 1946 (Hervorhebung im Original).

14 Vgl. Kai Brodersen, »To write history and to live history are two very different things«. Victor Ehrenberg in Newcastle upon Tyne 1941–1945, in: ders. (Hg.), *Die Antike außerhalb des Hörsaals*, Münster 2003, 165–168 und allg. Birte Meinschien, *Geschichtsschreibung in der Emigration*, Berlin/Boston 2020, 51–54, 66–71 u. ö.
15 Bayerische Staatsbibliothek München, Ana 490 B.IV. Ehrenberg, Victor: Brief vom 21. Juni 1946.
16 Kay Ehling, »Vielleicht werde ich auch einmal wieder Deutschland besuchen können.« Ein Brief Victor Ehrenbergs vom 20. Februar 1947, in: *Historia* 53, 2004, 121–128.
17 Vgl. Maximilian Schreiber, »Aber ich sehe keine seelische Möglichkeit, jemals wieder für dauernd nach Deutschland zu kommen.« Erste Briefe emigrierter Altertumswissenschaftler nach Deutschland 1945 bis 1947, in: *Bibliotheksforum Bayern* 10, 2016, 34–39, hier 38.
18 Bayerische Staatsbibliothek München, Ana 490 B.IV. Ehrenberg, Victor.
19 Ebd. (Hervorhebung im Original).
20 Ebd.
21 Schreiber, Erste Briefe (wie Am. 17), 38.
22 Vgl. Sesto Prete, *Pagine amare di storia della filologia classica. Dalla corrispondenza di Edoardo Fraenkel con Günther Jachmann*, Sassoferrato 1987 sowie Paolo Gatti (Hg.), *Lettere di Edoardo Fraenkel a Günther Jachmann*, 2 Bde., Fano 1996/97.
23 President and Fellows of Corpus Christi College Oxford, Archive, Ms CCC 551 A III 2.1.
24 Den Brief, den Fraenkel bereits am 20. Mai 1945 an ihn gesandt hatte, erhielt Fraenkel erst am 15. Dezember 1945; vgl. Prete, *Pagine* (wie Anm. 22), 65.
25 President and Fellows of Corpus Christi College Oxford, Archive, Ms CCC 551 A III 2.1.
26 Vgl. Prete, *Pagine* (wie Anm. 22), 66.
27 President and Fellows of Corpus Christi College Oxford, Archive, Ms CCC 551 A III 2.1.
28 Bayerische Staatsbibliothek München, Ana 490 B.IV. Ehrenberg, Victor.
29 Vgl. Kettler, *Liquidation* (wie Anm. 10), 112.
30 Archiv der Berlin-Brandenburgischen Akademie der Wissenschaften, Bestand Arbeitsstelle Inscriptiones Graecae. Toni Raubitschek an Günther Klaffenbach. Zu Raubitschek vgl. die Nachrufe in Stanford Report vom 12. Mai 1999: http://news.stanford.edu/news/1999/may12/raubitschek-512.html [20.01.2021] und von Michael H. Jameson in: *American Journal of Archaeology* 103, 1999, 687 f.
31 *DLZ* 69, 1948, 96–101.
32 Archiv der Berlin-Brandenburgischen Akademie der Wissenschaften, Bestand Arbeitsstelle Inscriptiones Graecae. Toni Raubitschek an Günther Klaffenbach: Brief vom 17. Juni 1947.
33 Ebd.: Brief vom 13. Juni 1948.
34 President and Fellows of Corpus Christi College Oxford, Archive, Ms CCC 551 A III 2.1.
35 Ebd.
36 Deutsches Literaturarchiv Marbach, A: Gadamer.
37 Zu Zuntz vgl. https://zflprojekte.de/sprachforscher-im-exil/index.php/catalog/z/497-zuntz-guenther [20.01.2021] mit weiterer Literatur.
38 Freundliche Mitteilung von Klaus Hallof (Brief vom 7. April 1946).
39 Vgl. Annegret Wittram, *Fragmenta. Felix Jacoby und Kiel. Ein Beitrag zur Geschichte der Kieler Christian-Albrechts-Universität*, Frankfurt a. M. 2004.
40 Deutsches Literaturarchiv Marbach, B: Jacobsthal: Brief vom 20. Februar 1947.

41 Archiv der Berlin-Brandenburgischen Akademie der Wissenschaften, Bestand Arbeitsstelle Inscriptiones Graecae. Toni Raubitschek an Günther Klaffenbach: Brief vom 24. März 1947.
42 President and Fellows of Corpus Christi College Oxford, Archive, Ms CCC 551 A III 2.1: Brief vom 6. März 1946
43 Archiv der Berlin-Brandenburgischen Akademie der Wissenschaften, Bestand Arbeitsstelle Inscriptiones Graecae. Toni Raubitschek an Günther Klaffenbach: Brief vom 24. März 1947.
44 Archiv der Berlin-Brandenburgischen Akademie der Wissenschaften, Bestand Arbeitsstelle Inscriptiones Graecae. Ebd.: Brief vom März 1948.
45 Ebd.: Brief vom 13. April 1948.
46 Kettler, *Erste Briefe* (wie Anm. 10), 85.
47 Bayerische Staatsbibliothek München, Ana 490 B IV. Ehrenberg, Victor. Vgl. Schreiber, Erste Briefe (wie Anm. 17).
48 Zu Schadewaldt vgl. Helmuth Flashar, Wolfgang Schadewaldt, in: *Gnomon* 47, 1975, 731–736 (= ders., *Eidola. Ausgewählte Kleine Schriften*, Amsterdam 1989, 753–757); ders., Biographische Momente in schwerer Zeit, in: Thomas A. Szlezák (Hg.), *Wolfgang Schadewaldt und die Gräzistik des 20. Jahrhunderts*, Hildesheim 2005, 151–169 (= ders., *Spectra. Kleine Schriften zu Drama, Philosophie und Antikerezeption*, Tübingen 2004, 307–327) sowie Josefine Kitzbichler; Katja Lubitz; Nina Mindt, *Dokumente zur Theorie der Übersetzung antiker Literatur in Deutschland seit 1800*, Berlin/New York 2009, 277–297.
49 Vgl. Manfred Landfester, Die Naumburger Tagung »Das Problem des Klassischen und die Antike« (1930). Der Klassikbegriff W. Jaegers, in: Hellmut Flashar (Hg.), *Altertumswissenschaft in den 20er Jahren. Neue Fragen und Impulse*, Stuttgart 1995, 11–40, hier 19.
50 President and Fellows of Corpus Christi College Oxford, Archive, Ms CCC 551 A III 2.3: Brief vom 21. Januar 1933.
51 Hierzu und zum Folgenden vgl. Jürgen Malitz, Klassische Philologie, in: Eckhard Wirbelauer (Hg.), *Die Freiburger Philosophische Fakultät 1920–1960. Mitglieder – Strukturen – Vernetzungen*, Freiburg i. Br./München 2006, 303–364; zitiert nach der um einen Dokumentenanhang erweiterten Fassung http://www.gnomon.ku-eichstaett.de/LAG/articles.html [20.12.2020]. Schadewaldts Artikel »Der neue deutsche Student« ist dort als Dokument IV abgedruckt. – Deutliche Kritik an Schadewaldts Verhalten im »Dritten Reich« übte auch Paul Friedländer, vgl. Hans Peter Obermayer, *Deutsche Altertumswissenschaftler im amerikanischen Exil. Eine Rekonstruktion*, Berlin/Boston 2014, 664 f.
52 Vgl. Christopher Stray, Eduard Fraenkel (1888–1970), in: Sally Crawford; Katharina Ulmschneider; Jas Elsner (Hg.), *Ark of Civilization. Refugee Scholars and Oxford University, 1930–1945*, Oxford 2017, 180–197.
53 President and Fellows of Corpus Christi College Oxford, Archive, Ms CCC 551 A I 2.23: Brief vom 15. Dezember 1934.
54 Ebd. Ms CCC A III 2.3: Brief vom 7. Januar 1935.
55 President and Fellows of Corpus Christi College Oxford, Archive, Ms CCC 551 A II 11.9 (Hervorhebungen im Original).
56 Flashar, Biographische Momente (wie Anm. 48), 168.
57 Zitiert nach William M. Calder III., Only Euripides: Wolfgang Schadewaldt and Werner Jaeger, in: *Illinois Classical Studies* 27–28, 2002, 20–38, zitiert nach ders., *Men in Their Books. Studies in the Modern History of Classical Scholarship*, Hildesheim 2010, 274–294, hier 291–294.

58 Vgl. Obermayer, *Altertumswissenschaftler* (wie Anm. 51), 24–30
59 Zur politischen Biographie Pöschl vgl. (allerdings mit manifest apologetischer Intention) Antonine Wlosok, Viktor Pöschl, in: *Gnomon* 73, 2001, 369–378.
60 Berg, Historikerbriefwechsel (wie Anm. 11), 280.
61 Bayerische Staatsbibliothek München, Ana 490 B.IV. Ehrenberg, Victor.
62 Ebd.
63 Archiv der Berlin-Brandenburgischen Akademie der Wissenschaften, Bestand Arbeitsstelle Inscriptiones Graecae. Toni Raubitschek an Günther Klaffenbach: Brief vom 17. Juni 1947.
64 Kettler, *Erste Briefe* (wie Anm. 10), 85.
65 Vgl. David Kettler, Mein letzter Brief über »Erste Briefe«, in: Irene Below; Inge Hansen-Schaberg; Maria Kublitz-Kramer (Hg.), *Das Ende des Exils? Briefe von Frauen nach 1945*, München 2014, 18–27, bes. 19 f.
66 Vgl. Prete, *Pagine* (wie Anm. 22), 65.
67 Bayerische Staatsbibliothek München, Ana 490 B.IV. Fritz, Kurt von: Brief vom 14. April 1947.
68 Zu ihm vgl. Eckart Mensching, *Nugae zur Philologiegeschichte*, Bd. 1, Berlin 1987, 35–40; Bd. 9, Berlin 1999, 76–154 und Bd. 14, Berlin 2004, 36–130.
69 Bayerische Staatsbibliothek München, Ana 490 B.IV. Kranz, Walther: Brief vom 13. April 1948.
70 Vgl. Victor Ehrenberg, Personal Memoirs [Typoskript], o. O. 1971, 115: »terrible abyss«.
71 Berg, Historikerbriefwechsel (wie Anm. 11), 293.

16. Ein Neustart: Die Mommsengesellschaft

* Das Kapitel basiert auf meinem Aufsatz »Altertumswissenschaften zwischen Kaltem Krieg und Studentenrevolution. Zur Geschichte der Mommsen-Gesellschaft von 1950 bis 1968«, in: *Hermes* 143, 2015, 257–287.

1 Victor Ehrenberg, *Personal Memoirs* [Typoskript], o. O. 1971, 115.
2 Vgl. hierzu auch Carl Joachim Classen, Die Tagung der deutschen Altertumsforscher in Hinterzarten 29.8. bis 2.9.1949, in: *Eikasmos* 4, 1993, 51–59; Eckart Mensching, Die Mommsen-Gesellschaft: Zu den Anfängen – ein Ausblick, in: *Latein und Griechisch in Berlin und Brandenburg* 48, 2004, 62–71 und 93–99, zitiert nach: ders., *Nugae zur Philologie-Geschichte* 14, Berlin 2004, 9–26.
3 Vgl. hierzu oben Kapitel 15 zu den »Ersten Briefen«.
4 Vgl. Ernst Troeltsch, *Der Historismus und seine Probleme. Erstes Buch: Das logische Problem der Geschichtsphilosophie* [1922], zitiert nach ders., *Kritische Gesamtausgabe*, Bd. 16/1, Berlin/New York 2008, 197.
5 Zu Zuckers Engagement für die Mommsengesellschaft vgl. Jürgen Dummer, Friedrich Zucker und die Mommsen-Gesellschaft, in: Helmut G. Walther (Hg.), *Erinnerungen an einen Rektor. Friedrich Zucker (1881–1973)*, Rudolstadt 2001, 53–62 sowie allg. vgl. Ernst Günther Schmidts Nachruf in: *Gnomon* 53, 1981, 297–304.
6 Ich zitiere aus dem von Eberhard Hermes verfassten »Bericht über die Fachtagung der Deutschen Altertumswissenschaftler vom 29. August–3. September 1949 auf dem Birklehof«, den mir Carl Joachim Classen in Kopie zur Verfügung stellte.
7 Vgl. Walter Marg, in: *Gnomon* 21, 1949, 279.
8 Vgl. Carl Joachim Classen, Kurt Latte, Professor der Klassischen Philologie 1931–1935, 1945–1957, in: ders. (Hg.), *Die Klassische Philologie an der Georg-August-Universität Göttingen*, Göttingen 1989, 197–233, hier 220 und Hans Gärtner, »Allen Gewalten zum Trotz sich erhalten!« Unpublizierte

Briefe Kurt Lattes aus den Jahren 1943–1946, in: *Göttinger Forum für Altertumswissenschaft* 5, 2002, 185–219.
9   Bericht über die Fachtagung der Deutschen Altertumswissenschaftler vom 29. August–3. September 1949 auf dem Birklehof (wie Anm. 6).
10 Vgl. Ulrich Herbert, *Geschichte Deutschlands im 20. Jahrhundert*, München 2014, 606–617.
11 Walter Rüegg, Die Altertumswissenschaft in Deutschland, in: *Neue Zürcher Zeitung* vom 20. September 1949.
12 Zu Juliette Ernst vgl. jetzt Ilse Hilbold, *Écrire Juliette Ernst: Une histoire de la bibliographie d'études classiques au XXe siècle*, Habilitationsschrift Universität Bern 2020.
13 Bayerische Staatsbibliothek München, Ana 490 B.IV. Ernst, Juliette: Brief vom 9. März 1949.
14 Bericht über die Fachtagung der Deutschen Altertumswissenschaftler vom 29. August–3. September 1949 auf dem Birklehof (wie Anm. 6) sowie *Gymnasium* 56, 1949, 263 und Mensching, Nugae (wie Anm. 2), 11.
15 Bayerische Staatsbibliothek München, Ana 490 B IV. Ehrenberg, Victor: Brief vom 5. Juni 1949.
16 Rüegg, Altertumswissenschaft (wie Anm. 11).
17 Vgl. Bayerische Staatsbibliothek München, Ana 754 Archiv der Mommsen-Gesellschaft: Protokoll der Gründungsversammlung der Mommsen-Gesellschaft in Jena vom 1. Juni 1950.
18 Mündliche Mitteilung von Walter Rüegg, 24. Mai 2013.
19 Zu Drexler vgl. Peter Kuhlmann, Humanismus und Alte Sprachen im Dritten Reich, in: *Archiv für Kulturgeschichte* 88, 2006, 409–431, hier 428; Cornelia Wegeler, »... wir sagen ab der internationalen Gelehrtenrepublik.« *Altertumswissenschaft und Nationalsozialismus. Das Göttinger Institut für Altertumskunde 1921–1962*, Wien/Köln/Weimar 1996, 244–263; zu Dirlmeier und Till vgl. Maximilian Schreiber, Altertumswissenschaften im Nationalsozialismus, in: Elisabeth Kraus (Hg.), *Die Universität München im Dritten Reich*, Bd. 1, München 2006, 181–248.
20 Vgl. Jürgen Malitz, Klassische Philologie, in: Eckhard Wirbelauer (Hg.), *Die Freiburger Philosophische Fakultät 1920–1960. Mitglieder – Strukturen – Vernetzungen*, Freiburg i. Br./München 2006, 303–364; zitiert nach der um einen Dokumentenanhang erweiterten Fassung: http://www.gnomon.ku-eichstaett.de/LAG/articles.html [20.12.2020]. Das nachfolgende Zitat ebd. 4.
21 Bayerische Staatsbibliothek München, Ana 754 Archiv der Mommsen-Gesellschaft: Korrespondenz des Vorstandes mit Wolfgang Aly.
22 Vgl. Bayerische Staatsbibliothek München, Ana 754 Archiv der Mommsen-Gesellschaft: Protokoll der Gründungsversammlung der Mommsen-Gesellschaft in Jena vom 1. Juni 1950.
23 Vgl. Bayerische Staatsbibliothek München, Ana 490 IV. B. Latte, Kurt: Brief vom 10. Juli 1949.
24 Vgl. Mensching, Nugae (wie Anm. 2), 13.
25 Bayerische Staatsbibliothek München, Ana 490 B.IV. Latte, Kurt: Brief vom 10. Juli 1949.
26 Vgl. Bayerische Staatsbibliothek München, Ana 754 Archiv der Mommsen-Gesellschaft: Protokoll der Gründungsversammlung der Mommsen-Gesellschaft in Jena vom 1. Juni 1950; Satzung der Mommsen-Gesellschaft von 1950.
27 Vgl. zum Hintergrund Karsten Jedlitschka, Old boys network. Der »Verband der Nicht-Amtierenden (Amtsverdrängten) Hochschullehrer« und seine Lobbypolitik in Bayern am Beispiel der Universität München, in: Elisabeth Kraus (Hg.), *Die Universität München im Dritten Reich*, Bd. 2, München 2008, 571–613.
28 Vgl. Bayerische Staatsbibliothek München, Ana 490 B.IV. Ernst, Juliette: Briefe vom 9. März 1949; 1. April 1950; 21. Mai 1959.

29 Bayerische Staatsbibliothek München, Ana 490 B.IV. Picht, Georg: Brief vom 12. September 1950.
30 Oliver Lemuth, »Idee und Realität der Universität« – der Thüringer Hochschultag 1947 und die Hochschulreformdebatten der Nachkriegszeit, in: Uwe Hoßfeld; Tobias Kaiser; Heinz Mestrup (Hg.), *Hochschule im Sozialismus. Studien zur Geschichte der Friedrich-Schiller-Universität Jena (1945–1990)*, Köln/Weimar/Wien 2007, 119–137, hier 126–128; Helmuth G. Walther, Die ersten Nachkriegsrektoren Friedrich Zucker und Friedrich Hund, ebd. 1911–1928. Vgl. Bruno Snell, *Marburger Hochschulgespräche 1946*, Frankfurt a. M. 1947.
31 Walter Marg in: *Gnomon* 22, 1950, 198.
32 Vgl. hierzu sowie zum Folgenden Bayerische Staatsbibliothek München, Ana 754 Archiv der Mommsen-Gesellschaft: Protokoll der Gründungsversammlung der Mommsen-Gesellschaft in Jena vom 1. Juni 1950; Satzung der Mommsen-Gesellschaft von 1950.
33 Mündliche Mitteilung von Walther Ludwig, 28.2.2013.
34 Vgl. Stefan Rebenich, *Theodor Mommsen und Adolf Harnack. Wissenschaft und Politik im Berlin des ausgehenden 19. Jahrhunderts*, Berlin/New York 1997, 327f.
35 Vgl. Hildebrecht Hommel, Internationaler Kongress der Altertumswissenschaft Paris 1950, in: *Gymnasium* 58, 1951, 92f.
36 Zu Hartke vgl. den Eintrag im Catalogus Professorum Rostochiensium: http://cpr.uni-rostock.de/metadata/cpr_person_00002284 [20.12.2020] mit weiterer Literatur. Zu Hartkes Mitgliedschaft im Vorstand der Mommsen-Gesellschaft vgl. den Brief Ulrich Fleischers an Bruno Snell vom 15. April 1954 in Bayerische Staatsbibliothek München, Ana 754 Archiv der Mommsen-Gesellschaft: »In der vorjährigen Vorstandssitzung hatte Herr Zucker schon im Hinblick auf die Ergänzung des Vorstandes um ein weiteres Ostzonenmitglied […] den Vorschlag gemacht, Herrn Hartke in den Vorstand aufzunehmen, da dieser durch seine anderweitigen Beziehungen der Mommsen-Gesellschaft in der DDR nützlich sein könnte«.
37 Bayerische Staatsbibliothek München, Ana 754 Archiv der Mommsen-Gesellschaft: Brief Werner Hartkes an Kurt von Fritz vom 13. Juni 1962; vgl. Dummer, Friedrich Zucker (wie Anm. 5), 57f.
38 Bayerische Staatsbibliothek München, Ana 754 Archiv der Mommsen-Gesellschaft: Protokoll der Mitgliederversammlung der Mommsen-Gesellschaft in Gießen am 30. Juli 1962; 3, § 7 (d).
39 Jürgen Dummer hat aus der Handakte von Johannes Irmscher die ostdeutsche Geschichte der Mommsengesellschaft rekonstruiert und in diesem Kontext auch Werner Hartkes Rolle beleuchtet; vgl. Dummer, Friedrich Zucker (wie Anm. 5). Isolde Stark hat bereits auf der Hallenser Mommsentagung von 1997 über Irmschers inoffizielle Tätigkeit als Mitarbeiter der Staatssicherheit berichtet; vgl. Isolde Stark, Die inoffizielle Tätigkeit von Johannes Irmscher für die Staatssicherheit der DDR, in: *Hallische Beiträge zur Zeitgeschichte* 5, 1998, 46–71; englische Übersetzung in: György Karsai et al. (Hg.), *Classics and Communism. Greek and Latin Behind the Iron Curtain*, Ljubljana 2013, 257–287.
40 So lautet das Fazit der Staatssicherheit zu einem Bericht Irmschers vom 1. April 1960: Behörde des Bundesbeauftragten für die Stasi-Unterlagen, MfS AIM 14 866/89, Arbeitsvorgang Bd. 1, 145. Zitiert bei Stark, Irmscher (wie Anm. 39), 52; dort ist zu Recht »beachten«, das sich im Original findet, in »beobachten« korrigiert.
41 Vgl. Behörde des Bundesbeauftragten für die Stasi-Unterlagen, MfS AIM 14 866/89, Arbeitsvorgang Bd. 1, 286 (9. März 1962); vgl. Stark, Irmscher (wie Anm. 39), 52.
42 Vgl. Michael Hillgruber, Werner Peek, in: *Neue Deutsche Biographie* 20, 2001, 158f.
43 Vgl. Bayerische Staatsbibliothek München, Ana 754 Archiv der Mommsen-Gesellschaft: Proto-

koll der Mitgliederversammlung der Mommsen-Gesellschaft in Gießen am 30. Juli 1962; 3, § 8. Irmscher war mit der geringsten Stimmenzahl (33 von 55 abgegebenen Stimmen) als Beisitzer in den Vorstand gewählt worden. Dort waren ebenfalls vertreten als erster Vorsitzender Kurt von Fritz (53/55), als zweiter Vorsitzender Friedrich Zucker (55/55) und als Beisitzer Alfred Heuß (54/55) und Ernst Homann-Wedeking (53/55).

44 Bayerische Staatsbibliothek München, Ana 754 Archiv der Mommsen-Gesellschaft: Protokoll der Vorstandssitzung der Mommsen-Gesellschaft am 31. Mai 1966 in Speyer.

45 Bayerische Staatsbibliothek München, Ana 754 Archiv der Mommsen-Gesellschaft: Protokoll der Mitgliederversammlung der Mommsen-Gesellschaft am 2. Juni 1966 in Speyer. Vgl. auch Hans-Joachim Newiger in: *Gnomon* 38, 1966, 638–640, hier 639 f. über »die zukünftige Konstitution der Mommsen-Gesellschaft und die Zusammenarbeit mit den Fachgenossen in der DDR«.

46 Bayerische Staatsbibliothek München, Ana 754 Archiv der Mommsen-Gesellschaft: Protokoll der Mitgliederversammlung der Mommsen-Gesellschaft am 25. Mai 1972 in Bochum.

47 Vgl. hierzu Matthias Berg et al., *Die versammelte Zunft. Historikerverband und Historikertage in Deutschland 1893–2000*, Bd. 2, Göttingen 2018.

48 Bayerische Staatsbibliothek München, Ana 490 IV. B. Latte, Kurt: Brief vom 10. Juli 1949.

49 Bayerische Staatsbibliothek München, Ana 490 IV. B. Latte, Kurt: Brief vom 12. März 1950.

50 Bayerische Staatsbibliothek München, Ana 490 IV. B. Heuß, Alfred: Brief vom 21. April 1958.

51 Vgl. Bayerische Staatsbibliothek München, Ana 754 Archiv der Mommsen-Gesellschaft: Protokoll der Mitgliederversammlung der Mommsen-Gesellschaft am 4. Juni 1958 in Eisenach. Heuß erhielt 31 von 38 abgegebenen Stimmen.

52 Vgl. hierzu Bayerische Staatsbibliothek München, Ana 754 Archiv der Mommsen-Gesellschaft: Korrespondenz zwischen dem Vorsitzenden der Mommsen-Gesellschaft, Alfred Heuß, und dem Präsidenten des Deutschen Archäologischen Instituts, Erich Boehringer, Briefe vom 7. und 21. Januar 1958.

53 Vgl. *Gnomon* 42, 1970, 319.

54 Zum Trierer Historikertag vgl. Berg et al., *Versammelte Zunft* (wie Anm. 47), 631–***. Zum Internationalen Historikertag in Stockholm vgl. Johannes Deissler, Cold Case? Die Finley-Vogt-Kontroverse aus deutscher Sicht, in: Heinz Heinen (Hg.), *Antike Sklaverei: Rückblick und Ausblick. Neue Beiträge zur Forschungsgeschichte und zur Erschließung der archäologischen Zeugnisse*, Stuttgart 2010, 77–93 (mit der Besprechung von Jonathan S. Perry in BMCR 2011.07.46); Daniel P. Tompkins, What Happened in Stockholm? Moses Finley, the Mainz Akademie, and East Bloc Historians, in: *Hyperboreus* 20, 2014, 436–452.

55 Constanze Eisenbart, Georg Picht, in: *Neue Deutsche Biographie* 20, 2001, 418. Vgl. darüber hinaus Ulrich Raulff, *Kreis ohne Meister. Stefan Georges Nachleben*, München 2009, 478–482; Jens Brachmann, *Reformpädagogik zwischen Re-Education, Bildungsexpansion und Missbrauchsskandal. Die Geschichte der Vereinigung Deutscher Landerziehungsheime 1947–2012*, Bad Heilbrunn 2015, 127–151 und Anna Kranzdorf, *Ausleseinstrument, Denkschule und Muttersprache des Abendlandes. Debatten um den Lateinunterricht in Deutschland 1920–1980*, Berlin/Boston 2018, 311–317.

56 Vgl. Hellmut Flashar, Zettel's Traum. Georg Picht und das Platon-Archiv in Hinterzarten, in: *Zeitschrift für Ideengeschichte* 5.1, 2011, 94–104. Das Archiv kam 1970 nach Tübingen und half, die dortige Universität »zum Zentrum der internationalen Platon-Forschung zu machen« (ebd. 103).

57 Bericht über die Fachtagung der Deutschen Altertumswissenschaftler vom 29. August–3. September 1949 auf dem Birklehof (wie Anm. 6).

58 Ebd.
59 Zitiert nach Christoph Führ, Zur deutschen Bildungsgeschichte nach 1945, in: ders.; Carl-Ludwig Furck (Hg.), Handbuch der deutschen Bildungsgeschichte, Bd. 6.1: 1945 bis zur Gegenwart. Bundesrepublik Deutschland, München 1998, 1–24, hier 7.
60 Zum zeithistorischen Hintergrund vgl. Axel Schildt, Zwischen Abendland und Amerika. Studien zur westdeutschen Ideenlandschaft der 50er Jahre, München 1999.
61 Vgl. Führ, Bildungsgeschichte (wie Anm. 59), 8.
62 Bayerische Staatsbibliothek München, Ana 754 Archiv der Mommsen-Gesellschaft: Protokoll der Mitgliederversammlung der Mommsen-Gesellschaft am 2. Juni 1966 in Speyer. Zum Hintergrund vgl. Kranzdorf, *Ausleseinstrument* (wie Anm. 55), 296–306.
63 Vgl. Hans-Joachim Newiger in: *Gnomon* 38, 1966, 639.
64 Vgl. Rüdiger vom Bruch, *Wissenschaft, Politik und öffentliche Meinung. Gelehrtenpolitik im Wilhelminischen Deutschland (1890–1914)*, Husum 1980.
65 Georg Picht, *Die deutsche Bildungskatastrophe. Analyse und Dokumentation*, Freiburg i. Br. 1964 (München ²1965). Zu den (bildungs-)politischen Diskussionen nach dem Zweiten Weltkrieg vgl. Kranzdorf, *Ausleseinstrument* (wie Anm. 55), 215–389.
66 Vgl. Bayerische Staatsbibliothek München, Ana 754 Archiv der Mommsen-Gesellschaft: Protokoll der Mitgliederversammlung der Mommsen-Gesellschaft in Gießen am 30. Juli 1962, 3, § 8.
67 Vgl. *Gnomon* 22, 1950, 198.
68 Bayerische Staatsbibliothek München, Ana 754 Archiv der Mommsen-Gesellschaft: Protokoll der Mitgliederversammlung der Mommsen-Gesellschaft am 25. Mai 1972 in Bochum § 3 (a).
69 Bayerische Staatsbibliothek München, Ana 754 Archiv der Mommsen-Gesellschaft: Protokoll der Mitgliederversammlung der Mommsen-Gesellschaft am 2. April 1970 in Freiburg i. Br. – Hellmut Flashar wurde mit 30 von 74 abgegebenen Stimmen mit deutlichem Abstand zu den übrigen Bewerbern gewählt.
70 Vgl. Nina Mindt, Manfred Fuhrmann als Vermittler der Antike. Ein Beitrag zu Theorie und Praxis des Übersetzens, Berlin/New York 2008 und Andreas Fritsch, Manfred Fuhrmann, in: Peter Kuhlmann; Helmuth Schneider (Hg.), Geschichte der Altertumswissenschaften. Biographisches Lexikon, Stuttgart/Weimar 2012, 431–433.
71 Vgl. Heinz-Werner Nörenberg in: *Gnomon* 42, 1970, 429–431, hier 430.
72 Bayerische Staatsbibliothek München, Ana 754 Archiv der Mommsen-Gesellschaft: Protokoll der Mitgliederversammlung der Mommsen-Gesellschaft am 25. Mai 1972 in Bochum.
73 Brief Walter Burkerts an Hellmut Flashar vom 7. März 1976 (freundliche Mitteilung von Hellmut Flashar).
74 Mündliche Mitteilung von Walther Ludwig, 28.2.2013. Walther Ludwig selbst war von 1970 bis 1976 Professor an der Columbia University in New York.

17. OST UND WEST: DIE ALTERTUMSWISSENSCHAFTEN IM GETEILTEN DEUTSCHLAND

1 Vgl. Thomas Schneider, *Ägyptologen im Dritten Reich: Biographische Notizen anhand der sogenannten »Steindorff-Liste«* [2011], zitiert nach ders.; Paul Rauwling (Hg.), *Egyptology from the First World War to the Third Reich. Ideology, Scholarship, and Individual Biographies*, Leiden 2013, 120–247 und Thomas L. Gertzen, *Einführung in die Wissenschaftsgeschichte der Ägyptologie*, Berlin 2017, 372–386.

2 Vgl. Wilhelm Enßlin, *Theoderich der Große*, München 1947 (²1959) mit Hans-Ulrich Wiemer, Statt eines Nachworts: Theoderich und die Goten in Italien, 1544–2018, in: ders., *Theoderich der Große und das gotische Königreich in Italien*, Berlin/Boston 2020, 393–443, hier 415–417.

3 Zum Hintergrund vgl. Gregor Streim; Matthias Löwe (Hg.), ›Humanismus‹ *in der Krise. Debatten und Diskurse zwischen Weimarer Republik und geteiltem Deutschland*, Berlin/Boston 2017 und Axel Schildt, *Medien-Intellektuelle in der Bundesrepublik*, Göttingen 2020, 251–277. Zum zeithistorischen Kontext der Debatten um die Bedeutung des Lateinunterrichts vgl. Anna Kranzdorf, *Ausleseinstrument, Denkschule und Muttersprache des Abendlandes. Debatten um den Lateinunterricht in Deutschland 1920–1980*, Berlin/Boston 2018, 215–389.

4 Vgl. Wilfried Nippel, *Karl Marx*, München 2018, 11–13.

5 Egidius Schmalzriedt, *Inhumane Klassik. Vorlesung wider ein Bildungsklischee*, München 1971.

6 Hierzu exemplarisch Anikó Szabó, *Vertreibung, Rückkehr, Wiedergutmachung. Göttinger Hochschullehrer im Schatten des Nationalsozialismus*, Göttingen 2000.

7 Vgl. etwa Ernst Vogt, *Die Wiederbegründung des Bonner Kreises nach Ende des 2. Weltkrieges* [2004], zitiert nach ders., *Literatur der Antike und Philologie der Neuzeit. Ausgewählte Schriften*, Berlin/Boston 2013, 552–562.

8 Ernst Vogt, *Studium in Tübingen 1951/52* [1999], zitiert nach ders., *Ausgewählte Schriften* (wie Anm. 7), 563–573, hier 572.

9 Vgl. Isolde Stark, Die mißlungenen Berufungen von Richard Laqueur nach Halle und Berlin zwischen 1946 und 1948, in: Thomas Brüggemann et al. (Hg.), *Studia hellenistica et historiographica. Festschrift für Andreas Mehl*, Gutenberg 2010, 413–435.

10 Bayerische Staatsbibliothek München, Ana 490 B.IV. Latte, Kurt: Brief vom 3. September1945.

11 Vgl. Cornelia Wegeler, »… wir sagen ab der internationalen Gelehrtenrepublik.« *Altertumswissenschaft und Nationalsozialismus. Das Göttinger Institut für Altertumskunde 1921–1962*, Wien/Köln/Weimar 1996, 265 f. sowie Kai Brodersen, »Kann ein gebildeter Mensch Politiker sein?« Konrat Ziegler in Greifswald, in: Susanne Froehlich (Hg.), *Altertumswissenschaft in Greifswald. Porträts ausgewählter Gelehrter 1856 bis 1946*, Stuttgart 2021, 255–276.

12 Rüdiger vom Bruch, Zwischen Traditionsbezug und Erneuerung. Wissenschaftspolitische Denkmodelle und Weichenstellungen unter alliierter Besatzung 1945–1949, in: Jürgen Kocka (Hg.), *Die Berliner Akademie der Wissenschaften im geteilten Deutschland 1945–1990*, Berlin 2002, 3–23, hier 5.

13 Hermann Strasburger, *Concordia Ordinum. Eine Untersuchung zur Politik Ciceros*, Diss. Frankfurt 1931, zitiert nach ders., *Studien zur Alten Geschichte*, 3 Bde., Hildesheim/New York 1982–1990, Bd. 1, 1–82; ders., Art. »Optimates«, in: RE 18.1, 1939, 773–798 (= ders., *Studien*, a. a. O., Bd. 1, 329–341).

14 Herman Strasburger, *Der Einzelne und die Gemeinschaft im Denken der Griechen* [1954], zitiert nach ders., *Studien* (wie Anm. 13), Bd. 1, 343–421, hier 421.

15 Christian Meier, Gedenkrede auf Hermann Strasburger anläßlich der hundertsten Wiederkehr seines Geburtstags, in: Frank Bernstein; Hartmut Leppin (Hg.), *Wiederanfang und Ernüchterung in der Nachkriegszeit. Dem Althistoriker Hermann Strasburger in memoriam*, Göttingen 2013, 24–44, hier 31; vgl. auch ders., Gedächtnisrede auf Hermann Strasburger, in: Chiron 16, 1986, 171–196 (= Strasburger, *Studien zur Alten Geschichte* [wie Anm. 13], 503–529).

16 Vgl. Hermann Strasburger, *Alexanders Zug durch die gedrosische Wüste* [1952], zitiert nach ders., *Studien* (wie Anm. 13), Bd. 1, 449–493 und ders., *Caesar im Urteil seiner Zeitgenossen* [1953], zitiert nach ders., *Studien* (wie Anm. 13), 343–421. Vgl. hierzu auch Karl Christ, *Caesar. Annäherungen an einen Diktator*, München 1994, 183–222 sowie Hartmut Leppin, Hermann Strasburger. Die Vindizie-

rung des Zeitgenossen, in: Volker Losemann (Hg.), *Alte Geschichte zwischen Wissenschaft und Politik. Gedenkschrift Karl Christ*, Darmstadt 2009, 149–162.

17 Hermann Strasburger, Antrittsrede in der Heidelberger Akademie der Wissenschaften [1963], zitiert nach ders., Studien (wie Anm. 13), Bd. 2, 959–962, hier 961 f.

18 Hermann Strasburger, Der Geschichtsbegriff des Thukydides, in: ders., Studien (wie Anm. 13), Bd. 2, 777–800, hier 779.

19 Vgl. Winfried Bühler, *Rudolf Pfeiffer* †, in: *Gnomon* 52, 1980, 402–410 und Hugh Loyd Jones, *Blood for the Ghosts. Classical Influences in the 19th and 20th Centuries*, London 1982, 261–270.

20 Vgl. Hans Peter Obermayer, *Deutsche Altertumswissenschaftler im amerikanischen Exil. Eine Rekonstruktion*, Berlin/Boston 2014, 380–396.

21 Vgl. auch Helen Roche, »Eine Vergangenheit, die lieber vergessen wird?« Scholarly Habitus-Forming, Professional Amnesia, and Postwar Engagement with Nazi Classical Scholarship, in: *History of Humanities* 5, 2020, 165–177. Zum größeren Kontext vgl. Nicolas Berg, *Der Holocaust und die westdeutschen Historiker: Erforschung und Erinnerung*, Göttingen ³2004. – Weitere Literatur zur wissenschaftsgeschichtlichen Diskussion der Kontinuitätsproblematik in den einzelnen Fächer findet sich in Anm. * zu Kapitel 14 »Zwischen Anpassung und Verweigerung«.

22 Volker Losemann, Nationalsozialismus und Antike – Bemerkungen zur Forschungsgeschichte, in: Beat Näf (Hg.), *Antike und Altertumswissenschaft in der Zeit von Nationalsozialismus und Faschismus*, Mandelbachtal/Cambridge 2001, 71–88, 81 (= ders., *Klio und die Nationalsozialisten. Gesammelte Schriften zur Wissenschafts- und Rezeptionsgeschichte*, Wiesbaden 2017, 161–174, hier 169); vgl. Karl Christ, *Römische Geschichte und deutsche Geschichtswissenschaft*, München 1982, 259 Anm. 383.

23 Vgl. Winfried Schulze; Otto Gerhard Oexle (Hg.), *Deutsche Historiker im Nationalsozialismus*, Frankfurt a. M. ³2000.

24 Losemann, Bemerkungen zur Forschungsgeschichte (wie Anm. 22), 79 f. (167 f.).

25 Alain Schnapp, Archéologie, archéologues et nazisme, in: Maurice Olender (Hg.), *Le racisme. Mythes et sciences*, Brüssel 1981, 289–315.

26 Vgl. https://www.dainst.org/forschung/netzwerke/forschungscluster/cluster-5/konzept [21.02.2021].

27 Vgl. Susanne Bickel et al. (Hg.), *Ägyptologen und Ägyptologien zwischen Kaiserreich und Gründung der beiden deutschen Staaten. Reflexionen zur Geschichte und Episteme eines altertumswissenschaftlichen Fachs im 150. Jahr der »Zeitschrift für Ägyptische Sprache und Altertumskunde«*, Berlin 2013.

28 Verlagsarchiv C.H.Beck, München.

29 Vgl. Thomas Beckh, Das Institut für Ägyptologie der LMU im Nationalsozialismus, in: Elisabeth Kraus (Hg.), *Die Universität München im Dritten Reich*, Teil 1, München 2006, 249–298; Thomas L. Gertzen, Das Engagement des Ägyptologen Friedrich Wilhelm Freiherr von Bissing für die deutsche Kriegspropaganda im Ersten Weltkrieg, 2 Teile, in: *Göttinger Miszellen* 221, 2009, 109–118 und 222, 2009, 95–114; Alfred Grimme (Hg.), *Friedrich Wilhelm Freiherr von Bissing. Ägyptologe, Mäzen, Sammler*, München 2010; Peter Raulwing; Thomas L. Gertzen, Friedrich Wilhelm Freiherr von Bissing im Blickpunkt ägyptologischer und zeithistorischer Forschungen: Die Jahre 1914 bis 1926, in: Thomas Schneider; Peter Raulwing (Hg.), *Egyptology from the First World War to the Third Reich. Ideology, Scholarship, and Individual Biographies*, Leiden 2013, 34–119.

30 Bruno Snell, *Die Entdeckung des Geistes. Studien zur Entstehung des europäischen Denkens bei den Griechen*, Hamburg 1946.

31 Vgl. oben Kapitel 16 zur »Mommsengesellschaft«.

32 Vgl. Actes du Ier Congrès de la Fédération Internationale des Associations d'Études Classiques, 1950, Paris 1951; Walter Rüegg, Die Scheidung zwischen Merkur und der Philologie. Zum ersten internationalen Kongreß der Altertumswissenschaften in Paris, in: *Gymnasium* 58, 1951, 246–256 sowie Ilse Hilbold, *Écrire Juliette Ernst. Une histoire de la bibliographie d'études classiques au XXe siècle*, Habilitationsschrift Universität Bern 2021, 177–244.
33 Vgl. Conseil international de la philosophie et des sciences humaines. International Council for Philosophy and Humanistic Sciences, Paris 1949.
34 Vgl. Meinholf Vielberg, Carl Joachim Classen †, in: *Gnomon* 87, 2005, 186–191, hier 187.
35 Vgl. Nicolas Gex, *Au cœur de la recomposition du champ des études classiques. Kurd von Hardt et la Fondation Hardt pour l'étude de l'Antiquité classique (1948–1958)*, Diss. phil. Lausanne 2020; zu Schadewaldt 284–287 und 301–307.
36 Vgl. Marie Vigener, *»Ein wichtiger kulturpolitischer Faktor«. Das Deutsche Archäologische Institut zwischen Wissenschaft, Politik und Öffentlichkeit, 1918–1954*, Rahden 2012, 101–121.
37 Vgl. Michael Krumme; Marie Vigener, Carl Weickert (1885–1975), in: Gunnar Brands; Martin Maischberger (Hg.), *Lebensbilder. Klassische Archäologen und der Nationalsozialismus*, Bd. 2, Rahden 2016, 203–222.
38 Vigener, *Kulturpolitischer Faktor* (wie Anm. 36), 125.
39 Zum Folgenden vgl. Stefan Rebenich, Art. »Universität«, in: *Der Neue Pauly* 15/3, 2003, 902–922 sowie Reinhold Bichler, Neuorientierung in der Alten Geschichte? in: Ernst Schulin (Hg.), *Deutsche Geschichtswissenschaft nach dem Zweiten Weltkrieg (1945–1965)*, München 1989, 63–86; Karl Christ, *Römische Geschichte und deutsche Geschichtswissenschaft*, München 1982, 261–330; ders., *Hellas. Griechische Geschichte und deutsche Geschichtswissenschaft*, München 1999, 299–379; ders., *Klios Wandlungen. Die deutsche Althistorie vom Neuhumanismus bis zur Gegenwart*, München 2006, 95–128; Volker Losemann, Aspekte der Standortbestimmung der Altertumswissenschaften in »Umbruchzeiten«, in: Rüdiger vom Bruch; Brigitte Kaderas (Hg.), *Wissenschaften und Wissenschaftspolitik. Bestandsaufnahmen zu Formationen, Brüchen und Kontinuitäten im Deutschland des 20. Jahrhunderts*, Stuttgart 2002, 310–323 und allg. Winfried Schulze, *Deutsche Geschichtswissenschaft nach 1945*, München 1989.
40 Vgl. Gertzen, *Einführung* (wie Anm. 1), 103 f.
41 Zu ihm vgl. Helmuth Schneider, »… über einen zähen Abwehrwillen hinaus zu einem abgründigen Haß«. Wilhelm Enßlin zu: Der Einfluß Karthagos auf Staatsverwaltung und Wirtschaft der Römer, in: Michael Sommer; Tassilo Schmitt (Hg.), *Von Hannibal zu Hitler.und Karthago« 1943 und die deutsche Altertumswissenschaft im Nationalsozialismus*, Darmstadt 2019, 198–229.
42 Bayerische Staatsbibliothek, München: Ana 468 B.IV. Kiechle, Franz: Brief vom 13. März 1965.
43 Vgl. Irma Wehgartner, Gerda Bruns (1905–1970), in: Brands/Maischberger, *Lebensbilder*, Bd. 2 (wie Anm. 37), 391–404.
44 Tonio Hölscher, Erika Simon, in: *Jahrbuch der Heidelberger Akademie der Wissenschaften für das Jahr 2019*, Heidelberg 2020, 202–206, hier 203.
45 Vgl. Reinhard Häußler, Ilona Opelt †, in: *Gnomon* 65, 1993, 649–653.
46 Vgl. Wilfried Stroh, Antonie Wlosok †, in: *Gnomon* 85, 2013, 761–767 und Ernst A. Schmid, Antonie Wlosok, in: *Jahrbuch der Heidelberger Akademie der Wissenschaften für 2013*, Heidelberg 2014, 191–195.
47 Vgl. Paul Gerhard Schmidt (Hg.), *Gedenkschrift Johanne Autenrieth (15.5.1923–17.4.1996)*, Freiburg i. Br. 2005.

48 Vgl. Ingrid Gilcher-Holtey, *Die 68er Bewegung. Deutschland – Westeuropa – USA*, München ³2001; Dies., *1968. Eine Zeitreise*. Frankfurt a. M. 2008; Norbert Frei, *1968. Jugendrevolte und globaler Protest*, München 2008.
49 Vgl. Nicolai Wehrs, *Der Protest der Professoren. Der »Bund Freiheit der Wissenschaft« in den 1970er Jahren*, Göttingen 2014. Zum Hintergrund vgl. Ulrich Herbert, *Geschichte Deutschlands im 20. Jahrhundert*, München 2014, 841–865.
50 Vgl. Helmut Berve, Robert von Pöhlmann und Walter Otto, in: *Geist und Gestalt. Biographische Beiträge zur Geschichte der Bayerischen Akademie der Wissenschaften*, Bd. 1, München 1959, 186–195, hier 189.
51 Vgl. Hans Peter Herrmann, Das Bild der Germanistik zwischen 1945 und 1965 in autobiographischen Selbstreflexionen von Literaturwissenschaftlern, in: Wilfried Barners; Christoph König (Hg.), *Zeitenwechsel. Germanistische Literaturwissenschaft vor und nach 1945*, Frankfurt a. M. 1996, 345–360 sowie Frank-Rutger Hausmann, *»Vom Strudel der Ereignisse verschlungen.« Deutsche Romanistik im Dritten Reich*, Frankfurt a. M. 2000, 617–655.
52 Bayerische Staatsbibliothek München, Ana 468 B.IV. Heuß, Alfred: Brief vom 8. August 1966.
53 Das Folgende nach Stefan Rebenich, Alte Geschichte zwischen Demokratie und Diktatur. Der Fall Helmut Berve, in: *Chiron* 31, 2001, 457–496. Vgl. jetzt Jasmin Welte, *Helmut Berve (1896–1979). Eine Biographie*, Diss. phil. Bern 2020, 219–339.
54 Vgl. allg. Lutz Niethammer, *Die Mitläuferfabrik. Die Entnazifizierung am Beispiel Bayerns*, Bonn 1982.
55 Vgl. Karl Christ, *Der andere Stauffenberg. Der Historiker und Dichter Alexander von Stauffenberg*, München 2008 und Stefan Rebenich, Alexander Schenk Graf von Stauffenberg, in: Achim Aurnhammer et al. (Hg.), *Stefan George und sein Kreis. Ein Handbuch*, Bd. 3, Berlin/Boston 2012, 1661–1665.
56 Mündliche Mitteilung von Michael Wörrle, 13.8.2001.
57 Vgl. Welte, Berve (wie Anm. 53), 296–330.
58 Vgl. Christof Schuler, Edmund Buchner als δεύτερος κτίστης der Kommission für Alte Geschichte und Epigraphik des DAI, in: *Archäologischer Anzeiger* 2012/1, 221–226.
59 Archiv der Kommission für Alte Geschichte und Epigraphik, München: Protokoll und die Anlage zum Protokoll der Kommissionssitzung vom 4. und 5. Februar 1966.
60 Vgl. seine umfangreiche Korrespondenz in Bayerische Staatsbibliothek München, Ana 468 B.
61 Vgl. Stefan Rebenich, *C.H.Beck 1763–2013. Der kulturwissenschaftliche Verlag und seine Geschichte*, München 2013, 488 f.
62 Bayerische Staatsbibliothek München, Ana 468 B.IV. Rudolf Till.
63 Vgl. Helmut Berve, *Gestaltende Kräfte der Antike. Aufsätze und Vorträge zur griechischen und römischen Geschichte*, München ²1966.
64 Helmut Berve, *Griechische Geschichte*, 2 Bde., Freiburg i. Br. ²1951/52; vgl. ders., *Griechische Frühzeit*, Freiburg i. Br. 1959; *Blütezeit des Griechentums*, Freiburg i. Br. 1959; *Spätzeit des Griechentums*, Freiburg i. Br. 1960. Die dreibändige Taschenbuchausgabe wurde Anfang der sechziger Jahre in zweiter und dritter Auflage nochmals herausgebracht.
65 Vgl. auch Welte, *Berve* (wie Anm. 53), 335 f.
66 Helmut Berve, *Die Herrschaft des Agathokles*, Sitzungsberichte der Bayerischen Akademie der Wissenschaften. Phil.-hist. Klasse 1952, H. 5; ders., *Dion*, Abhandlungen der Akademie der Wissenschaften und der Literatur Mainz 1956, Nr. 10; ders., *König Hieron II.*, Abhandlungen der Bayerischen Akademie der Wissenschaften. Phil.-hist. Klasse, Neue Folge 47, 1959.

17. OST UND WEST   471

67 *Historische Zeitschrift* 177, 1954, 1–20 (= *Gestaltende Kräfte* [wie Anm. 63], 208–231).
68 Alfred Heuß, Helmut Berve, in: *Historische Zeitschrift* 230, 1980, 779–787, hier 786 (= ders., *Gesammelte Schriften*, Bd. 1, Stuttgart 1995, 758–766, hier 764); vgl. Karl Christ, *Neue Profile der Alten Geschichte*, Darmstadt 1990, 182.
69 Helmut Berve, *Die Tyrannis bei den Griechen*, Bd. 1, München 1967, 5.
70 Vgl. Bayerische Staatsbibliothek München, Ana 468 A.II.1.10–19 und 2.9–37.
71 Ebd. Ana 468 A.II.2.36. und 37.
72 Ebd. Ana 468.A.II.2.22.
73 Ebd. Ana 468.A.II.2.5. Zum Deutschen Auslandswissenschaftlichen Institut vgl. Lutz Hachmeister, *Der Gegnerforscher. Die Karriere des SS-Führers Franz Alfred Six*, München 1998.
74 Bayerische Staatsbibliothek München, Ana 468.A.II.1.16.
75 Heinrich Böll, *Wanderer kommst du nach Spa*, Opladen 1950.
76 Manfred Clauss, *Sparta*, München 1983.
77 Vgl. zum Folgenden Stefan Rebenich, Alter Wein in neuen Schläuchen? Das Spartabild in der deutschen Geschichtsschreibung nach 1945, in: Vassiliki Pothou; Anton Powell (Hg.), *Das antike Sparta*, Stuttgart 2017, 111–132.
78 Franz Kiechle, *Lakonien und Sparta. Untersuchungen zur ethnischen Struktur und zur politischen Entwicklung Lakoniens und Spartas bis zum Ende der archaischen Zeit*, München 1963, 2.
79 Vgl. z. B. Willem den Boer, *Laconian Studies*, Amsterdam 1954 und George L. Huxley, *Early Sparta*, London 1962.
80 Kiechle, *Lakonien und Sparta* (wie Anm. 78), 255.
81 Ebd. 252.
82 Ebd. 255.
83 Vgl. Mischa Meier, *Aristokraten und Damoden. Untersuchungen zur inneren Entwicklung Spartas im 7. Jh. v. Chr. und zur politischen Funktion der Dichtung des Tyrtaios*, Stuttgart 1998, 10.
84 Bayerische Staatsbibliothek München, Ana 468 C. I.19. Gutachten vom 23. Oktober 1956
85 Vgl. hierzu Jürgen Dummer, DDR I. Die klassischen Altertumswissenschaften, in: *Der Neue Pauly* 13, 1999, 681–689 sowie Matthias Willing, *Althistorische Forschung in der DDR. Eine wissenschaftliche Studie zur Entwicklung der Disziplin Alte Geschichte vom Ende des Zweiten Weltkrieges bis zur Gegenwart (1945–1989)*, Berlin 1990; ders., Die DDR – Althistorie im Rückblick, in: *Geschichte in Wissenschaft und Unterricht* 42, 1991, 489–497; Isolde Stark, Zur Situation der Altertumswissenschaften in der DDR, in: Rainer Eckert et al. (Hg.), *Krise – Umbruch – Neubeginn. Eine kritische und selbstkritische Dokumentation der DDR-Geschichtswissenschaft 1989/90*, Stuttgart 1992, 419–434 und dies. (Hg.), *Elisabeth Charlotte Welskopf und die Alte Geschichte in der DDR*, Stuttgart 2005. Zu Jena vgl. zudem Detlef Lotze, Das Fach Alte Geschichte im Jenaer Verbund der Altertumswissenschaften 1945 bis 1989, in: Uwe Hoßfeld; Tobias Kaiser; Heinz Mestrup (Hg.), *Hochschule im Sozialismus. Studien zur Geschichte der Friedrich-Schiller-Universität Jena (1945–1990)*, Bd. 2, Köln 2007, 1749–1766.
86 Vgl. Markus Sehlmeyer; Uwe Walter, *Unberührt von jedem Umbruch? Der Althistoriker Ernst Hohl zwischen Kaiserreich und früher DDR*, Frankfurt a. M. 2005.
87 Bayerische Staatsbibliothek, München: Ana 468.B.IV. Lotze, Detlef: Brief vom 20. Dezember 1968.
88 Ebd.: Brief vom 19. April 1962.
89 Ebd.: Brief vom 22. Mai 1966.
90 Ebd.: Briefe vom 17. Januar und vom 15. Oktober 1967.
91 Zum Folgenden vgl. Stefan Rebenich, Berlin und die antike Epigraphik, in: Werner Eck et al.

(Hg.), *Öffentlichkeit – Monument – Text. XIV Congressus Internationalis Epigraphiae Graecae et Latinae*, Berlin/Boston 2014, 7–75, hier 53–72.

92 Konrad Schubring, Bericht über das Corpus Inscriptionum Latinarum, in: *Actes du Deuxième Congrès International d'Epigraphie Grecque et Latine*, Paris 1953, 80–84, hier 80.

93 Vgl. Stefan Rebenich, Mommsen, Harnack und die Prosopographie der Spätantike, in: *Studia Patristica* 29, 1997, 109–118.

94 Vgl. Bernhard vom Brocke; Hubert Laitko (Hg.), *Die Kaiser-Wilhelm-/Max-Planck-Gesellschaft und ihre Institute. Studien zu ihrer Geschichte: Das Harnack-Prinzip*, Berlin/New York 1996.

95 Archiv der Berlin-Brandenburgischen Akademie der Wissenschaften, Bestand Akademieleitung, Institut für griechisch-römische Altertumskunde, Arbeitsgruppe CIL. 1946–1966, Bd. 6 (nicht paginiert).

96 Werner Hartke, Deutsche Akademie der Wissenschaften zu Berlin als Pflegstätte der Inschriftenkunde, in: *Akte des IV. Internationalen Kongresses für Griechische und Lateinische Epigraphik*, Wien 1964, 134–139, hier 139.

97 Johannes Irmscher, Die Idee des umfassenden Inschriftencorpus. Wissenschaftsgeschichtliche Bemerkungen, in: *Akte des IV. Internationalen Kongresses* (wie Anm. 96), 157–167, hier 166.

98 Vgl. Klaus Hallof, Worte danach, in: ders. (Hg.), *Reinhard Koerner, Inschriftliche Gesetzestexte der frühen griechischen Polis*, Köln/Weimar/Wien 1993, 599–603, hier 602.

99 Vgl. Peer Pasternack, *»Demokratische Erneuerung«. Eine universitätsgeschichtliche Untersuchung des ostdeutschen Hochschulumbaus 1989–1995*, Weinheim 1999.

100 Vgl. Matthias Willing, Das Ostberliner »Zentralinstitut für Alte Geschichte und Archäologie« im deutschen Vereinigungsprozeß (1989–1992), in: *Geschichte in Wissenschaft und Unterricht* 47, 1996, 466–482 und Isolde Stark, Der Runde Tisch der Akademie und die Reform der Akademie der Wissenschaften der DDR nach der Herbstrevolution 1989, in: *Geschichte und Gesellschaft* 23, 1997, 423–445.

101 Vgl. dazu rückblickend Ernst-Richard Schwinge (Hg.), *Die Wissenschaften vom Altertum am Ende des 2. Jahrtausends n. Chr.*, Stuttgart/Leipzig 1995.

102 Karl Christ, Römische Geschichte und Universalgeschichte bei Barthold Georg Niebuhr, in: *Saeculum* 19, 1968, 172–196 (= ders., *Römische Geschichte und Wissenschaftsgeschichte*, Bd. 3, Darmstadt 1983, 1–25).

103 Christian Meier, Was soll uns heute noch die Alte Geschichte?, in: ders., *Entstehung des Begriffs ›Demokratie‹. Vier Prolegomena zu einer historischen Theorie*, Frankfurt a. M. 1970, 151–181; vgl. Wilfried Nippel (Hg.), *Über das Studium der Alten Geschichte*, München 1993, 323–352.

104 Christian Meier, Die Wissenschaft des Historikers und die Verantwortung des Zeitgenossen, in: ders., *Entstehung* (wie Anm. 103), 182–221.

105 Vgl. Monika Bernett; Wilfried Nippel; Aloys Winterling (Hg.), *Christian Meier zur Diskussion*, Stuttgart 2008 und Stefan Rebenich, Interview mit Christian Meier, in: *Neue Politische Literatur* 49, 2004 185–215.

18. Akteure: Hermann Bengtson und Alfred Heuss

* Zum Folgenden vgl. »Hermann Bengtson und Alfred Heuß. Zur Entwicklung der Alten Geschichte in der Zwischen- und Nachkriegszeit«, in: Volker Losemann (Hg.), *Alte Geschichte zwischen Wissenschaft und Politik. Gedenkschrift für Karl Christ*, Wiesbaden 2009, 181–208 sowie »Hermann Bengtson (1909–1989)«, in: Katharina Weigand (Hg.), *Münchner Historiker zwischen Politik und Wissenschaft. 150 Jahre Historisches Seminar der Ludwig-Maximilians-Universität*, München 2010, 281–308. Darüber hinaus ist zu verweisen auf Karl Christ, *Römische Geschichte und deutsche Wissenschaftsgeschichte*, München 1982, 275–281 und 282–284; ders., *Hellas. Griechische Geschichte und deutsche Wissenschaftsgeschichte*, München 1999, 314–334 und ders., *Klios Wandlungen. Die deutsche Althistorie vom Neuhumanismus bis zur Gegenwart*, München 2006, 102–108. Zu Hermann Bengtson vgl. auch Jakob Seibert, Hermann Bengtson, in: ders. (Hg.), *100 Jahre Alte Geschichte an der Ludwig-Maximilians-Universität München (1901–2001)*, Berlin 2002, 161–173. Zu Alfred Heuß vgl. Hans-Joachim Gehrke (Hg.), *Ansichten seines Lebenswerkes*, Stuttgart 1998 mit Stefan Rebenich, Alfred Heuß: Ansichten seines Lebenswerkes. Mit einem Anhang: Alfred Heuß im Dritten Reich, in: *Historische Zeitschrift* 271, 2000, 661–673; Arnaldo Marcone, Alfred Heuss e il disagio dello storico, in: *Storica* 9, 1997, 157–172; Christoph Ulf, Die Vorstellung des Staates bei Helmut Berve und seinen Habilitanden in Leipzig: Hans Schaefer, Alfred Heuß, Wilhelm Hoffmann, Franz Hampl, Hans Rudolph, in: Peter W. Haider; Robert Rollinger (Hg.), *Althistorische Studien im Spannungsfeld zwischen Universal- und Wissenschaftsgeschichte. Festschrift für Franz Hampl*, Stuttgart 2001, 378–454; Uwe Walter, Althistorie und Allgemeine Geschichte. Die Beiträge von Alfred Heuß zur ›Historischen Zeitschrift‹, in: *Historische Zeitschrift* 289, 2009, 49–74; Hans-Joachim Gehrke, Alfred Heuß und das 21. Jahrhundert. Analysen und – auch (auto)biographische – Betrachtungen, in: *Saeculum* 61, 2011, 337–354; Uwe Walter, Alfred Heuß und Theodor Mommsen – ein lebenslanger Dialog, in: Andreas Hartmann; Gregor Weber (Hg.), *Zwischen Antike und Moderne. Festschrift für Jürgen Malitz zum 65. Geburtstag*, Speyer 2012, 245–273; Frank Rexroth, Geschichte schreiben im Zeitalter der Extreme. Die Göttinger Historiker Percy Ernst Schramm, Hermann Heimpel und Alfred Heuß, in: Christian Starck; Kurt Schönhammer (Hg.), *Die Geschichte der Akademie der Wissenschaften zu Göttingen*, Teil 1, Berlin/Boston 2013, 265–299; Hans-Joachim Gehrke, »Selbstzeugnis verschiedenen Menschentums«. Alfred Heuß über: Die Gestaltung des römischen und des karthagischen Staates bis zum Pyrrhos-Krieg, in: Michael Sommer; Tassilo Schmitt (Hg.), *Von Hannibal zu Hitler. »Rom und Karthago« 1943 und die deutsche Altertumswissenschaft im Nationalsozialismus*, Darmstadt 2019, 71–83.

1 Vgl. Stefan Rebenich, Hermann Bengtson an Walther Wüst, in: Andreas Bernhard; Ulrich Raulff (Hg.), *Briefe aus dem 20. Jahrhundert*, Frankfurt a. M. 2005, 126–131.
2 Brief von Alfred Heuß an Willy Theiler vom 22. Dezember 1943; Privatbesitz.
3 Vgl. Ulrich Herbert, »Generation der Sachlichkeit.« Die völkische Studentenbewegung der frühen zwanziger Jahre, in: Frank Bajohr et al. (Hg.), *Zivilisation und Barbarei. Die widersprüchlichen Potentiale der Moderne*, Hamburg 1991, 115–144 sowie allg. ders., *Best. Biographische Studien über Radikalismus, Weltanschauung und Vernunft 1903–1989*, Bonn ³1996.
4 Vgl. Alfred Heuß, De se ipse [1993], zitiert nach ders., *Gesammelte Schriften*, Bd. 1, Stuttgart 1995, 777–827, hier 796–801.
5 Hierzu und zum Folgenden vgl. Luciano Canfora, *Le vie del classicismo*, Bari 1989, 211 f. (= ders., *Politische Philologie*, Stuttgart 1995, 16); Stefan Rebenich, Nationalsozialismus und Alte Geschichte. Kontinuität und Diskontinuität in Forschung und Lehre, in: Isolde Stark (Hg.), *Elisabeth Charlotte Welskopf und die Alte Geschichte in der DDR*, Stuttgart 2005, 42–64, hier 49 f.; Seibert, Bengtson (wie Anm. *), 162 Anm. 4.
6 Hatto H. Schmitt, Gedenkrede auf Hermann Bengtson, in: Jakob Seibert (Hg.), *Hellenistische Studien. Gedenkschrift für Hermann Bengtson*, München 1991, 9–16, hier 10.
7 Hermann Bengtson, Einzelpersönlichkeit und athenischer Staat zur Zeit des Peisistratos und des Miltiades,

Sitzungsberichte der Bayerischen Akademie der Wissenschaften. Phil.-hist. Abteilung, Jg. 1939, H. 1.
8 Vgl. Jakob Seibert, Walter Otto, in: ders., *100 Jahre Alte Geschichte* (wie Anm. *), 51–68, hier 60–63.
9 Vgl. Maximilian Schreiber, *Walther Wüst: Dekan und Rektor der Universität München 1935–1945*, München 2008.
10 Vgl. Stefan Rebenich, Deutsche Eindrücke. Alfred Heuß über das Dritte Reich im August 1934, in: *Zeitschrift für Ideengeschichte* 6/1, 2012, 85–94.
11 Vgl. Rebenich, Heuß: Ansichten seines Lebenswerkes (wie Anm. *), 666–669 sowie Heuß' Selbstzeugnis vom Februar 1946 in: Eckhard Wirbelauer, Zur Situation der Alten Geschichte zwischen 1945 und 1948. Materialien aus dem Freiburger Universitätsarchiv II, in: *Freiburger Universitätsblätter* 154, 2001, 119–162, hier 151–154.
12 Vgl. oben Kapitel 14 zum »Dritten Reich«.
13 Vgl. Rebenich, Heuß: Ansichten seines Lebenswerkes (wie Anm. *), 669 f.
14 Hermann Bengtson, *Die Strategie in hellenistischer Zeit. Ein Beitrag zum antiken Staatsrecht*, 3 Bde., München 1937; 1944; 1952.
15 Vgl. Volker Losemann, *Nationalsozialismus und Antike. Studien zur Entwicklung des Faches Alte Geschichte 1933–1945*, Hamburg 1977, 75. Das Urteil äußerte Weber im Kontext des Berufungsverfahrens an der Universität Jena 1941.
16 Vgl. Heuß, *De se ipse* (wie Anm. 4), 780.
17 Zitiert nach Christ, *Hellas* (wie Anm. *), 190.
18 Alfred Heuß, in: *Gnomon* 21, 1949, 304–318, zitiert nach ders., *Gesammelte Schriften*, Bd. 1, Stuttgart 1995, 318–332, hier 331.
19 Alfred Heuß, *Die völkerrechtlichen Grundlagen der römischen Außenpolitik in republikanischer Zeit*, Klio Beiheft 31, Leipzig 1933.
20 Alfred Heuß, *Stadt und Herrscher des Hellenismus in ihren staats- und völkerrechtlichen Beziehungen*, Klio Beiheft 39, Leipzig 1937 (ND Darmstadt 1963 mit einem Nachwort).
21 Vgl. Wolfgang Orth, Königlicher Machtanspruch und städtische Freiheit. Untersuchungen zu den politischen Beziehungen zwischen den ersten Seleukidenherrschern (Seleukos I., Antiochos I., Antiochos II.) und den Städten des westlichen Kleinasien, München 1977.
22 Vgl. Christ, *Hellas* (wie Anm. *), 324.
23 Brief von Heuß an Theiler vom 10. Juli 1944; Privatbesitz.
24 Vgl. Heuß, *De se ipse* (wie Anm. 4), 795.
25 Vgl. Jochen Bleicken, Gedanken zu den frühen althistorischen Arbeiten von Alfred Heuß, in: Gehrke, *Ansichten* (wie Anm. *), 11–24, hier 17 f. sowie Hans-Joachim Gehrke, *Hellenismus*, München ³2003, 184 f. In dieselbe Richtung geht Heuß' Studie »Zur Entwicklung des Imperiums der römischen Oberbeamten«, in: *Zeitschrift der Savigny-Stiftung für Rechtsgeschichte, Roman. Abt.* 64, 1944, 57–133 (= ders., *Gesammelte Schriften*, Bd. 2, Stuttgart 1995, 831–907).
26 Heuß, *De se ipse* (wie Anm. *), 799 zu Richard Heinze, *Von den Ursachen der Größe Roms*, Leipzig 1921 (= ders., *Vom Geist des Römertums. Ausgewählte Aufsätze*, Darmstadt ⁴1972, 9–27).
27 Alfred Heuß, Überrest und Tradition. Zur Phänomenologie der historischen Quellen, in: *Archiv für Kulturgeschichte* 5, 1934, 134–183 (= ders., *Gesammelte Schriften*, Bd. 3, Stuttgart 1995, 2289–2338); vgl. auch Gehrke, Heuß und das 21. Jahrhundert (wie Anm. *), 339 f.
28 Vgl. oben Kapitel 4 zu Johann Gustav Droysen.

29 Vgl. Heuß, Überrest (wie Anm. 27), 136 (2291).
30 Heuß, De se ipse (wie Anm. 4), 803.
31 Vgl. Heuß, De se ipse (wie Anm. 4), 781–786.
32 Vgl. Heuß, De se ipse (wie Anm. 4), 798.
33 Max Weber, Kritische Studien auf dem Gebiet der kulturwissenschaftlichen Logik [1906], zitiert nach ders., Gesammelte Aufsätze zur Wissenschaftslehre, Tübingen ^{7}1988, 215–290, hier 237 [vgl. Max Weber-Gesamtausgabe, Bd. 1/7, Tübingen 2018, 380–480, hier 413].
34 Heuß, De se ipse (wie Anm. 4), 798.
35 Vgl. Heuß, De se ipse (wie Anm. 4), 801.
36 Christian Meier, Laudatio auf Alfred Heuß, in: Historische Zeitschrift 239, 1984, 1–10, hier 4.
37 Vgl. Heuß, De se ipse (wie Anm. 4), 811.
38 Das Deutsche Reich und der Zweite Weltkrieg, Bd. 8: Die Ostfront 1943/44, München 2007, 808–815.
39 Staatsarchiv Bern, BB 8.1340: »Il n'a pas été infecté par le virus nazi et s'est toujours conduit en bon démocrate.«
40 Vgl. Wirbelauer, Situation (wie Anm. 11), pass.
41 Vgl. Rebenich, Heuß: Ansichten seines Lebenswerkes (wie Anm. *), 670.
42 Staatsarchiv München, Spk 115, Bengston Hermann.
43 Bayerische Staatsbibliothek München, Ana 560: Autobiographisches, Lebenslauf (maschinenschriftlich), 81.
44 Christ, Hellas (wie Anm. *), 324. Unmittelbar nach dem Zweiten Weltkrieg hat er im Zusammenhang mit dem Freiburger Berufungsverfahren in einer für die universitären Gremien bestimmten »Erklärung« jedoch offen über seine politische Biographie im »Dritten Reich« berichtet, vgl. Wirbelauer, Situation (wie Anm. 11), 151–154.
45 Vgl. Heuß, De se ipse (wie Anm. 4), 802.
46 Vgl. Heuß, De se ipse (wie Anm. 4), 808 f.
47 Vgl. Jochen Bleicken, Gedanken zum Fach Alte Geschichte und ihren Vertretern [1998], zitiert nach ders., Gesammelte Schriften, Bd. 2, Stuttgart 1998, 1149–1162, hier 1160–1162; ders., Zum Tode von Alfred Heuß, in: Historische Zeitschrift 262, 1996, 337–356, hier 352 (= ders., Gesammelte Schriften, Bd. 2, Stuttgart 1998, 1098–1117, hier 1113) sowie Justus Cobet, Der Gelehrte in der Zeit der Anfechtung. Ansprache auf der Gedenkfeier für Jochen Bleicken am 29. Oktober 2005 in Göttingen, in: Göttinger Forum für Altertumswissenschaft 8, 2005, 59–72, hier 65–68.
48 Alfred Heuß, Versagen und Verhängnis, Berlin 1984, 106–108.
49 Vgl. Christ, Klio (wie Anm. *), 107.
50 Hermann Bengtson, Einführung in die Alte Geschichte, München 1949 (^{8}1979).
51 Hermann Bengtson, Griechische Geschichte von den Anfängen bis in die römische Kaiserzeit, HdA III 4, München 1950 (^{5}1977).
52 Christ, Hellas (wie Anm. *), 323 spricht treffend von einer »extremen und einseitigen Personalisierung«.
53 Christ, Hellas (wie Anm. *), 315.
54 A. John Graham, in: Gnomon 33, 1961, 811–814, hier 813 (zur zweiten Auflage von 1960).
55 Vgl. Bengtson, Griechische Geschichte^5 (wie Anm. 51), 91: Durch die Kolonisation seien die Griechen endlich »zu einem wahrhaft führenden Volk der Alten Welt« geworden; und Bengtson, Einführung^8 (wie Anm. 50), 54: Der Historiker habe den Einflüssen nachzugehen, »die sich fördernd oder hemmend auf die Bildung der einzelnen völkischen Individualität ausgewirkt haben«.

56 Bengtson, *Einführung*[8] (wie Anm. 50), 47 f. 51.
57 Vgl. Hermann Bengtson, *Kleine Schriften zur Alten Geschichte*, München 1974, 346 f.
58 Bengtson, *Einführung*[8] (wie Anm. 50), 47 und 49.
59 Bengtson, *Einführung*[8] (wie Anm. 50), 58.
60 Bengtson, *Einführung*[8] (wie Anm. 50), 181.
61 Bengtson, *Griechische Geschichte*[5] (wie Anm. 51), 181 f. Vgl. hierzu Josef Wiesehöfer, »Griechenland wäre unter persische Herrschaft geraten ...« Die Perserkriege als Zeitenwende?, in: Sven Sellmer, Horst Brinkhaus (Hg.), *Zeitenwenden. Historische Brüche in asiatischen und afrikanischen Gesellschaften*, Hamburg 2002, 209–232, hier 219.
62 Bengtson, Griechische Geschichte[5] (wie Anm. 51), 508. Vgl. auch Hermann Bengtson, *Grundriß der römischen Geschichte, Bd. 1: Republik und Kaiserzeit bis 284 n. Chr.*, HdA III 5.1, München [3]1982, 198, wo ausgeführt wird, der Hof des Mithradates sei »eine Mischung von griechischer Zivilisation und orientalischer Barbarei« gewesen.
63 Bengtson, *Griechische Geschichte*[5] (wie Anm. 51), 338. Vgl. hierzu Hans-Ulrich Wiemer, Alexander – der letzte Achaimenide? Eroberungspolitik, lokale Eliten und altorientalische Traditionen im Jahr 323, in: *Historische Zeitschrift* 284, 2007, 281–309.
64 So in seiner Würzburger Rektoratsrede von 1960 über »Barthold Georg Niebuhr und die Idee der Universalgeschichte« (zitiert nach Bengtson, *Kleine Schriften* [wie Anm. 57], 26–42) und in seiner Rede »Zum Problem der Universalgeschichte des Altertums«, die er zum 200-jährigen Jubiläum der C.H.Beck'schen Verlagsbuchhandlung am 9. September 1963 hielt (zitiert nach Bengtson, *Kleine Schriften* [wie Anm. 57], 45–60).
65 Vgl. allg. Christoph R. Hatscher, *Alte Geschichte und Universalgeschichte*, Stuttgart 2003.
66 Hermann Bengtson, Zum Problem der Universalgeschichte (wie Anm. 64), 59.
67 Winfried Schulze, *Deutsche Geschichtswissenschaft nach 1945*, München 1989, 202.
68 Vgl. Bengtson, *Kleine Schriften* (wie Anm. 57), 173.
69 Robert von Pöhlmann, *Griechische Geschichte und Quellenkunde*, München [5]1914.
70 Zudem hatte Bengtson 1948/49 aus dem Nachlass von Ernst Kornemann die »Weltgeschichte des Mittelmeerraumes von Philipp II. von Makedonien bis zu Muhammed« in zwei Bänden herausgegeben.
71 *Großer Historischer Weltatlas*, hg. vom Bayerischen Schulbuchverlag, 1. Teil: *Vorgeschichte und Altertum*, von Hermann Bengtson und Vladimir Milojčić, München 1953. Parallel zu dem Kartenwerk erschien auch ein Band mit Erläuterungen.
72 *Die Verträge der griechisch-römischen Welt von 700–338 v. Chr.* Unter Mitwirkung von Robert Werner bearbeitet von Hermann Bengtson, München 1962.
73 Hermann Bengtson, *Griechen und Perser. Die Mittelmeerwelt im Altertum I*, Fischer Weltgeschichte, Bd. 5, Frankfurt a. M. 1965.
74 Vgl. Uwe Walter, »Unser Altertum zu finden«. Alfred Heuß' Kieler Antrittsvorlesung »Begriff und Gegenstand der Alten Geschichte« von 1949 (Einführung, Edition), in: *Klio* 92, 2010, 462–489.
75 Alfred Heuß, Max Webers Bedeutung für die Geschichte des griechisch-römischen Altertums, in: *Historische Zeitschrift* 201, 1965, 529–556, zitiert nach ders., *Gesammelte Schriften*, Bd. 3, Stuttgart 1998, 1835–1862. Vgl. dazu Walter, Althistorie (wie Anm. *) sowie allg. Aloys Winterling, Die römische Republik im Werk Max Webers. Rekonstruktion – Kritik – Aktualität, in: *Historische Zeitschrift* 273, 2001, 595–635 und ders., »Mit dem Antrag Kanitz säßen die Cäsaren noch heute

auf ihrem Throne.« Max Webers Analysen der Agrargeschichte, in: *Archiv für Kulturgeschichte* 83, 2001, 413–449.
76 Vgl. Alfred Heuß, *Zur Theorie der Weltgeschichte*, Berlin 1968; vgl. ders., *Gesammelte Schriften*, Bd. 1, Stuttgart 1995, 581–606; Bd. 3, Stuttgart 1995, 1863–1890.
77 Alfred Heuß, *Theodor Mommsen und das 19. Jahrhundert*, Kiel 1956 (ND Stuttgart 1996); vgl. ders., Niebuhr und Mommsen. Zur wissenschaftsgeschichtlichen Stellung Theodor Mommsens, in: *Antike und Abendland* 14, 1968, 1–18 (= ders., *Gesammelte Schriften*, Bd. 3, Stuttgart 1995, 1699–1729).
78 Vgl. hierzu Christian Meier, Alfred Heuß als Geschichtsschreiber, in: Gehrke, *Ansichten* (wie Anm. *), 115–140.
79 Briefe in Privatbesitz.
80 Freundliche Mitteilung von Christian Meier an den Verfasser.
81 Heuß, *De se ipse* (wie Anm. 4), 815.
82 Meier, Laudatio (wie Anm. 36), 3.
83 Vgl. Heuß, Max Webers Bedeutung (wie Anm. 75), 555 (1861).
84 Alfred Heuß, *Römische Geschichte*, Braunschweig 1960 (⁴1976; Paderborn ¹⁰2007).
85 Alfred Heuß, *Propyläen-Weltgeschichte*, Bd. 3: *Hellas. Die Archaische Zeit. Die Klassische Zeit*, Berlin/Frankfurt a. M./Wien 1962, 69–400 (= Ullstein-Taschenbuch 1976); ders., *Propyläen-Weltgeschichte*, Bd. 4: *Das Zeitalter der Revolution*, Berlin/Frankfurt a. M./Wien 1963, 175–316 (= Ullstein-Taschenbuch 1976).
86 Vgl. Christ, *Hellas* (wie Anm. *), 330.
87 Vgl. z. B. Heuß, *Römische Geschichte*⁴ (wie Anm. 84), XII.
88 Vgl. Gustav Adolf Lehmann, Die frühe griechische Geschichte bei Alfred Heuß, in: Gehrke, *Ansichten* (wie Anm. *), 25–35.
89 Vgl. Christ, *Römische Geschichte* (wie Anm. *), 276–281.
90 Vgl. auch Ulf, Vorstellung (wie Anm. *), 434 f.
91 Vgl. Zu Heuß' Auseinandersetzung mit Gehlens Anthropologie vgl. die einschlägigen, im dritten Band seiner Gesammelten Schriften abgedruckten Beiträge: Zum Problem einer geschichtlichen Anthropologie [1973] (2367–2411) und Philosophische Anthropologie und der Wandel des Menschen [1979], (2412–2474) sowie Marcone, Heuß (wie Anm. *), 168 f. Zum zeithistorischen Hintergrund vgl. Jens A. Hacke, *Philosophie als Bürgerlichkeit. Die liberalkonservative Begründung der Bundesrepublik*, Göttingen 2006.
92 Vgl. Heuß, *Römische Geschichte*⁴ (wie Anm. 84), 33 und 301.
93 Alfred Heuß, *Verlust der Geschichte*, Göttingen 1959, zitiert nach ders., *Gesammelte Geschichte*, Bd. 3, Stuttgart 1995, 2158–2236. Vgl. Rexroth, Geschichte schreiben (wie Anm. *), 265 f.
94 Alfred Heuß, Geschichtsschreibung und Geschichtsforschung. Zur ›Logik‹ ihrer gegenseitigen Beziehung, in: Hartmut von Hentig (Hg.), *Was die Wirklichkeit lehrt. Festschrift für Golo Mann zum 70. Geburtstag*, Frankfurt a. M. 1979, 273–311 (= ders., *Gesammelte Geschichte*, Bd. 3, Stuttgart 1995, 2250–2288).
95 Vgl. Hans-Joachim Gehrke, Alfred Heuß, in: *Gnomon* 69, 1997, 276–287, hier 281 f.
96 Vgl. Reinhold Bichler, Neuorientierung in der Alten Geschichte?, in: Ernst Schulin (Hg.), *Deutsche Geschichtswissenschaft nach dem Zweiten Weltkrieg (1945–1965)*, München 1989, 63–86, hier 82.
97 Bichler, Neuorientierung (wie Anm. 96), 81.
98 Vgl. etwa Jan B. Meister, *»Adel« und gesellschaftliche Differenzierung im archaischen und frühklassischen Griechenland*, Stuttgart 2020, 19–22 und 182–184.

99 Vgl. Seibert, Bengtson (wie Anm. *), 161.
100 Vgl. zum Folgenden Universitätsarchiv München, O-XV-2F, Bd. 3.
101 Christ, *Klio* (wie Anm. *), 106; vgl. Bleicken, Zum Tode von Alfred Heuß (wie Anm. 47), 353–366 (1114–1116) und Gehrke, Heuß (wie Anm. 95), 284.
102 Hermann Bengtson, *Grundriß der römischen Geschichte*, Bd. 1: *Republik und Kaiserzeit bis 284 n. Chr.*, HdA III 5.1, München 1967. Vgl. Moses I. Finley, ›Progress‹ in Historiography, in: ders., *Ancient History. Evidence and Methods*, New York 1985, 1–6, hier 4.
103 Hier genügt der Hinweis auf Werner Ecks Rezension von Hermann Bengtson, Die Flavier. Vespasian. Titus. Domitian. Geschichte eines römischen Kaiserhauses (1979), in: *Gnomon* 53, 1981, 343–347.
104 Vgl. Stefan Rebenich, *C.H.Beck. 1763–2013. Der kulturwissenschaftliche Verlag und seine Geschichte*, München 2013, 485–514.
105 Hermann Bengtson, *Die hellenistische Weltkultur*, Stuttgart 1988, 177 und 184.
106 *Classical Review* N. S. 39, 1989, 286–288, hier 288.
107 Bayerische Staatsbibliothek München, Ana 560: Gutachten zur Dissertation von Bernhard Grimm, 19.1.1974.
108 Vgl. Schmitt, Bengtson (wie Anm. 6), 10.
109 Bayerische Staatsbibliothek München, Ana 560 (Nachlass Hermann Bengtson): Briefwechsel, Brief an Heinz Heinen vom 1. Dezember 1985.
110 Ebd.
111 Bengtson, Zum Problem der Universalgeschichte (wie Anm. 64), 57.
112 Brief von Heuß an Theiler vom 31. Juni 1942; Privatbesitz.
113 Heuß, *Verlust* (wie Anm. 93), 82 (2236).
114 Vgl. Christ, *Hellas* (wie Anm. *), 334.
115 Vgl. Mitchell G. Ash, Verordnete Umbrüche, konstruierte Kontinuitäten. Zur Entnazifizierung von Wissenschaftlern und Wissenschaften nach 1945, in: *Zeitschrift für Geschichtswissenschaft* 43, 1995, 903–923.

19. Von Worten und Werten: Begriffsgeschichte in den Altertumswissenschaften

* Der Beitrag beruht auf »Römische Wertbegriffe: Wissenschaftsgeschichtliche Anmerkungen aus althistorischer Sicht«, in: Andreas Haltenhoff; Andreas Heil; Fritz-Heiner Mutschler (Hg.), *Römische Werte als Gegenstand der Altertumswissenschaft*, Leipzig 2005, 23–46; »Altertum und Moderne. Das Bild der Antike in den ›Geschichtlichen Grundbegriffen‹«, in: Hubert Cancik; Stefan Rebenich; Alfred Schmid (Hg.), *Archäologie der Moderne. Antike und Antike-Rezeption als Paradigma und Impuls*, Basel 2020, 305–337 und »Begriffsgeschichte und Alte Geschichte. Irrwege, Leistungen, Potentiale«, in: *Archiv für Begriffsgeschichte* 62, 2020, 35–40.

1 Martin Heidegger, Nietzsches Wort »Gott ist tot« [1943], zitiert nach ders., *Holzwege*, Frankfurt a. M. 1950, 193–247, hier 209 f. Vgl. Carl Schmitt, Die Tyrannei der Werte [1959], in: *Säkularisation und Utopie. Ebracher Studien. Ernst Forsthoff zum 65. Geburtstag*, Stuttgart 1967, 37–62, hier 53.
2 Gustav Teichmüller, *Neue Studien zur Geschichte der Begriffe*, 3 Bde., Gotha 1876 (ND Hildesheim 1965), hier Bd. 3, IX.
3 Wilhelm Windelband, *Lehrbuch der Geschichte der Philosophie*, 1. Aufl. 1891 (zitiert nach der 5. Aufl.

Straßburg 1910), VII; vgl. auch ders., *Die Philosophie im Beginn des 20. Jh.*, 2. Aufl. 1907 sowie Helmut G. Meier, Begriffsgeschichte, in: *Historisches Wörterbuch der Philosophie* 1, 1971, 788–808, hier 804.
4   Zum *Thesaurus linguae Latinae* vgl. Kapitel 7 (Wissenschaftspolitik).
5   Dietfried Krömer (Hg.), *Wie die Blätter am Baum, so wechseln die Wörter. 100 Jahre Thesaurus linguae Latinae*, Stuttgart/Leipzig 1995, 17.
6   Vgl. etwa Richard Reitzenstein, *Werden und Wesen der Humanität im Altertum*, Straßburg 1907 und Eduard Fraenkel, Zur Geschichte des Wortes fides, in: *Rheinisches Museum für Philologie* 71, 1916, 187–199. Vgl. hierzu Carl J. Classen, Virtutes Romanorum nach dem Zeugnis der Münzen republikanischer Zeit [1986], zitiert nach ders., *Die Welt der Römer. Studien zu ihrer Literatur, Geschichte und Religion*, Berlin/New York 1993, 39–61, hier 39 f. und Peter Lebrecht Schmidt, Zwischen Werttheorie, Begriffsgeschichte und Römertum. Zur Politisierung eines wissenschaftlichen Paradigmas, in: Haltenhoff/Heil/Mutschler, *Römische Werte* (wie Anm. *), 4–21.
7   Vgl. etwa Andreas Haltenhoff, Wertbegriff und Wertbegriffe, in: Maximilian Braun et al. (Hg.), *Moribus antiquis res stat Romana. Römische Werte und römische Literatur im 3. und 2. Jh. v. Chr.*, München/Leipzig 2000, 15–29, hier 18 f. zu Hans Drexler, *Begegnungen mit der Wertethik*, Göttingen 1978.
8   Vgl. dazu Schmitt, Tyrannei (wie Anm. 1), 53 f.
9   Vgl. hierzu Herbert Keuth, *Wissenschaft und Werturteilsstreit. Zu Werturteilsdiskussion und Positivismusstreit*, Tübingen 1989 und Gert Albert, Der Werturteilsstreit, in: Georg Kneer; Stephan Moebius (Hg.), *Soziologische Kontroversen*, Frankfurt a. M. 2010, 14–45.
10 Vgl. Andrea Germer, *Wissenschaft und Leben. Max Webers Antwort auf eine Frage Friedrich Nietzsches*, Göttingen 1994; Otto Gerhard Oexle, »Wissenschaft« und »Leben«. Historische Reflexionen über Tragweite und Grenzen moderner Wissenschaft, in: *Geschichte in Wissenschaft und Unterricht* 41, 1990, 145–161 und ders., *Geschichtswissenschaft im Zeichen des Historismus, Studien zu Problemgeschichten der Moderne*, Göttingen 1996, 73–94.
11 Vgl. Kurt Wuchterl, *Bausteine zu einer Geschichte der Philosophie des 20. Jahrhunderts*, Bern/Stuttgart/Zürich 1995, 241.
12 Richard Heinze, *Virgils epische Technik*, Leipzig 1903, 271.
13 Richard Heinze, Die gegenwärtigen Aufgaben der römischen Literaturgeschichte, in: *Neue Jahrbücher für das Klassische Altertum, Geschichte und deutsche Literatur* 19, 1907, 161–175, hier 174.
14 Richard Heinze, Von den Ursachen der Größe Roms [1921], zitiert nach ders., *Vom Geist des Römertums*, Darmstadt ⁴1972, 9 f.
15 Harald Fuchs, Begriffe römischer Prägung. Rückschau und Ausblick, in: *Museum Helveticum* 4, 1947, 157–168, zitiert nach Hans Oppermann, *Römische Wertbegriffe*, Darmstadt 1967, 23–41, hier 28; vgl. auch Erich Burck in der Einleitung zu Heinze, *Geist* (wie Anm. 14), 10.
16 Vgl. etwa Richard Heinze, Auctoritas [1925], zitiert nach ders., *Geist* (wie Anm. 14), 43–58; ders., Fides [1929], zitiert nach ders., *Geist* (wie Anm. 14), 59–81.
17 Vgl. etwa Heinze, *Geist* (wie Anm. 14), 56 und 80.
18 Vgl. Heinze, *Geist* (wie Anm. 14), 26 f.
19 Zitiert nach Matthias Gelzer, *Caesar. Der Politiker und Staatsmann*, Wiesbaden ⁶1960, V.
20 Joseph Vogt, *Römische Geschichte*, Bd. 1: *Die römische Republik*, Freiburg i. Br. 1932, V.
21 Vogt, *Republik* (wie Anm. 20), 316.
22 Joseph Vogt, *Orbis Romanus. Zur Terminologie des römischen Imperialismus*, Tübingen 1929 (zitiert nach ders., *Vom Reichsgedanken der Römer*, Leipzig 1942, 170–207, hier 171 Anm. 3; vgl. ders., *Orbis. Ausgewählte Schriften zur Geschichte des Altertums*, Freiburg i. Br. 1960, 151–171, hier 152 Anm. 3).

23 Joseph Vogt, *Homo novus. Ein Typus der römischen Republik*, Stuttgart 1926 (vgl. ders., *Gesetz und Handlungsfreiheit in der Geschichte*, Stuttgart 1955, 81–106), bes. 6 f. Vgl. hierzu Diemuth Königs, *Joseph Vogt: Ein Althistoriker in der Weimarer Republik und im Dritten Reich*, Basel/Frankfurt a. M. 1995, 139–146.
24 Vogt, *Republik* (wie Anm. 20), 45.
25 Karl Christ, *Römische Geschichte und deutsche Geschichtswissenschaft*, München 1982, 159.
26 Vgl. Heinze, *Geist* (wie Anm. 14), 27.
27 Zitiert nach Oppermann, *Wertbegriffe* (wie Anm. 15), 1 f.
28 Vgl. Heinze, *Geist* (wie Anm. 14), 82.
29 Vgl. Heinze, *Geist* (wie Anm. 14), 6.
30 Vgl. Vogt, *Republik* (wie Anm. 20), 317.
31 Otto Seel, *Caesar und seine Gegner. Vortrag gehalten vor der Universität Erlangen am 3. März 1939*, Erlanger Universitätsreden 24, Erlangen 1939, zitiert nach Karl Christ, Zum Caesarbild der faschistischen Epoche, Berlin 1993, 22 f. und ders., *Caesar. Annäherungen an einen Diktator*, München 1994, 270 f.
32 Hellfried Dahlmann, Clementia Caesaris, in: *Neue Jahrbücher für Wissenschaft und Jugendbildung* 10, 1934, 17–26 (= Hans Oppermann [Hg.], *Römertum*, Darmstadt 1962, 188–202); zitiert nach Detlef Rasmussen (Hg.), *Caesar*, Darmstadt 1967, 32–47, hier 47.
33 Zitiert nach Oppermann, *Wertbegriffe* (wie Anm. 15), 1–22, bes. 21 f.
34 Vgl. Erich Burck in Heinze, *Geist* (wie Anm. 14), 6.
35 Vgl. Schmidt, Werttheorie (wie Anm. 6).
36 Joseph Vogt, Der Reichsgedanke in der römischen Kaiserzeit, in: ders., *Vom Reichsgedanken der Römer*, Leipzig 1942, 5–34, hier 5.
37 Joseph Vogt, *Ciceros Glaube an Rom*, Würzburger Studien zur Altertumswissenschaft 6, Stuttgart 1935 (zitiert nach dem unveränderten Nachdruck Darmstadt 1963), 85 f.
38 Johannes Stroux, Imperator, in: *Die Antike* 13, 1937, 197–212, hier 198–200.
39 Hans Volkmann, Mos maiorum als Grundzug des augusteischen Prinzipats, in: Helmut Berve (Hg.), *Das neue Bild der Antike*, Bd. 2, Leipzig 1942, 246–264, hier 246–248.
40 Franz Altheim, *Italien und Rom*, Bd. 2, Amsterdam/Leipzig 1941, 194–200, hier 200.
41 Friedrich Klose, *Die Bedeutung von honos und honestus*, Diss. phil. Breslau 1933.
42 Friedrich Klose, Altrömische Wertbegriffe (honos und dignitas), in: *Neue Jahrbücher für Antike und deutsche Dichtung* 1, 1938, 268–278.
43 Vgl. Martin P. Charlesworth, *The Virtues of a Roman Emperor. Propaganda and the Creation of Belief*, Proceedings of the British Academy, London 1937, 105–133, hier 127 und ders., Pietas and Victoria: The Emperor and the Citizen, in: *Journal of Roman Studies* 33, 1943, 1–10.
44 Vgl. die Übersichten bei Erich Burck in Heinze, *Geist* (wie Anm. 14), 1. Aufl. 1938, 283 f., Classen, Virtutes (wie Anm. 6), 40 Anm. 4; Fuchs (wie Anm. 14) und Oppermann, *Wertbegriffe* (wie Anm. 15), IX–XI.
45 So Classen, Virtutes (wie Anm. 6), 40.
46 Rudolf Stark, *Res publica*, Diss. phil. Göttingen 1937, 45 (= Oppermann, *Wertbegriffe* [wie Anm. 15], 42–110, hier 91).
47 Ulrich Gmelin, *Römische Herrscheridee und päpstliche Autorität*, Stuttgart 1937, III f. (= Ulrich Gmelin, Auctoritas, römischer Princeps und päpstlicher Primat, Diss. phil. Berlin 1936).
48 Friedrich Zucker, *Syneidesis – conscientia. Ein Versuch zur Geschichte des sittlichen Bewußtseins im griechischen und im griechisch-römischen Altertum*, Jena 1928.
49 Vgl. Dahlmann, Clementia Caesaris (wie Anm. 32).

50 Ulrich Knoche, Der römische Ruhmesgedanke, in: *Philologus* 89, 1934, 102–124 (= ders., *Vom Selbstverständnis der Römer*, Heidelberg 1962, 13–30; Oppermann, *Wertbegriffe* [wie Anm. 15], 420–445); ders., *Magnitudo animi. Untersuchungen zur Entstehung und Entwicklung eines römischen Wertgedankens*, Leipzig 1935 (= ders., *Vom Selbstverständnis der Römer*, a. a. O., 31–97).
51 Hans Ulrich Instinsky, Kaiser und Ewigkeit, in: *Hermes* 77, 1942, 313–355 und ders., Consensus Universorum, in: *Hermes* 75, 1940, 265–278 (= Oppermann, *Wertbegriffe* [wie Anm. 15], 209–228).
52 Vgl. zur Geschichte des Unternehmens oben Kapitel 11 zur Entdeckung der Spätantike.
53 Instinsky, Consensus (wie Anm. 51), 276 (225).
54 Vgl. Leopold Wenger in Studi di storia e diritto in onore di Enrico Besta, Bd. 1, Mailand 1938, 152 f.
55 Fritz Schulz, *Prinzipien des römischen Rechts*, München 1934 (ND Berlin 2003), 112 und 123–125. Zu Schulz vgl. Wolfgang Ernst, in: Jack Beatson; Reinhard Zimmermann (Hg.), *Jurist Uprooted. German-speaking Emigré Lawyers in Twentieth-Century Britain*, Oxford 2004, 105–203.
56 Carl Becker, *Wertbegriffe im antiken Rom – ihre Geltung und ihr Absinken zum Schlagwort*, Münchner Universitätsreden, Neue Folge H. 44, 1967, 12.
57 Zur Entwicklung der Begriffsgeschichte vgl. auch Meier, *Begriffsgeschichte* (wie Anm. 3), 788–808.
58 Richard Klein (Hg.), *Das Staatsdenken der Römer*, Darmstadt 1966 (ND 1980), 231–254, hier 231 Anm. *.
59 Hans Drexler, Iustum bellum, in: *Rheinisches Museum für Philologie* 102, 1959, 97–140, zitiert nach ders., *Politische Wertbegriffe der Römer*, Darmstadt 1988, 188–226, hier 199.
60 Hans Drexler, Nobilitas, in: *Romanitas* 3, 1961, 158–188, zitiert nach ders., *Politische Wertbegriffe* (wie Anm. 59), 73–99, hier 99.
61 Vgl. die Besprechungen von Christian Meier in: *Historische Zeitschrift* 206, 1968, 467 f. und Aloys Winterling in: *Gymnasium* 97, 1990, 87–89 sowie Cornelia Wegeler, »... wir sagen ab der internationalen Gelehrtenrepublik.« *Altertumswissenschaft und Nationalsozialismus. Das Göttinger Institut für Altertumskunde 1921–1962*, Wien/Köln/Weimar 1996, 244–254.
62 Vgl. Drexler, *Politische Wertbegriffe* (wie Anm. 59).
63 Zu Hans Oppermann vgl. Jürgen Malitz, Römertum im »Dritten Reich«: Hans Oppermann, in: Peter Kneissl; Volker Losemann (Hg.), *Imperium Romanum. Studien zu Geschichte und Rezeption. Festschrift für Karl Christ zum 75. Geburtstag*, Stuttgart 1998, 519–543.
64 Hans-Ulrich Wehler, Nationalsozialismus und Historiker, in: Wilfried Schulze; Otto Gerhard Oexle (Hg.), *Deutsche Historiker im Nationalsozialismus*, Frankfurt a. M. 1999, 306–339, hier 328.
65 Viktor Pöschl, *Grundwerte römischer Staatsgesinnung in den Geschichtswerken des Sallust*, Berlin 1940, 1 f. Vgl. ebd. 113: »Der Glaube an die Richtigkeit der Prinzipien altrömischer Politik und Lebensauffassung steht aufrecht über allem Zerfall.«
66 Viktor Pöschl, Politische Wertbegriffe in Rom, in: *Antike und Abendland* 26, 1980, 1–17 (= ders., *Lebendige Vergangenheit. Abhandlungen und Aufsätze zur römischen Literatur*, Kleine Schriften, Bd. 3, Heidelberg 1995, 189–208); ders., Der Begriff der Würde im antiken Rom und später, in: *Sitzungsberichte der Heidelberger Akademie der Wissenschaften. Phil.-hist. Klasse*, Jg. 1989, 3 (= ders., *Lebendige Vergangenheit*, a. a. O., 209–274).
67 Pöschl, Würde (wie Anm. 66), 25 (227).
68 Viktor Pöschl, Würde I., in: *Geschichtliche Grundbegriffe* 7, Stuttgart 1992, 637–645, hier 639.
69 Vgl. Haltenhoff, Wertbegriff (wie Anm. 7), 17 Anm. 7.
70 Vgl. vor allem Willibald Steinmetz, Nachruf auf Reinhart Koselleck (1923–2006), in: *Geschichte und Gesellschaft* 32, 2006, 412–432, hier 422–427; Hans Joas; Peter Vogt (Hg.), *Begriffene Geschichte*.

Beiträge zum Werk Reinhart Kosellecks, Frankfurt a. M. 2011; Niklas Olsen, History in the Plural. An Introduction to the Work of Reinhart Koselleck, New York 2012; Carsten Dutt; Reinhard Laube (Hg.), Zwischen Sprache und Geschichte. Zum Werk Reinhart Kosellecks, Göttingen 2013; Mario Wimmer, Conceptual History: Begriffsgeschichte, in: International Encyclopedia of the Social and Behavioral Sciences, 2nd ed., Bd. 4, 2015, 548–554; Ernst Müller; Falko Schmieder (Hg.), Begriffsgeschichte und historische Semantik. Ein kritisches Kompendium, Berlin 2016 (zu Koselleck bes. 278–337); Willibald Steinmetz; Michael Freeden; Javier Fernández-Sebastián (Hg.), Conceptual History in the European Space, New York 2017.

71 Reinhart Koselleck, Begriffsgeschichtliche Probleme der Verfassungsgeschichtsschreibung, in: Gegenstand und Begriffe der Verfassung, Der Staat, Beiheft 6, Berlin 1983, 7–46, hier 45. Vgl. ders., Vergangene Zukunft. Zur Semantik geschichtlicher Zeiten, Frankfurt 1989, bes. 107–129 und 211–259.

72 Otto Bunner; Werner Conze; Reinhart Koselleck (Hg.), Geschichtliche Grundbegriffe. Historisches Lexikon zur politisch-sozialen Sprache in Deutschland, 8 Bde., Stuttgart 1972–1997.

73 Vgl. hierzu Stefanie Stockhorts, Novus ordo temporum. Reinhart Kosellecks These von der Verzeitlichung des Geschichtsbewußtseins durch die Aufklärungshistoriographie in methodenkritischer Perspektive, in: Joas/Vogt, Begriffene Geschichte (wie Anm. 70), 359–386, hier 378 f.

74 Geschichtliche Grundbegriffe, Bd. 1, 1972, XV.

75 Vgl. ebd. XVI–XVIII sowie Ute Daniel; Reinhart Koselleck, in: Lutz Raphael (Hg.), Klassiker der Geschichtswissenschaft, Bd. 2, München 2006, 166–194, bes. 173–175.

76 Vgl. Geschichtliche Grundbegriffe, Bd. 1, 1972, XIX.

77 Brief Christian Meiers an Reinhart Koselleck vom 1. Juli 1966. Freundliche Mitteilung von Christian Meier.

78 Vgl. Jochen Bleicken, Die athenische Demokratie, Paderborn ²1994, 465 f.; Justus Cobet, Wie kommen wir ins zwanzigste Jahrhundert? Eine Auseinandersetzung mit Christian Meiers »Prolegomena zu einer historischen Theorie«, in: Chiron 3, 1973, 15–42 und Hartmut Leppin, Thukydides und die Verfassung der Polis. Ein Beitrag zur politischen Ideengeschichte des 5. Jh. v. Chr., Berlin 1999, 21 f. Anm. 5.

79 Christian Meier im Interview mit Stefan Rebenich, in: Neue Politische Literatur 49, 2004, 185–215, hier 192. Vgl. Christian Meier, Der Historiker und der Zeitgenosse. Eine Zwischenbilanz, München 2014, 47–49.

80 Christian Meier, Fortschritt, in: Geschichtliche Grundbegriffe, Bd. 2, 1975, 353–363.

81 Vgl. Paul Demont, De Carl Schmitt à Christian Meier: Les Euménides d'Eschyle et le concept de »politique« (»das Politische«), in: Philosophie antique 11, 2011, 151–174.

82 Vgl. Koselleck, Vergangene Zukunft (wie Anm. 71), 121.

83 Soziale Typenbegriffe im alten Griechenland und ihr Fortleben in den Sprachen der Welt, 7 Bde., Berlin (Ost) 1981–1985. Vgl. dazu Kurt Raaflaub, Die »Hellenischen Poleis« und die »Sozialen Typenbegriffe« nach dreißig Jahren, in: Isolde Stark (Hg.), Elisabeth Charlotte Welskopf und die Alte Geschichte in der DDR, Stuttgart 2005, 252–265, hier 263.

84 Vgl. nur Karl-Joachim Hölkeskamp, Rekonstruktionen einer Republik, München 2004 und Uwe Walter, Politische Ordnung in der römischen Republik, Berlin/Boston 2017, 193–195 mit weiterer Literatur.

85 Vgl. Müller/Schmieder, Begriffsgeschichte (wie Anm. 70),, 392–401.

86 Ebd. 288.

87 Vgl. dazu nur Christof Dipper, Die ›Geschichtlichen Grundbegriffe‹: Von der Begriffsgeschichte

zur Theorie der historischen Zeiten, in: *Historische Zeitschrift* 270, 2000, 281–308; wieder veröffentlicht in: Joas/Vogt, *Begriffene Geschichte* (wie Anm. 70), 288–316 sowie Elisabeth Décultot; Daniel Fulda (Hg.), *Sattelzeit. Historiographiegeschichtliche Revisionen*, Berlin 2016.
88 Vgl. etwa Florian Zemmin, The Janus Face of Kātib Çelebi: Reflecting on the Ottoman Saddle Period, in: *Turcica* 50, 2019, 327–354.
89 Vgl. z. B. Christian Meier, *Die Welt der Geschichte und die Provinz des Historikers. Drei Überlegungen*, Berlin 1989.
90 Vgl. Ewald Frie, »Bedrohte Ordnungen« zwischen Vormoderne und Moderne. Überlegungen zu einem Forschungsprojekt, in: Klaus Ridder; Steffen Patzold (Hg.), *Die Aktualität der Vormoderne. Epochenentwürfe zwischen Alterität und Kontinuität*, Berlin 2013, 99–109, hier 102–104.
91 Dipper, *Geschichtliche Grundbegriffe* (wie Anm. 87) 294 (301).

Ausblick

20. Zu guter Letzt: Wo stehn wir?

1 Wilhelm von Humboldt, Das achtzehnte Jahrhundert, in: ders., *Gesammelte Schriften*, Bd. 2, Berlin 1904, 1 (= ders., *Werke in fünf Bänden*, hg. v. Andreas Flitner und Klaus Giel, Darmstadt 1960, Bd. 1, 376).
2 Vgl. z. B. Dieter Simon, *Akademie der Wissenschaften. Das Berliner Projekt. Ein Brevier*, Berlin 1999, bes. 108–134.
3 Vgl. Uwe Walter, »Unser Altertum zu finden«. Alfred Heuß' Kieler Antrittsvorlesung »Begriff und Gegenstand der Alten Geschichte« von 1949 (Einführung, Edition), in: *Klio* 92, 2010, 462–489, hier 470.
4 Vgl. Michel Espagne, *Les transferts culturels franco-allemands*, Paris 1999; Michel Espagne; Michael Werner (Hg.), *Transferts. Les relations interculturelles dans l'espace franco-allemand (XVIIIe et XIXe siècle)*, Paris 1988; Alberto Gil; Manfred Schmeling (Hg.), *Kultur übersetzen. Zur Wissenschaft des Übersetzens im deutsch-französischen Dialog*, Berlin 2009; Alexandra Lianeri; Vanda Zajko (Hg.), *Translation and the Classic. Identity as Change in the History of Culture*, Cambridge 2008 sowie Stefan Rebenich; Barbara von Reibnitz; Thomas Späth (Hg.), *Translating Antiquity. Antikebilder im europäischen Kulturtransfer*, Basel 2010.
5 Reinhard Laube, Platon und die Sophisten, in: Hartmut Lehmann; Otto Gerhard Oexle (Hg.), *Nationalsozialismus in den Kulturwissenschaften*, Bd. 2, Göttingen 2004, 139–164, hier 140.
6 Maximilian Haas, Alte weiße Römer, in: *Die Welt* vom 18. Mai 2021. Vgl. Bernd Seidensticker; Martin Vöhler (Hg.), *Urgeschichten der Moderne. Die Antike im 20. Jahrhundert*, Stuttgart/Weimar 2001, VII–X.
7 Deutsches Literaturarchiv Marbach, A: Gadamer: Brief vom 12. Mai 1959. Vgl. auch Hans-Georg Gadamer, Paul Friedländer (1882–1968), in: *Eikasmos* 4, 1993, 179–181.
8 Für das vielgestaltige griechische Erbe in Literatur, Philosophie und Historiographie und seine grundsätzliche Bedeutung für »den geistigen Standort Europas« ist einschlägig Thomas A. Szlezák, *Was Europa den Griechen verdankt. Von den Grundlagen unserer Kultur in der griechischen Antike*, Stuttgart 2010. Die Bedeutung der athenischen Demokratie für die Diskussion um freiheitliche politische Systeme behandelt überzeugend Wilfried Nippel, *Antike oder moderne Freiheit? Die Begründung der Demokratie in Athen und in der Neuzeit*, Frankfurt a. M. 2008. Die über-

ragende Rolle des Römischen Rechts für Europa wird thematisiert in: Iole Fargnoli; Stefan Rebenich (Hg.), *Das Vermächtnis der Römer. Römisches Recht und Europa*, Bern 2012.

9 Vgl. Claude Lévi-Strauss, *Anthropologie structurale*, Bd. 2, Paris 1973 und Salvatore Settis, *Die Zukunft des ›Klassischen‹: eine Idee im Wandel der Zeiten*, Berlin 2004.

10 Zitiert nach Uvo Hölscher, *Die Chance des Unbehagens. Zur Situation der klassischen Studien*, Göttingen 1965, 53–86, hier 81.

11 Ebd.

12 Vgl. Anna Kranzdorf, *Ausleseinstrument, Denkschule und Muttersprache des Abendlandes: Debatten um den Lateinunterricht in Deutschland 1920–1980*, München/Wien 2018, 287–382.

13 Vgl. etwa Melanie Möller, Alte Sprachen. Das nächste Fremde, in: *Frankfurter Allgemeine Zeitung* vom 8. April 2015.

14 Vgl. Jonas Grethlein, Die Antike – das nächste Fremde?, in: *Merkur*, Januar 2018, 72. Jahrgang, Heft 824, 22–35.

15 Vgl. Christian Meier, *Kultur um der Freiheit willen. Griechische Anfänge – Anfang Europas?*, Berlin 2009.

16 Vgl. Tonio Hölscher, *Die unheimliche Klassik der Griechen*, Bamberg 1989 (= Hellmut Flashar [Hg.], *Auseinandersetzungen mit der Antike*, Bamberg 1990, 235–276); Zitat 25.

17 Vgl. Christian Meier im Gespräch mit Stefan Rebenich, in: *Neue Politische Literatur* 49, 2004, 185–215, hier 195 f.

18 Vgl. hierzu den erst kürzlich edierten Text von Hans-Georg Gadamer, Der Begriff des Klassischen, in: *Archiv für Begriffsgeschichte* 62, 2020, 105–109, hier 106 f.

19 Friedrich H. Tenbruck, Bürgerliche Kultur, in: *Kölner Zeitschrift für Soziologie und Sozialpsychologie*, Sonderheft 27, 1986, 263–285, hier 282 (= ders., *Die kulturellen Grundlagen der Gesellschaft*, Opladen 1989, 251–272, hier 271).

20 Manfred Hettling, Bürgerliche Kultur – Bürgerlichkeit als kulturelles System, in: Peter Lundgreen (Hg.), *Sozial- und Kulturgeschichte des Bürgertums*, Göttingen 2000, 319–339, hier 325.

21 Hartmut Leppin, Alte Texte tun nicht, was wir wollen, in: *Frankfurter Allgemeine Zeitung* vom 13. Dezember 2017, Nr. 289, 13.

22 Vgl. Christian Meier, Die Wissenschaft des Historikers und die Verantwortung des Zeitgenossen [1968], in: ders., *Die Entstehung des Begriffs »Demokratie«. Vier Prolegomena zu einer historischen Theorie*, Frankfurt a. M. 1970, 182–221, hier 221 (= ders., *Der Historiker und der Zeitgenosse. Eine Zwischenbilanz*, München 2014, 189–221, hier 221).

23 Friedrich Schlegel, *Kritische Ausgabe seiner Werke*, Bd. 2, hg. v. Hans Eichner, Paderborn u. a. 1975, 189.

24 Friedrich Nietzsche, Unzeitgemäße Betrachtungen, in: ders., *Werke*, Bd. 1, München/Wien 1980, 228.

Personenregister

A

Abdülhamid II., türk. Sultan 182
Abrahamsohn, Ernst 271
Aischylos 12, 57, 229, 282
Alarich 10
Alexander der Große 57f., 61, 70, 161–163, 313, 326
Alföldi, Andreas 272, 356
Alföldy, Géza 336
Alt, Albrecht 150
Altaner, Berthold 271
Altekamp, Stefan 262
Altenstein, Karl vom Stein zum 116
Altheim, Franz 260, 303, 363
Althoff, Friedrich 85, 89, 99, 117–127, 129–135, 189, 198, 215
Aly, Wolfgang 285, 296f.
Andersch, Alfred 311, 379
Andreas, Willy 244
Arendt, Hannah 338
Aristophanes 57
Aristoteles 84, 94–96, 102, 326
Arminius (›Hermann der Cherusker‹) 10, 129, 264f.
Assurbanipal 177
Athaulf 10
Athenagoras 210
Augustus, röm. Kaiser 111, 193, 205, 262, 363
Autenrieth, Johanne 320

B

Bagel, Felix 182
Bamberger, Ludwig 101
Baur, Ferdinand Christian 48, 105
Beck, Oskar 137f., 140–145, 147, 149
Becker, Carl 365
Becker, Carl Heinrich 122, 171
Beeson, Charles Henry 92
Bekker, Immanuel 75
Belck, Waldemar 181f.
Beloch, Karl Julius 52, 71, 142, 155, 162, 187
Bengtson, Hermann 261, 323, 338, 340–344, 346–350, 352–356
Benn, Gottfried 173
Berg, Nicolas 276
Bernays, Jacob 85
Bersu, Gerhard 250
Berve, Helmut 174f., 242, 244–249, 257, 259, 261, 263, 266, 273, 285, 288, 295, 321–329, 331, 340, 343, 345, 352
Bethe, Erich 173
Beveridge, William 270
Bi(c)kerman(n), Elias 271
Bidez, Joseph 92
Bieber, Margarete 271, 319
Bischoff, Bernhard 320
Bismarck, Otto von 101, 103, 113, 117, 124, 155, 169
Bissing, Friedrich Wilhelm von 314
Bittel, Kurt 323
Bleicken, Jochen 301, 347
Bloch, Herbert 271
Böckh, August 24, 41, 46–48, 50f., 54, 56, 62–66, 69, 74–76, 78–80, 82, 86f., 184, 186f., 209f., 238, 299

Böll, Heinrich 327
Bogner, Hans 296
Bois-Reymond, Emil du 157
Bonitz, Hermann 94
Borghesi, Bartolomeo 77
Bormann, Eugen 83
Bormann, Martin 248
Bosch, Clemens 259, 271
Bosse, Robert 129
Bourdieu, Pierre 14, 198
Brandis, Johannes 187
Breasted, James H. 214
Breker, Arno 252
Brendel, Otto 271
Brentano, Lujo 113, 133 f.
Brunn, Heinrich von 125
Brunner, Otto 368
Bruns, Gerda 319
Bubenberg, Adrian von 161
Buchner, Edmund 324 f.
Bücheler, Franz 131 f., 138, 208
Bücher, Karl 156
Büchner, Karl 320, 366
Burck, Erich 307, 361, 363, 366
Burckhardt, Jacob 9, 16, 53, 71, 140, 170, 173 f., 195, 237, 264, 338
Burkert, Walter 52
Busolt, Georg 71, 148
Buttmann, Philipp 75

C

Caesar 98, 100, 262, 313, 360, 362, 364
Cagnat, René 166, 183
Calder, William M. III. 14, 237
Capart, Jean 252
Caprivi, Leo Graf von 129
Cardinali, Giuseppe 71
Catull 158
Cellarius, Christoph 205
Chamberlain, Houston Stewart 129, 135
Chlodwig I. 10
Christ, Karl 314, 337
Christ, Wilhelm von 143, 146, 148
Christensen, Arthur 150

Cicero 12, 145, 172, 312, 363
Cichorius, Conrad 188, 190
Clain-Stefanelli, Elvira Eliza 255
Clain-Stefanelli, Vladimir 255
Classen, Carl Joachim 315
Clemens von Alexandria 212, 259, 271
Cohausen, Carl August von 125, 127
Commodus, röm. Kaiser 105
Conze, Alexander 85, 95, 213
Conze, Werner 261, 368
Coupry, Jacques 255
Crassus 98
Cumont, Franz 196
Curtius, Ernst 49, 71, 118, 122, 139, 155, 180, 305

D

Däubler, Theodor 173
Dahlmann, Hellfried 362, 364
Dahrendorf, Ralf 321
Dante Alighieri 227
Darré, Richard Walther 246
Darwin, Charles 201–203
David, Martin 269
Debrunner, Albert 270
Delbrück, Hans 114
Delitzsch, Friedrich 185 f., 215
Demokrit 311
Demosthenes 58, 70
Desjardins, Ernest 88
Dessau, Hermann 97, 165–167, 191, 265, 332
Deubner, Ludwig 274
Diels, Hermann 44, 49 f., 52, 85, 94–96, 108, 118, 122, 130–132, 138, 160, 180, 213, 217
Dilthey, Wilhelm 54
Diokletian, röm. Kaiser 195, 199
Dion von Syrakus 234
Dirlmeier, Franz 296
Dölger, Franz Joseph 196, 320, 365
Dörpfeld, Wilhelm 160
Doerry, Martin 113
Domaszewski, Alfred von 83
Dopsch, Alfons 192
Dressel, Heinrich 83
Drexler, Hans 293, 296, 358, 363, 366

Droysen, Johann Gustav 24, 47, 53, 56–72, 162, 208, 249, 345, 375
Duchesne, Louis 105 f.
Ducki, Horst 268
Dümmler, Ferdinand 147
Duhn, Friedrich von 160
Durkheim, Émile 196

E

Ehrenberg, Victor 161, 174 f., 259, 271, 277 f., 280, 284, 288, 290, 292, 294 f.
Ehrhard, Albert 92, 144
Einstein, Albert 253
Elias, Norbert 338
Elisabeth von Thüringen 10
Engels, Friedrich 311
Enßlin, Wilhelm 319, 322
Epikur 311
Erbse, Hartmut 307
Erman, Adolf 50, 91, 118, 122, 207–210, 213–223, 252, 268
Erman, Jean Pierre 213
Erman, Paul 213
Ernst, Juliette 294, 297
Erzberger, Matthias 191
Eugpipp 105
Eurich, Kg. der Westgoten 259
Euripides 12, 102, 111, 210, 218
Eusebius von Caesarea 105, 109, 181, 210, 212, 218 f.

F

Falkenhausen, Ludwig von 152
Fest, Joachim 54
Feuchtwanger, Lion 264
Feyel, Michel 272, 274, 280
Fichte, Johann Gottlieb 30
Finley, Moses I. 155, 272, 304, 329, 331, 354
Flashar, Hellmut 308
Flaubert, Gustave 194
Fraenkel, Eduard 208, 224 f., 269–271, 278–282, 284–287, 290, 305
Fränkel, Hermann 161, 271
Franke, Peter Robert 324 f.

Franz, Johannes 76
Freyer, Hans 248, 325, 329, 341, 345, 352
Friedemann, Heinrich 229–234, 238
Friedländer, Julius 85
Friedländer, Paul 161, 235, 237–239, 269, 271, 377
Friedrich Wilhelm IV. 79
Fritz, Kurt von 208, 225, 243, 269, 271, 290, 294 f., 300, 303, 313
Fritze, Hans von 97
Fronto 84
Fuhrmann, Manfred 309, 320
Funk, Franz Xaver 92
Furtwängler, Adolf 147, 154
Furtwängler, Wilhelm 147

G

Gadamer, Hans-Georg 235, 239 f., 269, 282, 377
Gärtner, Friedrich von 10
Gardiner, Alan H. 214
Gebhardt, Oskar von 108
Gehlen 338, 351 f.
Geiserich 10
Gelzer, Heinrich 144
Gelzer, Matthias 153, 156, 196, 256, 292 f., 306, 312, 338, 360
George, Stefan 14, 170, 225–241, 305
Gercke, Alfred 185
Gerhard, Eduard 76, 78 f.
Gesche, Helga 320
Gibbon, Edward 193, 195
Giesecke, Alfred 183
Göller, Emil 153
Goeppert, Heinrich Robert 117
Göring, Hermann 248, 259
Goethe, Johann Wolfgang von 32, 45, 51, 157, 159, 227
Götze, Albrecht 150
Goldschmidt, Adolf 267
Grapow, Hermann 223, 252 f., 268
Gregor der Große 193
Grimm, Hermann 157
Groag, Edmund 255, 271, 273
Groppe, Carola 226, 241
Grote, George 48, 70 f., 139, 142

488 PERSONENREGISTER

Grundig, Willi 257
Gsell, Stéphane 167
Guarducci, Margherita 257
Günther, Hans F. K. 246
Gulkowitsch, Lazar 269
Gundolf, Friedrich 229, 237

H

Habicht, Christian 307
Hamdi Bey 119
Hampe, Roland 319
Hampl, Franz 259, 261
Hanfmann, George 271
Harder, Richard 266
Hardt, Kurd von 315
Harmjanz, Heinrich 261
Harnack, Adolf (von) 49 f., 84, 90–93, 95–99, 102–116, 118–122, 157, 170, 212 f., 216 f., 333
Harnack, Theodosius 102
Hartke, Werner 300, 302, 332–334
Hartmann, Ludo Moritz 194
Hartmann, Nicolai 358
Hasebroek, Johannes 153
Hatvany, Ludwig 158
Haupt, Moriz 79, 86, 101
Haupt, Paul 185
Haupt, Therese 177, 190
Heckmann-Wentzel, Elisabeth 119
Hege, Walter 57, 66, 252
Hegel, Georg Wilhelm Friedrich 34, 56 f., 66, 116, 156, 171
Heiberg, Johann Ludvig 96
Heichelheim, Fritz 271
Heidegger, Martin 226, 239, 285, 305, 312, 357
Heikel, Ivar August 92, 108
Heimpel, Hermann 242
Heine, Heinrich 9–11
Heinze, Richard 344, 359–362
Heisenberg, August 150
Helmholtz, Hermann von 51
Henzen, Wilhelm 78 f.
Herder, Johann Gottfried 26, 29, 159, 171
Hermann, Gottfried 41, 47, 54, 76
Hermann, Peter 336

Herodot 65, 179 f., 191, 313, 349
Herzog, Ernst 125
Herzog, Rudolf 254
Hettler, August 183
Hettner, Felix 125
Heuß, Alfred 13, 175, 199, 243, 257, 259, 263, 297, 303, 321, 325, 339–347, 350–356, 375
Heydemann, Albert 56
Heyne, Christian Gottlob 23 f., 34, 45
Hieronymus 181
Hildebrandt, Kurt 227, 229, 232, 234, 236 f.
Hildegard von Bingen 10
Hiller von Gaertringen, Friedrich Freiherr 97, 165, 167 f., 273
Himmler, Heinrich 262, 311, 325
Hindenburg, Paul von 243
Hinneberg, Paul 50, 144
Hintze, Otto 223
Hirschfeld, Otto 44, 83, 85, 95, 178, 180, 183 f., 188–191
Hitler, Adolf 204, 243–245, 248, 250 f., 254, 258, 261, 265, 267–269, 280, 290, 362
Hölderlin, Friedrich 159, 227
Hölscher, Uvo 294, 378
Hoetzsch, Otto 169
Hoffmann, Wilhelm 259
Hohl, Ernst 330
Holl, Karl 109, 170
Holleaux, Maurice 71
Holm, Adolf 71
Holstein, Friedrich von 129
Homer 46, 210 f., 229, 300
Homolle, Théophile 88 f.
Horaz 13
Hosius, Carl 148
Hrotsvit von Gandersheim 10
Hübner, Emil 83
Hübner, Rudolf 249
Hülsen, Christian 83
Humboldt, Alexander von 24, 30, 218, 375
Humboldt, Wilhelm von 16, 19–36, 39, 51, 67–69, 73, 159, 373, 377 f.
Hunger, Herbert 148
Husserl, Edmund 285, 341, 345, 358

I

Imhoof-Blumer, Friedrich 85, 119
Instinsky, Hans-Ulrich 254, 273, 332, 364 f.
Irmscher, Johannes 300–302, 331, 333 f.

J

Jachmann, Gertraude 281
Jachmann, Günther 278–281, 283
Jacobsthal, Paul F. 271, 277, 282 f.
Jacoby, Felix 161, 208, 271, 282 f.
Jaeger, Werner 111, 113, 170, 235, 237–239, 251, 271, 284 f., 287 f., 295
Jahn, Otto 49, 79, 100 f., 207
Jastrow, Elisabeth 271
Jülicher, Adolf 108, 112
Junker, Hermann 217
Justi, Ferdinand 181
Justinian I., röm. Kaiser 193, 259

K

Kaehler, Siegfried A. 269
Kaerst, Julius 191
Kahrstedt, Ulrich 114, 161, 191, 258
Kaibel, Georg 219
Kalckreuth, Wolf von 194
Kallimachos 282
Kant, Immanuel 64, 66, 229
Kapp, Ernst 221, 271
Karl der Große 195
Karl I., österreich. Kaiser 191
Karo, Georg 271
Kaser, Max 148
Katharina II., die Große 9
Kees, Hermann 150
Kekulé von Stradonitz, Reinhard 85, 113
Kellermann, Olav 76, 334
Kettler, David 276, 289
Kiechle, Franz 318, 324, 327 f.
Kirchhoff, Adolf 45, 76, 86 f., 94, 97
Kirchner, Johannes 168
Klaffenbach, Günther 165, 254, 257, 272–275, 280, 282 f., 289, 332
Klebs, Elimar 83
Klein, Felix 120
Klein, Karl 51
Kleinknecht, Bruno Hermann 296
Kleisthenes 264
Klenze, Leo von 9 f.
Kleomenes III., Kg. von Sparta 60
Kleon 70
Klose, Friedrich 363
Knoche, Ulrich 364, 366
Koch, Herbert 277, 282
Köhler, Ulrich 44, 76, 85, 87, 168, 179 f., 189
Koenen, Constantin 125 f.
Koetschau, Paul 109
Kollwitz, Käthe 11
Konstantin I., röm. Kaiser 90, 193, 195, 199
Kornemann, Ernst 183 f., 192
Kortüm, Friedrich 71
Koschaker, Paul 341
Koselleck, Reinhart 367–371, 379
Krahe, Hans 296
Kranz, Walther 271, 284, 290
Krautheimer, Richard 271
Krieck, Ernst 244
Kroener, Reinhard 335
Kroll, Wilhelm 136
Krüger, Gerda 258
Krüger, Gustav 148
Krumbacher, Karl 44, 142–145, 150
Kuhrt, Amélie 354
Kundt, August 180

L

Lachmann, Karl 47
Laktanz 320
Lamarck, Jean-Baptiste de 201
Lamprecht, Karl 156
Landsberger, Benno 269
Lange, Hans O. 214, 227, 299
Laqueur, Richard 271, 312
Lassalle, Ferdinand 141
Latte, Kurt 161, 293–297, 299, 303, 312, 316
Latyschew, Basil 85, 168
Lauffer, Siegfried 323
Lehmann-Hartleben, Karl 271
Lehmann(-Haupt), Carl Friedrich 176–192, 210

Leibniz, Gottfried Wilhelm 55, 207
Leisegang, Hans 226, 237
Lenin, Wladimir Iljitsch 169
Leo, Friedrich 131 f.
Leonidas 172, 175, 248, 266
Lepsius, Richard 78 f., 207, 213
Lévi-Strauss, Claude 377
Lietzmann, Hans 223 f.
Litt, Theodor 315, 341
Löffler, Hermann 258
Loeschke, Georg 45
Lolling, Habbo Gerhard 87
Loofs, Friedrich 108
Losemann, Volker 314
Lotze, Detlef 329–331
Lotze, Rudolf Hermann 358
Loubat, Joseph Florimond 119
Ludwig, Walther 310
Ludwig I., Kg. von Bayern 9 f.
Ludwig XIV., Kg. von Frankreich 207
Lüders, Heinrich 169, 215 f.
Luria, Salomon 168
Lykurg 174
Lysander 330

M

Maas, Paul 161, 271, 283
Macauley, Thomas Babington 48
Mackay, John Macdonald 191
Macke, August 230
Malalas 259
Malitz, Jürgen 296
Mallarmé, Stéphane 194
Manasse, Ernst Moritz 271
Manitius, Max 145
Mann, Golo 352
Marc, Franz 230
Marc Aurel, röm. Kaiser 326
Marcion 103
Marg, Walter 299
Marouzeau, Jules 294, 300
Marx, Karl 48, 169, 311
Marx, Wilhelm 114
Matz, Friedrich 296, 306

Mau, August 83
Maximin (Maximilian Kronberger) 232
Maximus, Quintus Fabius, der ›Cunctator‹ 267
Meier, Christian 337, 351, 355, 368–371
Meissner, Bruno 256
Meister, Karl 361 f.
Mercati, Giovanni 92
Meyer, Eduard 44, 52, 71, 73, 140, 155 f., 160 f.,
    168–170, 174, 186 f., 189 f., 195, 209, 215 f., 218,
    221, 249, 345, 349
Michaelis, Adolf 154, 227
Michelet, Jules 48
Miltner, Franz 260, 266
Moltke, Helmuth Graf von 127
Momigliano, Arnaldo 41, 62, 83, 236, 271
Mommsen, Marie 102
Mommsen, Theodor 15, 42, 48–52, 54 f., 71, 76–102,
    104–116, 118–135, 138, 142, 144, 155, 161, 176–179,
    181–184, 187–190, 194, 197 f., 208, 212–214, 217–
    220, 263, 265, 299, 312, 343 f., 351, 356, 359, 374
Mühll, Peter von der 279
Müller, Friedrich Wilhelm Karl 215 f.
Müller, Fritz 201
Müller, Iwan (von) 137 f., 146, 149
Müller, Johannes von 9
Müller, Karl Alexander von 224
Müller, Karl Otfried 48, 136, 171, 175

N

Napoleon Bonaparte 10, 28–30, 45, 70, 74, 163
Natorp, Paul 229, 231, 239
Nesselhauf, Herbert 254, 294, 332
Neumann, Carl 42
Niebuhr, Barthold Georg 48, 51, 74 f.
Niese, Benedikt 148, 190
Niethammer, Friedrich Immanuel 32, 389, 400, 470
Nietzsche, Friedrich 16, 53, 101, 157, 170, 172 f.,
    228 f., 231–233, 236 f., 241, 264, 357–359, 383
Nikolaus von der Flüe 9
Nilsson, Martin Persson 148
Nock, Arthur Darby 196
Nofretete 215
Norden, Eduard 45, 105, 165, 185, 219, 266–268,
    271, 285

O

Oertel, Friedrich 141
Oexle, Otto Gerhard 65
Oldenburg, Sergej 169
Olshausen, Eckart 324
Opelt, Ilona 319
Oppermann, Hans 246, 264, 296, 366
Origenes 109
Orth, Wolfgang 344
Otto, Walter 149–151, 161–164, 249, 261, 340–343, 349, 353 f.
Overbeck, Franz 107 f.
Ovid 13

P

Pais, Ettore 183
Panaitios 305
Pater, Walter 194
Paulsen, Friedrich 26
Paulus 105 f.
Pauly, August Friedrich 136
Peek, Werner 255, 301 f.
Peisistratos 341
Perikles 245
Perl, Gerhard 308
Perrot, Georges 85
Perthes, Friedrich 58
Pfeiffer, Rudolf 208, 224, 271, 282 f., 313
Pflaum, Hans-Georg 271, 333 f.
Philipp II., Kg. von Makedonien 58, 70
Picht, Georg 292, 297, 305–307, 317
Pilatus 105
Pindar 102, 171, 228 f.
Pinder, Moritz 79
Pirenne, Henri 193
Planck, Max 169, 221, 223, 253, 267
Platon 46, 52, 102, 106, 225–241, 305
Plinius d. Ä. 147
Pöhlmann, Robert (von) 138–142, 148 f., 155, 350
Pöschl, Viktor 258, 287 f., 320, 363, 366 f.
Pohlenz, Max 364
Polybios 360
Pompeius 98
Porphyrius 105

Porzig, Walter 270
Pringsheim, Fritz 161

R

Rade, Martin 109
Ranke, Leopold von 65, 72, 142, 349
Raubitschek, Anthony E. 280, 282 f., 289
Regenbogen, Otto 300
Reinerth, Hans 250, 252
Reinhardt, Karl 237, 239
Reitzenstein, Richard 76, 108
Renier, Léon 77, 88
Rickert, Heinrich 358
Riefenstahl, Leni 246, 252
Riegl, Alois 195
Rigeln, Olga 259
Rist, Johann 115
Ritschl, Albert 102, 108 f.
Robert, Fernand 255
Robert, Karl 160
Robert, Louis 71, 165, 272–275, 282 f., 333
Rodbertus, Johann Karl 156
Rodenwaldt, Gerhart 147, 170, 251 f., 274
Rodenwaldt, Jane 274
Rohde, Georg 271, 277 f.
Romulus Augustulus, röm. Kaiser 192, 199
Roscher, Wilhelm 48
Rosenberg, Alfred 250, 262
Rosenberg, Arthur 271
Ross, Ludwig 76, 155
Rossi, Giovanni Battista de 77, 79 f., 85
Rostovtzeff, Michael 71, 155, 168, 184, 271, 356
Roussel, Pierre 165, 272, 274
Rubin, Berthold 259
Rudolph, Hans 259
Rüegg, Walter 294 f.
Rufin 105, 110, 219
Rust, Bernhard 224, 253, 267
Rutherford, Ernest 270

S

Sachau, Eduard 213, 215 f.
Salin, Edgar 232–234
Sallust 366

492 PERSONENREGISTER

Šamaš-šuma-ukin, babylon. Kg. 177–179
Sande Bakhuyzen, Hendrik van de 92
Sarre, Friedrich 274
Savigny, Friedrich Carl von 78
Scala, Rudolf von 191
Schachermeyr, Fritz 182, 246, 260, 288, 341
Schadewaldt, Wolfgang 280, 284–288, 293, 305, 316
Schaefer, Hans 259, 263 f., 323, 338
Schanz, Martin (von) 148
Scharff, Alexander 209, 319
Schede, Martin 250, 316
Scheel, Helmuth 253, 268
Schefold, Karl 271
Scheidemann, Philipp 191
Scheler, Max 358
Scheliha, Renata von 234
Schelling, Friedrich Wilhelm Joseph (Ritter von) 30
Schelsky, Helmut 18, 352
Schemm, Hans 256
Schiller, Friedrich 21, 29, 171 f.
Schlegel, Friedrich 171, 175, 381
Schleiermacher, Friedrich 30, 46, 75, 105
Schleif, Hans 258
Schmalzriedt, Egidius 311, 379
Schmid, Wilhelm 148
Schmid, Wolfgang 308
Schmidt, Carl 97
Schmidt, Johannes (Klassischer Philologe und Epigraphiker) 83
Schmidt, Johannes (Sprachwissenschaftler) 95, 213
Schmidt-Ott, Friedrich 120, 131
Schmitt, Carl 158, 240, 248, 263, 325, 338, 367, 370
Schmitt, Hatto H. 321
Schmoller, Gustav 95, 114, 120, 129, 135
Schnapp, Alain 314
Scholl, Sophie 11
Schrader, Eberhard 177, 179 f., 185, 213
Schrörs, Heinrich 153
Schubring, Konrad 332
Schuchhardt, Walter-Herwig 293
Schürer, Emil 85

Schulten, Adolf 190
Schultz, Wolfgang 224
Schulz, Fritz 283, 365
Schulze, Johannes 31, 36, 116
Schulze, Wilhelm 215 f.
Schulze, Winfried 349
Schur, Issai 267
Schwabacher, Willy 271
Schwartz, Eduard 108, 110–112, 114, 207 f., 210–212, 218–225, 269
Schwartz, Gerhard 221
Schwartz, Ivo 221
Schweitzer, Ursula 319
Schwyzer, Eduard 148
Seckel, Emil 170
Seeck, Auguste 153
Seeck, Otto 93, 152 f., 197–206
Seel, Otto 301, 325, 362, 366
Segre, Mario 272–274
Sethe, Kurt 217
Shakespeare, William 227
Siber, Heinrich 341
Sieglin, Wilhelm 183
Simon, Erika 319
Simon, James 215
Simonides 172–174, 327
Singer, Kurt 226, 232–234
Sittig, Ernst 267
Sittl, Karl 147
Six, Franz Alfred 326
Skutsch, Otto 271
Snell, Bruno 243, 277 f., 280, 284, 288, 290, 292–301, 303, 312, 315
Sokrates 140, 227, 229 f., 233
Solmsen, Friedrich 271
Sophokles 12, 159
Spahn, Martin 132 f.
Speier, Hermine 271
Spengler, Oswald 204–206
Spranger, Eduard 359
Sprockhoff, Ernst 250
Staehelin, Felix 191
Stählin, Otto 148
Stark, Karl Bernhard 136

Stark, Rudolf 364
Starke, Ernst Eugen 226
Stauffenberg, Alexander Schenk Graf von 259, 322 f., 353
Stein, Arthur 255, 271, 273
Stein, Edith 11
Stein, Ernst 271
Steindorff, Georg 269, 310
Stenzel, Julius 235, 239
Stern, Ernst von 191
Sternburger, Dolf 299
Stiepel, Charlotte 82
Stoltenberg, Hans L. 294
Strack, Paul L. 259, 261
Strasburger, Hermann 294, 312, 338
Straub, Johannes 259
Strauß, David Friedrich 105
Streit, Hanns 260
Stroheker, Karl Friedrich 259
Stroux, Johannes 363
Sueton 98
Süvern, Johann Wilhelm 31
Swoboda, Heinrich 148
Syme, Ronald 333 f.
Symmachus 197

T

Tacitus 131, 265
Taeger, Fritz 161, 259 f., 292, 296
Täubler, Eugen 44, 161, 271, 344
Tarn, Wilhelm W. 71
Tatian 210
Temkin, Owsei 269
Temporini, Hildegard 320
Tenbruck, Friedrich H. 20
Tēr Mkrtičean, Galust 181
Thausing, Gertrud 319
Theiler, Willy 339, 343 f., 351
Theoderich der Große 10, 311
Theodosius II., röm. Kaiser 199
Thiersch, Friedrich 36, 41
Thukydides 211, 283, 313
Till, Rudolf 258, 296, 325
Torstrik, Adolf 94

Tränkle, Hermann 309
Traube, Ludwig 44, 144 f.
Treitschke, Heinrich von 53, 95, 101, 113
Troeltsch, Ernst 159, 196, 293
Tschudi, Aegidius 9

U

Ulbricht, Walter 334
Usener, Hermann 54, 85, 96, 108 f., 111, 138, 196, 208, 211

V

Vacano, Otto Wilhelm von 266
Vahlen, Johannes 45, 94–96, 180, 254
Vahlen, Theodor 253, 255, 268
Velsen, Arthur von 76
Vergil 13, 117, 320
Verlaine, Paul 194
Virchow, Rudolf 181 f.
Vittinghoff, Friedrich 261 f., 264, 329
Vogt, Joseph 161, 246, 259 f., 292, 295 f., 304, 320, 329, 346, 350, 353, 360, 363
Vogt, Oskar 169
Volkmann, Hans 363
Vossler, Otto 242

W

Wachsmuth, Kurt 190
Wagenvoort, Hendrik 294
Wagner, Richard 232
Waldhauer, Oskar F. 170
Walzer, Richard 271
Weber, Albrecht 213
Weber, Max 73, 117, 156, 174, 180 f., 188, 197, 226, 338, 341, 345 f., 350 f., 355, 359, 365, 367
Weber, Wilhelm 174, 244 f., 259, 261, 342 f., 364
Weickert, Carl 316
Weigand, Kurt 230 f.
Weinhold, Karl 95
Weinstock, Stefan 271, 306
Weißbach, Franz Heinrich 269
Weitzmann, Kurt 271
Welcker, Friedrich Gottlieb 56
Welles, C. Bradford 280

494 PERSONENREGISTER

Wellhausen, Julius 105, 108, 185, 211
Welskopf, Elisabeth Charlotte 370
Wenger, Leopold 365
Westermann, William L. 155
Wickert, Lothar 166, 254, 332, 343
Wiegand, Theodor 45, 160, 250
Wilamowitz-Moellendorff, Dorothea von 97
Wilamowitz-Moellendorff, Tycho von 159
Wilamowitz-Moellendorff, Ulrich von 44 f., 49, 51 f., 54, 71, 75, 84, 86 f., 89, 93–99, 101 f., 105–115, 118, 120–122, 129, 131, 135, 138, 140, 144, 153, 159–161, 164, 167, 170 f., 183, 187, 208–210, 217, 219, 221 f., 235–238, 255, 287, 299
Wilcken, Ulrich 71, 149, 163, 188–190, 256
Wilde, Oscar 194
Wilhelm I. von Oranien 155
Wilhelm II., dt. Kaiser 103, 113, 121, 125, 142, 163, 216, 223
Willmanns, Gustav 83
Winckelmann, Johann Joachim 19, 21, 23 f., 26, 32, 34–36, 102, 137, 252, 373
Windelband, Wilhelm 137, 357 f.
Wissowa, Georg 136, 148, 190
Wittram, Reinhard 261
Wlosok, Antonie 320
Wölfflin, Eduard 131 f., 358
Wölfflin, Heinrich 170, 237
Wörrle, Michael 324
Wolf, Friedrich August 24, 31, 34 f., 41, 45–47, 50 f., 210, 299
Wolters, Friedrich 227, 230, 233
Wrede, Walther 251
Wüst, Walther 341
Wulfila 10

Y

Yorck von Wartenburg, Ludwig 61

Z

Zahn, Robert 274
Zangemeister, Karl 83, 125
Zeller, Eduard 94 f., 120, 138
Ziebarth, Erich 153
Ziegler, Konrat 136, 312
Zinn, Ernst 294, 309
Zucker, Friedrich 293, 297 f., 302, 329, 364
Zumpt, August Wilhelm 78 f.
Zumpt, Karl Gottlob 78
Zuntz, Günther 282